Wirtschaftspolitische Studien

# Der Keynesianismus I

## Theorie und Praxis keynesianischer Wirtschaftspolitik

*Entwicklung und Stand der Diskussion*

Herausgegeben von G. Bombach
H.-J. Ramser M. Timmermann W. Wittmann

Nachdruck der ersten Auflage

Springer-Verlag
Berlin Heidelberg New York 1981

Professor Dr. Gottfried Bombach
Institut für Angewandte Wirtschaftsforschung, Universität Basel

Professor Dr. Hans-Jürgen Ramser
Fachbereich Wirtschaftswissenschaft und Statistik
Universität Konstanz

Professor Dr. Manfred Timmermann
Fachbereich Politische Wissenschaft, Universität Konstanz

Professor Dr. Walter Wittmann
Seminar für Finanzwissenschaft, Universität Fribourg

ISBN 3-540-07910-6 Springer-Verlag Berlin Heidelberg New York
ISBN 0-387-07910-6 Springer-Verlag New York Heidelberg Berlin

Library of Congress Cataloging in Publication Data. Main entry under title: Theorie und Praxis keynesianischer Wirtschaftspolitik. (Der Keynesianismus; 1) (Wirtschaftspolitische Studien). Bibliography: p. Includes index. 1. Keynesian economics. 2. Economic policy. I. Bombach, Gottfried. II. Series. III. Series: Wirtschaftspolitische Studien (Berlin). HB99.7.K39 Vol. 1 330.15′6′08s [330.15′6] 76-28418


Printed in Germany
Herstellung: Offsetdruckerei Julius Beltz, Hemsbach
2142/3140-54321

# Inhaltsverzeichnis

# Einleitung

Zwei bedeutende Jubiläen fallen in dieses Jahr. Im März 1776 publizierte Adam Smith sein epochales Werk „Der Wohlstand der Nationen", für die Entwicklung der Ökonomie zur exakten Wissenschaft gleichermaßen bedeutsam wie in seiner politischen Ausstrahlungskraft. Wir gedenken des Begründers der freien Marktwirtschaft, und zahlreiche Publikationen sind zu diesem Anlaß erschienen: über den Menschen Smith, seine Zeit, seine Schriften.

Sehr still hingegen ist es um das zweite Jubiläum. Vor 40 Jahren erscheint die in der alten wie der neuen Welt mit gleicher Spannung erwartete „Allgemeine Theorie der Beschäftigung, des Zinses und des Geldes". Die westlichen Industrieländer hatten die schwerste Wirtschaftskrise mit Massenelend und katastrophalen politischen Konsequenzen durchlaufen. Die marxistische Kampfthese, die kapitalistische Wirtschaft werde an den sich ständig verschärfenden Konjunktureinbrüchen zugrunde gehen, schien sich endgültig zu bestätigen. Schon mit den ersten Vorzeichen der Großen Krise hatte Werner Sombart das Ende des Kapitalismus prophezeit. John Maynard Keynes, in seiner politischen Grundeinstellung schwer einzuordnen, vor gerade 3 Jahrzehnten nach der tiefen Enttäuschung, die Bretton Woods für ihn brachte, verstorben, wollte die Marktwirtschaft vor drohendem Untergang retten.

Es war still um das Jubiläum von Keynes' wichtigstem und einflußreichstem Werk, kaum wurde sein 30. Todestag erwähnt, aber es war keineswegs still um den Keynesianismus. Im Gegenteil: die Kontroverse zwischen den Monetaristen und den Keynesianern („Fiskalisten") wird als die bedeutendste wissenschaftliche Auseinandersetzung der letzten beiden Jahrzehnte, die mit der weltweiten Beschleunigung der Inflation nach der Ölkrise ihren Höhepunkt erreichte, in die Theoriengeschichte eingehen. Aber es ist dies alles andere als nur ein Streit um Theorien. Es geht um sehr handfeste wirtschaftspolitische oder überhaupt politische Kontroversen, sonst wäre das Echo außerhalb der wissenschaftlichen Welt nicht so ungewöhnlich groß gewesen. Wie oft bei solchen Auseinandersetzungen, ist auch die Person Keynes nicht verschont geblieben. Einige seiner wissenschaftlichen Kontrahenten haben es nicht lassen können, behauptete oder tatsächliche Charaktereigenschaften des Menschen Keynes in den Theorienstreit einzubeziehen. Sein Neffe Milo Keynes hat jüngst eine Sammlung von Essays herausgegeben, die die Persönlichkeit Keynes von verschiedenen Seiten beleuchtet[1].

Die monetaristische Kontroverse hat nicht den eigentlichen Anstoß für die Herausgabe dieses auf 4 Bände konzipierten Werkes gegeben, wenn sie in verschiedenen Beiträgen auch anklingt. Der Zeitpunkt für eine Bilanz wäre kaum günstig. Wir stehen in dem schärfsten Konjunktureinbruch der Nachkriegszeit, allerwärts wird wieder nach keynesianischen Rezepten gegen die Arbeitslosigkeit angekämpft, meist mit der von M. Friedman

---

[1] M. Keynes (ed.): Essays on John Maynard Keynes. Cambridge 1975.

vorausgesagten Verzögerung, aber noch ist die weitere Entwicklung ungewiß: kann die Krise durch Globalsteuerung überwunden werden, wird eine neue Inflationswelle folgen?

John Hicks, der 1937 selbst zur schnellen Rezeption der neuen Lehre mit einer eleganten Interpretation beitrug und sie weiterentwickeln half, bezeichnete jüngst das dritte Quartal dieses Jahrhunderts als das „Zeitalter von Keynes“[2]. Dies mag erstaunen, wenn man bedenkt, daß Keynes bereits einige Jahre tot war, als dieses dritte Quartal begann. Kaum vor 1950 setzte, so schreibt Hicks, jene Wirtschaftspolitik ein, die sich auf das von Keynes konzipierte und von seinen Nachfolgern und Zeitgenossen weiterentwickelte theoretische System stützt, das vor allem die Finanzwissenschaft so nachhaltig beeinflußt hat. Es sei jedoch keineswegs ungewöhnlich, wenn bedeutende Denker und Lehrer ihre größte Ausstrahlungskraft erst nach ihrem Tod erreichen.

Wichtig für unser Anliegen ist die Bemerkung von Hicks, daß Keynes die Ereignisse des zweiten Quartals, über die er so viel schrieb (nach Hicks das Zeitalter von Hitler), kaum maßgeblich beeinflußt habe: „Neither in Britain in 1931–2, in Germany in 1932–3, nor in America in 1933, was there a conscious adaption of expansionary policies in the Keynesian sense“ ... „All these events, of course, precede the General Theory (1936).“ (a.a.O., S. 2).

Damit ist die erste Frage gestellt. Wer waren die Wegbereiter jener Maßnahmen der frühen 30er Jahre, mit denen man sich von der orthodoxen Lehre löste, nach der nichts getan werden könne, nichts getan werden soll, und nach der sich dereinst das Vollbeschäftigungsgleichgewicht von selbst wieder einstellen werde? Auf welche „Theorien“ stützten sich die Aktionen, wer hat ihnen zum Durchbruch verholfen, wie waren die Verzahnungen zwischen Politik und Wissenschaft? Implizit aber stellt Hicks auch schon die zweite Frage: ist mit dem dritten Quartal (also jetzt und in dieser Krise) das Zeitalter von Keynes zu Ende gegangen? Waren die Wachstumswunder der Nachkriegszeit nur eine Folge ständiger keynesianischer Nachfrageanheizung, zu Ende gegangen durch die sich beschleunigende Inflation, in ungeahnte Dimensionen angestiegene Staatshaushalte und reale Wachstumsgrenzen? Diese zweite Frage wird bei unserem Vorhaben ständig präsent sein.

Im Mittelpunkt der Analyse der Vergangenheit stehen die Ereignisse in Deutschland, die — verglichen mit England und den USA — viel schlechter dokumentiert sind. Aber es war eine politische Distanz erforderlich. Es mußte wieder möglich werden, nicht alles nur deshalb als falsch darzustellen, weil es in der Hitler-Zeit verwirklicht wurde.

Manche bedeutenden Ökonomen und Politiker, die die Große Krise miterlebt haben, wären berufen gewesen, ihre Geschichte zu schreiben, als objektive Darstellung, so weit dies möglich ist. E. Salin, selbst Wegbereiter eines Stücks aktiver Beschäftigungspolitik im kleinen Bereich („Basler Arbeitsrappen“) hatte die große Aufgabe in Angriff genommen, die er nach schwerer Erkrankung nicht fortführen konnte. G. Treviranus, der Gespräche mit einem der Herausgeber führte, verfügte noch über weiteres, sehr umfangreiches, nicht verwendetes Material und ein immenses Gedächtnis; auch ihn hinderte ein plötzlicher Tod, seine Aufzeichnungen fortzuführen. Die Schwächen der vorhandenen Versuche einer Geschichtsschreibung sind bekannt. Manche der Memoiren haben eine geradezu penetrante apologetische Note, sind Schreckensbeispiele für den heutigen Studenten, welche Fehler einst gemacht und nachträglich noch als einzig richtige Maßnahme

[2] J. Hicks: The Crisis in Keynesian Economics. Yrjö Johansson Lectures, S. 1. Oxford 1974. (Übers. d. d. Hrsg.)

verteidigt wurden. So muß nunmehr eine jüngere Generation, die die Krise nicht mehr erlebt hat, oder für die sie nur eine schwache Jugenderinnerung ist, die Dokumente sprechen lassen.

Ch. Kindleberger veröffentlichte, nach umfangreichen Quellenstudien auch in Deutschland, eine Geschichte der Weltwirtschaftskrise, in der — weil auf die ganze Welt ausgerichtet — die deutschen Ereignisse nur auf knappem Raum zur Darstellung kommen können[3]. Immerhin tauchen bei ihm jene Namen auf, die uns beschäftigen werden, seien es die Verfechter der alten Lehre und der restriktiven Politik oder die Wegbereiter der neuen Ideen: Brüning, Luther, Lautenbach, Hilferding, Colm, Woytinsky, Wagemann, Baade, Dräger, Gereke. Dagegen fehlt ein so wichtiger wissenschaftlicher Wegbereiter wie Friedlaender-Prechtl. In der Einführung zum II. Band wird ausführlich davon die Rede sein.

Eine dritte Fragestellung, der in den beiden jetzt vorliegenden Bänden nachgegangen, die tiefergreifend aber in dem in Vorbereitung befindlichen III. Band wieder aufgegriffen wird, haben wir von G. Garvy übernommen, dessen interessanter Beitrag in deutscher Übersetzung im II. Band abgedruckt ist: weshalb hat Keynes sich so wenig mit seinen wissenschaftlichen Vorläufern und Wegbereitern auseinandergesetzt, sie kaum erwähnt? Weshalb war er so wenig ansprechbar auf die großen Programme, mit denen seine Lehre in praktische Politik umgegossen wurde, hat mit eher hochmütigen, wenigen Zeilen auf Zuschriften reagiert? Dabei war er, wie bekannt, durchaus ansprechbar für selbst absurde Lehren von Außenseitern, setzte sich mit vulgärökonomischen Unterkonsumtionstheorien auseinander, hatte Sinn für Leute, die er „cranks" nannte. Seine Schwäche für Silvio Gesell ist bekannt. Liegt es nur daran, daß Keynes eher wenig gelesen hat, Mühe mit der deutschen Sprache hatte, womit ihm auch die Skandinavische Schule — Wicksells Werke lagen damals nur in deutscher Sprache vor — schwer zugänglich blieb, oder inwieweit spielte Eitelkeit eine Rolle?

Keynes soll z.B. niemals Marx gelesen haben, und Joan Robinson macht die interessante Feststellung, daß M. Kalecki, von marxistischer Ökonomie ausgehend, zu einer über weite Strecken identischen Beschäftigungstheorie gelangte.

G. Garvy schien uns besonders berufen, Antworten auf diese interessanten Fragen zu finden, wichtige Fragen, weil die Entstehungsgeschichte oft den Schlüssel für das tiefe Verständnis neuer Theorien liefert und sie in die Strömungen der Zeit einzuordnen ermöglicht. Garvy hat frühe Entwicklungen in Deutschland noch miterlebt, und er konnte dann auf den weiteren Gang der Ereignisse aus großer räumlicher und zeitlicher Distanz zurückblicken, hatte in den USA enge Verbindung zu so bedeutenden Figuren wie Woytinsky und verfügte über Dokumente.

Die Herausgeber gestehen ein, daß sie ihre Gesamtkonzeption während der Fortsetzung der Arbeiten mehrfach ändern mußten. Das Quellenstudium lieferte unbekannte Einsichten, die eine Neugliederung ratsam erscheinen ließen. Der Gesamtumfang wuchs an: aus zunächst zwei Bänden wurden deren vier. Schließlich wurden wir von der Krise überrascht und mußten der Versuchung widerstehen, das gesamte Werk zu einseitig auf diese Krise auszurichten, vorschnell Parallelen zu 1929 zu suchen. Andererseits aber hat der scharfe konjunkturelle Rückschlag unserem Bemühen eine zuvor nicht geahnte Aktualität verliehen. Einige beängstigende Parallelen bestehen: die

---

3 Ch. Kindleberger: Die Weltwirtschaftskrise 1926–1933. Deutsche Übers. in: Geschichte der Weltwirtschaft im 20. Jahrhundert, Bd. 4. München 1973.

Bevölkerung stagniert in den europäischen Industriestaaten, Sättigungserscheinungen zeichnen sich ab, wenig Produktfortschritt ist in Sicht, das Weltwährungssystem befindet sich in einer Dauerkrise, und einzelne Länder reagieren auf die Arbeitslosigkeit bereits wie einst mit harten protektionistischen Maßnahmen. Dies sind genau jene Faktoren, die die pessimistischen Stagnationstheorien in den 30er Jahren sich ausbreiten ließen, mehr verbunden mit dem Namen Alvin Hansen denn mit Keynes selbst.

Wir hatten zunächst die Absicht, bei der Dokumentation der Ereignisse vor und während der Weltwirtschaftskrise und bei der Überwindung der Krise ziemlich streng zu unterscheiden zwischen den wissenschaftlichen Wegbereitern der neuen Beschäftigungstheorie und jenen Figuren, die hier als Reformer bezeichnet sind. Gemeint sind damit engagierte Privatpersonen, Politiker, Beamte, die sich — ohne Wissenschaftler im strengen Sinne zu sein — zu den großen Problemen der Zeit geäußert haben, gegen das liberale Dogma von der „Selbstheilung der Krise" ankämpften, die selbst Pläne und Projekte ausarbeiteten, und die alle ihre Energie einsetzten, den schwerfälligen politischen Entscheidungsprozeß in neue Bahnen zu lenken. Eine eindeutige Zuordnung erwies sich als schwierig. Manche der Reformer haben ihre Ideen theoretisch sehr gut fundiert, und sie werden im III. Band erneut zur Sprache kommen, wenn der spezifisch deutsche Beitrag zur modernen Einkommens- und Beschäftigungstheorie gewürdigt wird. Auf der anderen Seite finden wir Vertreter der Wissenschaft, die die Pläne und Ideen der Reformer förderten, ohne sich dabei auf die akademischen Lehrmeinungen ihrer Zeit stützen zu können. Sie mußten sich mehr auf Intuition denn auf Lehrbuchwissen stützen.

Der Beitrag von Korsch in diesem Band und die Dokumentation des II. Bandes ist den Reformern gewidmet, wobei jene Gruppe von Personen gemeint ist, die eindeutig auf politisches Handeln und nicht auf wissenschaftlichen Fortschritt ausgerichtet waren. Es sind die Figuren des „zweiten Quartals", das durch den Filter der Zeit bereits mit dem Namen von Keynes in Verbindung gebracht wird, zu Unrecht, wie Hicks zeigte. Es war ein Teil vorweggenommener Keynesianismus, der sich noch nicht auf das stützen konnte, was wir heute als die „Keynessche Lehre" bezeichnen. Soweit dies technisch möglich war, sind die Originaldokumente in Band II fotomechanisch wiedergegeben; sie sollen in dieser Form ein Stück „Zeitgeist" spiegeln. Korsch kann sich dabei neben den sehr umfangreichen, nur zum Teil wiedergegebenen Dokumenten auf die hervorragenden Darstellungen von G. Kroll und W. Grotkopp stützen, die nicht die Beachtung gefunden haben, die sie verdienen.

Neben einer chronologischen Darstellung der Ereignisse in der Brüning-Ära, den konfusen Entwicklungen in der Vor-Hitlerzeit mit ihren Minderheitskabinetten, sowie den konjunkturpolitischen Maßnahmen der frühen Hitler-Zeit sieht Korsch seine Aufgabe vor allem darin, mit einer Reihe von Mißverständnissen aufzuräumen, falschen Darstellungen und Interpretation, die z. T. auf Unkenntnis und unbedachter Übernahme landläufiger Meinungen beruhen, andererseits aber bewußt weitergetragen werden, um eigene Überzeugungen zu stützen. So wird vor allem herausgearbeitet, in welch weitem Ausmaß und in welch großem Detail beschäftigungspolitische Maßnahmen — als herausragendes Beispiel seien nur die Autobahnen genannt — vor Hitler bereits konzipiert waren. Sie brauchten 1933 nur aufgegriffen zu werden, und z. T. bediente man sich eine Zeitlang noch ihrer Schöpfer bei der Durchsetzung. Aufgeräumt wird auch mit der Vorstellung, nur durch Aufrüstung sei die Beseitigung der Arbeitslosigkeit möglich gewesen; inflatorische Spannungen (in Schach gehalten durch zurückgestaute Inflation) drohten erst dann, als nach Erreichen der Vollbeschäftigung die massive Aufrüstung einsetzt. Es ist selbstverständlich, daß im Zuge einer solchen quellenbezogenen Darstellung auch manche der gestaltenden Persönlichkeiten dieser Ära in anderem Licht erscheinen.

Die Beiträge von O. Landmann und H. P. Spahn in diesem Band sind gegenwarts- und zukunftsorientiert. Landmann beschäftigt sich mit der Diskussion des Keynesianismus im Rahmen der modernen Wirtschaftstheorie. Keynesianismus ist in diesem Zusammenhang das die Lehrbuchliteratur bis in die Gegenwart beherrschende und im wesentlichen auf Hicks (s.o.) zurückgehende Keynessche Modell. Als Kritiker dieses Ansatzes, der von Landmann einleitend vorgestellt wird, sind zwei Gruppen von Ökonomen hervorgetreten, die zwar gemeinsam die mangelnden oder zumindest mangelhaften theoretischen Grundlagen des Keynesschen Modells angreifen, allerdings sehr unterschiedliche Konsequenzen ziehen. Stark verkürzt laufen sie auf die Alternative hinaus, Keynes möglichst schnell zu vergessen oder endlich richtig zu interpretieren und weiterzuentwickeln.

Wohl am ehesten einem breiteren Publikum bekannt ist die von den sogen. Monetaristen und ihrem prominentesten Vertreter M. Friedman eingeleitete „Gegenrevolution". Die Monetaristen knüpfen an das vor-keynesianische bzw. (neo-)klassische Verständnis der Funktionsweise einer Wirtschaft an und bereichern es durch gewisse Einsichten der modernen („neuen") Mikroökonomie (Erwartungen, Informationsstand etc.). Danach sind Beschäftigungskrisen in einem sich selbst überlassenen System kurzfristige Übergangserscheinungen – keinesfalls aber systemimmanente Phänomene von nachhaltiger Dauer, wie dies von vielen Keynesianern befürchtet wird. So tiefgreifend dieser Unterschied im Grundsätzlichen ist – seine wirtschaftspolitische Bedeutung kann durchaus unerheblich sein. Ist die „kurze" Frist lang genug, um auch einen Monetaristen zur Unterstützung der Marktkräfte von der Notwendigkeit einer diskretionären (Globalsteuerungs-)Maßnahme zu überzeugen, so reduziert sich der Unterschied auf einen theoretisch banalen, nur empirisch entscheidbaren Streit um die Größenordnung von Elastizitäten.

Von der zweiten Gruppe von Keynes-Kritikern, deren bekanntester Vertreter A. Leijonhufvud ist, wird zwar ebenfalls die Vernachlässigung der mikroökonomischen Grundlagen bemängelt. Dieser Vorwurf richtet sich aber ausdrücklich nur auf das Lehrbuchmodell, nicht auf die ursprüngliche Konzeption von Keynes selbst, der nach Auffassung von Leijonhufvud nur korrekt interpretiert zu werden braucht. Diese Interpretation geschieht wiederum mit den Mitteln der modernen Mikroökonomie, wobei — im Unterschied zu den Monetaristen — deutlich Wert auf die Begründung und das Verständnis von Ungleichgewichtsprozessen gelegt wird. Die vorgeschlagene theoretische Basis macht eine sinnvolle Begründung und Erklärung einer Reihe von Hypothesen möglich, die bisher nur als Erfahrungstatsachen gerechtfertigt werden konnten und reichlich Anlaß zur Kritik boten; dazu gehört neben vielem anderen (Konsumfunktion, Arbeitsangebot, Geldnachfrage) nicht zuletzt auch die Einschätzung der Stabilität einer Marktwirtschaft. Die von Landmann ausführlich behandelte „monumentale Studie von Leijonhufvud" (Johnson) und die zahlreichen, gerade in jüngster Zeit erschienenen theoretischen Beiträge zu Problemen keynesianischen Ungleichgewichts verdeutlichen in ganz besonderer Weise die Lebendigkeit der Ideen von Keynes und ihrer Fruchtbarkeit für die moderne Theorie. Damit wird eindrucksvoll der häufig monierte Anspruch von Keynes bestätigt, eine „allgemeine Theorie" entworfen zu haben: trotz aller Betonung der Erwartungsbildung bleibt die monetaristische Konzeption letztlich doch dem Gleichgewichtsdenken verhaftet und damit Sonderfall des Keynesschen Ansatzes.

Der Beitrag von Spahn befaßt sich mit Keynes in der heutigen Wirtschaftspolitik. Es wird zunächst untersucht, welcher Einfluß von Keynes auf die Wirtschaftspolitik insbesondere in der Bundesrepublik Deutschland, in den Vereinigten Staaten und in Großbritannien ausging. Das wiederholte Auftauchen von volkswirtschaftlichen Ungleichgewichten und Krisen half der Keynesschen Konzeption allmählich zum Durchbruch. Allerdings kamen zum Ziel der Vollbeschäftigung weitere makroökonomische Ziele wie Preisstabilität, Wirtschaftswachstum und außenwirtschaftliches Gleichgewicht hinzu. Die typisch keynesianischen Mittel der Steuer- und Ausgabenpolitik wurden verfeinert. Um die Mitte der 60er Jahre hatte sich die keynesianische Lehre durchgesetzt. Ein Nichtanwenden ist nicht mehr auf mangelndes Wissen oder fehlende Einsicht zurückzuführen.

Die keynesianische Stabilitätspolitik (Globalsteuerung) brachte oft nicht die erhoffte Wirkung oder erwies sich in Teilbereichen als politisch nicht durchführbar. Daher sind Bestrebungen zu erkennen, vom keynesianischen Konzept abzurücken und das ökonomische Geschehen wieder mehr sich selbst zu überlassen. Wenn die Monetaristen Recht hätten, dann würde ein Verzicht auf diskretionäre Maßnahmen eine stabilere ökonomische Entwicklung zur Folge haben, als sie bei einer übersteuerten „Stop-and-Go"-Politik zu erwarten ist. Vermutlich liegt die Wahrheit nicht einseitig bei den Monetaristen oder Fiskalisten; nur eine situationsgerechte Abstimmung und Dosierung von monetären und fiskalischen Instrumenten hat Aussicht auf eine befriedigende Zielverwirklichung.

Damit erweist sich das keynesianische Instrumentarium nach wie vor als unentbehrlich für die Stabilitätspolitik. Dies gilt nicht in gleichem Maße für die Lösung von Struktur- und Verteilungsproblemen, die heute zunehmend an Bedeutung gewinnen und untrennbar mit der Stabilität der Wirtschaft verbunden sind. Erforderlich ist in diesem Zusammenhang zweifellos sowohl eine Weiterentwicklung des keynesianischen Konzepts wie eine Entwicklung zusätzlicher, differenziert einsetzbarer Instrumente der Wirtschaftspolitik.

Die Bände II bis IV enthalten eine Dokumentation zu den drei Teilen des vorliegenden Band I. So ist in Band II — wie oben erwähnt — die beschäftigungspolitische Diskussion vor Keynes in Deutschland dokumentarisch belegt. Der Band III wird den wissenschaftlichen Vorläufern der modernen Theorie des Geldes, Einkommens und der Beschäftigung in Deutschland gewidmet sein. Es soll auf bedeutende Beiträge eingegangen werden wie etwa die Kredittheorie von H. Gestrich, den Ansatz zu einer modernen Fiskaltheorie von H. Fick (Gerfin); Lautenbach ist zu würdigen, und es wird zu zeigen sein, wie der geniale C. Föhl völlig unabhängig zu einer „keynesianischen" Theorie gelangt. Nur wenige der Wissenschaftler haben wesentlichen Einfluß auf die Ereignisse des zweiten Quartals gewonnen, aber sie waren Wegbereiter des dritten Quartals, des „Zeitalters von Keynes", ohne sie, und natürlich auch dank E. Schneiders überragendem Einfluß, hätte sich die neue Lehre in Deutschland nicht so rasch durchgesetzt. Zugleich wird Zeugnis darüber abgelegt, daß der deutsche Beitrag nicht so unbedeutend gewesen ist, wie rückwirkend zuweilen behauptet wird. Er wäre viel größer ausgefallen, hätten nicht so bedeutende Ökonomen wie Colm, Neisser, Neumark und viele andere mit der aufkommenden Hitler-Zeit in die Emigration gehen müssen. Und gerade zahlreiche dieser Wissenschaftler hatten vor 1933 die Zeichen der Zeit erkannt und sich für die neuen Pläne eingesetzt. Die Dokumentation wird bis zur aktuellen Diskussion einkommens- und beschäftigungstheoretischer Fragestellungen reichen und einige der zentralen Beiträge der Monetaristen, der Vertreter der neuen Mikroökonomie und Leijonhufvuds wiedergeben.

In Band IV schließlich soll in großen Umrissen die Stabilisierungspolitik in der Nachkriegszeit in der Bundesrepublik in Lichte keynesianischer Theorie dokumentiert werden. Aufgenommen werden u.a. die Diskussion um Stabilitätsgesetz, konzertierte Aktion, und man wird bei der Frage enden, ob mit der jetzigen Krise ein Zeitpunkt gekommen ist, wo die Wissenschaft wieder einmal eines Anstoßes von außen bedarf. Gibt es heute „Reformer", die uns etwas zu sagen haben?

Die Herausgeber haben Dank nach vielen Seiten auszusprechen. Er gilt zunächst den wissenschaftlichen Mitarbeitern an Band I. Sie waren mit Erfolg darum bemüht, sich in eine von den Herausgebern vorgegebene Gesamtkonzeption einzufügen. Diese Studie wäre aber ohne eine materielle und ideelle Unterstützung nicht zustande gekommen. Der Dank dafür gebührt der Dräger-Stiftung und Herrn Dr. Heinrich Dräger, der uns als einer der Reformer aus den 30er Jahren stets seinen Rat zur Verfügung gestellt hat.

Basel/Konstanz, im Juni 1976 — Die Herausgeber

# Teil A
# Der Stand der beschäftigungspolitischen Diskussion zur Zeit der Weltwirtschaftskrise in Deutschland

**Andreas Korsch**

# I. Die wirtschaftliche Entwicklung in Deutschland von 1918–1933

## 1. Einleitung

Eines der Grundmotive aller wissenschaftlichen Forschung ist die unersättliche Neugierde und das Bedürfnis des Menschen nach Wissen über die Welt, in der er lebt, nach Erklärung und damit nach Verständnis des unendlichen Flusses von Erscheinungen, denen er gegenübersteht.[1] Sie läßt die Menschen ständig die Frage nach dem Was und Warum stellen und unermüdlich zu neuen Ergebnissen der Erkenntnis streben. Sie motiviert uns, daß wir beispielsweise unter Einsatz aller verfügbaren geistigen Kräfte und immer besserer technischen Mittel unablässig nach der Entstehung des Lebens forschen oder uns trotz einer Vielzahl vorhandener Kenntnisse ganz allgemein weiterhin bemühen, die Gesetze der Natur sowie bestimmter Formen des menschlichen Zusammenlebens aufzudecken.

Ein weiteres Motiv, das den Menschen zum Forschen anregt, leitet sich aus der Tatsache ab, daß wir nur über unvollständige Informationen verfügen und daher nur eine vage Kenntnis über die zukünftigen Ereignisse besitzen. Denn infolge dieser Unsicherheit in bezug auf die zukünftige Entwicklung, die unter Umständen sogar im Menschen ein Gefühl der Angst entstehen lassen kann, trachtet der Mensch beständig danach, seine strategische Position in der Welt durch die Entwicklung und Beherrschung von Methoden zu verbessern, mit denen er besser und zuverlässiger die in der Zukunft liegenden Ereignisse vorhersehbar machen kann.

Die Forschungsimpulse, die von diesen Grundmotiven wissenschaftlicher Forschung ausgehen, unterscheiden sich jedoch in ihrer Stetigkeit im Zeitablauf. Denn während das reine Forschungsmotiv, die Neugierde des Menschen nach mehr Wissen, regelmäßig die Menschen zur Forschung motiviert, unterliegen die Forschungsimpulse, die durch das Streben des Menschen nach mehr Sicherheit ausgelöst werden, starken Schwankungen im Zeitablauf. So können beispielsweise in Zeiten, in denen das Leben sorglos verläuft und es den Menschen in jeder Beziehung gut geht, die Menschen nur wenig dazu bewegt werden, sich über den weiteren Verlauf ihres Lebens Gedanken zu machen und weiter in die Zukunft zu blicken, als es ihre unmittelbar praktischen Ziele erfordern.[2] Dagegen vermögen sie ein lebhaftes Interesse nach der auf die Gegenwart folgenden Zeit aufzubringen, wenn ihre Existenz nicht mehr ganz so gesichert erscheint, wenn sie ohne Arbeit sind und ihre Familien nur noch mit Mühe ernähren können oder wenn die Zukunftsaussichten bedrohlich erscheinen. In solchen Fällen beginnen sie dann regelmäßig, sich über den weiteren Fortgang Sorgen zu machen, indem sie danach fragen, wie wohl die Zukunft aussehen mag und wie sie sich den neuen Umständen entsprechend am besten verhalten sollen.

Zum gegenwärtigen Zeitpunkt werden Fragen dieser Art vor allem im Hinblick auf die zukünftige wirtschaftliche und politische Entwicklung der verschiedenen Länder Europas und der sogenannten Dritten und Vierten Welt gestellt. Dabei geht es in erster Linie darum, eine neue wirtschaftspolitische Konzeption zu finden, die den inzwischen erfolgten Veränderungen in der Welt Rechnung trägt und dazu beiträgt, das nationale wie auch internationale (wirtschafts-)politische Gleichgewicht wiederherzustellen. Die Daten, die Aufschluß über den weiteren Verlauf und zukünftige Struktur dieser Welt geben können, sind dabei relativ ungesichert.

Die Industrienationen der westlichen Hemisphäre erleben gerade die schwerste Rezession nach dem 2. Weltkrieg, und nur in einigen wenigen Ländern zeichnet sich mit hoher Wahrscheinlichkeit ein neuer Wirtschaftsaufschwung ab. In den anderen Ländern kann man dagegen eine positive Entwicklung noch nicht erkennen. Wenn man an die wirtschaftliche und politische Situation in England und Italien denkt — man könnte noch mehr Länder nennen, wo die Probleme gleichgelagert liegen, wenn auch im geringeren Maße —, so steht sogar zu befürchten, daß die Rezession sich dort noch weiter fortsetzt und die bestehenden Probleme dadurch noch verschärft. Es wäre dann nicht mehr auszuschließen, ja sogar wahrscheinlich, daß die bestehende Ordnung sowohl in wirtschaftlicher wie auch politischer Hinsicht nicht mehr aufrechtgehalten werden kann und durch eine andere ersetzt wird. Wie diese neue Ordnung aber aussehen wird, ob sie mehr demokratisch oder mehr zentralistisch ausgerichtet ist, ob sie progressiver oder mehr konservativer Prägung ist, darüber können wir nur Vermutungen anstellen, da uns die Informationen zu einer genauen Aussage fehlen.

Eine nicht zu unterschätzende, ja sogar unentbehrliche Hilfe zur Klärung der offenen Fragen hinsichtlich der Gegenwart als auch der Zukunft erwächst uns indessen in der Geschichtsschreibung. Denn sie ermöglicht uns einerseits dadurch, daß sie uns fundierte Kenntnisse sowohl über die politischen und konstitutionellen Verhältnisse als auch über die sozialen und ökonomischen Veränderungen in der Vergangenheit vermittelt, unseren gegenwärtigen Standpunkt besser zu bestimmen.[3] Sie ist sogar für das Verständnis der heutigen Probleme eine notwendige Voraussetzung, denn jeder, der die modernen Probleme der Wirtschaft im allgemeinen und des Arbeitsmarktes im speziellen verstehen will, muß von der Entwicklung wissen, die zu der heutigen Situation geführt hat.[4]

Andererseits können wir aber von der Historiographie auch nützliche Hinweise für die Aufschlüsselung der Zukunft bekommen. Man denke nur an die Naturwissenschaften, wo das Ableiten aus der Vergangenheit zu einer allgemein anerkannten wissenschaftlichen Methode geworden ist. So werden dort aufgrund von langen, über mehrere Zeiträume sich erstreckenden Beobachtungen fast absolut sichere Voraussagen über die zukünftige Entwicklung gemacht. Dies ist möglich, weil die Natur in ihrer Struktur mehr oder minder gleichförmig und in ihrem Ablauf im hohen Maß regelmäßig ist.[5]

Im menschlichen Bereich ist dagegen der Nutzen der Erfahrung, was nur ein anderer Ausdruck für Geschichte ist, begrenzt. Denn dadurch, daß dem Menschen die Fähigkeit zu eigen ist, autonom eine Wahl treffen zu können, ist eine sichere Voraussage nicht mehr möglich. Wir können nicht mehr mit Bestimmtheit sagen, daß sich das, was sich in der Vergangenheit ereignet hat, auch in der Zukunft wiederholen wird. Denn dies hängt ganz davon ab, ob sich der Mensch in der gegenwärtigen Situation gleich entscheidet wie in der Vergangenheit, aus der wir unsere Erfahrung und Kenntnis herleiten.[6] Theoretisch sind alle Entscheidungskombinationen möglich, und wir sind nicht in der Lage zu sagen, zu welcher er sich entscheiden wird.

Es wäre indessen voreilig, deshalb nun annehmen zu wollen, daß die Erfahrung der Vergangenheit nicht zu einem besseren Verständnis der Gegenwart beitragen und auch nicht als Wegweiser für die Zukunft dienen könne. Denn ebenso wie bei den Naturwissenschaften gibt es auch in der menschlichen Natur stabile Komponenten, so daß nicht alle Entscheidungskombinationen die gleiche Wahrscheinlichkeit haben, sondern einige relativ häufig und andere wiederum äußerst selten eintreten. Dies kann einmal genetisch oder psychisch bedingt sein, zum anderen ist es aber auch die Umwelt, in die ein Mensch hineingeboren wird, die ein bestimmtes normatives Verhalten bewirkt. Natürlich unterliegen auch diese Faktoren im Zeitablauf manchen Veränderungen, so daß auch ihre Kenntnis noch keine absolut sichere Voraussage ermöglicht, man kann aber nichtsdestoweniger annehmen, daß dieser Evolutionsprozeß nur sehr langsam vor sich geht.

Die Tatsache, daß es auch in der menschlichen Natur wie auch im Zusammenleben der Menschen stabile Komponenten gibt und auch nachgewiesen werden können, berechtigt uns aber zu der Annahme, daß auch im menschlichen Bereich einiges Licht von der Vergangenheit auf die Zukunft fallen kann. In der Erfahrung haben wir also ein Mittel, das uns zu einer besseren Urteilskraft verhelfen und infolgedessen dazu beitragen kann, die richtigeren Entscheidungen zu treffen.[7]

Die Frage, ob die nochmalige Beschäftigung mit der Weltwirtschaftskrise von 1929 angesichts der gegenwärtigen Wirtschaftssituation überhaupt noch einen Wert hat, können wir also an Hand unserer obigen Überlegungen uneingeschränkt positiv beantworten. Zum einen gibt es rein geschichtlich noch eine Menge aufzuklären, da die Weimarer Republik, obgleich sie einen entscheidenden Zeitabschnitt für die zukünftige Entwicklung Deutschlands darstellte, lange Zeit eine Art Stiefkind der Forschung war.[8] Insbesondere über die politischen und wirtschaftlich-sozialen Ereignisse während ihrer letzten Jahre von 1930–1933 herrscht noch viel Unklarheit, die auch zum Zwecke eines besseren Verständnisses der nachfolgenden Zeit beseitigt werden muß.

Zum anderen wäre ein Vergleich zwischen der heutigen Wirtschaftskrise und der von damals interessant. Unter Umständen ließen sich daraus einige nützliche Erkenntnisse ableiten. So wäre beispielsweise zu untersuchen, ob dieselben Kräfte, die 1929 den Zusammenbruch der internationalen Wirtschaft bewirkt haben, auch für die vorliegende Rezession verantwortlich sind. Man würde dadurch gleichzeitig die Frage klären, ob die Lösungsvorschläge von damals auch für die Überwindung der gegenwärtigen Krise noch ihre Gültigkeit besitzen. Ein solcher Vergleich würde uns außerdem darüber aufklären, ob wir wirklich unsere Lektion aus dem Versagen der 30er Jahre gelernt haben. Denn wenn wir auch viele Fehlerquellen intellektuell und institutionell heute beseitigt haben und das Maß an internationaler Kooperation unvergleichlich höher ist als zu der damaligen Zeit, sollten wir diese Frage aufgrund der Gefahr der Selbstüberschätzung nicht ohne weiteres bejahen.[9]

Was die damals in Deutschland zur Anwendung gekommene Wirtschaftspolitik betrifft, so wissen wir, daß sie infolge einer falschen Konzeption eher krisenverstärkend als krisenmildernd gewirkt hat. Sie versagte, weil die alten Regeln für ein gutes Wirtschaftsgebaren nicht mehr zutrafen und sie infolgedessen weder der Deflation noch der ständig ansteigenden Arbeitslosigkeit mehr Herr wurde. Ungeklärt geblieben ist aber die Frage, warum die Regierung Brüning, nachdem sie erkannt haben mußte, daß sie die Krisenerscheinungen mit dem falschen Mittel bekämpfte, keinen anderen wirtschaftspolitischen Weg gegangen ist. Wußte sie es nicht besser oder wurde sie das Opfer einer falschen wirtschaftstheoretischen Konzeption, zu der es keine überzeugende Alternative gab? Oder wenn es Alternativen zu der offiziellen Wirtschaftspolitik gab und die Verantwortlichen in der Regierung davon Kenntnis hatten, wurde dann die eingeschlagene Politik aus Unverständnis nicht revidiert oder gab es vielleicht andere Gründe, die ein Festhalten an der ursprünglichen Konzeption geboten?

Was die erste Frage betrifft, so ist bekannt, daß die von Brüning durchgeführte Wirtschaftspolitik eine kräftige Stütze in der neoklassischen Preistheorie fand, nach der sich eine freie Marktwirtschaft, wenn sie sich selbst überlassen wird und der Staat keinen Einfluß auf sie ausübt, von selbst reguliert und zu einem Vollbeschäftigungsgleichgewicht zurückfindet.

Ferner entspricht es der weitverbreiteten Meinung, daß der Engländer John Maynard Keynes der erste gewesen ist, der diese Theorie angegriffen und in seinem 1936 erschienenen Buch, die „General Theory of Employment, Interest and Money", erstmals überzeugend dargelegt hat, daß der Preismechanismus nicht immer die Gewähr bietet, daß die Arbeitskräfte und Produktionskapazitäten immer vollbeschäftigt sind. Gleichwohl entspricht diese Ansicht nicht den Tatsachen. So hat G. Garvy unter Zitierung mannigfacher Quellen nachgewiesen, daß beispielsweise in Schweden und in den Vereinigten Staaten von Amerika die „General Theory" keineswegs als ein revolutionierendes Werk gewertet wurde, da sich dort schon längst eine keynesianische Wirtschaftsauffassung herausgebildet hatte.[10] Und in Deutschland? Blieb man dort vollständig der herrschenden wirtschaftlichen Orthodoxie verhaftet oder gab es auch dort wissenschaftliche Außenseiter, die ähnliche Ideen wie Keynes formuliert hatten? Dies ist die Frage, die noch weiterer Aufklärung bedarf und deren Beantwortung das Ziel der vorliegenden Arbeit ist.

Darüber hinaus wollen wir, wenn es sich herausstellen sollte, daß es eine überzeugende und bessere Alternative zu der amtlichen Wirtschaftspolitik gab — und dies kann unserer Meinung nach nicht bestritten werden —, die Gründe aufzeigen, die dafür ausschlaggebend sind, daß Brüning sich nicht sogleich dieser neuen wirtschaftspolitischen Auffassung anschloß und mit der Durchführung eines Arbeitsbeschaffungsprogramms solange abwartete. Eine Erklärung, die nur wirtschaftliche Momente anführen würde, wäre dabei ungenügend, weil sie fälschlicherweise von den politischen Umständen vor und während der Zeit der Weltwirtschaftskrise abstrahieren würde, die unserer Auffassung zufolge aber das Verhalten Brünings entscheidend beeinflußt haben. Aus diesem Grund wollen wir auch in dem nachstehenden Kapitel einen kurzen Überblick über die politische und wirtschaftliche Entwicklung in Deutschland nach dem Friedensvertrag von Versailles bis zur Weltwirtschaftskrise geben.

## 2. Die Ursachen der Weltwirtschaftskrise

Wer immer nach den Ursachen fragt, die zu der größten und politisch schwerwiegensten Wirtschaftskrise der Neuzeit geführt haben, dem bieten sich eine Fülle verschiedener Erklärungen an, von denen jede für sich beansprucht, die Gründe aufzeigen zu können, die für ihren Ausbruch verantwortlich sind. Sie lassen sich danach unterscheiden, daß die einen die Ursache und die Länge der Wirtschaftskrise vornehmlich auf realwirtschaftliche Faktoren, insbesondere auf die mangelnde Anpassung an die veränderte Wirtschaftsstruktur nach dem 1. Weltkrieg zurückführen, während die anderen den Fehler mehr im monetären Bereich, vor allem in dem Versagen der internationalen Geldpolitik suchen. Eine weitere Gruppe von Wirtschaftswissenschaftlern vertritt wiederum die Meinung, daß sie das Ergebnis einer „series of historical accidents" ist.[11]

Nach dieser Theorie wiederholen sich die großen Depressionen in periodischen Abständen. So führt Samuelson beispielsweise an, daß es ebenso wie nach dem 1. Weltkrieg auch nach den napoleonischen Kriegen eine kurze, aber einschneidende Deflation gab, auf die dann nach der Wiederherstellung der alten Pfundparität eine wirtschaftliche Aufschwungsphase folgte. Und wie 1929 war es auch der Börsenkrach im Jahre 1826, der diese Hochkonjunkturphase zum Abschluß brachte und die Depression einleitete.[12]

Ein weiteres Beispiel findet sich in der Depression in den 40er Jahren des vorigen Jahrhunderts. Denn das Zusammenfallen verschiedener wirtschaftlicher und politischer Ereignisse ist auch hier der Grund für die Schwere und Länge der Krise. Während die einen den Rückschlag als die Antwort auf den übersteigerten Eisenbahn-Boom bewerten und in der Hauptsache dafür das Versagen des Geld- und Kreditwesens verantwortlich machen, geben andere Wirtschaftshistoriker vornehmlich realwirtschaftliche Gründe als Krisenursache an. Unter anderem machen sie darauf aufmerksam, daß die Weizenernte im Jahre 1846 die kleinste seit 50 Jahren war, hingegen das Jahr 1847 das beste Ergebnis seit 50 Jahren brachte.[13]

Eine interessante Variante dieser Theorie der „historical accidents" findet sich noch bei Joseph Schumpeter und Andreas Predöhl, die das gewaltige Ausmaß der Wirtschaftskrise von 1929 mit dem Zusammenfallen dreier Konjunkturzyklen begründen. Aufgrund von Vergleichsstudien verschiedener Konjunkturverläufe ergab sich nämlich überraschenderweise, daß sowohl der langfristige Kondratieff-Zyklus als auch der 9jährige Juglar-Zyklus und der kurzfristige Kitchin-Zyklus zu diesem Zeitpunkt gleichzeitig ihren Tiefstpunkt erreicht hatten.[14]

Im Gegensatz zu dieser Auffassung stehen jene Wirtschaftshistoriker, die in der Wirtschaftskrise von 1929 eine Strukturkrise sehen, die durch eine ungenügende Anpassung an die veränderte Wirtschaftsstruktur nach dem 1. Weltkrieg verursacht wurde. So beispielsweise in der Landwirtschaft, die ihre Kapazitäten während des 1. Weltkrieges stark vergrößert hatte, um den nach Abbruch der internationalen Handelsbeziehungen gestiegenen Bedarf decken zu können und die infolgedessen nach Kriegsende unter einer allgemeinen Überproduktion litt, zumal da die Nachfrage infolge der Mechanisierung der Landwirtschaft und eines allgemeinen Geburtenrückganges ständig abnahm.[15] Dies hatte zur Folge, daß beispielsweise die Preise für Weizen seit 1925 unaufhaltsam fielen. Eine Anpassung an die neuen Verhältnisse in Form einer Beschränkung des Angebots erfolgte indessen nicht. Im Gegenteil, in Australien wurden die Anbauflächen im Rahmen einer „Grow More Wheat Campaign" sogar um 22% erweitert.[16] Eine noch verheerendere Wirkung hatten aber die gewaltigen russischen Weizenexporte gegen Ende der 20er Jahre, durch die sich die russische Regierung die notwendigen Devisen zur Finanzierung ihres ehrgeizigen industriellen Aufbauprogramms beschaffen wollte. Das Ergebnis dieser Maßnahme sah aber so aus: zum einen fielen die Weltmarktpreise innerhalb von 2 Jahren von 1929–1931 nahezu um 40 Punkte[17], zum anderen starben aber Millionen russischer Bürger an Hunger, da man sie mit dieser Aktion ihrer Ernährungsgrundlage beraubt hatte.[18]

Eine ähnliche Entwicklung, wie wir sie für Weizen aufgezeigt haben, finden wir auch bei anderen landwirtschaftlichen Anbauprodukten wie beispielsweise bei Kautschuk, Seide, Zucker, Kaffee und ab 1929 dann auch für Baumwolle. Bei all diesen Produkten, die in der Regel eine sehr lange Ausreifezeit bis zu ihrer Marktreife benötigen, kann man einen zu dem bekannten Schweinezyklus analogen Verlauf feststellen, der sich mit Hilfe des Cob-web-Mechanismus erklären läßt: Demzufolge beginnen die Anbieter aufgrund einer momentanen Preishausse, von der sie glauben, daß sie auch in der Zukunft anhalten wird, ihre Produktion zu erweitern. Die Preise sinken aber bereits schon wieder, weil beispielsweise bestehende Engpässe beseitigt wurden. Das Angebot vergrößert sich aber mittlerweile noch um die inzwischen zur Marktreife gelangten Produkte und bewirkt dadurch einen weiteren Preisverfall.

Im Rahmen einer realwirtschaftlichen Erklärung wäre im industriellen Bereich als weitere Ursache die zu große Rationalisierung und die zu schnelle Expansion sowohl der Konsumgüter- als auch der Investitionsgüterindustrie zu nennen, die eine allgemeine Überproduktion bewirkte. Diese Entwicklung wurde einerseits durch das überproportionale Wachstum der Unternehmergewinne im Vergleich zu den Löhnen und Gehältern begünstigt, andererseits aber auch durch die günstigen Konditionen, zu denen man einen Kredit bekommen konnte.[19] Ferner sind noch der technische Fortschritt und die Verbesserungen auf dem Gebiet der Organisation zu nennen, die ebenfalls zu einer großen Steigerung der Produktion beigetragen haben.[20]

Die Gefahr, die in solch einer forcierten Expansion liegt, besteht darin, daß jede Verlangsamung des Investitionswachstums unweigerlich zu Kapazitätsüberschüssen führt und dadurch starke Bremswirkungen hervorruft. Indessen muß daraus aber nicht gleich eine Wirtschaftskrise von dem Ausmaß von 1929 entstehen, es sei denn, daß die Nachfrage innerhalb kurzer Zeit sehr stark abnimmt oder die Kreditquellen plötzlich versiegen.

Für Deutschland war insbesondere das Risiko einer Kreditverknappung sehr groß, da ein Großteil des industriellen Aufbauprogramms mit ausländischen, in der Hauptsache amerikanischen und englischen Krediten finanziert war. Diese konnten, da es sich im überwiegenden Maße um kurzfristige Gelder handelte, jederzeit abgezogen werden und dadurch die deutsche Industrie in arge Bedrängnis bringen. Auf diese Gefahr hatte außerdem schon Gustav Stresemann in einem Gespräch mit Blondel aufmerksam gemacht; unter anderem führte er aus: „Die Darlehen, die wir bei den Vereinigten Staaten und England aufgenommen haben, könnten uns leicht in eine schwierige Situation bringen. Wenn diese Länder dazu übergehen, ihre Gelder zurückzuziehen, sobald ihre finanzielle Situation eines Tages erschüttert ist, dann werden auch wir uns in einer mißlichen Lage wiederfinden. Wir produzieren zuviel und wir können unsere Läger nicht abbauen; die Fabriken müssen die Arbeit einschränken; die Arbeitslosigkeit wird ansteigen und wir werden keine angemessene Beschäftigung für die Tausenden von Arbeitern finden“.[21] Seine Vorahnung sollte 1930 zur bitteren Wirklichkeit werden.

Im Gegensatz zu dieser Auffassung stehen diejenigen Autoren, die die Krise in erster Linie auf die unausgewogene Einkommensverteilung zurückführen und dabei als Ursache vornehmlich die starke Einkommenskonzentration nennen. Unter anderem vertritt auch Galbraith diese These, der insbesondere für die Krise in den Vereinigten Staaten die zu einseitige Verteilung verantwortlich macht.[22] Er begründet dies damit, daß 5 v.H. der amerikanischen Bevölkerung annähernd ein Drittel der physischen Einkommen auf sich vereinigten, und somit die amerikanische Wirtschaft im starken Maße von den Investitions- und Konsumausgaben dieser Klasse abhängig war. Jeder Einkommensrückgang mußte demzufolge weitreichende Auswirkungen auf die gesamtwirtschaftliche Nachfrage haben. Nun war es aber gerade diese Klasse, die von dem New Yorker Börsenkrach am empfindlichsten getroffen wurde und diese zu einer Reaktion veranlaßte, deren Wirkung durch alle Wirtschaftszweige hindurch zu spüren war.[23]

Für die amerikanische Bauindustrie und spezielle Zweige der Konsumgüterindustrie kommt noch erschwerend die verringerte Familienbildung hinzu, die hauptsächlich auf den zu Beginn der 20er Jahre erlassenen Einwanderungsstopp zurückzuführen ist. Die gleiche Wirkung hatte in Deutschland der nicht aufzuhaltende Rückgang der Geburten.[24] In beiden Fällen kam es dadurch in diesen Bereichen zu großen Überkapazitäten.

Was die vergleichsweise besonders schwerwiegenden Auswirkungen der Wirtschaftskrise auf das deutsche Bankwesen betrifft, so müssen zwei Gründe aufgeführt werden, wovon der eine tief in der Eigenart des deutschen Bankwesens verankert ist. Denn im Gegensatz zu dem angelsächsischen System bildet die deutsche Bank ein Zwittergebilde aus Depositen- und Investitionsbank, ein Banktypus, der wesentlich empfindlicher auf Marktschwankungen reagiert als beispielsweise die reinen Handelsbanken.[25]

Als verhängnisvoll erwies sich darüber hinaus das Versäumnis, daß die Banken in ihrer Prosperitätsphase nicht einen Teil der hereinströmenden Gelder zur Stärkung ihrer Eigenkapitalgrundlage verwendet hatten, die zuvor durch die Inflation so gut wie vollständig zerstört worden war. Denn während das Verhältnis des Eigenkapitals zu den Einlagen vor dem Krieg 1 zu 3 oder 4 war, lag es nun bei Ausbruch der Wirtschaftskrise bei 1 zu 10 oder 15, nach Ambrosi sogar teilweise bei 1 zu 20.[26] Schon bei einem Verlust von 5–10 v.H. ihrer Aktiven war folglich ihr Eigenkapital aufgezehrt.

Dazu kommt dann noch die sich laufend verschlechternde Liquiditätsquote der Banken. So war beispielsweise die Barliquidität, d.h. die Deckung der Fremdmittel und sonstigen Kreditoren der Bank durch Kassenbestand und Notenbankguthaben, 1929 auf 3,8 v.H. gegenüber 7,3 v.H. in der Vorkriegszeit gesunken. Bei den englischen und amerikanischen Banken belief sich dagegen die Vergleichszahl auf 10 v.H.[27] Die Reichsbank hatte diesbezüglich die Banken mehrmals auf ihre Verwundbarkeit im Falle eines Einlagenabzuges hingewiesen und ermahnt, ihr wurde aber seitens der Banken die These entgegengehalten, daß die Wirtschaft diese umfangreichen Kredite benötigen würde und man ja jederzeit auf einen großen Wechselbestand zur Refinanzierung zurückgreifen könnte.[28]

Die nachfolgenden Ereignisse gaben indessen der Auffassung der Reichsbank recht. Als 1931 nach den deutsch-österreichischen Verhandlungen über eine Zollunion die Franzosen in großem Maße ihre Kredite kündigten und kurze Zeit später nach dem Konkurs der Nordwolle zusätzlich noch die Inländer ihre Einlagen aufzulösen begannen, konnten die Banken nur mit großer Mühe diesem Ansturm standhalten. Bei einer der größten und bekanntesten Bank, der Darmstädter-Nationalbank (abgekürzt Danat), mußte die Reichsregierung am 13. Juli sogar die Schließung ihrer Schalter anordnen. Es zeigte sich aber noch an demselben Tag, daß der Danatbank-Fall nicht isoliert behandelt werden konnte, da auch die anderen Banken sich zur Schließung ihrer Schalter gezwungen sahen, so daß die Reichsregierung sich am nächsten Tag dazu entschloß, zwei „Bankfeiertage" zu verkünden.[29]

Diesen genannten strukturellen Veränderungen und Schwächen entsprachen einschneidende Veränderungen der äußeren Beziehungen. Vor allem in den internationalen Kredit- und Geldströmen hatte sich das weltwirtschaftliche Gleichgewicht der Vorkriegszeit nicht mehr eingespielt.[30] Dies veranlaßt einige Autoren zu der Annahme, daß die

Aufklärung der Krisenursache unbedingt von der Kreditseite aus erfolgen muß, da ihrer Meinung nach die vielfältigen Möglichkeiten der letzten Krisenursache ihren gemeinsamen und sichtbaren Ausdruck im Geld- und Kreditwesen finden.[31] Diese Position vertritt heutzutage unter anderem auch Milton Friedman, der als Ursache der großen Depression das Versagen der Geldpolitik, insbesondere die der Vereinigten Staaten, anführt.[32]

Als der wichtigste, das internationale Gleichgewicht am meisten destabilisierende Faktor wird in diesem Zusammenhang in der Literatur übereinstimmend das System der interalliierten Kriegsschulden und der deutschen Reparationen genannt. Denn, so lautet die Begründung im allgemeinen, bei einer Übertragung so großer Summen — allein die Kriegsverbündeten der USA schuldeten diesen ungefähr 26 Milliarden RM[33] — kann eine einschneidende Veränderung des Wirtschaftskreislaufes sowohl bei den Gläubigern als auch bei den Schuldnern nicht ausbleiben. So ähnlich lautet auch die Quintessenz des Buches von Renatus „Die zwölfte Stunde", in dem er die Ursachen der deutschen Krise untersucht und dabei zu dem Ergebnis kommt, daß das ursächliche Element der Weltwirtschaftskrise in der aus dem Krieg übernommenen ungeheuren Schuldenlast besteht, die von der produktiven Wirtschaft der Nachkriegszeit verzinst und getilgt werden muß.[34]

Die Regelung über die Abzahlung der aufgenommenen Kriegsschulden seitens der Alliierten sowie über die deutschen Reparationszahlungen zur Abgeltung der Kriegsschäden war einigermaßen kompliziert. Im Gegensatz zu England, Frankreich, Belgien und Italien wollten die USA die Reparationen und die Kriegsschulden nicht als einheitliches Ganzes, sondern als zwei voneinander getrennte Problemkomplexe behandelt wissen. Aus diesem Grunde weigerten sie sich auch, Reparationszahlungen von Deutschland direkt anzunehmen. So einigte man sich schließlich auf die Vereinbarung, daß Deutschland zur Abgeltung der von ihm verursachten Kriegsschäden Reparationszahlungen an die betreffenden Länder zu leisten habe und diese ihrerseits unabhängig davon ihre Schulden bei den USA zurückzuzahlen haben. Die Zahlungen waren dabei jeweils in der Währung des Gläubigerstaates zu leisten.

Eine so hohe Wertübertragung, die zudem noch immer in die gleiche Richtung, nämlich zu den Vereinigten Staaten lief, mußte sowohl für die Schuldner- als auch für die Gläubigernation gleichermaßen Probleme mit sich bringen. Während Deutschland vor der Schwierigkeit stand, wie es die notwendigen finanziellen Mittel aufbringen und transferieren sollte, stellte sich für die USA das Problem, wie sie die hereinströmenden Gelder aufnehmen konnten, ohne dabei ihr eigenes Gleichgewicht zu zerstören. Denn dort mußte ein inflationärer Druck entstehen, da der Geldzufluß zwar zu einer Erweiterung der Geldmenge, nicht aber auch zu einer gleichzeitigen Steigerung des Güterangebotes führte.

Um dies zu verhindern, gab es, wenn man von einer Tresorierung einmal absieht, zwei Möglichkeiten. Die bessere und den Regeln des klassischen Zahlungsbilanzausgleichs entsprechende Lösung wäre gewesen, wenn die Amerikaner als Antwort auf die inländische Preishausse mit den zugeflossenen Mitteln im vermehrten Maße Importwaren, darunter vor allem deutsche Güter, gekauft hätten. Nach den Regeln des klassischen Zahlungsbilanzausgleichs hätte deutsche Waren zu kaufen vorteilhaft sein müssen, weil durch den Gold- und Devisenabfluß und der dadurch erzwungenen Kontraktion der inländischen Geldmenge das deutsche Preisniveau gesunken sein mußte.[35] Andererseits hätte sich aber infolge der gestiegenen Exportnachfrage ein Überschußsaldo in der deutschen Leistungsbilanz gebildet, dessen Abdeckung Deutschland die benötigten Devisen gebracht hätte. Aus der ursprünglichen Geldübertragung wäre nachträglich eine

Güterübertragung geworden, und das weltwirtschaftliche Gleichgewicht wäre erhalten geblieben.

Die andere Möglichkeit war, die hereinfließenden Gelder in Form von Krediten nach Deutschland zurückfließen zu lassen. In den Vereinigten Staaten hätte dadurch ebenfalls der Inflationsdruck abgenommen, und in Deutschland hätte das Defizit in der Leistungsbilanz finanziert werden können. Die auf dem Weg von Anleiheoperationen erreichte Stabilität hätte aber nur vorübergehender Natur sein können, denn das grundsätzliche Problem der einseitigen Wertübertragung wäre nur zeitlich verschoben, nicht aber gelöst worden. Denn spätestens dann, wenn diese Kredite rückzahlbar gewesen und die dazu erforderlichen Devisen zu beschaffen gewesen wären, hätte die deutsche Leistungsbilanz einen Überschuß ausweisen müssen, da Schulden letzten Endes nur durch Waren oder Dienstleistungen bezahlt werden können.

Zum Tragen kam indessen diese letztgenannte Lösung. Unmittelbar nach der Markstabilisierung setzte, zuerst noch zögernd, mit zunehmendem Vertrauen in die politischen Verhältnisse aber immer stärker, das Einströmen ausländischen Kapitals ein. Nach dem Bericht des sogenannten Beneduce-Ausschusses waren es ungefähr 18 Milliarden RM, die auf diese Weise in den Jahren 1924–29 nach Deutschland geflossen sind.[36] Der deutschen Regierung, die auf eine unbedingte Erfüllung der Reparationszahlungen bedacht war, kam dieser Kapitalzufluß sehr gelegen, da er ihr ermöglichte, die Raten trotz eines ständigen Handelsbilanzdefizits pünktlich zu überweisen. Zum anderen hatte Deutschland einen großen Bedarf an Kapital zur Auffüllung der durch den Krieg, die Nachkriegserscheinungen und die Inflation entstandenen Lücken, der durch den nach Abfluß verbliebenen Teil gedeckt werden konnte. Tatsächlich wurden dann auch die Mittel in privaten und öffentlichen Betrieben angelegt, die auf diese Weise in kürzester Zeit neu aufgebaut und modernisiert wurden. Außerdem wurde ein Teil zum Ausbau der Infrastruktur verwandt.

Dem Vorteil, den deutschen Produktionsapparat sehr schnell aufbauen zu können, stand aber der große Nachteil gegenüber, daß Deutschland dadurch, daß das Kapital in fremden Händen war, besonders empfindlich für finanzielle Störungen war, namentlich soweit diese Gelder mit kurzer Kündigungsfrist zurückgezogen werden konnten. Dies konnte unter Umständen verheerende Auswirkungen auf die deutsche Wirtschaft haben. Denn da ein Großteil der kurzfristigen Kredite langfristig angelegt war, stellte ein Zurückziehen dieser Gelder eine schwere Bedrohung für die ohnehin nicht gute Liquidität der deutschen Banken dar, die sich im Falle einer Liquiditätskrise zu einer allgemeinen Wirtschaftskrise ausweiten mußte. Zum erstenmal war die Gefahr, die in einer so kurzfristigen Auslandsverschuldung liegt, deutlich hervorgetreten, als die Franzosen im Zusammenhang mit den Young-Plan-Verhandlungen den von ihnen vertretenen Standpunkt dadurch durchzusetzen versuchten, daß sie große Beträge aus Deutschland abgezogen hatten. Die Schwierigkeiten, die damals entstanden, waren jedoch alsbald überwunden, denn mit der Unterzeichnung des Young-Planes strömten auch aufs Neue die ausländischen Gelder nach Deutschland zurück. Als längerfristiges Problem gestaltete sich dagegen schon die Liquidation des Börsenzusammenbruchs in New York im Oktober 1929, als ein Großteil der Spekulanten ihre aufgenommenen Kredite durch den Verkauf der damit erworbenen Papiere nicht mehr abdecken konnten und demzufolge gezwungen waren, diese entweder aus ihren Einkommen oder aber aus anderen Ersparnissen — eben beispielsweise aus in Deutschland angelegten Geldern — zu tilgen. Als dann jedoch mit der Reichstagswahl im September 1930 zu den wirtschaftlichen Motivationen noch politische hinzukamen — die Nationalsozialistische Deutsche-Arbeiterpartei erhielt bei dieser Wahl einen großen Stimmenzuwachs — und mit dem schwindenden Vertrauen in die deutsche politische Stabilität immer größere Beträge zuerst von ausländischen und dann auch noch von inländischen Kreditoren zurückgerufen wurden, war die Katastrophe nicht mehr aufzuhalten. Denn die Banken in ihrer Bedrängnis begannen nun ihrerseits die Inlandskreditgewährung einzuschränken, sei es, daß sie ihre Kreditnehmer zur Rückzahlung drängten oder erfolgte Rückzahlungen nicht mehr zum Anlaß zu einer neuen Kreditgewährung nahmen.[37] Im eigentlichen Güterverkehr der Wirtschaft bewirkte dies eine Einschrumpfung der Kaufkraftzirkulation, die ihrerseits wiederum einen allgemeinen Absatzrückgang begründete, demzufolge nunmehr auch das Kreditbegehren der Wirtschaft zurückgehen mußte.[38] Aus der ursprünglichen Finanzkrise war eine allgemeine Wirtschaftskrise geworden.

Es ist dies der Zusammenhang von Geld- und Güterströmen, auf den alle diejenigen Ökonomen verweisen, die eher im monetären als im realwirtschaftlichen Bereich eine Erklärung für das Entstehen der Wirtschaftskrise suchen. Als zusätzliche, das internationale Gleichgewicht destabilisierende Faktoren nennen sie in diesem Zusammenhang außerdem noch die zu geringe Goldproduktion im Verhältnis zur Warenproduktion bzw. die ungleichgewichtige Goldverteilung, die dazu führte, daß in einigen Ländern — vornehmlich Frankreich und die Vereinigten Staaten von Amerika — mehr Gold lagerte als diese zur Bemessung ihres Geldumlaufes benötigten, ferner die Rückkehr Englands zu seiner alten, aber nun im Vergleich zu den anderen Währungen überhöhten Pfundparität, sowie nicht zuletzt die dazu im Gegensatz stehende Unterbewertung des französischen Franken.

Zwischen diesen beiden Auffassungen, die größtenteils monokausal argumentieren, siedelt sich der Standpunkt Kindlebergers an, der die Auffassung vertritt, daß weder allein wirtschaftliche Strukturmängel und Anpassungsschwierigkeiten noch irgendwelche finanziellen Engpässe das Entstehen sowie das gewaltige Ausmaß der Weltwirtschaftskrise erklären können, weil es sich nämlich letztlich um ein Nullsummenspiel handelt, wo der Verlust des einen Partners der Gewinn des anderen ist. So wirkt zwar zum Beispiel ein Kapitalstopp in dem Land, welches nicht mehr länger Geld importieren kann, deflationär; in dem anderen Land aber, das einen Teil seiner Ersparnisse nicht mehr ins Ausland abfließen läßt, müßten dann aber umgekehrt von dieser Maßnahme expansive Effekte ausgehen. Das gleiche gilt, wenn der Preis eines bestimmten international gehandelten Gutes fällt. So wird als Folge davon in dem Exportland das Einkommensniveau und damit auch die Kaufkraft zu sinken beginnen; demzufolge muß sie aber dann in dem Land, welches die Güter regelmäßig importiert, steigen. Es folgt daraus, daß solche wie auch andere Veränderungen finanzieller und struktureller Art zwar alle kleineren konjunkturellen Rückschläge begründen können, solange aber diese Verschiebungen nicht asymmetrisch verlaufen, dürfen sie nicht als die Ursache einer Depression von dem Ausmaß der 30er Jahre angenommen werden.[39] Kindleberger kommt daher zu dem Schluß, daß der eigentliche Fehler eher im politischen Bereich zu suchen ist, und zwar vor allem in dem Unvermögen der Engländer, in dem internationalen Wirtschaftssystem wieder die Führungsrolle zu übernehmen, die sie bis zum Ausbruch des 1. Weltkrieges innegehabt hatten, sowie in der mangelnden Bereitschaft der Vereinigten Staaten, anstelle jener nun ihrerseits diese zu übernehmen und einen größeren Teil der Last innerhalb dieses Systems zu tragen.[40]

Das Charakteristische an dieser Rolle, wie sie die Engländer bis 1914 übernommen und verstanden hatten, liegt dabei in der Tatsache begründet, daß das Vereinigte Königreich, ob nun bewußt oder unbewußt, eine antizyklische langfristige Ausleihepolitik in dem Sinn betrieben hat, daß inländische Investitionen und ausländische Kapitalausleihungen immer kontrapunktisch zueinander verliefen. Herrschte in England eine Rezession, floß das Geld vermehrt ins Ausland, wo es zu besseren Konditionen angelegt werden konnte; befand sich dagegen die englische Wirtschaft in einer Phase der Hochkonjunktur, wurden die Ersparnisse in der Hauptsache zur Finanzierung von Investitionen im Inland verwendet. In beiden Fällen verstärkte dies zwar jeweils die Konjunkturausschläge in England entweder nach unten oder nach oben[41], für die übrige Welt hingegen wirkte sich diese Politik eher stabilisierend als destabilisierend aus. Denn parallel zu der verstärkten Anlage der Gelder im Inland in Zeiten eines Booms erhöhte sich auch die Importnachfrage — vor allem stieg die Nachfrage nach Rohstoffen stark an —, wodurch der zuvor erfolgte Rückgang der Kaufkraft wieder einigermaßen kompensiert wurde.

Dazu entgegengesetzt steht die Politik, wie sie von den Vereinigten Staaten nach dem 1. Weltkrieg betrieben wurde. Während nämlich in England, wie wir gesehen haben, die ausländischen Kapitalausleihungen und die inländischen Investitionen Substitute waren, waren sie in den Vereinigten Staaten positiv zu den Konjunkturschwankungen und Zinsraten korreliert. So wiesen in der Hochkonjunkturphase der 20er Jahre nicht nur die Investitionen im Inland eine gewaltige Steigerung auf, sondern gleichzeitig nahmen auch jene im Ausland beträchtlich zu. Entsprechend umgekehrt verlief dann der Mechanismus, als sich in den USA die ersten Krisenanzeichen bemerkbar machten. Die im Ausland angelegten Gelder wurden ebenfalls zurückgezogen, ohne daß aber in diesem Fall eine Kompensation durch eine erhöhte Importnachfrage erfolgte. Im Gegenteil, die Amerikaner versuchten sogar, die Importe mit Hilfe protektionistischer Maßnahmen wie etwa des 1930 erlassenen Smoot-Hawley Tarifs noch weiter zu beschneiden. Die Folge war, daß entgegengesetzt zu der englischen Politik, von der amerikanischen in den 20er Jahren keine stabilisierenden Einflüsse ausgingen, sondern vielmehr das internationale System als Ganzes mangels Übernahme dieser Führungsrolle sehr unstabil wurde.[42]

So wurden die Länder der Nachkriegszeit mit einer Menge, zum Teil sehr komplexer Probleme konfrontiert, die eine gesamtwirtschaftliche Lösung schwierig gestalteten und auch die nationale Wirtschaftspolitik vor bisher nicht bekannte Schwierigkeiten stellten. Eine Lösung wäre nichtsdestoweniger erreichbar gewesen, wenn man die Probleme historisch unbelasteter, mit weniger Animositäten, sondern mehr in Ruhe, gleichsam technisch angegangen hätte. Zum Beweis sei nur auf die Zeit nach dem 2. Weltkrieg verwiesen, wo nicht minder schwere Fragen zum Vorteil aller Beteiligten geregelt werden konnten.[43]

Nach dem 1. Weltkrieg hingegen wurde diese Einsicht in die gegenseitige Abhängigkeit zum größten Teil von einer mit viel Mißtrauen beladenen und auf Revanche zielenden Politik überlagert. Dies galt insbesondere für die deutsch-französischen Verhandlungen, die noch lange Jahre nach der Unterzeichnung des Versailler Friedensvertrages mit großen Ressentiments gegenüber dem anderen Partner geführt wurden. Während auf französischer Seite als vordringlichstes Ziel die absolute Sicherung der Grenzen gegenüber Deutschland angestrebt wurde, brachte man auf deutscher Seite immer wieder die Frage nach der wahren Kriegsschuld zur Sprache und drängte seinerseits auf eine Revision des „Diktatsfriedens“, wie der Friedensvertrag von Versailles häufig genannt wurde. Vor allem in einer Streichung der darin bestimmten, aber quantitativ erst später festgelegten Reparationszahlungen sahen die Parteien der Weimarer Republik die bedeutsamste Aufgabe der deutschen Außenpolitik. Die Reichsregierung glaubte dabei, diesem Ziel am ehesten dadurch nahezukommen, daß sie die Vertragsbestimmungen vollständig zu erfüllen gedachte, um sich nicht dem Vorwurf seitens des Auslandes ausgesetzt zu sehen, sie wolle sich ihrer Verantwortung für die angerichteten Schäden entziehen. Dieses Verhalten trug ihr wiederum im Inland die Kritik der oppositionellen Rechten ein, die darin die ungerechtfertigte Erfüllung eines Schandfriedens und einen Akt der nationalen Würdelosigkeit sah.[44] Zusätzlich zu den bestehenden außenpolitischen Schwierigkeiten gesellten sich also noch Probleme im Innern.

Somit müssen wir, wenn wir die Weimarer Republik und den Verlauf der sie beendenden Wirtschaftskrise von 1929 betrachten und verstehen wollen, auf eine vielfache Verflechtung achten: „Auf die inneren und äußeren Bedingungen der sich neu formierenden deutschen Volkswirtschaft und auf die innen- und außenpolitischen Faktoren, die auf sie einwirkten."[45] Was die Wirtschaftspolitik im besonderen betrifft, so muß man sogar noch ein fünftes Element hinzufügen, nämlich die theoretische Grundlage, die dieser zu jener Zeit vorherrschend war. Bevor wir uns aber mit dieser, für das Ziel dieser Arbeit wichtigeren Frage beschäftigen, werden wir auf den folgenden Seiten noch kurz einen Überblick über die wichtigsten politischen und wirtschaftlichen Ereignisse während der Weimarer Republik geben, da auch diese einen nicht zu vernachlässigenden Einflußfaktor in dem Entscheidungskalkül der Regierung Brüning bei der Bekämpfung der Wirtschaftskrise in Deutschland darstellten.

## 3. Von Versailles bis zur Stabilisierung durch die Reichsmark

Deutschland beendete den 1. Weltkrieg als eine geschlagene Nation, die überdies infolge der hohen Kriegsausgaben noch hoch verschuldet war und deren Währung bei Kriegsende nur noch die Hälfte der Vorkriegsparität betrug. Schon allein die Kriegsausgaben des Reiches, die vornehmlich über Anleihen finanziert worden waren und somit eine verzinsliche Schuld darstellten, beliefen sich auf 164 Milliarden RM, wobei noch nicht einmal die Ausgaben, die von den einzelnen Bundesstaaten getätigt worden waren, eingerechnet sind. Selbst wenn man davon die kriegsbedingten Preissteigerungsraten abrechnet, verbleibt noch immer ein Saldo von mehr als 100 Mrd. RM. Die Schuld überstieg damit das Volkseinkommen der Vorkriegszeit um mehr als das Doppelte.

Dazu kam noch der Vermögensverlust, der durch die Abtrennung von Elsaß-Lothringen, des Saarlandes (dieses kam 1935 wieder zu Deutschland) sowie Teilen Westpreußens, Posens und Oberschlesiens vom Reichsgebiet entstanden war. Insgesamt umfaßte der Verlust 13,1 v. H. des Reichsgebietes, der wertmäßige Schaden lag aber bedeutend höher, da sich in diesen Gebieten die wichtigsten Rohstoffvorkommen befanden. So verlor das Reich beispielsweise 75 v. H. seiner Eisenerz-, 68 v. H. seiner Zink- sowie 26 v. H. seiner Kohlevorkommen, also alles Rohstoffe, die für den Wiederaufbau der Wirtschaft dringend benötigt wurden.[46] Es blieb also gar nichts anderes übrig, als diese Güter nun aus dem Ausland einzuführen, was naturgemäß negative Auswirkungen auf die ohnehin schon passive Zahlungsbilanz haben mußte. Eine weitere Belastung entstand durch die Abtretung eines Großteils der Handels- und Fischereiflotte sowie durch die entschädigungslose Beschlagnahmung des deutschen Privatvermögens im Ausland, dessen Höhe auf ungefähr 25 Milliarden RM geschätzt wurde. All diese Maßnahmen trugen dazu bei, daß Deutschland aus einem Gläubigerland plötzlich zu einem Schuldnerland geworden war.[47]

Lediglich in der Reparationsfrage gelang es den Siegermächten in Versailles nicht, zu einer Einigung zu gelangen. Man schloß sich daher dem Wunsch von Clemenceau an, eine Kommission zu bilden, deren Aufgabe es war, die entstandenen Kriegsschäden zu ermitteln und entsprechend die Höhe der Entschädigungszahlungen festzulegen. Nach langwierigen Konferenzen, auf denen man die unterschiedlichen Standpunkte der Alliierten untereinander, wie auch gegenüber Deutschland, auf einen Kompromiß zu vereinigen versucht hatte, wurde dann auf der Konferenz von London im April 1921 die Höhe der Reparationen endgültig auf den Betrag von 132 Milliarden Goldmark festgelegt. Der beigefügte Zahlungsplan gliederte sich in einen festen Teil, der eine Annuitätenzahlung beginnend von 2 Milliarden in den beiden ersten Jahren, danach langsam ansteigend bis schlußendlich von 6 Milliarden Mark während der letzten 31 Jahre vorsah, und einen variablen Teil, wonach Deutschland 26 v.H. seiner Ausfuhrerlöse abliefern mußte.[48]

Im Reichsschatzamt wurde diese Forderung als ein Schlag ins Gesicht empfunden. Man hielt dort in Anbetracht der verschiedenen Gebietsabtretungen und der erfolgten Sachleistungen nur eine Gesamtforderung von höchstens 30 Milliarden Mark gerechtfertigt, zumal da die Finanzlage des Reiches immer prekärer wurde.[49] Mit dieser Schätzung lag man außerdem gar nicht so weit unter der Summe, die das englische Kommissionsmitglied John Maynard Keynes als vertretbar im Hinblick auf das deutsche Leistungspotential errechnet hatte.[50] Eine Verständigung wäre also sicher möglich gewesen, wenn nicht die verhandelnden Parteien in ihren gegenseitigen Ressentiments so verstrickt gewesen wären. So aber obsiegte eine Politik, die stark emotionsgeladen und zudem ökonomisch unvernünftig war, da sie mehr auf den kurzfristigen Erfolg abstellte und dabei nicht genügend die langfristigen Konsequenzen bedachte.

Wie es zu erwarten war, blieb auch nach der Entscheidung von London die Reparationsfrage weiterhin das beherrschende Thema zwischen den ehemaligen Kontrahenten, das vor allem von deutscher Seite bei jeder nur möglichen Gelegenheit neu angeschnitten wurde. Immer wieder wiesen die deutschen Delegierten auf die hohe Verschuldung des Reiches, die anwachsende Inflationsrate und die dazu parallel verlaufende Verschlechterung der Währungsparität hin, die es ihrer Meinung nach unmöglich machten, Leistungen dieser Größenordnung aus Deutschland herauszupressen. Umgekehrt argwöhnten die Empfänger dieser Leistungen aber, daß Deutschland absichtlich eine Inflationspolitik betreiben wolle, um sich auf diese Weise seinen rechtmäßigen Verpflichtungen zu entziehen. Eine Einigung war unter diesen Umständen kaum denkbar. Dazu wichen die Vorstellungen von dem, was die Deutschen zu leisten bereit waren, und dem, was die Siegermächte als angemessene und gerechtfertigte Entschädigung ansahen, zu weit voneinander ab. Auch Fragen des persönlichen Auftretens und des politischen Taktes spielten eine große Rolle. Die deutschen Delegierten bewiesen dabei nicht immer das erforderliche politische Geschick. Einige von ihnen kehrten sogar eine Arroganz heraus, wie sie in solch einer Situation unbegreiflich war. So leitete beispielsweise Hugo Stinnes bei der Konferenz in Genua seine Ansprache mit den Worten ein: „Ich habe mich erhoben, um allen meinen Gegnern ins Auge sehen zu können."[51]

1923 explodierte dann das schwelende Pulverfaß. Deutschland war mit einigen Sachleistungen im Rückstand geblieben. Neben einer etwas zu kleinen Kohlenlieferung handelte es sich insbesondere um 20000 cbm Schnittholz sowie 130000 Telegraphenstangen, die zu wenig geliefert worden waren. An sich ein lächerlicher Betrag, für Poincaré aber Grund genug, dies als Anlaß für die Besetzung des Ruhrgebietes zu nehmen. Er hatte ohnehin schon lange Zeit hindurch die Meinung vertreten, daß man die Reparationen nicht anders eintreiben könne, als daß man selber direkt nach Deutschland ginge und sie sich dort holte. Wie jedoch aus einer Note hervorgeht, die Frankreich am 10. Juni an England und Belgien gerichtet hat, ging es den Franzosen in erster Linie gar nicht nur um die Eintreibung ihrer Forderungen, sondern hinter dieser Aktion stand vielmehr die Absicht, das Ruhrgebiet von Deutschland vollständig abzutrennen und Frankreich zuzuschlagen, um den „Erzfeind" ein für allemal so zu schwächen, daß er keine bedeutsame Rolle mehr in Europa spielen konnte.[52]

Deutschland erhob sofort feierlichen Protest gegen diesen Völkerrechtsbruch und stellte gleichzeitig alle Reparationszahlungen an Frankreich und Belgien ein. Ferner rief die Reichsregierung die Bevölkerung zum passiven Widerstand auf und wies ihre Beamten an, den Franzosen keine Erfüllungshilfe mehr zu leisten. Die Franzosen begannen daraufhin, alle Beamten, die diesem Aufruf Folge leisteten, aus dem Ruhrgebiet auszuweisen.

Die Auswirkungen dieses Ruhrkampfes auf die wirtschaftliche Lage in Deutschland waren katastrophal, denn die Industrie wurde dadurch von einer weiteren und zugleich wichtigsten Rohstoffquelle abgeschnitten. Noch verheerender waren aber die Rückwirkungen auf die Währungspolitik, da die Reichsregierung sich gezwungen sah, an alle ausgewiesenen Beamten und ihre Familien Unterstützungsgelder zu zahlen. Während somit aber die Ausgaben rapide von 4 auf 9 Milliarden RM anstiegen, nahmen die Budgeteinnahmen infolge der ruhenden Wirtschaftsaktivität an der Ruhr kontinuierlich ab.[53] Allein in der Zeit von Ende Januar bis Ende März 1923 — also in nur zwei Monaten — war die Reichsschuld von 2 auf 6,6 Billionen RM angewachsen, hatte sich also um mehr als das Dreifache erhöht.[54] Sie stieg aber auch danach unaufhaltsam weiter an und belief sich schließlich am Höhepunkt der Inflation, im November 1923, auf die astronomische Summe von 191 Billionen Reichsmark.[55] Die Währung war natürlich unter diesen Umständen nicht mehr zu halten. Ihr Außenwert nahm von Tag zu Tag mehr ab, bis letztlich für einen Dollar der offizielle Preis von 4,2 Billionen RM bezahlt werden mußte. Inoffiziell lag der Preis noch weit darüber. In entsprechender Weise schrumpfte auch die innere Kaufkraft der Mark. Die Entwertung verlief dabei so schnell, daß es selbst unter Einsatz aller nur irgendwie verfügbaren Druckmaschinen bald nicht mehr gelang, die Wirtschaft mit den notwendigen Zahlungsmitteln zu versorgen. Dieser Mangel wurde aber wieder durch eine unglaubliche Erhöhung der Geldumlaufsgeschwindigkeit kompensiert. Jeder Groschen wurde, sobald er vereinnahmt worden war, sofort auf den Markt getragen, um damit noch am gleichen Tag Waren zu erwerben. Denn wer auch nur einen Tag den Kauf hinauszögerte, dem konnte es passieren, daß er mit seinem Geld nur noch halb soviele Güter erstehen konnte wie am Tag vorher. Dies bedeutete aber, daß alle die Leute, die aus räumlichen oder zeitlichen Gründen nicht immer die Möglichkeit dazu hatten, ihre Erlöse gegen reale Güter einzutauschen, schwer benachteiligt waren. Dies traf insbesondere auf die Landwirtschaft zu. Einige Bauern wollten deshalb ihre neueingefahrene Ernte auch nicht mehr länger gegen das offizielle Papiergeld verkaufen, so daß an manchen Orten nun auch noch zusätzliche Versorgungsengpässe auftraten. Deutschland drohte bei vollen Scheuern zu verhungern.

Es war allen Beteiligten klar, daß jetzt nur noch eine radikale Stabilisierung der Währung Deutschland vor dem endgültigen Zusammenbruch bewahren konnte. Man war sich aber auch bewußt, daß angesichts des vollständigen Vertrauensverlustes in die alte Währung eine Stabilisierung nach Vorkriegsmuster nicht mehr möglich war. Eine andere Lösung mußte also gesucht werden. Man fand sie schließlich, indem man sich an einen Plan erinnerte, den Karl Helfferich bereits im August der Regierung unterbreitet hatte, und der nun mit geringfügigen Veränderungen zur Anwendung kam.

Dieser Plan sah die Gründung eines neuen Emissionsinstitutes, der sogenannten Rentenbank, vor, die als Hüterin über die neue Währung wachen sollte. Die Bank wurde mit einem Eigenkapital von 3200 Millionen Rentenmark ausgestattet, das aber nicht direkt einbezahlt wurde, sondern lediglich durch eine Grundschuld, mit der die Industrie und die Landwirtschaft gleichermaßen belastet wurden, garantiert war. In Höhe dieser Grundschuld wurden dann sogenannte Rentenbriefe ausgefertigt, die zwar nicht gesetzliches Zahlungsmittel waren, aber von jeder öffentlichen Kasse angenommen werden mußten.[56] Zuerst begrenzte man aber die Kredite, die die Bank insgesamt gewähren durfte, auf 2,4 Milliarden Rentenmark, die je zur Hälfte auf das Reich und auf die Privatwirtschaft aufzuteilen waren. Darüber hinaus war die Rentenbank verpflichtet, dem Reich sofort ein zinsloses Darlehen in Höhe von 300 Millionen Mark zur Verfügung zu stellen, das die Reichsregierung zur Einlösung seiner bei der Reichsbank diskontierten Schatzanweisungen zu verwenden hatte.[57]

Am 15. November 1923 trat dann die neue Rentenmarkordnung in Kraft, gleichzeitig wurde die Begebung von Schatzanweisungen bei der Reichsbank eingestellt. Ein weiteres Ansteigen des Dollarkurses konnte indessen vorerst nicht verhindert werden, da dies ganz davon abhängig war, ob man das Publikum von der Wertbeständigkeit der neuen Währung überzeugen konnte oder nicht. Als jedoch der Dollarkurs bei 4'200 Mrd. Mark angelangt war, beschloß man, ihn dort festzuhalten, weil man dadurch ein einfaches Umrechnungsverhältnis von 1 Billion Papiermark gleich 1 Goldmark hatte, und gleichzeitig das Reich die Möglichkeit hatte, seine gesamte Schatzanweisungsschuld mit einem verhältnismäßig kleinen Rentenmarkbetrag, nämlich ungefähr 200 Millionen Mark, zu tilgen.[58]

Die schwierigste und zugleich wichtigste Aufgabe stand aber erst noch bevor. Es galt, eine neue Vertrauensgrundlage für die Währung zu schaffen, wenn man das Kursverhältnis stabilisieren wollte. Dies erforderte eine rigorose Kreditpolitik, die Schacht dann auch konsequent und mit aller Härte durchführte. Kreditgesuche des Reiches wurden rundweg abgelehnt, und man schreckte auch vor den Folgen eines Kreditstopps nicht zurück. Die Wirkung dieser Maßnahmen wurde noch erhöht durch die Zurückweisung von Notgeld seitens der Reichsbank und die Aufforderung an die Notgeldemittenten, ihre bei der Reichsbank befindlichen Notgeldbeträge einzulösen.[59]

Die Rentenmarkordnung sollte indessen nur kurzen Bestand haben, denn schon ein Jahr danach, am 30. August 1924, wurde das deutsche Geldwesen auf eine neue Grundlage gestellt.[60] Ausschlaggebend für diese Maßnahme war dabei vor allem der Wunsch, das deutsche Geldwesen zu vereinheitlichen und wieder den ausländischen Währungssystemen anzugleichen. Denn die Reichsbank hatte auch nach der Gründung der Rentenbank in ihrer Funktion nicht aufgehört zu existieren, sondern nach wie vor auch während der Zeit der Rentenmarkausgabe die wichtigsten Aufgaben in der Geld- und

Kreditpolitik wahrgenommen, und zum anderen fehlte der Rentenmark der Charakter eines „legal tender".[61]

Nach dieser neuen Regelung nahm die Reichsbank nun künftig eine vom Staat unabhängige Stellung ein. Sie hatte ferner die umlaufenden Noten aufzurufen und diese gegen die neue Reichsmark einzutauschen. Die wichtigsten Bestimmungen, gerade im Hinblick auf die nachfolgende Wirtschaftskrise, betrafen aber die Neuregelung der Geldschöpfungsbefugnis der Reichsbank sowie die Festlegung der neuen Deckungsverhältnisse für die umlaufenden Noten. Was die Geldschöpfung betrifft, so war es vor allem die Bestimmung im § 21 Abs. 1 und 2, wonach die Reichsbank nur noch gegen Gold, Silber und Devisen sowie guten Handelswechseln mit einer Laufzeit von drei Monaten zur Notenausgabe befugt war. Ferner wurde in § 28 des Bankgesetzes festgelegt, daß sie für die im Umlauf befindlichen Noten jederzeit eine Deckung von mindestens 40 v. H. in Gold und Devisen zu halten hatte; diese Deckung mußte wiederum zu mindestens drei Viertel aus Gold bestehen. Im Falle einer Unterschreitung dieses Satzes war die Reichsbank zudem noch verpflichtet, eine Notensteuer an das Reich zu zahlen sowie den Diskontsatz zu erhöhen.

## 4. Die Reparationsregelung unter dem Dawes- und dem Young-Plan

### 4.1 Der Dawes-Plan

Zur gleichen Zeit, als in Deutschland das Geldsystem neu geregelt wurde, tagte in London unter dem Vorsitz des amerikanischen Bankiers Charles Dawes eine Sachverständigenkonferenz, die die deutsche Zahlungsfähigkeit untersuchen und dementsprechend die neuen Reparationszahlungen bemessen sollte. Dahinter stand vor allem die Erkenntnis, daß ein Land nur dann regelmäßig seine Verpflichtungen erfüllen kann, wenn sie nicht den Rahmen seiner wirtschaftlichen Möglichkeiten sprengen und die Währung stabil bleibt. Aus diesem Grunde hatte das Dawes-Komitee auch schon am Aufbau des deutschen Geldsystems intensiv mitgewirkt, da aus seiner Sicht die Neugestaltung der Währung einen wesentlichen Teil der Neuordnung des Reparationsproblems darstellte.[62]

Ausgehend von dem Prinzip, daß Deutschland zu einer angemessenen Entschädigungszahlung heranzuziehen sei, diese Last aber nicht die Grenzen seiner Leistungsfähigkeit übersteigen dürfe, sah der Dawes-Plan eine Schonzeit von 5 Jahren vor, während der die deutsche Wirtschaft ihre volle Leistungskraft zurückgewinnen sollte. Im ersten Jahr waren daher nur 1 Milliarde an Reparationszahlungen zu leisten, von denen aber nur 200 Millionen Mark in bar, die restlichen 800 Millionen durch eine Anleihe aufgebracht wurden. Die Zahlungen stiegen danach kontinuierlich an: 1,22 Milliarden 1925–1926, 1,5 Milliarden 1926–1927, 1,75 Milliarden 1927–1928, um dann im fünften Jahr 1928–1929 die normale Annuität von 2,5 Milliarden Mark zu erreichen.[63] Während der darauffolgenden Zeit, deren genaue Länge im Plan aber nicht näher bestimmt war, sollten die jährlich zu leistenden Zahlungen auf dieser Höhe verbleiben; lediglich im Falle einer höheren Zahlungsfähigkeit Deutschlands war der Betrag nach oben hin zu korrigieren.

Der wichtigste Bestandteil des Dawes-Plans bestand indessen darin, daß er zwischen der internen Aufbringung der Mittel einerseits und ihrer Transfermöglichkeit andererseits streng unterschied. Was die Aufbringung betrifft, so sollte nicht mehr allein der Reichshaushalt damit belastet werden, sondern der Plan sah noch drei weitere Quellen vor, aus denen die Reparationszahlungen fließen sollten. Dies war einmal eine zu diesem Zweck extra erhobene Verkehrssteuer, die Einnahmen von rund 300 Millionen Mark einbringen sollte. Den restlichen Teil sollten die Anleihen liefern , die die Reichsbahn (11 Milliarden) und die größten Industrieunternehmen (5 Milliarden) zu begeben hatten. Diese waren mit 6 v. H. zu verzinsen, was noch einmal Einnahmen von rund 960 Millionen Mark ergab.[64]

Mit der Aufbringung der geforderten Mittel war die Reichsregierung aber ihrer Verantwortung für die Erfüllung der Zahlungsverpflichtung schon entledigt. Denn für den eigentlichen Transfer hatte der dafür eigens eingesetzte Reparationsagent, der Amerikaner Parker Gilbert, Sorge zu tragen. Dieser hatte dabei im besonderen darauf zu achten, daß der Wert der Mark erhalten blieb. Sobald der Transfer ohne Gefährdung der deutschen Währung nicht mehr möglich war, waren die Zahlungen einzustellen und bis zu einer Höhe von 5 Milliarden auf das Konto des Reparationsagenten gutzuschreiben.

## 4.2 Der Young-Plan

Fünf Jahre lang funktionierte der Dawes-Plan mit ungewöhnlicher Genauigkeit. Alle Zahlungen wurden jeweils zu den festgelegten Zeitpunkten in der vorgeschriebenen Höhe aufgebracht und konnten auch von Parker Gilbert Jahr für Jahr anstandslos überwiesen werden. Daß er trotzdem von dem sogenannten Young-Plan abgelöst wurde, erklärt sich im wesentlichen aus folgenden Gründen: da ist einmal die Tatsache zu nennen, daß der Dawes-Plan von vornherein nur als vorläufige Lösung gedacht war, und daß nunmehr bei allen Betroffenen der Wunsch bestand, eine endgültige Entscheidung über die Höhe und die Laufzeit der Reparationszahlungen herbeizuführen.[65] Während sich die Reichsregierung als Gegenleistung für eine endgültige Regelung eine frühzeitige Räumung des Rheinlandes sowie eine Aufhebung der alliierten Kontrollen erhoffte[66], war es auf seiten der Siegermächte in erster Linie das Interesse auf eine größere Kommerzialisierung der Zahlungen, das sie eine Revision des Dawes-Plans anstreben ließ.[67] Die eigentlich treibende Kraft war indessen Parker Gilbert. Dieser hatte schon seit längerer Zeit befürchtet, daß aufgrund der sich verschlechternden Finanzlage eine Transferierung der Gelder bald nicht mehr möglich sein werde und er dafür auch noch die Verantwortung aufgebürdet bekäme, die seiner Meinung nach allein bei der Reichsregierung mit ihrem unseriösen Finanzgebaren lag.[68] Aus diesem Grunde plädierte er für eine Neuregelung der Reparationszahlungen, bei der zukünftig allein die Reichsregierung für die Erfüllung der internationalen Verpflichtungen verantwortlich sein sollte.

Der ‚Neue Plan', auf den man sich in Paris schlußendlich geeinigt hatte, sah nun 59 Jahreszahlungen vor, die erst von 1,7 auf 2,4 Milliarden Mark anstiegen und danach wieder bis auf 898 Millionen Mark zurückgingen. Die von Deutschland zu entrichtenden Zahlungen waren zudem noch an die alliierten Schulden gegenüber den USA geknüpft, so daß im Falle einer Ermäßigung dieser Schulden auch die deutschen Reparationszahlungen eine Verringerung erfahren sollten.[69] Wichtig war vor allem aber die Aufteilung der Annuitäten in einen fixen und in einen variablen Teil. Denn nur noch hinsichtlich des variablen Teils durfte die Reichsregierung den Transfer bis zu maximal zwei Jahren unterbrechen, für den fixen Teil in Höhe von 660 Mio. RM entfiel hingegen jede Stundungsmöglichkeit.[70] Als Gegenleistung versprachen die Siegermächte, das Rheinland fünf Jahre vor der vertraglich vorgesehenen Übergabe zu räumen, an die Stelle des Reparationsagenten die Bank für Internationalen Zahlungsausgleich einzusetzen, die zukünftig die Gelder an die Gläubiger weiterleiten sollte, sowie ferner die Kontrolle der Reichsbahn durch die Alliierten aufzuheben und sie wieder vollständig der deutschen Hoheit zu unterstellen.[71]

Politisch gesehen stellte der Young-Plan einen großen Erfolg der Bemühungen Stresemanns dar, indem Deutschland seine vollständige innere und äußere Souveränität wiedererlangte. Aus ökonomischer Sicht ist er indessen in Anbetracht der sich abzeichnenden wirtschaftlichen Entwicklung nicht so positiv zu bewerten. So wird mehrheitlich die Ansicht vertreten, daß die Gegenwart eines amerikanischen Reparationsagenten nicht zu dem Vertrauensverlust seitens des Auslands in die deutschen Währungsverhältnisse geführt und demzufolge auch die Kapitalflucht verlangsamt hätte. Ferner wäre mit Sicherheit eine schnellere Entscheidung über die Einstellung der Reparationszahlungen erfolgt, die unter diesen Umständen aber erst mit der Verkündigung des Hoover-Moratoriums möglich wurde.

## 5. Deutschland in der Weltwirtschaftskrise

Bald nach der Stabilisierung und nach Inkrafttreten des Dawes-Plans setzte in Deutschland eine Zeit der wirtschaftlichen Erholung ein, die in ihrer Breite und Kraft bislang ohne Vorbild oder höchstens mit der Gründerzeit der 70er Jahre des letzten Jahrhunderts vergleichbar war[72], die allerdings aber auch schon nach wenigen Jahren in der großen Weltwirtschaftskrise ein jähes Ende fand.[73] Dieser ungewöhnlich starke Wirtschaftsaufschwung ist darüber hinaus auch auf das gestärkte Vertrauen in die politischen Verhältnisse zurückzuführen, die mit der Wahl Hindenburgs zum Reichspräsidenten auf lange Zeit stabilisiert schienen, sowie auf die Tatsache, daß die Gewerkschaften auf ihrem Kongreß in Breslau dem Prinzip des Klassenkampfes und der Diktatur des Proletariats eine Absage erteilt und statt dessen die Theorie von der Wirtschaftsdemokratie aufgestellt hatten, nach der ein Einvernehmen mit dem kapitalistischen System möglich war.[74] Eine stimulierende Wirkung ging außerdem noch von den ausländischen Geldern aus, die mit wachsendem Vertrauen in die deutschen Verhältnisse in immer größerem Umfang nach Deutschland strömten. Die Folge war, daß die deutsche Industrie in kurzer Zeit neu aufgebaut und gleichzeitig so modernisiert wurde, daß sie ihre Stellung in der Welt in Bereichen wie der Chemie oder der Elektro- und Maschinenbauindustrie bald zurückgewonnen hatte.[75] Aber auch der Staat expandierte rasch. So wurden beispielsweise in dieser Zeit viele neue Schulen, Krankenhäuser und Sportanlagen gebaut. Ein Großteil der ausländischen Gelder, die, wie bereits erwähnt wurde, überwiegend kurzfristiger Natur waren, wurde dabei zur Finanzierung herangezogen.

Mit dem Zusammenbruch der New Yorker Börse und dem nachfolgenden Ausbruch der Wirtschaftskrise in den USA brach dann diese Aufwärtsentwicklung plötzlich ab. Zwar gab es schon Ende 1928 Anzeichen einer konjunkturellen Abschwächung — sowohl die Gewinnbildung wie auch die Neuinvestitionen im Jahre 1929 sind rückläufig[76] —, aber erst die Ausstrahlungen der amerikanischen Krise führten zum vollständigen Zusammenbruch Deutschlands. So wurde erst das Jahr 1930 für Deutschland das ausgesprochene Krisenjahr mit stark abfallendem Produktions- und Einkommensniveau auf der einen Seite und steil ansteigender Arbeitslosigkeit auf der anderen Seite. Diese rückläufige Entwicklung setzte sich dann in den folgenden Jahren weiter fort und erreichte 1932 ihren Höhepunkt. So war beispielsweise in diesem Zeitraum der Bruttowert der Industrieproduktion von seinem Höchststand im Jahre 1928 von 84,3 Mrd. RM auf 38,0 Mrd. RM im Jahre 1932, also um rund 55 v.H. gesunken. In manchen Industriebereichen lag der Produktionsrückgang jedoch weit darüber. So bei der Stahlerzeugung, wo er 65 v.H. betrug, bei der Roheisenerzeugung, wo er sich auf 76 v.H. belief oder bei der Lastkraftwagenproduktion, wo die Erzeugung innerhalb dieser 4 Jahre um 78 v.H. gefallen war.[77] Entsprechend stieg die Zahl der Arbeitslosen an. Ihren höchsten Stand erreichte sie dabei im Februar 1932, als über 6 Millionen Arbeitnehmer in Deutschland um eine Beschäftigung nachsuchten.

Zu den Schwierigkeiten im Produktionsbereich kamen dann noch die bereits erwähnten Schwierigkeiten im Bankenbereich, die teils durch das unvorsichtige Finanzgebaren der Banken selber, in der Hauptsache aber politisch bedingt waren. Die Situation wurde schlußendlich so prekär, daß sich die Reichsregierung gezwungen sah, die Schließung der Bankschalter anzuordnen.

Die Regierung Brüning reagierte ansonsten nicht anders als die Regierungen anderer Länder, die von der Wirtschaftskrise ergriffen waren. Sie kürzte drastisch die Staatsausgaben, um auf diese Weise das Budget, dessen Defizit laufend größer wurde, zum Ausgleich zu bringen. Die letzte Inflation, deren Hauptursache ja in den ständigen Defiziten des Reichshaushaltes lag, war noch in frischer Erinnerung, und eine Wiederholung wollte man auf alle Fälle vermeiden.[78]

Ferner beschloß sie, die Preise und parallel dazu die Löhne und Gehälter zu senken, um die Konkurrenzfähigkeit der deutschen Wirtschaft auf dem Weltmarkt zu erhalten. Dies war vor allem deshalb notwendig, weil nun nicht mehr ausländische Kredite zur Bezahlung der fälligen Reparationszahlungen zur Verfügung standen und deshalb unbedingt ein Überschuß in der Handelsbilanz erwirtschaftet werden mußte, um an die erforderlichen Devisen zu kommen. Im Prinzip hätte dies durch eine Abwertung der Mark viel schneller und problemloser erreicht werden können; dem standen aber die Bestimmungen der Goldwährung entgegen, zu deren Einhaltung sich die Regierung verpflichtet hatte. Dies war vor allem auch deshalb wichtig, weil Brüning eine Streichung der Reparationszahlungen anstrebte und dabei der Meinung war, den Nachweis für die Zahlungsunfähigkeit Deutschlands nur dann überzeugend führen zu können, wenn Deutschland sich strikt an die eingegangenen Verpflichtungen hielt und seine Leistungswilligkeit laufend unter Beweis stellte.[79]

Die Maßnahmen, welche die Regierung zur Bekämpfung der Arbeitslosigkeit ergriffen hatte, brachten jedoch nicht die Erleichterung, die man sich von ihnen erhofft hatte; die meisten wirkten sogar mangels genügender Berücksichtigung der Kreislaufzusammenhänge in der Volkswirtschaft eher krisenverstärkend als krisenmildernd.[80] Als Brüning sich dann noch wegen seiner Siedlungspläne das Mißtrauen der ostelbischen Junker zuzog

— man sprach in diesem Zusammenhang von Agrarbolschewismus —, war seine Stellung nicht mehr zu halten. Hindenburg, der selber Besitzer eines großen Gutes war, entzog ihm sein Vertrauen, worauf Brüning am 30. Mai 1932 von seinem Amt zurücktrat. Es war ihm dadurch auch nicht mehr vergönnt, in den Genuß seiner politischen Bemühungen zu kommen. Im Juli 1932 wurde nämlich auf der Konferenz von Lausanne die Einstellung der Reparationen gegen eine einmalige Abfindung von 3 Milliarden Mark beschlossen, die aber erst ab 1935 zahlbar war und durch eine Anleihe aufgebracht werden sollte. Den Ruhm dieses Erfolges, der Brüning zukam, erntete aber das Kabinett von Papen.

# 6. Die Forderung nach einer aktiven Konjunkturpolitik

## 6.1. „Die politische Notwendigkeit"

Die Brüningsche Deflationspolitik fand indessen nicht überall ungeteilte Zustimmung, wenngleich auch die politische Zwangslage der Regierung erkannt und ihr deswegen auch einiges Verständnis entgegengebracht wurde. Je größer aber die Zahl der Arbeitslosen wurde, desto mehr verschärften sich auch die politischen Schwierigkeiten im Inland, so daß zu Recht befürchtet werden mußte, daß die demokratische Ordnung und das liberalen Prinzipien verschriebene Wirtschaftssystem nicht mehr lange Zeit aufrechtgehalten werden konnte. Bei 6 Millionen Arbeitslosen genügte da unter Umständen schon der kleinste Funke, um das Pulverfaß Deutschland zur Explosion zu bringen und zum Opfer einer sozialen Revolution werden zu lassen.[81] Die Lösung des Arbeitslosenproblems mußte somit zur vordringlichsten Aufgabe werden, denn von ihr hing es ab, welche Gestalt Deutschland in wirtschaftlicher, politischer und kultureller Hinsicht zukünftig annahm.[82]

Aus diesem Grund war die Wirtschaftspolitik Brünings schon recht bald, nachdem man ihre Unzulänglichkeit bei der Bekämpfung der rasch ansteigenden Arbeitslosigkeit erkannt hatte, auf die heftige Kritik der Gewerkschaften sowie auch gewisser Kreise der Wirtschaft, der Politik und der Wissenschaft gestoßen, die anstelle der deflatorischen Politik, wie sie damals von den Verantwortlichen als rettender Ausweg angesehen wurde, eine aktive Arbeitsbeschaffungspolitik der Regierung forderten, wie sie Keynes später in seiner „General Theory" als notwendig und für eine Depression allein richtige Politik beschrieben hat. In Deutschland dagegen waren es weniger Wissenschaftler als vielmehr ein kleiner Kreis einsichtiger Praktiker, die aus der erlebten Not des Tages die Forderung nach einer aktiven Arbeitsbeschaffungspolitik aufgestellt und dementsprechende Vorschläge formuliert hatten, so daß eine der Keynesschen Theorie entsprechend umfassende und einheitlich begründete deutsche Theorie der Beschäftigung nicht heranreifen konnte. Macht man sich indessen die Mühe, die verschiedenen Beiträge einmal zusammenzutragen und nach bestimmten Gesichtspunkten zu ordnen, dann wird man feststellen, daß sich aus den einzelnen, als Begründung angeführten Elementen eine Theorie formen läßt, die in ihrer Aussage der Keynesschen Lehre entspricht. Dies darzustellen soll das Ziel der nachstehenden Ausführungen sein.

Wie eingangs bereits angedeutet wurde, war es vor allem die Sorge um den Fortbestand der sozialen Ordnung, daß die Wirtschaftspolitik der Regierung kritisiert und eine Arbeitsbeschaffungspolitik gefordert wurde. So hatte schon zu Beginn des Jahres 1931, also noch vor dem eigentlichen Zusammenbruch der deutschen Wirtschaft, die Brauns-Kommission, deren Mitglieder zum Teil überzeugte Anhänger einer liberalen, rein marktwirtschaftlich orientierten Wirtschaftspolitik waren, in ihrem zweiten Gutachten die Durchführung staatlicher Investitionen empfohlen, da bei weiterem „konjunkturpolitischem Nihilismus" der Augenblick immer greifbarer würde, „in dem der Kapitalismus gegenüber der Empörung der Krisenopfer und gegenüber der immer weiter um sich greifenden antikapitalistischen Massenstimmung nicht mehr zu halten sein wird und mit dem Liberalismus — oder die Reste, die von ihm heute noch übriggeblieben sind — ins Museum wandern wird"[83].

Ähnlich argumentierten auch einige Unternehmer, die ja ansonsten besonders kritisch gegenüber Staatseingriffen eingestellt sind. Die weitsichtigen unter ihnen hatten indessen erkannt, daß unter den gegebenen Umständen ihre freiheitliche Stellung in der Wirtschaft nur dann erhalten werden konnte, wenn die Regierung sich zu einer aktiven Konjunkturpolitik entschloß. Denn gerade weil sie nicht nach einer Planwirtschaft strebten und unter allen Umständen eine alles umfassende staatliche Plan- und Zwangswirtschaft vermeiden wollten, hielten sie es für nötig, daß die amtierende, liberal eingestellte Regierung mit direkten Arbeitsbeschaffungsmaßnahmen gegen den Notstand der Krise vorging.[84] Aus diesen Gedanken heraus regte auch der Lübecker Industrielle Heinrich Dräger die Gründung der sogenannten „Studiengesellschaft für Geld- und Kreditwirtschaft" an, die dann auch schon kurze Zeit darauf sich zu einem Zentrum entwickelt hatte, in dem sich die verschiedenartigsten Leute wie Politiker, Beamte, Wissenschaftler, Unternehmer und Gewerkschaftler versammelten, um gemeinsam die Probleme der Arbeitsbeschaffung zu erörtern.[85]

Interessant festzustellen ist ferner die Tatsache, daß auch die Gewerkschaften um den Weiterbestand der liberalen Odnung fürchteten und deshalb die Regierung zur Durchführung eines Arbeitsbeschaffungsprogramms drängten, dessen Auswirkung Woytinsky folgendermaßen schildert: „Beruhigung der Volksmassen, Überwindung des Radikalismus, Wiederherstellung des Vertrauens des Volkes zum Staat, Konsolidierung der Staatsmacht, Zunahme des Sicherheitsgefühls bei den Bürgern ... etc.".[86]

Ganz im Gegensatz dazu steht indessen das Motiv, aus welchem heraus sich die nationalsozialistische Partei Hitlers mit großem propagandistischem Aufwand für öffentliche Arbeiten einsetzte. Ihr ging es in erster Linie nur um die Übernahme der Macht, und für die Erreichung dieses Ziels verstand sie es besser als ihr Konkurrent auf der linken Seite des Parteienspiegels, die Not und die Verzweiflung der Arbeitslosen einzuspannen. Mit welchem Geschick sie dabei vorging, davon zeugt die Art der Darstellung der wirtschaftspolitischen Probleme während der Wahlkampagne zu der Reichstagswahl im Juli 1932. Treffsicher sprach sie die Sorgen und Zweifel derjenigen aus, die sich in immer größerer Zahl nach dem Sinn und der Berechtigungsexistenz einer Gesellschafts- und Wirtschaftsordnung fragten, die für 6 Millionen Arbeitslose keinen anderen Trost fand, als daß „nach den Gesetzen wirtschaftlicher Vernunft auf jedes wirtschaftliche Tief ein Hoch zu folgen pflege"[87].

Ihr wirtschaftspolitischer Sprecher im Reichstag, Gregor Strasser, sprach in seiner großen Reichstagsrede vom 10. Mai 1932, in der er das nationalsozialistische Arbeitsprogramm vorstellte, von „dem Protest gegen einen Staat, der eine Wirtschaftsordnung erlaubt und möglich macht, die den Ertragsreichtum der Natur verfälscht, Weizen verbrennt, Kaffee ins Meer wirft, notwendige Lebensgüter in sinnloser Weise aufstapelt, alles nur zu dem Zweck, die Preise und Gewinne der Börse in die Höhe zu treiben"[88].

Das „Wirtschaftliche Sofortprogramm der NSDAP", das das verbindliche Programm der NSDAP in dem Wahlkampf zum neuen Reichstag war, bezeichnete die Duldung der Arbeitslosigkeit „eine brutale Entrechtung des schaffenden Volksgenossen"[89] und forderte das Recht auf Arbeit. Nach Meinung der Nationalsozialisten war nunmehr die Zeit gekommen, daß die Wirtschaft Bestandteil einer auf nationale Interessen ausgerichteten Politik werde und dabei der Staat mit Hilfe von Arbeitsbeschaffungsprogrammen die Arbeitslosen reintegrieren solle.[90]

Entgegen ihrer sonstigen Auffassung waren die Nationalsozialisten, was die Herkunft der Quellen betrifft, aus denen sie ihre wirtschaftspolitischen Ideen bezogen, diesmal nicht besonders wählerisch. Solange es zu ihrem Vorteil gereichte, griffen sie zu allem Nützlichen, was sich zu diesem Themenkreis anbot, auch wenn dabei unter Umständen ideologische Barrieren übersprungen werden mußten. Somit verwundert es auch nicht, daß viele ihrer Ideen und Aussagen eine nicht zu übersehende und teilweise verblüffende Ähnlichkeit mit den Gedanken des in Wien geborenen, jüdischen Nationalökonomen Robert Friedlaender-Prechtl haben.[91] Dieser war einer der größten und eifrigsten Vorkämpfer einer Arbeitsbeschaffungspolitik, so daß sein Name in keiner Aufzählung der ‚deutschen Keynesianer' fehlen darf.

Wie sein Freund Heinrich Dräger kämpfte auch Friedlaender-Prechtl um die Durchführung einer staatlichen Arbeitsbeschaffung, weil er glaubte, daß nur auf diese Weise den Nationalsozialisten der Wind aus den Segeln genommen werden konnte, die ansonsten für ihre Agitation in dem Elend der Arbeitslosen einen gutgedüngten Nährboden fanden.[92] Ihm ging es vor allem um die „Aufrechterhaltung der bürgerlichen Gesellschafts- und Wirtschaftsordnung gegen den Ansturm der radikalen Umsturz-Tendenzen".[93] Dazu war es seiner Meinung aber notwendig, daß eine grundsätzliche und tiefgreifende Umgestaltung in der wirtschaftspolitischen Konzeption vorgenommen werde. Nur dann konnte die Etablierung des Faschismus in Deutschland vermieden werden. Doch sein Bemühen blieb, wie er zuletzt einsehen mußte, aussichtslos. Wenige Monate vor dem Machtwechsel schrieb er enttäuscht und verbittert, daß es die Tragik des deutschen konservativen Bürgertums und der in ihm verwurzelten Wirtschaftskrise ist, daß sie aus Furcht und Feigheit selber die besten Wegbereiter für den Radikalismus sind. „Ehe sie die geringste Reparatur am Gebäude zulassen, riskieren sie lieber, daß es einstürzt und sie alle unter sich begräbt."[94]

## 6.2. „Die konjunkturelle Notwendigkeit"

Wie wir in dem nachstehenden Teil II noch zeigen werden, lautet die zentrale Aussage der sogenannten „klassischen Theorie", daß der Preismechanismus in einer vom Staat nicht beeinflußten, freien Konkurrenzwirtschaft das System auf dem Vollbeschäftigungsniveau hält bzw. Kräfte in Bewegung setzt, die im Falle einer Unterbeschäftigung die Wirtschaft wieder an die Grenze der Vollbeschäftigung zurückführen. Die Voraussetzung ist dabei lediglich, daß die Wirtschaftssubjekte ökonomisch rational auf die jeweiligen

Preissignale reagieren, d.h. daß sie ihre Nachfrage nach einem Gut erhöhen, wenn dessen Preis fällt, und umgekehrt einschränken, wenn es im Vergleich zu anderen Gütern teurer wird. Phänomene wie beispielsweise ein Investitionsstreik oder das Horten von Bargeld waren somit Ausdruck eines irrationalen Verhaltens, denn welcher rationale Mensch verzichtet schon auf die Möglichkeit, das Geld auf die Bank zu tragen oder irgendwo anders zu investieren und dafür einen Zins vergütet zu bekommen, wenn auch der Zinssatz noch so klein sein mag.

Keynes hat dieser Auffassung widersprochen. In seiner „General Theory" hat er mit aller Klarheit dargelegt, daß Geld zu horten in bestimmten Situationen keineswegs nur als irrationales, sondern durchaus auch als rationales Verhalten bezeichnet werden kann. Denn Sparer wie auch Investoren sind seiner Ansicht nach zur Aufgabe einer liquiden Kapitalanlage zugunsten einer längerfristig gebundenen nur dann bereit, wenn die Wahrscheinlichkeit eines Gewinns größer ist als die eines Verlustes. Somit sei es ein Trugschluß zu glauben, „that the owner of wealth desires a capital-asset as such, whereas what he really desires is its prospective yields".[95] Die Berücksichtigung der zukünftigen Gewinnchancen erfolgt dabei in erster Linie unter Berücksichtigung objektiver Faktoren wie des Auslastungsgrads der betrieblichen Kapazitäten, die Höhe des Lagerbestandes, die in letzter Zeit festgestellten Kursschwankungen sowie auch der Erfüllungsgrad früherer Prognosen.[96] Von großer Bedeutung ist jedoch auch die allgemeine politische und wirtschaftliche Situation, das Investitionsklima und die erwartete Preis- und Kostenentwicklung. Sie sind letztlich ausschlaggebend dafür, ob die Unternehmer sich zu einer Expansion entschließen oder weiterhin mit ihren Entscheidungen abwarten.

Es sind also in erster Linie die Gewinnerwartungen der Unternehmer, die den Konjunkturaufschwung einleiten. Der Zinssatz bestimmt dann nur noch über dessen Dosierung, indem ein niedriger Satz bei gegebener Gewinnerwartung einen Boom auslöst, währenddessen ein hoher nur zu einem verhaltenen Aufschwung führt.

Diese Anordnung der treibenden Kräfte steht im Grunde genommen auch nicht im Widerspruch zu der „klassischen Konjunkturtheorie", wonach nach Durchschreitung eines konjunkturellen Tals automatisch Kräfte wirksam werden, die einen neuen Konjunkturaufschwung einleiten.[97] Denn auch dort bedarf es zuerst einer höheren Gewinnerwartung seitens der Unternehmer — die in dem „klassischen Konjunkturmodell" meist exogen eingeführt wird —, um diese dazu zu veranlassen, die durch die Depression geschaffenen günstigen Finanzierungsbedingungen auszunützen. Für die Bauindustrie ist dies beispielsweise das Bevölkerungswachstum, das langfristig die Nachfrage sichert, in anderen Branchen die Erfindung neuer Produktionstechniken, die einzelnen Unternehmern kurzfristige Wettbewerbsvorteile einräumt, oder aber es handelt sich um große Investitionsprojekte, die zur Erschließung neuer Wirtschaftsräume erforderlich sind. Man denke dabei nur an die Erschließung des amerikanischen Kontinents durch die Eisenbahn.

Die Arbeitsbeschaffungsprogramme sollten nun gerade diese konjunkturanregende Rolle übernehmen, da nach Meinung ihrer Befürworter die Kräfte, die in früheren Krisen eine Expansion regelmäßig eingeleitet hatten, in der gegenwärtigen Depression nicht vorhanden waren. So fiel diesmal die stabilisierende Wirkung weg, die traditionell in früheren Krisen von den Agrarwirtschaften innerhalb der Industrieländer, den Agrarländern selbst oder von den Rohstoffländern ausgegangen war. Durch den katastrophalen Preisverfall dieser Produkte konnten sie in der gegenwärtigen Situation nicht mehr die Funktion eines Auffangsreservoirs für die durch die Krise verbilligten industriellen

Produkte ausüben, sondern sie verstärkten im Gegenteil nur noch die Krisenerscheinungen.[98] Ebensowenig war ein belebender Anstoß von einem größeren Export zu erwarten. Die allerorten praktizierte Deflationspolitik in Verbindung mit protektionistischen Maßnahmen hatte das Welthandelsvolumen von 2997,7 Millionen Golddollar zu Beginn des Jahres 1929 auf 1121,2 Millionen im Dezember 1932 zusammenschrumpfen lassen.[99] Aber immer neue und noch höhere Zollschranken wurden errichtet, so daß der internationale Güteraustausch von Monat zu Monat kleiner wurde. Jedes Land wollte nur noch verkaufen, aber nicht mehr kaufen.[100] Deutschland hatte anfänglich noch geglaubt, mit Hilfe einer strengen Deflationspolitik die ausländischen Märkte halten zu können oder gar neue zu eröffnen, diese Hoffnung mußte aber spätestens nach der Abwertung des britischen Pfundes realistischerweise begraben werden.

Die Voraussetzungen für einen selbständigen Aufschwung waren im Inland nicht besser. Selbst die Bauindustrie, die infolge ihrer hohen Kapitalintensität und der langen Amortisationszeit ihrer Projekte sehr empfindlich auf Zinsveränderungen reagiert und in früheren Rezessionen bei einer Zinssenkung regelmäßig eine Expansionsphase eingeleitet hatte, konnte diesmal diese Rolle des konjunkturpolitischen Vorreiters nicht übernehmen. Denn anstelle der theoretisch erwarteten Auflockerung des Kapitalmarktes trat vielmehr eine Versteifung ein, und die Zinssätze begannen sogar anzusteigen anstatt zu fallen.[101] Dies war zum einem durch die hohe kurzfristige Verschuldung und der Vielzahl festgefrorener Kredite bedingt. Vor allem war es aber die zunehmende wirtschaftliche und politische Unsicherheit — vornehmlich verursacht durch den beträchtlichen Stimmenzuwachs der NSDAP —, aufgrund derer ausländisches Kapital in großem Umfang aus Deutschland abgezogen wurde, was aber dazu führte, daß bei den Banken ein plötzlicher Kreditbedarf entstand, der ein Absinken des Zinssatzes unmöglich machte.[102] Statt dessen stieg der Kapitalmarktzins — gemessen an der Rendite für festverzinsliche Wertpapiere — sogar noch an, da jeder, der überhaupt noch zu einer längerfristigen Anlage seines Geldes bereit war, sich diese Absicht mit einer angemessenen Risikoprämie bezahlen ließ.

Ebensowenig wie der Zins auf dem Kapitalmarkt, fiel auch der Hypothekenzinssatz nicht auf ein Niveau, das einen Anreiz zu Investitionen im Wohnungsbau gegeben hätte. Während der ganzen Zeit der Wirtschaftskrise sanken die Nettokosten für erststellige Hypotheken niemals unter die 8-Prozent-Grenze.[103] Auf diese, jeglicher theoretischen Erkenntnis widersprechenden Tatsache, hatte schon das Gutachten des Reichswirtschaftsrates aufmerksam gemacht, indem es diesbezüglich heißt: „Der gegenwärtige Zustand unterscheidet sich von demjenigen bei Ende einer normalen Depression dadurch, daß ein billigerer Zinssatz, ein leichterer Kredit und ein erhöhtes Kapitalangebot ... gegenwärtig in Deutschland sämtlich noch nicht vorhanden sind, und daß auch aus den oben geschilderten Gründen eine Wiederbelebung der privaten Investitionstätigkeit auf absehbare Zeit noch nicht zu erwarten ist."[104]

Auf eine potentielle Bautätigkeit mußte sich auch die Tatsache hemmend auswirken, daß diesmal nicht wie in früheren Depressionen mit einer zukünftig gesicherten Nachfrage gerechnet werden konnte, da die Bevölkerungszahl stagnierte. Schon jetzt gab es überall leerstehende Wohnungshalden, da man diesem Rückgang bei dem Bevölkerungswachstum nicht genügend Rechnung getragen hatte und ungewöhnlich viele Wohnungen gegen Ende der zwanziger Jahre neu erstellt hatte.[105] Ähnlich dämpfend auf die Investitionsneigung mußte sich auch die 4. Notverordnung Brünings auswirken, die u.a. eine Mietsenkung von 10 Prozent vorsah. Eine für den Aufschwung wesentliche Voraussetzung, nämlich die zwangsläufige Erhöhung der Gewinnspanne infolge einer Verringerung der Kosten bei vertraglich langfristig festgelegten Mietpreisen, wurde dadurch zunichte gemacht.

In dieser spezifischen konjunkturellen Situation, wie sie anfangs der dreißiger Jahre in Deutschland vorherrschte, konnte nach Meinung der Reformer — wie sie manchmal auch genannt werden — nur noch die Durchführung eines großangelegten Arbeitsbeschaffungsprogramms Deutschland vor einem noch größeren wirtschaftlichen Zusammenbruch bewahren. Schon bei einer kleineren Rezession, in der die zerstörerische Kraft des kumulativen Schrumpfungsprozesses noch nicht ihre volle Wirkung gezeigt hat, kann nicht garantiert werden, daß Kostensenkungen oder vom Staat gewährte Steuererleichterungen ein genügender Anreiz für Neuinvestitionen sind, wenngleich dafür eine hohe Wahrscheinlichkeit besteht. Hoffnungslos bleibt indessen das Warten auf die Selbstheilungskräfte, wenn sich die Steuer- und Zinslast erhöht anstatt zu sinken, die Preise immer weiter nach unten absacken und die reale Nachfrage kontinuierlich abnimmt. In dieser Situation kann man nicht erwarten, daß jemand eine Neuverschuldung eingeht, um damit neue Investitionen zu finanzieren. Vielmehr wird jeder, der eine Schuld hat, erst einmal bemüht sein, diese zu tilgen, oder aber er wird seine flüssigen Mittel horten. Die selbsttätigen Kräfte zur Überwindung der Krise sind dann gelähmt oder gar außer Funktion gesetzt, und es bedarf eines Anstoßes von außen, um einen neuen Konjunkturanstieg einzuleiten.[106] Es ist dann der Zeitpunkt gekommen, wo es die Aufgabe des Staates ist, das zu ersetzen, was vernichtet wurde, „nämlich der Mut einer größeren Reihe von Unternehmern zu neuen Unternehmungen und der Mut der Banken, neues Bankgeld (Giralgeld) zu schaffen durch Gewährung von Krediten.“[107]

## 6.3. „Die strukturelle Notwendigkeit“

Die Wirtschaftskrise von 1929 wurde jedoch nicht von allen Befürwortern einer aktiven Arbeitsbeschaffungspolitik nur als eine Krise im normalen Konjunkturverlauf angesehen, sondern einige unter ihnen vertraten die Auffassung, daß es sich bei der gegenwärtigen Wirtschaftskrise in erster Linie um eine strukturell begründete Krise handle und deshalb öffentliche Arbeitsprogramme erforderlich seien, um das gestörte wirtschaftliche Gleichgewicht wieder herzustellen.

Als Begründung führten sie unter anderem die Tatsache an, daß seit Beginn des 20. Jahrhunderts die Zahl der Geburten kontinuierlich abgenommen hatte, so daß bei Ausbruch der Wirtschaftskrise die Geburtenziffern auf weniger als die Hälfte gegenüber dem Stand im Jahre 1900 gesunken war.[108] Ebenfalls rückläufig, wenngleich noch stärker, war auch die Sterbeziffer. Die Folge davon war, daß der Bevölkerungszuwachs in dem 1. Viertel dieses Jahrhunderts laufend abgenommen hatte und ab der Mitte der 20er Jahre sogar ein absoluter Bevölkerungsschwund festzustellen war.[109] Schon bei der verhältnismäßig kleinen Rezession im Jahre 1926 hatte Friedlaender-Prechtl auf diese Strukturverschiebung aufmerksam gemacht und sie als die wahre Ursache der Arbeitslosigkeit erkannt.[110] Seine Ansicht begründete er damit, daß ein Geburtenrückgang eine Verringerung der „Nur-Konsumentenschicht“[111] bedeute, womit er diejenige soziale Schicht meinte, die nur verbraucht, weil sie nicht gleichzeitig auch am Produktionsprozeß beteiligt ist. Hinzu kommt noch die im Versailler Vertrag festgelegte Auflösung des

Heeres, von der die gleiche Wirkung ausging.[112] Das Schrumpfen dieses Abnehmerkreises erzwang in all den Industriebereichen, die ihre Produktion — als Beispiel wären da Kinderbekleidungsartikel, Spielwaren oder Schulbücher zu nennen — vornehmlich an diese Schicht absetzen und wahrscheinlich noch mit einem Nachfragezuwachs gerechnet hatten, die Freisetzung von Arbeitskräften, die dann nicht mehr vollends von anderen Produktionsbereichen absorbiert werden konnten. Der Grund dafür liegt in der Tatsache begründet, daß die Expansion am stärksten in den Industriezweigen mit vorwiegend kapitalintensiver Produktionsweise war, und der Freisetzungsprozeß in den arbeitsintensiven Produktionsbereichen erfolgte.[113]

Die destabilisierende Wirkung wurde aber noch dadurch verstärkt, daß die Erwerbsfähigenschicht infolge der Eigenart der deutschen Bevölkerungsstruktur noch weiter anwuchs, so daß also die Verkleinerung des Arbeitnehmerkreises mit einer Vergrößerung des Produzentenkreises zusammenfiel.[114] Dazu müssen noch die hunderttausende aus der Armee ausgeschiedenen Soldaten und die durch die Inflation verarmten Rentner gezählt werden, die sich nun auf dem Arbeitsmarkt anboten.[115] Welche Verschiebungen dadurch entstanden sind, läßt sich an Hand des sog. Belastungskoeffizienten veranschaulichen, der den Anteil der „Nur-Konsumenten" an den Erwerbsfähigen angibt:

| | |
|---|---|
| 1910 | 611 : 389 |
| 1925 | 685 : 315 |
| 1930 | 703 : 297 |

Während also 1910 auf 100 „Nur-Konsumenten" 157 Erwerbsfähige entfielen, waren es 1930 schon 236, was einer Veränderung von rund 50 Prozent entspricht.[116]

In dieser veränderten Wirtschaftswelt reichen nach Meinung Friedlaender-Prechtls sowohl die Formen des rein privatwirtschaftlichen Denkens und Handelns als auch die Meinung nicht mehr aus, „daß durch das anonyme Spiel der freien Kräfte schließlich irgendwie dem Gesamtwohl gedient würde".[117] Denn das Überwechseln von einer Wachstumswirtschaft zu einer Gleichgewichtswirtschaft, das einen Ausfall der „Vorsorge-Wirtschaft" (gemeint sind die Investitionen, A.K.) in der Größenordnung von 8–10 Milliarden zur Folge hatte, macht es nach Friedlaender-Prechtl „ganz ausgeschlossen, daß durch privatwirtschaftliche Investitionstätigkeit — durch die alle früheren Krisen zur Heilung gebracht wurden — eine durchgreifende Behebung der Arbeitslosigkeit erfolgen kann, selbst wenn alle politischen, psychologischen, monetären Hemmungen in Wegfall kämen, die ja ihrerseits wieder in der chronischen Arbeitslosigkeit verwurzelt sind"[118]. Eine chronische Arbeitslosigkeit ließe sich indessen durch eine geistige Umstellung vermeiden, indem prinzipiell neue Wege beschritten würden. Denn im Gegensatz zu einer absoluten, sprich unabwendbaren Arbeitslosigkeit, handle es sich im vorliegenden Fall um eine funktionelle Arbeitslosigkeit, die durch Verwendung geeigneter Methoden und Techniken sowie mit genügender geistiger Einsicht, Tatkraft und Willen zum Verschwinden gebracht werden könnte.[119] Die Lösung des Problems erblickte er in der Durchführung öffentlicher Investitionen. Denn „die durch Wegfall der Vorsorge-Wirtschaft frei gewordenen Arbeitskräfte können nunmehr der Kollektivbedarfs-Wirtschaft zugewendet werden, also der Durchführung von Großarbeiten, die nicht unter dem Zeichen der privatwirtschaftlichen Rentabilität, sondern unter dem der volkswirtschaftlichen Produktivität stehen..."[120].

# II. Die Auseinandersetzung mit der zeitgenössischen Wirtschaftslehre

## 1. Der Einfluß der Geisteshaltung des 19. Jahrhunderts auf die Volkswirtschaftslehre

Der Volkswirtschaftler, der auf der Grundlage der heutigen wirtschaftlichen Erkenntnisse ohne Berücksichtigung der besonderen politischen historischen Situation und der theoretischen Grundlagen der zu jener Zeit in Deutschland am meisten gelehrten Volkswirtschaftslehre über die damals getroffenen wirtschaftspolitischen Entscheidungen liest, wird vermutlich nur noch ein verständnisloses Kopfschütteln übrig haben. Befremdlich muß ihm in dieser Situation die Diskussion über das Für und Wider eines staatlichen Eingreifens erscheinen, denn wenngleich auch das Recht auf Privateigentum, das dem jeweiligen Eigentümer die freie Verwendung seiner Güter gewährleisten soll, unverändert die Grundlage unseres heutigen Wirtschaftssystems bildet, so ist doch eine Einflußnahme des Staates auf das laufende Wirtschaftsgeschehen nicht mehr wegzudenken. Aus übergeordneten staats- und gesellschaftspolitischen Überlegungen erscheint eine solche Beeinflussung der Mehrzahl der Wirtschaftswissenschaftler sogar nicht nur wünschenswert, sondern auch notwendig zu sein. So wird allgemein anerkannt, daß der Staat zur Erfüllung bestimmter gesellschaftlicher Aufgaben selbst gewisse Güter und Dienstleistungen anbieten muß, weil ein rein privatwirtschaftliches Angebot bei der herrschenden Marktsituation zu einer Unterversorgung mit diesen gesellschaftlich nachgefragten Gütern führen würde.

Ein staatliches Eingreifen kann zum anderen aufgrund der gemeinschaftlichen Verantwortung des Staates notwendig werden. Da er für jedes Mitglied der Gesellschaft Sorge zu tragen hat, ist sein Eingreifen immer dann unabdingbar, wenn die Existenzgrundlage einiger Gesellschaftsmitglieder durch marktwirtschaftliche Vorgänge gefährdet erscheint, oder es zu solch starken Spannungen zwischen den verschiedenen sozialen Schichten kommt, daß die friedliche Koexistenz der Bürger nicht mehr gewährleistet ist und mit einem Auseinanderbrechen des sozialen Systems gerechnet werden muß. Aus diesen Gründen greift beispielsweise der Staat regulierend in den Verteilungsprozeß ein, da die ursprüngliche, sich aus dem Marktprozeß ergebende Verteilung des Sozialproduktes zu gesellschaftlich nicht mehr tragbaren Ungleichheiten und Ungerechtigkeiten zwischen den sozialen Schichten und damit zum Konflikt führen würde.

Man braucht sich indessen nicht auf diese sozialen, gesellschaftspolitischen oder ethischen Überlegungen zurückziehen, um eine Rechtfertigung für ein wirtschaftliches Intervenieren des Staates zu finden. Denn spätestens seit der Entwicklung der keynesianischen Volkswirtschaftslehre besteht, von wenigen Ausnahmen abgesehen, Übereinstimmung hinsichtlich der Auffassung, daß zum Zwecke einer Nivellierung der konjunkturellen Schwankungen eine aktive staatliche Wirtschaftspolitik nicht nur förderlich, sondern auch erforderlich ist. Aus dieser Erkenntnis wird heutzutage die Forderung nach einer antizyklischen Wirtschaftspolitik erhoben, die in Zeiten einer Hochkonjunktur durch eine restriktive Fiskal- oder Geldpolitik beruhigend auf den Konjunkturverlauf einwirken und bei einem Nachlassen der Wirtschaftsaktivitäten der Wirtschaft mittels einer expansiven Geldpolitik oder zusätzlicher Staatsausgaben — selbst unter der Gefahr, dabei ein Budgetdefizit in Kauf nehmen zu müssen — neuen Auftrieb verleihen soll.

Bedenkt man ferner, daß dieses geforderte antizyklische Verhalten heutzutage Grundlage jeder staatlichen Wirtschaftspolitik ist und daß in der gegenwärtigen Wirtschaftskrise alle betroffenen Industrienationen durch eine expansive Fiskalpolitik versuchen, ihre Wirtschaft wieder an den Rand der Vollbeschäftigung zurückzuführen, dann wird es begreiflich, daß mancher Nationalökonom die vor den Augen 6 Millionen Arbeitssuchender heftig geführte Auseinandersetzung über die Notwendigkeit eines staatlichen Eingreifens nicht mehr ganz nachvollziehen kann und sich wundert, warum mit der Durchführung eines Arbeitsbeschaffungsprogrammes von staatlicher Seite solange abgewartet wurde.

Die nun fast ein halbes Jahrhundert zurückliegenden Ereignisse lassen sich indessen besser verstehen und gerechter beurteilen, wenn man sich nicht nur die damalige politische Konstellation in Europa in Erinnerung ruft, sondern auch bedenkt, von welcher ökonomischen Geisteshaltung die westliche Welt geprägt war. Aus diesem Grunde werden wir dieses Kapitel, nachdem wir im vorangegangenen Abschnitt dargelegt haben, mit welch schwerwiegender Hypothek wirtschaftlicher und politischer Natur die Regierung Brüning bei Ausbruch der Wirtschaftskrise belastet und wie begrenzt ihr rechtlich offenstehender politischer Spielraum war, der Darstellung der Wirtschaftstheorie widmen, die das wirtschaftliche Verständnis jener Zeit am stärksten beeinflußt hatte.

Bei Keynes findet sich zum Ende seiner berühmten „General Theory", wo er die Frage erörtert, ob seine Theorie sehr bald schon die Grundlage einer neuen wirtschaftspolitischen Konzeption werden würde, der mit einigem Pessimismus beladene Satz: „The ideas of economists and political philosphers, both when they are right and when they are wrong, are more powerful than is commonly understood. Indeed the world is ruled by little else. Practical men, who believe themselves to be quite exempt from any intellectual influences, are usually the slaves of some defunct economists."[121] Gleichzeitig spielte er aber auch damit auf das wirtschaftspolitische Versagen der von der Krise heimgesuchten Staaten an. Denn die damals getroffenen, von der herrschenden Lehrmeinung abgestützten Maßnahmen zur Bekämpfung der Arbeitslosigkeit führten nicht wie erhofft zu einer Abschwächung der Notlage, sondern rissen im Gegenteil die Volkswirtschaften nur noch mehr in die Krise hinein.

Keynes bezeichnete diese Lehre, gegen die er seine Angriffe richtete, als die „Klassische Lehre", wenngleich sich seine Kritik zum überwiegenden Teil auf ökonomische Aussagen bezog, die aus heutiger Sicht dogmenhistorisch eher der neoklassischen Lehre zuzuordnen wären.[122]

In ihrer grundlegenden gedanklichen Konzeption von Adam Smith erstmals festgelegt, entspricht die „klassische Volkswirtschaftslehre" in charakteristischer Weise der philosophischen und politischen Geisteshaltung des 19. Jahrhunderts, insbesondere wie sie sich in England zu Beginn der industriellen Revolution herausgebildet hatte. Zwar sind die englischen Nationalökonomen nicht die einzigen gewesen, die eine Wirtschaftstheorie auf der Idee des „laissez-faire, laissez-aller" entworfen haben, sie sind jedoch diejenigen, die den größten Einfluß hatten.

Politisch strebt man damals, nachdem man im Aufklärungs- und Säkularisierungsprozeß die politische Autonomie als erste Stufe der Freiheit zu erreichen versucht hatte, nun in der zweiten Stufe unter dem Einfluß der französischen Revolution die soziale und zivilisatorische Selbstverwirklichung des Menschen an.[123] Der absolutistische Obrigkeitsstaat soll überwunden und durch einen Verfassungsstaat ersetzt werden, der durch eine Verfassungsurkunde die Rechte und den Besitz jedes einzelnen Bürgers sichert.

Auch in wirtschaftlicher Hinsicht zeichnen sich große Veränderungen ab, die eine Wirtschaftsentwicklung von bisher unbekanntem Ausmaß erahnen lassen. Durch die Arbeit von Adam Smith hatte sich die Erkenntnis durchgesetzt, daß ein arbeitsteilig verrichteter Produktionsprozeß zu einer weit höheren Ergiebigkeit führt als ein Prozeß, bei welchem die einzelnen Funktionen in einer einzigen Person zusammenfallen. Eine wesentliche Voraussetzung für die Durchführung der Massenproduktion war damit erfüllt. Hinzu kommt der erhebliche Fortschritt, der zu jener Zeit in der Weiterentwicklung der Technologie gemacht wurde. Die Menschen sahen sich nun plötzlich in der Lage, die bestehenden, durch den bisherigen Stand der Technologie gesetzten Grenzen zu überschreiten und in einen Raum vorzustoßen, der in seinen Möglichkeiten grenzenlos schien.

Diese beiden Ziele, die politische Emanzipation der Bürger und die Ausstattung mit einer reichlichen Güterversorgung, glaubt man am besten dadurch erreichen zu können, indem man die obrigkeitsstaatlichen Strukturen aufzulösen und die staatlichen Funktionen auf wenige, gesellschaftlich notwendige Fälle zu beschränken gedenkt. Anstelle dessen soll ein Raum entstehen, der genügend Platz bietet, daß jeder seine Kräfte und Fähigkeiten ungehemmt entwickeln und anspannen kann. Durch dieses energische Vorwärts und Gegeneinander meint man am ehesten für alle ein Optimum an Daseinsbeherrschung, an Daseinsmöglichkeiten und an Wohlstand hervorzubringen.[124] Dieser Glaube, daß sich all die unzähligen individuellen Aktionen und Reaktionen der Menschen, ihre Strebsamkeit und ihre Triebe zu einem harmonischen Ganzen zusammenfügen und daß der einzelne in Verfolgung seiner richtig verstandenen Interessen der Gesellschaft ein Optimum an Wohlstand gewährleistet, kennzeichnet auch die wirtschaftliche Auffassung der damaligen Zeit. Sie steht damit im krassen Gegensatz zu einer Geisteshaltung, die bestimmend für das Weltbild der Menschen im Mittelalter bis hinein ins 18. Jahrhundert ist. Diese vermutet einen unversöhnlichen Interessengegensatz unter den Menschen, da alle um ein begrenztes Angebot an Waren kämpfen müssen. Jedes Mehr, was ein Individuum in diesem Konkurrenzkampf erlangen kann, bedeutet ein Weniger auf seiten seines Mitkonkurrenten. Anders mit den Worten Montaignes ausgedrückt: „Die Quelle, aus der der Gewinn eines Individuums stammt, ist der Verlust eines anderen"[125]. Darüber hinaus ist sie der Meinung, daß der Mensch dem Bösen stärker geneigt ist als dem Guten und demzufolge jede Machtposition gegenüber dem wirtschaftlich Schwächeren skrupellos ausnützen wird.[126] Deshalb werden zur Sicherung gegen den explosiven Charakter der Selbstinteressen und der Konkurrenz im mittelalterlichen Staat Gesetze gegen ungerechte Preise und Einkommen, gegen „Fürkauf" und Wucher, gegen Bedrohung der Schwachen und Armen erlassen.[127] Im Zeitalter des Liberalismus erfährt diese Geisteshaltung eine bedeutsame Umkehrung. Von den Gedanken der Aufklärung beeinflußt, daß die Welt durch eine übergeordnete Gewalt in einem harmonischen Gleichgewicht gehalten wird, glaubt man nicht mehr länger daran, daß ein gegenseitiges Konkurrenzieren der Menschen untereinander sich nachteilig auf das Wohlergehen der Gemeinschaft auswirkt. Im Gegenteil, man ist vielmehr davon überzeugt, daß gerade durch das Verfolgen seiner individuellen Interessen jeder einzelne der Gesellschaft zum höchsten Wohlstand verhilft. Selbstverständlich bedarf es dann, wenn gerade die Möglichkeit der ungehemmten Entfaltung der individuellen Fähigkeiten die Garantie für die Verwirklichung eines gesellschaftlichen Optimums darstellt, keiner objektiven Ordnung mehr, mittels derer der Staat reglementierend und steuernd eingreift. Denn an die Stelle der staatlichen Ordnung, die den Bürger zum „rechten" Gebrauch seiner Freiheit anhalten und ihn vor Willkür und Unterdrückung schützen will, ist nun eine übergeordnete Ordnung getreten, die das harmonische Zusammenfügen aller individuellen Entscheidungen gewährleistet. Einer staatlichen Ordnungsfunktion ist damit in wirtschaftlicher Hinsicht jede Legitimität entzogen.

Eine Verlagerung des Forschungsobjektes innerhalb der Volkswirtschaft konnte dabei nicht ausbleiben. Während die Merkantilisten in der Hauptsache noch danach suchten, auf welche Weise die verschiedenen individuellen Wirtschaftsaktivitäten zum größten Vorteil des Staates und den ihn repräsentierenden Adel gesteuert werden können, konzentriert sich nunmehr das Interesse der Wirtschaftswissenschaftler des 19. Jahrhunderts auf die Erforschung jener Gesetze, die allem wirtschaftlichen Handeln zugrunde liegen und naturgesetzlich sich zu einem harmonischen Ganzen zusammenfügen. Folgerichtigerweise ist man deshalb vor allem danach bestrebt, die typischen Marktbedingungen und Preisbildungsvorgänge analytisch zu durchdringen und die Gesetze aufzudecken, die für die Bildung des Einkommens, des Wertes und des Preises bestimmend sind.[128] Die analytische Durchdringung und geistige Erfassung dieser sozialen Beziehungen, nämlich der kommerziellen Beziehungen zwischen Personen und sozialen Gebilden, wie sie sich im Marktverhalten konstituieren, gelingt den „Klassikern" durch die Verwendung modellhafter Konstruktionen, in denen die komplizierten Strukturen einer Volkswirtschaft übersichtlich dargestellt und folglich die zahllosen, teilweise ineinandergreifenden und sich gegenseitig beeinflussenden wirtschaftlichen Handlungen zwar nur abstrakt, dafür aber um so eindeutiger erfaßt werden können. Das Feld der Marktbeziehungen, das man durch diese weitgehende Abstraktion von sozialen Tatbeständen in den Griff zu bekommen sucht, erscheint dadurch aber als ein relativ autonomer Bereich des sozialen Lebens, der nicht nur isoliert von anderen Bereichen behandelt werden kann, sondern in dem seltsamerweise auch Faktoren ausgeklammert werden, die sonst allgemein für die Erklärung sozialen Verhaltens herangezogen zu werden pflegen.[129] So finden weder das soziale Milieu der im Marktbereich agierenden Individuen und Gruppen, noch die interne Struktur dieser Gruppen, ihre Willensbildung und Kooperation, noch auch ihre Motivstrukturen, Einstellungen und Wertorientierungen hinreichende Berücksichtigung.[130]

Bei ihren theoretischen Untersuchungen gehen die „Klassiker" entsprechend ihrer Zielsetzung von Prämissen aus, wie sie als Idealtypen die Grundlage der liberalen Weltanschauung darstellen. Zwar wird dadurch der Realitätsbezug der Aussagen erheblich herabgesetzt, andererseits gelingt es aber, durch diese modelltheoretische Konstruktion aufzuzeigen, daß ein vom Selbstinteresse gesteuertes individuelles wirtschaftliches Verhalten zum optimalen gesellschaftlichen Wohlstand beiträgt. Im wesentlichen sind es folgende Annahmen: Träger der wirtschaftlichen Handlungen ist das Individuum, das, seinem wohlverstandenen Selbstinteresse folgend, in freier Selbstbestimmung, also frei von institutionellen Beschränkungen, über seine wirtschaftlichen

Handlungen und Unterlassungen entscheidet. Dementsprechend gilt als Rechtsgrundlage, daß jeder das Recht hat:

1. Eigentum in ungestörtem Besitz zu haben,
2. über seine Arbeitskraft seinen Fähigkeiten entsprechend frei zu verfügen,
3. jederzeit frei zu bestimmen, an welchem Ort und auf welche Weise er über seine Eigentumsrechte und seine Arbeitskraft verfügen will, sowie
4. Verträge über seine Eigentumsrechte in voller Freiheit abzuschließen.

Gestellt auf diese Rechtsgrundlage vollziehen sich dann die wirtschaftlichen Handlungen der Individuen nach der Leitnorm des Selbstinteresses.[131]

Letztere Annahme bereitet erhebliche modelltechnische Schwierigkeiten. Um nämlich die zahllosen individuellen Entscheidungen übersichtlich im Modell aufbereiten und darstellen zu können, ist es notwendig, Kriterien zu finden, nach denen sich die individuellen Verhaltensmuster auf einen gemeinsamen Nenner bringen lassen. Die „Klassiker" lösten diese Schwierigkeit durch ihr Vertrauen auf die Macht eines von der Vernunft ausgedachten Plans, nach welchem die Menschen ihre wirtschaftlichen Entscheidungen treffen.[132] Demzufolge wird also jeder rational handelnde Mensch versuchen, seine Güter und Dienstleistungen zu dem höchsten, am Markt erzielbaren Preis zu verkaufen bzw. zum tiefstmöglichen Preis zu kaufen. Diese Preise werden zugleich auch die jeweiligen Gleichgewichtspreise darstellen, wenn man davon ausgeht, daß vollständige Information herrscht und keinerlei zeitliche Verzögerungen bei den verschiedenen Austauschprozessen auftreten. Dies bedeutet, daß auf allen Teilmärkten das Angebot der herrschenden Nachfrage entspricht und kein Wirtschaftssubjekt sich aufgrund seiner subjektiven Präferenzen veranlaßt sieht, seine erreichte Position zu verändern.

Die Annahme vollständiger Information bildet indessen kein notwendiges Element innerhalb des „klassischen Modells". Sie ist insoweit überflüssig, als es der „klassischen Nationalökonomie" auch ohne diese Voraussetzung gelingt aufzuzeigen, daß es innerhalb dieses Wirtschaftssystems, wie es vorstehend definiert wurde, zu einer optimalen Verwendung der verfügbaren Ressourcen in dem Sinne kommt, daß sie jeweils nur zur Herstellung solcher Waren eingesetzt werden, für die auch am Markt eine Nachfrage besteht. Voraussetzung dazu ist lediglich die Existenz eines voll funktionierenden Preismechanismus, der die verschiedenen Marktkonstellationen auf allen Teilmärkten jeweils richtig widerspiegelt. Er allein bewirkt, daß die individuellen Wirtschaftspläne, gleichsam wie von einer „unsichtbaren Hand" geführt, miteinander in Einklang gebracht werden, so daß letztlich auf allen Märkten eine Übereinstimmung von Angebot und Nachfrage besteht.[133] Die Kraft, die dafür die Gewähr bietet, daß Ungleichgewichtssituationen, nachdem sie als solche erkannt sind, auch beseitigt werden, findet die „Klassik" in dem Konkurrenzmechanismus. Er ist es, der die Steuerfunktion für das ganze System übernimmt und der nach Meinung der „Klassiker" dafür sorgt, daß in einer Welt der Knappheit die Produktionsfaktoren immer dort zur Herstellung von Gütern eingesetzt werden, wo die Nachfrage nach Gütern und Dienstleistungen am größten ist. Die Steuerung erfolgt dabei jeweils über eine Veränderung des Preisgefüges. Auf den Märkten, wo das Warenangebot im Vergleich zu den Wünschen der Konsumenten überdimensioniert ist, werden die Unternehmer die ursprünglich angesetzten Preise nicht durchsetzen können und infolgedessen werden dort die Preise eine absinkende Tendenz aufzeigen. Umgekehrt werden die Produzenten einen Preisanstieg auf denjenigen Märkten feststellen, in denen das Angebot im Verhältnis zu der dort herrschenden Nachfrage zu knapp bemessen ist und die Verbraucher sich in ihren Preisangeboten gegenseitig überbieten. In beiden Fällen werden diese Preisverschiebungen aber eine Beseitigung der bestehenden Marktungleichgewichte zur Folge haben und eine Rückführung des Systems in eine Gleichgewichtsposition bewirken. Denn die Konsumenten werden infolge der gesunkenen Preise ihren Verbrauch erhöhen, währenddessen die Unternehmer ihr Angebot verkleinern oder sich ganz aus dem Markt zurückziehen werden. Der Markt wird freigeräumt und die Ungleichgewichtssituation in Form eines Überschußangebots beseitigt.

Umgekehrt wird im Falle einer Überschußnachfrage das Ansteigen der Preise einerseits die Unternehmer zu einer Ausdehnung ihrer Produktion ermutigen, andererseits aber auch einige Konsumenten vom Kauf dieses Produktes Abstand nehmen lassen, wodurch auch auf diesem Markt der vormals bestehende Nachfrageüberhang beseitigt ist.

Die Wirksamkeit dieses Konkurrenzmechanismus beschränkt sich aber keineswegs nur auf die Gütermärkte, sondern er erfüllt die ihm zugedachte Steuerfunktion auch auf allen anderen Märkten innerhalb der Volkswirtschaft. So werden analog zu einem überhöhten Güterangebot die Arbeiter, welche eine Arbeit suchen, auf dem Arbeitsmarkt in Konkurrenz zu den beschäftigten Arbeitnehmern treten und dadurch, daß sie ihre Arbeitskraft zu einem tieferen Lohnsatz anbieten, das allgemeine Lohnniveau zum Sinken bringen.

In dem „klassischen Modell" bedeutet die Forderung nach einer möglichst uneingeschränkten Konkurrenz auf allen Teilmärkten einer Wirtschaft also mehr als nur eine Schlußfolgerung aus der Erkenntnis, daß wir in einer Welt der Knappheit leben und demzufolge eine Auswahl innerhalb eines begrenzten Angebotes unvermeidbar ist; sie bildet vielmehr die Voraussetzung für das Funktionieren des gesamten Wirtschaftssystems. Sie sorgt dafür, daß auf allen Märkten Gleichgewichtspreise herrschen, gibt Auskunft darüber, welche Güter in welchem Umfang hergestellt werden sollen, hält die Einkommen in ihrer natürlichen Höhe und Proportion und regelt den Einsatz der Produktionsfaktoren nach der jeweils lohnendsten Verwendung: „kurz, sie hält das Gesamtsystem im Gleichgewicht oder bringt es zum Gleichgewicht zurück, wenn ‚störende Umstände' es deroutiert haben".[134]

Für die Entwicklung einer Wirtschaftstheorie, deren Funktion darin besteht, gleichsam eine „wahre" Ordnung in das „Chaos" sozialer und ökonomischer Interaktionen zu bringen, und die somit dazu beiträgt, dem Wirtschaftspolitiker die mutmaßlichen Folgen seines Handelns vorhersehbar zu machen[135], ist die Arbeit der Klassiker von ausschlaggebender Bedeutung. Zwar kann dieses Analysieren wirtschaftlicher Abläufe und Denken an Modellen naturgemäß nur ein Denken an Abbildern der Wirklichkeit sein. Dadurch aber, daß die zahllosen Einflüsse, die auf das menschliche Verhalten einwirken, auf einige wenige plausible Annahmen beschränkt und die vielfältigen und komplexen Strukturen sozusagen in Reinkultur untersucht werden, bilden sie ein wichtiges Instrument und Mittel zum Verständnis der Wirklichkeit.[136] Denn nur dank dieser vorgenommenen Abstraktion gelingt es nunmehr dem Theoretiker, die wirtschaftlichen Kräfte im einzelnen zu erfassen und durch Simulieren wirtschaftlicher Vorgänge ihre Zugrichtung im Spannungsfeld zu bestimmen. Zum anderen ermöglicht diese theoretische Vorarbeit erst eine rationale und zielgerechte Wirtschaftspolitik. Denn diese hat zur Voraussetzung, daß der Wirtschaftspolitiker Vorstellungen über die voraussichtlichen Konsequenzen der zur Diskussion stehenden wirtschaftspolitischen Maßnahmen entwickelt und deren Erfüllungsgrad abschätzen kann. Zu diesem Zwecke muß er aber auf theoretisch fundierte Kenntnisse zurückgreifen können, die ihm eine Prognose über die voraussichtliche Reaktion der sozialen Umgebung gestatten. Erst auf der Grundlage dieser Erkenntnisse wird er in der Lage sein, rational zu handeln; denn „eine Entscheidung für eine Handlungsalternative, über deren voraussichtliche Konsequenzen sich nichts aussagen läßt und an deren Wahl sich keine bestimmten Erwartungen — und seien sie im einzelnen noch so vage — knüpfen, wäre nichts anderes als erratisches Handeln“.[137]

Wenn aber die Aussagen des Theoretikers dem Politiker eine Hilfe beim Erfassen der zu lösenden Probleme und bei der richtigen Entscheidungsfindung darstellen sollen, dann setzt dies nicht nur voraus, daß es sich bei den getroffenen Schlußfolgerungen um „wahre“ Aussagen handelt, d.h. daß sie logisch richtig aus den getroffenen Annahmen abgeleitet sind. Denn solche Aussagen sind entweder aus logischen Gründen immer wahr, weil sie keine denkbare Sachlage ausschließen, oder aber sie bauen auf Prämissen auf, die so restriktiv sind, daß sie gewissermaßen ein unbeschränktes „Alibi“ besitzen.[138]

Für die Arbeit des Wirtschaftspolitikers sind solche Aussagen nur wenig nützlich, da die Wahrheit ihrer Aussage gänzlich zu Lasten der in ihr enthaltenen Information geht und ihr realer Anwendungsbereich praktisch Null ist. Information ist aber gerade das, was der Wirtschaftspolitiker vor allen Dingen sucht und auch am dringlichsten benötigt, wenn er jeweils eine der Situation angemessene Entscheidung fällen will. Eine Theorie, deren Aussagen entweder aus logischen Gründen immer wahr oder gegen die Erfahrung immunisiert sind, kann aber diesem Anspruch nach Information nicht gerecht werden. Im Gegenteil, der Forderung nach Information kann sogar nur dadurch nachgekommen werden, wenn der Bereich der logischen Möglichkeiten absichtlich eingeschränkt wird bzw. die Aussagen nicht mehr länger vollständig nach außen abgeschirmt, sondern überprüfbar gemacht werden. Denn erst durch die Konfrontation mit den in der Wirklichkeit beobachteten Tatsachen kann die Leistungsfähigkeit einer Theorie geprüft und bestehende Irrtümer aus einem großen Angebot rivalisierender Ideen, deren Wahrheitsinhalte a priori nicht ersichtlich sind, allmählich eliminiert werden.[139] Eine Theorie kann also nie endgültige Wahrheit für sich beanspruchen. „Sie gilt jeweils nur auf Abruf, solange keine widerlegenden Beobachtungen gemacht werden. Aus dem Falsifizierbarkeitskriterium aber folgt gleichzeitig, daß die Widerlegung einer Theorie stärkeres Gewicht hat als ihre Bestätigung, d.h. sicheres Wissen nur im Hinblick auf falsche, keineswegs aber auf wahre Theorien gewonnen werden kann.“[140]

Die „klassische“ Vorgehensweise birgt aber nun gerade die Gefahr in sich, diesen genannten Anforderungen an eine Theorie nicht immer gerecht zu werden. Denn in ihrem Bemühen, die grundlegenden Gesetzmäßigkeiten von bestimmten Wirtschaftsabläufen ausfindig zu machen, sind die Klassiker, im Gegensatz zu Vertretern verschiedener anderer ökonomischer Schulen, nicht danach bestrebt, die in der Wirtschaft vorhandenen und somit auch empirisch überprüfbaren Zusammenhänge aufzudecken, sondern die Folgen von Verhaltensweisen zu analysieren, die sich unter bestimmten, in aller Regel plausiblen Annahmen bei einer rationalen Denkungs- und Handlungsweise der Wirtschaftssubjekte ergeben. Dabei ist es zunächst uninteressant, ob die Annahmen tatsächlich den wirklichen Gegebenheiten entsprechen oder ob die wirtschaftlichen Entscheidungsträger entsprechend den ihnen zugeschriebenen Verhaltensweisen auch wirklich handeln. Wichtig ist allein das logische Kalkül rational handelnder Wirtschaftssubjekte.

Der hervorragende Wert dieser von den „Klassikern“ angewandten Analysetechnik wurde vorstehend schon genannt. Er liegt in dem Erkennen der mit den verschiedenen Handlungsmaximen verbundenen Implikationen. Die große Schwäche besteht aber darin, daß die Mehrzahl der gelieferten Aussagen nur wenig praktischen Wert haben, da sie zumeist aufgrund idealtypischer, in der Wirklichkeit nicht festzustellender Prämissen abgeleitet werden.[141]

Die zweite Gefahrenquelle, die mit der wissenschaftlichen Auffassung und Vorgehensweise der „Klassiker“ verbunden ist, beruht in ihrer Neigung zum Modell-Platonismus, der durch den Versuch zum Ausdruck kommt, einmal gewonnene Erkenntnisse nach außen hin gegenüber anderslautenden empirisch feststellbaren Tatsachen zu immunisieren.[142] Dies muß nicht immer die erklärte Absicht der jeweiligen Forscher gewesen sein, zum Teil entspricht dies aber durchaus der wissenschaftlichen Zielsetzung dieser Zeit. Deutlich wird dies an der von von Mises vertretenen Auffassung, der behauptet, „daß als Wissenschaft nur eine apriorische, d.h. von jeder Erfahrung unabhängige Erkenntnis menschlichen Handelns möglich ist und daß die Praxeologie entsprechend notwendig auf einer Erkenntnis a priori der Gesetze des tatsächlichen menschlichen Verhaltens aufbauen müsse“.[143] Eine Überprüfung der jeweils zugrundegelegten Prämissen auf ihre Richtigkeit und der entsprechenden Schlußfolgerungen wird bei dieser wissenschaftlichen Einstellung weitgehend unmöglich.

Die klassische Volkswirtschaftslehre verbindet also die Neigung zum Modell-Platonismus mit der Tendenz, die theoretische Ökonomie als autonome Wissenschaft zu begreifen und sie gegenüber anderen Wissenschaften, vor allem der Soziologie und der Sozialpsychologie abzuschirmen.[144] Sie steht damit jenen ökonomischen Denkrichtungen wie dem Marxismus oder der historischen Schule gegenüber, die bewußt den institutionellen Hintergrund ihrer Theorie spezifizieren, da sie von der Ansicht ausgehen, daß alle Gesetze der Volkswirtschaft in dem Verhältnis des Menschen zu den Sachgütern begründet sowie zeitlich und räumlich gebunden sind. Demzufolge ist es ein Fehler anzunehmen, daß die Gesetze bei allem Wechsel der Erscheinungen ihre volle Gültigkeit bewahren, da dabei vergessen wird, daß der Mensch als soziales Wesen in seiner Eigenschaft als wirtschaftlicher Entscheidungsträger stets ein Kind der Zivilisation und ein Produkt der Geschichte ist.[145] Die auf dem Wege der Deduktion gefundenen Gesetze sollten also immer am historischen Erfahrungsmaterial verifiziert werden.

Durchgesetzt hat sich indessen die wissenschaftliche Auffassung der „klassischen“ Schule. Auf der berühmt gewordenen Wiener Tagung des „Vereins für Socialpolitik“ im Jahre 1909 führte Max Weber zu der Frage nach der Aufgabe der Wissenschaft aus, daß derjenige, der in der Nationalökonomie Werturteile produziere, den Boden wissenschaftlicher Erörterung verlassen habe, da das Merkmal wissenschaftlicher Erkenntnis in der objektiven Geltung ihrer Ergebnisse liege.[146] Niemals dürfe es Aufgabe einer Erfahrungswissenschaft sein, bindende Normen und Ideale zu vermitteln, um daraus für die Praxis Rezepte abzuleiten, da jede Wertung fremden Wollens nur Kritik aus einer eigenen Weltanschauung sein kann und jede Bekämpfung des fremden Ideals nur vom Boden des eigenen Ideals erfolge. Aus diesem Grunde müßten Werturteile aus dem Bereich der Wirtschaftswissenschaft verbannt bleiben.[147] Folgerichtig möchte Weber die theoretisch-analytische Ebene grundsätzlich von der Entscheidungsebene getrennt wissen. Interaktionen zwischen den beiden Ebenen haben in der Weise zu erfolgen, daß die Wissenschaft lediglich die Folgen einer bestimmten politischen Entscheidung aufzeigt und gegebenenfalls die Mittel zur Erreichung eines vorgegebenen Ziels bereitstellt. Unter keinen Umständen soll sie sich aber selbst am politischen Entscheidungsprozeß beteiligen.

Der von Weber entwickelte Standpunkt der Werturteilsfreiheit der Wissenschaft erwies sich gegen den Widerstand bedeutender Nationalökonomen wie G. Schmoller und G. F. Knapp an dieser Tagung als der stärkere. Seine Auffassung findet in der Folgezeit auch eine immer größere Anerkennung, bis sie letztlich zur herrschenden Auffassung zu Beginn dieses Jahrhunderts wird. Davon zeugt beispielsweise ein Zitat aus dem Buch eines der bekanntesten und meistgelesensten Nationalökonomen seiner Zeit, Adolf Weber, der in seiner Einführung in das Studium der Volkswirtschaftslehre schreibt: „Festgehalten werden muß aber, daß der Volkswirtschaftler, der selbst politische Ziele setzt, dadurch, daß er es tut, den Boden seiner Wissenschaft verläßt; denn eine solche Zielsetzung ist notwendig mit subjektiven Erwägungen und Wünschen verknüpft, die nicht in den Bereich unserer Wissenschaft gehören."[148]

## 2. Das „klassische Modell"

Zum Abschluß sei nun noch, nachdem wir den geistigen Hintergrund der „klassischen" Nationalökonomen beleuchtet und ihre wissenschaftliche Methodik dargestellt haben, aufgezeigt, welche Lösung jene zu dem Kernproblem jedes Wirtschaftens, nämlich was, in welcher Menge und auf welche Weise produziert werden soll, vorschlagen und wieso innerhalb dieses Systems die Tendenz zu einem Gleichgewicht besteht. Die wesentlichsten Bestandteile der Lösung, die die „klassische Volkswirtschaftslehre" auf diese Frage gibt, wurden bereits in dem voranstehenden Abschnitt genannt, so daß wir es an dieser Stelle mit einer kurzen Zusammenfassung bewenden lassen können und lediglich die noch fehlenden Elemente des „klassischen Modells" hinzufügen wollen.

In dem erwähnten Zusammenhang haben wir gezeigt, daß innerhalb eines Marktsystems der Preismechanismus die Steuerfunktion hat und darüber entscheidet, was und wieviel von einem Gut hergestellt und wie eine beschränkte Gütermenge unter eine konkurrierende Konsumentenschaft verteilt werden soll. Entspricht der Umfang und/ oder die Zusammensetzung des Güterangebotes nicht den Wünschen der Verbraucher, so wird dies durch entsprechende Preisbewegungen kenntlich gemacht. Die Unternehmer erhalten dadurch die Möglichkeit, ihre Produktion jeweils der bestehenden Nachfrage anzupassen.

Eine entsprechende Steuerfunktion übt der Preismechanismus unter den genannten Voraussetzungen auch auf die Verteilung der Güter aus. Durch Über- oder Unterbieten der herrschenden Marktpreise werden die Wirtschaftssubjekte im Falle, wo die Güterverteilung nicht ihren subjektiven Präferenzen entspricht, ihre Bereitschaft zum Handeln kundtun und nach Aufnahme von Preisverhandlungen solange neue Preisangebote machen, bis jedes Individuum über die von ihm gewünschte Zusammensetzung des Warenkorbes verfügt. Die nach dem Austauschprozeß bestehende Güterverteilung entspricht nun aber einer Gleichgewichtssituation, da keine weitere Verbesserung der Position mit gegenseitigem Einverständnis mehr möglich ist.

Die genaue Kenntnis der verschieden individuellen Nachfragekurven ist bei diesem Prozeß völlig belanglos. Voraussetzung ist lediglich, daß jedes Wirtschaftssubjekt, wenn immer sich eine Gelegenheit zum Kaufen oder Verkaufen bietet, eine seinen Präferenzen angemessene Entscheidung fällen kann.[149]

Eine übergeordnete staatliche Instanz, die jeweils über alle Informationen verfügt, welche Art von Gütern die Verbraucher gerade nachzufragen wünschen, und die diese Informationen an die Unternehmer weiterleitet, ist also für die Verwirklichung einer optimalen Güterversorgung völlig überflüssig. Denn diese ergibt sich nach Meinung der „Klassik“ zwangsläufig in einem System, in welchem die Individuen frei nach ihrem Selbstinteresse handeln können und für jeden, der zu einem anderen eine Handelsbeziehung aufnehmen möchte, ein freier Zugang zum Markt gewährleistet ist.

Bisher unbeantwortet geblieben ist somit nur noch die Frage, welche Kräfte darüber entscheiden, unter welchem Einsatz von Produktionsfaktoren die gewünschte Gütermenge hergestellt werden soll, so daß es zu einer optimalen Verwendung der verfügbaren Produktionsressourcen kommt. In der Regel steht eine Vielzahl verschiedener Produktionsmethoden zur Herstellung eines Gutes zur Verfügung. Sie unterscheiden sich in der Verwendung unterschiedlicher Faktoreinsatzmengen. Die eine Technik verwendet im Vergleich zu einer anderen mehr Maschinen und weniger Arbeitskräfte oder sie benötigt viel von jenem Rohstoff und spart dafür einen anderen ein. Das Problem, das sich in diesem Zusammenhang für jedes Wirtschaftssystem stellt, das seine produktiven Ressourcen optimal eingesetzt wissen möchte, ist, ein Kriterium zu finden, das jeweils die Faktorkombination herauszufinden erlaubt, die nicht nur effizient in technologischer, sondern auch in ökonomischer Hinsicht ist.

Die „Klassiker“ finden dieses wiederum in dem Konkurrenzmechanismus. Er bewirkt, daß die Produktionsfaktoren jeweils an der Stelle eingesetzt werden, wo das von ihnen geschaffene Produkt den höchsten Marktpreis erzielt. Denn um ihr Einkommen zu vergrößern, werden die Unternehmer, die durch den Einsatz einer bestimmten Faktormenge einen höheren Gewinn erzielen als ihre Mitkonkurrenten, eine höhere Vergütung für die produktiven Dienste zu zahlen bereit sein und somit die Produktionsfaktoren von einer nieder- zu einer höherbewerteten Verwendung zuführen.

Unter dem Druck der Konkurrenz sind die Unternehmer zudem ständig gezwungen, die verschiedenen Produktionsfaktoren optimal untereinander zu kombinieren. Die Entscheidung für die eine oder andere Produktionsmethode bestimmt sich dabei nach den Preisen der zum Einsatz kommenden Produktionsfaktoren. Zur Anwendung gelangt dann jeweils die Technik, bei der sich die Herstellungskosten des Unternehmers minimieren. Steigt der Preis eines Produktionsfaktors im Vergleich zu einem anderen, dann bewirkt dies auch eine Umstellung innerhalb der eingesetzten Produktionsfaktoren. Für den Unternehmer lohnt es sich nun, den relativ teueren durch den billigeren Faktor zu ersetzen; folglich wird er nun eine Faktorkombination wählen, bei der der preiswerter gewordene Produktionsfaktor eine größere Verwendung findet.

In einem marktwirtschaftlichen System, in dem ein offener Zugang zu allen Märkten besteht, bleibt ihm auch gar keine andere Wahl, als sich laufend an die neue Minimalkostenkombination anzupassen. Ansonsten würde er von seinen Konkurrenten, die ihre Produktion auf das günstigere Herstellungsverfahren umgestellt haben, aus dem Markt gedrängt werden. Denn diese wären nun in der Lage, ihre Produkte zu einem Preis anzubieten, der ihnen noch einen Gewinn, ihm aber schon einen Verlust einbringt.

Das Preissystem koordiniert also in dem „klassischen Modell“ der freien Marktwirtschaft die Wirtschaftspläne aller Individuen. Da die Angebots- und Nachfragepläne auf allen Teilmärkten von den relativen Güterpreisen abhängig sind, erfolgt bei Bestehen irgendwelcher Ungleichgewichtssituationen solange eine Verschiebung der Preisrelationen, bis sich ein allgemeines Gleichgewicht eingestellt hat.

Die Einführung eines Geldfaktors, der bislang in diesem Wirtschaftsmodell fehlte, ändert nichts an diesem funktionalen Zusammenhang von Angebot und Nachfrage und den daraus abgeleiteten Preisverhältnissen. In seiner Eigenschaft als allgemein anerkanntes Tauschmittel muß dem Geld indessen eine große Bedeutung zugemessen werden, da eine arbeitsteilige, dezentralisierte Marktwirtschaft ohne ein allgemein anerkanntes Tauschmittel nicht funktionieren könnte. Aus Zeiten, in denen das Geld seinen Dienst weitgehend versagte und alle Welt zum Naturaltausch zurückkehrte, weiß man ja, wie schwierig es ist, einen Partner zu finden, der das anzubieten hat, was man selber braucht und der das gerade benötigt, was man selbst anzubieten hat.

Ein weiterer Vorteil, der mit der Einführung des Geldes verbunden ist, besteht in der Erhöhung der Preistransparenz, da nunmehr alle Güterpreise in einer gemeinsamen Recheneinheit ausgedrückt werden. Den Verbrauchern wird somit der Preisvergleich zwischen den verschiedenen Waren erleichtert.

Die Schaffung einer gemeinsamen Bewertungsbasis sagt indessen noch nichts darüber aus, zu welchen absoluten Preisen die angebotenen Waren gehandelt werden, denn die Höhe des absoluten Preisniveaus hängt von dem Verhältnis der Geldmenge zur Güterproduktion ab. Erst wenn wir die Menge und die Umschlagsgeschwindigkeit des Geldes kennen, mit der ein bestimmtes Handelsvolumen abgewickelt werden soll, gelingt es uns, die Höhe des durchschnittlichen Preisniveaus einer Wirtschaft zu bestimmen.

Im „klassischen Modell" wird diese Beziehung zwischen der Geldmenge und dem Transaktionsvolumen einer Wirtschaft durch die sogenannte Qantitätstheorie des Geldes wiedergegeben. Das notwendige Verbindungsglied zwischen diesen beiden Größen — die Geldmenge ist nämlich eine Bestandesgröße, während das Transaktionsvolumen eine Strömungsgröße ist — ist dabei die Umlaufgeschwindigkeit des Geldes. Diese zeigt an, wie oft sich die Geldmenge zur Bewältigung des Zahlungskreislaufes umschlägt.

So gesehen hat die Quantitätstheorie also lediglich eine Identität zum Inhalt, die besagt, daß bei gegebener Höhe des Geld- und des Transaktionsvolumens sowie der Umschlagsgeschwindigkeit des Geldes auch das durchschnittliche Preisniveau bestimmt ist. Die „klassische Theorie" leitet daraus aber eine theoretische Beziehung ab, indem sie einen direkten Zusammenhang zwischen der Geldmenge und dem Preisniveau derart vermutet, daß eine Erhöhung der Geldmenge zwangsläufig ein Ansteigen der Preise nach sich zieht. Dies folgert aus der Annahme, daß die Umlaufsgeschwindigkeit des Geldes eine institutionell fixierte Größe ist, die sich im Zeitablauf nicht oder nur wenig verändert. Denn wenn das Transaktionsvolumen allein von den Preisrelationen der Güter zueinander abhängig ist und in einem festen Verhältnis zur Geldmenge steht, dann muß das absolute Preisniveau in direkter Abhängigkeit zur Geldmenge stehen.

Eine Veränderung, beispielsweise eine Erhöhung der Geldmenge, muß folglich ohne Einfluß auf die realen Wirtschaftsvorgänge bleiben. Sie kann niemals ein Ansteigen des Beschäftigungsgrades bewirken, sondern führt nur zur Inflation. Fiskal- und geldpolitische Maßnahmen des Staates zur Sicherung der Vollbeschäftigung werden daher als schädlich abgelehnt. Denn um die Wirtschaft auf dem Vollbeschäftigungsniveau zu halten bzw. wieder zurückzuführen, reicht es allein schon aus, wenn in einer Volkswirtschaft eine genügend große Preisflexibilität sowie eine wirksame Konkurrenz gesichert sind.

## 3. Die „klassische Konjunkturtheorie“

Die Vorstellung der „klassischen Lehre“, daß die Wirtschaft prinzipiell sich im Gleichgewicht befände bzw. bei einer Störung zu ihm zurückkehre, sowie der noch tiefe Stand der industriellen Entwicklung bis zur Mitte des 19. Jahrhunderts, erklärt die mangelnde Beschäftigung der „Klassiker“ mit den Konjunkturschwankungen. Auftretende Krisen wurden unter dem Einfluß des Sayschen Theorems als partielle Störungen angesehen und keiner theoretischen Durchdringung unterzogen.[150] Says Bedeutung für die Konjunkturtheorie liegt daher im Negativen.[151]

Erst mit dem Auftreten starker Auf- und Abschwungsphasen im Gefolge der stürmisch einsetzenden industriellen Entwicklung wurde die Konjunktur als Gesamterscheinung betrachtet. Die vielen wechselnden und verschiedenartigen Krisenerscheinungen machten jedoch eine allgemein akzeptierte Theorie über die Kausalität der Konjunkturschwankungen unmöglich.[152] Entsprechend fielen die Vorschläge zur Krisenbekämpfung aus. „Je nachdem, ob man die Ursache der Krise im Sachgüter- oder im monetären Bereich erblickte, ob man die Unterkonsumtion, die Überproduktion, die Fehlinvestition, die übermäßige Kreditexpansion oder die Überkapitalisation oder irgendwelche anderen Disproportionalitäten oder alles miteinander gemischt als die eigentliche Krisenursache erkannt zu haben meinte, oder ob man gar die Auffassung vertrat, die Krisen seien notwendige Reinigungskrisen im Wirtschaftsleben, die man überhaupt nicht zu bekämpfen habe, mußte die Theorie unterschiedlich ausfallen.“[153]

Von diesen verschiedenen Erklärungsversuchen der Konjunkturschwankungen hatte in Deutschland zur Zeit der Weltwirtschaftskrise die monetäre Überinvestitionstheorie eine große Verbreitung erfahren. Sie wurde unter anderem von solch berühmten Nationalökonomen wie F. von Hayek, W. Röpke, L. A. Hahn, L. von Mises, Ad. Weber sowie auch von G. Cassel, dessen Lehrbuch in Deutschland große Beachtung fand, vertreten. Zum Teil wäre hier auch Joseph Schumpeter einzuordnen, dessen konjunkturelle Aufschwungsphase erst durch die Kreditschöpfungsfähigkeit der Banken ihr dynamisches Gepräge bekommt. Für ihren großen Einfluß spricht auch die Tatsache, daß sie der erwähnten Brauns-Kommission als Erklärung der Wirtschaftskrise in Deutschland diente. So heißt es in dem Bericht über die Arbeit der Brauns-Kommission wörtlich: „Diese konjunkturtheoretische Grundanschauung (nämlich die monetäre Überinvestitionstheorie, A.K.) verwendet die Kommission sowohl zur Erklärung der eingetretenen Krise wie zur Begründung der von ihr vorgeschlagenen Maßnahmen.“[154]

Die monetäre Version der Überinvestitionstheorie lehnt die Disproportionalitätentheorie ab, wonach der Kapitalgütersektor zuerst stark expandiert und danach die bereitstehenden Kapazitäten infolge mangelnder Nachfrage nicht genügend ausgelastet sind. Denn empirische Untersuchungen zeigten, wie Cassel anmerkt, gerade im Gegenteil, daß am Ende einer Hochkonjunktur alle Kapazitäten bis auf die letzte verfügbare Maschine ausgelastet seien.[155]

Hayek lehnte alle Disproportionalitäten- und Akzeleratortheorien[156] als plausible Erklärung der Konjunkturschwankungen ab, weil sie nicht dem Prinzip der kapitalistischen Produktionsweise gerecht werden. Diese orientiere sich nicht wie in einem sozialistischen System nach Mengen, sondern nach den erzielbaren Absatzpreisen und den dafür aufzuwendenden Kosten. Der Gefahr eines Überangebots wird folglich aus zwei

Richtungen entgegengewirkt. Auf der Absatzseite wissen die Unternehmer genau, daß ein die Nachfrage übersteigendes Angebot einen Preisverfall herbeiführt, weswegen sie auch bei dem kleinsten Anzeichen eines Preisrückgangs ihre Produktion einschränken werden. Selbst im Falle zeitlich nachhinkender oder unzulänglicher Informationen geraten die Unternehmer nicht in die Versuchung, ihre Produktion unverantwortlich groß auszudehnen. Denn mit dem Näherrücken an die volkswirtschaftliche Kapazitätsgrenze werden die Lohn-, Material- und Zinskosten immer stärker ansteigen, so daß die Gewinnmargen immer kleiner werden.

Aufgrund dieser Überlegungen kommt Hayek zu dem Schluß, daß Überkapazitäten nur dann entstehen können, wenn die Preise nicht mehr ihre Rolle als Knappheitsindikator erfüllen können.[157]

Bei der Suche, durch welche falsche Preisinformation die Unternehmer Investitionen durchführen, die sich im nachhinein als Fehlinvestitionen herausstellen, gelangen die genannten Autoren zu dem Schluß, daß die Banken aufgrund ihrer Fähigkeit Kredite zu schöpfen, die Unternehmer über das effektive Angebot an „Kapitaldisposition" täuschen.[158] Dies äußert sich in einem künstlichen Tiefhalten des Kapitalmarktzinses. Die Unternehmen erhalten dadurch eine Prämie für die Inanspruchnahme längerer Produktionsumwege[159], d.h. sie wenden sich immer kapitalintensiveren Investitionen zu. Auch bei Cassel nimmt der Kapitalzins unter den treibenden Kräften einen zentralen Platz ein. Denn ein niedriger Zins eröffnet Unternehmungen, die viel „festes Kapital" erfordern, profitable Möglichkeiten, da der Wert des „festen Kapitals" erhöht wird.[160]

Die Unternehmer beginnen also mit dem Bau von Häusern, Schiffen, Eisenbahnen usw. „Man erwartet, daß die offenkundig gewordene zunehmende Spartätigkeit weiter anhält, so daß schließlich genügend langfristige Kapitaldisposition zur Verfügung gestellt wird, um die fertiggestellten dauerhaften Güter endgültig abzunehmen."[161] Für die Zwischenfinanzierung wird der Geldmarkt in Anspruch genommen, so daß der Zinssatz dort ansteigt. Die Unternehmer hoffen jetzt um so mehr auf eine schnelle Abnahme ihrer Waren. „Aber da schließlich zu viele derartige Hoffnungen hegten, und weil in zu großem Maße Produktionsumwege eingeschlagen wurden, die ja nicht mehr aufgehalten werden können bis zu ihrer technischen Vollendung — sonst würde ja der ganze Aufwand völlig nutzlos vertan sein —, stellt sich schließlich heraus, daß man die Aufnahmefähigkeit des Kapitalmarktes überschätzt."[162] Die Suche nach weiteren Zwischenfinanzierungskrediten läßt den Zinssatz weiter ansteigen. Der hohe Zinssatz reduziert aber den Wert des festen Kapitals und fügt den Unternehmern, die mit dem Bau begonnen haben, hohe Verluste bei. Damit ist das Ende der Hochkonjunktur erreicht, denn „die direkte Wirkung des hohen Zinsfußes auf die Produktion von festem Kapital genügt aber, um die Hochkonjunktur in eine Depression zu verwandeln."[163]

Die Beschreibung des Konjunkturverlaufs von dem Einsetzen des Wirtschaftsaufschwungs bis zur Einmündung in die Depression erfolgt bei Hayek in etwas differenzierterer Weise. Die mit Hilfe des billigen Geldes expandierenden Unternehmer der Investitionsgüterindustrie benötigen für die Durchführung ihres vergrößerten Produktionsprogrammes mehr Arbeitskräfte und Produktionsgüter. Diesen Mehrbedarf decken sie, indem Arbeitskräfte, die bisher in der Konsumgüterindustrie beschäftigt waren, durch höhere Lohnzahlungen in den Investitionsgütersektor hinübergezogen werden.[164] Da annahmegemäß die große Investitionsexpansion nicht durch eine entsprechende Zunahme der Ersparnisse „sanktioniert" wird, sondern die Verbraucher vielmehr bemüht sind, ihr Konsumniveau aufrechtzuerhalten, beginnt auch die Konsumgüterindustrie zu expandieren. Der Kampf um die Arbeitskräfte und Produktionsmittel läßt aber die Preise noch weiter ansteigen. Die Expansion der Konsumgüterindustrie hat nun seinerseits wieder eine Rückwirkung auf die vorgelagerten Industriebereiche, die mit der Herstellung von Produktionsmitteln zur Fabrikation von Konsumgütern betraut sind. Die Wirtschaft floriert. Diese Entwicklung kann solange aufrechterhalten werden, wie die Banken sich zu immer neuer Kreditgewährung bereit erklären. Doch dazu sind sie in der Dauer nicht in der Lage. Denn zu große Bargeldabhebungen können beispielsweise die Liquiditätsreserven auf einen als unzureichend angesehenen Bestand drücken, so daß die Banken sich bei neuen Kreditvergebungen einschränken müssen. Der Kreditschöpfungsfähigkeit der Banken kann aber auch aufgrund institutioneller Normen Einhalt geboten werden, so beispielsweise, wenn zu große Goldabflüsse die Zentralbank zwingen, die Geldmenge zu verkleinern. Weiteren Kreditwünschen können die Banken nicht mehr nachkommen, oder aber diese werden nur noch zu höheren Zinsen befriedigt. Gleichzeitig geht auch die Nachfrage nach Produktionsmitteln zurück. Die Unternehmer, die in Hoffnung auf ein fortdauerndes tiefes Zinsniveau investiert hatten, geraten in die Rentabilitätsschere, da die Kosten ansteigen, die Nachfrage aber rückläufig ist.

Das ist der Beginn der Krise. Sie nimmt ihren Ursprung in der Investitionsgüterindustrie in Form einzelner Arbeitsentlassungen und greift dann infolge des eintretenden Kaufkraftmangels rasch auf die Konsumgüterindustrie über, und die Wirtschaft tritt in die Phase der Rezession ein.[165]

Das Ergebnis scheint zuerst paradox. Denn nach den angeführten Gründen bricht die Konjunktur nicht wegen eines Nachfragedefizits zusammen — wie die Unterkonsumtionstheorie behauptet —, sondern im Gegenteil, weil zu viel konsumiert und zu wenig Sparkapital akkumuliert wurde. Nicht die Nachfrage wurde überschätzt, sondern das Kapitalangebot, also die Menge Sparmittel, die zur Übernahme des produzierten Realkapitals zur Verfügung steht.[166] Kroll meint, diese These „wohlwollend“ nur dahin interpretieren zu können, daß mangels Sparkapitals angebotene Wertpapiere nicht gezeichnet werden, und dadurch nicht die Übernahme der kurzfristigen Vorfinanzierung durch eine langfristige gelingt.[167] Dies stelle aber so lange kein Problem dar, wie die geplanten Absatzmengen verkauft werden können, da dann die Tilgung aus den Gewinnen finanziert werden kann. Die weit wichtigere Frage, warum überhaupt ein Absatzmangel eintritt, kann aber seiner Meinung nach mit dem Hinweis auf fehlendes Sparkapital nicht beantwortet werden.

Kroll ist darin nur bedingt zuzustimmen, denn gerade im Bereich der langfristigen Konsumgüter könnte man sich vorstellen, daß der Absatz dieser Güter von den angesammelten Ersparnissen abhängt. Man denke nur im Bereich des privaten Wohnungsbaus an die leerstehenden Wohnhalden.

Die sich anschließende Depressionsphase wird als eine „notwendige, wenn auch sehr schmerzhafte Reaktion des durch die Hochkonjunktur vergewaltigten Wirtschaftskörpers“[168] angesehen. Sie stellt einen unvermeidlichen Selbstreinigungsprozeß dar, in dem die ungebührliche Ausweitung einiger Wirtschaftsbereiche wieder auf das normale Maß zurückgestutzt[169] und alle möglichen Disziplinlosigkeiten, die sich in der sanguinischen Periode des Aufschwungs eingeschlichen hatten, erkannt und beseitigt werden.[170] Aus den anfänglich vereinzelten Arbeitsentlassungsaktionen entwickelt sich alsbald ein kumulativer Deflationsprozeß, da mit jedem Produktionsausfall sich gleichzeitig die Kaufkraft vermindert. Somit werden auch vormals gesunde Firmen in den Deflationsstrudel gezogen.

Um einen neuen Aufschwung braucht man sich indes keine Gedanken machen, da mit dessen Eintritt mit Sicherheit gerechnet werden kann.[171] Die dafür notwendigen Kräfte entwickelt die Depression selber.[172] So sinken einerseits die Lohnkosten und die Preise der anderen benötigten Materialien, vor allem bildet sich aber am Geldmarkt eine große Liquiditätsreserve,, „weil die durch Liquidation von Waren erlangten Beträge zurückgehalten und zunächst nicht zu neuen Unternehmungen verwandt werden."[173] Wenn die Preise tief genug gesunken sind und lange genug dort verharrt haben, dann wird mit zunehmendem Vertrauen und Anstößen von außen der Aufschwung eingeleitet.[174] Unternehmer mit neuen Produktionsmethoden treten auf den Markt, um sich ihren Wettbewerbsvorteil zu sichern, oder aber Leute der Bauindustrie, deren Investitionsentscheide aufgrund der Kapitalintensität der Projekte sehr stark auf Veränderungen des Zinssatzes reagieren. Zur Durchführung ihrer Investitionen fragen sie Kredite nach, die die Banken dank ihrer großen Liquidität bereitwillig und zu sehr günstigen Konditionen befriedigen. „Die Depression bewegt sich mit ihrem eigenen Schwergewicht dem Aufschwung zu."[175]

Es ist nur zu verständlich, daß es in diesem Selbstregelungsprozeß keinen Platz für ein staatliches Eingreifen gibt. Da die Ursache der Krise in der Kreditexpansion während der vorangegangenen Konjunkturphase zu suchen ist, hieße es quasi, den Bock zum Gärtner machen, wollte man nun in der Depression mittels einer Kreditexpansion den Aufschwung herbeiführen. Denn eine Konjunkturpolitik, die der eigentlichen Krise in den Arm fällt, verschafft nur augenblickliche Linderung; ansonsten ist sie nur kostspielig und verschleppt und verschlimmert nur das Leiden.[176] Stellvertretend für die Argumentation dieser Provenienz sei ein Satz bei Hayek zitiert: „to çombat the depression by a forced credit expansion is to attempt to cure the evil by the very means which brought it about."[177] Das Äußerste, was die Vertreter dieser liberalen Schule zugestanden, waren Maßnahmen des Staates, die den nach der wirtschaftlichen Neuanpassung automatisch einsetzenden Wiederaufschwung beschleunigen können.[178]

Die Aufrufe zur Sparsamkeit in der privaten und öffentlichen Wirtschaft wie auch die Forderung nach geordneten staatlichen Finanzen erscheinen aus dieser Sicht als logische Konsequenz. Die Therapie baut logisch auf der Diagnose auf, die als Ursache der Krise die zu geringe Kapitalbildung erkennt, und demzufolge nun als Abhilfe eine erhöhte Ersparnisbildung empfiehlt. Zu welch tragischen Ergebnissen solche Umkehrbeschlüsse führen können, davon zeugt unter anderem auch der Verlauf der damaligen Wirtschaftskrise in Deutschland.

# 4. Die Kritik an der „klassischen Volkswirtschaftslehre"

## 4.1. Der Zinsmechanismus

Wie wir bei der Darstellung der „klassischen Theorie" gesehen haben, erzwingt unter Berücksichtigung der gegebenen Annahmen allein schon der Preismechanismus innerhalb einer Konkurrenzwirtschaft die Stabilisierung bzw. die Wiedererlangung des Vollbeschäftigungsniveaus. Der Weg führt dabei entweder über eine Veränderung des Lohnsatzes, indem bei auftretender Arbeitslosigkeit sich diejenigen, die eine Beschäftigung suchen, zu einem billigeren Lohnsatz anbieten, oder aber über ein Sinken des Zinssatzes, der das Realisieren bisher latenter Projekte aufgrund der nun höheren Rentabilität ermöglicht.[179] Ein gesamtwirtschaftliches Nachfragedefizit besteht also längerfristig nicht, da selbst in dem Fall, daß die Lohnsätze aus irgendwelchen Gründen an einem Absinken gehindert werden, der Zinsmechanismus über ein Sinken des Zinses die Wiederherstellung des Gleichgewichts bewirkt.

### 4.1.1. Sparen und Zins

Wenn man, wie die „Klassiker", das Akkumulieren von nicht verzinsbarer Liquidität als ökonomisch widersinniges Verhalten ausschließt, dann bedeutet dies, daß bei gegebener Geldmenge — im Sinne der Quantitätstheorie definiert — und konstanter Umlaufgeschwindigkeit eine Abnahme des Transaktionsvolumens oder ein Fallen des durchschnittlichen Preisniveaus zu einem Absinken des Geld- und Kapitalmarktzinses führen muß, da die überschüssige Liquidität auf den entsprechenden Märkten nach einer neuen Anlage sucht und sich demzufolge das Angebot an Sparkapital erhöht. Diese Zwangsläufigkeit ergibt sich aus der spezifischen Definition der Geldmenge in der Quantitätstheorie, die nach Herrmann zwischen der Zahlungsmittel- und Wertaufbewahrungsmittelfunktion des Geldes trennen zu können glaubt, und demzufolge die Geldmenge nur als Zahlungsmittelmenge versteht. Diese Unterscheidung ist seiner Meinung nach aber nur theoretisch möglich, im realen Wirtschaftsgeschehen dagegen völlig unzulässig. Denn dort läßt sich nicht die Trennung von als Zahlungsmittel fungierenden Kassenbeständen einerseits und Vermögensgeldern andererseits nachvollziehen, da „ein Zwang, für Zahlungsfunktionen bestimmte Geldformen tatsächlich nur als Kassenbestände, nicht aber zur Anlage von Betriebsgeldern oder von Vermögensgeldern zu verwenden, nicht ausgeübt werden kann."[180] Wenn sich aber die Geldmenge nicht entsprechend den verschiedenen Funktionen des Geldes aufteilen läßt, dann läßt sich auch die Ausrichtung der Geldmenge an ein bestimmtes Produktionsvolumen nicht mehr länger rechtfertigen. So kann es beispielsweise passieren, daß die für die Bewältigung eines bestimmten Produktionsvolumens ursprünglich ausreichende Geldmenge infolge eines vermehrten Liquiditätsstrebens innerhalb der Wirtschaft plötzlich nicht mehr ausreicht. Trägt dann die Zentralbank dieser Verschiebung innerhalb der Geldmenge — d.h. der vermehrten Nachfrage nach jederzeit liquidierbaren Geldreserven — nicht durch eine entsprechende Erhöhung des Geldvolumens Rechnung, dann ist es nicht mehr möglich — Konstanz der anderen Faktoren vorausgesetzt —, das Produktionsvolumen zu den ursprünglich kalkulierten Preisen abzusetzen, sondern nur noch zu tieferen.[181] Durch seine Eigenschaft, ebenfalls auch Wertaufbewahrungsmittel sein zu können, tritt das Geld also in ein bestimmtes Substitutionsverhältnis zu anderen Finanzaktiva, die die gleiche Funktion besitzen, das vor allem durch den Zinssatz bestimmt wird.[182] So führt der Kauf von Wertpapieren zu einem Ansteigen der Kurse, was aber nichts anderes heißt, als daß der Zinssatz sinkt, während umgekehrt der Verkauf von Wertpapieren zugunsten einer größeren Bargeldeinlage das Zinsniveau ansteigen läßt.

Wenn aber nunmehr primär ein Substitutionsverhältnis zwischen Geld und anderen Finanzaktiva angenommen wird und nicht mehr zwischen Geld und dem Kauf von Gütern, wie es die „Klassiker" angenommen hatten[183], dann läßt sich auch nicht mehr die Ansicht aufrecht halten, daß der Gesamtbedarf der Geldmenge durch das Transaktionsvolumen bestimmt ist. Denn diese wird dann, wie Herrmann richtig folgert, nicht mehr primär „durch den Bedarf an Zahlungsmitteln, sondern durch den Bedarf an Wertaufbewahrungsmitteln bestimmt."[184]

Die „Klassiker" hatten, wie bereits erwähnt, die Wertaufbewahrungsfunktion des Geldes keiner näheren Betrachtung unterzogen, weil dies ihrer Meinung nach jeder ökonomischen Rationalität widerspreche. Denn wer halte schon freiwillig eine zinslose Anlage anstelle einer, bei der ein Zins vergütet wird, argumentierten sie. Ihre Behauptung würde indessen nur dann zu Recht bestehen, wenn es keine Unsicherheit über die zukünftige Zinsentwicklung gäbe, der Anleger jederzeit genaue Kenntnis über seine bevorstehenden Verbindlichkeiten hätte und er mit Sicherheit wüßte, daß er zu jedem Zeitpunkt seine langfristige Anlage ohne große Mühe und ohne Verlust verflüssigen kann. Nur unter diesen Umständen beinhaltet die Aufgabe einer sehr liquiden Finanzanlage zugunsten einer weniger liquiden für den Sparer kein Risiko, und es wäre in der Tat nicht zu verstehen, wenn er dann auf Zinseinnahmen freiwillig verzichten würde.

Anders muß indessen der Sachverhalt beurteilt werden, wenn der Anleger um die Rückerstattung seines angelegten Kapitals fürchten muß, weil sich zum Beispiel die Rentabilitätsverhältnisse der kreditnehmenden Stelle infolge von Absatzschwierigkeiten verschlechtert haben.[185] Für ihn stellt sich dann nämlich die Frage, ob er nicht lieber auf den möglichen Ertrag verzichten soll und seine Ersparnisse zwar zinslos, aber dafür sicher bei sich zu Hause aufbewahren soll. Es ist dann nur noch eine Frage der Liquiditätsprämie, die der Geldgeber sich selbst in Rechnung stellt, die letztlich darüber entscheidet, ob es zu einer Überlassung von Liquidität kommt oder nicht. [186] Nicht weniger rational ist es, Bargeld zu halten, wenn der Sparer im Zeitpunkt, wo er sein Geld längerfristig festlegen möchte, nicht mehr sicher den Barwert seiner Anlage für jeden Zeitpunkt der Anlagedauer bestimmen kann.[187] Vermutet er, daß der Kurs seines Wertpapiers im Zeitpunkt der Veräußerung stark gesunken sein wird, dann wird er vernünftigerweise Bargeld halten, da der Zinsgewinn durch den Kursverlust überkompensiert wird. Umgekehrt wird er sich in Wertpapieren anlegen, wenn er mit einem weiteren Ansteigen der Kurse rechnet.

Keynes leitete später in seiner „General Theory" aus diesem Antagonismus von Wertpapierkursen und Zinssatz den Satz ab, daß die Wirtschaftssubjekte jedesmal dann eine unverzinsliche Anlage einer verzinslichen vorziehen, wenn sie mit einem Ansteigen des Zinssatzes rechnen, währenddessen sie zu einer Anlage bereit sind, wenn sie an ein Absinken des Zinssatzes glauben.

Betrachtet man unter Berücksichtigung dieser Überlegungen die Situation in Deutschland während der beiden ersten Depressionsjahre, dann kann man es nur noch als ziemlich wirklichkeitsfremd oder aber als übertrieben optimistisch bezeichnen, wenn einige Ökonomen immer noch die Ansicht vertraten, daß im Verlauf der Depression ein ständig fließender und allmählich wachsender Geldstrom in die Bahn reproduktiver Verwendung gelenkt wird, womit eben Konsumtionsmöglichkeiten für zusätzliche Beschäftigung von Arbeitskräften in Produktionsumwegen eröffnet werden.[188]

Deutschland hatte gerade eine schwere Bankenkrise hinter sich gebracht, und der Schock saß der Bevölkerung noch in allen Gliedern. Man konnte ja nicht sicher sein, ob sich die Kapitalabzüge in dieser Größenordnung nicht schon bald wiederholen und es dann wieder zu einer Zahlungseinstellung kam. Eine Thesaurierung wurde unter diesen

Umständen schon als sicherer angesehen. Aus diesem Grunde war dann auch der Versuch zum Scheitern verurteilt, die gehamsterten Geldbeträge zu mobilisieren, „weil Leute, die aus Angst vor Steuer, Bank-Insolvenzen, rechtsbeugenden Notverordnungen oder Staatszugriffen ihr Geld ängstlich thesaurieren, kaum geneigt sein werden, ihr Geld plötzlich in eine noch so anziehende Lotterie-Anleihe zu stecken."[189] Dieser starke „Zug zur Liquidität", wie Kord-Ruwisch es nannte, wurde auch durch die Bilanzstatistiken der Banken und Sparkassen von 1932 bestätigt, der in einer weiteren Verengung der Kreditbasis — im Original gesperrt — seinen Ausdruck fand.[190]

Wagemann, einer der wenigen Wissenschaftler, der an den Debatten der Reformer teilnahm, meinte zu diesem Phänomen: „Wer hätte es daher für möglich gehalten, daß das Kreditwesen ins Schwanken kommen würde, nachdem der Liquiditätsprozeß weit fortgeschritten ist. Die Kreditkrise trat diesmal ... inmitten einer weit fortgeschrittenen Liquidation. Daß sich das Geldkapital, das auf diesem Weg frei geworden ist, diesmal der Produktionswirtschaft nicht zur Verfügung stellt, ist eine Folge des aufs tiefste erschütterten Vertrauens."[191]

Auch der Reichswirtschaftsrat meinte in seinem Gutachten, daß man keine allzu große Hoffnung für die Finanzierung von Arbeitsbeschaffungsprogrammen in den Kapitalmarkt setzen dürfte.[192] Wenn überhaupt, dann waren die Sparer höchstens noch zu einer kurzfristigen Anlage zu bewegen, wo das Risiko einer Insolvenz überschaubar und ein eventueller Zinsverlust sich in vertretbaren Grenzen hielt. Manipulationen der Geldmenge erweisen sich in solchen Situationen als unwirksam. Denn auch, wenn es den Geldorganen gelingt, die Sparer zu einer kurzfristigen Anlage zu bewegen, bei der das Risiko überschaubar ist, können sie dadurch nur den kurzfristigen Geldmarktzins beeinflussen; der langfristige Kapitalmarktzins bleibt davon jedoch unberührt. Zu seiner Steuerung bedarf es des Instruments der Offenmarktpolitik, über das die Reichsbank damals aber noch nicht verfügte.

Die Höhe der Geldmittel, die durch eine allgemeine Aufspeicherung „sei es in Form von echter Hamsterung, von Unterhaltung übermäßiger barer Kassenbestände ... oder als kurzfristige Kredite" ihrer wirtschaftlichen Funktionen entzogen waren, schätzte Friedlaender-Prechtl auf weit über 3 Milliarden RM.[193]

### 4.1.2. Investition und Zins

Nach Keynes stellt sich ein gesamtwirtschaftliches Gleichgewicht nur ein, wenn das angebotene Sparkapital seine volle Umwandlung in Realkapital erfährt und der Betrag, den die Sparer in Geld zu halten wünschen, dem dafür vorgesehenen Geldangebot entspricht.[194] Was diese zweite Bedingung betrifft, so haben wir im vorstehenden Abschnitt gezeigt, wie wichtig es ist, diese zu erfüllen, wenn in Zeiten großer politischer und wirtschaftlicher Unsicherheit die Sparer aufgrund des gestiegenen Risikos dazu übergehen, ein verzinsbares Finanzaktivum zugunsten einer zinslosen, aber höchst liquiden Anlage zu substituieren. Passen nämlich dann die Geldbehörden die Geldmenge nicht an diese veränderte Sparform an, kann von einer Liquiditätsschwemme, wie sie die „Klassiker" vermuteten, nicht die Rede sein; das Zinsniveau wird dann sogar eher die Tendenz haben zu steigen, anstatt zu fallen.

Die Reformer hegten indessen auch gegenüber dem Optimismus der „Klassiker" Skepsis, daß das angebotene Sparkapital automatisch seinen Weg in die Investitionen findet, wenn nur der Zinssatz genügend tief gesunken ist, denn die Formel „wenn mehr gespart wird, kann mehr investiert werden und wird mehr investiert“ drückt, wie Lautenbach zu Recht feststellt, nur ein Sollen aus.[195]

Sie verwiesen dabei immer wieder auf den Zweck von Investitionen, der letztlich darin begründet liegt, daß Konsumgüter hergestellt und zu einem Preis abgesetzt werden, der die vorgeschossenen Investitionskosten deckt sowie auch eine angemessene Verzinsung des eingesetzten Kapitals erwirtschaftet. Die Bewertung geschieht dabei mit Hilfe eines Diskontierungsfaktors, mit dem der Strom der zukünftigen Erträge mit den im Zeitpunkt der Investitionsdurchführung angefallenen Kosten vergleichbar gemacht wird. Die stimulierende Wirkung, die von einer Zinssenkung ausgeht, erscheint also erst sekundär, indem der Wert eines erwarteten Ertrages um so größer wird, je tiefer der Zinssatz sinkt. Die Wirkung einer Zinssatzsenkung wird andererseits schnell verpuffen, wenn die Unternehmer keinen Grund zu der Annahme haben, daß sich die Absatzverhältnisse in nächster Zukunft verbessern werden. Denn „die Absatzlage auf dem inneren Markt würde ja durch diese Zinssenkung zunächst in keiner Weise verändert werden. Da aber die meisten Produktionen gerade direkt oder indirekt von dieser Absatzlage abhängig sind, so würden wir aller Wahrscheinlichkeit nach auch ziemlich auf das Wiederanlaufen der Produktion warten können ...“[196]. Ist der Schrumpfungsprozeß weit fortgeschritten und wird dieser Prozeß noch von großen sozialen Störungen überlagert, dann werden auch kleine Verbesserungen der Ertragserwartungen nicht die Investitionsagonie beseitigen können: „moderate changes in the prospective yield will not be associated with very great changes in the rate of investement. If we start from a position where there are very large surplus resources for the production, there may be considerable instability within a certain range.“[197] Eine Diskontsenkung wirkt dann wie eine Dosis Chinin auf einen sterbenden Tuberkulosen.[198]

Betrachtet man nun die Verhältnisse zur Zeit der Weltwirtschaftskrise, so muß man aber eher von einer Verschlechterung als von einer Verbesserung der Ertragserwartungen sprechen. Sämtliche Kostenberechnungen der Unternehmungen wurden durch den Rückgang der Preise, der nichts mehr mit einer Preissenkung zum Zwecke der Lagerräumung gemein hatte, vollends über den Haufen geworfen. Bei den kartellierten Preisen fiel dabei der Preissturz von 1929 bis 1932 mit 20 v. H. gegenüber 51,3 v. H. bei den freien Preisen noch relativ harmlos aus.[199] Der Gesamtindex der Agrarpreise fiel von 1929 bis 1932 um rund 30 v. H., bei einzelnen Produkten lag er jedoch weit darüber. So fiel der Preisindex für das Schlachtvieh in diesem Zeitraum um 48,3 v. H.[200] Laut Angabe des britischen „Economist“ hatte Ende 1930 der Index der Großhandelspreise das Niveau von 1913 und sogar von 1850 unterschritten.[201] Dies hatte aber zur Folge, daß alle in Geld bewerteten Verbindlichkeiten eine entsprechende Erhöhung erfuhren. Bei solch einer Baisse funktioniert aber auch das Gesetz von Angebot und Nachfrage nicht mehr. In Erwartung eines Fortdauerns des Preisrückgangs werden die Unternehmer nämlich nicht wie nach dem Gesetz der Elastizität der Nachfrage bei einer Senkung der Preise ihre Einkäufe sofort erhöhen, sondern sie auf das Notwendigste beschränken, um die Baisse in vollem Maße auszunutzen. Es ergibt sich dann die paradoxe Konstellation von Angebot und Nachfrage: „Je tiefer der Preissturz auf dem Rohstoffmarkt (das gleiche gilt auch für andere Märkte, A. K.) und je länger er dauert, um so größer wird die Zurückhaltung der Käufer.“[202] Die liquiden Mittel finden dann keine Umwandlung in reale Güter mehr, sondern werden in immer stärkerem Maße zur Kreditrückzahlung verwandt, das zu der immer wieder beobachteten Selbstverschärfung der Depression führt.[203] Wir haben also die Paradoxie, daß die Vermehrung des Geldkapitals die Arbeitslosigkeit vermehrt, also von mangelnder Kapitalbildung als Ursache der Arbeitslosigkeit keine Rede sein kann.[204]

Daß dieses Verhalten durchaus auf rationalen Überlegungen beruht, hatte schon Keynes in seiner Schrift „Ein Traktat über Währungsreform" niedergelegt: „Es wird im Interesse eines jeden im Geschäftsleben stehenden liegen, sein Geschäft für diese Zeit einzustellen, und im Interesse eines jeden, der Ausgaben vorhat, seine Aufträge so lange wie möglich zu verschieben. Am klügsten handelt der, der seine Bestände in Bargeld umwandelt ... und in ländlicher Zurückgezogenheit die stetige Wertvermehrung seiner Kassenbestände abwartet, die ihm in Aussicht gestellt ist."[205]

Die Wirkung sinkender Preise auf die gesamte wirtschaftliche Tätigkeit vergleicht Woytinsky mit einer mächtigen Bremse. „Sie stellen das Gesetz der kapitalistischen Wirtschaft auf den Kopf. Das produktiv angelegte Kapital wirft keinen Gewinn mehr ab und wird der Gefahr der Verpulverung ausgesetzt, während das brachliegende gehamsterte Geld mit jedem Monat an Kaufkraft gewinnt.[206] Die gleiche Ansicht vertrat auch der Wirtschaftsbeauftragte der Reichsleitung der NSDAP, Werner Daitz, der die Deflation für das immer ungünstiger werdende Mißverhältnis zwischen flüssigem Kapital und Sachkapital verantwortlich machte, so daß die Sachwerte immer weiter entwertet und für Kredite immer unwürdiger werden mit der Folge, daß das Volumen der Kredite immer mehr zusammenschrumpft.[207]

Woytinsky fand dieses Verhalten der Unternehmer, das ein weiteres Ansteigen der Arbeitslosenziffern bedingt, bei seiner Untersuchung vorangegangener Konjunkturverläufe bestätigt. So stieg in 60 v.H. der Fälle die Arbeitslosigkeit in Perioden sinkender Preise an und nur in 17 v.H. der Fälle ging sie zurück. Umgekehrt hatte sich in 62 v.H. der Fälle die Arbeitslosigkeit in Zeiten steigender Preise vermindert, und nur in 13 v.H. der Fälle ergab sich eine umgekehrte Wirkung.[208] So bezeichnete Dräger das Absinken der Kaufkraft des Geldes als ein seit Jahrhunderten öffentlich anerkanntes und als selbstverständlich hingenommenes Grundelement des Wirtschaftslebens. „Der normal funktionierende Organismus der Wirtschaft ist gekennzeichnet durch eine im Laufe der Jahrzehnte langsam absinkende Kaufkraft des Geldes."[209]

Die Entwicklung des Produktionsindex zeigte auch diesmal, welche verheerenden Auswirkungen die Brüningsche Deflationspolitik auf die Industrie hatte. So fiel die Indexziffer der deutschen Warenproduktion von 1929 bis Ende 1932 von 99 auf 70. Was den industriellen Bereich betrifft, so verzerrt diese Zahl die wahre Entwicklung in dieser Branche, weil in ihr auch das antikonjunkturelle Verhalten der Landwirtschaft berücksichtigt ist.[210]

In der Eisenindustrie verringerte sich die Produktion während dieses Zeitraums von 109,9 auf 38,9, in der Automobilindustrie von 94,0 auf 26,0, im Schiffsbau von 100 auf 3 und in der gesamten Bauwirtschaft von 100,3 auf 37,7.[211]

Dies hinderte gewisse angesehene Männer des ökonomischen Standes nicht, weiterhin auf eine Durchhaltung der Deflationspolitik zu drängen. Hero Moeller befürwortete sie, weil sie die geltende monetäre Norm zu sichern helfe. Die Wirtschaft werde sich bestimmt wieder erholen, wenn nur „die Grundsätze strengster Solidarität obsiegen, daß dergestalt das Vertrauen in die Staatswirtschaft gestärkt und daß durch Verbesserungen der allgemeinen Rentabilitätsgrundlagen der privaten Wirtschaft die unternehmerische Initiative belebt wird".[212] Erich Welter nannte das Horten einen glücklichen Umstand, da dadurch Preissteigerungen vermieden worden seien. Dies war ihm aber noch nicht genug, denn es ginge nicht darum, Preissteigerungen zu vermeiden, sondern Preissenkungen zu erzwingen.[213] Forstmann kommentierte Äußerungen dieser Art mit dem Satz: „Das beinahe hysterische Bewundern unserer ‚stabilen Währung' wirkt für den kritischen Betrachter kaum anders als das Loblied, welches die alte Jungfer auf ihre Tugend anstimmt, und um den Vergleich hier genau einzuhalten, noch zu Unrecht anstimmt; unsere ‚stabile' Währung nutzt uns, wenn wir dabei verhungern müssen, ebensowenig, wie der alten ‚Jungfer' ihre ‚Tugend', wenn sie trotzdem keinen Mann bekommt."[214]

Kord-Ruwisch bezeichnete diese Ökonomen, die in einer Preissenkung eine Verbesserung der Rentabilitätsaussichten erblicken wollten, als Mystiker und die Behauptung als eine „contradictio in eo ipso". „Wie kann eine Preissenkung zu Maßnahmen Anlaß geben, deren Voraussetzung nicht sinkende Preise, sondern Rentabilität, also in diesem Falle praktisch das Gegenteil, ist?", lautete seine Frage.[215]

Den Gegnern einer aktiven Konjunkturpolitik ist selbstverständlich Recht zu geben, wenn sie sagen, daß billige Einkaufspreise für die benötigten Rohstoffe, niedrige Lohnsätze und tiefe Kreditzinsen Anreiz für eine Ausweitung der Produktion sind. Aber damit wird nur die eine Seite des Problems gelöst. Alle die genannten Umstände, in der Terminologie Spiethoffs die sogenannten Stockungskräfte, „gewährleisten nun aber nur dann einen Profit, wenn die unter so günstigen Bedingungen hergestellten Güter oder Anlagen auch wirklich ihrer erhofften Bestimmung zugeführt werden ... Und deshalb muß zu den bisherigen Bedingungen noch hinzukommen als ein den Unternehmungsgeist (und was immer dazu gehört: die Neigung, Kredit zu gewähren) anregendes und steigerndes Moment die präsumtive Ausweitung des Absatzes."[216] Zur Erhärtung der Richtigkeit dieser These verwiesen die Reformer auf das von dem Reichskanzler von Papen aufgestellte Programm zur Belebung der Wirtschaft, das trotz der vielen in ihm enthaltenen Anregungen der Privatwirtschaft nicht die erhoffte Initialzündung für einen breit angelegten Wirtschaftsaufschwung gebracht hatte. Deshalb hatte die „Studiengesellschaft" in einem Schreiben an von Papen vom 10. 8. 1932 den Kanzler gebeten, die Steuererleichterungsaktion mit einem großzügigen Arbeitsbeschaffungsprogramm zu verbinden, da Deutschland die Arbeitslosigkeit aus eigener Kraft nicht mehr überwinden könne. Diesem Schreiben war ein Gutachten von Werner Sombart beigefügt, in dem dieser zu dem Problem der Arbeitsbeschaffung folgendes äußerte: „Es ist nicht zu erwarten, daß bloß durch eine Befreiung der privaten Unternehmerschaft von ihren Lasten und Bindungen und ein dadurch gewecktes Vertrauen eine Belebung des Marktes eintreten werde, da die Verringerung der Kaufkraft sich überall als das reale Hindernis dieser Belebung entgegenstellt."[217]

Das letzte Argument, das die Befürworter einer Deflationspolitik mit dem Hinweis auf die gestiegenen Exportmöglichkeiten vorbrachten, lehnten die Reformer mit der Begründung ab, daß dieser Vorteil durch die protektionistische Handelspolitik der betroffenen Länder und vor allem durch die Pfundabwertung im Jahre 1931 wieder zunichte gemacht worden sei.

Mit der Forderung nach Arbeitsbeschaffungsprogrammen setzten die Reformer den Hebel zur Überwindung der Depression bzw. der „Angst vor der Produktion", wie es Röpke einmal ausdrückte, an der Absatzseite der Unternehmen an. Die Verschärfung der Krise verdeutlichte immer mehr, daß trotz Preis- und Zinssenkungen die Unternehmer nicht bereit waren, Kredite aufzunehmen und ihre Produktion bis zum Optimum der Kapazität auszudehnen[218], da — wie es Neisser ausdrückte — für den einzelnen Unternehmer selbst ein Zinssatz von 2 v.H. zu hoch ist, wenn er nicht absetzen kann.[219] Jede weitere auf eine Schließung der Rentabilitätsschere angelegte Kostensenkung hatte sich als ein aussichtsloses, immer wieder neu beginnendes Spiel des Wettlaufs nach unten zwischen Preisen, Löhnen, Produktionsergebnissen und Steuereingängen erwiesen.[220]

Die Arbeitsbeschaffungsprogramme sollten nun „durch Hebung des Ertragsschenkels“[221] jene Initialzündung bewirken, die den Motor der Konjunktur zum Anspringen bringt.[222] Von der Konsumseite her sollte die Kluft zwischen Geldzins und Realzins durch die Steigerung der Konsumkraft geschlossen werden.[223] Den möglichen Weg zur Erreichung dieses Ziels wiesen die Reformer mit den Arbeitsbeschaffungsprogrammen, die, wie Lederer treffend bemerkte, eine durch Verwaltung bewirkte Steigerung der Gesamtlohnsumme in der Volkswirtschaft auslösen sollten. „Dadurch wird nicht nur die Notlage der Arbeitslosen vermindert, sondern auch die Geschäftslage für alle Produktionen verbessert.“[224] Der konjunkturpolitische Charakter der Arbeitsbeschaffungsprogramme ist in dieser Argumentation klar zu erkennen. Im Gegensatz zu der vorstehenden Argumentation, die aufgrund sozialer und politischer Erwägungen zur Durchführung von Arbeitsbeschaffungsprogrammen riet, tritt hier mehr der Keynessche Aspekt in den Vordergrund. Mit ihrer Hilfe sollten wieder Verhältnisse auf dem Absatzmarkt hergestellt werden, die den Unternehmern bei der Durchführung von Investitionen einen Unternehmerbruttolohn in Aussicht stellen, der ihnen nach Abzug des Produktivzinses für Investitionskredite noch einen Nettogewinn gewährleistet.[225]

## 4.2. Lohnsatz und Beschäftigung

Die klassische Reaktion auf eine ansteigende Arbeitslosenzahl besteht, wie wir gesehen haben, in einer Senkung des Lohnsatzes auf ein Niveau, bei dem das Angebot an Arbeitskräften von einer entsprechend großen Nachfrage absorbiert wird. Kein Ökonom, der in der Tradition der „klassischen Volkswirtschaftslehre“ aufgewachsen war, hatte auch nur irgendeinen Zweifel daran, „that an allround reduction in the rate of money wages might be expected to increase, and an allround enhancement to diminish, the volume of employment.“[226] Denn da in der „klassischen Theorie“ die Unternehmen alle nur Mengenfixierer sind, bedeutet jede Lohnsenkung eine Erhöhung der Gewinnmarge, die jedes nach maximalem Gewinn strebende Unternehmen zu einer Ausdehnung seiner Produktion veranlaßt.

Die gleiche beschäftigungsanregende Wirkung versprechen sich die „Klassiker“ von dieser Maßnahme indessen auch auf gesamtwirtschaftlichem Niveau. Da nämlich voraussetzungsgemäß das Preisniveau aufgrund der unverändert großen und mit konstanter Umlaufgeschwindigkeit sich umschlagenden Geldmenge konstant bleibt, vergrößert sich auch gesamtwirtschaftlich die Gewinnmarge der Unternehmer, infolge derer dann die Produktion erweitert wird.

Die Brüningsche Deflationspolitik bewegte sich also insoweit auf „klassischen“ Pfaden, vollzog sie doch per Dekret nur eine Entwicklung, die in einem richtig funktionierenden Markt aufgrund der Konkurrenz der Arbeitslosen von selbst eingetreten wäre und theoretisch zu neuer Vollbeschäftigung führen mußte. Gleichzeitig wurden aber andere Bestimmungen erlassen, die zu dem beabsichtigten Zweck im Widerspruch standen und einen Anpassungsprozeß nach klassischer Art unmöglich machten. So wurde nach Schätzung des Reichswirtschaftsrates nahezu ein Drittel der Lohn- und Gehaltssenkung, durch das den Unternehmen kurzfristig ein Plus an Kaufkraft von ca. 3 Mrd. RM zuwuchs, durch die verschiedenen Steuererhöhungen, namentlich die Anhebung der Umsatzsteuer von 0,75 auf 2 v.H., abgeschöpft.[227]

Zu dem Ziel einer Rentabilitätssteigerung völlig entgegengesetzt stehen indessen die parallel dazu verordneten Preissenkungen. Der Effekt einer realen Lohnsatzsenkung, die im „klassischen Modell" Voraussetzung für eine zunehmende Beschäftigung war, ging damit verloren. In einzelnen Berichten hatten die einander konträren Maßnahmen sogar eine Verschlechterung des Lohn-Preis-Verhältnisses zur Folge, die bei den betroffenen Unternehmen zu einer weiteren Beeinträchtigung der Rentabilität führte.[228]

Bedenkt man, daß die Senkung der Preise von der Regierung angeordnet war, um die krisenverschärfende Wirkung der fortgesetzten Kaufkraftminderung zu mildern, dann zeigt sich die Widersprüchlichkeit in der Wirtschaftspolitik Brünings besonders deutlich.[229]

Daß Brüning weniger von einem klaren Wirtschaftskonzept als von politischem Kalkül geleitet wurde, wird auch an anderer Stelle in seinen Memoiren deutlich: „So war ich für die Verhandlungen mit den Parteien im Reichstag durch Anfangserfolge auf allen Gebieten gerüstet: Steuerreform und Lohnsenkung für die bürgerliche Rechte, Preissenkung für die Linke, außenpolitische Offensive auf dem Gebiete der Abrüstung wieder für die Rechte ...".[230]

Insoweit also die Aktion der kombinierten Lohn- und Preissenkung auf eine Belebung des Binnenmarktes zielte, wurde sie von den Reformern als verfehlt angesehen. „Die Aktion verliert — wenigstens sofern es um den Absatz im Inland geht — jeden Sinn, falls man den Grundsatz aufstellt, daß die Verbilligung der Waren durch den allgemeinen Lohn- und Gehaltsabbau erzielt werden muß: bei einem gleichmäßigen Rückgang der Preise und der Kaufkraft der Massenkonsumenten muß der Absatz auf der alten, d.h. unzureichenden Höhe bleiben."[231]

In erster Linie zielten jedoch die ergriffenen Maßnahmen darauf ab, im Ausland den Markt für deutsche Produkte zu vergrößern. In der Regel versuchten die Unternehmen schon von sich aus, einen Teil der defizitären inländischen Nachfrage durch vermehrte Exporttätigkeit zu kompensieren und damit die Schwere der Krise abzuschwächen. Mit ihrer Deflationspolitik versuchte die Regierung, die Exportindustrie in ihren Bemühungen zu unterstützen, da eine bessere Auslastung dieses Industriezweiges positive Wirkungen auf die gesamte Beschäftigung ausstrahlen mußte. So betrachtet, aus der Sicht eines möglicherweise vergrößerten Exportvolumens und losgelöst von dem Zeitpunkt und der spezifischen Situation, hätten von diesen Maßnahmen durchaus stimulierende Auswirkungen auf die Volkswirtschaft ausgehen können. Untersucht man indessen den Zustand der Weltwirtschaft zu jener Zeit und berücksichtigt man dabei die Tatsache, daß bei einer bestimmten Maßnahme nicht alle gleichzeitig einen Gewinn haben können, dann hätte die Regierung nicht solche großen Hoffnungen in diese Politik setzen dürfen. Jedes Land versuchte nämlich nach bester „beggar-my-neighbour policy", seine heimische Industrie auf Kosten der internationalen Mitbewerber zu retten. Da alle nur exportieren, aber nicht auch importieren wollten, erwies sich diese Politik schlußendlich für alle Beteiligten als Bumerang, bei der sie nachher schlechter dastanden als zuvor. Daß vor das Exportieren die Götter das Importieren gesetzt haben, hatte schon Friedlaender-Prechtl 1931 erkannt. „Kanada kann Turbinen nur mit Weizen bezahlen, Australien Lokomotiven nur mit Wolle, Argentinien Klaviere nur mit Mais ..., Japan Radioapparate nur mit Seide."[232] In die offizielle Wirtschaftspolitik hatte diese Erkenntnis aber noch keinen Eingang gefunden.

Vor allem aber waren es die Ausführungen zu der Wirksamkeit einer Lohnkostensenkung auf die Unternehmerinitiative, die für die Begründung einer staatlichen Beschäftigungspolitik von grundsätzlicher Bedeutung waren, und die sich stellenweise wie Passagen aus dem genannten Buch des berühmten Engländers lesen. Sie können als Beweis dafür genommen werden, daß zur Zeit der Weltwirtschaftskrise der Schritt zu der volkswirtschaftlich wichtigen makroökonomischen Betrachtungsweise in diesen ökonomischen Kreisen vollzogen war und die Bedeutung der effektiven Nachfrage für das wirtschaftliche Gleichgewicht in vollem Umfang erkannt wurde.

Wie bereits erwähnt, vermuten die „Klassiker" von einer Senkung des Lohnsatzes eine belebende Wirkung, weil sie glauben, daß jede positive Rentabilitätsveränderung den marktwirtschaftlichen Kräfteeinsatz aufs Neue belebt. Daß diese Hoffnung sich indessen als sehr trügerisch erweisen kann, konnte schon im Zusammenhang mit der Senkung von Rohstoffpreisen gezeigt werden. Nicht anders verhält es sich aber mit der Senkung von Lohnsätzen. Ob es zu einem Anstieg der Beschäftigung kommt, oder ob sogar eine entgegengesetzte Wirkung ausgelöst wird, hängt allein von den Erwartungen der Unternehmer bezüglich der zukünftigen Lohnkostenentwicklung ab. So werden sie sich nur dann zu einer vermehrten Beschäftigung der billiger gewordenen Arbeitskräfte entschließen, wenn sie in nächster Zukunft wieder mit einem Lohnkostenanstieg rechnen. Halten sie andererseits aber die eingeleitete Senkung der Löhne für den Anfang einer großen Lohnsenkungsrunde, dann wird kein belebender Effekt von einer Lohnsenkung zu erwarten sein, da jeder den günstigsten Augenblick abwarten möchte.

Von entscheidender Bedeutung war die Beantwortung der Frage, ob eine generelle Lohnsenkung die Gewinnaussichten allgemein erhöhe, wie es die Gegner der Arbeitsbeschaffung meinten, oder ob der Produktionswirtschaft dadurch nur noch ein neuer Schaden zugefügt werde, wie es die Befürworter behaupteten.[233] Die Problematik liegt in der doppelten Funktion der Löhne, die einzelwirtschaftlich ein belastendes Kostenelement darstellen, gesamtwirtschaftlich aber einen Teil des notwendigen Einkommens zur Abnahme der hergestellten Güter bilden. Wer also glaubte, mit der algebraischen Formel $g = u \cdot (p - k)$[234] eine Gebrauchsanweisung für die Anfachung der Konjunktur zu haben[235], indem er an k Veränderungen nach unten vornahm, übersah dabei, daß bei einer gesamtwirtschaftlichen Betrachtung die Elemente in eine andere Beziehung zueinander treten und alle Glieder der Gleichung sich durch Rückkopplungsprozesse gegenseitig beeinflussen und verändern.[236]

Die mit einer Lohnsenkung verknüpften Probleme treten noch deutlicher hervor, wenn man wie Zwiedineck-Südenhorst in die Überlegung zusätzlich ein Zeitmoment einbezieht. Geht man nämlich davon aus, daß zwischen dem Produktionsvorgang und der entsprechenden Einkommensbildung einerseits und der Verausgabung dieses Einkommens andererseits keine Identität der Zeiträume besteht, sondern daß beide Prozesse sich allmählich im „Laufe der Zeit" vollziehen, dann wird das Moment der Zeit für das Verstehen des sozialwirtschaftlichen Geschehens ein Faktor von wesentlicher Tragweite[237]. Zerlegt man den Herstellungsprozeß von Gütern bis zu ihrer Marktreife in einzelne Zeitabschnitte und ordnet man gleichzeitig die zu den entsprechenden Zeitabschnitten als Kaufkraft wirksam werdenden Einkommen den Zeitpunkten ihrer Entstehung zu, dann zeigt sich, daß infolge des nicht synchronen Verlaufes der beiden Einnahme- und Ausgabenströme jeweils ein Teil des in der Periode $t_n$ geschaffenen

Einkommens zum Kauf der in der Periode $t_{n-1}$ hergestellten Güter verwendet wird. Daraus ergibt sich aber zwangsläufig, daß dieser schon verausgabte Teil des Einkommens nicht mehr zum Kauf der in der Gegenwartsperiode $t_n$ hergestellten Güter zur Verfügung steht. Die Unternehmer würden also, falls nicht kontinuierlich neue Einkommen gebildet würden, jeweils am Ende einer Periode an Hand der zunehmenden Lagerbildung feststellen, daß sie einen Teil ihrer Produktion nicht absetzen konnten. Spätestens dann wird aber aufgrund des Gesetzes der zeitlichen Einkommensfolge der von Landauer [238] als unmöglich erachtete Zustand zur Realität, „daß das jährliche Arbeitsprodukt für die Kaufkraft jener Periode, in der es auf den Markt kommt, zu groß ist."[239]

Die Bedeutung, die einer gleichbleibenden Kaufkraftsumme für die Stabilität einer Wirtschaft zugemessen werden muß, tritt in diesem Zusammenhang klar ersichtlich hervor. Da offensichtlich das Gegenwartsangebot an Konsumgütern, soweit es von der breiten Schicht der Bevölkerung, von den Lohnarbeitern, gekauft wird, nicht mit dem Arbeitslohn bezahlt wird, der bei der Herstellung dieses Gegenwartsangebotes bezahlt wurde, sondern mit einem Lohneinkommen, das erst heute, also bei einer anderen Produktmasse (Zukunftsware), verdient wird, kommt es also entscheidend auf die Kaufkraftgruppierung in einem späteren Zeitpunkt an.[240]

Ein Kostenabbau in Form einer Senkung der Lohnsätze ist also für die Einzelunternehmung nur so lange eine die Rentabilität stärkende Sache, wie die Umsatzziffer nicht darunter leidet. Diese mußte aber zurückgehen, sobald alle Firmen ihr Heil darin suchten, kräftig an der Lohnschraube zu drehen, da jede Rentabilitätsverbesserung des einen Unternehmers sofort zu einer Absatzverschlechterung des anderen führte.[241] Jede allgemeine Lohnsenkung kehrte also gleich einem Bumerang über den durch Lohndruck geschwächten Markt zurück und verdüsterte die Aussicht auf Gewinne nur noch mehr.[242]

Die Politik der Stärkung der Unternehmerkaufkraft zu Lasten der Massenkaufkraft mußte bei der allgemeinen Krisenstimmung somit eine Wirkung zeitigen, die zu dem anvisierten Ziel des Beschäftigungszuwachses im Widerspruch stand. Solange die Unternehmer weiterhin mit keinem Absatz ihrer Produkte rechneten, wurde jedes ihnen zufallende Mehr an Kaufkraft, sei es in Form von dem im Papen-Programm vorgesehenen Steuergutscheinen oder einer Lohnsenkung, nicht zur Schaffung von Realkapital, sondern zur Tilgung bestehender Schulden verwendet. „Infolgedessen ist es jedenfalls falsch, wenn die Erhöhung der Unternehmerkaufkraft d.h. die Geldkapitalbildung auf Kosten der Massenkaufkraft durch Lohnsenkung, Verminderung der Staatsausgaben oder Sparen erfolgt."[243]

Lederer vertrat deshalb auch die Auffassung, daß die These, durch Lohnabbau der Depression wirksam begegnen zu können, in die Rumpelkammer der Wirtschaftstheorie verwiesen werden müsse, da es, so die treffende Formulierung Kord-Ruwischs, immer ein Geheimnis der liberalen Theoretiker bleiben wird, wie sie es anstellen, daß sie von einer allgemeinen Kostensenkung eine Stärkung der „marktwirtschaftlichen Kräfte" erwarten.[244]

Einen möglichen Weg, wie man einerseits die Vorteile einer Lohnkostensenkung in Anspruch nehmen könnte, ohne gleichzeitig die Nachteile eines Nachfrageausfalls erleiden zu müssen, wies Lautenbach in seinem Gutachten vom 2. 6. 1930 auf. Lautenbach vertrat wie die anderen Befürworter einer Beschäftigungspolitik die Meinung, daß der durch eine Lohnsenkung neu geschaffene Spielraum von den Unternehmen nur dann ausgenützt werde, wenn die Unternehmer nicht befürchten müssen, daß er durch nachfolgende Preissenkungen und entsprechende Verluste bald wieder verloren geht. Für die „Klassiker" stellte sich das Problem nicht, ob der Spielraum auch tatsächlich ausgenützt wird, da sie stillschweigend oder ausdrücklich eine gleichbleibend wirksame Geldmenge voraussetzten. Damit sind nach Lautenbach die „Klassiker" einem blendenden Zirkelschluß aufgesessen. „Denn die Bedingung: ‚wenn die wirksame Geldmenge gleich bleibt' hat praktisch gar keinen anderen Sinn als den: wenn die Gesamtlohnsumme gleich bleibt."[245] Die Beschäftigung mußte also, wenn es zu der klassischen Reaktion kommen und der Bumerangeffekt vermieden werden sollte, pari passu in dem Verhältnis ansteigen, wie die Löhne sanken.[246]

Der Staat sollte also eine Doppelstrategie verfolgen. Einerseits sollte seine Politik auf eine Entlastung der Kostenseite gerichtet sein, andererseits sollte der Staat im Wege eines künstlichen Eingriffes dem gefährlichen Nachfrageausfall durch Neueinstellungen zuvorkommen. Dadurch käme es dann zu jener für den Wiederanstieg der Konjunktur typischen Situation, in der die Gesamtwarennachfrage das Gesamtwarenangebot zu den bisherigen Preisen übersteigt und infolgedessen die Tendenz wiederansteigender Preise auslöst.[247] In dieser Situation wäre die Rentabilitätskrise überwunden und die Kapitalbildung aus steigenden Unternehmergewinnen stark angefacht.

Wie auch immer die von den Reformern aufgestellten Programme im einzelnen aussehen mochten, so blieb es doch bei der gemeinsamen Überzeugung, daß die groteske Situation, wo Waren, obwohl dringend benötigt, in Lägern verfaulten bzw. nicht mehr produziert wurden, Maschinenräder still standen und Produktionshallen leer blieben, obwohl sich die Menschen vor ihren Türen zu Millionen drängten, nur durch eine zusätzliche Nachfrage des Staates gelöst werden konnte. Es galt unter allen Umständen, die Privatwirtschaft zu neuer Aktivität zu ermutigen. Den Weg, wie dies am besten geschehen konnte, wiesen die Reformer mit ihrer Empfehlung eines zielbewußt eingesetzten Arbeitsprogrammes, in dem sie außerdem noch die Gebiete aufzählten, die sich besonders gut für eine staatliche Aktivität eigneten.[248]

# III. Die Politik der Arbeitsbeschaffung als wirtschaftspolitische Maßnahme zur Bekämpfung der Wirtschaftskrise

## 1. Die Notwendigkeit der Wirtschaftstheorie für die Wirtschaftspolitik

Es gehört heutzutage zu den unbestrittenen Erkenntnissen, daß die Wirtschaftspolitik auf der Wirtschaftstheorie aufzubauen hat, was nichts anderes heißt, als daß vor der Therapie erst einmal eine Diagnose gestellt werden muß.[249] Diese auch von den Reformern getroffene Einordnung des theoretischen Erkenntnismaterials in eine Mittel-Zweck-Analyse steht aber im Gegensatz zu einer Auffassung, wie sie beispielsweise Karel Englis in seinem Buch „Teleologische Theorie der Staatswirtschaft" dargelegt hat.[250] Er vertritt darin die These, daß die der Wirtschaftstheorie eigenen kausale Betrachtungsweise in einem nicht zu vereinbarenden Gegensatz zu der teleologischen Betrachtungsweise steht, wie sie der Wirtschaftspolitik gemäß ist. Denn das Ziel jedes theoretischen Bemühens sei es, den Zusammenhängen und Bedingtheiten sozialökonomischer Erscheinungen nachzuspüren und kausal miteinander zu verknüpfen.

Dieses in Anlehnung an die Naturwissenschaften kausal-mechanische Erfassen der wirtschaftlichen Vorgänge sei aber in der Sozialökonomik nicht angemessen, da man sich alle Wirtschaftsprozesse als von den betroffenen Wirtschaftssubjekten gewollt vorstellen muß. Auf die Frage nach der Ursache menschlicher Handlungsweisen vermag indessen die Methode der kausalen Ergründung keine Antwort zu geben, „weil die Ursachenkette in den menschlichen Intellekt und seine Vorstellungen sowie in sein Willenszentrum mündet, von welchem aus ein Eingriff in die kausale Entwicklung erfolgt".[251] Die Wissenschaft muß sich zu diesem Zweck vielmehr in die Denkweise des handelnden Subjekts versetzen, welches alle seine möglichen Eingriffe in die äußere kausale Welt erwägt und eine wählt. Nur wenn sie lernt zu begreifen, warum ein Individuum diese Wahl und nicht eine andere getroffen hat, ist es ihr möglich, die wirtschaftlichen Vorgänge als Ablauf einer Ordnung der gewollten Gedankeninhalte zu verstehen, in der jeweils das als Zweck Gewollte zur Ursache der Handlung wird.[252]

Die Schlußfolgerung, die Englis aufgrund dieser vergleichenden Darstellung der kausalen und teleologischen Betrachtungsweise zieht, ist durch zweierlei gekennzeichnet: erstens dadurch, „daß die teleologische Bearbeitung eines Erfahrungsstoffes eine eigene, und zwar eine andere logische Konstruktion der Erkenntnisse erfordert, als der kausalen Bearbeitung eigentümlich sind."[253] Zum zweiten vertritt Englis aber die Auffassung, daß wirtschaftliche Probleme niemals mit Hilfe der kausal-theoretischen Analyse zu lösen seien, sondern als solche nur teleologisch erkannt und begriffen werden können.[254] Die kausale Betrachtungsweise ist also scharf von der teleologischen abzugrenzen, und die auf dem Wege der kausalen Anschauungsform gewonnenen Erkenntnisse dürfen nicht als Grundlage wirtschaftspolitischen Handelns dienen.

Würde man der Argumentation von Englis zustimmen, dann bedeutete dies, daß man die Grundlagen, auf denen die Wirtschaftspolitik sowohl im „klassischen" wie auch im „keynesianischen" System aufbaut, negieren müßte. Die Konsequenzen wären fatal. Nicht länger könnten die politisch Verantwortlichen bei der Frage, welche Mittel sich am besten zur Erreichung des gesetzten Zieles eignen, auf wissenschaftlich begründete Erkenntnisse zurückgreifen. Es gäbe keine gesicherten Orientierungspunkte mehr, an die sie sich halten können, wenn sie abschätzen wollen, unter welchen Bedingungen ein Mitteleinsatz Erfolg verspricht, bis zu welchem Grade der gewünschte Erfolg mit Sicherheit oder mit Wahrscheinlichkeit realisierbar ist, und welche Nebenwirkungen gegebenenfalls eintreten können.[255] Die Wirtschaftspolitiker wären ganz allein nur noch auf ihre Erfahrung und ihre Intuition angewiesen, mit denen sie die anstehenden Probleme bewältigen müßten. Diese Fähigkeiten können, wenn es sich noch um überschaubare Tatbestände handelt, durchaus ausreichend sein und zum angestrebten Ziel führen; sie erschöpfen sich aber, wenn die Gegebenheiten vielschichtig strukturiert sind und eine starke Dynamik aufweisen.[256]

Aufgrund dieser Überlegungen ist es daher einsichtig, daß persönliches Dafürhalten und solch positive Eigenschaften wie Einfühlungs- und Unterscheidungsvermögen, Umsicht oder das gewisse Fingerspitzengefühl im modernen komplizierten Wirtschaftsleben nicht mehr genügen, um die ständig neu auftretenden Aufgaben zu meistern. Zwar verlangt der ständige Wandel der wirtschaftlichen Situation und der Zielsetzung von dem Wirtschaftspolitiker ein gehöriges Maß an Phantasie, zur Erschließung des Möglichkeitsbereiches muß er aber auf zwingende Erkenntnisse zurückgreifen können. Diese vermittelt ihm die Wirtschaftstheorie, die keineswegs nur, wie Englis irrtümlicherweise annimmt, in kausal-mechanischen Kategorien denkt, sondern die es mit Hilfe der sogenannten verstehenden Methode vermag, sowohl Sinnzusammenhänge als auch Wirkungszusammenhänge aufzudecken und damit die Frage nach dem Warum zu beantworten.[257] Beschränkt man somit das theoretische Vorgehen nicht mehr auf eine rein funktional-analytische Analyse, dann erübrigt sich auch die Notwendigkeit, für den Bereich der Teleologie neue Denkkategorien entwickeln zu müssen. Im Gegenteil, ohne vorheriges Studium der Wirtschaftstheorie wäre ein zielgerechtes politisches Handeln nicht denkbar, denn erst die spezifische Kausalität der verstehenden Sozialökonomie kann die Grundlage einer wirtschaftspolitischen Schau sein, die zum Mittel erhebt, was in der wirtschaftstheoretischen Analyse als Ursache erkannt wurde.[258] Die Teleologie stellt sich dann als umgekehrte Kausaltheorie dar, indem nämlich das, was bei der Kausaltheorie Gegebenes, Seiendes ist, bei der Teleologie zum Ziel erhoben und was dort als Ursache erkannt war, hier als Mittel angesehen wird.[259]

Teilt man die Ansicht von Seraphim, daß die Nationalökonomie als eine lebensbezogene Wissenschaft begriffen werden soll, dann sollte die wirtschaftstheoretische Beschäftigung nicht um ihrer selbst betrieben und damit zum Selbstzweck werden. Der Theoretiker sollte vielmehr ständig darum bemüht sein, dem Wirtschaftspolitiker immer bessere Einsichten in die Wirkungszusammenhänge zu vermitteln, auf denen er seine Entscheidungen aufbaut. Dabei ist es nicht notwendig, daß die Erkenntnisse jedesmal sofort anwendbar sein müssen; es wäre schon von großem Nutzen, wenn sie mittelbar zur Erreichung bestimmter Ziele beitragen würden.

Vergleicht man die von der „Klassik" aufgezeigten theoretischen Zusammenhänge mit denjenigen, welche die Reformer aufgedeckt hatten, dann erkennt man, daß im letzteren Fall nicht mehr solch eine eindeutige Übersetzung der theoretischen Erkenntnisse in ein politisches Wirtschaftsprogramm möglich ist. In der naturrechtlichen Betrachtungsweise, wie sie dem Zeitalter des „laissez-faire" eigen ist[260], gestaltet sich die Aufstellung eines zielgerechten Wirtschaftsprogramms noch problemlos, da sich aufgrund der wirtschaftstheoretischen Erkenntnisse nur eine optimale Lösung anbot. Danach führte am ehesten diejenige Politik zu einem wirtschaftlichen Optimum, die am wenigsten die Marktkräfte an ihrer vollen Entfaltung hinderte. Von diesem Standpunkt war dann ein Nichthandeln am zweckdienlichsten.[261]

Sobald aber die Diagnose zu der Erkenntnis führt, daß die Störung des wirtschaftlichen Organismus unter der Wirkung der Selbstheilungskräfte nicht von selbst verschwindet und infolgedessen ein Eingreifen des Staates notwendig wird, erwachsen dem Wirtschaftspolitiker Schwierigkeiten. Nicht nur muß er die ihm gesetzte wirtschaftspolitische Aufgabe formulieren, sondern er muß auch den ganzen Möglichkeitsbereich staatlicher Maßnahmen erschließen, um dann die Politik auszuwählen, die ihm für die Erreichung des Ziels am geeignesten erscheint. Oftmals muß er sich auch etwas Neues einfallen lassen, wenn es die Aufgabe erfordert; „denn auch über dem Feld der wirtschaftspolitischen Möglichkeiten liegt häufig der Nebel der Ungewißheit: ‚alternatives are not given but must be searched for'."[262]

Eine Hilfestellung bei dieser Arbeit erwuchs den damals verantwortlichen Politikern in den Reformern, die in den Anfängen der Krise zuerst mit kredit- und währungspolitischen und sonstigen strukturellen Reformprogrammen von sich reden machten, und dann vor allem im Krisenjahr 1932 mit zahlreichen Arbeitsbeschaffungsprogrammen an die Öffentlichkeit, an die Regierung und anderen amtlichen Stellen herantraten. An einigen dieser Programme fällt insbesondere die ungewöhnlich detaillierte Behandlung der sachlichen, finanziellen und verwaltungstechnischen Probleme auf, so daß es der Regierung ohne weitere große Vorarbeiten möglich gewesen wäre, sie als Grundlage eines unverzüglich zur Durchführung kommenden Krisenprogrammes zu verwenden. Sie hätte damit einem der tiefsten Anliegen der Befürworter einer Arbeitsbeschaffungspolitik entsprochen, die befürchteten, daß jedes weitere Hinauszögern einer aktiven Einflußnahme des Staates die Gefahr eines gesellschaftlichen Umsturzes in immer greifbarere Nähe rücken und das demokratische System von einer totalitären Diktatur faschistischer oder kommunistischer Prägung abgelöst würde. Bezeichnend für diese Sorge steht die in Drägers Buch an den Anfang gestellte programmatische Forderung: „Ohne Umwege direkt an die Arbeit."[263]

## 2. Die Notwendigkeit der zusätzlichen Nachfrage und das Multiplikatorprinzip

Das größte Anliegen, was die Reformer in bezug auf die Wirtschaftstheorie hatten, war nachzuweisen, daß der von der „klassischen Theorie" behauptete Mechanismus, nach dem eine Wirtschaft aus dem Zustand der Unterbeschäftigung selbständig zur Vollbeschäftigung zurückfindet, auf einer Partialanalyse beruht und deshalb nicht ohne weiteres angenommen werden durfte, daß die Wirkung im gesamtwirtschaftlichen Rahmen gleich bleibe. Als Beispiel führten sie die Lohnsenkungspolitik der Regierung Brüning an, die ihrer Meinung nach gut zeigte, welche konträre Wirkung eine einzelwirtschaftlich richtige Maßnahme haben kann, wenn sie im gesamtwirtschaftlichen Bereich angewendet wird.

Das wichtigste an ihrer Analyse war dabei die Verlagerung ihres Blickes von der Kostenseite hin zu der Absatzseite eines Unternehmens, da dies für die Beurteilung der zu ergreifenden Konjunkturmaßnahmen von ausschlaggebender Bedeutung wurde. Dies führte nämlich zu der Erkenntnis, daß die Wirkung einer Maßnahme, die den konjunkturpolitischen Hebel lediglich an der Kostenseite ansetzte, solange im Nichts verpuffen mußte, wie die Verhältnisse auf der Ertragsseite davon unberührt blieben. Deshalb rieten sie anstelle einer Politik der Kostensenkung und Ausgabenkürzung zu einer Wirtschaftspolitik, die eine Anhebung der Unternehmergewinne und die Wiederherstellung des verlorengegangenen Vertrauens zum Ziel haben sollte. Diese Politik hatte in erster Linie auf eine Steigerung der Nachfrage hinzuwirken, da anders der Teufelskreis einer ständigen Kaufkraftschrumpfung und zunehmender Arbeitslosigkeit nicht durchbrochen werden konnte. Im konkreten Fall bedeutete dies aber, daß der Staat nach dem Zusammenbruch der privaten Initiative die Lenkung des wirtschaftlichen Geschehens übernehmen und mit einem großzügigen Arbeitsbeschaffungsprogramm den Markt neu beleben mußte.[264]

Die Reformer hatten damit die theoretische Begründung geliefert, unter welchen wirtschaftlichen Umständen ein Eingreifen des Staates notwendig war. Was aber noch weit wichtiger ist, ist ihre Erkenntnis von den multiplikativen Auswirkungen der staatlichen Investitionsausgaben, zumal da das Multiplikationsprinzip in der Keynesschen Lehre ein wichtiger, nach Meinung mancher Ökonomen sogar der wichtigste Bestandteil ist. Als Beschäftigungsmultiplikator, wie er von Kahn 1931 in mathematischer Form zum ersten Mal präzise dargestellt wurde[265], besagt er, daß mit der durch den Investitionsakt eingetretenen direkten Erhöhung des Beschäftigungsgrades ein Strom von Löhnen und Gewinnen zu fließen beginnt und das Volkseinkommen vermehrt, so daß als Konsequenz davon weitere Leute spontan aus der Masse der Arbeitslosen beschäftigt werden können.[266] Wenn Shackle Kahns Beitrag einen der originellsten Beiträge der letzten fünfzig Jahre nennt, dann deshalb, weil es Kahn gelungen war, aus älteren Ideen, die man bis dahin nicht verknüpfen konnte, ein neues Gedankengebäude zusammenzusetzen und die bislang verschwommenen Ideen scharf zu zeichnen und präzise darzustellen. So habe beispielsweise Austin Robinson intuitiv den multiplikativen Zusammenhang von Investitionsausgaben und Beschäftigungsgrad erkannt, als er in den frühen zwanziger Jahren gesprächsweise die Frage stellte, warum ein zusätzlich verausgabtes Pfund nicht jedermann Beschäftigung geben würde, eine genaue Analyse dieses Prozesses sei aber erst von Kahn gegeben worden.[267]

Ebenso wie Robinson in England hatten auch die Reformer in Deutschland die Bedeutung des Multiplikatorprinzips für die Wirkung staatlicher Investitionsausgaben klar erkannt und seine Hebelwirkung, wenn auch nicht in allen Einzelheiten, in ihren Arbeitsprogrammen explizit beschrieben. So beschreibt Friedlaender-Prechtl die von einem staatlichen Investitionsakt ausgehende Wirkung auf die Beschäftigung folgendermaßen: „Der Arbeitsbeschaffungs-Plan besteht in großen Zügen darin, daß etwa 2 Millionen Arbeitskräfte an Investitionen gestellt werden, welche die ‚öffentliche Hand' durch die Privatwirtschaft ausführen läßt: primäre Arbeitsbeschaffung ... In diese Zahl der primär Beschäftigten sind nicht nur diejenigen gerechnet, die direkt an solchen Arbeiten beschäftigt sind; sondern auch diejenigen, die das benötigte Material herstellen, also indirekt durch die öffentlichen Arbeiten beschäftigt werden ... Die öffentlichen Arbeiten bringen aber weiterhin die sogenannten ‚sekundären Arbeits-Wellen' ins Rollen. Die Verausgabung für Löhne, Material, Regieanteil setzt sich in Kauf von Gütern um, im wesentlichen von Verbrauchsgütern. Diese stellen gegenüber dem derzeitigen einen ‚zusätzlichen' Verbrauch dar. Dessen Beischaffung zieht weitere Arbeiter-Einstellung nach sich, Material-Anschaffung, Lager-Ergänzung. Diese Maßnahmen wirken in gleichem Sinne fort. Kurzum, die primäre planmäßig angesetzte Arbeiter-Einstellung bewirkt sekundäre Arbeiter-Einstellungen aufgrund des normalen wirtschaftlichen Kräftespiels."[268] Als Multiplikator berechnet er eine Größe von 3.

Auch in dem Arbeitsbeschaffungsprogramm der Nationalsozialisten findet sich, was nicht weiter verwunderlich ist, die Erkenntnis wieder, daß die öffentliche Hand durch ihre Investitionstätigkeit die Initialzündung für einen großangelegten Wirtschaftsaufschwung geben kann, in dessen Folge es zu einer starken Erhöhung des Beschäftigungsgrades kommt. Zitiert sei dazu ein Satz aus der Rede von Gregor Strasser, wo es heißt: „Jeder beschäftigte Mensch zieht mindestens einen weiteren nach sich, — ein volkswirtschaftlicher Grundsatz, der heute wohl allgemein anerkannt wird!"[269]

Dräger gab sogar die Empfehlung, im Rahmen eines Arbeitsprogramms möglichst Arbeiten mit hohem Lohnanteil auszuwählen, damit die primäre Auswirkung möglichst groß wäre. Mit der direkten Auswirkung habe sich aber keinesfalls die Auswirkung auf dem Arbeitsmarkt erschöpft. Jede Steigerung wirtschaftlicher Produktion setzt sich wellenartig auf alle anderen Wirtschafts- und Produktionszweige fort, auch z. B. auf die Konsumgüterindustrien und löst automatisch weitere Wellen der Arbeitsbeschaffung aus (Sekundärwirkung). Denn letzten Endes muß sich ja jede Investition irgendwie (z. B. auch im Materialanteil) in Löhne und Gehälter umsetzen, soweit es sich nicht um Einfuhrstoffe handelt.[270]

## 3. Die Finanzierung der Arbeitsbeschaffung

Das letzte Problem, was es nun noch im Zusammenhang mit einer Arbeitsbeschaffungspolitik zu lösen galt, war die Antwort auf die Frage, mit welchen Mitteln die Arbeitsprogramme finanziert werden sollten, und welche Einflüsse davon auf das Preisniveau ausgingen. Sie entwickelte sich sogar im Verlaufe der Diskussion der aktiven Konjunkturpolitik zu dem eigentlichen Kernproblem der Arbeitsbeschaffung, weil ihre Gegner immer wieder behaupteten, daß die Durchführung staatlicher Investitionen unweigerlich eine Erhöhung des Preisniveaus nach sich ziehen würde. Dies hätte aber das Ende jeglicher Arbeitsbeschaffungspolitik bedeutet, denn die Inflation von 1923 lebte immer noch im Bewußtsein des deutschen Volkes als böser Traum fort, und keine Regierung konnte es sich leisten, sich auch nur der geringsten Preistreiberei beschuldigt zu sehen. Dies hätte dann sehr schnell ihren Sturz herbeigeführt. Die Übernahme eines Arbeitsprogramms in das wirtschaftspolitische Instrumentarium der Regierung konnte also nur erwartet werden, wenn es gewährleistet war, daß die positive konjunkturelle Wirkung nicht mit einer Entwertung des Geldes erkauft werden mußte.

Was die Finanzierung im einzelnen betrifft, so war es von vornherein klar, daß eine Finanzierung über Steuern nicht in Betracht kommen konnte, weil durch die Arbeitsbeschaffungsprogramme ja eine zusätzliche Nachfrage geschaffen werden mußte. Bei dieser Finanzierungsart wäre der für die Gewinnbildung so wichtige Nachfrageüberhang aber auf jeden Fall ausgeblieben, da den Unternehmern im ganzen nur der Betrag zugeflossen wäre, der bei ihnen zuvor abgeschöpft worden war. Abgesehen von den Komplikationen, die dadurch entstanden wären, daß sich die öffentliche Nachfrage anders als die private auf die Wirtschaft verteilt hätte, verlor daher eine Finanzierung aus Steuermitteln „aus inneren Gründen die Fähigkeit, eine heilende Wirkung auf das Übel der Arbeitslosigkeit auszuüben“.[271] Die Ankurbelung der Gesamtwirtschaft mußte versagen, da die für andere Verwendungen zur Verfügung stehende volkswirtschaftliche Kaufkraft nicht vermehrt, sondern nur anders verteilt wurde, so daß gleichzeitig mit einer Auftragsvergebung an irgend einer Stelle der Volkswirtschaft eine Absatzminderung eintreten mußte.[272] „So daß kein einziger Arbeitsloser durch derartige Aufträge zu Arbeit gelangen kann, der nicht einem Arbeiter an einer anderen Stelle der Volkswirtschaft sein Brot genommen hat.“[273]

Föhl hat in Erkennung dieses Kreislaufes die Wirkung einer Steuer als konjunkturpolitisch neutral bezeichnet, da durch das Drehen an der Steuerschraube die Rentabilitätslage der Unternehmungen nicht beeinträchtigt wird.[274] Bedenkt man jedoch die negativen psychologischen Rückwirkungen im einzelwirtschaftlichen Bereich, erscheint uns diesbezüglich ein wenig Skepsis geboten zu sein.[275] Denn durch die Auftürmung der verschiedenen Steuern, mit denen oftmals Erträge aus der gleichen Quelle mehrfach abgeschöpft wurden, hatten die Wirtschaftslenker in dieser heroischen Zeit des Fiskalismus — wie Dalberg die Regierungszeit Brünings bezeichnete — die Wirtschaft immer mehr in Fesseln geschlagen und nach und nach jede Unternehmerlust abgetötet. Eine weitere Steuerbelastung hätte in dieser Situation vermutlich eine noch größere Lähmung der wirtschaftlichen Aktivität bewirkt.[276]

Über die Steuer war also das Problem nicht zu lösen. Ebenso undenkbar schien auch die Finanzierung aus Etatmitteln oder gar mittels eines Rückgriffes auf möglicherweise in Zeiten der Hochkonjunktur angesammelte Reserven. Die Mittel, die im besten Fall vom Budget hätten abgeknappt werden können, hätten niemals die wirksame Durchführung eines Arbeitsprogrammes erlaubt und wären in ihrer Wirkung wie ein Tropfen auf einen heißen Stein gewesen. Nach einer Schätzung von Grotkopp und Dräger standen bestenfalls 200–300 Millionen RM bereit, benötigt wurden aber mindestens 2 Milliarden RM, „wenn ein zu einer fühlbaren Entlastung des Arbeitsmarktes führendes Arbeitsbeschaffungsprogramm durchgeführt werden soll“.[277]

An eine Inanspruchnahme möglicher Reserven war erst recht nicht zu denken, da die Bildung von Überschüssen nicht im Einklang mit den traditionellen Budgetgrundsätzen stand. Der Staat wurde in der „klassischen Theorie“, in der das Wirken privater Einzelwirtschaften nach den Regeln eines freien Wettbewerbs den Beteiligten ein Höchstmaß von Bedürfnisbefriedigung brachte, als ein notwendiges Übel angesehen, dessen Funktion sich in der Vornahme gewisser Ordnungsaufgaben erschöpfen sollte, die von der Gemeinschaft durch Steuergelder alimentiert werden mußten.[278] Eine aktive Einflußnahme auf den Wirtschaftsablauf wurde nach dieser Auffassung abgelehnt, da dies aus der Sicht der „Klassik“ zu einer Beeinträchtigung des freien Wettbewerbes geführt hätte.

Die Forderung nach einem wirtschaftspolitisch neutralen Verhalten des Staates fand ihre praktische Ausgestaltung in den aufgestellten budgetpolitischen Grundsätzen. Diese verlangten, daß das Budget als vollzugsverbindlicher Voranschlag der Ausgaben und Vorausschätzung der Einnahmen der öffentlichen Finanzwirtschaft stets so aufgestellt wurde, daß die für das Budgetjahr bewilligten, zur Wahrnehmung der übertragenen Aufgaben erforderlichen Ausgaben durch die für dieses Jahr erwarteten regulären Einnahmen gedeckt wurden.[279] Die Finanzierung staatlicher Aufgaben über ein Defizit wurde abgelehnt, weil dies im Falle einer Kreditaufnahme bei der Notenbank eine inflationistische Preissteigerung herbeigeführt hätte, im Falle einer Inanspruchnahme privater Mittel sich das Kapitalangebot für die Privatwirtschaft entsprechend verringert hätte und außerdem die späteren Generationen mit der Tilgung belastet worden wären.[280] Ferner spielte auch die Angst eine Rolle, daß sich der Staat bei einer Defizitfinanzierung der sofortigen Kontrolle der Steuerzahler entziehen und auf diese Weise seinen politischen und ökonomischen Einfluß ausdehnen könnte.[281] Lediglich als Ausnahme wurde die Inanspruchnahme eines Kredites zugelassen, wenn damit dringliche öffentliche Investitionen finanziert werden mußten, die in ähnlicher Weise Erträge abwarfen wie private Investitionen.

Budgetüberschüsse waren in den Augen der „Klassiker" ebensowenig zu rechtfertigen, da sie nur den Steuerzahler über das notwendige Maß hinaus belasteten und der Staat im Laufe der Zeit in die unerwünschte Stellung eines „Kapitalisten" gehoben wurde.

Eine zum Ausgleich der Konjunkturschwankungen flexible Gestaltung des Budgets, wie sie Woytinsky forderte, die in Zeiten der Hochkonjunktur außerordentliche Aufträge und Bauarbeiten für Krisenjahre zurückstellte und entsprechende Reserven bildete, war nach diesen Budgetgrundsätzen daher nicht möglich.[282] Auch lag hier kein wirtschaftsneutrales, sondern ein ausgeprägtes prozyklisches Verhalten vor.

## 3.1. Die Finanzierung durch Anleihen

### 3.1.1. Die Finanzierung durch Inlandsanleihen

Auf der Suche nach der richtigen Finanzierung eines Arbeitsbeschaffungsprogramms bot sich als weitere Möglichkeit die Auflegung einer großen Anleihe an. Der Aufschwung wäre in diesem Fall nach dem Muster der erwähnten Konjunkturtheorien erfolgt, indem die akkumulierten Ersparnisse durch die beauftragte öffentliche Körperschaft zur Vornahme von Investitionen in Anspruch genommen worden wären. Für die Gegner einer aktiven Konjunkturpolitik war dies, wenn überhaupt schon ein solches Programm durchgeführt werden mußte, die einzige Finanzierungsmöglichkeit, wenn man sich nicht wieder in „die Gluthitze der Inflation"[283] bringen wollte.[284] Zwar wurde auch hier ein Kredit vergeben, aber diesem Vorgang war eine entsprechende Kapitalbildung vorangegangen. Eine Gefährdung des Preisniveaus bestand in diesem Fall also nicht, da es sich um nicht konsumierte Einkommensteile aus vorangegangenen Produktionsprozessen handelte, die jetzt ihre Verwendung in der Bildung von Realkapital fanden. In der Terminologie von Forstmann ausgedrückt, hat dieses Geld daher folgende funktionelle Erkennungsmerkmale:[285]

„1. kausal:
  a) das Primat der Arbeit vor dem Gelde (vorgeleistete Arbeit),
  b) das Primat der Liquidität vor der Deckung;

2. genetisch:
   das Primat des Depots vor dem Geld;
3. funktionell:
   a) das Primat realer vor zirkulatorischer Befriedigung,
   b) die kreditmäßige Passivität der Depotstelle.“

Im Gegensatz dazu vertraten die Reformer eine eher kritische bis ablehnende Haltung in bezug auf eine Finanzierung durch Inanspruchnahme des Anleihemarktes. Dabei gaben sie zu bedenken, daß es wahrscheinlich nicht gelingen werde, mit Hilfe dieser Arbeitsbeschaffungsanleihe zusätzliche Gelder zu absorbieren, da die potentiellen Zeichner dieser Anleihe angesichts der immer noch unsicheren politischen und wirtschaftlichen Verhältnisse vermutlich nicht bereit wären, ihre Hortungsbestände aufzulösen und sie realen Investitionszwecken zur Verfügung zu stellen. Diejenigen Wirtschaften, welche in ausgesprochenen Depressionszeiten noch über liquide Mittel verfügen, werden im allgemeinen bestrebt sein, diese als Reserve für ein auch ihnen drohendes Defizit, oder aber für die Finanzierung ihres Betriebes beim kommenden Aufschwung zurückzuhalten.[286] Gelang es aber nicht, durch die Ausgabe der Anleihe die stillgelegten Geldkapitalien zu mobilisieren, dann konnte von ihr auch nicht die nachfragesteigernde Wirkung ausgehen, die für eine Einleitung des Wirtschaftsaufschwungs erforderlich war. Unter diesen Umständen hätte die Plazierung der Staatsanleihe sogar die konjunkturell negative Wirkung gehabt, daß der Staat in Höhe dieser Anleihe der privaten Wirtschaft Mittel zur Durchführung privater Investitionen entzog. Ferner hätte auch ihre Wirkung auf das Zinsniveau im Widerspruch zu dem beabsichtigten Zweck gestanden. Die Staatsanleihe wäre in Konkurrenz zu den privaten Emissionen getreten, da beide um das verfügbare Angebot an Spargeldern gekämpft hätten, was ein weiteres Absinken des Zinsniveaus nicht nur erschwert[287], sondern unter Umständen sein Ansteigen bewirkt hätte.[288] In diesem Sinn schrieb auch der Reichswirtschaftsrat in seinem Gutachten, daß man den Gedanken an einer mit besonderen Vorteilen ausgestatteten Anleihe nicht von vornherein ablehnen sollte, wobei aber besonders der Zeitpunkt zu prüfen wäre, zu welchem die Auflegung einer solchen Anleihe Erfolg versprechen würde.[289]

Die konjunkturell aktive Wirkung der Staatsanleihe wäre indessen voll zur Geltung gekommen, wenn es mit ihrer Emittierung gelungen wäre, die gehorteten Ersparnisse aus ihrer Erstarrung zu lösen und wieder als Kaufkraft zirkulieren zu lassen.[290] In diesem Fall hätte wie bei einer Kreditschöpfung eine zusätzliche Nachfrage vorgelegen[291], da durch die öffentliche Kreditinanspruchnahme die privaten Ausgaben nicht vermindert wurden.[292] Im Unterschied zu einer Finanzierung durch eine langfristige produktive Kreditschöpfung seitens der Reichsbank, wie Dräger sie forderte, wurden aber im Wege einer Anleihefinanzierung zu Beginn des initiierten Konjunkturaufschwungs Mittel abgeschöpft, die später den Unternehmern für die Durchführung ihrer Investitionen nicht mehr zur Verfügung gestellt werden konnten. Durch die Inanspruchnahme privater Ersparnisse mußten sich also in der eingeleiteten Konjunkturphase viel eher finanzielle Engpässe einstellen, als dies bei Inanspruchnahme geschöpfter Mittel der Fall war, was unter Umständen zu einem frühzeitigen Abbruch geführt hätte.[293]

Abgesehen von der unbestimmten Wirkung, die ein durch Anleihen finanziertes Arbeitsprogramm auf die Konjunktur ausüben würde, bestand für die Reformer außerdem kein Zweifel darüber, daß ihre Plazierung im Markt nur dann eine Chance hatte, wenn den Käufern für ihr längerfristiges Engagement eine entsprechend hohe Risikoprämie vergütet würde. Die Anleihe mußte also mit einem attraktiven Zinssatz ausgestattet sein. Aus den Erträgen der damit finanzierten Projekte war dieser Zinsendienst jedoch nicht zu bewerkstelligen. Denn vor allem handelte es sich um Arbeiten, die zwar von großer volkswirtschaftlicher Produktivität, deren privatwirtschaftlicher Ertrag in der Regel nur sehr gering oder gar Null war.[294] In erster Linie betrafen sie landwirtschaftliche Meliorationen sowie die Gewinnung von Neuland, ferner die Erweiterung und Verbesserung des Auto- und Wasserstraßennetzes, und auf dem Gebiet des Wohnungswesens die Schaffung neuer Siedlungsmöglichkeiten sowie Maßnahmen zur Sanierung der Altstädte. Zu all diesen verschiedenen Projekten ließen die Autoren der „Gemeinschaftsarbeit" von verschiedenen Fachleuten Studien über die aufzuwendenden Kosten und die möglichen Erträge aufstellen, aus denen hervorging, daß nur in den wenigsten Fällen eine gewisse, wenn auch geringe Verzinsung des eingesetzten Kapitals zu erwarten war.[295] In der Mehrheit der Fälle gestatteten die Erträge aber gerade nur eine Amortisation des Kapitals[296], in einigen Fällen, wie z. B. bei den landwirtschaftlichen Siedlungsmöglichkeiten, sicherten sie nur die Existenz der in ihnen Beschäftigten.[297] Hohe Zinsen, wie sie langfristige Anlagen damals bedingten, waren aus den Projekten also nicht zu erwirtschaften „und es folgert aus diesen Umständen, daß der Kostensatz der für die Arbeitsbeschaffung benötigten Kredite sich in den bescheidensten Grenzen halten muß ...".[298]

Aufgrund der vorgetragenen Argumente folgerte die Erkenntnis, daß die Finanzierung des Arbeitsbeschaffungsprogramms, wenn eine möglichst große Wirkung erzielt werden sollte, mit den klassischen Finanzierungstechniken nicht zu bewerkstelligen war. Wenn es aber am nötigen Geld mangelte, war es dann überhaupt sinnvoll, ein Arbeitsbeschaffungsprogramm als Mittel zur Ankurbelung der Wirtschaft überhaupt in Erwägung zu ziehen?

Mit der Frage der möglichen Finanzierung hatte die Auseinandersetzung um die positive oder negative Wirkung eines staatlichen Eingriffs in den Konjunkturverlauf ihren Höhepunkt erreicht. Das Problem stellte sich in diesem Zusammenhang von zwei Seiten. So genügte es nicht einfach, einen Weg aufzuzeigen, wie man sich ohne Inanspruchnahme des privaten Kapitalmarktes die benötigten Mittel beschaffen könnte. Dies stellte kein echtes Problem dar, und an Beispielen fehlte es auch nicht. Man denke nur an die in Frankreich praktizierte Assignatenwirtschaft oder an die hemmungslose Geldschöpfung gegen die Hinterlegung von Schatzanweisungen, wie sie in Deutschland zu Beginn der 20er Jahre angewandt wurde. Vor allem mußte gewährleistet sein, daß mit der getroffenen Regelung keine negativen Einflüsse in Form einer Inflation auf das Preisniveau verbunden waren. Gelang es den Reformern nicht, auf diesen Gesamtkomplex eine überzeugende, befriedigende Antwort zu geben, dann wäre es für ihre Gegner ein leichtes gewesen, die Untauglichkeit dieses Konjunkturinstrumentes zu beweisen. Im Falle einer Finanzierung mittels privater Mittel hätten sie argumentiert, daß hier lediglich wenig ertragreiche öffentliche Investitionen private Investitionen mit hoher Produktivität verdrängen, und man hätte die Stichhaltigkeit dieses Argumentes nicht leugnen können. Im anderen Falle der Geldschöpfung hätten sie Reminiszenzen an die Inflation von 1923 wachgerufen und im Sinne der „klassischen Theorie" argumentiert, daß die Erweiterung des Geldvolumens nur eine Aufblähung des Preisniveaus, aber keine Steigerung der Beschäftigung zur Folge hätte. Da die Lösung dieses Problems von grundsätzlicher Bedeutung für die Durchführung und den Erfolg der Arbeitsbeschaffungsprogramme war, konzentrierten sich schlußendlich die Argumente der Kontrahenten in der Hauptsache auf diesen Problemkreis. In diesem Sinne schrieb auch Nöll von der Nahmer: „In dieser Frage, ob die Banken nicht nur Kaufmittel, sondern auch Kaufkraft selbsttätig schaffen können, die dann mittels zusätzlicher Kreditgewährung den Unternehmern zur Verfügung gestellt wird, ohne daß inflatorische Preissteigerungen eintreten, erblicke ich den eigentlichen Kern des Kreditproblems."[299]

### 3.1.2. Die Finanzierung durch Auslandsanleihen

Bevor wir aber auf die von den Reformern vorgeschlagene Finanzierungsmethode zu sprechen kommen, die mit dem von Dräger geprägten Ausdruck „Produktive Kreditschöpfung" treffend umschrieben ist, sei noch kurz auf einen Vorschlag seitens der Brauns-Kommission verwiesen. Diese empfahl in ihrem 1931 erstatteten Gutachten die Hereinnahme langfristigen Auslandskapitals, wenn dies zu erträglichen Zinssätzen möglich sei.[300] Der Gedanke war dabei aber nicht, wie man etwa meinen könnte, sich auf diesem Wege die notwendigen Devisen zu beschaffen, um den mit ansteigender Konjunktur höheren Importbedarf an Rohstoffen decken zu können, sondern vielmehr durch eine Konsolidierung der kurzfristigen Auslandsverschuldung die deutsche Kreditwirtschaft aus ihrer Lähmung zu befreien. So führte die Kommission in ihrer Beurteilung zur vorliegenden Situation aus: „Einmal würden die aus den Anleihen uns zufließenden Devisen voraussichtlich nicht wie früher sofort zur Bezahlung einer steigenden Einfuhr, sondern bei Fortdauer der zur Zeit günstigen Zahlungsbilanz in erheblichem Ausmaß zur Abdeckung kurzfristiger Auslandsschulden dienen können, deren gegenwärtige Höhe lähmend auf die deutsche Wirtschaft, insbesondere auf die deutsche Bankpolitik, wirkt."[301]

Die vom Ausland erhaltenen Gelder sollten also gar nicht, wie aus der zitierten Begründung hervorgeht, zur direkten Finanzierung der öffentlichen Investitionen verwandt werden, sondern lediglich das Bankensystem durch die Konsolidierung der enormen kurzfristigen Auslandsverschuldung wieder in den Zustand versetzen, daß es in Zukunft wieder die ihm übertragenen Finanzierungsaufgaben bewältigen konnte.[302] Denn die Liquidität der Banken wäre infolge der Umschuldung in beträchtlichem Maße angestiegen, so daß diese Investitionen durch großzügige Kreditausdehnung der Banken vorfinanziert werden konnten.[303]

In seiner Eigenschaft als politischer Beamter gab Lautenbach jedoch die Tatsache zu bedenken, daß eine Konsolidierung der kurzfristigen Auslandsschulden finanz- und bankpolitisch zwar äußerst erwünscht, reparationspolitisch betrachtet aber unklug und im Widerspruch zu der offiziellen Politik stände. Die Reparationsgläubiger könnten nämlich angesichts der Konsolidierung der kurzfristigen Verbindlichkeiten ähnliche Folgerungen ziehen wie bei ihrer Tilgung aus eigener Kraft, daß Deutschland wenigstens einen anschaulichen Bruchteil dieser Summe als Reparationszahlung leisten könne. Dabei sei es gleichgültig, ob diese Anleihen direkt zum Zwecke der Konsolidierung oder zur Finanzierung der geplanten Investitionsprojekte aufgenommen wurden, denn in jedem Fall würde der Devisenanfall zunächst in voller Höhe zur Kompensation kurzfristiger Schulden dienen.[304]

Analog zu der inländischen Anleihefinanzierung konzentrierte sich konsequenterweise die Kritik seitens der Reformer auf die fehlende Zusätzlichkeit der Mittel. Mickwitz führte diesbezüglich in seiner Begründung zum Ladendorf-Plan unter dem Punkt 5c aus: „Treten solche langfristige Anleihen aber an die Stelle der in Erfüllung des Baseler Stillhalteabkommens zurückzuzahlenden kurzfristigen Auslandskredite, so findet lediglich wie im Fall a (der Finanzierung durch Steuern, A. K.) eine Kaufkraftverschiebung statt. Der abgerufene kurzfristige Kredit fehlt ja der deutschen Volkswirtschaft, auch wenn für eine andere Verwendung langfristiger Kredit zur Verfügung gestellt wird."[305] Im übrigen galten die Bedenken, die schon beim inländischen Pendant geäußert worden waren. So wurde auch hier der Einwand vorgebracht, daß es angesichts der vorherrschenden Umstände sehr schwierig, wenn nicht gar unmöglich sei, neues Auslandskapital nach Deutschland zu bekommen, auch wenn dafür ein entsprechend hoher Zinssatz geboten werden würde.[306]

In der Frage der Tilgung erwuchs darüber hinaus ein zusätzliches Problem. Nicht nur vertrugen die Projekte aufgrund ihres spezifischen Charakters über die Tilgung hinaus keine Verzinsung des Kapitals, sondern allein schon die einfache Rückzahlung des Kredites mußte problematisch erscheinen, weil sie letzten Endes nur über eine stärkere Ausfuhr inländischer Waren erfolgen konnte. Welch gefährliche Komplikationen ansonsten entstehen können, wenn eine Tilgung in Form von Warenlieferungen nicht möglich war, das zeigten die bitteren Erfahrungen der früheren Weimarer Regierungen in der Frage der Reparationszahlungen. War es damals in der weltumfassenden Prosperitätsphase schon nicht möglich, die Gläubiger zu einem vergrößterten Import deutscher Erzeugnisse zu bewegen, so mußte dieses Bemühen zum vorliegenden Zeitpunkt, wo Protektionismus den Welthandel mehr und mehr zum Erliegen gebracht hatte, hoffnungslos erscheinen. Eine gesunde Rückzahlung der Auslandsanleihe wurde damit aber unmöglich.[307]

Woytinsky warf denjenigen, die in der Aufnahme von Auslandsanleihen das geeignete Finanzierungsinstrument gefunden zu haben glaubten, mangelndes weltpolitisches und weltwirtschaftliches Denken vor, da dies lediglich nur einen Teilabschnitt des Problems der internationalen Geldbeschaffung darstelle. Allen kapitalarmen Ländern müßte dann nämlich fairerweise das gleiche Mittel zur Überwindung ihrer Finanznot empfohlen werden.

Probleme der Kapitalflucht oder der Inflation erblickte Woytinsky für den Fall, daß es Deutschland gelinge sollte, die ausländischen Gelder in gewünschtem Umfang und Fristigkeit zu bekommen. Die einströmenden Devisen würden, wie Woytinsky befürchtete, mangels genügender Rentabilität nicht in Deutschland zum Aufbau neuer Anlagen verwertet, sondern von den Unternehmern lieber in niederländischen Pfeffersäcken und schweizerischen Renten angelegt werden, so daß das Kapital im Reiche nicht vermehrt, sondern den deutschen Betrieben nur eine zusätzliche Zinsbelastung entstehen würde. Sollte es jedoch nicht zu einer Kapitalflucht kommen, dann führe das Einströmen der ausländischen Gelder zu einem Anstieg des deutschen Preisniveaus über das des Weltmarktes, was wiederum negative Auswirkungen auf die Zahlungsbilanz und den Wechselkurs haben müsse.

Diese genannten Schwierigkeiten zeigten nach Meinung von Woytinsky klar auf, daß eine Geldschöpfung nicht allein Sache eines einzelnen Staates bleiben konnte, sondern ein Erfolg nur unter „der Voraussetzung gewährleistet war, wenn die Geldschöpfung gleichmäßig in allen beteiligten Ländern durchgeführt werde."[308] Seine in diesem Zusammenhang gemachten Ausführungen basierten vornehmlich auf den Vorschlägen, die im sogenannten Goldausschuß des Völkerbundes gefaßt worden waren. So empfahl er, daß man auf der Basis der vorhandenen Golddeckung eine bedeutend größere Geldmenge in den Umlauf bringen sollte. Auf diese Weise könnten nach seiner Schätzung bei einer international vereinbarten Herabsetzung der Mindestgrenze der Golddeckung von z. B. 40

auf 30 v.H. die Notenbanken zusätzliche Mittel in Höhe von über 30 Milliarden schöpfen.[309]

Der Plan sah außerdem die Gründung einer internationalen Zentrale vor, die für die planmäßige Verwertung der Mittel zu sorgen hatte, weil Woytinsky gerade im Hinblick auf die goldreichen Staaten (insbesondere die Vereinigten Staaten und Frankreich) befürchtete, daß in diesen Ländern die Herabsetzung der Deckungsgrenze nur dazu dienen würde, „daß die Leiter von bestimmten Emissionsinstituten stolz feststellen können, daß ihre Noten um ein Vielfaches der Mindestgrenze übergedeckt sind."[311] Diese Zentralstelle hatte den kapitalarmen Ländern im Bedarfsfall Anleihen zu geben, deren Konditionen an den jeweils verfolgten Zweck angepaßt werden sollten.

Noch im gleichen Jahr der Veröffentlichung seines Buches gab Woytinsky die Idee eines gemeinsamen Vorgehens auf internationaler Ebene auf, nachdem er sich davon vergewissert hatte, daß die verschiedenen Interessen der Nationalstaaten ein Zusammengehen unmöglich machten. Diese Einsicht veranlaßte ihn, im Juni 1931 einen weiteren Artikel über dieses Problem in der Gewerkschaftszeitung „Arbeit" zu veröffentlichen, in dem er von seinem ursprünglichen Plan Abstand nahm und statt dessen die Durchführung von öffentlichen Investitionen auf der Basis einer inländischen Kreditschöpfung empfahl.[312]

Dieser Gedanke, „daß angesichts der Erstarrung des inländischen Kapitalmarktes und angesichts der grundsätzlichen wie durch die politisch-historische Situation erhärteten Einwände gegen einen Rückgriff auf ausländische Kapitalmärkte nur der inländische Geldmarkt als Quelle einer ‚Vorfinanzierung' der Arbeitsbeschaffung offensteht und daß erst später durch eine Konsolidierung über den Kapitalmarkt eine Dauerfinanzierung bewirkt werden kann"[313], findet sich schon in dem 1926 erschienenen Aufsatz von Friedlaender-Prechtl. Darin entgegnete der Autor auf den Einwand, daß man kein Geld für eine groß angelegte Arbeitsbeschaffungsaktion habe: „Aber welch wirtschaftlicher Unsinn ist das doch! Auf der einen Seite steht ein Heer von arbeitssuchenden Arbeitskräften — auf der anderen Seite stehen genügend Arbeitsräume und Arbeitsmittel, sie aufzunehmen und die nötigen Dinge herzustellen..." „Aber das Dreieck will sich nicht schließen, es fehlt an den ‚Mitteln'. Eigentlich nur an dem Mittel, durch das der verfügbare Arbeitsstrom an die aufnahmebereiten Stellen geleitet wird."[314]

Das ganze Beschäftigungsproblem, die Zusammenbringung und produktive Verwertung von Arbeitskräften und Arbeitsmittel, reduziert sich bei Friedlaender-Prechtl für den Fall, daß diese einzigen realen Werte im ausreichendem Maß vorhanden waren, auf „eine finanztechnische Frage, die gelöst werden wird — weil sie gelöst werden muß!"[315]

Als Lösung schlug er vor, daß die mit der Ausführung der Programme beauftragten staatlichen Körperschaften beim Reich einen Kredit gegen die Hinterlegung von Schuldtiteln aufnehmen. Diese Titel sollten dann später in der Konsolidierungsphase, wenn der Kapitalmarkt sich im Verlauf des Konjunkturaufschwungs aus seiner Erstarrung befreit hatte, als Unterlage für eine große Reichs-Meliorationsanleihe dienen.

## 3.2. Die Finanzierung durch Geldschöpfung

Die Vorstellung, mit Hilfe einer Kreditschöpfung einen Konjukturaufschwung einleiten zu können, stand im krassen Gegensatz zu der Lehre der „Klassik", die als Vorbedingung jeder Wirtschaftsbelebung die Ansammlung von Sparkapitalien ansah. So war es nicht verwunderlich, wenn viele Volkswirtschaftler, die noch fest mit dieser Lehre verbunden waren, auf diese Vorschläge ablehnend, manchmal sogar heftig reagierten.[316] Selbst Hjalmar Schacht, der wenige Zeit später unter Hitler mit der Einführung des Mefo-Wechsels ein gewaltiges Arbeitsbeschaffungsprogramm auf der Grundlage der Kreditschöpfung zu finanzieren half, schrieb 1932 noch über diese Finanzierungsart: „Der häufigste Irrtum, der dabei unterläuft, ist, daß man Währungsgeld, also das Zahlungsmittel, mit Kapital und Reichtum verwechselt. Das Geld als Zahlungsmittel ist aber so wenig Kapital wie der Leitungsdraht elektrische Kraft ist."[317] „Es fehlt uns nicht an Geldumlaufmitteln in Deutschland, sondern es fehlt uns an Kapital. Kapital aber kann man nicht mit der Papierpresse drucken, Kapital muß erarbeitet und erspart werden."[318]

Die Abkehr von der Vorstellung, daß das Geld im wirtschaftlichen Gefüge keinen selbständigen Maschinenteil, sondern nur das Öl für das reibungslose Funktionieren repräsentiere und somit keine Eigenfunktion ausüben könne[319], erfolgte bei Schacht erst aufgrund der guten Erfahrungen, die unter Hitler mit der Vorfinanzierung der verschiedenen Arbeitsprogramme gemacht worden waren. So heißt es entgegen seiner ursprünglichen Meinung in seinem Buch mit dem bezeichnenden Titel „Mehr Geld, mehr Kapital, mehr Arbeit": „Wir werden uns zunächst einmal von dem Gedanken losmachen müssen, daß eine Kapitalvermehrung nicht durch Geldschöpfung erfolgen könne."[320] „Diese ganze Notenbankautomatik der ‚klassischen Nationalökonomie' mußte als ein Schlag empfunden werden gegen die tatsächlichen wirtschaftlichen Entwicklungsvorgänge. Man konnte nicht eine ganze Volkswirtschaft ohne geldliche Betriebsmittel lassen, lediglich weil eine frühere Währungstheorie solchen Automatismus ausgeklüngelt hatte. Aus diesem Grunde setzte sich die Reichsbank über die hergebrachte Theorie hinweg und kurbelte die Produktion durch weitherzige kreditweise Hergabe von neuem Geld an. Der Erfolg gab ihr recht."[321] Aus dem naturgemäßen Weg mehr Arbeit, mehr Kapital, mehr Geld wurde mehr Geld, mehr Kapital, mehr Arbeit.[322]

Schachts späte Erkenntnis, daß für die störungsfreie Inganghaltung der wirtschaftlichen Mechanik eine ständige Anpassung der wirksamen Geldmenge an die Bedürfnisse der Wirtschaft notwendig war und daß mit dem Mittel der Vorfinanzierung durchaus eine Hebung der Produktion und des Beschäftigungsgrades zu erreichen war, hatten die Reformer schon zur Zeit der großen Depression in ihren Empfehlungen umgesetzt.

Dräger erinnerte daran, daß alle früheren konjunkturellen Aufschwungsphasen erst durch die Kreditschöpfungsfähigkeit der Geschäftsbanken ihr dynamisches Gepräge bekommen hatten und daß schon Schumpeter die belebende Wirkung der Geldschöpfung beschrieben hatte: „... aber ‚banking operations' können eine Bereicherung des produktiven Apparats der Volkswirtschaft ermöglichen. Sie bewirken eine Kaufkraftverschiebung unter den Individuen und, wenn dieselbe unter dem Gesichtspunkt der Produktionsausdehnung erfolgt, eine Überweisung von Produktionsmitteln in die Hände dieser Individuen, denen sie mittels neugeschaffenen Geldes Kredit gewähren. Ein monetärer Vorgang, die Kreation von Geld, das nur ‚Anweisung' und nicht auch ‚Bescheinigung' ist, und die Preissteigerung, die er zur Folge hat, wird so zu einem gewaltigen Hebel der wirtschaftlichen Entwicklung. In der Kreation solchen Geldes liegt das Wesen des modernen Kredits. Sie ist die spezifisch kapitalistische Methode der Durchsetzung des ökonomischen Fortschritts. In ihr wirkt sich, im Gegensatz zur bloßen verkehrswirtschaftlichen, die kapitalistische Funktion des Geldes aus."[323]

Wagemann erweiterte diese Aussage dahin, als er meinte, daß selbst in normalen Zeiten in Deutschland durchaus nicht der Warenwechsel die entscheidende Grundlage der

Geldschöpfung gewesen sei. Vielmehr sei der größte Teil der Kreditausweitungen schon vor der Sicherung des Warenabsatzes, ja vor der Ingangsetzung der Produktion erfolgt. Wenn jetzt also in der Krise die autonome Geld- und Kreditschöpfung der Privatbanken lahmgelegt sei, wäre es kein großes Wagnis, Ersatz hierfür zu schaffen und Noten auf Grundlage öffentlicher Anleihen auszugeben.[324] Nach Meinung von Dräger hatte der Staat in solch einer Situation gar die Pflicht, „sich auf sein fundamentales Hoheitsrecht der Geldschöpfung kraft autonomer Festsetzung“[325] zu besinnen und anstelle der Banken den sonst üblichen Ablauf der Dinge wieder herbeizuführen.

### 3.2.1. Die Forderung nach einer autonomen Geldpolitik

Die Forderung nach einer autonomen Geldpolitik mußte von vielen Ökonomen der Zeitepoche, der unser Interesse gilt, als revolutionär empfunden werden, bedeutete doch der Vorschlag der autonomen Kreditschöpfung eine Abkehr von den Regeln des sogenannten Gold-Devisenstandards und eine Hinwendung zu einer Politik, bei der die Nationalstaaten das Recht zum Einsatz der Währungspolitik mit dem Ziel der Beeinflussung des Preis- und Mengenspiegels beanspruchten.[326] Unter dem gültigen Währungssystems war diese Möglichkeit der Eigengestaltung weitgehend durch das hohe Maß an internationaler Abhängigkeit der Preise und Konjunkturbewegungen eingeschränkt.[327] So war selbst im Fall, wo gewichtige gesamtwirtschaftliche Interessen an sich eine Ausdehnung der Zahlungsmittelmenge erfordert hätten, eine Überschreitung des von den Deckungsnormen gezogenen Spielraumes nicht erlaubt.[328] Besonders hart konnte diese Regelung Länder treffen, die keine hohen Goldreserven ansammeln konnten und auch nicht über eine eigene Goldproduktion verfügten. Eine Abstimmung der Geldmenge derart, daß alle erforderlichen Güterumsätze sowie alle sonstigen Zahlungen stattfinden konnten, erwies sich dann möglicherweise als sehr schwierig. Führte ein solches Land in großem Umfang Importwaren ein, ohne gleichzeitig entsprechend hohe Exporte zu tätigen, konnte dies zu einer völligen Entblößung von Zahlungsmitteln führen, da der offene Saldo dann nur noch mit Zahlungen in Gold ausgeglichen werden konnte. Aufgrund der durch den Goldabfluß erzwungenen Kontraktion der umlaufenden Zahlungsmittel sanken in der Folge auch die Preise, und es kam zu „einem Zustand, den man prinzipiell als Deflation bezeichnet“.[329]

Das Deutsche Reich, das zur Zeit von Weimar im Vergleich zu den Vereinigten Staaten von Amerika oder Frankreich nie über hohe Goldbestände verfügen konnte, hatte einen Vorgeschmack von der gefährlichen Einschnürung, die von diesem System ausgehen konnte, im Sommer des Jahres 1931 zu spüren bekommen, als die Reichsbank Gold und Devisen für fast 2 Milliarden RM abgeben mußte.[330] Gegen Ende des Jahres 1933 kam es sogar in die gefährliche Nähe des theoretischen Falls eines totalen Zusammenbruchs des Geldverkehrs, als die Goldreserven auf 529,7 Millionen Mark geschrumpft waren.[331]

Dieser Fall des gänzlichen Abflusses von Gold und deckungsfähiger Devisen verdeutlicht, wie töricht die Auffassung ist, die Zahlungsmittelmenge jeweils an die in den Schatzkammern der Notenbanken ruhenden Gold- und Devisenreserven auszurichten. Denn darüber besteht kein Zweifel, daß keine Notenbank eine solch starke Kontraktion der Geldmenge, wie sie eigentlich nach dem Buchstaben der bestehenden Regelung erforderlich war, zulassen wird, wenn sie nicht katastrophale Zustände in die Wirtschaft einreißen lassen will. Vielmehr wird sie aufgrund bestehender Sachzwänge gezwungen sein, neue Zahlungsmittel in den Kreislauf einfließen zu lassen, auch wenn keine entsprechende Sachdeckung vorhanden ist.

Gerade eine solche Politik, die sich nicht mehr von dem Wahn des Goldes leiten ließ, sondern sich in elastischer Weise an die Bedürfnisse der Wirtschaft anpaßte, war es, was die Reformer mit ihrem Vorschlag der autonomen Kreditschöpfung forderten. So meinte Dalberg zu der unglückseligen unzertrennlichen Bindung von Geldmenge und Goldreserven, daß dies ebenso widersinnig sei, wie wenn der Eisenbahnverkehr nicht mehr von der Menge der zu befördernden Personen und Güter abhängig gemacht werde, sondern von dem Angebot an Papier für die Fahrkarten.[332] Die Hinnahme einer Teil-Deckung des Papiergeldes, wie es im System der Goldkernwährung geschah, nannte Friedlaender-Prechtl eine überständige Ideologie, die jeder rationalen Begründung entbehre.[333] Soll das Papiergeld die einem Lande zur Verfügung stehenden Goldreserven repräsentieren, dann müsse die umlaufende Geldmenge auch der vorhandenen Goldmenge entsprechen. In allen anderen Fällen verliert jedoch der Versuch, eine Verbindung zwischen Gold- und Geldmenge herstellen zu wollen, jede vernünftige Grundlage, da es sich jeweils um abiträre, nach gerade üblichen Gepflogenheiten ausgerichtete Entscheidungen handelt.[334] Denn welcher Wissenschaftler oder Politiker kann schon mit gutem Gewissen überzeugend darlegen, daß die Aufteilung 40 Prozent Golddeckung und 60 Prozent Vertrauensgeld richtiger ist als 30 Prozent Golddeckung und 70 Prozent Vertrauensgeld oder gar nur 100 Prozent Vertrauensgeld.[335] Da das Gold nicht mehr wie früher ein Umlaufsmittel sei, habe es auch seine Funktion als Tauschmaßstab verloren — obwohl es dafür auch andere „mindestens ebenso verläßliche Maßstäbe gäbe“[336] — und wäre heute nur noch eine Schnürbrust, in die unser ganzes Wirtschafts-Wesen eingezwängt sei. „Ihm wird in unserem gesamten Wirtschafts-Denken noch immer eine fetischistische Verehrung dargebracht, nicht anders als zur Zeit der Pharaonen. Das Gold ist zwar längst zu einem Knecht der Wirtschaft erniedrigt, der nur noch in den Kellern der Zentralbanken ein geheimnisvolles Dasein führt, aber der Aberglaube an das Gold ist noch immer in allen Gemütern lebendig, der Fetisch-Glaube an seine wirtschaftliche Bedeutung beengt heillos alle Handlungen.“[337]

Die Verstrickung des Notenumlaufs mit den Goldbeständen war auch einer der Zentralpunkte im Programm der Nationalsozialisten, mit dem sie zum Kampf gegen die herrschenden politischen und wirtschaftlichen Strukturen angetreten waren. In seiner Reichstagsrede am 10. Mai 1932 stellte ihr wirtschaftspolitischer Sprecher Gregor Strasser die Sinnlosigkeit einer Goldbindung an den Pranger, da nach einer Schätzung Cassels der Goldvorrat der Erde 50 Milliarden betragen dürfte, die internationalen, auf Gold aufgebauten Schuldverpflichtungen aller Völker sich aber weit über 1000 Milliarden beliefen. Berücksichtigt man überdies, daß der Goldwert von Ende 1929 bis 1931 um 40 Prozent gestiegen war, „dann ergeben sich geradezu sinnlose und phantastische Zahlen, und durch nichts als durch diese einfache Gegenüberstellung der Goldverpflichtungen und des tatsächlichen Goldbestandes der Welt kann die Sinnlosigkeit der heutigen Währungsdeckung und des ganzen Gebäudes, das darauf aufgebaut worden ist, sinnfälliger und deutlicher bewiesen werden.“[338]

Selbst ein Mann wie der spätere Wirtschaftsminister in der Regierung Adenauer, Ludwig Erhard, dem man beim besten Willen nicht den Stempel eines Inflationisten aufdrücken kann, gab sein Plazet für eine autonome Kreditschöpfung, da nicht „so sehr das Deckungsprinzip als die Art der Kreditverwendung entscheidend für die wirtschafts- und währendspolitische Unbedenklichkeit eines solchen Verfahrens ist. Nur scheinbar sind die zusätzlichen Finanzierungskredite ungedeckt, denn höher als ein fester Deckungsblock oder eine imaginäre Golddeckung usw. ist die in der zusätzlichen Gütermasse manifestierte und auch realisierbare Leistung zu bewerten."[339]

### 3.2.2. Die Notwendigkeit einer elastischen Geldmengenpolitik

Die Forderung, die Geldpolitik von den Gold- und Devisenbewegungen unabhängig zu machen und sie souverän als neues Mittel zur Lenkung der Konjunkturbewegungen zu benutzen, liegt die Vorstellung zugrunde, daß die Organisation der produktiven Kräfte zum ständig fließenden Strom wirtschaftlicher Leistungen in seinem Umfang durch den Kaufkraftstrom gesteuert wird.[340] Dabei kommt es vor allem darauf an, daß beide Ströme im Verhältnis zueinander sich proportional gleichmäßig verändern. Erfährt beispielsweise der Strom der monetären Nachfrage durch irgendwelche Umstände eine Veränderung, ohne daß eine entsprechende Veränderung im Leistungsstrom erfolgt, so muß sich dies in einer Veränderung der bisherigen Preisverhältnisse widerspiegeln. So wird jede Stillegung von Kaufkraft, wenn sie nicht durch eine höhere Umlaufgeschwindigkeit der restlichen Zahlungsmittel oder durch Schaffung neuer Zahlungsmittel seitens der verantwortlichen Geldbehörden kompensiert wird, unweigerlich zu einer mehrstufigen Umsatzschrumpfung und einem Rückgang der Preise führen und als Folge Arbeitslosigkeit entstehen lassen."[341] Eine Überwindung dieses Zustandes ist dann nur noch möglich, wenn die in der Deflation zu geringe Geldenergie von irgendwoher mit neuer Energie gespeist wird.

In diesem Sinn schrieb auch Daitz: „Krankt eine Wirtschaft, wie die heutige deutsche, an besonders starkem Betriebsmittelschwund, in diesem Fall an Mangel an flüssigem Kapital und damit an Krediten, so muß der Umlauf der Säfte durch produktive Kreditvorschöpfung stark beschleunigt werden, wenn die gesamte Maschinerie des volkswirtschaftlichen Körpers in Gang gehalten werden und allmählich wieder eine Auffüllung an realen Betriebsmitteln erfolgen soll... In der richtig angesetzten Kreditschöpfung besitzen wir also das Mittel, in einer Volkswirtschaft, die an zu geringen realen Betriebsmitteln krankt, doch eine erhöhte Produktion in Gang zu setzen.[342] Fallen Banken und Unternehmer wegen ihrer Mut- und Hoffnungslosigkeit als die natürlichen Quellen zusätzlicher Geldschöpfung aus, dann kann der Zustand der Unterversorgung mit Geld nur dadurch beseitigt werden, „daß die öffentliche Hand Geld schafft und ausgibt."[343] Bei dem neugeschöpften Geld, das den Unternehmern zufließt, handelt es sich um einen Betriebskredit in der direkten Form eines Lohnkredites[344], der es ihnen ermöglicht, ohne vorherige Ersparnisse mit der Produktion zu beginnen. Es kommt also zu einer Phasenverschiebung, da das aus der Produktion stammende Einkommen sofort ausgezahlt wird. Die den Arbeitern neu zugeflossene Kaufkraft wirkt sich unmittelbar auf den Verbrauchermarkt aus und bewirkt dort eine merkliche Belebung, die sich in der Folge aufgrund des gestiegenen Bedarfs an Investitionsgütern auf die Investitionsgüterindustrie fortpflanzt. Im Verbrauchsgütersektor und auf dem Umweg über die Konsumausweitung auch im Produktionsgütersektor kommt es zu der angestrebten allgemeinen Erhöhung der Rentabilität, die aus sich herausbewirkt, daß noch eine weit größere Zahl Arbeitsloser eine neue Beschäftigung finden.[345]

Entscheidend für die Ingangsetzung dieses Prozesses, für die sog. Initialzündung, ist — und darauf wiesen die Reformer immer wieder hin — die Bereitschaft des Staates und der Notenbanken, die benötigten Kredite den Unternehmern zur Verfügung zu stellen. Das

Geld stellt also, wie Friedlaender-Prechtl es ausdrückte, das Arbeitsvehikel dar, das die beiden allein realen Elemente der Wirtschaft, die verfügbaren Arbeitskräfte und Arbeitsstätte, zusammenbringt und den gehemmten Prozeß der Gütererzeugung wieder in Gang setzt. Dies geschieht durch die Ausschaltung des Zeitmoments, indem eine erst in der Zukunft liegende Leistung so behandelt wird, als wenn sie schon im betrachteten Augenblick der Kreditgewährung vorhanden wäre. In der Tat findet gleichsam ein Vorgriff auf eine spätere Leistung statt. Seine Konsolidierung findet dieser Vorgang der Kreditschöpfung in dem Moment, wenn die eingefrorenen Lager- und Arbeitskraftbestände flüssig gemacht und die produzierten Waren am Markt ihren Absatz gefunden haben.

„Die These Albert Hahns von der Priorität der Kreditschöpfung vor der eigentlichen wirtschaftlichen Leistung und der Entstehung des Sparkapitals kommt hier zu praktischer Wirksamkeit."[346]

Fassen wir mit Hilfe von Forstmanns Schema in gleicher Weise wie bei dem Kapitalgeld die Kennzeichnen des Kreditgeldes kurz zusammen, dann ist dieses gekennzeichnet durch:[347]

„1. kausal:
   a) das Primat des Geldes vor der Arbeit (nach getaner Arbeit)
   b) das Primat der Liquidität vor der Deckung
2. genetisch:
   das Primat des Geldes vor dem Depot
3. funktionell:
   a) das Primat zirkulatorischer vor realer Befriedigung
   b) die Aktivität des Kredits für die Bank."

## 3.3. Die Formen der Geldschöpfung

Die Überzeugung, daß die Kreditschöpfung das zentrale Mittel zur Bestreitung der großen Arbeitsbeschaffungsprogramme der deutschen Arbeitsschlacht darstellen mußte[348], findet sich bei näherer Betrachtung der zahlreichen, von den verschiedenen Gesellschaftsgruppen vorgelegten Programme bestätigt. Ausnahmslos wird dort die Vorfinanzierung als der einzig gangbare und zweckdienlichste Weg empfohlen. Unterschiedliche Antworten finden sich aber auf die Frage, in welcher Form diese Vorfinanzierung am besten vor sich gehen sollte.

Was eine autonome Kreditschöpfung durch die Geschäftsbanken betraf, so herrschte einmütig die Übereinstimmung, daß diese Möglichkeit auszuschließen sei. Dies nicht etwa, weil man eine Krediteinräumung durch die Banken mangels genügendem Eigen- und Fremdkapital nicht für möglich hielt — grundlegende Arbeiten darüber, daß das Passivgeschäft der Banken nicht Voraussetzung für das Aktivgeschäft ist, lagen von Schumpeter[349] und Hahn[350] vor —, sondern weil aufgrund der katastrophalen Ereignisse vom Juni und Juli 1931, deren Nachwirkungen noch immer nicht ganz verklungen waren, ein gemeinsames Vorgehen bei der Kreditausweitung nicht gewährleistet war. War aber das Zusammenspiel der Kreditbanken nicht sinnvoll auf Kreditausweitung ausgerichtet, dann konnte die Bank, die ihren Kunden neue Kredite einräumte, leicht in Liquiditätsschwierigkeiten geraten, weil die von ihr geschöpften Beträge nicht notwendigerweise zu ihr zurückflossen. Die betroffenen Banken hätten dann nur noch auf dem Weg des Rediskonts bei der Zentralbank sich die notwendige Liquidität beschaffen können. Diese Möglichkeit war jedoch, so wie sich die allgemeine Wirtschaftslage darstellte, illusorisch, denn in der Regel konnte keine der Banken mehr über genügend hohe Bestände an diskontfähigen Wechseln verfügen.

Zur Vermeidung dieser potentiellen Liquiditätsklemme hatte der Reichswirtschaftsrat die Gründung eines Bankenkonsortiums näher in Betracht gezogen, weil in diesem Falle die Inanspruchnahme der Reichsbank durch Rediskont relativ bescheiden sei, „weil die von den Privatbanken verausgabten Barbeträge doch immer wieder zu den Banken zurückfließen."[351] Da aber mit einer längeren Festlegung der vorzuschießenden Kapitalien als in früheren normalen Konjunkturen zu rechnen war, ließ man nach Rücksprache bei sachverständiger Seite mit Rücksicht auf die stark angeschlagene Liquidität der Banken den Plan wieder fallen.

Es blieb also gar keine andere Möglichkeit, wenn man die Finanzierung durch ausländische Kreditgeber ausschloß, als dem Vorschlag von Dräger zu folgen und die Reichsbank bei der Vorfinanzierung mit einzuspannen.[352] Einer Mitwirkung der Reichsbank bei einer Kreditschöpfung von dem Ausmaße, wie sie in den Programmen gefordert wurde, standen aber einige Bestimmungen in dem Bankgesetz in der Fassung vom 30. August 1924[353] mit den Änderungen vom 8. Juli 1926[354] und vom 13. März 1930[355] hemmend entgegen. Dies waren einmal die Bestimmungen, die festlegten, daß 40 Prozent vom Betrag der im Umlauf befindlichen Noten durch Gold und Devisen gedeckt sein müssen und von dieser Deckung mindestens drei Viertel aus Gold bestehen müsse. Von Bedeutung waren aber auch die Regeln über die Kreditgewährung an das Reich. In der Fassung vom 8. Juli 1926 steht dazu: „Im § 21 wird hinter Ziffer 2 folgender Zusatz eingefügt:

2 a) vom Reiche begebene Schatzwechsel, welche nach spätestens drei Monaten fällig sind und aus denen außer dem Reich noch ein weiterer als zahlungsfähig bekannter Verpflichteter haftet, zu diskontieren, zu kaufen und zu verkaufen.

Der jeweilige Bestand der aufgrund dieser Vorschrift durch Diskontierung oder Kauf erworbenen und der gemäß Ziffer 3g beliehenen Schatzwechsel des Reiches darf zusammen 400 Millionen Reichsmark nicht übersteigen. Er ist in den wöchentlichen Veröffentlichungen (§ 3b Abs. 2) auszuweisen und gilt nicht als Notendeckung im Sinne des § 28."

### 3.3.1. Der Vorschlag von Dalberg

Wollte man sich also der Mithilfe der Reichsbank sicher sein, dann kam es darauf an, einen Weg zu finden, bei dem dem Reichsbankgesetz zumindest formell Genüge getan wurde. Zu diesem Zweck schlug Dalberg vor, das öffentliche Arbeitsbeschaffungsprogramm in der Größenordnung von ca. 1 Milliarde RM mit einer Abwertung der Reichsmark um 25 v.H. zu verbinden, da außer der dadurch geschaffenen größeren Konkurrenzfähigkeit deutscher Produkte auf den internationalen Märkten auch die legale Möglichkeit für eine Geldschöpfung entstände. „Die Loslösung der Währung vom Gold in Verbindung mit einer sich allmählich durchsetzenden Preissteigerung um 10 bis 15% gemäß den obigen Ausführungen schafft für die Reichsbank die Möglichkeit einer entsprechenden Erweiterung der Notenausgabe, die in diesem Fall wegen steigender Umsätze der Wirtschaft im Wege der Diskontierung von Handelswechseln wird erfolgen können.“ Die Möglichkeit zu dieser Geldschöpfung ist dadurch gegeben, daß der Goldwert des gegenwärtigen Geldumlaufs durch die Devalvation der Reichsmark sich erheblich senkt. Der gesamte Geldumlauf beträgt zur Zeit ungefähr 6 Milliarden RM. Bei einer Devalvation von 100 auf 80 würde also eine Kontraktion des Notenumlaufs in Gold gerechnet von mehr als 1 Milliarde RM stattfinden. In diese Lücke kann unbedenklich neues Geld einströmen.[356]

### 3.3.2. Das System der Steuergutscheine

Eine andere interessante Lösung, die im Ausland erhebliche Beachtung fand, fand man auch mit dem System der Steuergutscheine, von denen sich die Regierung von Papen eine starke Belebung der Wirtschaftsaktivität versprach. Knickerbocker nannte diesen Entwurf sogar den genialsten von sämtlichen Plänen zur Bekämpfung der Krise in allen Ländern Europas.[357] Anstelle einer unmittelbaren Steuersenkung, zu der sich die öffentlichen Körperschaften nicht in der Lage fühlten, weil vielfach die öffentlichen Ausgaben noch nicht einmal ordnungsgemäß gedeckt waren, übernahm die Regierung einen Vorschlag von Lautenbach, nach dem den Unternehmen bei Bezahlung bestimmter, besonders produktionshemmender Steuern wie der Umsatzsteuer, der Grundsteuer, Gewerbesteuer und der Beförderungssteuer sog. Steueranrechnungsscheine ausgehändigt wurden, auf die in den Rechnungsjahren 1934 bis 1938 alle Reichssteuern, einschließlich der Zölle und Verbrauchssteuern mit Ausnahme der Einkommensteuer und Körperschaftssteuer, bezahlt werden konnten.[358] Die damit verbundene Haushaltsbelastung in den folgenden Rechnungsjahren glaubte man sich leisten zu können, weil man im Zuge des allgemein erwarteten Konjunkturaufschwungs mit genügend höheren Steuereinnahmen rechnete, die die zusätzliche Belastung überkompensieren würden. Überdies waren die Steuergutscheine zum Börsenhandel zugelassen sowie diskontier- und lombardfähig. Sie konnten also jederzeit veräußert werden und erhöhten somit die Liquidität der Wirtschaftsunternehmen und der Banken. Das Geniale an diesen Steuergutscheinen war, daß man damit eine Konstruktion gefunden hatte, ohne Verletzung des Reichsbankgesetzes die Reichsbank für die Zwecke des Staatskredits im erhöhten Maß heranzuziehen. Denn bei dieser Form der Geldschöpfung — um die handelte es sich zweifellos, weil der Staat nach wie vor Einnahmen in Form von Steuern erhielt, gleichzeitig aber dem Steuerzahler eine Urkunde im gleichen Wert ausgestellt wurde, die er entweder selbst als Zahlungsmittel oder zum Erwerb von Geld verwenden konnte — erfolgte keine Kreditgewährung an das Reich, sondern an den Steuerzahler.[359]

Daß dieses klug ausgedachte Finanzierungsinstrument in der Folge nicht die erwartete Wirkung zeigte, lag zum großen Teil gerade daran, daß die Ausgabe der Steuergutscheine nicht an eine irgendwie geartete erhöhte Betätigung des Gutscheinempfängers geknüpft war. So erwähnte Schiller, daß die Steuergutscheinaktion mehr zu einer Liquidisierung als zu einer Investitionstätigkeit geführt hatte.[360] Oder aber sie wurden in den Geldschrank oder ins Bankdepot gelegt, wo sie für eine Weile dann aufbewahrt blieben.[361]

Ferner wird für den mäßigen Erfolg das mangelnde Zusammenspiel der Kreditbanken untereinander verantwortlich gemacht, wodurch die Banken in ihrer Eigenschaft als Kreditgeber oder Käufer der Gutscheine gehemmt waren. „Waren einzelne Banken auf

Kreditvermehrung eingestellt, so mußten ihre Guthaben bei der Notenbank schnell schwinden, denn ein wesentlicher anderer Teil der Banken, dem in solchem Falle vermehrte Reichsbankguthaben zuflossen, benutzte die Erhöhung seiner Barreserven dann nicht seinerseits zur Kreditausweitung, wobei Reichsbankguthaben an die erstgenannten Banken zurückgeflossen wären, sondern zur Abdeckung seiner Akzeptbankverpflichtungen."[362]

Der ehemalige Reichsfinanzminister der Regierung von Papen, Graf Schwerin-Krosigk, vertritt in einem Brief an Dräger dagegen die Auffassung, daß die Steuergutscheinaktion deshalb nicht zum großen Erfolg wurde, weil die unsichere politische Lage die Unternehmen weitgehend abhielt, im Vertrauen auf die staatliche Zusage ein Risiko einzugehen. „Mir ist das Argument öfters entgegengehalten worden: wer steht uns dafür ein, daß eine Naziregierung die Steuergutscheine ihrer Vorgängerin honoriert."[363]

### 3.3.3. Der Wagemann-Plan

Bei der Aufzählung der verschiedenen Formen der Geldschöpfung darf auch der sogenannte Wagemann-Plan nicht unerwähnt bleiben, zumal da er in den maßgeblichen Kreisen aufs Heftigste diskutiert und attackiert wurde.[364] In diesem Plan, der sich übrigens stark an das angelsächsische Währungssystem anlehnte, schlug Wagemann vor, das sogenannte Konsumentengeld bis zur Höhe von 50 Mark aus der im Bankgesetz vorgesehenen Deckungspflicht herauszunehmen und es durch eine verzinsliche öffentliche Schuld bis zum Betrag von 3 Milliarden zu decken. Die größeren Noten und das Giralgeld, das er unter dem sogenannten Produzentengeld zusammenfaßte, sollten dagegen weiterhin durch Handelswechsel und wegen seiner Verbindung mit dem Ausland durch ein international verwendbares Zahlungsmittel, d.h. durch Gold, gedeckt sein.

Der Clou an der Sache war aber, daß die Anleihen, der sogenannte feste Deckungsblock, durch eine Umwandlung der eingefrorenen Kredite der öffentlichen Hand geschaffen werden sollten. Durch diesen Trick konnte nämlich ein dreifaches Ziel erreicht werden: „Entlastung der öffentlichen Hand von den Fälligkeiten, Entlastung der Banken und Sparkassen von den eingefrorenen Krediten der öffentlichen Wirtschaft und Entlastung der Reichsbank von den Finanzwechseln."[365]

Größte Unterstützung und Zustimmung fand der Wagemannsche Vorschlag durch Kord-Ruwisch, der unter anderem besonders die neuen Deckungsbestimmungen befürwortete, weil sie der Notenbank nach englischem und amerikanischem Vorbild die Möglichkeit zu einer Offenmarktpolitik gaben.[366] Übermächtig war indes die Schar der Gegner[367], in die sich so berühmte Leute wie Lampe[368], Stolper[369] und Hahn[370] eingereiht hatten, und die allesamt den Wagemann-Plan wegen seiner Inflationskreierung ablehnten. Endgültige Ablehnung wurde dem Vorschlag Wagemanns dann anläßlich einer Reichs-Kabinettsitzung am 29. Januar 1932 erteilt. Ohne Zweifel ist dieser ablehnende Bescheid, obwohl sich der Reichsfinanzminister Dr. Dietrich anfänglich positiv dazu geäußert hatte, auf die Tatsache zurückzuführen, daß dieser Plan wegen seines angeblich inflationären Charakters im Ausland, notabene in den Vereinigten Staaten und Frankreich, starke Erregung hervorgerufen hatte, und Brüning seine Verhandlungen über die Beendigung der Reparationszahlungen stark erschwert sah.[371] Vor allem war es der Sekretär des Gläubigerausschusses für die Stillhalteverhandlungen und seines Zeichens der wissenschaftliche Berater der Chase National Bank, B. M. Anderson, der schärfsten Protest gegen den Wagemann-Plan erhob. Seine Stellungnahme in einem Interview lautete: „Was aber den Inhalt der Vorschläge anbelangt, die der Präsident des Statistischen Reichsamtes veröffentlicht hat, so würde ihre praktische Anwendung von den Amerikanern als Signal einer neuen Papiergeldinflation gedeutet werden. Wozu sollte Deutschland in der Tat sein bestehendes Notenbankgesetz von der Basis, die international vereinbart war, willkürlich ändern, wenn nicht, um freie Bahn für ungehemmte Geldemissionen zu schaffen?"[372]

### 3.3.4. Die Finanzierung durch Arbeitsbeschaffungswechsel

Bei der Finanzierung der gewaltigen Arbeitsbeschaffungsprogramme, wie sie ab 1933 von der Regierung Hitler durchgeführt wurden, kam mit dem berühmten, am Ende gar berüchtigten sogenannten Mefo-Wechsel schlußendlich ein Plan zur Anwendung, der sich in seiner Funktionsweise vollständig mit den bisher noch nicht erwähnten Finanzierungsvorschlägen der Reformer deckte. Dabei übernahmen sie als Vorbild eine Konstruktion, die man zum Zweck der Sanierung des deutschen Bankensystems ersonnen hatte und mit deren Hilfe es möglich war, die Reichsbank bei formaler Beachtung des Bankgesetzes zu einer Kreditgewährung im erforderlichen Ausmaß zu bewegen. Die künstliche Wechselschöpfung erfolgte damals auf dem Umweg der Gründung der Akzeptbank AG Berlin (zunächst Akzept- und Garantiebank AG), da durch die Gewährung des Akzeptes dieser Bank das auf die Akzeptbank ziehende Kreditinstitut einen Wechsel bekam, den es bei der Reichsbank diskontieren konnte.[373] Die Möglichkeit des Akzeptes wurde in beträchtlichem Umfang vornehmlich von den Sparkassen, die besonders stark mit Liquiditätsschwierigkeiten zu kämpfen hatten, in Anspruch genommen, so daß sich im Portefeuille der Reichsbank sehr schnell ein Bestand an Wechseln im Werte von fast 1 Milliarde RM angesammelt hatte, die keineswegs den Anforderungen des Handelswechsels entsprachen.[374] Die Finanzierungsvorschläge der Reformer sahen eine ähnliche Zwischenschaltung durch spezielle Banken oder andere Finanzierungsinstitute vor. So sollten nach der Vorstellung des WTB-Plans die auftragvergebenden Stellen von der Reichskredit AG (oder von anderen geeigneten Instituten) einen langfristigen mit niedrigen Zinsen und Amortisationsraten ausgestatteten Kredit gegen Schuldverschreibungen erhalten, zu deren Rediskontierungsmöglichkeit sich die Reichsbank bereit erklärt hatte. Soweit durch die Inanspruchnahme dieser Kredite Baransprüche an die Reichsbank gestellt wurden, waren sie gegebenenfalls mit durch zusätzliche Notenschöpfung zu decken.[375]

Anstelle der Schuldverschreibungen riet eine andere Gruppe der Reformer in ihren Vorschlägen eher zu einer Wechselfinanzierung. Fragt man nach den Hintergründen dieser Empfehlung, so stand dahinter höchstwahrscheinlich die Absicht, die privaten Banken als Käufer dieser Papiere zu gewinnen. Im Gegensatz zu den englischen und amerikanischen Banken waren die deutschen Geschäftsbanken, die mehrheitlich das kurzfristige Kreditgeschäft betrieben, nicht bereit, langfristige Wertpapiere in nennenswerten Beträgen in ihr Portefeuille zu nehmen; durch die turbulenten Ereignisse der Sommermonate des Jahres 1931 wurden sie in dieser Haltung noch bestärkt, als die Reichsbank lombardfähige Wertpapiere nicht mehr beleihen wollte, weil sie die Lombarddarlehen nicht in die Notendeckung einrechnen durfte.[376] Aus dieser Zwangslage heraus kam es dann zu der Entwicklung des Arbeitsbeschaffungswechsels, mit dessen Hilfe in den Folgejahren ab 1933 ein gewaltiges Arbeitsbeschaffungsprogramm finanziert wurde.

Nach den Vorstellungen von Georg Strasser sollte die Finanzierung des nationalsozialistischen Arbeitsbeschaffungsprogramms analog zur Akzept- und Garantiebank durch eine eigens zu diesem Zwecke zu gründende Bau- und Wirtschaftsbank durchgeführt werden.

An die Adresse der Gegner dieser Krediterweiterung richtete er außerdem ebenso wie Dräger[377] den Vorwurf, daß dieselben, die in der Julikrise sogar einer Kreditschöpfung ohne produktiver Unterlage stillschweigend zugestimmt hätten, nun dagegen sein, obwohl jetzt damit produktive Leistungen finanziert werden sollen, und fuhr dann fort: „Ich bin neugierig, wie die Reichsbank die Milliarde illiquider Sparkassenwechsel verdauen wird, die sie, ohne daß das irgendwo steht, gegenwärtig in ihrem Magen hat. Denken Sie an die eingefrorenen Russenkredite, die auf weit über 1 Milliarde berechnet werden und so lange prolongiert werden, bis sie uns auf mehr als 2 Milliarden kommen werden. Was hätte man damit an ewig neue Arbeit zeugender Arbeitsbeschaffung in unserem Sinne leisten können!“[378]

Die Schaffung besonderer Finanzierungsinstitute für die Arbeitsbeschaffungsprojekte schlug auch der Reichswirtschaftsrat in seinem Gutachten vor.[379] Andere Pläne wiederum, wie die von Dräger und Grotkopp[380], dem Kommerzienrat Dr. Deidesheimer[381], oder das sogenannte Sofort-Programm von Reichskanzler Schleicher[382], wollten bestehende Institute wie die Deutsche Gesellschaft für öffentliche Arbeit AG, die Deutsche Bau- und Bodenbank AG wie auch andere zur Finanzierung heranziehen. Dabei hatte diese neben der eigentlichen Finanzierungsaufgabe die Projekte auch noch auf ihre Ertragsfähigkeit zu prüfen und zu überwachen.

Der Vorschlag der „Studiengesellschaft“, vorgelegt in dem Brief vom 10. 8. 1932 an den Reichskanzler von Papen, lehnte sich zum Teil an den Wagemann-Plan an, weil mit der Erweiterung des Geld- und Kreditvolumens die Reichsbank gleichzeitig die Möglichkeit erhielt, die Konjunktur den Erfordernissen nach zu steuern. Im Punkt 5 und 6 des Briefes heißt es dazu: „Die für die Arbeitsbeschaffung notwendigen Kredite werden dadurch zur Verfügung gestellt, daß den für die Sachaufgaben in Frage kommenden Spezialkreditinstituten (seien es bestehende, seien es neu zu schaffende) die entsprechenden Mittel vom Reich zur Verfügung gestellt werden. Das Reich könnte sich diese Mittel z.B. dadurch verschaffen, daß es die entsprechenden Beträge — hier anlehnend an die Vorschläge Wagemanns — von der Reichsbank als sehr niedrigverzinsliche, wenn nicht dauernd zinsfreie Anleihen entnimmt; die Weitergabe der Mittel durch das Reich erfolgt in der Form langfristiger Kredite zu niedrigen Zinssätzen.

Droht eine Übersteigerung der Konjunktur, so hat die Reichsbank neben ihren sonstigen Einwirkungsmöglichkeiten auch das Recht, ganz oder teilweise die Rückzahlung des Dauerkredites aus Steuermitteln zu verlangen.“[383]

Der später unter Hitler zur Ausführung gelangte Plan der Mefo-Wechsel-Finanzierung, der als das eigentliche Herzstück der Hitlerschen Konjunkturpolitik galt, war diesem Muster nachempfunden. Als Träger der Vorfinanzierung diente in diesem Fall die Metallurgische Forschungsgesellschaft GmbH (abgekürzt Mefo), deren Akzeptunterschrift unter den auf sie gezogenen Wechsel vom Reich gegenüber der Reichsbank garantiert war. Den Vorfinanzierungsinstituten gegenüber verpflichtete sich das Reich, die Arbeitsbeschaffungswechsel in den Jahren 1934–1938 einzulösen.[384] Die Reichsbank ihrerseits erklärte sich daraufhin bereit, diese Wechsel jederzeit drei Monate nach dem Ausstellungsdatum zum Diskont anzunehmen. Diese Papiere konnten aber auch jederzeit, wenn die Unternehmer bares Geld benötigten, bei Geschäftsbanken zum

Diskont gegeben werden. Diese hatten mit dem Ankauf der Wechsel kein Risiko, weil sie jederzeit infolge der Reichsbankdiskontfähigkeit zu barem Gelde gemacht werden konnten. Die Mefo-Wechsel traten somit vielfach an die Stelle barer Kassenbestände und mobilisierten auf diese Weise umfangreiche Beträge für die Arbeitsbeschaffung, die ansonsten brach gelegen hätten.[385]

Aus der Tatsache heraus, daß diese Vorfinanzierung ihre letzte Quelle im Zentralnotenbankkredit findet, wird in diesem Zusammenhang wie auch aus dem Gesichtspunkt der damit verbundenen Zinsbelastung oft die Frage aufgeworfen, warum man sich dann nicht gleich zur Ausgabe von Staatspapiergeld entschlossen hat. Schacht selber führt dazu folgende Begründung an: „Die gesetzliche Strenge der Wechselunterschrift sollte dem Reich die Verpflichtung zur rechtzeitigen Rückzahlung besonders fühlbar machen. Eine Wechselklage der Reichsbank gegen die Mefo-GmbH bei evtl. Nichtzahlung war für das Reich nicht tragbar. Das Reich mußte also, da es die Mefo-Unterschrift garantiert hatte, für die Rückzahlung Sorge treffen."[386]

Nach Meinung von Schiller war dagegen der Gesichtspunkt ausschlaggebend, daß mit einer Wechselfinanzierung die Reichsbank die Möglichkeit zur Lenkung und Begrenzung der zusätzlich geschaffenen Kreditmenge behielt. Im Gegensatz zu der gewählten Finanzierungsmethode, bei der die liquiden überschüssigen Kassenbestände aus der bloß finanziellen Zirkulationssphäre der Investitionsverwendung zugeführt wurden, blieben nämlich im Falle einer Ausgabe von Staatspapiergeld die liquiden Kassen- und Geldmarktbestände in ihrer Verwendung frei. Ihre Existenz barg somit ständig die Gefahr einer inflationistischen Überinvestition, wenn sie sich im Zuge des allgemeinen Konjunkturaufschwungs zu dem Strom der geschöpften Mittel addiert.[387]

Vergleicht man nun die Mefo-Wechsel-Finanzierung mit den vorstehend genannten Plänen der Reformer, dann muß man sagen, daß von der gerühmten Genialität des Schachtschen Plans nicht viel übrig bleibt. Schacht konnte, als er in seiner Eigenschaft als Leiter der Reichsbank Hitler seine volle Unterstützung bei der Durchführung der Arbeitsprogramme zusicherte, auf ein fertiges Finanzierungsmuster zurückgreifen. Sein Verdienst bleibt hingegen, daß er dazu den Mut aufbrachte.

## 3.4. Geldschöpfung und Inflation

Die Reformer hatten somit — unserer Meinung nach in überzeugender Argumentation — klar dargelegt, daß ein öffentliches Arbeitsbeschaffungsprogramm nur dann seine Wirksamkeit vollends entfalten konnte, wenn die Finanzierung unter Mitwirkung der Reichsbank durch eine staatliche Geldschöpfung erfolgte. Ihre Empfehlungen blieben aber nicht nur darauf beschränkt. Vielmehr wiesen sie darüber hinaus mit ihrem Vorschlag der Zwischenschaltung eines speziellen Finanzierungsinstitutes noch den Weg, wie der Reichsbank bei Beachtung der geltenden Bestimmungen des Reichsbankgesetzes diese Mitwirkung ermöglicht werden konnte. Daß die von ihnen dargebotene Lösung tatsächlich auch realisierbar war, bewies dann später die von Schacht initiierte Finanzierung über den Mefo-Wechsel, der nichts anderes als eine Kopie des früher vorgeschlagenen Arbeitsbeschaffungswechsels war. Man sollte daher meinen, daß nun nichts mehr im Wege gestanden hätte, das die Reichsregierung und die Reichsbank davon abhalten konnte, so schnell wie möglich mit einem großzügigen Arbeitsbeschaffungsprogramm zu beginnen.

Dem stand jedoch ein Trauma entgegen, das die Deutschen seit den bitteren Erfahrungen zu Beginn der 20er Jahre verfolgte, die Angst vor einer neuen Inflation. Die Erinnerung an diese, erst sieben Jahre zurückliegende vollständige Entwertung der Währung — Ende 1923 war schließlich 1 US-Dollar ganze 4,2 Billionen RM wert; an manchen Börsen lag die Notierung sogar noch darüber — lebte im Bewußtsein des deutschen Volkes noch ungebrochen weiter und wirkte in der Zeit der Wirtschaftskrise als schwere Hypothek bei der Suche nach der richtigen wirtschaftspolitischen Entscheidung zur Überwindung der Depression.[388] Im politischen Bereich diente sie nur zu oft als Basis politischer Demagogie, indem man denjenigen, der sich positiv zu einer aktiven Konjunkturpolitik auf der Grundlage staatlicher Geld- und Kreditschöpfung äußerte, als Inflationisten bezeichnete, was damals leicht das politische Todesurteil bedeuten konnte. Bei dem Bemühen um eine ausgewogene Beurteilung der Brüningschen Politik, insbesondere seiner Wirtschaftspolitik und der damit aufs engste verbundenen Reparationspolitik, darf diese Tatsache nicht unberücksichtigt bleiben, da ihr bei der politischen Entscheidung ein beträchtlicher Stellenwert zukommt. Eine Unterstützung findet die hier vertretene Meinung in einer Untersuchung über die wechselseitige Beeinflussung von Arbeitsbeschaffungs- und Reparationspolitik Brünings, die von H. Köhler durchgeführt wurde. Und ebenso heißt es bei Czada: „So müssen z.B. die krisenverschärfende Parallelpolitik Brünings und die Widerstände gegen eine Währungsabwertung in der Weltwirtschaftskrise ebenso wie die Währungsverfassung und -politik der Bundesrepublik unter dem nicht zu unterschätzenden Einfluß eines weitverbreiteten ‚Inflationstraumas' gesehen werden."[389]

Die Ausstrahlung aus dieser erwähnten inflationären Epoche wirkte auch belastend in den akademischen Bereich hinein und hemmte dort eine vernünftige und sachliche Auseinandersetzung über den Einsatz der Geldpolitik zum Zwecke der Konjunktursteuerung. Die Positionen waren in diesem Streit klar abgesteckt, und jede Gruppe führte zur Verteidigung ihrer Position stereotyp die gleichen Argumente an.

Für die Gegner der öffentlichen Arbeitsbeschaffung bargen alle derartigen Pläne nur den Kern einer neuen Inflation und waren daher von Grund aus abzulehnen. Dabei herrschte aber keineswegs Einigkeit darüber, was unter Inflation eigentlich zu verstehen sei und inwieweit die Arbeitsbeschaffungspläne dazu beitrügen. Für einen Teil der Gruppe, zu der auch der Reichsbankpräsident Hans Luther zuzuzählen ist, reichte allein schon die Schaffung zusätzlicher Banknoten aus, daß sie den Tatbestand der Inflation erfüllt sahen. Diese irrtümliche Gleichsetzung von Geldschöpfung und Inflation kann beispielhaft anhand von Auszügen einer Rede Luthers veranschaulicht werden, die er am 8. März 1932 vor dem Verein Berliner Kaufleute und Industrieller gehalten hat. Darin steht unter anderem: „Die Wirtschaft hat ihre inneren Gesetzmäßigkeiten: sie schafft die Aufträge, sie schafft das reale Leben, und die Aufgabe der Währung ist, grundsätzlich gesehen, lediglich, der Wirtschaft im Umfange des Vorliegens von Aufträgen, die natürlich nicht künstlich entstanden sind, die erforderlichen Kredite und damit auch die erforderlichen Zahlungsmittel zur Verfügung zu stellen. Das grundsätzliche Abweichen von diesem Gedanken vollzieht sich nie in dem Sinne, daß die Notenbank künstlich zu wenig Zahlungsmittel gäbe — darauf komme ich nachher zu sprechen —, sondern das vollzieht sich immer in dem Sinne, daß die Notenbank zuviel Zahlungsmittel gibt, zuviel Kredit gibt, und das eben ist Inflation. Jeder Vorgang dieser Art ist Inflation, und wir Deutschen wissen doch wahrhaftig aus eigenem Erleben, was für ein Schrecken am Ende dieser Dinge steht!"[390] Ebenso schrieb Stolper lapidar über den Plan der Gewerkschaften:

„Diese Kreditausweitung aber ist, so sehr auch ihre Anhänger dies zu bestreiten suchen, nichts anderes als Inflation.“[391]

Die andere Gruppe wiederum sah die Gefährdung des Preisniveaus dadurch gegeben, daß die durch die Arbeitsbeschaffungsaktion neu geschaffene Nachfrage nach Waren nicht übereinstimme mit der durch die Aktion in Gang gesetzten zusätzlichen Gütererzeugung.[392] In diesem Sinne schrieb auch Erhard in seiner Kritik an dem Gereke-Plan: „Kaufkraftschöpfung zum Zwecke der Arbeitsbeschaffung bedeutet zugleich Erzeugung zusätzlicher Nachfrage auf dem Markte der genußreifen Konsumgüter, der durch dieses Programm keinerlei mengenmäßige Ausweitung erfahren hat. Damit aber erfüllt sich dem Wesen nach der Tatbestand der Inflation.“[393]

Wie schon in all den anderen Fällen, empfing auch diese Argumentation ihre letzte Erkenntnis von der klassischen Lehre. Vor allem diente ihr dabei als theoretischer Unterbau die erwähnte Quantitätstheorie, die in ihrer naiven Form behauptete, daß eine autonome Erhöhung der Geldmenge unweigerlich eine Erhöhung des Preisniveaus zur Folge haben müsse. Die politischen Implikationen dieser vorkeynesianischen Quantitätstheorie waren einfach und lähmend. Mit einer Erhöhung der Geldmenge konnte niemals, auch in Zeiten hoher Arbeitslosigkeit, ein längerfristiger Nutzen für die Wirtschaft erreicht werden.

Die Reformer hingegen bezweifelten, ob diese Quantitätstheorie eine brauchbare Unterlage für eine auf bestimmte wirtschaftspolitische Zielvorstellungen ausgerichtete Kreditpolitik der Notenbank war. Zwar ließen sich Beispiele finden, die auf ihre Richtigkeit hinwiesen — als Musterbeispiele seien die europäische Geldentwertung genannt, als der Zufluß von Edelmetallen aus der Neuen Welt einsetzte, oder die Geldentwertung, die 1914 mit dem Ausbruch des Krieges einsetzte —, andererseits gab es aber ebenso viele Beispiele, die diese Schlußfolgerung nicht zuließen. Man denke nur an die Zeit von 1924–29 in den Vereinigten Staaten von Amerika, wo die bislang stärkste wirtschaftliche Aufschwungsphase nicht oder nur von einer ganz geringen Erhöhung des Preisniveaus begleitet war.[394]

Die Ursache dafür, daß sich der von der Quantitätstheorie aufgestellte Zusammenhang von Geld- und Preisbewegung nicht in allen genannten Fällen herstellen ließ, lag nach Meinung von Herrmann in der Tatsache begründet, daß diese irrtümlicherweise glaube, das Geld jeweils nach seiner Zahlungsmittel- und Wertaufbewahrungsmittelfunktion trennen zu können, und dadurch als Essenz die Zahlungsmittelmenge als ‚eigentliche Geldmenge‘ herauszudestillieren. Dies sei aber eine Fiktion. Bestenfalls sei noch gedanklich eine Aufgliederung der Geldmenge nach ihrer jeweiligen Zweckbestimmung möglich, praktisch sei dies aber undurchführbar, weil Gelder, die ursprünglich zur Vermögensbildung angesammelt wurden, jederzeit als Zahlungsmittel verausgabt werden können, wie auch umgekehrt ursprünglich als Zahlungsmittel zirkulierende Gelder jederzeit zur Wertaufbewahrung verwendet werden können.

Stimmt man dieser These Herrmanns zu, daß alle Wirtschaftssubjekte in der Verwendung der ihnen zur Verfügung stehenden Gelder völlig frei sind, dann ergibt sich aber folgende Schlußfolgerung: „Nicht die Menge der Zahlungsmittel, sondern ihre Verwendung ist somit entscheidend für die Nachfrage am Warenmarkt und damit für den an den Warenpreisen sich messenden Geldwert.“[395]

Folgt daraus die Erkenntnis, daß anhand einer Geldmengenveränderung nur dann eine Aussage über die Auswirkung auf den Geldwert möglich ist, wenn auch die entsprechende Verteilung bekannt ist, dann wird sogar dieser Versuch zu einem hoffnungslosen

Unterfangen, wenn man ein elastisches Warenangebot annimmt. Nach Herrmann muß aber jede Diskussion über die Aussagefähigkeit der Quantitätstheorie von dieser Annahme realistischerweise ausgehen. So unterhalte jeder Unternehmer Vorratsläger, die ja gerade zum Zwecke der Ausbalancierung der verschiedenen Marktschwankungen angelegt würden. Mit dem Übergang zu kapitalistischen Produktionsmethoden, vor allem der intensiven Verwendung von Maschinen, seien die Unternehmer aber nun erst recht in der Lage, ihr Angebot an Gütern laufend den Markterfordernissen anzupassen. Im Gegensatz zur Produktionsweise des 19. Jahrhunderts, die nur eine sehr beschränkte Variierung der Erzeugermengen zuließ, dürfe das Warenangebot infolge der kapitalintensiven Produktionsweise von heute nicht als konstant angesehen werden, sondern als eine Funktion der Ausnutzung der vorhandenen menschlichen und motorischen Arbeitskräfte.[396]

Die zentrale These der Quantitätstheorie und die daraus abgeleiteten kreditpolitischen Empfehlungen an die Notenbanken sind nach Meinung von Herrmann unter den erwähnten Voraussetzungen dann nicht mehr haltbar. Das wirtschaftliche Gleichgewicht wird dann nämlich keineswegs durch Konstanthalten der Geldmenge gewährleistet, sondern die für die Geldversorgung verantwortlichen Stellen haben im Gegenteil sogar die Pflicht, die Geldmenge und ihre Verwendung elastisch den jeweiligen Produktionskapazitäten anzupassen.[397]

Ferner wird ersichtlich, daß die Behauptung, die Geldschöpfung führe automatisch zu einer Gefährdung des Preisniveaus, in der Form nicht aufrecht erhalten werden kann. Solange nämlich die zusätzliche Nachfrage dank der Elastizität des Warenangebots in relativ kurzer Zeit befriedigt werden kann, wird ein inflationärer Anstieg des Preisniveaus ausgeschlossen bleiben müssen.

Betrachtet man vor diesem Hintergrund den Streit um den angeblich inflationären Charakter der vorgeschlagenen Finanzierung, dann muß man für die uns interessierende Zeitepoche von 1930–1933 den Argumenten der Gegner einer Kreditschöpfung jede Stichhaltigkeit absprechen. Möglicherweise wäre das Preisniveau ab einer gewissen Größenordnung geringfügig angestiegen, aber zu keinem Zeitpunkt ist es vorstellbar, daß es durch das aktive Eingreifen der Reichsbank zu einer wirklichen Gefährdung gekommen wäre. Zum Beweis sei auf die zu Beginn der Krise günstige Vorratslage verwiesen, deren Höhe Wagemann wie folgt beziffert:[398]

| | |
|---|---|
| Ende 1923 | 14,9 Milliarden RM (nach Preisen von Ende 1925) |
| Ende 1924 | 21,0 Milliarden RM (nach Preisen von Ende 1925) |
| Ende 1925 | 23,8 Milliarden RM (nach Preisen von Ende 1925) |
| Ende 1926 | 23,8 Milliarden RM (nach Preisen von Ende 1925) |
| Ende 1927 | 25,4 Milliarden RM (nach Preisen von Ende 1925) |
| Ende 1928 | 27,7 Milliarden RM (nach Preisen von Ende 1925) |
| Ende 1929 | 28,2 Milliarden RM (nach Preisen von Ende 1925) |
| Ende 1930 | 27,5 Milliarden RM (nach Preisen von Ende 1925) |
| Ende 1931 | 25,4 Milliarden RM (nach Preisen von Ende 1925) |

In seiner Erläuterung erklärt er dazu, daß eine Absatzsteigerung von mindestens 3 Milliarden RM benötigt werde, um die Industrie zu einer Ausdehnung ihrer Produktion zu veranlassen. „Das läßt sich daran ermessen, daß ein Warenbestand von rd. 15 Milliarden RM, wie er Ende 1923 bestand, als Mangel empfunden wurde. Die Warenvorräte mußten im Laufe des Jahres 1924 um mehrere Milliarden erhöht werden, damit sich der Verteilungsprozeß reibungslos vollziehen konnte. Jetzt aber bedürfte es umgekehrt einer

Senkung um mehrere Milliarden, damit der Verteilungsapparat so weit entlastet wäre, daß er zur Auffüllung seiner Läger angetrieben würde."[399]

Aber auch zu Beginn des Jahres 1933 mußte die Gefahr einer Inflation unwahrscheinlich erscheinen, obwohl die Warenvorräte, wie man Lampe zustimmen muß, gering waren.[400] Seine Sorge galt dabei vor allem einem möglichen Preisanstieg für Nahrungsmittel, da er befürchtete, daß die Bauern wie zur Zeit der großen Inflation ihr Angebot vom Markt zurückhalten könnten. Gegen diese Bedenken wandten die Reformer aber ein, daß nach den drei zurückliegenden Rezessionsjahren sowohl im Produktionsgüter- wie auch im Konsumgütersektor ein dermaßen großes Angebot an freistehenden Kapazitäten vorhanden sei, daß in kürzester Zeit das zusätzliche Kaufkraftvolumen durch ein entsprechendes Güterangebot absorbiert werden konnte. Dräger fügte dem noch hinzu, daß man sogar mit einer sinkenden Preistendenz rechnen könne, da aufgrund der besseren Ausnutzung des Produktionspotentials eine günstigere Verteilung der Fixkosten erreicht würde.[401]

Ebenso unberechtigt waren nach Meinung von Kord-Ruwisch die Befürchtungen über eine Verteuerung der Nahrungsmittel. Das Jahr 1932 war für die Landwirtschaft ein gutes Jahr gewesen, so daß man infolge der guten Ernte über reichliche Vorräte verfügen konnte. Außerdem gab er noch zu bedenken, daß von der neu geschaffenen Lohnsumme nur ein geringer Betrag zusätzlich für Nahrungsmittel aufgewendet würde. Vielmehr sei zu erwarten, daß die Löhne sich vornehmlich Stufen der Bedürfnisbefriedigung zuwenden, wo die stärksten Einschränkungen vorgenommen werden mußten, also beispielsweise bei Kleidern und Haushaltsgegenständen. Zum anderen müsse man von dem Betrag, der erfahrungsgemäß für die Ernährung ausgegeben werde, noch den Teil abziehen, der von den betreffenden Lohnempfängern für Ernährungsausgaben aufgewendet worden wäre, wenn sie, statt Arbeit zu bekommen, weiter unterstützte Erwerbslose geblieben wären. Bei einer Lohnsumme von 1 Milliarde Reichsmark berechne sich dann die zusätzliche Ausgabe für Nahrungsmittel auf 200 Millionen RM.[402]

Der Wert des Inflationsarguments verliert indessen vollends seine Bedeutung, wenn man in Betracht zieht, daß die effektive Ausweitung der Geldmenge beträchtlich geringer ist als die eigentliche Auftragssumme. Bei einer realen Kostenberechnung darf nämlich nicht die Tatsache unberücksichtigt bleiben, daß ein Teil der Aufwendungen durch die Einsparung an Arbeitslosenunterstützungsgeldern und aus den Mehrerträgen aus Steuern und Soziallasten bestritten werden kann. Nach den Vorstellungen der NSDAP bräuchten diese Gelder nach Durchführung der Arbeiten nicht zurückgefordert werden, da sie ebenso verloren waren, wenn die Arbeitsbeschaffung nicht durchgeführt wurde.[403] Längerfristig wären dazu noch die Amortisationszahlungen, die sich aus den geschaffenen Anlagen heraus oder durch den Verkauf ergeben, hinzuzurechnen.[404] Nach Berechnung des WTB-Plans belief sich die eingesparte Summe bei einem Auftragsvolumen von 2 Milliarden RM auf 800 Millionen RM (600 Millionen eingesparte Arbeitslosenunterstützung und 200 Millionen Mehrertrag an Steuern), so daß demnach der zusätzliche Aufwand höchstens 1200 Millionen RM betrage. Die eigentliche Notenvermehrung läge sogar darunter, da bei diesem vergrößerten Kreditvolumen der für den Zirkulationsprozeß erforderliche Zuwachs an Zahlungsmittel weit geringer sei.[405]

In den anderen Programmen wurde der durch Kreditschöpfung zu finanzierende Teil der gesamten Auftragssumme noch tiefer bemessen. Dräger schätzte ihn bei Gesamtkosten in Höhe von 2 Milliarden RM auf 500 Millionen RM, die als dauernde Erweiterung des Kreditvolumens verblieben. Zu dem gleichen Ergebnis kam auch das von Strasser vorgelegte Arbeitsprogramm, das bei einer kleinen Mitbeteiligung der durch die Arbeitsbeschaffung Begünstigten die erforderliche Summe auf 20–30 v. H. der Gesamtkosten berechnete.[406]

Der Vorwurf einer Gefährdung des inländischen Preisniveaus darf aufgrund der genannten Argumente als entkräftigt gelten. Lediglich dem Einwand, daß ein Arbeitsbeschaffungsprogramm dieses Ausmaßes zu einer Verschlechterung der Handels- und Zahlungsbilanz und damit zur Aufhebung der Währungsstabilität führe, ist eine gewisse Berechtigung nicht abzusprechen. Insbesondere da es sich um eine Einzelkonjunktur handelte, konnte eine überhöhte Nachfrage nach Importwaren die Handelsbilanz schnell wieder passiv werden lassen. Bei den geringen Goldbeständen wäre dann vermutlich der Außenwert der Währung nicht mehr zu halten gewesen. Hier lag also quasi die Achillesferse des Programms. Die Reformer erkannten indessen das Problem in seiner ganzen Tragweite. Dementsprechend heißt es unter Punkt 8 in dem an von Papen gerichteten Schreiben: „Die Devisenzwangswirtschaft ist beizubehalten. Die Devisenzuteilung für Einfuhren hat derart zu erfolgen, daß die zur Konjunkturankurbelung erforderliche Einfuhr sichergestellt wird."[407] Zusätzlich wurde für die Einführung eines Systems von Berechtigungsscheinen plädiert. Diese Scheine, die ein Exporteur jeweils in Höhe der ausgeführten Güte erhielt, berechtigten diesen zur Bezahlung der Einfuhr oder für andere Finanzzwecke dieser Art.

Einen radikaleren Weg erwägte von Mickwitz, der in seiner Begründung zum Ladendorf-Plan den Übergang zum internationalen Naturaltausch erörterte. „Grundprinzip dieser Außenhandelspolitik müßte der Grundsatz sein, möglichst viel Warenimporte durch direkte Ausfuhr unter Umgehung der Geldrechnung zu begleichen."[408] Auch die nationalsozialistischen Richtlinien zur Außenhandelspolitik zielten etwa in die gleiche Richtung. Danach sollten bei dem erforderlichen Rohstoffbezug vor allem die Staaten bevorzugt werden, die ihrerseits zur Abnahme deutscher Waren bereit waren.[409] Berücksichtigt man außerdem noch den Charakter der Arbeitsbeschaffungsprogramme, dann erscheint aus dieser Sicht eine Gefährdung der Handelsbilanz noch kleiner. Viele Projekte waren nämlich gerade dazu angelegt, die Abhängigkeit vom Ausland zu verringern. Was die Erweiterung der Nahrungsmittelbasis betrifft, so sei an die landwirtschaftlichen Meliorationen und die Gewinnung von Neuland erinnert, ferner betreffs der Rohstoffabhängigkeit an die von Prechtl vorgeschlagenen Projekte zur Kohleverflüssigung und der Benzin-Synthese.

Die sich an die Wirtschaftskrise anschließenden Ereignisse haben den Reformern recht gegeben. Bis zum Zeitpunkt, wo Hitler mit den großen Rüstungsprogrammen anfing, blieb die Preisniveaustabilität gesichert. Es bewahrheitete sich also die Richtigkeit des Satzes, daß das Bilanzvolumen ohne inflatorische Wirkungen erweiterungsfähig ist, als die im Wege der Kreditgewährung zusätzlich zum Einsatz gebrachte Kaufkraft noch produktive Kräfte in den Leistungsaustausch einzugliedern oder einer wirtschaftlichen Verwendung zuzuführen vermag.[410] Wie vorausgesagt war auch die Zunahme der Geldmenge auffallend gering. Nach Überwindung der anfänglichen Nervosität ob des neuen Papiers bedienten sich die Unternehmer und Lieferanten bei Zahlungvorgängen in einem erheblichen Umfang des Mefo-Wechsels.[411] Es bestätigte sich also die These, daß Liquidität eine Eigenschaft ist, die verliehen werden kann.

# IV. Die Arbeitsbeschaffungsprogramme

Für eine systematische Einordnung der verschiedenen Vorschläge zu einem Arbeitsprogramm, die von seiten der Reformer gemacht wurden, bietet sich eine Klassifizierung nach ordnungspolitischen Gesichtspunkten an. Denn obwohl alle Vorschläge in einem Punkt, nämlich in der Ablehnung der offiziellen Deflationspolitik, die gleiche Haltung einnahmen, lassen sich Unterschiede in bezug auf den Sachbereich, der Eingriffsintensität, der Zielrichtung und der Ordnungsrelevanz[412] der Programme herausschälen. Am deutlichsten werden die divergierenden Auffassungen in der Frage nach der Stärke des staatlichen Eingriffes sichtbar. So sollte sich in einigen Programmen, die aber die Minderheit darstellen, der Eingriff des Staates in der Hauptsache auf eine Beeinflussung des Marktes beschränken, und nur im geringen Maße sollte er selbst am Markt intervenieren. Ihre Verfasser hielten zumeist an der liberalen Auffassung fest, daß die Marktkräfte selbständig den Wirtschaftsaufschwung einleiten müßten und dazu grundsätzlich auch unter den gegenwärtigen Gegebenheiten fähig seien. Der Staat sollte diesen Kräften durch eine Veränderung der ökonomischen Rahmenbedingungen lediglich eine Unterstützung zuteil werden lassen und dadurch den Prozeß beschleunigen helfen.

Die überwiegende Mehrheit der Reformer beurteilte die Schwere der Krise pessimistischer. So wie sich das konjunkturelle Bild 1932 in Deutschland und auf den internationalen Märkten darstellte, waren ihrer Meinung nach Maßnahmen, die sich lediglich auf die Schaffung von Rentabilitätsaussichten beschränkten, völlig unzureichend, um die Unternehmer zu vermehrter Produktionsaufnahme und zur Durchführung von Investitionen zu bewegen. Dies sei nur noch zu erwarten, wenn der Staat direkt am Markt interveniere und als Auftraggeber für Infrastrukturarbeiten selbst in Erscheinung trete. Dabei nahmen die Reformer, obgleich allein schon die Milderung des Elends der Arbeitslosen Rechtfertigung genug für die Realisierung öffentlicher Investitionen gewesen wäre, den Einwand der möglichen Fehlleitung von Produktionskräften sehr ernst. Deshalb sollten im Rahmen des öffentlichen Investitionsprogramms solche Arbeiten bevorzugt werden, die durch krisenbedingte Einsparungen nicht wie geplant in Angriff genommen waren.[413] Ferner sollte es sich um Arbeiten handeln, die aus volkswirtschaftlicher Sicht produktiv waren oder Entwicklungen einleiteten, die der privaten Wirtschaft die Grundlagen gaben, „später auch ihrerseits, nun aber unter Wahrung strenger Rentabilitätsgesichtspunkte zu investieren".[414]

In Erinnerung gerufen sei auch noch einmal die eingangs erwähnte Zielsetzung, die mit diesem wirtschaftspolitischen Eingriff verfolgt wurde. Neben dem Willen, die bestehenden gesellschaftlichen Strukturen zu erhalten, sollten diese Maßnahmen vor allem dazu beitragen, die marktwirtschaftlichen Strukturen aufrechtzuerhalten bzw. wieder funktionsfähig zu machen. Der staatliche Eingriff mußte also marktkonform erfolgen, und die private Autonomie der Unternehmer hatte weiterhin unter allen Umständen gewährleistet zu bleiben.

Das war eine klare Absage an eine Planwirtschaft und zugleich eine genaue Umschreibung, wie weit die wirtschaftspolitischen Maßnahmen gehen durften. Die Fundamente und Gesetze der Marktwirtschaft sollten unangetastet bleiben und nicht durch eine planende Hand ersetzt werden, die sich über die Gesetze der Marktwirtschaft hinwegsetzt und die Wirtschaft in eine Verwaltungs- und Zwangsjacke einschnürt.[415] „Also nicht Planwirtschaft — aber Einbau eines planwirtschaftlichen Sektors zur Krisenhinderung!"[416]

# 1. Die Programme der indirekten Arbeitsbeschaffung

In der Kategorie der indirekten Arbeitsbeschaffungsprogramme sind in der Hauptsache nur zwei Programme zu nennen: das Devalvationsprogramm von Dalberg und das Regierungsprogramm des Reichskanzlers von Papen. In beiden Programmen sind zwar jeweils auch direkt wirkende staatliche Maßnahmen vorgesehen, den Schwerpunkt bilden aber nichtsdestoweniger die indirekt wirkenden Eingriffe, so daß eine Einordnung an dieser Stelle gerechtfertigt erscheint.

## 1.1. Das Programm der Devalvation

Das Dalbergsche Devalvationsprogramm, das erstmalig am 11. Dezember 1931 in der Zeitschrift „Der deutsche Oekonomist"[417] vorgestellt wurde, vertrat in seiner zentralen These die Auffassung, daß das Grundübel des sich kumulierenden Schrumpfungsprozesses mit der abwechselnden Folge der Senkung von Löhnen und Gehältern und im Anschluß daran der Preise in der allerorten betriebenen Deflationspolitik liege.[418] Auf die Dauer würde damit nur der letzte noch verbliebene Wille zur unternehmerischen Betätigung getötet, da jede Kaufkraftsteigerung des Goldes denjenigen bestrafe, der mit geborgtem Geld wirtschaften wolle, und denjenigen belohne, der sich auf den Bezug von Renten beschränke.[419]

Andere Länder hatten diese verhängnisvolle Auswirkung schon früher erkannt und die entsprechenden Konsequenzen gezogen. So hatte England am 21. September 1931 die Goldeinlösung seiner Noten eingestellt und das Pfund abgewertet. Die meisten der zum britischen Imperium gehörenden Länder und viele andere wichtige Handelspartner Deutschlands wie Dänemark, Finnland, Norwegen, Portugal und Schweden hatten sich daraufhin dem englischen Schritt angeschlossen und ebenfalls ihre Währung einer Abwertung unterzogen. Diesem Beispiel zu folgen und ebenso die Reichsmark um 25 v. H. abzuwerten, lautete die Empfehlung, die die Verfasser dieses Programms zur Bewältigung der deutschen Schwierigkeiten gaben. In diesem Sinne hieß es in ihrer zentralen These: „Die heute bestehenden Krankheitserscheinungen der Wirtschaft können nur durch entschlossene Re-Deflation bekämpft werden, die in Form einer schlagartig von heute auf morgen vorzunehmenden Herabsetzung des Wechselkurses der Reichsmark unter Lösung der Verbindung zum Golde erfolgen muß."[420]

Von dieser punktuellen, nur einen Teilbereich der Wirtschaft begünstigenden Maßnahme erwarteten sie die gleiche flächenmäßige Ausstrahlung, die ein Steinwurf ins Wasser bewirkt. Als erste Reaktion werde es zu einem Beschäftigungsanstieg in der Exportwirtschaft kommen, da sich aufgrund der verbesserten Exportmöglichkeiten die Unternehmer im vermehrten Maße der Produktion von Exportwaren zuwenden und sich somit zu einer Neueinstellung von Arbeitskräften entschließen werden. Im Anschluß daran würde aber ein gesamtwirtschaftlicher Aufschwung eingeleitet, da sich infolge des Anstiegs der Gesamtkaufkraft der Bevölkerung die wirtschaftliche Belebung wellenartig auf die anderen Wirtschaftsgebiete übertrage.[421] Dies hätte auch positive Wirkungen auf die staatlichen Einnahmen, die parallel mit der Erhöhung der ihnen zugrunde liegenden Umsätze und Einnahmen der Wirtschaft zunehmen würden.[422] Ferner brächte diese Maßnahme eine Entlastung für die auf Reichsmark lautenden Schuldverpflichtungen, die entsprechend dem Ansteigen des Preisniveaus sinken würden. Damit waren neben den inneren Geldschulden vor allem die im Young-Plan festgelegten Reparationszahlungen gemeint, die in einheimischer Währung beglichen werden sollten. Dazu ist aber zu sagen, daß für diese augenblicklich ein Moratorium bestand, so daß der Schritt einer Abwertung zu dem Zeitpunkt keine echte Erleichterung bedeutet hätte.[423]

Demgegenüber standen aber die nachteiligen Auswirkungen auf die in Goldmark festgesetzten Schulden oder die aufgenommenen Valutakredite, deren Last automatisch in Höhe des Abwertungssatzes zunahm. Zur Vermeidung dieser Belastung sah der Plan deshalb vor, daß die bis zu einem Jahr fälligen Zinsen nur in nomineller Währung verlangt werden könnten und für die Kapitalrückzahlung in Höhe der abwertungsbedingten Zunahme der Schuld ein Moratorium eintreten müßte. Eine endgültige, befriedigende Lösung müßte dann nach dieser Jahresfrist im Zuge neuer Verhandlungen gefunden werden.[424]

Flankierende Maßnahmen sollten dazu beitragen, daß die an die Abwertung geknüpften Erwartungen sich auch erfüllten. Die wichtigste davon war die Forderung nach einer Senkung des Diskonts und des Zinssatzes. Nach Meinung der Verfasser hatte die Hochzinspolitik jeglichen Sinn verloren, da in einer Vertrauenskrise kein noch so hoher Zinssatz es vermöge, den Abzug ausländischer Kapitalien aus Deutschland aufzuhalten oder gar zu einem deutschen Engagement zu bewegen. Als Kostenfaktor wirke sie sich aber hemmend auf die Investitionsbereitschaft aus und halte überdies noch die Preise hoch.[425]

Die Verfasser waren sich indessen der Wirkung all dieser indirekten wirtschaftspolitischen Eingriffe nicht hundertprozentig sicher. Deshalb empfahlen sie zu ihrer Abstützung ein direkt wirkendes Arbeitsbeschaffungsprogramm in der Größenordnung von 1 Milliarde RM, das vornehmlich öffentliche Großarbeiten umfassen sollte. Die Mittel waren auf dem Wege der Geldabschöpfung unmittelbar von der Reichsbank zur Verfügung zu stellen. Die Möglichkeit dazu war in diesem Fall ohne Verletzung des Notenbankgesetzes gegeben, da sich der Goldwert des Geldumlaufes durch die Abwertung der Reichsmark gesenkt hatte.[426]

## 1.2. Das Arbeitsbeschaffungsprogramm des Reichskanzlers von Papen

Das zweite Programm, das in die Reihe der mittelbaren Arbeitsbeschaffung einzuordnen wäre, ist das unter dem Reichskanzler von Papen am 5. September 1932 erlassene Krisenprogramm zur Belebung der Wirtschaft.[427] Seine geistige Urheberschaft ist ungeklärt. Nach Aussage von Grotkopp entstand der Plan in Aussprachen der Reichsbank sowie der Ministerien für Wirtschaft und Finanzen unter Mitwirkung von Vertretern der Bankwelt und der Industrie.[428] Kroll wendet dieser Meinung gegenüber zweifelnd ein, daß Gremien dieser Art sich in der Regel nicht als leistungsfähig erweisen, wenn nicht einige wenige Initiatoren zunächst brauchbare Diskussionsgrundlagen liefern. Nach seiner Ansicht trägt der Papen-Plan unverkennbar die Handschrift von Lautenbach und Wagemann; auch Anregungen von Hanns-Joachim Rüstow seien in ihm verwirklicht.[429]

In seiner geistigen Grundhaltung stand der Papen-Plan dem liberalen Denken der „Klassik" sehr nahe. Nach Lampe ging er von einem offenen Bekenntnis zu den Möglichkeiten der Marktwirtschaft aus und war in seinem Kern ein Appell an die bis dahin verdächtige Bereitschaft zu privatwirtschaftlicher Unternehmertat, die er durch die Besserung der Rentabilitätsaussichten zu erwecken hoffte.[430] Bestätigung findet diese Beurteilung in einem Brief, den der damalige Reichsfinanzminister Graf Schwerin-Krosigk an Heinrich Dräger am 14. April 1953 schrieb. Es heißt da: „Herr von Papen legte bei seinem Septemberprogramm ein besonderes Gewicht auf die Belebung der Privatinitiative durch die Ausgabe von Steuergutscheinen für die Mehreinstellung von Arbeitern." Bezeichnend für diese liberale Haltung ist auch die Tatsache, daß der Plan zu einem Zeitpunkt aufgelegt wurde, als man „das letzte Stück des Weges, der uns zum tiefsten Punkt der Krise führte, von dem auch der Wiederaufstieg beginnen kann", nunmehr zurückgelegt zu haben glaubte.[431] Mit den vorgesehenen Hilfsmaßnahmen sollte den selbständig einsetzenden Aufschwungskräften eine gewisse Unterstützung verliehen und der Prozeß beschleunigt werden.

Das Kernstück des Programms bildete die Emission der erwähnten Steuergutscheine im Wert von 1,5 Milliarden Reichsmark. Diese konnten dann von den Unternehmern in den Jahren von 1934–1938 zur Zahlung fälliger Steuern mit Ausnahme der Einkommen- und der Körperschaftssteuer verwendet werden. In der Zwischenzeit konnten sie als Kreditunterlage dienen. Darüber stellte die Reichsregierung einen Betrag von 700 Millionen RM ebenfalls in Steueranrechnungsscheinen solchen Unternehmen zur Verfügung, die nachwiesen, daß sie mehr Arbeitskräfte als bisher beschäftigten. Für jede Neueinstellung wurden dabei im Durchschnitt des Kalendervierteljahres Anrechnungsscheine im Betrage von 100 RM gewährt.[432]

Zur Vermeidung jedes nur möglichen Anstiegs des Preisniveaus enthielt der Plan ferner eine Regelung, die wegen ihres kasuistischen Charakters aber nur kurze Zeit bestand. Danach wurden Unternehmer, die Neueinstellungen vornahmen, ermächtigt, je nach Höhe des Beschäftigungsstandes die Löhne stufenweisen zu senken. Da diese Maßnahme aber schwerwiegende Ungleichheiten zwischen den verschiedenen Betrieben verursachte[433] und zu starken Konkurrenzverlagerungen führte[434], wurde diese Regelung unter der Kanzlerschaft von Schleichers wieder aufgehoben.[435]

Für die Wiedererlangung des wirtschaftlichen Gleichgewichtes von Bedeutung waren dagegen der Abschnitt, in dem die direkten Maßnahmen zur Arbeitsbeschaffung genannt wurden. Diese umfaßten Arbeiten wie Siedlungsbauten, Hausreparaturen, landwirtschaftliche Meliorationen sowie Investitionen bei der Reichsbahn und im Postwesen. Insgesamt wurden dafür 740 Millionen RM zur Verfügung gestellt, von denen aber bis Anfang Dezember nur die Hälfte in Anspruch genommen war.

Interessant ist in diesem Zusammenhang die Tatsache, daß drei Wochen vor der Veröffentlichung des Papen-Plans die Studiengesellschaft für Geld- und Kreditwirtschaft am 10. August 1932 eine schriftliche Eingabe bei dem Reichskanzler machte, worin sie von Papen aufforderte, das Krisenprogramm auf vornehmlich direkt wirkende Maßnahmen abzustellen und ein großzügiges Arbeitsbeschaffungsprogramm durchzuführen. Zwar kann Graf Schwerin-Krosigk nicht mit Bestimmtheit sagen, ob dieser Brief, der sich in den Akten der Reichskanzlei befindet, jemals auf den Schreibtisch des Reichskanzlers gelangt war; anhand der vielen Referentenvermerke darf jedoch mit Sicherheit angenommen werden, daß er ein eingehendes Studium erfahren hat.[436] Die Regierung blieb nichtsdestoweniger bei ihrem alten Kurs. Entsprechend hieß es in dem Antwortschreiben von Staatssekretär Planck, daß „bei aller Würdigung" der vorgebrachten Ansichten und deren Verfasser von der durch die Regierung beschlossenen Politik nicht abgegangen werden könne.[437]

## 2. Die Programme der direkten Arbeitsbeschaffung

Der Papen-Plan wurde von liberaler Seite wie auch von den Reformern mit viel Anerkennung bedacht. Vor allem wurde als große Tat der Umstand gewertet, daß die Regierung mit der bisher herrschenden Deflationsideologie gebrochen und zum Handeln sich entschlossen hatte. In diesem Sinne bedeutete er eine entscheidende Wende in der deutschen Wirtschaftspolitik, „und zwar die Wende, die längst notwendig war".[438] Papen konnte auch bald nach Inkrafttreten der Verordnung eine Aufwärtsentwicklung des wirtschaftlichen Barometers als Erfolg seiner Bemühungen feststellen. Zum ersten Mal seit fast 3 Jahren nahm die Zahl der Arbeitslosen nicht mehr zu, sondern ab. Von August bis Oktober fiel sie von 5 224 000 um 115 000 auf 5 109 000. Im vorangegangenen Jahr waren noch während des gleichen Zeitraumes zu der Masse der Arbeitslosen weitere 400 000 Menschen hinzugekommen.[439]

Nach dem kontinuierlichen Schrumpfungsprozeß zeigte sich auch in der Industrie eine Wendung nach oben ab, wo die Produktion seit September 1932 wieder zunahm.[440]

Als weiteres Indiz für den eingetretenen Stimmungsumschwung kann auch ein Blick auf die Aktienbörse dienen, die äußerst positiv auf die Ankündigung des Wirtschaftsprogramms reagierte. Die Aktienkurse zeigen seit August durchweg einen ansteigenden Verlauf.[441]

Obgleich es also aus den dargelegten Gründen unbestreitbar ist, daß durch dieses Wirtschaftsprogramm ein Umschwung im Konjunkturverlauf eingeleitet wurde, so darf man andererseits die eingetretene Aufwärtsentwicklung nicht überschätzen. Ein sichtbarer Erfolg, wie zum Beispiel eine wesentliche Verringerung des Millionenheeres der Arbeitslosen, war bis Ende des Jahres 1932 nicht zu beobachten.[442]

Als eines der hemmenden Momente haben wir die Steuergutscheinaktion genannt, die mehr zu einer Liquidisierung als zu einer Investitionstätigkeit geführt hatte. Ein weiterer Grund kann in den nur zögernd angelaufenen öffentlichen Großarbeiten gefunden werden. Zum Beweis sei ein Brief des Reichsbankpräsidenten Luther an das Arbeitsministerium vom 27. Oktober 1932 angeführt, in welchem er sich beklagt, daß von der bisher gegebenen Kreditzusage von 342 Millionen RM bisher nur 147 Millionen RM abgerufen worden seien.[443] Guillebaud kommt bei seiner Beurteilung des Papen-Plans daher zu dem Schluß: „There was no question of a real recovery in the late months of 1932, but rather of a cessation of the vicious spiral of cumulative contraction and deflation which had dominated the economic life of Germany during the past three years.“[444]

Der von der Regierung entworfene Plan zur Ankurbelung der Wirtschaft hatte also die an ihn gesetzten Erwartungen nicht ganz erfüllt. Damit wurden aber auch die Reformer in ihrer Beurteilung bestätigt, daß bei Fehlen von festen Aufträgen in schweren Phasen der Depression Kostensenkungen und zusätzliche Liquiditätsschaffung allein nicht ausreichen, um die Unternehmer zur Neuaufnahme ihrer Produktion zu bewegen. Dazu bedurfte es einer direkten Arbeitsbeschaffungspolitik, bei der die staatlichen Instanzen unmittelbar als Auftraggeber am Markt intervenieren. Zu diesem Zweck arbeiteten sie eigene Arbeitsbeschaffungsprogramme aus, die sie der Öffentlichkeit sowie den staatlichen Instanzen als unmittelbar anwendbare Alternative vorlegten. Diese wiesen trotz der Verschiedenartigkeit der beteiligten Gesellschaftsgruppen und der unterschiedlichen Interessenlage, die zu ihrer Formulierung geführt hatten, viele gemeinsame Merkmale auf:

## 2.1. Die Merkmale der Arbeitsbeschaffungsprogramme

1) Das Merkmal der Zusätzlichkeit.
   Diese Forderung bedeutete für die Verwendungsseite, daß es sich um Arbeiten handeln sollte, die ohne dieses Programm nicht durchgeführt worden wären. Der Begriff der Zusätzlichkeit war dabei sinngemäß auch dann gegeben, wenn die Aufrechterhaltung von Produktion ermöglicht wurde, die ohne die Hilfe dieses Programms hätte eingestellt werden müssen.[445] Auf die Aufbringungsseite bezogen bedingte diese Forderung eine Finanzierung aus zusätzlichen Mitteln. Eine Finanzierung aus Steuermitteln oder durch Begebung einer inländischen Anleihe war damit von vornherein ausgeschlossen. Da sich ferner eine Finanzierung durch Auslandsanleihen aus den genannten Gründen ausschloß und ohnehin zu starke Zinsbelastungen gebracht hätte, gebot sich eine Finanzierung auf dem Wege der Kreditschöpfung.
2) Das Merkmal der volkswirtschaftlichen Produktivität.
   Obgleich einige Verfasser der Arbeitsprogramme dann und wann Zweifel hegten, ob sich eine Politik der Arbeitsbeschaffung überhaupt am ökonomischen Prinzip orientieren dürfe oder ob nicht schon allein die Rückführung von Arbeitslosen in ein Beschäftigungsverhältnis Rechtfertigung genug für ein Arbeitsbeschaffungsprogramm sei, herrschte doch überwiegend die Ansicht vor, daß es sich um Arbeiten handeln sollte, die zwar nicht unbedingt vom betriebswirtschaftlichen Standpunkt, aber doch aus volkswirtschaftlicher Sicht produktiv waren. In der Hauptsache sollten es Arbeiten sein, die an sich im Interesse der gegenwärtigen und künftigen Entwicklung von

Wirtschaft und Arbeitsmarkt notwendig waren, aber aus eigenem Antrieb mangels genügender betriebswirtschaftlicher Rentabilität nicht ohne weiteres in Angriff genommen wurden.[446]

Damit waren beispielsweise alle Arbeiten gemeint, die eine Vergrößerung der Ernährungsbasis bewirkten, mit dem Ziel, Deutschland im Notfall von einer ausländischen Versorgung unabhängig zu machen. Dieses sogenannte Arbeitsbeschaffungsprogramm der gesteigerten Bedarfsdeckung[447] enthielt Arbeiten wie landwirtschaftliche Meliorationen, Trockenlegung von Mooren und die Gewinnung von Neuland, Flurbereinigungen sowie Arbeiten zum Hochwasserschutz. Auch die vom wehr- und innenpolitischen Standpunkt bedeutsamen ostelbischen Siedlungsprogramme, die dem einzelnen Bürger einen verstärkten Krisenschutz gewähren sollten, wären in dieser Gruppe zu nennen.

In einer zweiten Gruppe wurden als volkswirtschaftlich produktive Arbeiten alle die Projekte zusammengefaßt, welche die Bedarfsdeckung hinsichtlich der Elementarabgaben der Natur steigerten. Darunter wurden alle Maßnahmen verstanden, die, in der heutigen Terminologie ausgedrückt, zur Steigerung der Lebensqualität beitrugen. Da die Luft- und Wasserverschmutzung damals noch kein so ernstes Problem darstellte wie heute, betraf es vornehmlich Arbeiten zur Auflockerung und Modernisierung von Städten, zur Verbesserung der städtischen Verkehrswirtschaft, zur Schaffung neuer Grün- und Sportanlagen und zum Ausbau der kulturellen Stätte.[448]

Als letztes wären hier alle Arbeiten zu nennen, die das Infrastrukturnetz zu verbessern halfen und somit der privaten Wirtschaft bessere Grundlagen für ihre eigene Entwicklung schufen. Diese sahen zum einen den Ausbau des Postwesens und die Verbesserung des Eisenbahnnetzes vor, dessen Qualität sich durch fehlende Reinvestitionen in den vorangegangenen drei Jahren dermaßen verschlechtert hatte, daß teilweise sogar die Sicherheit gefährdet war.[449] Zum anderen betrafen sie Maßnahmen zum Neu- und Ausbau von Wasserstraßen sowie vor allen Dingen zur Erweiterung und Verbesserung des Straßenverkehrsnetzes. Dabei entstand unter anderem die Idee des Baus einer Autobahn, die von Hamburg über Frankfurt nach Basel führen sollte, weswegen sie als das Hafraba-Projekt bekannt wurde.

Dieses letztgenannte Projekt verdient aus dem Grunde besondere Erwähnung, weil die Idee zum Bau einer Autobahn im allgemeinen den Nationalsozialisten zugeschrieben wird, eine Legende, die vermutlich unter Hitler entstanden und von ihm propagiert wurde.[450] Davon kann indessen keinesfalls die Rede sein; dagegen entspricht es dem wahren Sachverhalt, daß unter Hitler vor allem aus strategischen Gründen mit dem Bau der Autobahn begonnen und dieser dann zügig vorangetrieben wurde. Die Entwürfe zu einem solchen Plan datieren dagegen von einem früheren Zeitpunkt. So regte schon Friedlaender-Prechtl in seinem Buch „Wirtschaftswende" bei der Aufzählung der geeigneten Arbeitsprojekte den Bau von Automobilstraßen an, um die unaufhaltsame Automobilisierung der Menschheit in der Zukunft besser bewältigen zu können. Als unmittelbaren Vorteil wertete er die damit verbundenen Einsparungen an Benzin, Gummi und Reparaturen, die nach Schätzung von sachverständiger Seite die Betriebskosten um nahezu ein Viertel senkten.[451]

In Regierungskreisen wurde das Projekt eines Schnellverkehrsnetzes sogar schon im Frühjahr 1930 erörtert. Als Beweis sei dazu eine Stelle aus dem Schreiben des hessischen Innenministers W. Leuschner an die von dem Bau betroffenen Innenminister vom 30. April 1930 zitiert, in der es wie folgt heißt: „Wie ich erfahre, wird demnächst bei Beratung der Reichstagsdrucksache Nr. 1916 (Vorlage des Reichsministers der Finanzen IV²20929) (Entwurf eines zweiten Gesetzes zur Übergangsregelung des Finanzausgleichs zwischen Reich, Ländern und Gemeinden) durch interfraktionellen Antrag ein Initiativgesetz eingebracht werden, das als § 13a des Finanzausgleichsgesetz die Bahn frei machen soll, um der Verwirklichung des Nur-Autostraßengedankens, wie er z.B. von der Hafraba propagiert wird, praktisch näher zu treten und vielleicht die Ausführungen einzelner Teilstrecken zu ermöglichen. Der Entwurf, an dessen Formulierung der jetzige Reichskanzler, Dr. Brüning, mitgearbeitet hat und der vom Reichsminister a.D. Koch-Weser sowie von führenden Vertretern aller maßgebenden Parteien unterstützt werden soll, sieht die Zulassung der Entgeltserhebung auf Nur-Autostraßen unter gewissen, die Interessen des Reichs und der Länder wahrenden Vorbehalten vor. Ich ersuche, diesen Antrag, sobald der Reichstag damit befaßt werden sollte, nachdrücklich zu unterstützen. Bis dahin bitte ich die Angelegenheit noch vertraulich zu behandeln."[452]

Im Herbst 1931 wurde dann der Regierung ein Plan über die Trassierung, bei der besondere Rücksicht auf landwirtschaftlich produktive Gebiete genommen war, zusammen mit einem Memorandum über die Vor- und Nachteile dieses Projektes vorgelegt.[453] Brüning trat daraufhin in Kontakt mit der Hafraba.[454]

Wir können also als Tatsache festhalten, was übrigens auch vom ehemaligen Reichsminister Treviranus bestätigt wird[455], daß die Pläne für die Autobahn Hamburg–Basel fertig in Brünings Schublade bereit lagen. Zum ersten Spatenstich ist es dann bedauerlicherweise nicht mehr gekommen.

3) Das Merkmal des Einkommenseffektes vor dem Kapazitätseffekt.
Wie wir in einem anderen Zusammenhang erwähnt hatten, war es das vornehmliche Ziel der Arbeitsbeschaffung, zum einen die arbeitslosen Arbeiter wieder in einen Produktionsprozeß zu integrieren und zum anderen die privatwirtschaftliche Rentabilität wiederherzustellen. Die Arbeitsbeschaffungsprogramme sollten also die Wirkung einer Initialzündung haben, die eine von der Privatwirtschaft getragene Aufwärtsentwicklung einleiten sollte. Aus diesem Grunde mußten tunlichst alle Arbeiten vermieden werden, bei denen sich der Staat in Konkurrenz zu der privaten Wirtschaft gestellt und neue Kapazitäten zu den ohnehin im Übermaß vorhandenen geschaffen hätte. In erster Linie mußten möglichst viele neue Einkommen geschaffen werden, um eine rasche Räumung der Läger bzw. eine bessere Auslastung der vorhandenen Kapazitäten zu erreichen. Deshalb sollten Arbeiten mit einem hohen Lohnanteil eine bevorzugte Stellung eingeräumt werden. Diese Bedingung erfüllten denn auch die unter Ziffer 2 genannten Arbeitsgebiete.

4) Das Merkmal der außenwirtschaftlichen Absicherung.
Mit dieser Forderung wollte man, vor allem weil es sich um eine Einzelkonjunktur handelte, der Gefahr vorbeugen, die eingeleitete binnenwirtschaftliche Expansion wegen möglicher Zahlungsbilanzschwierigkeiten abbrechen zu müssen. Dies konnte leicht geschehen, wenn zur Durchführung der Arbeiten viele Rohstoffe aus dem Ausland eingeführt werden mußten oder wenn die neugeschaffenen Einkommen vornehmlich zum Kauf von Importwaren verwendet wurden. Bei den Arbeiten sollten deshalb möglichst inländische Rohstoffe zur Verwendung kommen. War indessen der Rohstoffbezug aus dem Ausland nicht zu vermeiden, so sollten für die Lieferung möglichst diejenigen Länder vorgesehen werden, mit denen man entweder eine

positive Handelsbilanz hatte oder die im Gegenzug zur Abnahme deutscher Industrieprodukte bereit waren. Im Fall des übermäßigen Konsums von Importwaren waren nötigenfalls die Devisenkontrollen aufrechtzuhalten.

Aufgrund der Überlegung, daß die von einem Arbeitsbeschaffungsprogramm ausgehende Wirkung um so größer ist, je ernsthafter die Unternehmer an eine Wende in der Wirtschaftspolitik und an einen Konjunkturumschwung glauben, wurde schließlich von der Mehrheit der Planer die Auffassung geteilt, daß die Politik der Arbeitsbeschaffung psychologisch so ausgestaltet und vertreten werden mußte, daß möglichst viele Unternehmer neues Vertrauen in die wirtschaftliche und politische Zukunft fassen und sich ihre pessimistische Stimmung in eine optimistische kehrt. Ein besonders gutes Beispiel, wie solch eine Politik am geschicktesten zu gestalten und zu propagieren wäre, bot die sogenannte „Gemeinschaftsarbeit", wo auf den Seiten 37–44 eine detaillierte Aufstellung aller notwendigen Maßnahmen gegeben wurde. Unter anderem war da von der „Systematik des Hämmerns", der „amerikanischen ‚naturhaften' Darstellung", von „plastischer Berichterstattung", von der „Aktivierung des Bürgertums" und von vielen anderen Techniken die Rede.

## 2.2. Das Gutachten der Brauns-Kommission

Bei einer chronologischen Anordnung, wie sie uns zweckmäßig für die Darstellung der verschiedenen Arbeitsbeschaffungsprogramme erscheint, fallen neben dem genannten Devalvationsprogramm lediglich drei Pläne zur Arbeitsbeschaffung in das Jahr 1931. Bei einem dieser Programme — gemeint ist das Gutachten der Brauns-Kommission — scheint uns der Begriff Plan wenig angebracht zu sein, denn es handelte sich lediglich um eine nicht näher spezifizierte Empfehlung zur Durchführung öffentlicher Investitionen. Die notwendigen Mittel dazu sollten durch Auflegen einer Auslandsanleihe beschafft werden. Die Regierung folgte dieser Empfehlung nicht. In ihrer Beurteilung hatte die Kommission diesen zweiten Teil des Gutachtens leichtfertig hingeworfen und sich außerdem über die Finanzierung keine Gedanken gemacht.[456]

## 2.3. Das Programm von Friedlaender-Prechtl

Das zweite Programm, das hier einzuordnen wäre, stammt von Friedlaender-Prechtl und findet sich in dem erwähnten Buch „Wirtschaftswende" im Anschluß an seine theoretischen Überlegungen über die Ursache und Therapie der Depression.[457] Ebenso wie das Gutachten der Brauns-Kommission verzichtete er bei den Vorschlägen auf eine Quantifizierung; entgegen dem Gutachten beschrieb er aber die Projekte, die sich seiner Meinung nach gut für ein Arbeitsbeschaffungsprogramm eigneten. Auf dem Gebiet der Landwirtschaft nannte er die landwirtschaftlichen Meliorationen, Entwässerungsarbeiten, die Umwandlung von schlechten Wiesen in hochwertiges Grünland, die Eindeichung von Wattenmeeren und vieles andere. Auf dem Gebiet des Verkehrswesens die Elektrifizierung der Reichsbahn, die Errichtung von Wasserkraftwerken, die Führung von Kanälen und vor allem den erwähnten Bau eines 20000 km langen Autobahnnetzes. Große Bedeutung maß Friedlaender-Prechtl Anlagen zu, die der Autarkisierung Deutschlands dienen sollten. Gemeint waren Einrichtungen von Anlagen, die auf die Ersetzung von Importen durch Binnenproduktion abzielten.[458] Als Beispiel gab er an: Glashausgärtnereien großen Stils zu rationeller Herstellung von Gemüsen; nach dem Erfolg der Luftstickstoff-Industrie nun auch die Errichtung von Kohleverflüssigungsanlagen, um zukünftige Erdölprodukte aus Kohle herstellen zu können; Holzverzuckerung, um Brennholz in hochwertiges Viehfutter umzuwandeln. Seine Aufzählung schloß mit dem Satz: „Sicher ist: es wartet eine solche Fülle volkswirtschaftlicher Probleme größten Stils auf ihre Lösung, daß auf viele Jahre hinaus die deutsche Arbeitslosen-Armee wertschaffende Beschäftigung finden könnte.“[459]

## 2.4. Der WTB-Plan der freien Gewerkschaften

Der von Woytinsky, Tarnow und Baade entworfene WTB-Plan der freien Gewerkschaften stellt dagegen ein vollständig ausgearbeitetes Aktionsprogramm der Arbeitsbeschaffung dar. Charakteristisch steht dafür die These, mit der das Programm eingeleitet wird. „Der Plan geht von dem Grundgedanken aus, daß zum Abbau der Arbeitslosigkeit und zum Wiederanstieg der Wirtschaft ein Anstoß erfolgen muß, weil die selbsttätigen Kräfte der Krisenüberwindung außer Funktion gesetzt oder gelähmt sind.“[460] Statt dessen sollte der Plan die Gewähr bieten, daß zunächst 1 Million Arbeitslose wieder in den Produktionsprozeß eingegliedert werden. Dieses Ziel sollte dadurch erreicht werden, daß „von Reichsbahn, Reichspost, kommunalen Verbänden und anderen Körperschaften des öffentlichen Rechts Aufträge in solchem Ausmaße vergeben werden, daß hierdurch teils unmittelbar, teils mittelbar eine Million bisher Arbeitsloser Beschäftigung findet.“[461] Den dazu notwendigen Gesamtaufwand bezifferte er auf 2 Milliarden RM. Die erforderlichen Mittel waren auf dem Wege der Kreditschöpfung zu beschaffen, dadurch daß die auftragvergebenden Stellen einen entsprechenden, langfristigen mit niedrigen Zinsen und Amortisationsraten ausgestatteten Kredit gegen Schuldverschreibungen erhielten, die von der Reichskredit AG (oder einem anderen Finanzierungsinstitut) ausgestellt wurden und bei der Reichsbank diskontierbar waren.[462] Den Einwand einer Gefährdung des Preisniveaus bzw. der Zahlungsbilanz wiesen seine Verfasser als unbegründet zurück, da die erhöhte Kaufkraft durch eine entsprechende Vergrößerung des Warenangebots kompensiert werden würde.[463]

## 2.5. Das Programm des Reichswirtschaftsrates

Das chronologisch sich anschließende Arbeitsbeschaffungsprogramm findet sich in dem Bericht des Reichswirtschaftsrates, den dieser am 12. März 1932 zur Erörterung vorlegte. In seiner Beurteilung der wirtschaftlichen Lage gelangte er zu dem Schluß, daß die Wirtschaft immer stärker zusammenschrumpfe und für eine private Initiative, um aus diesem Schrumpfungsprozeß herauszukommen, weitgehend die sachlichen und psychologischen Grundlagen fehlten. Darum sei es nun Aufgabe der öffentlichen Hand, diese Lücke zu überbrücken, indem sie ihrerseits die Initiative für Arbeitsbeschaffung ergreift und sie organisiert.[464]

Bei der Auswahl der Projekte sollte es sich um zusätzliche und volkswirtschaftlich rentable Arbeiten handeln. Dabei war es nicht entscheidend, ob es sich um eine unmittelbare positive Rentabilität oder um die Verhütung von Kapitalzerstörung handelte, die durch Unterlassung der Arbeiten entstände.[465] Hinsichtlich der Investitionen im Bereich des Verkehrswesens, befürwortete er eine Erhöhung des von der Reichsbahn angesetzten Investitionsvolumens von 250 Millionen RM um weitere 100 Millionen RM. Für den Ausbau des Postverkehrs, insbesondere der Automatisierung des Fernsprechverkehrs, sollte die Reichspost in dem Jahr 1932 über ihre bisherige Disposition hinaus einen zusätzlichen Kredit von je 50 Millionen aufnehmen.

Die Instandhaltung und Verbesserung des Straßennetzes bot seiner Beurteilung nach besonders günstige Möglichkeiten für die unmittelbare Neueinstellung von Arbeitskräften.[466] Zum anderen bedeutete die Unterlassung der notwendigen Instandhaltungskosten, daß man später mit weitaus höheren Ausgaben rechnen mußte. Von sachverständiger Seite wurden die später anfallenden Ausgaben, wenn die Instandhaltung der Decken auch nur ein einziges Jahr unterblieb, auf das Sechsfache des ursprünglichen Betrages geschätzt. 800 Millionen RM sollten deshalb im Programm für die Verbesserung des Straßenverkehrsnetzes eingeplant werden.[467]

Insgesamt 230 Millionen RM sollten für Maßnahmen zum Schutz von Hochwasserschäden und zur Erhaltung der Reichswasserstraßen veranschlagt werden. Mit diesem Aufwand wäre es dann möglich, annähernd 110000 Arbeitskräfte während 8 Monate hindurch zu beschäftigen.[468]

Produktive Arbeiten sah er auch auf dem Gebiet der landwirtschaftlichen Meliorationen. Diese trügen neben dem Ziel der Vermehrung und Sicherung zur Verbilligung der landwirtschaftlichen Produktion bei und führten neben der Stärkung des Binnenmarktes zur Verbesserung der Handels- und Zahlungsbilanz. Nach seinen Angaben lagen baureife Projekte im Umfang von 250 bis 300 Millionen vor, durch die weitere 120000 Arbeitskräfte eine Beschäftigung finden würden.[469] Landwirtschaftliche Arbeiten eigneten sich außerdem besonders gut für den freiwilligen Arbeitsdienst, mit dem man in psychologischer und wirtschaftlicher Hinsicht gute Erfahrungen gemacht hatte.

Was die Finanzierung dieses Programms betraf, so wurde die Schaffung besonderer Finanzierungsinstitute empfohlen, welche die in Betracht kommenden Objekte auf ihre Ertragsfähigkeit zu prüfen und zu überwachen hatten. Die Mittel hatten sie sich durch Schaffung diskontfähiger Papiere zu besorgen.

## 2.6. Das nationalsozialistische Arbeitsbeschaffungsprogramm

Von den im Reichstag vertretenen Parteien war es vor allem die NSDAP, die durch ihren wirtschaftspolitischen Sprecher im Reichstag, Gregor Strasser, gegen den wirtschaftspolitischen Kurs der Regierung opponierte und als Alternative zu der offiziellen Deflationspolitik eine Politik der Arbeitsbeschaffung forderte. Unablässig prangerte sie den Liberalismus als eine Wirtschaftsordnung an, die nur in Geld, Profit und Dividenden denken könne und die darüber vergessen hätte, an Leistung und Arbeit zu denken.[470]

In der Öffentlichkeit protestierte sie gegen einen Staat, der trotz verfügbarer Ressourcen und Produktivkräfte den Arbeitskräften wegen angeblich fehlender Mittel das Recht auf Arbeit und die Wiederherstellung des natürlichen Auskommens verweigere und durch seine dogmatische Unterwerfung einer Wirtschaftsordnung das Weiterbestehen ermögliche, „die den Ertragsreichtum der Natur verfälscht, Weizen verbrennt, Kaffee ins Meer wirft, notwendige Lebensgüter in sinnloser Weise aufstapelt, alles nur zu dem Zweck, die Preise und die Gewinne der Börse in die Höhe zu treiben".[471]

Im Mai 1932 wurde dann die seit dem 24. Februar 1920 unverändert bestehende[472] und bislang in allgemeiner Form gehaltene wirtschaftliche Konzeption der Nationalsozialisten durch die programmatische Formulierung eines Arbeitsbeschaffungsprogramms konkretisiert, das von Gregor Strasser in seiner erwähnten Reichstagsrede vom 10. Mai 1932 erstmalig vorgestellt und erläutert wurde. Wenige Zeit später erschien dann anläßlich der ausstehenden Reichstagswahl vom 31. Juli das „Wirtschaftliches Sofortprogramm der NSDAP",[473] das aber lediglich die schriftliche Fassung des Strasser-Programms darstellte und außer geringen Erweiterungen und Präzisierungen keine neuen Aspekte brachte. Auf Anordnung von Strasser galt es als verbindliche Richtschnur für die Redner der NSDAP sowie für Veröffentlichungen in der Presse.

Dieses Programm darf nicht mit den späteren Arbeitsbeschaffungsprogrammen der Hitler-Regierung verwechselt werden, die ideologisch einen ganz anderen Akzent setzten als das eher sozialistisch ausgerichtete Strasser-Programm. Dieses wurde auch schon bald nach den Reichstagswahlen von Hitler verboten, und er hat danach auch nie wieder darauf zurückgegriffen. Interessant, gerade im Vergleich zu der späteren nationalsozialistischen Wirtschaftspolitik, erscheint uns in diesem Zusammenhang aufzuzeigen, wo viele Nationalsozialisten und an erster Stelle Gregor Strasser noch 1932 die wichtigsten wirtschaftlichen Probleme sahen und den Schwerpunkt ihrer Wirtschaftspolitik setzten. Strasser zählt sie der Reihe nach in seiner Rede auf: „Wir haben seit Jahren immer gepredigt, daß folgende Probleme in Deutschland zur Debatte stehen: die Rettung der Bauernwirtschaft — ich sage ausdrücklich Bauernwirtschaft —, die Notwendigkeit der Binnensiedlung, der Abbau des Städtezustromes, die Gesundung von Handel und Geldwirtschaft, die Steigerung des Inlandertrages Hand in Hand mit dem Bekenntnis zum geschlossenen Wirtschaftsraum, die Sicherung der Volksernährung, die Organisation der nationalen Arbeit, der Aufbau des Binnenmarktes unter Eingliederung der Industrie, die Erneuerung unseres Bodenrechtes, und als Wichtigste fast die Proklamierung dessen, was ich Arbeits- und Nährpflicht nenne, d. h. die Verpflichtung des deutschen Volksgenossen, seine Arbeitskraft im Rahmen der gesamten Nation zur Erneuerung von lebenswichtigen Gütern auszuwerten."[474] Die Richtung war also eindeutig gegeben. Im Gegensatz zur späteren Rüstungswirtschaft erblickte dieses Programm noch als dringlichste Aufgabe die Steigerung der Erzeugung von Nahrungsmitteln, um Deutschland von der ausländischen Produktion unabhängiger zu machen, und die Durchführung einer gesunden Wohnungs- und Bevölkerungspolitik, um einerseits einer zu großen Verstädterung vorzubeugen, andererseits aber um die Lebens- und Wohnverhältnisse zu verbessern.

Bei den Arbeiten, welche die Erweiterung der deutschen Ernährungsbasis zum Ziel hatten, handelte es sich um die gleichen landwirtschaftlichen Projekte wie wir sie in den anderen Programmen schon aufgezählt haben. So sollten beispielsweise 8,5 Millionen ha Land entwässert, 1,9 Millionen ha Moorfläche kultiviert oder 2 Millionen ha Wiesen und

Weiden durch Mergelung verbessert werden, wodurch nach Schätzung des Sofortprogramms ein Mehrertrag von respektive 80 RM je Hektar, 300 RM je Hektar und 50 RM je Hektar zu erzielen war.[475]

Auf den durch Urbarmachung und Kultivierung neugewonnenen Flächen sollten dann die neuen Siedlungen entstehen, in denen bis zu 100000 Menschen jährlich neu angesiedelt werden sollten. Wenn man davon ausging, daß für einen Siedlungsbau auf drei Monate 18 Arbeiter angesetzt werden müssen, dann gab dies pro Jahr 200000 Arbeitern wieder eine neue Beschäftigung.[476]

Zum zweiten Hauptpunkt des Programms, der Förderung des Eigenheims und der Auflockerung der Großstädte, bemerkte das Sofortprogramm: „Zu den dringendsten Bedürfnissen des Menschen gehört neben Nahrung und Kleidung die Wohnung. Die Mehrzahl unserer großstädtischen Bevölkerung lebte heute nicht in menschenwürdigen Wohnungen, sondern in fürchterlicher Enge, ohne Licht und Luft... Zu jedem Eigenheim soll ein Stück Gartenland in der Größe von etwa 1 Morgen ($^1/_4$ Hektar) gehören. Dort kann der Arbeiter einen wesentlichen Teil seines Nahrungsbedarfs auf eigenem Grund und Boden selbst erzeugen. Er erhält dadurch eine größere Sicherheit seiner Existenz und wird unabhängiger gegenüber seinem Arbeitgeber."[477]

Das nationalsozialistische Arbeitsbeschaffungsprogramm sah deshalb den Bau von 400000 Eigenheimsiedlungen im Jahr vor, durch den 1 Million Arbeiter wieder zu Arbeit und Brot kommen sollten. Der Erwerb war zudem zusätzlich noch zu fördern, indem jeder, der ein Eigenheim erwerben wollte, einen Zuschuß von 40 v.H. der aufzuwendenden Summe vom Staat erhalten sollte.

Obwohl auch vom Bau von Verkehrswegen und Kanälen die Rede war, wird erstaunlicherweise an keiner Stelle sowohl in der Strasser-Rede als auch im Sofortprogramm der Bau einer Autobahn erwähnt. Nicht mehr ganz so verwunderlich erscheint indessen seine Nichterwähnung, wenn man sich die ganze Anlage des Programms noch einmal vor Augen führt. In der Hauptsache handelte es sich bei den in Aussicht genommenen Projekten entweder um Arbeiten, die eine direkte Vermehrung des Gütervolumens zur Folge hatten, oder aber um Arbeiten, die nach ihrer Vollendung einer beträchtlichen Anzahl Arbeitsloser Unterkunft und genügend Nahrung gewährten. Aus diesem Grunde setzte das nationalsozialistische Arbeitsbeschaffungsprogramm — übrigens in Übereinstimmung mit den von Sombart aufgestellten Kriterien — in der Sphäre der organischen Urproduktion,[478] d.h. der Landwirtschaft ein. Daher ist es zu vermuten, daß Strasser ebenso wie Sombart die Meinung vertrat, daß der Bau einer Autobahn zu nichts anderem als der Steigerung der Bequemlichkeit oder der Befriedigung eines Luxusbedürfnisses diene. Vielleicht befürchtete er auch, daß nach ihrer Fertigstellung die Arbeitslosigkeit wieder in gleichem Umfange in Erscheinung trete, weil, wie Sombart ausführte, keine nachhaltige produktive Wirkung von einer derartigen Leistung ausginge.[479] Dräger äußert dagegen seinerseits die Vermutung, daß der Agrarflügel der Partei gegen die Autobahn war, weil er eine Zerschneidung der bäuerlichen Felder befürchtete.

Was auch immer Strasser dazu bewogen hat, nicht den Bau einer Autobahn in sein Programm einzubeziehen, so erscheint uns doch die Feststellung wichtig, daß sein Programm eine verblüffende Übereinstimmung mit dem von Sombart verfaßten Gutachten aufweist. So erscheint bei Sombart nicht nur die gleiche Größenordnung bei den landwirtschaftlichen Kulturarbeiten, sondern auch bei der Vergebung von Eigenheimen befürwortet er die Zuteilung von genau 1 Morgen Land zum Zweck des Nahrungsmittelanbaus. Wir werden bei der anschließenden Besprechung des Drägerschen Arbeitsbeschaffungsprogramms noch mehr solche Ähnlichkeiten feststellen und in diesem Zusammenhang die Frage erörtern, woher diese stammen können.[480]

Wie erwähnt, hatte die Finanzierung auf dem Wege der Kreditschöpfung zu erfolgen, die aber im Endeffekt nur 20–30 v. H. der Gesamtsumme betragen würde. Der Rest würde gedeckt werden können durch die verminderten Aufwendungen der Arbeitslosenversicherung und der Wohlfahrtsunterstützung und durch die vermehrten Steuereingänge und Beitragseinnahmen der Sozialversicherung sowie durch die genannte Eigenbeteiligung bei dem Erwerb der Eigenheime.[481]

Die im Anschluß an dieses Programm aufgezählten wirtschaftspolitischen Maßnahmen betrafen zum einen die erwähnte Einfuhrbeschränkung für Waren aus den Ländern, bei denen Deutschland einen Einfuhrüberschuß hatte, und die Devisenbewirtschaftung, zum anderen eine Zinssenkung und die „Brechung der Zinsknechtschaft".[482] Im weiteren enthielt das Programm noch Richtlinien für eine Währungsreform, zu einer Umgestaltung des Bankwesens und zu Verwaltungs- und Steuermaßnahmen, die für unser Problem von untergeordneter Bedeutung sind.

## 2.7. Das Hindenburg-Programm der Arbeitsbeschaffung von Heinrich Dräger

Etwa zur gleichen Zeit im Sommer 1932 erschien die von uns mehrfach erwähnte Schrift „Arbeitsbeschaffung durch produktive Kreditschöpfung" von Heinrich Dräger, in der im Anschluß an einige theoretische Überlegungen über die Notwendigkeit eines staatlichen Eingriffes ein äußerst detailliert ausgearbeitetes Arbeitsbeschaffungsprogramm vorgestellt wurde.

Die Hauptrichtlinie des Programms, d.h. die Entscheidung über die geeignetsten Arbeitsgebiete, nennt Dräger selber: „Reagrarisierung, d.h. möglichst große Teile der städtischen Bevölkerung der Arbeit auf dem Lande wieder näherzubringen und die Verhinderung jeder weiteren Abwanderung vom Lande in die Stadt. Daneben in zweiter Linie: Schaffung gesunder Wohnverhältnisse. Das wird die Hauptaufgabe jedes Arbeitsbeschaffungsprogramms sein müssen, das Anspruch darauf erhebt, organisch sich der heutigen Wirtschaftslage anzupassen." Zum Zweck der außenwirtschaftlichen Absicherung fügte er noch hinzu: „Als vordringlich hätten solche Arbeiten zu gelten, durch die die Gütererzeugung für den Bedarf des deutschen Volkes in Deutschland unter zunächst möglichst geringer Inanspruchnahme ausländischer Rohstoffe gefördert wird."[483]

Was seine Vorschläge im einzelnen betrifft, so können wir uns an dieser Stelle kurz fassen, da wir uns bei der allgemeinen Charakterisierung der volkswirtschaftlich produktiven Arbeiten seiner Einteilung in die genannten drei Gruppen bedient und in diesem Zusammenhang die in die jeweilige Gruppe einzuordnenden Arbeitsgebiete genannt hatten. Hinzuzufügen ist lediglich die Tatsache, daß für jedes Projekt unter Verwendung der entsprechenden Fachliteratur genaue Wirtschaftlichkeitsberechnungen über die erforderliche Investitionssumme und den betriebswirtschaftlichen sowie den gesellschaftlichen Nutzen angestellt wurden. Wie solch eine Nutzenschätzung aussah, sei am Beispiel der Arbeiten zur Auflockerung der Städte demonstriert. Nach Drägers Angaben bringt die Auflockerung der Städte:

„1) Erhöhung des Real-Einkommens des Gesamtvolkes durch besseres und gesunderes Wohnen und die Möglichkeit, die Freizeit mehr als bisher zu gärtnerischer Betätigung für den Eigenbedarf auszunutzen.

2) Erhöhung der Krisenfestigkeit der Großstädte in bezug auf die Ernährung, das ist sowohl für die Wirtschaftskrisen als auch wehrpolitisch von Bedeutung.

In wehrpolitischer Beziehung bringt die Auflockerung der Großstädte des weiteren:

3) Vermehrte Sicherheit gegen feindliche Angriffe aus der Luft durch Auflockerung der Bauweise.

In innerpolitischer Beziehung bringt die Auflockerung der Großstädte:

4) Beseitigung gefährlicher Brutstätten für Unzufriedenheit und offenen Aufruhr, denn wenn ich Menschen unter menschenunwürdigen Bedingungen zusammenpferche, darf ich mich nicht wundern, wenn dann Brutstätten für Kommunismus und Klassenkampf entstehen.“[484]

Um nicht noch mehr Zeit bis zur Durchführung des Programms zu verlieren und um einen besseren Überblick über die Auswirkungen eines Arbeitsbeschaffungsprogrammes auf dem Arbeits- und Kapitalmarkt, auf das Preisniveau und die Zahlungsbilanz zu bekommen, schlug Dräger als Versuchsprogramm für 1932 ein Arbeitsbeschaffungsprogramm in der Größenordnung von 1 bis 2 Milliarden RM vor. Sollte sich dann ein Jahr später im Herbst 1933 erweisen, daß dieses Experiment zu keiner Gefährdung des Preisniveaus geführt hatte, dann war nach seiner Meinung „die Bahn frei zur Wiederholung des Experiments im größeren Umfange“.[485] Im Rahmen des neuen, auf 6 Jahre bemessenen Arbeitsprogramms, dem sogenannten „Hindenburg-Programm der Kriegsführung gegen die Arbeitslosigkeit“, waren dann jährlich 5 Milliarden RM, also insgesamt 30 Milliarden, aufzuwenden, die sich folgendermaßen verteilen sollten:[486]

| | |
|---|---|
| Gruppe A | ca. jährlich |
| Siedlungswesen | 1000 Mill. RM |
| Hochwasserschutz | 167 Mill. RM |
| Meliorationen | 1215 Mill. RM |
| Gruppe B | |
| Städteumbau (einschließlich städtische Verkehrswirtschaft) | 1500 Mill. RM |
| Sportpflege | 100 Mill. RM |
| Gruppe C | |
| Elektrowirtschaft | 45 Mill. RM |
| Neubau bzw. Ausbau von Wasserstraßen | 267 Mill. RM |
| Straßenbau | 650 Mill. RM |
| Unterirdische bauliche Luftschutzanlagen und Verlegung industrieller Anlagen | 50 Mill. RM |
| | Sa. 4994 Mill. RM |
| | = rund 5 Milliarden RM |
| in 6 Jahren | = rund 30 Milliarden RM |

Aus dem gewählten Titel des Buches ist schon ersichtlich, daß der Rest der insgesamt aufzuwendenden Summe, der nicht aus den Ersparnissen an der Arbeitslosenunterstützung und aus den Mehrerträgen an Steuern und Soziallasten gedeckt werden konnte, auf dem Weg der Kreditschöpfung zu beschaffen war. Ohne die Inanspruchnahme dieser

Finanzierungsmethode ließ sich nach dem Urteil von Dräger keine Arbeitsbeschaffung im großen Stil in Gang bringen.[487] „Daß Arbeitsbeschaffung im großen Stil ohne Zuhilfenahme der Kreditschöpfung heute in Deutschland eine undurchführbare Sache ist, darüber ist jede Diskussion eigentlich überflüssig. Man hat sich zwei Jahre lange bemüht, uns dieses Experiment vorzumachen. Es sind tatsächlich alle nur erdenklichen Mittel versucht worden, um das Experiment ‚Arbeitsbeschaffung ohne Kreditschöpfung' zu demonstrieren. Die Preissenkungsnotverordnung kann geradezu als ein Experiment dieser Art im ‚kosmischen Maßstabe' bezeichnet werden. Es ist jetzt einwandfrei experimentell nachgewiesen, daß Arbeitsbeschaffung ohne Kreditschöpfung in Deutschland unmöglich ist."[488]

Wir haben im Verlauf dieser Arbeit schon mehrfach auf die Ähnlichkeit zwischen den Programmen Friedlaender-Prechtls und der in der „Studiengesellschaft" vereinigten Reformer mit denen der Nationalsozialisten aufmerksam gemacht. In diesem Zusammenhang hatten wir auch den Hinweis bei Kroll erwähnt, wonach nach Aussage des damaligen Botschaftsrates an der Deutschen Botschaft in Rom, Dieter Sattler, die Nationalsozialisten die Schriften Friedlaender-Prechtls nicht nur gekannt, sondern zum Teil restlos abgeschrieben und dann als eigenes Produkt verkauft haben sollten.[489]

Nach Meinung von H. Dräger, der sich selber im Rahmen der „Studiengesellschaft" aktiv an der Ausarbeitung eines Arbeitsprogramms beteiligt hatte, geht die Behauptung Krolls, daß Strasser und seine Mitarbeiter alles bei Friedlaender-Prechtl abgeschrieben hätten, etwas zu weit. Richtiger sei vielmehr, daß alle Befürworter einer Arbeitsbeschaffungspolitik untereinander Kontakt hatten, und demzufolge auch Strasser von der Arbeit der Studiengesellschaft wußte. Einen großen Eindruck hinterließ dabei das Buch von Dräger „Arbeitsbeschaffung durch produktive Kreditschöpfung", da es die wichtigsten Gedanken zur Arbeitsbeschaffung, wie sie in den Veröffentlichungen der Gewerkschaften, in der Zeitschrift „Die Wirtschaftswende" und bei Friedlaender-Prechtl zum Ausdruck kamen, zu einem guten Überblick zusammenfaßte. Strasser ist dann auch in Begleitung des damaligen Wirtschaftsbeauftragten Nord, Werner Daitz, zwei- oder dreimal mit Dräger zusammengetroffen, um mit ihm die Probleme der Arbeitsbeschaffungspolitik zu erörtern. Davon ist zweifellos sein eigenes Programm beeinflußt worden.

Die inhaltliche Ähnlichkeit, ja teilweise sogar Übereinstimmung, ist ferner darauf zurückzuführen, daß die „Studiengesellschaft für Geld- und Kreditwirtschaft" selbst, nachdem die Reichsregierung für die Durchführung eines Arbeitsbeschaffungsprogramms nicht zu gewinnen war, sich an die im Reichstag stärkste und aussichtsreichste Partei wandte und dabei versuchte, diese für ein Arbeitsprogramm zu interessieren. Dahinter stand vermutlich die Überlegung, daß dann die Regierung aufgrund des verstärkten Drucks seitens der Opposition gezwungen sei, etwas zu machen, und daß sie andererseits auch eine breitere Basis für ihre Arbeitsbeschaffungspolitik im Parlament hätte. Viele dieser Anregungen wurden damals von den Nationalsozialisten aufgenommen und später dann zu der Reichstagswahl im Juli 1932 als eigenes Arbeitsprogramm verkauft.

Wir finden also Grotkopps These bestätigt, daß die Nationalsozialisten kein eigenes durchdachtes Programm hatten, sondern vorwiegend auf der Arbeit der Reformer aufbauten.[490] Zu dem gleichen Schluß kommt auch Kindleberger: „The reformers were politically opposed to Hitler, and sceptical of his programme, which concentrated initially on autobahns (as well as assistance to farmers under Gregor Strasser, who was killed in 1934), and later on rearmament. They furnished him with the ideas which Brüning had refused to use."[491]

## 2.8. Das Arbeitsbeschaffungsprogramm der Regierung Schleicher

Am 3. Dezember 1932 reichte der Reichskanzler von Papen, nachdem die Gespräche mit Hitler über die Bildung einer Koalitionsregierung gescheitert waren, sein Rücktrittsgesuch beim Reichspräsidenten ein. Hindenburg beauftragte daraufhin den General von Schleicher mit der Bildung eines neuen Kabinetts.

Es war diese Regierung, die als erste und leider auch als letzte der der Demokratie verpflichteten Regierungen mit dem festen Entschluß die Macht antrat, alle Anstrengungen nur auf das eine Ziel zu richten, die Wirtschaft endgültig aus dem konjunkturellen Tief in eine Aufschwungsphase überzuführen. Dementsprechend lautete auch der Inhalt des Regierungsprogramms, das der neue Reichskanzler in seiner Rundfunkrede am 15. 12. 1932 erläuterte: „Dieses Programm besteht aus einem einzigen Punkt: ‚Arbeit schaffen'! Alle Maßnahmen, die die Reichsregierung in den nächsten Monaten durchführen wird, werden mehr oder weniger diesem einen Ziel dienen."

Als Beweis seiner Entschlossenheit schuf er eigens zu diesem Zweck den Posten eines Reichskommissars für Arbeitsbeschaffung, dessen Aufgabe es war, ein großzügiges Arbeitsbeschaffungsprogramm aufzustellen und seine rasche Durchführung zu überwachen. Wie ernst es diesmal der Regierung mit der Lösung des Arbeitslosenproblems war, davon zeugte auch die Tatsache, daß der Landrat Gereke mit diesem schweren Posten beauftragt wurde. Gereke, der ebenfalls ein Mitglied der „Studiengesellschaft für Geld- und Kreditwirtschaft" war, war nämlich seinerseits schon mit einem eigenen Arbeitsbeschaffungsprogramm an die Öffentlichkeit getreten, in dem er öffentliche Großarbeiten vornehmlich im Bereich der Kommunen und Landgemeinden empfahl. Gereke selber hatte im Kreise der „Studiengesellschaft" einen längeren Vortrag über seinen Plan gehalten, der dort starke Beachtung fand.[492]

Der geistige Vater dieses Programms war Drägers Aufzeichnungen zufolge indessen Dr. Herpel, der in Verbindung mit dem Landrat Steltzer — dem späteren Ministerpräsidenten von Schleswig-Holstein — die Idee eines durch Kreditschöpfung finanzierten Arbeitsbeschaffungsprogramms im nördlichen Teil Schleswig-Holsteins in die Tat umzusetzen versuchte. Um seine Ideen, die denen Friedlaender-Prechtls und Woytinskys zum großen Teil sehr ähnlich waren, einer breiteren Bevölkerungsschicht zugänglich zu machen, gab er auch eine eigene Zeitschrift „Volk, Freiheit und Vaterland" heraus. In dem Arbeitsbeschaffungsprogramm der Regierung Schleicher, das zum Zwecke der Abgrenzung von dem Papen-Plan, der den öffentlichen Direktinvestitionen noch eine untergeordnete Rolle zumaß, die Bezeichnung Sofortprogramm trug, hatten die Ideen Gerekes zum größten Teil nun ihre Verwirklichung gefunden. Gedacht war an Wohnungs- und Straßenbaureparaturen, an öffentliche Versorgungseinrichtungen und den Ausbau der Wasserwege.[493a] Vorgesehen war ferner eine beschleunigte Abwicklung der Siedlungsprogramme sowie Maßnahmen zur Unterstützung der Landwirtschaft.

Neu und für den Erfolg des Programms von ausschlaggebender Bedeutung war aber, daß die Regierung bei der Finanzierung auf die Mitarbeit der Reichsbank zählen durfte, die bislang derartigen Plänen ihre Unterstützung versagt hatte.

Unter anderem soll dieser Gesinnungswandel Luthers durch ein Gespräch bewirkt worden sein, das der Bankier Max Warburg mit dem Reichsbankpräsidenten geführt hatte und in welchem er Luther dringend empfohlen hatte, Gelder für die Durchführung eines wirkungsvollen Arbeitsbeschaffungsprogramms zur Verfügung zu stellen.[493b]

Zu der Bereitschaft Luthers, die Arbeitsbeschaffungspolitik der Regierung finanziell zu unterstützen, hatte aber sicherlich auch die Tatsache beigetragen, daß mittlerweile die Verhandlungen über die Streichung der Reparationszahlungen befriedigend zu Ende geführt worden waren. Schon unter von Papen hatte sich Luther dafür eingesetzt, die 700 Millionen, die als Mehrbeschäftigungsprämie gedacht waren, ganz oder bis zu 500 Millionen RM für die direkte öffentliche Arbeitsbeschaffung zu übernehmen. Diesen Vorschlag, dem Papen noch kurz vor seiner Demission zugestimmt hatte, wiederholte er just an dem Tag des Regierungswechsels anläßlich einer Ansprache in der Aula der Münchener Technischen Hochschule. Darin führt er aus: „Ohne zu wissen, wie die Reichsregierung über eine Änderung eines Verwendungszwecks bei diesen 700 Millionen denkt, und ohne einen Vorschlag zu machen, so würde es mir möglich erscheinen, diesen Betrag, oder einen Teil davon, für öffentliche Arbeitsbeschaffung zu verwenden."[494]

Diese Mittel wurden dann von der Regierung Schleicher, obwohl die von Papen bereitgestellten Mittel erst zu einem geringen Bruchteil in Anspruch genommen worden waren, zur Finanzierung ihres Arbeitsbeschaffungsprogramms verwendet.

Die Stellungnahme seitens der Reformer war äußerst positiv. In einem Sonderheft der „Wirtschaftswende" schrieb diesbezüglich Friedlaender-Prechtl stellvertretend für alle: „Dieser Plan ist grundsätzlich richtig und auch im Ansatzpunkt richtig." Ihrer Meinung nach waren die angesetzten 500 Millionen aber nur ein Tropfen auf den heißen Stein. Um wirksam die Arbeitslosigkeit beseitigen zu können, mußten ihrer Ansicht nach ungefähr 6 Milliarden RM aufgewendet werden.[495]

## 2.9. Das Programm aus: „Arbeitsbeschaffung. Eine Gemeinschaftsarbeit"

Den Schluß unserer Aufzählung der Arbeitsbeschaffungsprogramme, die in der kritischen Zeit noch vor der Machtergreifung Hitlers und dem Inkrafttreten des sogenannten Reinhardt-Programms entstanden sind, bildet das im Rahmen der „Studiengesellschaft" entwickelte Arbeitsprogramm mit dem Titel „Arbeitsbeschaffung, Eine Gemeinschaftsarbeit". In der sachlichen Aussage unverändert und keine neuen Aspekte bringend, war sie in der 1. Auflage vor allem dazu gedacht, die von der Regierung Schleicher eingeschlagene Politik der öffentlichen Arbeitsbeschaffung zu unterstützen und den Glauben an ihre Durchführbarkeit und Wirkung, ohne die bestehende Wirtschaft und die Existenz des einzelnen zu gefährden, zu stärken.[496] Deshalb wurde in der 1. Auflage auch die vorstehend genannte Rundfunkansprache von Schleichers mitabgedruckt. In der 2. Auflage vom Februar/März 1933 wurde dann die Rede Schleichers durch die Ansprache Adolf Hitlers „Aufruf der Reichsregierung zur gemeinsamen Wiederaufbauarbeit von Staat und Volk" vom 2. Februar 1933 ersetzt.

Dieses Programm, das von Heinrich Dräger, Hans Lambrecht, Fritz Reuter, Otto Schaefer und Werner Schaurte bearbeitet worden war, war das umfassendste aller Arbeitsbeschaffungsprogramme. An seiner Entstehung hatten außerdem zahlreiche Fachleute mitgewirkt wie Dalberg, von Eichborn und Fischer als Vertreter der Banken, Dyckerhoff, Friedlaender-Prechtl, Meyer zu Schwabedissen und Wildermuth der Industrie und Deidesheimer und Hülsmann als Repräsentanten der höheren Beamtenschaft, ferner die Professoren Gottl-Ottlilienfeld, Gerstenberg, Leichtweiss, Siedler und Stubbe, der Direktor am Statistischen Reichsamt Grävell, sowie weitere Sachverständige für den Bereich der Landwirtschaft und der Städteplanung.

Aus der ernsten Sorge um das tragische Schicksal unserer Arbeitslosen entstanden, stellte diese Arbeit, wie es in den grundsätzlichen Vorbemerkungen heißt, den letzten Versuch dar, „das Problem der Arbeitslosigkeit und die sich hieraus ergebenden Verpflichtungen zur Arbeitsbeschaffung frei von aller Theorie auf der Grundlage des ‚Ist-Bestandes der deutschen Wirtschaft' zu behandeln. Die Verfasser versprechen sich von solchem Vorgehen praktisch brauchbare Hinweise für die Arbeitsbeschaffung".[497]

Nach diesem Hinweis auf die grundlegende Zielrichtung des Vorhabens und nach einer kurzen Gegenüberstellung der beiden Modelle „freie Wirtschaft" und „Planwirtschaft", wurde eine Analyse der gegenwärtigen konjunkturellen Situation gegeben, wobei ein Teil der berücksichtigten Literatur und des statistischen Materials zur Unterstützung der aufgestellten Thesen auszugsweise in der dort beigefügten Anlage aufgeführt wurde.

Im Anschluß an diese Aufnahme und der daraus abgeleiteten Schlußfolgerung, daß nur mit Hilfe eines staatlichen Arbeitsbeschaffungsprogramms der Weg aus der Krise herausgefunden werden kann, gaben die Reformer ein Beispiel, welche Arbeitsgebiete sich für ein solches Sanierungsprogramm besonders gut eigneten und auf welche Weise die Finanzierung zu erfolgen habe. Zu den in Betracht gezogenen Arbeiten, die von kleinen Erweiterungen abgesehen die gleichen Arbeitsgebiete umfaßten, die Dräger in seinen drei Gruppen genannt hatte, wurden in der Anlage jeweils ein oder mehrere Gutachten aufgeführt. Sachverständige führten darin beispielsweise aus, in welchem Umfang die Arbeiten durchgeführt werden mußten, um eine bestimmte Anzahl Arbeitsloser zu absorbieren, sie stellten Wirtschaftlichkeitsberechnungen und zum Teil auch volkswirtschaftliche Kosten-Nutzen-Analysen auf, andere wiederum gaben konkrete Bauvorschläge, wo z. B. eine Straße entlang verlaufen und wie dick die Asphaltdecke sein müsse, oder aber sie gaben Vorschläge zur Lösung der Finanzierungsprobleme.

Auch was die Finanzierung betraf, so wurde noch einmal darauf hingewiesen, daß die Wirksamkeit des Arbeitsprogramms gänzlich davon abhänge, auf welchem Wege die vorgeschlagenen Arbeiten finanziert würden. Vom Standpunkt der Reformer war dies nach Lage der Dinge die Finanzierung durch Kreditschöpfung.

## 2.10. Das Reinhardt-Programm

Dies war also der Stand in der Entwicklung einer aktiven Arbeitsbeschaffungspolitik, bevor es am 30. Januar 1933 zum Machtwechsel in Deutschland kam. Unter Hitler wurde dann mit dem 1.[498] und 2.[499] Reinhardt-Programm der entscheidende Vorstoß im Kampf gegen die Arbeitslosigkeit gemacht, in dessen Folge eine wirksame Reduzierung der Arbeitslosigkeit gelang. Der Erfolg dieses Plans, mit dem die schon seit Inkrafttreten des Schleicher-Plans positive Entwicklung am Arbeitsmarkt fortgesetzt wurde, hatte somit die Richtigkeit der Thesen der Reformer bestätigt.

Seinem Charakter nach war das Reinhardt-Programm die konsequente praktische Umsetzung des Gedankengutes der Reformer und die folgerichtige Fortsetzung des Schleicher-Programms.

In diesem Sinne wurden für öffentliche Großarbeiten im 1. Reinhardt-Programm 1 Milliarde RM bereitgestellt. Im Rahmen dieser öffentlichen Bautätigkeit lagen Instandsetzungs- und Ergänzungsarbeiten an Verwaltungs- und Wohngebäuden sowie auch an Brücken (200 Millionen RM), Arbeiten zum Bau von Siedlungen (150 Mill. RM) und zur Flußregulierung (100 Mill. RM), ferner der Bau von Anlagen zur Versorgung der Bevölkerung mit Gas und Wasser und Elektrizität (100 Mill. RM), Tiefbauarbeiten (150 Mill. RM) sowie noch weitere verschiedene volkswirtschaftlich wertvolle Arbeiten wie beispielsweise der Bau von Zinkhütten (135 Mill. RM).[500]

Dazu wurden im 2. Reinhardt-Programm vom 21. September noch einmal 500 Millionen RM für die Förderung von Instandsetzungs- und Ergänzungsarbeiten an Gebäuden für die Teilung von Wohnungen und für den Umbau sonstiger Räume in Wohnungen zur Verfügung gestellt.[501] Darüber hinaus gab es dann noch Zinsvergütungsscheine im Betrage von 360 Mill. RM für die über die Bauzuschüsse hinaus aufgewendeten eigenen oder fremden Gelder der Hausbesitzer in Höhe von 4%, die in den Jahren 1934 bis 1939 vom Reich eingelöst wurden.[502]

Auch in der Finanzierungsmethode folgte der Reinhardt-Plan dem gedanklichen Muster der Reformer. Die Kreditschöpfung erfolgte in diesem Fall durch die Ausgabe von Arbeitsschatzanweisungen, aufgrund derer durch die Träger der Arbeit Wechsel gezogen wurden, die durch die Reichsbank rediskontiert und in den Jahren 1934–1938 durch das Reich eingelöst wurden.

In seiner ganzen Anlage baute der Reinhardt-Plan also auf den Ideen von Woytinsky und den in der „Studiengesellschaft“ vertretenen Reformern auf. Die notwendige Detailarbeit war meist schon vorher in den Dienststellen des Reiches geleistet worden, „im Kommissariat für Arbeitsbeschaffung, im Arbeitsministerium, bei der Reichsanstalt für Arbeitsvermittlung und Arbeitslosenversicherung, im Wirtschafts- und Finanzministerium, in der Reichsbank, in den Ausschüssen des Reichstages, wie im Haushaltsausschuß und in denen des Reichswirtschaftsrates“.[503]

Dies macht auch die Würdigung der Politik der Regierungen von Papens und von Schleichers durch Guillebaud verständlich, wenn er schreibt: „Such, then, were the tools, that had been forged by its predecessors and which were available for use by the Hitler Government.“[504]

## 3. Zusammenfassung

Wenn wir zu Beginn unserer Arbeit noch die Frage unbeantwortet gelassen haben, ob es in Deutschland zur Zeit der Weltwirtschaftskrise Ansätze zu einer Beschäftigungstheorie gegeben hat, so können wir nun als Ergebnis der vorstehenden Ausführungen festhalten, daß es in den kritischen Jahren der Weltwirtschaftskrise in Deutschland eine Vielzahl von Leuten gab, die klar erkannt hatten, daß der wirtschaftspolitische Kurs der Regierung Brüning, der, abgesehen von den politischen Umständen, in vielerlei Hinsicht von der „klassischen Volkswirtschaftslehre“ geprägt war, nicht dazu geeignet war, die Wirtschaft aus dem Strudel der Depression herauszureißen, sondern im Gegenteil nur noch die Krisenerscheinungen verschärfte. Aus diesem Grunde sowie aus der Sorge heraus, daß die Arbeitslosen in ihrer Verzweiflung Zuflucht zu einer der extremistischen politischen Parteien nehmen könnten, stellten sie die Forderung nach einer Arbeitsbeschaffungspolitik, wobei sie ihrerseits ausführlich detaillierte Arbeitsprogramme aufstellten und zugleich theoretisch begründeten.

Es bestand also eine Alternative zu der offiziellen Wirtschaftspolitik, von der mit Sicherheit auch die für die Politik Verantwortlichen Kenntnis hatten, denn die Diskussion über eine aktive staatliche Konjunkturpolitik wurde auf allen Ebenen geführt. Die Reformer versuchten dabei immer wieder mit neueren Argumenten, ihren Standpunkt gegenüber den Anhängern einer „laissez-faire"-Politik durchzusetzen und die Regierung von der Notwendigkeit einer Arbeitsbeschaffungspolitik zu überzeugen. Ihre Bemühungen blieben nichtsdestoweniger lange Zeit ohne Erfolg. Denn erst nach dem Sturz der Regierung Brüning und dem offensichtlichen Scheitern ihrer Wirtschaftspolitik begann sich die Einstellung der Reichsregierung und der Reichsbank zu der Arbeitsbeschaffungspolitik zu ändern, so daß erst unter der Regierung von Papen Ansätze einer Arbeitsbeschaffungspolitik erkennbar sind.

Es stellt sich in diesem Zusammenhang dann die Frage, welche Gründe Brüning veranlaßt haben könnten, sich den Argumenten der Reformer so lange Zeit zu verschließen und statt dessen konsequent mit seiner Deflationspolitik fortzufahren.

Die Tatsache, daß sowohl Brüning als auch Luther Maßnahmen auf dem Gebiet der Fiskal- und Währungspolitik, wie sie beispielsweise England mit seiner Pfundabwertung 1931 vorgeführt hatte, als inflationsfördernd und gefährlich abgelehnt hatten, legt die Vermutung nahe, daß beide noch sehr dem Gedankengut der „klassischen Volkswirtschaftslehre" verhaftet waren und deshalb lange Zeit auch ein Eingreifen des Staates in den Wirtschaftskreislauf als schädlich ansahen.[505] Dagegen spricht indessen die Tatsache, daß Brüning, wie er selber zugibt[506], schon kurz nach Ausbruch der Krise im Jahre 1930 ein Arbeitsbeschaffungsprogramm vorbereitet hatte, in welchem 1150 Millionen RM für Arbeiten im Straßen- und Wohnungsbau sowie für Investitionen bei der Reichsbahn und der Reichspost aufgewendet werden sollten. Es kam indessen nicht zur Ausführung, weil für seine Finanzierung keine Mehrheit im Reichstag gefunden werden konnte, mit der Folge, daß die Idee eines Arbeitsbeschaffungsprogramms nach der Auflösung des Reichstags zunächst einmal fallen gelassen wurde.

1931 entstanden dann neue Pläne für ein Arbeitsbeschaffungsprogramm, wobei unter anderem der Bau einer Autobahn — der sogenannten Hafraba-Autobahn —, die Errichtung neuer und die Instandsetzung alter Wohnungen als auch Maßnahmen zur Sicherung der Landwirtschaft in den Ostprovinzen vorgesehen waren.

Dies bestätigt aber unsere eingangs geäußerte Vermutung, daß die Gründe für das Verhalten Brünings letztlich politischer Natur waren. Denn wie die genannten Pläne beweisen — deren Existenz im übrigen von Graf Schwerin-Krosigk bestätigt wird —, hatte Brüning keineswegs nur die Absicht, sich mit Hilfe einer Deflationspolitik allmählich „emporzuhungern", sondern er hatte durchaus erkannt, daß ohne eine monetäre Spritze seitens des Staates eine Gesundung der Wirtschaft nicht zu erreichen war.[507]

Er glaubte aber, den Übergang von der Deflationspolitik zu einer Politik der dosierten Kreditausweitung erst dann vornehmen zu können, wenn das Problem der Reparationen gelöst war.[508] Seit den Wahlen vom September 1930 war die Streichung der Reparationszahlungen das oberste Ziel in der politischen Konzeption Brünings gewesen, dem alle anderen Ziele untergeordnet wurden. Wie der damalige Staatssekretär und spätere

Finanzminister Schäffer in einem Brief an Dräger schreibt, war Brüning fest entschlossen, die Reparationsfrage noch während der Krise einer endgültigen Lösung zuzuführen, da er es für unmöglich hielt, „in einer Zeit wieder aufsteigender Konjunkturen, wo man sich auf der Gläubigerseite und übrigens kaum weniger in den Kreisen der deutschen Wirtschaft über die Aussichten deutscher Zukunftswirtschaft unbegrenzten Illusionen hingegeben hätte, eine Aufhebung oder wenigstens eine Herabsetzung der Reparationszahlungen zu erlangen".[509]

Zu diesem Zweck war es also notwendig, Deutschland so arm wie möglich erscheinen zu lassen, um den Gläubigern zu beweisen, daß man unmöglich die Mittel zur Abgleichung der Schuld aufbringen könne.

Um dieses Ziel zu erreichen, glaubte die Regierung ferner, wenn sie sich nicht wieder wie anfangs der 20er Jahre dem Vorwurf der inflationären Entledigung der Schulden ausgesetzt sehen wollte, eine Politik betreiben zu müssen, die mit den bei den Gläubigern damals herrschenden Anschauungen in Übereinstimmung stand, um diese davon zu überzeugen, daß die Lage Deutschlands nicht die Folge einer fehlerhaften deutschen Wirtschafts- und Finanzpolitik war, sondern eine Folge seiner übermäßigen Belastung durch die im Young-Plan festgesetzten Reparationszahlungen. Aus diesem Grunde wie auch aus der Absicht, die deutschen Banken vor einem neuen Abzug der ausländischen Gelder zu bewahren, verfolgte die Regierung zum einen eine restriktive, von jeder inflationären Anrüchigkeit freien Politik der Sparsamkeit, und zum anderen eine Politik, die keinen Zweifel an der Einhaltung international vereinbarter Übereinkommen auf währungspolitischem Gebiet aufkommen ließ. Der politische Spielraum, innerhalb dessen die Regierung unter Einhaltung der eingegangenen Verpflichtungen souverän entscheiden konnte, war dadurch eng begrenzt. So war es Deutschland nach den Bestimmungen des Young-Plans untersagt, eine Wechselkursänderung vorzunehmen, vielmehr war es verpflichtet, die in Gold festgesetzte Währungsparität aufrechtzuhalten. Dies hatte beispielsweise zur Folge, daß bei der Erörterung des Wagemann-Plans die französische Regierung und die Direktoren der Bank von Frankreich mit einer Kündigung der deutschen Kredite drohten.[510]

Ferner verbot das Reichsbankgesetz, das ein integrierender Bestandteil des Young-Plans war, eine Kreditausweitung in der Größenordnung, wie sie für die Durchführung eines wirksamen Programms erforderlich war.[511] Schon das geringste Anzeichen einer Lockerung des restriktiven Kurses konnte die Verhandlungen über die Einstellung der Reparationszahlungen zum Scheitern bringen. So berichtet Schäffer, daß nach der am 10. Dezember 1931 erfolgten Herabsetzung des Diskontsatzes von 8 auf 7 v.H. der Vorsitzende des Basler Ausschusses, Walter Layton, dem deutschen Verhandlungsteilnehmer, Carl Melchior, heftige Vorwürfe gemacht hatte, daß von der deutschen Restriktionspolitik abgewichen würde. Ebenso wies das Federal Reserve Board durch seinen ständigen Berater in Berlin, Professor Sprague, immer wieder darauf hin, daß eine Aufrechterhaltung der Sparsamkeit und der Restriktionspolitik eine Voraussetzung für ein Entgegenkommen der Gläubigermächte in der Reparationsfrage sei. Nur mit größter Mühe gelang es Melchior und Schwerin-Krosigk, der auch an den Verhandlungen teilnahm, die deutschfreundlichen Mitglieder des Komitees von der Notwendigkeit dieses Schrittes zu überzeugen und eine Verschlechterung des Berichts der Kommission zu verhindern.[512]

Neben dieser Unterordnung der Innenpolitik unter das angestrebte außenpolitische Ziel lag ein weiterer Grund für das Hinauszögern der Durchführung der vorbereiteten

Arbeitsbeschaffungsprogramme darin, daß Brüning dafür den rechten Augenblick noch nicht gekommen hielt. Seiner Überzeugung zufolge konnten die Maßnahmen zur Wirtschaftsbelebung nur dann die gewünschte Wirkung erzielen, wenn sie am Tiefpunkt der Krise, wenn die Preisentwicklung ihren tiefsten Stand erreicht hatte, vorgenommen würden. Den Tiefstand der Konjunktur erwarteten er und das Reichskabinett aber erst für Juni 1932.

So kam es also dazu, daß die Idee der aktiven Arbeitsbeschaffung ihre volle Umsetzung in die Realität erst unter der Diktatur des faschistischen Hitler-Regimes erfuhr, das zu vermeiden die Reformer versucht hatten. Dies mußte für sie deprimierend sein, um so mehr, da sich ihre Voraussagen in jeder Hinsicht bestätigten und die Arbeitsbeschaffungspolitik zu einem großen Erfolg wurde. Einen Eindruck von dieser Stimmung vermittelt uns dazu ein Brief, den Friedlaender-Prechtl am 25. Januar 1937 an Heinrich Dräger schrieb, aus dem wir abschließend noch folgende Stelle zitieren möchten: „Die von uns damals vertretenen Ideen sind ja zu hundert Prozent durchgeführt, und man kann wohl sagen, daß sie sich auch zu hundert Prozent bewährt haben. Dasjenige, was damals noch theoretische Schlußfolgerung war, beispielsweise die Selbstliquidierung der Kredite und die Bezahltmachung der öffentlichen Investitionen durch sich selbst bzw. durch die von ihnen ausgehenden Sekundärwellen und deren echte Geldschaffung: das Alles ist inzwischen durch die Praxis unter Beweis gestellt und kann heute ernsthaft wohl nicht mehr bestritten werden. Es geschieht nicht oft, daß neue Ideen sich so rasch durchsetzen und bewähren. Daß wir durch die hundertprozentige Schwerhörigkeit der damals am Ruder befindlichen Personen nicht dazu gelangten, in entscheidender Weise an der Inswerksetzung unserer Ideen mitzuarbeiten, hat einen geradezu tragischen Aspekt; und wir müssen uns damit trösten, daß wir das Richtige gewollt, es zur rechten Zeit ausgesprochen und mit rücksichtslosem Nachdruck vertreten haben.“

# Anmerkungen

[1] Hempel, C. G.: Wissenschaftliche und historische Erklärungen. In: H. Albert, Theorie und Realität, S. 237–261. Tübingen 1972.
[2] Toynbee, A.: Menschheit — woher und wohin? Plädoyer für den Weltstaat, S. 7. Stuttgart 1969.
[3] Treue, W.: Wirtschaftsgeschichte der Neuzeit. 1. Bd., S. XI. Stuttgart 1973.
[4] Knowles, L. C. A.: Economic Development in the Nineteenth Century, S. VII. London 1932.
[5] Toynbee, A.: Menschheit — woher und wohin? ... a.a.O., S. 8.
[6] Toynbee, A.: Menschheit — woher und wohin? ... a.a.O., S. 9.
[7] Toynbee, A.: Menschheit — woher und wohin? ... a.a.O., S. 12.
[8] Rothfels, H.: Zeitgeschichte als Aufgabe. In: Vierteljahreshefte für Zeitgeschichte, 1. Jahrgang, 1. Heft, S. 8. Stuttgart 1953.
[9] Borner, S.: Weltwirtschaftskrise und Rezession. In: National-Zeitung vom 10. Januar 1976, Basel.
[10] Garvy, G.: Keynes and the Economic Activists of Pre-Hitler Germany. In: Journal of Political Economy, Vol. 83, S. 391 ff. Chicago 1975.
[11] Kindleberger, C.: The World in Depression 1929–1939. History of the World Economy in the Twentieth Century, Vol. 4, S. 20. London 1973.
[12] Kindleberger, C.: The World in Depression, a.a.O., S. 21.
[13] Kindleberger, C.: The World in Depression, a.a.O., S. 21.
[14] Schumpeter, J. A.: Business Cycles: A Theoretical, Historical and Statistical Analysis of the Capitalist Process, 2 Vols., S. 907. New York and London 1939.
Predöhl, A.: Die Epochenbedeutung der Weltwirtschaftskrise von 1929 bis 1931. In: Vierteljahreshefte für Zeitgeschichte, 2. Jahrgang, 2. Heft, S. 97–118. Stuttgart 1953.
[15] Kahn, E.: Bevölkerungsrückgang und Wirtschaft. In: Der deutsche Volkswirt, 5. Jahrg. Nr. 5, S. 142–149, vom 31. Oktober 1930; vgl. ferner Ambrosi, C., Tacel, M.: Histoire économique des grandes puissances a l'époque contemporaine, S. 567. Paris 1963.
[16] Kindleberger, C.: The World in Depression, a.a.O., S. 92.
[17] World production, prices and stocks of primary commodities, 1920–38 (1929 = 100). In: League of Nations, Economic Instability in the Postwar World, Geneva 1945; wiederabgedruckt in: Kindleberger, C.: The World in Depression, a.a.O., S. 88.
[18] Kindleberger, C.: The World in Depression, a.a.O., S. 93.
[19] Borner, S.: Weltwirtschaftskrise und Rezession, a.a.O.;
Kindleberger, C.: The World in Depression, a.a.O., S. 117.
[20] Blondel, G.: Reflexions sur le malaise actuel. In: Der internationale Kapitalismus und die Krise. Festschrift für Julius Wolf, S. 4. Stuttgart 1932.
[21] Blondel, G.: Reflexions sur le malaise actuel, a.a.O. (Übersetzung vom Verfasser A. K.).
[22] Galbraith, K.: The great Crash 1929. Boston 1972.
[23] Rees, G.: La Grande Crise de 1929 – le capitalisme remis en question, S. 73. Stuttgart 1972.
[24] Arbeitsbeschaffung. Eine Gemeinschaftsarbeit. Unter Mitwirkung zahlreicher Fachleute, bearbeitet von Heinrich Dräger, Hans Lambrecht, Fritz Reuter, Otto D. Schaefer, Werner T. Schaurte, Beilage A 2, S. 50. Berlin 1933.
[25] Stolper, G., Häuser, K., Borchardt, K.: Deutsche Wirtschaft seit 1870, S. 131. Tübingen 1964.
[26] Fischer, W.: Deutsche Wirtschaftspolitik 1918–1945, S. 42. Opladen 1968; Ambrosi, C., Tacel, M.: Histoire économique ... a.a.O., S. 568.
[27] Fischer, W.: Deutsche Wirtschaftspolitik 1918–1945, a.a.O., S. 43.
Lüke, R.: Von der Stabilisierung zur Krise. Hrsg. vom Basle Centre for Economic and Financial Research Series B, No. 3, S. 203 ff. Zürich 1958.
[28] Henning, F. W.: Die Liquidität der Banken in der Weimarer Republik. In: Aldcroft, D. H., Czada, P., Hardach, G., Henning, F.-W., Siegenthaler, H.: Finanz- und wirtschaftspolitische Fragen der Zwischenkriegszeit, hrsg. von Winkel, H., S. 56. Berlin 1973.

[29] Lüke, R.: Von der Stabilisierung zur Krise, a.a.O., S. 287ff.
[30] Fischer, W.: Deutsche Wirtschaftspolitik 1918–1945, a.a.O., S. 10.
[31] Kord-Ruwisch, W.: Die Wirtschaftswissenschaft, zur Situation und zu den Aufgaben der Krisenpolitik. In: Der deutsche Oekonomist, 50. Jahrg. Nr. 30, S. 981–985, vom 29. Juli 1932.
[32] Friedman, M., Schwartz, A. J.: A Monetary History of the United States 1867–1960, Kapitel 7. Princeton 1963.
[33] Quelle: Die interalliierten Schulden, ihre Entstehung und ihre Behandlung im Youngplan, Einzelschriften zur Statistik des Deutschen Reichs, Nr. 11, Berlin 1930. Die Tabelle über die interalliierte Verschuldung ist abgedruckt in: Fischer, W., Deutsche Wirtschaftspolitik 1918–1945, a.a.O., S. 107.
[34] Renatus, K.: Die zwölfte Stunde der Weltwirtschaft. München 1931;
vgl. ferner Kord-Ruwisch, W.: Wege und Irrwege aus der Deflation, Befreiung durch Konversion der Kriegsschulden? In: Der deutsche Oekonomist, 50 Jahrg. Nr. 2, S. 45–49, vom 15. Jan. 1932.
[35] Unter der Golddevisenwährung mußte 40 v.H. der umlaufenden Geldmenge durch Gold und Devisen gedeckt sein.
[36] Bank für Internationalen Zahlungsausgleich: Bericht des Beratenden Sonderausschusses, S. 16. Dezember 1931.
[37] Stucken, R.: Deutsche Geld- und Kreditpolitik 1914–1963, 3. Auflage. S. 83. Tübingen 1964.
[38] Lukas, E.: Weltkrise und deutsche Wirtschaft, S. 30. Tübingen 1931.
[39] Kindleberger, C.: The World in Depression, a.a.O., S. 26.
[40] Kindleberger, C.: The World in Depression, a.a.O., S. 28.
[41] Aus diesem Grunde spricht Kindleberger von „to take an undue share of the burdens of the system"; Kindleberger, C.: The World in Depression, a.a.O., S. 28.
[42] Kindleberger, C.: The World in Depression, a.a.O., S. 295.
[43] Fischer, W.: Deutsche Wirtschaftspolitik 1918–1945, a.a.O., S. 11.
[44] Fischer, W.: Deutsche Wirtschaftspolitik 1918–1945, a.a.O., S. 11.
[45] Fischer, W.: Deutsche Wirtschaftspolitik 1918–1945, a.a.O., S. 12.
[46] Lütge, F.: Deutsche Sozial- und Wirtschaftsgeschichte, S. 539. Heidelberg 1966.
[47] Kroll, G.: Von der Weltwirtschaftskrise zur Staatskonjunktur, S. 16. Berlin 1958.
[48] Ambrosi, C., Tacel, M: Histoire économique ..., a.a.O., S. 557.
[49] Fischer, W.: Deutsche Wirtschaftsgeschichte 1918–1945, a.a.O., S. 16.
[50] Keynes, J. M.: The Economic Consequences of Peace, S. 123. London 1920.
[51] D'Abernon, Viscount: An Ambassador of Peace, I, S. 64. London 1929, zitiert bei Fischer, W.: Deutsche Wirtschaftsgeschichte 1918–1945, a.a.O., S. 19.
[52] Kroll, G.: Von der Weltwirtschaftskrise zur Staatskonjunktur, a.a.O., S. 19.
[53] Ambrosi, C., Tacel, M.: Histoire économique, a.a.O., S. 559.
[54] Kroll, G.: Von der Weltwirtschaftskrise zur Staatskonjunktur, a.a.O., S. 20.
[55] Stucken, R.: Deutsche Geld- und Kreditpolitik 1914–1963, a.a.O., S. 35.
[56] Stolper, G.: Deutsche Wirtschaft seit 1870, a.a.O., S. 108.
[57] Lüke, R.: Von der Stabilisierung zur Krise, a.a.O., S. 18.
[58] Stucken, R.: Deutsche Geld- und Kreditpolitik, a.a.O., S. 54.
[59] Stucken, R.: ebenda, S. 55.
[60] Bankgesetz. Vom 30. August 1924: Reichsgesetzblatt Teil II, S. 235ff.
[61] Stucken, R.: Deutsche Geld- und Kreditpolitik, a.a.O., S. 61.
[62] Stucken, R.: Deutsche Geld- und Kreditpolitik, a.a.O., S. 62.
[63] Ambrosi, C., Tacel, M.: Histoire économique, a.a.O., S. 563.
[64] Ambrosi, C., Tacel, M.: Histoire économique, a.a.O., S. 563.
vgl. ferner Stolper, G.: Deutsche Wirtschaft seit 1870, a.a.O., S. 110.
[65] Dederke, K.: Reich und Republik, Deutschland 1917–1933, 2. Auflage, S. 185. Stuttgart 1973.
[66] Dederke, K.: ebenda, S. 186.
[67] Fischer, W.: Deutsche Wirtschaftspolitik 1918–1945, a.a.O., S. 36.
[68] Lüke, R.: Von der Stabilisierung zur Krise, a.a.O., S. 147ff.
[69] Fischer, W.: Deutsche Wirtschaftspolitik 1918–1945, a.a.O., S. 38.
[70] Ambrosi, C., Tacel, M.: Histoire économique, a.a.O., S. 564.
[71] Lüke, R.: Von der Stabilisierung zur Krise, a.a.O., S. 178.
[72] Stolper, G.: Deutsche Wirtschaft seit 1870, a.a.O., S. 113.
[73] Lütge, F.: Deutsche Sozial- und Wirtschaftsgeschichte, a.a.O., S. 544.

[74] Ambrosi, C., Tacel, M.: Histoire économique, a.a.O., S. 565.
[75] Lütge, F.: Deutsche Sozial- und Wirtschaftsgeschichte, a.a.O., S. 545.
[76] Vgl. Statistisches Jahrbuch für das Deutsche Reich, 52. Jahrgang, S. 500. Berlin 1933; ferner Kroll, G.: Von der Weltwirtschaftskrise zur Staatskonjunktur, a.a.O., S. 84.
[77] Kroll, G.: Von der Weltwirtschaftskrise zur Staatskonjunktur, a.a.O., S. 98ff.
[78] Sanmann, H.: Daten und Alternativen der deutschen Wirtschafts- und Finanzpolitik in der Ära Brüning. In: Hamburger Jahrbuch für Wirtschafts- und Gesellschaftspolitik 10, S. 109ff., 1965.
[79] Fischer, W.: Deutsche Wirtschaftspolitik 1918–1945, a.a.O., S. 46.
[80] Ambrosi, C., Tacel, M.: Histoire économique, a.a.O., S. 571.
[81] Dräger, H. und Grotkopp, W.: Über Arbeitsbeschaffung. In: Sonderheft der Zeitschrift „Die Wirtschaftswende" vom September 1932.
[82] Nöll von der Nahmer, R.: Ist die Arbeitslosigkeit ein Finanzproblem. In: Der deutsche Oekonomist, 49. Jahrg. Nr. 48, S. 1729–1732, vom 4. Dezember 1931.
[83] Röpke, W.: Praktische Konjunkturpolitik, die Arbeit der Brauns-Kommission. In: Weltwirtschaftliches Archiv, 34. Bd., S. 423–464. Jena 1931.
[84] Dräger, H.: Die Tätigkeit der Studiengesellschaft für Geld- und Kreditwirtschaft. Zitiert aus: unveröffentlichte Materialsammlung von H. Dräger.
[85] Zur Gründung kam es dann im Spätherbst 1931. An ihr waren außer Heinrich Dräger noch Rudolph Dalberg und Wilhelm Grotkopp beteiligt.
[86] Woytinsky, W.: Arbeitsbeschaffung. In: Der deutsche Volkswirt, 6. Jahrg. Nr. 32, S. 1046–1049, vom 6. Mai 1932.
[87] Das Zitat stammt aus einer Ansprache des Reichskanzlers von Schleicher, die er am 15. Dezember 1932 im Rundfunk gehalten hat. Um eine Sinnverfälschung auszuschließen, sei der Satz in seinem vollem Wortlaut zitiert: „Aber Menschen, die der Verzweiflung nahe sind, kann man mit Auseinandersetzungen darüber nicht trösten, daß nach den Gesetzen wirtschaftlicher Vernunft auf jedes wirtschaftliche Tief ein Hoch zu folgen pflege." Abgedruckt in Dräger, private Materialsammlung.
[88] Strasser, G.: Reichstagsrede vom 10. Mai 1932, abgedruckt in: Dräger, private Materialsammlung.
[89] Wirtschaftliches Sofortprogramm der NSDAP. Broschürenreihe der Reichspropaganda-Leitung der NSDAP, Heft 16, S. 7. München 1932.
[90] Dies hatte Hitler schon in seiner Rede vor dem Industrieklub in Düsseldorf am 7. Januar 1932 gefordert;
vgl. dazu Rees, G.: La Grande Crise de 1929, S. 255. Paris 1972.
[91] Kroll behauptet sogar, gestützt auf die Aussage des Staatssekretärs a.D. Dr. Sattler, daß die Nationalsozialisten ganze Passagen von Friedlaender-Prechtl abgeschrieben und als eigenes Produkt verkauft haben.
Vgl. Kroll, G.: Von der Weltwirtschaftskrise, a.a.O., S. 435.
[92] Friedlaender-Prechtl, R.: Ein Rückblick. Erschienen in der Schrift Malthus, wiederabgedruckt in: H. Dräger, private Materialsammlung.
[93] Friedlaender-Prechtl, R.: Unternehmer und Arbeits-Beschaffung. In: Die Wirtschaftswende vom September 1932, S. 2.
[94] Friedlaender-Prechtl. R.: Unternehmer und Arbeits-Beschaffung, a.a.O., S. 2.
[95] Keynes, J. M.: The General Theory of Employment, Interest and Money, S. 212. London 1936.
[96] Keynes, J. M.: The General Therory..., a.a.O., S. 47ff.
[97] Vgl. dazu Teil II, Ziffer 3.
[98] Bericht des vorläufigen Reichswirtschaftsrates, Bericht des Zentralausschusses über die Hebung der Produktion. Drucksache Nr. 380. Berlin 1932. Wiedergegeben in: Arbeitsbeschaffung. Eine Gemeinschaftsarbeit..., a.a.O., Anlage B 11, S. 111.
[99] League of Nations, Monthly Bulletin of Statistics, S. 51. Geneva, Februar 1934. Wiederabgedruckt in: C. Kindleberger: The World in Depression, a.a.O., S. 172.
[100] Bericht des Reichswirtschaftsrates, a.a.O., S. 113.
[101] Kroll, G.: Von der Weltwirtschaftskrise zur Staatskonjunktur, a.a.O., S. 102.
[102] Neisser, H.: Ankurbelung oder Inflation. In: Der deutsche Volkswirt, 6. Jahrg. Nr. 3, S. 80–84, vom 16. Oktober 1931;
vgl. auch Ohl, J.: Keynesianismus ohne Keynes, Der deutsche Beitrag zur Entwicklung der modernen Beschäftigungstheorie, Tübinger Dissertation 1953.

[103] Kroll, G.: Von der Weltwirtschaftskrise zur Staatskonjunktur, a.a.O., S. 102.

[104] Bericht des Reichswirtschaftsrates..., a.a.O., S. 115.

[105] Donner, O.: Voraussetzungen und Konsequenzen öffentlicher Arbeitsbeschaffung. In: Der deutsche Volkswirt, 7. Jahrg. Nr. 43, S. 1221–1223, vom 28. Juli 1933.

[106] Der WTB-Plan der Arbeitsbeschaffung. Der WTB-Plan der freien Gewerkschaften wurde Ende 1931 von Woytinsky, Tarnow und Baade ausgearbeitet und am 13. April vom Kongreß der Gewerkschaften angenommen. Er ist in voller Fassung abgedruckt bei Grotkopp, W.: Die Große Krise, S. 352–356. Düsseldorf 1954.

[107] Dräger, H.: Arbeitsbeschaffung durch produktive Kreditschöpfung. In: 1. Sonderheft der Zeitschrift Die deutsche Volkswirtschaft.

[108] Arbeitsbeschaffung, Eine Gemeinschaftsarbeit..., a.a.O., Beilage A 2, S. 50.

[109] Arbeitsbeschaffung, Eine Gemeinschaftsarbeit..., a.a.O., S. 50.

[110] Friedlaender-Prechtl, R.: Chronische Arbeitskrise, ihre Ursache, ihre Bekämpfung. In: Wirtschaft und Geschäft GmbH, Berlin 1926.

[111] Arbeitsbeschaffung, Eine Gemeinschaftsarbeit..., a.a.O., S. 52.

[112] Friedlaender-Prechtl, R.: Chronische Arbeitskrise..., a.a.O., S. 14.

[113] Arbeitsbeschaffung, Eine Gemeinschaftsarbeit..., a.a.O., S. 52.

[114] Arbeitsbeschaffung, Eine Gemeinschaftsarbeit..., a.a.O., S. 51.

[115] Friedlaender-Prechtl, R.: Chronische Arbeitskrise..., a.a.O., S. 15;
vgl. ferner Friedlaender-Prechtl, R.: Wirtschaftswende, S. 55. Leipzig 1931.

[116] Arbeitsbeschaffung, Eine Gemeinschaftsarbeit..., a.a.O., S. 52.

[117] Friedlaender-Prechtl, R.: Chronische Arbeitskrise, ihre Ursache, ihre Bekämpfung..., a.a.O., S. 26.

[118] Friedlaender-Prechtl, R.: Wachstums-Wirtschaft und Gleichgewichts-Wirtschaft. In: Sonderheft der Zeitschrift „Die Wirtschaftswende" vom September 1932, S. 16.

[119] Friedlaender-Prechtl, R.: Wirtschaftswende, a.a.O., S. 64.

[120] Friedlaender-Prechtl, R.: Wachstums-Wirtschaft und Gleichgewichts-Wirtschaft, a.a.O., S. 16.

[121] Keynes, J. M.: The General Theory of Employment, Interest and Money, S. 383. London 1936.

[122] Wir werden diesen Terminus übernehmen und im Verlauf dieser Arbeit ohne nähere Unterscheidung von der „Klassischen Lehre" sprechen.

[123] Szczesny, G.: Die Disziplinierung der Demokratie oder Die vierte Stufe der Freiheit, S. 44ff. Hamburg 1974.

[124] Szczesny, G.: Die Disziplinierung der Demokratie..., a.a.O., S. 44ff.

[125] Mises, L. v.: Liberalismus (II), Handwörterbuch der Sozialwissenschaften, Bd. 6, S. 597. Tübingen 1959.

[126] Kroll, G.: Von der Weltwirtschaftskrise zur Staatskonjunktur, S. 136ff. Berlin 1958.

[127] Briefs, G.: Klassische Nationalökonomie, HdSW, Bd. 6, S. 7. Tübingen 1959.

[128] Kloten, N.: Mikro- und Makroanalyse als Grundlage wirtschaftspolitischer Entscheidungen. In: Zeitschrift für die gesamte Staatswissenschaft, Bd. 114 (1958), S. 28ff.; abgedruckt in: Gegenstand und Methoden der Nationalökonomie, hrsg. von Reimut Jochimsen und Helmut Knobel, S. 339ff. Köln 1971.

[129] Albert, H.: Modell-Platonismus. Der neoklassische Stil des ökonomischen Denkens in kritischer Beleuchtung. In: Sozialwissenschaft und Gesellschaftsgestaltung. Festschrift für Gerhard Weisser, S. 45–76. Berlin 1963; abgedruckt in: Logik der Sozialwissenschaften, hrsg. von Ernst Topitsch, S. 406ff. Köln 1965.

[130] Albert, H.: Modell-Platonismus, a.a.O., S. 407.

[131] Briefs, G.: Klassische Nationalökonomie, a.a.O., S. 6.

[132] Hayek, F. v.: Liberalismus (I). Handwörterbuch der Sozialwissenschaften, Bd. 6, S. 592. Tübingen 1959.

[133] Für eine gute Darstellung dieses Preismechanismus sei auf das Buch von A. Alchian und W. Allen hingewiesen: University Economics. California 1972.

[134] Briefs, G.: Klassische Nationalökonomie, a.a.O., S. 6.

[135] Watrin, C.: Ökonomische Theorien und wirtschaftspolitisches Handeln, aus: Theoretische und institutionelle Grundlagen der Wirtschaftspolitik. Theodor Wessel zum 65. Geburtstag, hrsg. von H. Besters, Berlin 1967, abgedruckt in: Theorie und Realität, hrsg. von H. Albert, S. 369. Tübingen 1972.

[136] Schneider, E.: Einführung in die Wirtschaftstheorie, Bd. IV, S. 1. Tübingen 1965.
[137] Watrin, C.: Ökonomische Theorien und wirtschaftspolitisches Handeln, a.a.O., S. 367.
[138] Albert, H.: Modell-Platonismus..., a.a.O., S. 408.
[139] Albert, H.: Modell-Platonismus..., a.a.O., S. 410.
[140] Watrin, C.: Ökonomische Theorien und wirtschaftspolitisches Handeln..., a.a.O., S. 374.
[141] Jochimsen, R., Knobel, H.: Zum Gegenstand und zur Methodik der Nationalökonomie. In: Gegenstand und Methoden der Nationalökonomie..., a.a.O., S. 48.
[142] Albert, H.: Modell-Platonismus..., a.a.O., S. 410.
[143] Jochimsen, R., Knobel, H.: Zum Gegenstand und zur Methodik der Nationalökonomie..., a.a.O., S. 50.
[144] Albert, H.: Modell-Platonismus..., a.a.O., S. 417.
[145] Hildebrand, B.: Die Nationalökonomie der Gegenwart und Zukunft und andere gesammelte Schriften. Herausgegeben und eingeleitet von H. Behrig (Sammlung sozialwissenschaftlicher Meister, hrsg. von H. Waentig); zitiert bei Schneider, E.: Einführung in die Wirtschaftstheorie, a.a.O., Bd. 4, S. 288ff.
[146] Weber, W. und Topitsch, E.: Das Werturteilsproblem seit Max Weber. In: Gegenstand und Methoden der Nationalökonomie, a.a.O., S. 137.
[147] Weber, M.: Die Objektivität sozialwissenschaftlicher und sozialpolitischer Erkenntnis. In: Archiv für Sozialwissenschaft und Sozialpolitik, Bd. XIX, S. 25ff. Tübingen 1904.
[148] Weber, A.: Volkswirtschaftslehre, Bd. 1, S. 28. München und Leipzig 1932.
[149] Alchian, A., Allen, W.: University Economics..., a.a.O., S. 81.
[150] Weber, M., Neiss, H.: Entwicklung und Probleme der Konjunkturtheorie. In: Konjunktur und Beschäftigungstheorie, S. 15, hrsg. W. Weber. Köln 1967.
[151] Kroll, G.: Von der Weltwirtschaftskrise..., a.a.O., S. 140.
[152] Cassel, G.: Theoretische Sozialökonomie, 5. Auflage, S. 474. Leipzig 1932.
[153] Kroll, G.: Von der Weltwirtschaftskrise..., a.a.O., S. 134.
[154] Röpke, W.: Praktische Konjunkturpolitik. Die Arbeit der Brauns-Kommission ..., a.a.O., S. 443.
[155] Cassel, G.: Theoretische Sozialökonomie, a.a.O., S. 575.
[156] Der bedeutendste Vertreter dieser Richtung ist Aftalion, A.: Les crises périodiques de surproduction. Paris 1913.
[157] Hayek, F. von: Monetary Theory and the Trade Cycle, S. 75ff. London 1933.
[158] Wir verwenden hier den Casselschen Begriff „Kapitaldisposition“, mit dem das Angebot an Sparkapital gemeint ist. Die gleiche Terminologie findet sich auch bei Adolf Weber: Allgemeine Volkswirtschaftslehre, 2. Band, 4. Auflage, S. 314. München–Leipzig 1932.
[159] Hahn, L. A.: Volkswirtschaftliche Theorie des Bankkredits, S. 111. Tübingen 1920.
[160] Cassel, G.: Theoretische Sozialökonomie, a.a.O., S. 566.
[161] Weber, A.: Allgemeine Volkswirtschaftslehre, II. Band, a.a.O., S. 316.
[162] Weber, A.: Allgemeine Volkswirtschaftslehre, II. Band, a.a.O., S. 316. Einschub im Original gesperrt gedruckt.
[163] Cassel, G.: Theoretische Sozialökonomie, a.a.O., S. 567.
[164] Die Tatsache, daß zu Beginn eines Aufschwungs Arbeitskräfte nur gegen höhere Löhne zu bekommen sein sollen, mutet eigentümlich an, da dies plausiblerweise voraussetzen würde, daß selbst in der vorangegangenen Depressionsphase die Wirtschaft sich am Rande der Vollbeschäftigung bewegt hätte. Es ist nicht einzusehen, warum die Löhne steigen sollten, wenn im beginnenden Aufschwung erst einmal die Arbeitslosen absorbiert werden. Mit der Grenznutzentheorie ließen sich indessen auch für den Fall der Unterbeschäftigung Lohnerhöhungen erklären. Danach waren ja die Leute nur deswegen ohne Arbeit, weil sie nicht zu dem vorherrschenden Lohnsatz arbeiten wollten. Folglich müssen die Unternehmen, wenn sie wollen, daß sich das Angebot an Arbeitskräften vergrößert, einen höheren Lohn zahlen.
[165] Auch W. Röpke führt die Umkehr der Wirtschaft auf den Anstieg des Zinses und Kapitalmangels zurück.
Vgl. Krise und Konjunktur, S. 78ff. Leipzig 1932.
[166] Cassel, G.: Theoretische Sozialökonomie, a.a.O., S.575.
[167] Kroll, G.: Von der Weltwirtschaftskrise bis zur Staatskonjunktur..., a.a.O., S. 161.
[168] Röpke, W.: Praktische Konjunkturpolitik. Die Arbeit der Brauns-Kommission, a.a.O., S. 449.

[169] Haberler, G. von: Prosperity and Depression, S. 57ff. Cambridge Massachusetts 1958.
[170] Röpke, W.: Krise und Konjunktur, a.a.O., S. 21.
[171] Röpke, W.: Praktische Konjunkturpolitik, a.a.O., S. 427.
[172] Cassel, G.: Theoretische Sozialökonomie, a.a.O., S. 567.
[173] Hesse, A.: Allgemeine Volkswirtschaftslehre, 15. Auflage, S. 125ff. Jena 1929.
[174] Röpke, W.: Krise und Konjunktur, a.a.O., S. 16.
[175] Röpke, W.: Krise und Konjunktur, a.a.O., S. 16.
[176] Röpke, W.: Praktische Konjunkturpolitik, a.a.O., S.426.
[177] Hayek, F. von: Monetary Theory, a.a.O., Preface S. 19.
[178] Röpke, W.: Praktische Konjunkturpolitik, a.a.O., S. 427.
[179] Lampe, A.: Marktgerechte Wirtschaftsbelebung. In: Der deutsche Oekonomist, 51. Jahrg. Nr. 7, S. 201–207, vom 17. Februar 1933.
[180] Herrmann, K. A.: Verwendungstheorie des Geldes. In: Der deutsche Oekonomist, 50. Jahrg. Nr. 51/52, S. 1699–1706, vom 23. Dezember 1932.
[181] Forstmann, A.: Wege zu nationalsozialistischer Geld-, Kredit- und Währungspolitik. Volk, Recht, Wissenschaft im Dritten Reich, S. 17. Berlin 1933.
[182] Claasen, E. M.: Probleme der Geldtheorie, S. 35. Heidelberg 1970.
[183] Claasen, E. M.: Probleme der Geldtheorie, a.a.O., S. 35.
[184] Herrmann, K.: Verwendungstheorie des Geldes, a.a.O., S. 1702.
[185] Binder, P.: Die Schalthebel der Konjunktur, S. 41ff. München und Berlin 1939.
[186] Binder, P.: Die Schalthebel der Konjunktur, a.a.O., S. 90ff.
[187] Keynes, J. M.: The General Theory, a.a.O., S. 166ff.
[188] Lampe, A.: Marktgerechte Wirtschaftsbelebung. In: Der deutsche Oekonomist, 51. Jahrg. Nr. 8, S. 240–244, vom 24. Februar 1933.
[189] Kastenholz, J.: Die thesaurierten Noten. In: Die Bank, 25. Jahrg., 49. Bd., Heft 21, S. 717, vom 25. Mai 1932.
[190] Kord-Ruwisch, W.: Marktgerechte Wirtschaftsbelebung. In: Der deutsche Oekonomist, 51. Jahrg. Nr. 8, S. 240–244, vom 24. Februar 1933.
[191] Wagemann, E.: Geld und Kreditreform, S. 11. Berlin 1932.
[192] Bericht des Reichswirtschaftsrates, a.a.O., S. 121.
[193] Friedlaender-Prechtl, R.: Unternehmer und Arbeitsbeschaffung, a.a.O., S. 4.
[194] Ritter, L.: The Role of Money in the Keynesian Theory. In: Readings in Macroeconomics, ed. by Müller. London, New York 1966.
[195] Lautenbach, W.: Zins, Kredit und Produktion, hrsg. von Stützel, S. 61. Tübingen 1952.
[196] Lautenbach, W.: Auslandskapital als Katalysator, Stellungnahme zum Gutachten der Brauns-Kommission. In: Zins, Kredit und Produktion, a.a.O., S. 13;
vgl. dazu die Stelle bei Keynes: „The prospective yield of the marginal new investement is not increased by the fact that someone wishes to increase his wealth, since the prospective yield of the marginal new investement depends on the expectation of a demand for a specific article at a specific date.“ J. M. Keynes, The General Theory..., a.a.O., S. 212.
[197] Keynes, J. M.: The General Theory, a.a.O., Kapitel 18.
[198] Schumpeter, J.: Kreditkontrolle. In: Archiv für Sozialwissenschaft und Sozialpolitik, Bd. 54, S. 289–328. Tübingen 1925.
[199] Angaben erfolgen nach dem Konjunktur-Statistischen Handbuch, S. 121, hier abgedruckt bei Kroll, G.: Von der Weltwirtschaftskrise zur Staatskonjunktur, a.a.O., S. 91.
[200] Kroll, G.: Von der Weltwirtschaftskrise zur Staatskonjunktur, a.a.O., S. 94.
[201] Woytinsky, W.: Internationale Hebung der Preise als Ausweg aus der Krise, S. 25. Leipzig 1931.
[202] Woytinsky, W.: Internationale Hebung..., a.a.O., S. 44.
[203] Neisser, H.: Ankurbelung oder Inflation, a.a.O., S. 81.
[204] Meyer zu Schwabedissen: Der Weg zur Neuen Wirtschaft. In: Sonderheft der Zeitschrift Die Wirtschaftswende, S. 42, vom September 1932.
[205] Keynes, J. M.: Ein Traktat über Währungsreform, S. 146. München 1924.
[206] Woytinsky, W.: Europa Wirtschaft Januar 1932, S. 22, hier zitiert bei Grotkopp: Die Große Krise, a.a.O., S. 54.
[207] Daitz, W.: Die Grenzen der produktiven Kreditschöpfung. Erschienen im 1. Sonderheft Die deutsche Volkswirtschaft, S. 40, 1932.
[208] Woytinsky, W.: Internationale Hebung..., a.a.O., S. 37.

[209] Dräger, H.: Bedeuten Preissteigerungen im mäßigen Umfange für die deutsche Volkswirtschaft vom Jahre 1932 eine Katastrophe? 3. Auflage, S. 22. Lübeck 1932.
[210] Kroll, G.: Von der Weltwirtschaftskrise zur Staatskonjunktur, a.a.O., S. 95. Der Index ist preisbereinigt mit der Basis 1927/29 = 100.
[211] Kroll, G.: Von der Weltwirtschaftskrise zur Staatskonjunktur, a.a.O., S. 97. Die Basis ist 1928 = 100.
[212] Moeller, H.: Inflation oder Deflation 1932, S. 30, hier zitiert bei Grotkopp: Die Große Krise, a.a.O., S. 26.
[213] Welter, E.: Der Krach von 1931. Frankfurt/Main.
[214] Forstmann, A.: Wege zu nationalsozialistischer Geld-, Kredit- und Währungspolitik, a.a.O., S. 81.
[215] Kord-Ruwisch, W.: Marktgerechte Wirtschaftsbelebung. In: Der deutsche Oekonomist vom 17. Februar 1933.
[216] Sombart, W.: Der moderne Kapitalismus. Das Wirtschaftsleben im Zeitalter des Hochkapitalismus, 2. Halbband, S. 571. München und Leipzig 1927.
[217] Sombart, W.: Zum Problem der Arbeitsbeschaffung. In: Die Wirtschaftswende vom Februar 1933, S. 26.
[218] Mickwitz, E. von: Die Bekämpfung der deutschen Arbeitslosigkeit durch Kreditausdehnung, Wissenschaftliche Thesen zu den Vorschlägen F. Ladendorf, S. 6. Hamburg 1932.
[219] Neisser, H.: Ankurbelung oder Inflation, a.a.O., S. 81.
[220] Dalberg, R.: Ein Programm der Devalvation. In: Der deutsche Oekonomist, 49. Jahrg. Nr. 49, S. 1765–1771, vom 11. Dezember 1931.
[221] Donner, O.: Voraussetzungen und Konseqenzen öffentlicher Arbeitsbeschaffung, a.a.O., S. 1222.
[222] Röpke, W.: Praktische Konjunkturpolitik, a.a.O., S. 447.
[223] Schiller, K.: Arbeitsbeschaffung und Finanzordnung in Deutschland, S. 27. Berlin 1936.
[224] Lederer, E.: Konjunktur und Krisen G.d.S. IV Abt. 1. Teil 1925, S. 407, hier zitiert bei Ohl: Keynesianismus ohne Keynes, a.a.O., S. 16.
[225] Binder, P.: Schalthebel der Konjunktur, a.a.O., S. 90ff.
[226] Pigou, A.: Real and Money Wage Rates in Relation to Unemployment. In: The Economic Journal, 1937, Vol. XL VII, S. 405.
[227] Bericht des Reichswirtschaftsrates, a.a.O., S. 114.
[228] Guillebaud, C. W.: The Economic Recovery of Germany from 1933 to the Incorporation of Austria in March 1938, S. 26. London 1939.
Die Aussage wird von Brüning in seinen Memoiren bestätigt, der da schreibt: „... und außerdem erreichte die Regierung durch Senkung der entsprechenden Eisenbahntarife eine größere Herabsetzung der Preise für diese Produkte (Eisen, Stahl, A. K.) als dies der Lohnsenkung entsprach."
Brüning, H.: Memoiren 1918–1934, S. 218. München 1972.
[229] Brüning, H.: Memoiren, a.a.O., S. 252.
[230] Brüning, H.: Memoiren, a.a.O., S. 220.
[231] Woytinsky, W.: Internationale Hebung der Preise, a.a.O., S. 30.
[232] Friedlaender-Prechtl, R.: Wirtschaftswende, a.a.O., S. 127.
[233] Kord-Ruwisch, W.: Zur Kritik an der Arbeitsbeschaffung. In: Der deutsche Oekonomist, 51. Jahrg. Nr. 3, S. 71–73, vom 20. Januar 1933.
[234] Die Buchstaben bezeichnen dabei g = Gewinn; u = Umsatz; p = Preis pro Stück; k = Kosten pro Stück.
[235] Kord-Ruwisch, W.: Marktgerechte Wirtschaftsbelebung. In: Der deutsche Oekonomist, 51. Jahrg. Nr. 7, S. 204, vom 17. Februar 1933.
[236] Kord-Ruwisch, W.: Zur Kritik an der Arbeitsbeschaffung. In: Der deutsche Oekonomist, 51. Jahrg. Nr. 3, S. 71ff., vom 20. Januar 1933.
[237] Zwiedineck-Südenhorst, O. von: Die Arbeitslosigkeit und das Gesetz der zeitlichen Einkommensfolge. In: Weltwirtschaftliches Archiv, 34. Bd., S. 361–386. Jena 1931 (II).
[238] Landauer, G.: Der Ursprung der Krisen. In: Der deutsche Volkswirt, 6. Jahrg. Nr. 20, S. 635ff., vom 13. Februar 1931.
[239] Zwiedineck-Südenhorst, O. von: Die Arbeitslosigkeit und das Gesetz..., a.a.O., S. 365.
[240] Zwiedineck-Südenhorst, O. von: Die Arbeitslosigkeit und das Gesetz..., a.a.O., S. 369.

[241] Neisser, H.: Ankurbelung oder Inflation..., a.a.O., S. 81.
[242] Kord-Ruwisch, W.: Zur Kritik an der Arbeitsbeschaffung. In: Der deutsche Oekonomist, S. 72, vom 20. Januar 1933.
[243] Meyer zu Schwabedissen: Der Weg der Neuen Wirtschaft. In: Die Wirtschaftswende, S. 42, vom September 1932.
[244] Kord-Ruwisch, W.: Zur Kritik an der Arbeitsbeschaffung, a.a.O., S. 71.
[245] Lautenbach, W.: Keynes und die Nationalökonomie, a.a.O., S. 202.
[246] Lautenbach, W.: Lohnpolitik zur Konjunkturanregung. Gutachten vom 2. 6. 1930. In: Zins, Kredit und Produktion, a.a.O., S. 127.
[247] Lautenbach, W.: Zins, Kredit und Produktion, a.a.O., S. 127.
Interessanterweise verfolgt das Wirtschaftsministerium in der BRD heute eine ähnliche Politik zur Überwindung der Rezession (vgl. Radiodiskussion mit Dr. Tietmeyer von BMW im WDR am 29. November 1975).
[248] Friedlaender-Prechtl, R.: Unternehmer und Arbeitsbeschaffung. In: Die Wirtschaftswende, S. 4ff., vom September 1932.
[249] Seraphim, H. J.: Theorie der Allgemeinen Volkswirtschaftspolitik, S. 18. Göttingen 1963.
[250] Englis, K.: Teleologische Theorie der Staatswirtschaft. Brünn 1933.
[251] Englis, K.: Teleologische Theorie..., a.a.O., S. 61.
[252] Englis, K.: Teleologische Theorie..., a.a.O., S. 16ff.
[253] Englis, K.: Teleologische Theorie..., a.a.O., S. 19.
[254] Englis, K.: Teleologische Theorie..., a.a.O., S. 79ff.
[255] Seraphim, H. J.: Theorie der Allgemeinen Volkswirtschaftspolitik, a.a.O., S. 16–17.
[256] Seraphim, H. J.: Theorie der Allgemeinen Volkswirtschaftspolitik, a.a.O., S. 17.
[257] Seraphim, H. J.: Theorie der Allgemeinen Volkswirtschaftspolitik, a.a.O., S. 54ff.
[258] Seraphim, H. J.: Theorie der Allgemeinen Volkswirtschaftspolitik, a.a.O., S. 55.
[259] Seraphim, H. J.: Theorie der Allgemeinen Volkswirtschaftspolitik, a.a.O., S. 17.
[260] Myrdal, G.: Das Zweck-Mittel-Denken in der Nationalökonomie. In: Zeitschrift für Nationalökonomie, Bd. IV, S. 305. Wien 1933.
[261] Myrdal, G.: ebenda, S. 306.
[262] Giersch, H.: Allgemeine Wirtschaftspolitik, S. 308. Wiesbaden 1960, mit einem Zitat von H. Simon: Administrative Behavior, 2. Auflage, S. 33. New York 1957.
[263] Dräger, H.: Arbeitsbeschaffung durch produktive Kreditschöpfung, a.a.O., S. 8.
[264] Strathus, H.: Die Zukunft des Kredites, S. 33. Berlin 1939.
[265] Kahn, R. F.: The Relation of Home Investement to Unemployment. In: The Economic Journal, Vol. XLI, S. 173–198. June, London 1931.
[266] Shackle, G. L. S.: Twenty Years on: An survey of the Theory of the Multiplier. In: The Economic Journal, Vol. LXI, S. 241–260. June, London 1951.
[267] Shackle, G. L. S.: Twenty Years on..., a.a.O., S. 241.
[268] Friedlaender-Prechtl, R.: Dynamik und Bilanz der Arbeitsbeschaffung. In: Die Wirtschaftswende, S. 6–7, vom Februar 1933.
[269] Strasser, G.: Reichstagsrede vom 10. Mai 1932.
[270] Dräger, H.: Arbeitsbeschaffung durch produkte Kreditschöpfung..., a.a.O., S. 15.
[271] Sombart, W.: Zum Problem der Arbeitsbeschaffung, a.a.O., S. 26.
[272] Mickwitz, E. von: Die Bekämpfung der deutschen Arbeitslosigkeit..., a.a.O., S. 6ff.
[273] Sombart, W.: Zum Problem der Arbeitsbeschaffung, a.a.O., S. 26.
[274] Föhl, C.: Geldschöpfung und Wirtschaftskreislauf, S. 357. München und Leipzig 1937.
[275] Hohn, H.-W.: John Maynard Keynes und Carl Föhl – Eine vergleichende Darstellung ihres Beitrages zur Entwicklung der Modernen Beschäftigungstheorie, S. 165. Dissertation, München 1973.
[276] Dalberg, R.: Wirtschafts-Lähmung durch Prinzipien. In: Die Wirtschaftswende vom 9. Dezember 1931, abgedruckt in: H. Dräger: private Materialsammlung.
[277] Dräger-Grotkopp: Über Arbeitsbeschaffung, a.a.O. Die Summe von 2 Milliarden gibt auch der WTB-Plan der Gewerkschaften, mit der 1 Million Arbeitslose wieder in den Produktionsprozeß eingegliedert werden sollten.
[278] Haller, H.: Finanzpolitik. Tübingen, Einleitung. Zürich 1972.
[279] Haller, H.: Finanzpolitik, a.a.O., S. 152.
[280] Haller, H.: Finanzpolitik, a.a.O., S. 152.

[281] Burkhead, J.: The Balanced Budget. In: The Quarterly Journal of Economics, 1954; wiederabgedruckt in: Readings in Fiscal Policy, S. 15. London 1955.
[282] Woytinsky, W.: Internationale Hebung..., a.a.O., S. 132.
[283] Röpke, W.: Krise und Konjunktur, a.a.O., S. 122.
[284] Lampe, A.: Marktgerechte Wirtschaftsbelebung. In: Der deutsche Oekonomist vom 17. und 24. Februar 1933.
[285] Forstmann, A.: Wege zu nationalsozialist. Geld-, Kredit- und Währungspolitik, a.a.O., S. 23.
[286] Föhl, C.: Geldschöpfung und Wirtschaftskreislauf..., a.a.O., S. 359.
[287] Donner, O.: Voraussetzung und Konsequenzen, a.a.O., S. 1222.
[288] Ackley, G.: Macroeconomic Theory, S. 166. Toronto 1969.
Ackley erwähnt in diesem Zusammenhang, daß ein Zinsanstieg nur in dem Fall ausbleibt, wenn die Banken als Käufer dieser Papiere auftreten.
[289] Bericht des Reichswirtschaftsrates, a.a.O., S. 121.
[290] Föhl, C.: Geldschöpfung..., a.a.O., S. 358.
[291] Kord-Ruwisch, W.: Marktgerechte Wirtschaftsbelebung, a.a.O., S. 242.
[292] Haller, H.: Finanzpolitik..., a.a.O., S. 199.
[293] Kroll, G.: Von der Wirtschaftskrise zur Staatskonjunktur, a.a.O., S. 355.
[294] Friedlaender-Prechtl, R.: Dynamik und Bilanz der Arbeitsbeschaffung. In: Die Wirtschaftswende, S. 10, vom Februar 1933.
[295] Arbeitsbeschaffung, Eine Gemeinschaftsarbeit..., a.a.O., S. 11.
[296] Dräger, H.: Arbeitsbeschaffung durch produktive Kreditschöpfung, a.a.O., S. 15.
[297] Arbeitsbeschaffung, Eine Gemeinschaftsarbeit..., a.a.O., S. 14.
[298] Arbeitsbeschaffung, Eine Gemeinschaftsarbeit..., a.a.O., S. 33.
[299] Nöll von der Nahmer, R.: Der volkswirtschaftliche Kreditfonds, S. 3. Berlin 1934.
[300] Röpke, W.: Praktische Konjunkturpolitik..., a.a.O., S. 446;
vgl. auch Grotkopp: Die große Krise, a.a.O., S. 130.
[301] Gutachten zur Arbeitslosenfrage. Sonderveröffentlichung des Reichsarbeitsblattes, T 2, S. 4. Berlin 1931.
[302] Röpke, W.: Praktische Konjunkturpolitik, a.a.O., S. 454.
[303] Lautenbach, W.: Auslandskapital als Katalysator. In: Zins. Kredit und Produktion, a.a.O., S. 133.
[304] Lautenbach, W.: Defizitpolitik? Reichsbankzusagen als Katalysator? a.a.O., S. 138.
[305] Mickwitz, E. v.: Die Bekämpfung der deutschen Arbeitslosigkeit..., a.a.O., S. 7.
[306] Lautenbach, W.: Defizitpolitik? Reichsbankzusage als Katalysator? Der Verzweiflungsweg – ohne Auslandskapital. In: Zins, Kredit und Produktion, a.a.O., S. 144.
[307] Mickwitz, E. v.: Die Bekämpfung der deutschen Arbeitslosigkeit, a.a.O., S. 7.
[308] Woytinsky, W.: Internationale Hebung..., a.a.O., S. 120.
[309] Woytinsky, W.: Internationale Hebung..., a.a.O., S. 131 (Im Original gesperrt).
[310] Woytinsky, W.: Internationale Hebung..., a.a.O., S. 130.
[311] Woytinsky, W.: Internationale Hebung..., a.a.O., S. 131.
[312] Woytinsky, W.: Aktive Weltwirtschaftspolitik. In: Arbeit, Bd. 6, Juni 1931;
vgl. auch Garvy, G.: Keynes and the Economic Activists of Pre-Hitler Germany. In: Journal of Political Economy, Vol. 83, 1975.
[313] Schiller, K.: Arbeitsbeschaffung und Finanzordnung in Deutschland, S. 59. Berlin 1936.
[314] Friedlaender-Prechtl, R.: Chronische Arbeitskrise..., a.a.O., S. 33.
[315] Friedlaender-Prechtl, R.: Chronische Arbeitskrise..., a.a.O., S. 38.
[316] z.B. Palyi, M.: 20000 Währungsprojekte in Deutschland. In: Deutsche Bergwerkszeitung vom 5. August 1932.
[317] Schacht, H.: Grundsätze deutscher Wirtschaftspolitik, S. 43. Oldenburg 1932.
[318] Schacht, H.: Grundsätze deutscher Wirtschaftspolitik, a.a.O., S. 48.
[319] Eynern, G. von: Devalvation der Reichsmark? In: Der deutsche Oekonomist, 49. Jahrg. Nr. 43, S. 1567–1570, vom 30. Oktober 1931.
[320] Schacht, H.: Mehr Geld, mehr Kapital, mehr Arbeit, S. 59. Schloß Blekede 1949.
[321] Schacht, H.: Mehr Geld..., a.a.O., S. 62.
[322] Schacht, H.: Mehr Geld..., a.a.O., S. 59ff.
[323] Schumpeter, J.: Das Sozialprodukt und die Rechenpfennige. In: Archiv für Sozialwissenschaft und Sozialpolitik, 44. Band, S. 627–715. Tübingen 1917. Hier zitiert bei Dräger: Produktive Kreditschöpfung, a.a.O., S. 12/13.

[324] Wagemann, E.: Was ist Geld? Oldenburg 1952, auszugsweise abgedruckt in: Arbeitsbeschaffung, Eine Gemeinschaftsarbeit..., a.a.O., Anlage B 23.
[325] Ziegler, L.: Kampf gegen Arbeitslosigkeit, Eine Denkschrift für Reichskanzler Dr. Brüning. In: Die Wirtschaftswende vom 30. September 1931.
[326] Jessen, J.: Währungspolitik und Preispolitik. In: Deutsche Geldpolitik, hrsg. H. Moeller, S. 272. Berlin 1941.
[327] Moeller, H.: Deutsche Geldpolitik, S. 11. Berlin 1941.
[328] Muhs, K.: Vom Goldautomatismus zur Währungsautonomie. In: Deutsche Geldpolitik, a.a.O., S. 216ff.
[329] Forstmann, A.: Wege zu nationalsozialistischer Geld-, Kredit- und Währungspolitik, a.a.O., S. 25.
[330] Stucken, R.: Deutsche Geld- und Kreditpolitik, S. 84. Tübingen 1964. Diese Angabe stützt sich auf den Verwaltungsbericht der Reichsbank S. 9. Dabei ist anzumerken, daß in dieser Summe Devisen in Höhe von 200–300 Millionen RM enthalten sind, die nicht unter deckungsfähigen Devisen, sondern unter Wechseln und Schecks verbucht worden sind.
[331] Statistisches Jahrbuch für das Deutsche Reich, wiederabgedruckt in: Guillebaud, C.: The Economic Recovery of Germany..., a.a.O., S. 280.
[332] Dalberg, R.: Entthronung des Goldes. Stuttgart 1916.
[333] Friedlaender-Prechtl, R.: Wirtschaftswende a.a.O., S. 237. Leipzig 1931.
[334] Friedlaender-Prechtl, R.: Wirtschaftswende, a.a.O., S. 237. Leipzig 1931, hier zitiert bei Kroll, G.: Von der Weltwirtschaftskrise..., a.a.O., S. 441.
[335] Friedlaender-Prechtl, R.: Wirtschaftswende, a.a.O., S. 237.
[336] Friedlaender-Prechtl, R.: Dynamik und Bilanz der Arbeitsbeschaffung, a.a.O., S. 18–19.
[337] Friedlaender-Prechtl, R.: Wirtschaftswende..., a.a.O., S. 237.
[338] Strasser, G.: Reichstagsrede vom 10. Mai 1932 a.a.O.
[339] Erhard, L.: Wirtschaftsbelebung von der Verbrauchsseite. In: Der deutsche Oekonomist, 50. Jahrg. Nr. 40, S. 1323–1325, vom 7. Oktober 1932. Hier zitiert aus: Dräger, H.: private Materialsammlung.
[340] Binder, P.: Schalthebel der Konjunktur, a.a.O., S. 32.
[341] Binder, P.: Schalthebel der Konjunktur, a.a.O., S. 45ff.
[342] Daitz, W.: Die Grenzen der produktiven Kreditschöpfung, a.a.O., S. 40.
[343] Meyer zu Schwabedissen: Der Weg zur Neuen Wirtschaft. In: Die Wirtschaftswende vom September 1932, S. 43.
[344] Neisser, H.: Ankurbelung oder Inflation. In: Der deutsche Volkswirt vom 16. Oktober 1931.
[345] Erhard, L.: Wirtschaftsbelebung von der Verbrauchsseite. In: Der deutsche Oekonomist vom 7. Oktober 1932.
[346] Erhard, L.: Wirtschaftsbelebung von der Verbrauchsseite, a.a.O.
[347] Forstmann, A.: Wege zu nationalsozialist. Geld-, Kredit- und Währungspolitik,a.a.O., S. 35.
[348] Schiller, K.: Arbeitsbeschaffung und Finanzordnung in Deutschland, a.a.O., S. 59.
[349] Schumpeter, J.: Theorie der wirtschaftlichen Entwicklung. München 1911.
[350] Hahn, A.: Volkswirtschaftliche Theorie des Bankkredits, Tübingen 1920. Die zentrale These in diesem Buch heißt in Anlehnung an ein Zitat von MacLeod: „Eine Bank ist nicht eine Anstalt zur Aufnahme und zum Ausleihen von Geld, sondern eine Anstalt zur Erzeugung von Kredit", in Grotkopp, W.: Die Große Krise, S. 148.
[351] Bericht des vorläufigen Reichswirtschaftsrates, a.a.O., S. 122.
[352] Dräger, H.: Arbeitsbeschaffung durch produktive Kreditschöpfung, a.a.O., S. 8.
[353] Gesetz vom 30. August 1924. RGBl II S. 235.
[354] Gesetz zur Änderung des Bankgesetzes vom 8. Juli 1926. RGBl II S. 355.
[355] Gesetz zur Änderung des Bankgesetzes vom 13. März 1930. RGBl II S. 355.
[356] Dalberg, R.: Ein Programm der Devalvation. In: Der deutsche Oekonomist vom 11. Dezember 1931.
[357] Knickerbocker, H. R.: Kommt Europa wieder hoch? hier abgedruckt in H. Dräger, private Materialsammlung.
[358] Verordnung des Reichspräsidenten zur Belebung der Wirtschaft vom 4. September 1932 1. Teil, S. 425. §§ 1, 19 RGBl I.
[359] Dernburg, H.: Die Steuergutscheine als Kreditinstrument. In: Der deutsche Oekonomist, 50. Jahrg. Nr. 40, S. 1326–1329, vom 7. Oktober 1932.

[360] Schiller, K.: Arbeitsbeschaffung und Finanzordnung in Deutschland, a.a.O., S. 55.
[361] Stucken, R.: Deutsche Geld- und Kreditpolitik, a.a.O., S. 119.
[362] Stucken, R.: Deutsche Geld- und Kreditpolitik, a.a.O., S. 120.
[363] Schwerin-Krosigk, L.: Brief an H. Dräger vom 14. 4. 1953.
[364] Wagemann, E.: Geld und Kreditreform, Berlin 1932.
[365] Wagemann, E.: Geld und Kreditreform..., a.a.O., S. 38.
[366] Kord-Ruwisch, W.: Der Wagemann-Plan zur Reform des Geldwesens. In: Der deutsche Oekonomist, 50. Jahrg. Nr. 3, S. 77–79, vom 22. Januar 1932.
[367] Nach eigenen Angaben Wagemanns setzten nicht weniger als 32 Professoren ihre Unterschrift unter ein Protestschreiben gegen diesen Plan. Vgl. Wagemann, E.: Wo kommt das viele Geld her? S. 63. Düsseldorf 1940. Hier zitiert bei: Kroll, G.: Von der Weltwirtschaftskrise..., a.a.O., S. 40.
[368] Lampe, A.: Reform der Notendeckung. Zum Wagemann-Plan. In: Der deutsche Oekonomist, 50. Jahrg. Nr. 6, S. 179–182, vom 12. Februar 1932.
[369] Stolper, G.: Wagemanns Reformideen. In: Der deutsche Volkswirt, 6. Jahrg. Nr. 20, S. 639–642, vom 12. Februar 1932.
[370] Hahn, A.: Deckungsnebel. Zur Wagemannschen Geld- und Kredit-Reform. In: Der deutsche Volkswirt, 6. Jahrg. Nr. 18, S. 580–582, vom 29. Januar 1932.
[371] Brüning, H.: Brief an H. Dräger vom 13. September 1954.
[372] Vgl. Kroll, G.: Von der Weltwirtschaftskrise..., a.a.O., S. 402.
[373] Stucken, R.: Deutsche Geld- und Kreditpolitik, a.a.O., S. 87.
Eine weitere Funktion der Akzept- und Garantiebank bestand darin, die Finanzierung für eine in Berlin neu zu gründende Lombardkasse AG zu übernehmen. Diese sollte den Zweck haben, Darlehen bis zu 10000,– RM bei Hinterlegung von Effekten zu geben, ohne daß die Reichsbank unmittelbar beansprucht würde. (H. Brüning, Memoiren, a.a.O., S. 369).
[374] Grotkopp, W.: Die Große Krise, a.a.O., S. 147; den Betrag von 1 Milliarde erwähnt auch Strasser in seiner Reichstagsrede.
[375] WTB-Plan der freien Gewerkschaften. Im Original abgedruckt bei Grotkopp, W.: Die Große Krise, S. 352.
[376] Stucken, R.: Deutsche Geld- und Kreditpolitik, a.a.O., S. 117.
[377] Dräger, H.: Produktive Kreditschöpfung..., a.a.O., S. 16.
[378] Strasser, G.: Reichstagsrede vom 10. Mai 1932 abgedruckt in: H. Dräger, private Materialsammlung.
[379] Gutachten des Reichswirtschaftsrates, a.a.O., S. 122.
[380] Dräger, H., Grotkopp, W.: Über Arbeitsbeschaffung, a.a.O., S. 18.
[381] Deidesheimer, A.: Finanzierungsvorschläge für den Straßenbau. Verkürzter Abdruck aus: Der Straßenbau, 1932, Heft 9, in: Arbeitsbeschaffung, Eine Gemeinschaftsarbeit..., Anlage B 2.
[382] Schiller, K.: Arbeitsbeschaffung und Finanzordnung, a.a.O., S. 59.
[383] Schreiben der Studiengesellschaft für Geld- und Kreditwirtschaft an den Herrn Reichskanzler, Berlin 10. 8. 1932.
[384] Schiller, K.: Arbeitsbeschaffung und Finanzordnung in Deutschland, a.a.O., S. 59.
[385] Grotkopp, W.: Die Große Krise, S. 289ff. Ferner Schacht, H.: Abrechnung mit Hitler, S. 8ff. Hamburg 1948.
[386] Schacht, H.: Abrechnung mit Hitler, S. 8.
[387] Schiller, K.: Arbeitsbeschaffung und Finanzordnung, a.a.O., S. 62.
[388] Czada, P.: Die Ursachen und Folgen der großen Inflation. In: Finanz- und wirtschaftspolitische Fragen der Zwischenkriegszeit, hrsg. v. H. Winkel, Berlin 1973.
[389] Czada, P.: Die Ursachen und Folgen der großen Inflation, a.a.O., S. 9. Vgl. Köhler, H.: Arbeitsbeschaffung, Siedlung und Reparationen in der Schlußphase der Regierung Brüning. In: Vierteljahreshefte für Zeitgeschichte, 17. Jahrg. 3. Heft, S. 276–307. 1969.
[390] Auszug aus „Einige Gegenwartsfragen über Wirtschaft und Währung“ (Abdruck einer stenographischen Niederschrift), hier zitiert aus: H. Dräger, private Materialsammlung.
[391] Stolper, G.: Arbeitsbeschaffung. In: Der deutsche Volkswirt, 6. Jahrg., Nr. 21, S. 671–674, vom 19. Februar 1932.
[392] Lampe, A.: Reform oder Abbau des Papen-Programms. In: Der deutsche Oekonomist, 50. Jahrg. Nr. 50, S. 1659–1664, vom 16. Dezember 1932, ferner Lampe, A.: Öffentliche Arbeitsbeschaffung als Kapitalfehlleitung. In: Der deutsche Oekonomist, 51. Jahrg. Nr. 1 und 2, S. 1–4 und 43–45, vom 6. und 13. Januar 1933.

393 Erhard, L.: Der Reichskommissar für Arbeitsbeschaffung und der Gereke-Plan. In: Wirtschaftsdienst, XVIII. Jahrg., Heft 2, S. 44–46, vom 13. Januar 1933.
394 Herrmann, K. A.: Verwendungstheorie des Geldes. Einkommensverwendung und Kapazitätsausnutzung als Geldwertbestimmungsgründe. In: Der deutsche Oekonomist vom 23. Dezember 1932.
395 Herrmann, K. A.: Verwendungstheorie des Geldes..., a.a.O., S. 1701. Im Original gesperrt gedruckt.
396 Herrmann, K. A.: Verwendungstheorie des Geldes..., a.a.O., S. 1704.
397 Herrmann, K. A.: Verwendungstheorie des Geldes..., a.a.O., S. 1704.
398 Wagemann, E.: Was ist Geld? In: Arbeitsbeschaffung, Eine Gemeinschaftsarbeit..., Anlage B 23, S. 164.
399 Wagemann, E.: Was ist Geld..., a.a.O., S. 165.
400 Lampe, A.: Öffentliche Arbeitsbeschaffung als Kapitalfehlleitung. In: Der deutsche Oekonomist, a.a.O., vom 13. Januar 1933.
401 Dräger, H.: Arbeitsbeschaffung durch produktive Kreditschöpfung, a.a.O., S. 17.
402 Kord-Ruwisch, W.: Arbeitsbeschaffung und Warenpreise. In: Der deutsche Oekonomist, 51. Jahrg. Nr. 4, S. 103–106, vom 27. Januar 1933.
403 Wirtschaftliches Sofortprogramm der NSDAP, a.a.O., S. 14.
404 Dräger, H.: Arbeitsbeschaffung durch produktive Kreditschöpfung, S. 16.
Vgl. auch Friedlaender-Prechtl: „Dynamik und Bilanz der Arbeitsbeschaffung“, wo der Autor auf den Seiten 50ff. anhand eines Zahlenbeispiels für den Produktionsbereich wie auch für den Fiskus die jeweiligen Kosten und Erträge ermittelt.
405 WTB-Plan, a.a.O., S. 352/353.
406 Wirtschaftliches Sofortprogramm der NSDAP, a.a.O., S. 14.
407 Schreiben der Studiengesellschaft für Geld- und Kreditwirtschaft, vom 10. 8. 1932.
408 Mickwitz, E. v.: Die Bekämpfung der deutschen Arbeitslosigkeit..., a.a.O., S. 12.
409 Wirtschaftliches Sofortprogramm der NSDAP, a.a.O., S. 17.
410 Binder, P.: Schalthebel der Konjunktur, a.a.O., S. 40.
411 Stucken, R.: Deutsche Geld- und Kreditpolitik, a.a.O., S. 125ff.
412 Diese systematische Zuordnung wirtschaftlicher Maßnahmen schlägt Tuchtfeldt, E. vor: Das Instrumentarium der Wirtschaftspolitik. Ein Beitrag zu seiner Systematik, abgedruckt in: Grundlagen der Wirtschaftspolitik, hrsg. von G. Gäfgen, S. 260–273. Köln 1972.
413 WTB-Plan der Arbeitsbeschaffung, a.a.O., S. 352.
414 Donner, O.: Voraussetzung und Konsequenzen öffentlicher Arbeitsbeschaffung, a.a.O., S. 1223.
415 Grotkopp, W.: Die Große Krise, a.a.O., S. 265.
416 Friedlaender-Prechtl, R.: Dynamik und Bilanz der Arbeitsbeschaffung, S. 22, erschienen in dem Sonderheft „Die Wirtschaftswende“, Februar 1933.
417 Der deutsche Oekonomist, 49. Jahrgang, Nr. 49.
418 Dalberg, R.: Wirtschaftslähmung durch Prinzipien. In: Die Wirtschaftswende vom 9. Dezember 1931.
419 Schwartzkopf, A.: Bemerkungen zum Devalvationsproblem. In: Der deutsche Oekonomist, 49. Jahrg. Nr. 44. S. 1593–1596, und Der deutsche Oekonomist, 50. Jahrg. Nr. 21, S. 679–682.
420 Ein Programm der Devalvation. In: Der deutsche Oekonomist, a.a.O., S. 1765.
421 Ein Programm der Devalvation. In: Der deutsche Oekonomist, a.a.O., S. 1765.
422 ebenda, S. 1766.
423 Eynern, G. von: Devalvation der Reichsmark? In: Der deutsche Oekonomist, a.a.O., S. 1569, vom 30. Oktober 1931.
424 Ein Programm der Devalvation, a.a.O., S. 1766–67.
425 Ein Programm der Devalvation, a.a.O., S. 1768.
426 Ein Programm der Devalvation, a.a.O., S. 1769–70.
427 Verordnung des Reichspräsidenten zur Belebung der Wirtschaft vom 4. September 1932. RGBl I v. 5. September 1932.
428 Grotkopp, W.: Die Große Krise, a.a.O., S. 112.
429 Kroll, G.: Von der Weltwirtschaftskrise zur Staatskonjunktur, a.a.O., S. 408;
Kindleberger erwähnt dagegen nur Lauterbach als geistigen Vater des Papen-Plans.
430 Lampe, A.: Reform oder Abbau des Papen-Programms. In: Der deutsche Oekonomist, a.a.O., vom 16. Dezember 1932.

[431] Schulthess: Europäische Geschichtskalender Jhg. 1932, S. 146, abgedruckt in: Kroll, G.: Von der Weltwirtschaftskrise zur Staatskonjunktur, a.a.O., S. 409.
[432] Verordnung des Reichspräsidenten zur Belebung der Wirtschaft vom 4. September 1932, RGBl I. Teil § 12, Abs. 2.
[433] Guillebaud, C. W.: The Economic Recovery of Germany, a.a.O., S. 37.
[434] Schiller, K.: Arbeitsbeschaffung und Finanzordnung in Deutschland, a.a.O., S. 55.
[435] RGBl I. Teil vom 14. 12. 1932.
[435a] Luther, H.: Vor dem Abgrund. Berlin 1964, S. 295.
[436] Vgl. Brief vom 14. 4. 1953.
[437] Diese Angaben stützen sich auf einen Bericht von Avraham Barkai, der bei seinen Nachforschungen in den Beständen des Bundesarchivs in Koblenz beide Schreiben unter der Aktennummer R 43/I, 2045 fand. In: H. Dräger, private Materialsammlung.
[438] Woytinsky, W.: Die neue Phase der Arbeitsbeschaffungspolitik. In: Der deutsche Oekonomist, 50. Jahrg. Nr. 50, S. 1664–1668, vom 16. Dezember 1932.
[439] Vgl. Konjunktur – Statistisches Handbuch, Berlin 1933, S. 15.
[440] Vgl. Statistisches Jahrbuch, Berlin 1954, internationale Übersichten, S. 50; vgl. Henning, F. W.: Die zeitliche Einordnung der Überwindung der Weltwirtschaftskrise in Deutschland. In: Finanz- und wirtschaftspolitische Fragen der Zwischenkriegszeit, S. 142, hrsg. H. Winkel, Berlin 1973.
[441] Vgl. Kroll, G.: Von der Weltwirtschaftskrise zur Staatskonjunktur, a.a.O., S. 415.
[442] Vgl. Kroll, G.: Von der Weltwirtschaftskrise zur Staatskonjunktur, a.a.O., S. 417; Stucken, R.: Deutsche Geld- und Kreditpolitik, a.a.O., S. 119.
[443] Vgl. Luther, H.: Vor dem Abgrund, a.a.O., S. 295.
[444] Guillebaud, C. W.: The Economic Recovery of Germany, a.a.O., S. 31. Zu dem gleichen Urteil gelangt auch Henning, der die Ansicht vertritt, daß der Papen-Plan allenfalls ein Absinken verhindert habe. Vgl. Henning, F. W.: Die zeitliche Einordnung der Weltwirtschaftskrise in Deutschland, a.a.O., S. 170.
[445] Bericht des vorläufigen Reichswirtschaftsrates, a.a.O., S. 115.
[446] Berger, E.: Arbeitsmarktpolitik 1926, zitiert bei Ohl: Tübinger Dissertation, a.a.O., S. 16.
[447] So nennt Dräger ein Programm, das zum Ziel die Erhöhung der landwirtschaftlichen Erzeugung hat.
[448] Dräger, H.: Arbeitsbeschaffung durch produktive Kreditschöpfung, a.a.O., S. 27ff.
[449] Guillebaud, C. W.: The Economic Recovery of Germany, a.a.O., S. 36.
[450] Danach soll Heß den Straßenbauingenieur Dr. Fritz Todt bei Hitler eingeführt und mit einem von ihm entworfenen Gesamtplan für den Bau einer Autobahn beauftragt haben.
[451] Friedlaender-Prechtl, R.: Wirtschaftswende, S. 152ff. Leipzig 1931.
[452] Der Brief liegt in Abschrift in der privaten Materialsammlung von H. Dräger vor.
[453] Stern-Rubarth, E.: Brief an H. Dräger vom 29. Juli 1955.
[454] Brüning, H.: Brief an H. Dräger vom 13. September 1954.
[455] Treviranus, G.: Brief an H. Dräger vom 18. Juni 1953.
[456] Brüning, H.: Memoiren, a.a.O., 1. Bd., S. 286.
[457] Friedlaender-Prechtl, R.: Wirtschaftswende, S. 146ff. Leipzig 1931.
[458] Friedlaender-Prechtl, R.: Wirtschaftswende, a.a.O., S. 147.
[459] Friedlaender-Prechtl, R.: Wirtschaftswende, a.a.O., S. 147.
[460] WTB-Plan der Arbeitsbeschaffung, abgedruckt bei Grotkopp: Die Große Krise, Anlage II, S. 352.
[461] WTB-Plan..., S. 352.
[462] WTB-Plan..., S. 352.
[463] WTB-Plan..., S. 355.
[464] Bericht des Reichswirtschaftsrates, a.a.O., S. 115.
[465] Bericht des Reichswirtschaftsrates, a.a.O., S. 115.
[466] Bericht des Reichswirtschaftsrates, a.a.O., S. 116.
[467] Bericht des Reichswirtschaftsrates, a.a.O., S. 116.
[468] Bericht des Reichswirtschaftsrates, a.a.O., S. 117.
[469] Bericht des Reichswirtschaftsrates, a.a.O., S. 118.
[470] Strasser, G.: Reichstagsrede vom 10. Mai 1932. In: Dräger, H.: private Materialsammlung.
[471] Strasser, G.: Reichstagsrede vom 10. Mai 1932.
[472] Henning, F.-W.: Das industrialisierte Deutschland 1914–1972, S. 141. Paderborn 1974.

[473] Wirtschaftliches Sofortprogramm der NSDAP. München 1932.
[474] Strasser, G.: Reichstagsrede vom 10. Mai 1932.
[475] Wirtschaftliches Sofortprogramm..., a.a.O., S. 10–11.
[476] Strasser, G.: Reichstagsrede vom 10. Mai 1932.
[477] Wirtschaftliches Sofortprogramm..., a.a.O., S. 11–12.
[478] Sombart, W.: Zum Problem der Arbeitsbeschaffung..., a.a.O., S. 28.
[479] Sombart, W.: Zum Problem der Arbeitsbeschaffung..., a.a.O., S. 28.
[480] Sombart, W.: Zum Problem der Arbeitsbeschaffung..., a.a.O., S. 29.
[481] Wirtschaftliches Sofortprogramm der NSDAP, a.a.O., S. 13–14.
[482] Wirtschaftliches Sofortprogramm der NSDAP, a.a.O., S. 13.
[483] Dräger, H.: Arbeitsbeschaffung..., a.a.O., S. 22.
[484] Dräger, H.: Arbeitsbeschaffung..., a.a.O., S. 28.
[485] Dräger, H.: Arbeitsbeschaffung..., a.a.O., S. 35.
[486] Dräger, H.: Arbeitsbeschaffung..., a.a.O., S. 33.
[487] Dräger, H.: Arbeitsbeschaffung..., a.a.O., S. 34.
[488] Dräger, H.: Arbeitsbeschaffung, a.a.O., S. 34.
[489] Kroll, G.: Von der Weltwirtschaftskrise zur Staatskonjunktur, a.a.O., S. 435.
[490] Grotkopp, W.: Die Große Krise..., a.a.O., S. 279.
[491] Kindleberger, Ch.: The World in Depression, a.a.O., S. 177.
[492] Gereke, G.: Schafft Arbeit und Brot. Das Arbeitsbeschaffungsprogramm des Landgemeindeverbandes. Berlin 1932.
[493a] Guillebaud, C. W.: The Economic Recovery of Germany, a.a.O., S. 33–34.
[493b] Dräger, H.: Brief an M. Warburg vom 14. 3. 1969; E. M. Warburg: Brief an H. Dräger vom 19. 3. 1969.
[494] Luther, H.: Vor dem Abgrund, a.a.O., S. 298.
[495] Friedlaender-Prechtl, R.: Sonderheft der Zeitschrift Die Wirtschaftswende, S. 2ff. Februar 1933.
[496] Arbeitsbeschaffung, Eine Gemeinschaftsarbeit..., a.a. O., S. 1.
[497] Arbeitsbeschaffung, Eine Gemeinschaftsarbeit..., a.a.O., S. 1.
[498] Gesetz zur Verminderung der Arbeitslosigkeit, S. 323, vom 1. Juni 1933, RGBl I.
[499] Zweites Gesetz zur Verminderung der Arbeitslosigkeit, S. 651, vom 21. September 1933, RGBl I.
[500] Reinhardt, F.: Die Arbeitsschlacht der Reichsregierung, S. 29ff. Berlin 1933.
[501] Zweites Gesetz zur Verminderung der Arbeitslosigkeit, S. 651, vom 21. September 1933, a.a.O.
[502] Gesetz zur Verminderung der Arbeitslosigkeit, S. 323, vom 1. Juni, RGBl I, § 1 (1); ferner Reinhardt, F.: Die Arbeitsschlacht..., a.a.O., S. 29.
[503] Grotkopp, W.: Die Große Krise, a.a.O., S. 281.
[504] Guillebaud, C. W.: The Economic Recovery..., a.a.O., S. 38.
[505] Luther, H.: Vor dem Abgrund, a.a.O., S. 154. Kindleberger schreibt, daß Brüning noch in einer Rede, die er am 6. November 1933 vor dem Reichsausschuß der Zentrumspartei hielt, bemerkt hatte „that many people ‚have the opinion that now that the pound has fallen we ought to make a dash for it and devalue. I shall defend to the end against taking any inflationary measure of any kind'." Kindleberger, Ch.: The World in Depression, a.a.O., S. 164.
[506] Brüning, H.: Brief an H. Dräger vom 13. September 1954.
[507] Schwerin-Krosigk: Brief an H. Dräger vom 16. Juni 1953.
[508] Schwerin-Krosigk: Brief an H. Dräger vom 16. Juni 1953.
[509] Schäffer, H.: Brief an H. Dräger von 18. August 1953.
[510] Kindleberger, Ch.: The World in Depression, a.a.O., S. 163.
[511] Brüning, H.: Brief an H. Dräger vom 13. September 1954.
[512] Schäffer, H.: Brief an H. Dräger vom 18. August 1953.

# Literaturverzeichnis


Ackley, G.: Macroeconomic Theory, Toronto 1969.
Aftalion, A.: Les crises périodiques de surproduction, Paris 1913.
Albert, H.: Modell-Platonismus, Der neoklassische Stil des ökonomischen Denkens in kritischer Beleuchtung. In: Sozialwissenschaft und Gesellschaftsgestaltung, Festschrift für Gerhard Weisser, Berlin 1963, abgedruckt in: Logik der Sozialwissenschaften, hrsg. von Ernst Topitsch, Köln 1965.
Alchian, A., Allen, W.: University Economics, Belmont, California 1972.
Ambrosi, C. Tacel, M.: Histoire économique des grands puissances à l'époque contemporaine, Paris 1963.
Arbeitsbeschaffung. Eine Gemeinschaftsarbeit unter Mitwirkung zahlreicher Fachleute, bearbeitet von H. Dräger, H. Lambrecht, F. Reuter, O. D. Schaefer, W. T. Schaurte, Berlin 1933.
Bank für Internationalen Zahlungsausgleich: Bericht des beratenden Sonderausschusses, Dezember 1931.
Binder, P.: Die Staatshebel der Konjunktur, München und Berlin 1939.
Blondel, G.: Reflexions sur le malaise actuel. In: Der internationale Kapitalismus und die Krise, Festschrift für Julius Wolf, Stuttgart 1932.
Borner, S.: Weltwirtschaftskrise und Rezession. In: National-Zeitung vom 10. Januar 1976, Basel.
Briefs, G.: Klassische Nationalökonomie. In: Handwörterbuch der Sozialwissenschaften, Bd. 6, Tübingen 1959.
Brüning, H.: Brief an H. Dräger vom 13. September 1954.
Memoiren 1918–1934, München 1972.
Burkhead, J.: The Balanced Budget. In: The Quarterly Journal of Economics 1954, abgedruckt in: Readings in Fiscal Policy, London 1955.
Cassel, G.: Theoretische Sozialökonomie, 5. Auflage. Leipzig 1932.
Claasen, E. M.: Probleme der Geldtheorie, Heidelberg 1970.
Czada, P.: Die Ursachen und Folgen der großen Inflation. In: Finanz- und Wirtschaftspolitische Fragen der Zwischenkriegszeit, hrsg. von H. Winkel, Berlin 1973.
Daitz, W.: Die Grenzen der produktiven Kreditschöpfung. In: 1. Sonderheft der Die deutsche Volkswirtschaft, 1932.
Dalberg, R.: Entthronung des Goldes, Stuttgart 1916.
Wirtschaftslähmung durch Prinzipien. In: Die Wirtschaftswende vom 9. Dezember 1931.
Ein Programm der Devalvation. In: Der deutsche Oekonomist, 49. Jahrgang Nr. 49, vom 11. Dezember 1931.
Dederke, K.: Reich und Republik, Deutschland 1917–1933, 2. Auflage, Stuttgart 1973.
Deidesheimer, A.: Finanzierungsvorschläge für den Straßenbau. In: Der Straßenbau, 1932, Heft 9, teilweise abgedruckt in: Arbeitsbeschaffung. Eine Gemeinschaftsarbeit, Berlin 1933.
Dernburg, H.: Die Steuergutscheine als Kreditinstrument. In: Der deutsche Oekonomist, 50. Jahrg. Nr. 40, vom 7. Oktober 1932.
Donner, O.: Voraussetzungen und Konsequenzen öffentlicher Arbeitsbeschaffung. In: Der deutsche Volkswirt, 7. Jahrg. Nr. 43, vom 28. Juli 1933.
Dräger, H.: Bedeuten Preissteigerungen im mäßigen Umfange für die deutsche Volkswirtschaft vom Jahre 1932 eine Katastrophe, Lübeck 1932.
Arbeitsbeschaffung durch produktive Kreditschöpfung. In: 1. Sonderheft der Zeitschrift Die deutsche Volkswirtschaft, 1932.
Dräger, H., Grotkopp, W.: Über Arbeitsbeschaffung. In: Sonderheft Die Wirtschaftswende vom September 1932.
Englis, K.: Teleologische Theorie der Staatswirtschaft, Brünn 1933.

Erhard, L.: Wirtschaftsbelebung von der Verbrauchsseite. In: Der deutsche Oekonomist, 50. Jahrg. Nr. 40, vom 7. Oktober 1932, abgedruckt in: H. Dräger, private Materialsammlung.
Der Reichskommissar für Arbeitsbeschaffung und der Gereke-Plan. In: Wirtschaftsdienst XVIII. Jahrg., Heft 2, vom 13. Januar 1933.
Eynern, G. v.: Devalvation der Reichsmark? In: Der deutsche Oekonomist, 49. Jahrg. Nr. 43, vom 30. Oktober 1931.
Fischer, W.: Deutsche Wirtschaftspolitik 1918–1945, Opladen 1968.
Föhl, C.: Geldschöpfung und Wirtschaftskreislauf, München und Leipzig 1937.
Forstmann, A.: Wege zu nationalsozialistischer Geld-, Kredit- und Währungspolitik. Volk, Recht, Wirtschaft im Dritten Reich, Berlin 1933.
Friedlaender-Prechtl, R.: Chronische Arbeitskrise, ihre Ursache, ihre Bekämpfung. In: Wirtschaft und Geschäft GmbH, Berlin 1926.
Wirtschaftswende, Paul List Verlag, Leipzig 1931.
Dynamik und Bilanz der Arbeitsbeschaffung. In: Sonderheft Die Wirtschaftswende vom Februar 1933.
Wachstums-Wirtschaft und Gleichgewichts-Wirtschaft. In: Sonderheft Die Wirtschaftswende vom September 1932.
Unternehmer und Arbeitsbeschaffung. In: Sonderheft Die Wirtschaftswende vom September 1932.
Ein Rückblick. Erschienen in der Schrift Malthus, 1948, wiederabgedruckt in: H. Dräger, private Materialsammlung.
Brief an H. Dräger vom 25. Januar 1937.
Friedman, M., Schwartz, A. J.: A Monetary History of the United States 1867–1960, Princeton University Press 1963.
Galbraith, J. K.: The Great Crash 1929, Boston 1972.
Garvy, G.: Keynes and the Economic Activists of Pre-Hitler Germany. In: Journal of Political Economy, April 1975, Vol. 83, Nr. 2.
Gereke, G.: Schafft Arbeit und Brot. Das Arbeitsbeschaffungsprogramm des Landgemeindeverbandes, Berlin 1932.
Giersch, H.: Allgemeine Wirtschaftspolitik, Wiesbaden 1960.
Grotkopp, W.: Die Große Krise, Düsseldorf 1954.
Guillebaud, C.: The Economic Recovery of Germany from 1933 to the Incorporation of Austria in March 1938. London 1939.
Haberler, G. von: Prosperity and Depression. Cambridge Massachusetts 1958.
Hahn, L. A.: Volkwirtschaftliche Theorie des Bankkredits. Tübingen 1920.
Deckungsnebel. Zur Wagemannschen Geld- und Kredit-Reform. In: Der deutsche Volkswirt, 6. Jahrg. Nr. 18, vom 29. Januar 1932.
Haller, H.: Finanzpolitik. Tübingen 1972.
Hayek, F. von: Monetary Theory and the Trade Cycle. London 1933.
Liberalismus (I), Handwörterbuch der Sozialwissenschaften. Tübingen 1959, Bd. 6.
Hempel, C. H.: Wissenschaftliche und historische Erklärungen. In: Theorie und Realität, Herausgeber H. Albert. Tübingen 1972.
Henning, F. W.: Die Liquidität der Banken in der Weimarer Republik. In: Finanz- und wirtschaftspolitische Fragen der Zwischenkriegszeit, hrsg. von H. Winkel. Berlin 1973.
Die zeitliche Einordung der Überwindung der Weltwirtschaftskrise in Deutschland. In: Finanz und wirtschaftspolitische Fragen der Zwischenkriegszeit, hrsg. von H. Winkel. Berlin 1973.
Das industrialisierte Deutschland 1914–1972. Paderborn 1974.
Herrmann, K. A.: Verwendungstheorie des Geldes. In: Der deutsche Oekonomist, 50. Jahrg. Nr. 51/52, vom 23. Dezember 1932.
Hesse, A.: Allgemeine Volkswirtschaftslehre. Jena 1929, 15. Auflage.
Hildebrand, B.: Die Nationalökonomie der Gegenwart und Zukunft und andere gesammelte Schriften, hrsg. und eingeleitet von Prof. Dr. A. Behrig (Sammlung sozialwissenschaftlicher Meister, hrsg. von Prof. Dr. H. Waentig); abgedruckt bei: E. Schneider, Einführung in die Wirtschaftstheorie, Bd. IV., Tübingen 1965.
Hohn, H. W.: John Maynard Keynes und Carl Föhl – Eine vergleichende Darstellung ihres Beitrages zur Entwicklung der modernen Beschäftigungstheorie. Dissertation München 1973.

Jessen, J.: Währungspolitik und Preispolitik. In: Deutsche Geldpolitik, hrsg. Hero Moeller. Berlin 1941.
Jochimsen, R., Knobel, H.: Zum Gegenstand und zur Methodik der Nationalökonomie. In: Gegenstand und Methoden der Nationalökonomie, hrsg. von R. Jochimsen und H. Knobel. Köln 1971.

Kahn, E.: Bevölkerungsrückgang und Wirtschaft. In: Der deutsche Volkswirt, 5. Jahrg. Nr. 5, vom 31. Oktober 1930.
Kahn, R. F.: The Relation of Home Investment to Unemployment. In: The Economic Journal, Vol. XLI, June, London 1931.
Kastenholz, J.: Die thesaurierten Noten. In: Die Bank, 25. Jahrg., 49. Bd., Heft 21, vom 25. Mai 1932.
Keynes, J. M.: The Economic Consequences of the Peace. London 1920.
Ein Traktat über Währungsreform. München 1924.
The General Theory of Employment, Interest and Money. London 1936.
Kindleberger, C.: The World in Depression 1929–1939, History of the World Economy in the Twentieth Century, Vol. 4, London 1973.
Knickerbocker, H. R.: Kommt Europa wieder hoch? 1932, abgedruckt in: H. Dräger, private Materialsammlung.
Kloten, N.: Mikro- und Makroanalyse als Grundlage wirtschaftspolitischer Entscheidungen. In: Zeitschrift für die gesamte Staatswissenschaft, Bd. 114, 1958, abgedruckt in: Gegenstand und Methoden der Nationalökonomie, hrsg. von Reimut Jochimsen und Helmut Knobel. Köln 1971.
Knowles, L. C. A.: Economic Development in the Nineteenth Century. London 1932.
Köhler, H.: Arbeitsbeschaffung, Siedlung und Reparationen in der Schlußphase der Regierung Brüning. In: Vierteljahreshefte für Zeitgeschichte, 17. Jahrg. 1969, 3. Heft, Stuttgart 1969.
Kord-Ruwisch, W.: Wege und Irrwege aus der Deflation. Befreiung durch Konversion der Kriegsschulden? In: Der deutsche Oekonomist, 50. Jahrg. Nr. 2, vom 15. Januar 1932.
Der Wagemann-Plan zur Reform des Geldwesens. In: Der deutsche Oekonomist, 50. Jahrg. Nr. 3, vom 22. Januar 1932.
Die Wirtschaftswissenschaft. Zur Situation und zu den Aufgaben der Krisenpolitik. In: Der deutsche Oekonomist, 50. Jahrg. Nr. 30, vom 29. Juli 1932.
Zur Kritik an der Arbeitsbeschaffung. In: Der deutsche Oekonomist, 51. Jahrg. Nr. 3, vom 20. Januar 1933.
Arbeitsbeschaffung und Warenpreise. In: Der deutsche Oekonomist, 51. Jahrg. Nr. 4, vom 27. Januar 1933.
Marktgerechte Wirtschaftsbelebung. In: Der deutsche Oekonomist, 51. Jahrg. Nr. 8, vom 24. Februar 1933 und Nr. 7 vom 17. Februar 1933.
Kroll, G.: Von der Weltwirtschaftskrise zur Staatskonjunktur. Berlin 1958.

Lampe, A.: Reform der Notendeckung. Zum Wagemann-Plan. In: Der deutsche Oekonomist, 50. Jahrg. Nr. 6, vom 12. Februar 1932.
Reform oder Abbau des Papen-Programms. In: Der deutsche Oekonomist, 50. Jahrg. Nr. 50, vom 16. Dezember 1932.
Öffentliche Arbeitsbeschaffung als Kapitalfehlleitung. In: Der deutsche Oekonomist, 51. Jahrg. Nr. 1 und 2, vom 6. und 13. Januar 1933.
Marktgerechte Wirtschaftsbelebung. In: Der deutsche Oekonomist, 51. Jahrg. Nr. 7, vom 17. Februar 1933 und Nr. 8 vom 24. Februar 1933.
Landauer, C.: Der Ursprung der Krisen. In: Der deutsche Volkswirt, 6. Jahrg. Nr. 20, vom 13. Februar 1931.
Lautenbach, W.: Zins, Kredit und Produktion, hrsg. von W. Stützel. Tübingen 1952.
League of Nations: Monthly Bulletin of Statistics, Geneva, Februar 1934.
Economic Instability in the Postwar World, Geneva 1945.
Lederer, E.: Konjunktur und Krisen. In: Grundriß der Sozialökonomik, Tübingen 1925.
Lüke, R.: Von der Stabilisierung zur Krise. Hrsg. von: Basle Centre for Economic and Financial Research, Series B, Nr. 3, Zürich 1958.
Lukas, E.: Weltkrise und deutsche Wirtschaft. Tübingen 1931.
Lütge, F.: Deutsche Sozial- und Wirtschaftsgeschichte. Heidelberg 1966.
Luther, H.: Vor dem Abgrund. Berlin 1964.

Meyer zu Schwabedissen: Der Weg zur Neuen Wirtschaft. In: Sonderheft Die Wirtschaftswende, September 1932.
Mickwitz, E. von: Die Bekämpfung der deutschen Arbeitslosigkeit durch Kreditausdehnung. Wissenschaftliche Thesen zu den Vorschlägen von F. Ladendorf. Hamburg 1932.
Mises, L. von: Liberalismus (II), Handwörterbuch der Sozialwissenschaften, Tübingen 1959, Bd. 6.
Moeller, H.: Deutsche Geldpolitik. Berlin 1941.
Muhs, K.: Vom Goldautomatismus zur Währungsautonomie. In: Deutsche Geldpolitik, hrsg. Hero Moeller. Berlin 1941.
Myrdal, G.: Das Zweck-Mittel-Denken in der Nationalökonomie. In: Zeitschrift für Nationalökonomie Bd. IV. Wien 1933.
Nationalsozialistische Deutsche Arbeiter Partei: Wirtschaftliches Sofortprogramm der NSDAP. München 1932, Nr. 2.
Neisser, H.: Ankurbelung oder Inflation. In: Der deutsche Volkswirt, 6. Jahrg. Nr. 3. vom 16. Oktober 1931.
Nöll von der Nahmer, R.: Ist die Arbeitslosigkeit ein Finanzproblem? – In: Der deutsche Oekonomist, 49. Jahrg. Nr. 48, vom 4. Dezember 1931.
Der volkswirtschaftliche Kreditfond. Berlin 1934.
Ohl, J.: Keynesianismus ohne Keynes. Der deutsche Beitrag zur Entwicklung der modernen Beschäftigungstheorie. Tübinger Dissertation 1953.
Palyi, M.: 20000 Währungsprojekte in Deutschland. In: Deutsche Bergwerkszeitung 5. 8. 1932.
Pigou, A.: Real and Money Wage Rates in Relation to Unemployment. In: Economic Journal Vol. XLVII Nr. 187, September 1937.
Predöhl, A.: Die Epochenbedeutung der Weltwirtschaftskrise von 1929–1931. In: Vierteljahreshefte für Zeitgeschichte, 2. Jahrgang, 2. Heft. Stuttgart 1953.
Rees, G.: La Grande Crise de 1929 – le capitalisme remis en question. Paris 1972.
Reichsarbeitsblatt: Gutachten zur Arbeitslosenfrage. Sonderveröffentlichung des Reichsarbeitsblattes, Berlin 1931.
Reichsgesetzblatt:
30. August 1924 Teil II.
8. Juli 1926 Teil II.
13. März 1930 Teil II.
4. Sept. 1932 Teil I.
1. Juni 1933 Teil I.
22. Sept. 1933 Teil I.
Reichswirtschaftsrat: Bericht des vorläufigen Reichswirtschaftsrates. Bericht des Zentralausschusses über die Hebung der Produktion. Drucksache Nr. 380, Berlin 1932, wiederabgedruckt in: Arbeitsbeschaffung. Eine Gemeinschaftsarbeit, Anlage B 11.
Reinhardt, F.: Die Arbeitsschlacht der Reichsregierung. Berlin 1933.
Renatus, K.: Die zwölfte Stunde der Weltwirtschaft. München 1931.
Ritter, L.: The Role of Money in the Keynesian Theory. In: Readings in Macroeconomics, ed. by Müller. London, New York 1966.
Röpke, W.: Praktische Konjunkturpolitik. Die Arbeit der Brauns-Kommission. In: Weltwirtschaftliches Archiv, 1931, 34. Bd., Jena 1931.
Krise und Konjunktur. Leipzig 1932.
Rothfels, H.: Zeitgeschichte als Aufgabe. In: Vierteljahreshefte für Zeitgeschichte. 1. Jahrgang, 1. Heft. Stuttgart 1953.
Sanmann, H.: Daten und Alternativen der deutschen Wirtschafts- und Finanzpolitik in der Ära Brüning. In: Hamburger Jahrbuch für Wirtschafts- und Gesellschaftspolitik 10, 1965.
Schacht, H.: Grundsätze deutscher Wirtschaftspolitik. Oldenburg 1932.
Abrechnung mit Hitler. Hamburg 1948.
Mehr Geld, mehr Kapital, mehr Arbeit. Schloß Blekede 1949.
Schäffer, H.: Brief an H. Dräger vom 18. August 1953.
Schiller, K.: Arbeitsbeschaffung und Finanzordnung in Deutschland. Berlin 1936.
Schneider, E.: Einführung in die Wirtschaftstheorie, Bd. IV. Tübingen 1965.
Schulthess: Europäischer Geschichtskalender, Jhrg. 1932.
Schumpeter, J.: Theorie der wirtschaftlichen Entwicklung. München 1911.
Kreditkontrolle. In: Archiv für Sozialwissenschaft und Sozialpolitik, 54. Bd., Tübingen 1925.

Das Sozialprodukt und die Rechenpfennige. In: Archiv für Sozialwissenschaft und Sozialpolitik, 44. Bd., Tübingen 1917.
Business Cycles: A Theoretical, Historical and Statistical Analysis of the Capitalist Process, 2 vols. New York and London 1939.
Schwartzkopf, A.: Bemerkungen zum Devalvationsproblem. In: Der deutsche Oekonomist, 49. Jahrg. Nr. 44, vom 6. November 1931, und 50. Jahrg. Nr. 21, vom 27. Mai 1932.
Schwerin-Krosigk, L.: Brief an H. Dräger vom 14. 4. 1953.
Brief an H. Dräger vom 16. 6. 1953.
Seraphim, H. J.: Theorie der Allgemeinen Volkswirtschaftspolitik. Göttingen 1963.
Shackle, G. L. S.: Twenty Years on: A survey of the Theory of the Multiplier. In: The Economic Journal, Vol. LXI, June, London 1951.
Sombart, W.: Der moderne Kapitalismus. Das Wirtschaftsleben im Zeitalter des Hochkapitalismus, München und Leipzig 1927, 2. Halbband.
Zum Problem der Arbeitsbeschaffung. In: Sonderheft Die Wirtschaftswende vom Februar 1933.
Statistisches Jahrbuch des deutschen Reiches: Berlin 1933. Berlin 1934.
Stern-Rubarth, E.: Brief an H. Dräger vom 29. Juli 1955.
Stolper, G.: Arbeitsbeschaffung. In: Der deutsche Volkswirt, 6. Jahrg. Nr. 21, vom 19. Februar 1932.
Wagemanns Reformideen. In: Der deutsche Volkswirt, 6. Jahrg. Nr. 20, vom 12. Februar 1932.
Stolper, G., Häuser, K., Borchardt, K.: Deutsche Wirtschaft seit 1870. Tübingen 1964.
Strasser, G.: Reichstagsrede vom 10. Mai 1932. In: H. Dräger, private Materialsammlung.
Strathus, G.: Die Zukunft des Kredites, Berlin 1939.
Stucken, R.: Deutsche Geld- und Kreditpolitik 1914–1963. Tübingen 1964.
Studiengesellschaft für Geld- und Kreditwirtschaft: Brief an den Reichskanzler von Papen vom 10. August 1932.
Szczesny, G.: Die Disziplinierung oder die vierte Stufe der Freiheit. Hamburg 1974.
Toynbee, A.: Menschheit – woher und wohin? Plädoyer für den Weltstaat. Stuttgart 1969.
Treue, W.: Wirtschaftsgeschichte der Neuzeit. Stuttgart 1973.
Treviranus, G.: Brief an H. Dräger vom 18. Juni 1953.
Tuchtfeld, E.: Das Instrumentarium der Wirtschaftspolitik. Abgedruckt in: Grundlagen der Wirtschaftspolitik, hrsg. von Gerard Gäfgen. Köln 1972.
Wagemann, E.: Geld- und Kreditreform, Berlin 1932.
Was ist Geld? Oldenburg 1932.
Wo kommt das viele Geld her? Düsseldorf 1940.
Watrin, C.: Ökonomische Theorien und wirtschaftspolitisches Handeln. In: Theoretische und institutionelle Grundlagen der Wirtschaftspolitik. Theodor Wessel zum 65. Geburtstag, hrsg. H. Besters, Berlin 1967. Abgedruckt in: Theorie und Realität, hrsg. von H. Albert, Tübingen 1972.
Weber, A.: Volkswirtschaftslehre. München und Leipzig 1932.
Weber, M.: Die Objektivität sozialwissenschaftlicher und sozialpolitischer Erkenntnis. In: Archiv für Sozialwissenschaft und Sozialpolitik, Bd. XIX. Tübingen 1904.
Weber, M., Neiss, H.: Entwicklung und Probleme der Konjunkturtheorie. In: Konjunktur und Beschäftigungstheorie, hrsg. W. Weber. Köln 1967.
Weber, W., Topitsch, E.: Das Werturteilsproblem seit Max Weber. In: Gegenstand und Methoden der Nationalökonomie, hrsg. von R. Jochimsen und H. Knobel. Köln 1971.
Welter, E.: Der Krach von 1931. Frankfurt/Main 1932.
Woytinsky, W.: Internationale Hebung der Preise als Ausweg aus der Krise. Leipzig 1931.
Aktive Weltwirtschaftspolitik. In: Arbeit, Bd. 6, Juni 1931.
Arbeitsbeschaffung. In: Der deutsche Volkswirt, 6. Jahrg. Nr. 32, vom 6. Mai 1932.
Die neue Phase der Arbeitsbeschaffungspolitik. In: Der deutsche Oekonomist, 50. Jahrg. Nr. 50, vom 16. Dezember 1932.
WTB-Plan der Arbeitsbeschaffung. In: W. Grotkopp: Die Große Krise, Düsseldorf 1954.
Ziegler, L.: Kampf gegen Arbeitslosigkeit. Eine Denkschrift für Reichskanzler Dr. Brüning. In: Die Wirtschaftswende, vom 30. September 1931.
Zwiedineck-Südenhorst, O. von: Die Arbeitslosigkeit und das Gesetz der zeitlichen Einkommensfolge. In: Weltwirtschaftliches Archiv, 34. Bd., Jena 1931 (II).

# Teil B
# Keynes in der heutigen Wirtschaftstheorie

**Oliver Landmann**

# Einleitung

Um die Mitte des fünften Jahrhunderts v. Chr. schaffte Perikles den Kriegsschatz des delisch-attischen Bundes von Delos nach Athen und bestritt damit nicht nur den Unterhalt der Flotte, sondern ließ mit dem Überschuß auch den Parthenon und die Propyläen bauen. Seine Gegner, die Konservativen, empfanden dies als eine politisch unkluge, protzige und verschwenderische Zweckentfremdung der Mittel und protestierten heftig gegen die aufwendigen Bauvorhaben. Wie sich Perikles rechtfertigte, erzählt uns Plutarch:
„Perikles machte dem Volk klar, solche Bauten brächten für die Zukunft ewigen Ruhm und während der Bauzeit allgemeinen Wohlstand. Denn sie schafften Arbeit jeder Art und mannigfache Aufgaben, die jedes Handwerk belebten, jede Hand beschäftigten und damit fast der ganzen Stadt zu verdienen gäben, ihr zugleich zum Schmuck wie zur Nahrung. Er erwirkte die Zustimmung des Volkes zu gewaltigen Bauvorhaben und Plänen, die vielen Gewerben auf Jahre hinaus zu tun gaben ... und den Wohlstand auf sozusagen alle Alters- und Berufsklassen verteilten und ausstreuten.“[1]

Staatsausgaben schaffen Beschäftigung – Perikles war kein Diktator, aber er war Persönlichkeit genug, dieses Argument in der Volksversammlung durchzubringen. Als in unserem Jahrhundert, mit Ausbruch der Weltwirtschaftskrise, dasselbe Argument in den Parlamenten des Abendlands wieder hätte durchdringen müssen, drang es nicht durch, weil seine Richtigkeit von manchen Menschen zwar gesehen wurde, den politischen Entscheidungsträgern aber nicht beigebracht werden konnte. Keynes trat schon früh dafür ein, aber 1931 kürzte die englische Regierung die Staatsausgaben, um ihr Budget wieder „in Ordung“ zu bringen.

Mächtige Stütze dieser destruktiven Politik war die damals herrschende nationalökonomische Orthodoxie, die neoklassische Preistheorie, deren Quintessenz es war, daß die Marktwirtschaft mit möglichst wenig Staat, dafür mit möglichst viel Wettbewerb und laissez-faire sich schon von selbst reguliere. Diese Stütze zu brechen, war das Ziel von Keynes' 1936 erschienenem Hauptwerk, der „General Theory of Employment, Interest and Money“.

Keynes fand eine überzeugende Formulierung dafür, warum einer sich selbst überlassenen Marktwirtschaft nicht zugetraut werden kann, daß sie die Arbeitskräfte und die Produktionskapazitäten immer voll beschäftigt. Seine Theorie schloß die klaffende Lücke zwischen ökonomischer Theorie und ökonomischer Wirklichkeit; vor allem aber schuf sie eine solide diagnostische Basis für die offenbar schon vorher mancherorts als richtig empfundene Therapie der Unterbeschäftigung. In der Folge wurde die neue keynesianische Ökonomie bald selber zu einer auf breiter Basis verwurzelten Orthodoxie, denn ihre leicht verständliche und auch intuitiv unmittelbar einleuchtende Erklärung für jene schweren wirtschaftlichen Krisenerscheinungen, denen die überlieferte Wirtschaftstheorie im Grunde genommen ratlos gegenübergestanden hatte, fand schnell und weitherum Anklang.

Aber Keynes' Beitrag zur Volkswirtschaftslehre liegt noch nicht weit genug zurück, als daß er bereits einen von der Profession abschließend und übereinstimmend beurteilten

Platz in der Dogmengeschichte einnähme. Noch heute, 40 Jahre nach ihrem Erscheinen, sorgt die „General Theory“ in der reinen wie in der angewandten Wirtschaftstheorie für Diskussionen von weitreichender und grundsätzlicher Bedeutung.

Wenn nun auf den folgenden Seiten versucht werden soll, einen Eindruck davon zu geben, mit welcher Art von Fragen sich die heutige Wirtschaftstheorie im Anschluß an Keynes noch — oder wieder — auseinandersetzt, so stehen dabei zwei Themenkreise im Vordergrund:

Erstens gibt es in der Wissenschaft eine starke Bewegung, die in den fünfziger Jahren durch den amerikanischen Theoretiker Milton Friedman von der University of Chicago ausgelöst worden ist, und die den keynesianischen Richtlinien für die Stabilisierungspolitik den Kampf angesagt hat. Sie wurzelt in einer liberalistischen Weltanschauung und greift die mit der keynesianischen Theorie begründeten Interventionen des Staates in die Wirtschaft an.

Diese Bewegung, heute allgemein als Monetarismus bezeichnet, hat sich immer sehr ausgeprägt auf die Ergebnisse empirischer Forschungen gestützt. Welches sind aber die theoretischen Grundüberlegungen, die hinter der monetaristischen Position stehen? Diese Frage wird uns in Teil III beschäftigen.

Zweitens wird heute diskutiert, ob die von Keynes' Anhängern und Schülern geformte keynesianische Tradition wirklich den Absichten und Ideen von Keynes selber gerecht wird. Diese Diskussion geht auf ein 1968 erschienenes Buch des heute in den USA lebenden schwedischen Ökonomen Axel Leijonhufvud zurück, der mit einer neuen und unkonventionellen Interpretation von Keynes' Theorie aufwartet.

Es mag berechtigte Zweifel geben, ob diese Neuinterpretation besser und „richtiger“ als die bestehende keynesianische Orthodoxie wiedergibt, was Keynes gemeint hat. Ganz unabhängig von dieser Frage bleibt aber Leijonhufvuds Vorstoß von Bedeutung für die Stellung der Keynesschen Lehre innerhalb der Wirtschaftstheorie, weil er auf die Beziehung der von Keynes entscheidend geprägten Makroökonomie zu den Axiomen der mikroökonomischen Theorie[2] ein völlig neues Licht wirft. Dazu mehr in Teil II.

Für Teil I verbleibt die Aufgabe, die zum Verständnis der anderen Teile notwendigen Voraussetzungen zu schaffen bzw. ins Gedächtnis zurückzurufen: ohne Anspruch auf erschöpfende Darstellung sollen die Grundzüge der klassischen Theorie, Keynes' Angriffe gegen diese Theorie und die Entwicklung des keynesianischen Lehrbuch-Modells zur Sprache kommen.

# I. Die keynesianische Revolution

## 1. Die „Klassik“[3] als theoretische Ausgangslage

Der Kerngedanke der Theorie, die Keynes so heftig kritisierte, war zum ersten Mal schon 1776 von Adam Smith, dem Stammvater der heutigen Wirtschaftstheorie, formuliert worden. Smith sprach von einer „unsichtbaren Hand“, die dafür sorge, daß all die unzähligen wirtschaftlichen Entscheidungen, welche die Mitglieder einer Gesellschaft zur Förderung ihres je eigenen Interesses Tag für Tag und Jahr für Jahr treffen, nicht nur miteinander vereinbar sind — wiewohl sie unabhängig voneinander gefällt werden —, sondern auch ganz ungewollt ein gesellschaftliches Gesamtwohl herbeiführen, wie es nicht besser erreicht würde, wenn alle Individuen statt ihres eigenen nur das kollektive Interesse verfolgen wollten.

Gegenstand der angesprochenen Entscheidungen sind die Tauschpläne der Wirtschaftssubjekte[4], d.h. deren Pläne, verschiedene Güter[5] auf den entsprechenden Märkten[6] nachzufragen oder anzubieten. So entscheidet eine Unternehmung, welche und wie viele Produkte sie auf ihren Absatzmärkten anbieten will, und demgemäß auch, welche und wie viele Werkstoffe, Betriebsmittel und Arbeitskräfte sie auf ihren Beschaffungsmärkten nachfragen soll. Auf der anderen Seite entscheiden Haushalte über ihr Angebot an Arbeitsleistungen; falls sie Land oder Kapitalgüter besitzen, auch darüber, ob und in welchem Ausmaß sie deren Nutzung anbieten wollen, und natürlich entscheiden sie über ihre Nachfrage nach Konsumgütern und Dienstleistungen aller Art.

Die „unsichtbare Hand“ ist ein Ausdruck für das Wirken des anonymen marktwirtschaftlichen Preismechanismus, der alle diese Angebots- und Nachfragepläne ohne Mithilfe einer zentralen Planungsstelle miteinander in Einklang bringt, d.h. dafür sorgt, daß auf allen Märkten ein Gleichgewicht zwischen angebotenen und nachgefragten Mengen erreicht wird. Ob und in welchem Sinne dieser Gleichgewichtszustand wirklich ein gesellschaftliches Optimum darstellt oder durch staatliche Eingriffe noch korrigiert werden sollte, ist Gegenstand der ökonomischen Wohlfahrtstheorie und wird uns hier nicht weiter beschäftigen. Denn Keynes griff die Klassiker keineswegs mit dem Argument an, daß der Preismechanismus durch die Koordination von Plänen, die nur auf das private Eigeninteresse abstellen, das volkswirtschaftliche Leistungspotential fehlleite. Seine grundlegende Kritik an der klassischen Theorie betrifft vielmehr die Frage, ob der Preismechanismus eine permanente Koordination der Pläne überhaupt gewährleiste. Wichtigstes wenn nicht einziges Ziel der „General Theory“ ist der Nachweis, daß ein Vertrauen in die Fähigkeit der Marktwirtschaft, jederzeit von alleine aus einem Zustand globaler Non-Koordination herauszufinden, nicht gerechtfertigt ist.

Worauf stützt sich denn die Behauptung der neoklassischen Preistheorie, das Preissystem könne die Angebots- und Nachfragepläne auf allen Märkten gleichzeitig in Übereinstimmung bringen?

Ausgangspunkt der neoklassischen Argumentation ist die Frage, wonach sich die individuellen Pläne, die es zu koordinieren gilt, eigentlich richten. Aus der unübersehbaren Masse von Einflußgrößen, die da eine Rolle spielen mögen, greift die Preistheorie — ihr Name verrät es schon — eine ganz bestimmte Teilmenge heraus: die Preise der Güter. Genauer gesagt sind es die relativen Preise, die Preisverhältnisse, denn Entscheidungen über Angebot oder Nachfrage eines bestimmten Gutes werden ja gewiß nicht isoliert gefällt, sondern immer mit Blick auf Eigenschaften und Preise anderer Güter. Die von einem Wirtschaftssubjekt nachgefragte Menge eines Gutes wird also mit Sicherheit nicht nur von dem Preis dieses Gutes abhängen, sondern auch von den Preisen anderer Güter, die das Wirtschaftssubjekt nachfragen kann. Denn sein Budget soll ja durch die Kosten aller nachgefragten und gekauften Güter zusammen nicht überschritten werden. Die Restriktion des Budgets erfordert aber nicht nur, daß das Wirtschaftssubjekt alle seine Nachfragepläne aufeinander abstimmt, sondern sie schweißt auch seine Nachfrageentscheidungen mit seinen Angebotsentscheidungen zusammen, weil die Höhe des zur Verfügung stehenden Budgets direkt von den Preisen und Mengen jener Güter abhängt, die das Wirtschaftssubjekt selber anzubieten hat, mit deren Gegenwert es mithin sein Budget nährt und so seine Nachfrage finanziert.

Die Preistheorie geht also von der Vorstellung aus, daß die Wirtschaftssubjekte mit einer bestimmten Konstellation von Preisen konfrontiert sind und angesichts dieser Preise simultan über alle von ihnen angebotenen und nachgefragten Gütermengen entscheiden. Damit ist sehr generell und abstrakt formuliert, was im Einzelfall der Entscheid des Arbeiters ist, wie er angesichts der herrschenden Lohnsätze und Güterpreise seine Arbeitskraft in eine möglichst ersprießliche Kombination von Konsumgütern umwandeln soll, oder der Entscheid der Unternehmung, mit welchen Mitteln sie welche Erzeugnisse herstellen und zum Verkauf anbieten soll, oder auch der Entscheid des Händlers, welche Waren er einkaufen und in welcher Form oder auf welchen Märkten er sie weiterverkaufen soll.

Alle diese Entscheide werden natürlich von vielerlei Faktoren geprägt, so von den Präferenzen der Konsumenten für verschiedene Güter, von den technischen Möglichkeiten der Produktion, aber auch von der bestehenden Vermögensverteilung — die Nachfrage nach Kristallbadewannen beispielsweise setzt offenbar das Zusammentreffen von ganz bestimmten Präferenzen und Vermögensverhältnissen voraus. Was die Preistheorie untersucht, ist, wie unter diesen gegebenen Umständen die Angebots- und Nachfragepläne von den relativen Preisen der Güter abhängen, und wie sie auf Änderungen dieser Relationen reagieren. Das Ergebnis leuchtet dem gesunden Menschenverstand unmittelbar ein. Einfach formuliert lautet es, daß die Nachfrage nach einem Gut um so größer sein wird, je billiger das Gut im Vergleich zu andern Gütern ist, je weniger es mithin das Budget der Wirtschaftssubjekte belastet, daß andererseits aber ein niedrigerer Preis es weniger attraktiv macht, das Gut anzubieten, weshalb denn auch die davon angebotene Menge kleiner sein wird.

Wenn auch diese Gesetzmäßigkeiten sich nicht in jedem Einzelfall bestätigen, so ist doch kaum in Zweifel zu ziehen, was für den Nachweis der Koordinationsfunktion des Preissystems notwendige Voraussetzung ist: daß das Verhältnis zwischen Angebot und Nachfrage auf jedem Markt systematisch mit dem relativen Preis des entsprechenden Gutes variiert. Ein zu hoher Preis entmutigt die Nachfrager, stimuliert das Angebot und schafft so ein Überschußangebot. Umgekehrt dürfte ein sehr niedriger Preis aus analogen Gründen einen Nachfrageüberhang auf dem betreffenden Markt verursachen. Dazwischen muß es einen Preis geben, der, wie man sagt, den Markt räumt, indem er angebotene und nachgefragte Mengen gerade übereinstimmen läßt. Das ist der Gleichgewichtspreis.

Wenn nun das Preissystem wirklich alle Wirtschaftspläne miteinander koordinieren soll, dann muß seine „unsichtbare Hand" offenkundig dafür sorgen, daß auf allen Märkten Gleichgewichtspreise herrschen. Nur wenn dies gelingt, kann die arbeitsteilige Tauschwirtschaft ohne Eingriff einer Zentralgewalt reibungslos funktionieren. Nur Gleichgewichtspreise können isoliert aufgestellte Wirtschaftspläne so steuern, daß nicht Ressourcen auf die Herstellung von Gütern verschwendet werden, die niemand nachfragt — Ressourcen, die dann dort fehlen, wo die Nachfrage nicht befriedigt werden kann.

Das Mittel, dessen sich die „unsichtbare Hand" nach Darstellung der Preistheorie zur Gewährleistung von Gleichgewichtspreisen bedient, ist der Preiswettbewerb auf den Märkten. Wenn der relative Preis eines Gutes unter seinem Gleichgewichtswert liegt und darum eine Überschußnachfrage nach dem Gut entsteht, werden sich die Nachfrager in ihrem Wettbewerb um das knappe Gut gegenseitig überbieten und so den Preis hochsteigern, bis die Nachfrage so viel ab- und das Angebot so viel zugenommen hat, daß der Nachfrageüberhang verschwunden ist. Entsprechend wird auch ein zu hoher Preis von den Anbietern so lange unterboten, bis er sein Gleichgewichtsniveau erreicht hat.

Dieser Mechanismus kann durch das bekannte, in Abb. 1 wiedergegebene Angebot/Nachfrage-Schema diagrammatisch veranschaulicht werden.

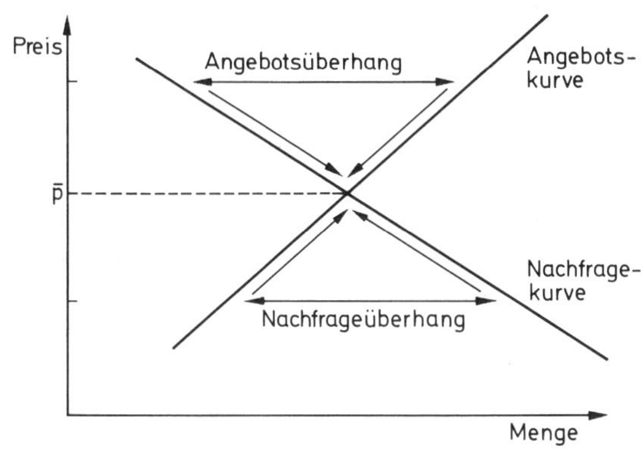


Abb. 1

Die Angebotskurve illustriert, wie die angebotene Menge auf dem abgebildeten Markt mit zunehmendem Preis zunimmt, und die Nachfragekurve, wie die nachgefragte Menge mit zunehmendem Preis abnimmt. Der Gleichgewichtspreis wird durch $\bar{p}$ symbolisiert. Die Pfeile, die auf den Kurvenschnittpunkt gerichtet sind, veranschaulichen die Kräfte, die im Falle eines Marktungleichgewichts den Marktpreis zum Gleichgewichtswert zurückführen und gleichzeitig auch angebotene und nachgefragte Mengen sich aufeinander zubewegen lassen.

Obwohl das koordinierende Wirken des Preismechanismus am Beispiel des einzelnen Marktes am ehesten einsichtig wird, dürfen wir doch nicht vergessen, daß das Gleichgewicht eines Marktes nie unabhängig von den Preisen anderer Güter zustandekommt, weil es ja die relativen Preise sind, an denen sich die Tauschpläne orientieren.

Darum kann das allgemeine Gleichgewicht, d.h. die gleichzeitige Koordination aller Angebots- und Nachfragepläne auf allen Märkten nicht auf jedem einzelnen Markt separat durch den dortigen Marktpreis, sondern nur durch die „richtige" Konstellation aller Preise untereinander erreicht werden. Dieser Erkenntnis hat als erster Léon Walras angemessen Rechnung getragen, der um 1875 die Gleichgewichtspreise mathematisch als Lösung eines simultanen Gleichungssystems dargestellt hat.

Wenn sich auch mit der Partialanalyse, d. h. der isolierten Analyse eines Einzelmarktes, viele Dinge gut erklären lassen, ermöglicht manchmal doch nur die von Walras erstmals systematisch durchgeführte, simultane Totalanalyse aller Märkte sinnvolle Aussagen über Vorgänge auf gesamtwirtschaftlicher Ebene. Aber das Prinzip, nach welchem sich Gleichgewichtspreise durch das Ausbalancieren von Angebots- und Nachfragemengen herausbilden, ist allemal dasselbe.

So beabsichtigt die mikroökonomische Theorie des allgemeinen Gleichgewichts zugleich zu erklären, wie Angebot und Nachfrage auf allen Märkten zur Bildung der Gleichgewichtspreise führen, und wie die Gleichgewichtspreise ihrerseits auf allen Märkten die gehandelten Mengen im Einklang mit dem Ziel der globalen Koordination bestimmen. Daß angebotene und nachgefragte Mengen gleichzeitig mit den Gleichgewichtspreisen bestimmbar sind, beruht auf der wechselseitigen Abhängigkeit zwischen diesen Größen und sollte keinesfalls als das Ergebnis eines Zirkelschlusses mißverstanden werden.

Da die neoklassische Gleichgewichtstheorie von der Wirkung relativer Preise auf die Wirtschaftspläne ausgeht und darum am Ende auch nur Preisrelationen erklären kann, bleibt eine Unbestimmtheit zurück. Denn wenn etwa Reis doppelt so teuer ist als Mais, so kann das heißen, daß Reis 2 DM und Mais 1 DM kostet, oder daß Reis 4 DM und Mais 2 DM kostet. Frage: wovon wird das Niveau der absoluten Preise bestimmt?

Diese fehlende Information wird im klassischen Gedankengebäude durch die Quantitätstheorie des Geldes geliefert. Die Quantitätstheorie geht davon aus, daß in einer Wirtschaft, die Geld als allgemeines Zahlungsmittel verwendet, ein bestimmtes nominelles — d.h. in Geldeinheiten ausgedrücktes — Transaktionsvolumen nur mit einer ganz bestimmten Geldmenge abgewickelt werden kann. Die Relation zwischen dem Transaktionsvolumen und der Geldmenge ist ein Maß für die Umlaufgeschwindigkeit des Geldes.

Wenn nun einerseits das nominelle Transaktionsvolumen, das der Bewertung der gehandelten Mengen mit ihren absoluten Preisen entspricht, in einer gegebenen Relation zur Geldmenge stehen soll, andererseits aber die gehandelten Mengen ausschließlich durch die Konstellation der relativen Preise bestimmt sein sollen, dann müssen offenbar die absoluten Preise in einem festen Verhältnis zur Geldmenge stehen. Das ist denn auch die klassische Theorie des Preisniveaus.

Als Bestimmungsgröße nur des Preisniveaus, aber nicht der umgesetzten Gütermengen und ihrer Austauschverhältnisse, ist das Volumen der Geldmenge in der klassischen Theorie augenscheinlich von eher untergeordneter Bedeutung. Denn ebensowenig, wie es eine Rolle spielt, ob eine Wertgröße in Dollars, Mark oder einer anderen Maßeinheit ausgedrückt wird, kommt es darauf an, auf welchem Niveau sich die Preise bilden, solange die Relationen zwischen den Preisen durch die realen Kräfte von Angebot und Nachfrage bestimmt sind.

Die Klassiker waren sich dabei durchaus der Tatsache bewußt, daß die Existenz eines allgemein anerkannten Tauschmittels an sich für eine dezentralisierte Wirtschaft von eminenter Wichtigkeit ist. Nur Geld ermöglicht die in einem arbeitsteiligen, hochgradig spezialisierten System unerläßliche Trennung der beiden Seiten eines zweiseitigen Güteraustauschs. Nur dank der Existenz eines allgemeine Kaufkraft verkörpernden Tauschmittels ist der hungrige Schneider nicht darauf angewiesen, einen Bäcker zu finden, der gegen sein Brot ausgerechnet Kleider einzutauschen wünscht. Wichtig ist also die Existenz eines Geldes, aber nicht seine Menge. A. C. Pigou hat das Geld darum einmal einen Schlüssel genannt, der viele Produktions- und Handelschancen erschließt; und solange der Schlüssel ins Schlüsselloch paßt, ist unerheblich, ob er aus viel oder wenig Metall gemacht ist.

Die Vorstellung von der Marktwirtschaft als einem sich selber regulierenden System, in dem alles wirtschaftliche Handeln durch den Anreiz anonymer Preissignale automatisch in die globale Harmonie eingefügt wird, steht in schroffem Widerspruch zu jenen pessimistischen Visionen, die der kapitalistischen Marktwirtschaft immer wieder prophezeit haben, sie würde sich von alleine in die Krise und in ihren eigenen Untergang hineinmanövrieren. Gar nicht neu ist insbesondere die Befürchtung, das System generiere für seine Produktionskapazitäten, die auf Auslastung drängen, zu wenig Nachfrage.

Als Antwort der klassischen Theorie auf diese Befürchtung ist das schon bald nach Adam Smith vom französischen Nationalökonomen Jean Baptiste Say formulierte Gesetz berühmt geworden, wonach jedes Angebot seine eigene Nachfrage schaffe. Das Saysche Gesetz hat nichts zu tun mit dem konsumeristischen Vorwurf an raffinierte Marketing-Strategen, die brächten die Konsumenten dazu, jeden einmal hergestellten Tand zu kaufen. Es ist vielmehr die prägnante Formulierung einer Prämisse, die der ganzen Preistheorie zugrundeliegt, nämlich daß Güter nur angeboten werden, weil die Anbieter mit dem Erlös andere Güter nachfragen wollen. Jede Angebotsentscheidung ist mit einer komplementären Nachfrageentscheidung verbunden, auch wenn die monetäre Tauschwirtschaft — im Gegensatz zum System des reinen Naturaltauschs — nicht dazu zwingt, die beiden Entscheidungen in einer einzigen zweiseitigen Transaktion zu verwirklichen. Wer seine Arbeitskraft anbietet, tut dies nicht umsonst, sondern weil er Konsumwünsche hat, die er mit dem Arbeitseinkommen verwirklichen kann. Ein globales Überangebot kann es offenbar nicht geben, solange jeder Anbieter mit seinem Angebot nur eine gleichwertige Nachfrage finanziert; und ein partielles Überangebot auf einem Markt wird, wie wir gesehen haben, nach klassischer Vorstellung durch eine Anpassung der Marktpreise abgebaut.

Es ist klar, daß eine Welt, die nach diesem Modell funktioniert, keine Probleme mit der Beschäftigung kennt: Jedes Arbeitsangebot schafft seine eigene Nachfrage. Es ist ebenso klar, daß eine Welt, die die Massenarbeitslosigkeit der dreißiger Jahre erlebt hat, von diesem Modell nicht adäquat beschrieben wird. Darum war Keynes' „General Theory“ nicht nur eine Antwort auf die Krise der Wirtschaft, sondern auch eine Antwort auf die Krise der Wirtschaftstheorie.

## 2. Keynes' zentrales Thema: die effektive Nachfrage

Die Argumentation, mit der Keynes den klassischen Glauben an die Selbstheilungs- und Selbstregulierungskräfte der Marktwirtschaft erschütterte, wird in der „General Theory" zwar mit so viel Aufwand formuliert, expliziert und verteidigt, daß das Buch nicht einfach zu lesen ist. Aber die Grundzüge des Gedankengangs, die besonders dann klar hervortraten, wenn sich Keynes an eine breitere Öffentlichkeit wandte[7], sind sehr leicht einzusehen.

Den Schlüssel zur Erklärung der Arbeitslosigkeit erblickte Keynes in der Analyse der gesamtwirtschaftlichen Güternachfrage.[8] Wenn nämlich davon ausgegangen werden darf, daß Güterproduzenten nicht mehr Arbeitskräfte beschäftigen, als sie zur Herstellung des von ihnen geplanten Güterangebots benötigen, und daß sie nicht mehr Güter anzubieten bereit sind, als ihnen die Nachfrager auch abkaufen, dann liegt die Vermutung eines engen Zusammenhangs zwischen Güternachfrage und Beschäftigungsgrad nahe. Und im Gegensatz zum Say-Gesetz nahm es Keynes nicht a priori als gegeben an, daß alle im Produktionsprozeß hergestellten Güter mit dem im gleichen Produktionsprozeß verdienten Einkommen aufgekauft werden. Vielmehr fragte er ganz explizit nach den Bestimmungsgründen der effektiven, für die Produzenten spürbaren Nachfrage.

Seine Theorie geht vom Konsumverhalten der privaten Haushalte aus, die ein Einkommen beziehen und dieses entsprechend ihren Gewohnheiten, ihren Konsumwünschen, aber auch in Berücksichtigung ihres Bedürfnisses nach finanzieller Zukunftsvorsorge zum Teil ausgeben und zum Teil sparen. Wie sich die Haushalte verhalten, wenn das Volkseinkommen größer wird, beschrieb Keynes mit seinem, wie er es nannte, „psychologischen Gesetz": Das zunehmende Einkommen wird die Haushalte veranlassen, auch ihre Ausgaben zu erhöhen, allerdings nicht um den vollen Betrag des Einkommenszuwachses.

Daß jedes zusätzliche Einkommen nur zum Teil wieder auf Konsumausgaben verwendet wird, bedeutet für die Wirtschaft als ganze, daß mit zunehmendem Einkommen eine immer größere Diskrepanz zwischen dem insgesamt verdienten Volkseinkommen und der Höhe der Konsumnachfrage entsteht. Diesen Sachverhalt illustriert ein einfaches Diagramm in Abb. 2:

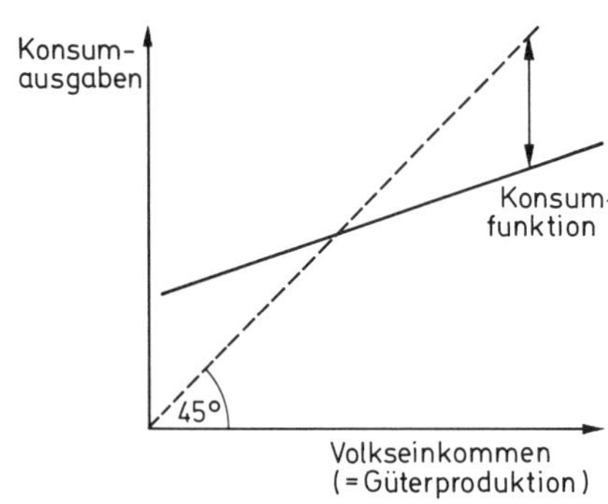


Abb. 2

Die horizontale Achse mißt das — z. B. jährliche — Volkseinkommen, und da dessen Komponenten in Form von Produktionskosten oder Gewinnen aus dem Produktionsprozeß fließen, gleichzeitig auch das Niveau der Güterproduktion im gleichen Zeitraum. Auf der vertikalen Achse kann die Höhe der Konsumausgaben abgelesen werden. Die unterbrochene Linie zeigt, wie die Konsumausgaben mit Produktion und Volkseinkommen variieren würden, wenn gar nichts gespart, sondern das ganze Einkommen für Konsumausgaben verwendet würde. Die ausgezogene Linie, die Konsumfunktion, repräsentiert das „psychologische Gesetz". Und die vertikale Distanz zwischen den beiden Linien mißt für jedes Niveau von Volkseinkommen und Produktion, welcher Anteil des Volkseinkommens gespart wird oder, was dasselbe ist, welcher Anteil der Güterproduktion einen andern Verwendungszweck als den Konsum finden muß.

Neben dem Konsum gibt es eine zweite Quelle der Güternachfrage: die Investition, d.h. die Nachfrage nach Maschinen, Gebäuden etc., die von den Unternehmungen zur Produktion neuer Güter eingesetzt werden.[9] Konsum- und Investitionsnachfrage bilden zusammen die gesamtwirtschaftliche Güternachfrage, mit der die Unternehmungen als die Anbieter von Gütern konfrontiert sind.[10] Wenn nun die Unternehmungen nur gerade jene Gütermenge herstellen, die sie auf dem Gütermarkt[11] absetzen können, dann steht mit der Höhe der Gesamtnachfrage auch schon der Umfang des Güterangebots fest. Wie groß es ist, läßt sich am Einkommen-Ausgaben-Diagramm leicht zeigen, wenn auch die Investitionsnachfrage darin eingetragen wird (vgl. Abb. 3). Die Menge der Investitionsgüter, die von den Unternehmungen nachgefragt werden, muß einfach vertikal zur Konsumnachfrage aufaddiert werden, dann läßt sich für jedes Niveau der Güterproduktion ablesen, welche Höhe die aggregierte Güternachfrage erreicht.

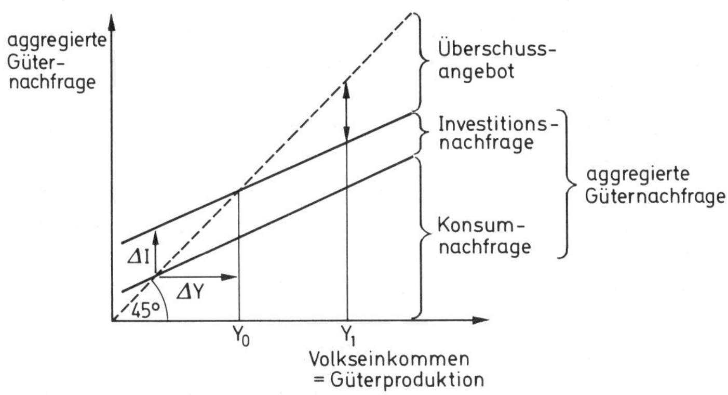


Abb. 3

Würde die Produktion das in Abb. 3 mit $Y_1$ bezeichnete Niveau erreichen, müßten die Hersteller auf einem Überschußangebot sitzen bleiben. Sie werden darum die Produktion auf ein Niveau beschränken, wo die Gesamtnachfrage das ganze Angebot aufnimmt. Dieses Niveau ist in Abb. 3 mit $Y_0$ bezeichnet.

Wie groß $Y_0$ ist, hängt bei gegebener Konsumfunktion offenbar von der Höhe der Investitionsnachfrage ab. Wird diese größer, so können mehr Güter abgesetzt werden; und zwar nicht nur mehr Investitionsgüter, sondern auch mehr Konsumgüter, denn das Einkommen, das durch die Produktion zusätzlicher Investitionsgüter entsteht, erhöht ja gemäß „psychologischem Gesetz" auch die Konsumausgaben, was wiederum neues Einkommen schafft. Dieses neue Einkommen zieht seinerseits in einer nächsten Stufe wieder mehr Konsumausgaben nach sich ... etc. etc. Kurz: eine eigentliche Kettenreaktion ist die Folge. Das ist der vielzitierte Keynessche Einkommensmultiplikator, der aus jeder Investition ein Mehrfaches an Einkommen entstehen läßt. Die Multiplikatorwirkung der Investitionsnachfrage ist in Abb. 3 durch das Verhältnis zwischen der Investition $\Delta I$ und dem durch sie geschaffenen Einkommen $\Delta Y$ veranschaulicht.

Natürlich ist die Keynessche Erklärung für den Umfang der Güterproduktion und des Volkseinkommens auch eine Erklärung für die Höhe der Beschäftigung in einer Volkswirtschaft, denn die Anzahl der Arbeitskräfte, die von den Unternehmungen beschäftigt werden können, hängt davon ab, wie groß die herzustellende Gütermenge ist. Das braucht zwar nicht auf lange Sicht zu gelten, wo technischer Fortschritt und Kapitalintensivierung die Arbeitsproduktivität durchaus so stark steigern können, daß ein größeres Volkseinkommen auch mit weniger Arbeitseinsatz erzielt werden kann. Aber in den kurzen Zeiträumen, die für die Beschäftigungspolitik den relevanten Zeithorizont darstellen, ändert sich die Kapitalausstattung einer Volkswirtschaft praktisch nicht, so daß die konjunkturellen Bewegungen des Produktionsniveaus von Entlassungen bzw. Neuanstellungen begleitet sind, soweit sie nicht durch eine schwankende Auslastung der Arbeitskräfte in den Betrieben abgefangen werden.

Die von Keynes gegebene Erklärung für die Höhe der Beschäftigung enthält nichts, was den Optimismus des Say-Gesetzes hinsichtlich andauernder Vollbeschäftigung in der Marktwirtschaft rechtfertigen könnte. Während nach klassischer Vorstellung das Spiel von Angebot und Nachfrage auf dem Arbeitsmarkt immer zur Vollbeschäftigung hinführen müßte, erklärt Keynes' Theorie die Beschäftigung ganz vom Gütermarkt her: beschäftigt werden nur so viele Arbeitskräfte, wie die Unternehmer zur Produktion brauchen können, und produziert wird nur soviel, wie auf den Gütermärkten abgesetzt werden kann. Warum aber sollte die Güternachfrage gerade so groß sein, wie es die Vollbeschäftigung erfordert?

Das Credo der Klassiker ist geradewegs umgedreht: nicht das Angebot schafft sich seine Nachfrage, sondern die Nachfrage schafft sich ihr Angebot — wenigstens soweit sie das Angebotspotential nicht übersteigt. Und es war Keynes' Diagnose der großen Depression, daß die Nachfrage weit davon entfernt war, das Angebotspotential auszuschöpfen.

Die Auswirkungen der Güternachfrage auf die Beschäftigung sind auch anhand der Abb. 3 leicht einzusehen. Wir müssen uns nur vorstellen, $Y_1$ sei jenes Produktionsniveau, das gerade für Vollbeschäftigung sorgt. Die Unternehmungen können jedoch nur die Menge $Y_0$ absetzen und benötigen entsprechend weniger Arbeitskräfte, so daß Arbeitslosigkeit die unausweichliche Folge ist.

Mit der Erklärung der Arbeitslosigkeit als der Folge einer unzureichenden Güternachfrage seitens der Konsumenten und Investoren liegt auch die Therapie nicht fern: die ungenügende private Nachfrage muß durch Ausgaben der öffentlichen Hand ergänzt werden. Um die Vollbeschäftigung wiederherzustellen, braucht der Staat dabei keineswegs alle Güter aufzukaufen, deren Herstellung den Zuzug der bisher unbeschäftigten Arbeitskräfte erfordert und ermöglicht. Es genügt eine wesentlich geringere staatliche Nachfrage, weil sie aufgrund ihrer Multiplikatorwirkung — nicht anders als die privaten Investitionsausgaben — ein Mehrfaches ihrer selbst an Güternachfrage, Produktion und Einkommen erzeugt.

## 3. Warum versagt der Zinsautomatismus?

Wir müssen uns in diesem Abschnitt mit einem Argument befassen, das vom klassischen Standpunkt aus gegen die Keynessche Konzeption, soweit sie bis hier beschrieben ist, vorgebracht werden könnte, und mit dem sich Keynes auch eingehend auseinandergesetzt hat. Das angesprochene Argument richtet sich gegen den Kern von Keynes' Theorie, nämlich gegen die Behauptung, es fehle dem marktwirtschaftlichen System ein Automatismus, der für jede Produktionsmenge genügend Nachfrage garantiert.

Wenn Konsum- und Investitionsnachfrage zusammen nicht groß genug sind, den ganzen Ausstoß einer vollbeschäftigten Wirtschaft zu absorbieren, dann heißt das ja nichts anderes, als daß die Haushalte von dem jährlichen Volkseinkommen, das bei Vollbeschäftigung zu verdienen ist, mehr sparen wollen, als die Unternehmungen in einem Jahr für Investitionen auszugeben vorhaben. Eine solche Diskrepanz zwischen den Plangrößen von Ersparnis und Investition ist im Rahmen der klassischen Gleichgewichtstheorie gar nicht vorstellbar. Denn Sparen, so würde ein Klassiker sagen, ist doch nichts anderes als ein Angebot an Mitteln, auf deren konsumptive Verwendung vorläufig verzichtet wird, und die auf Finanzmärkten eine gute Anlage suchen. Investitionen dagegen sind die Quelle der Nachfrage nach solchen Mitteln, weil schließlich jede Anschaffung von Kapitalgütern finanziert sein will. Wie überall, wo sich Angebots- und Nachfragepläne gegenüberstehen, halten die Klassiker auch hier einen Preis bereit, der diese Pläne zu koordinieren hat: den Zins.

Die klassische Theorie vermutete einen positiven Einfluß des Zinses auf das Angebot an Spargeldern aufgrund der Überlegung, daß ein höherer Zins eine höhere Belohnung für den Sparer bedeutet und darum das Sparen attraktiver machen müßte. Auf der anderen Seite ist der Mittelbedarf zur Finanzierung von Investitionen negativ mit dem Zins korreliert: je teurer die Kredite, um so weniger zahlreich die Investitionsprojekte, deren Ertragsaussichten die Finanzierungskosten zu decken versprechen.

Eine Situation, in der die Sparer der Güternachfrage mehr Mittel zu entziehen planen, als ihr die Investoren wieder zuführen wollen, müßte nun durch eine Reaktion des Kreditmarktes korrigiert werden. Das Überangebot an laufenden Ersparnissen müßte zu einer Zinssenkung führen, die so viele Mehrinvestitionen bewirkt und gleichzeitig die angebotenen Spargelder so stark zurückgehen läßt, daß Sparen und Investieren wieder ins Gleichgewicht miteinander kommen. Solange der Zinsmechanismus auf diese Art und Weise spielt, ist nicht einzusehen, warum die Investitionsnachfrage — auch bei Vollbeschäftigung — nicht jederzeit die Lücke zwischen Konsumnachfrage und gesamtwirtschaftlichem Güterangebot sollte schließen können.

Die Frage, die Keynes beantworten mußte, könnte also wie folgt formuliert werden: Warum wird in einer anfänglich vollbeschäftigten Marktwirtschaft das durch einen Nachfragerückgang gestörte Gütermarktgleichgewicht nicht dadurch wiederhergestellt, daß sich die Güternachfrage aufgrund einer Zinsreaktion auf dem Kreditmarkt wieder an das Niveau der Vollbeschäftigungsproduktion anpaßt, sondern dadurch, daß das Angebot schrumpft, bis es auf niedrigerem Niveau wieder sein Gleichgewicht mit der Nachfrage findet? Oder kürzer: Warum versagt der Zinsautomatismus?

Keynes' Argument, warum der Zins nicht die Rolle spielen kann, die ihm die Klassiker zugedacht und zugetraut haben, beruht darauf, daß Sparen keineswegs gleichbedeutend mit dem Angebot von Mitteln auf Finanzmärkten ist. Denn anstatt sich auf Finanzmärkten zu engagieren, können die Sparer ihre Ersparnisse auch in Form von Geld halten.

Warum aber sollten sie das tun, wenn sie doch auf den Finanzmärkten zinstragende Wertpapiere erwerben können? Welche Motive lassen ein vernünftiges Wirtschaftssubjekt auf den Zinsertrag von Wertpapieren verzichten und statt dessen Geld halten?

Die Antwort darauf gab Keynes mit seiner Theorie der spekulativen Liquiditätspräferenz, wonach es immer dann vorteilhaft ist, auf Wertpapiere zu verzichten, wenn ein Absinken von deren Kurswert zu befürchten steht. Keynes nahm an, daß sich die Erwartungen der Wirtschaftssubjekte über die zukünftige Kursentwicklung an dem orientiert, was als ein „normales" und wiederkehrendes Kursniveau angesehen wird. Demgemäß wird Geld als Alternative zu Wertpapieren um so attraktiver und um so stärker nachgefragt, je höher das Niveau der Wertpapierkurse im Vergleich zu diesem „Normalwert" steigt. Denn erstens wird dann das Risiko von Kursverlusten höher eingestuft, und zweitens sinkt die Rendite, die zur Vermeidung des Kursverlustrisikos durch Verzicht auf eine zinstragende Sparanlage geopfert werden muß.[12]

Daß die Rendite — oder was dasselbe ist: der Marktzins — sinkt, liegt einfach daran, daß das Verhältnis zwischen dem Ertrag, den ein repräsentatives Papier verspricht, und dem Kurswert, zu dem es angekauft werden muß, abnimmt, wenn der Kurswert in die Höhe geht. Wenn darum die Theorie der spekulativen Liquiditätspräferenz voraussagt, daß mit höherem Kursniveau mehr Geld gehalten wird, kann dies äquivalent dadurch ausgedrückt werden, daß mit niedrigerem Zinssatz mehr Geld und entsprechend weniger Wertpapiere nachgefragt werden.

Die Zunahme der spekulativen Geldnachfrage mit abnehmendem Zins wird gewöhnlich durch die in Abb. 4 mit *MS* angeschriebene Kurve veranschaulicht.

Daneben trug Keynes auch jenem Motiv der Geldnachfrage Rechnung, das für die klassische Quantitätstheorie das dominierende war, nämlich dem Transaktionsmotiv.

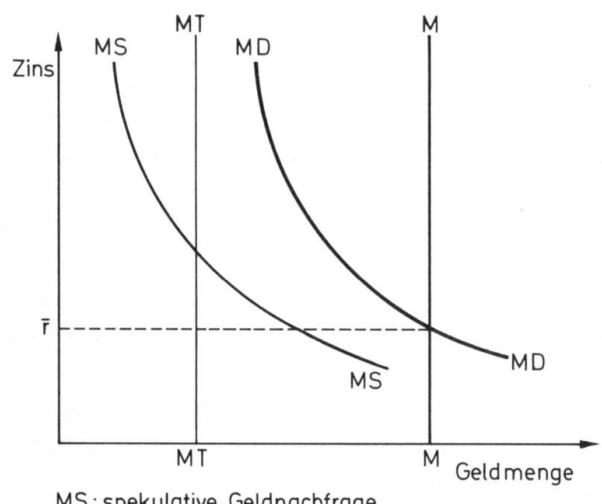


MS: spekulative Geldnachfrage
MT: Transaktionsnachfrage nach Geld
MD=MS+MT: aggregierte Geldnachfrage
M: bestehende Geldmenge (Geldangebot)

Abb. 4

Wieviel Geld für Transaktionszwecke absorbiert wird, hängt natürlich vom Umfang der Transaktionen ab. In Abb. 4 wird die Transaktionsnachfrage nach Geld für ein gegebenes Transaktionsvolumen durch *MT* verkörpert.

Durch horizontale Addition der beiden Kurven *MS* und *MT* ergibt sich die Kurve *MD;* diese stellt dar, wie die gesamthaft nachgefragte Geldmenge mit dem Zins variiert.

Schließlich zeigt Abb. 4 auch, wie die Geldnachfrage im Verein mit einem fixierten Geldangebot, d.h. mit einer gegebenen Geldmenge — in der Abbildung: *M* — den Marktzins determiniert. Dieser entspricht jenem Zinsniveau — $\bar{r}$ in unserem Diagramm —, bei dem Geldnachfrage und Geldversorgung gerade übereinstimmen. Wäre der Zins höher als $\bar{r}$, so sähen sich die Wirtschaftssubjekte mit mehr Geld versorgt, als sie zu halten wünschen. Der Versuch, für diese überschüssige Kasse Wertpapiere zu substituieren, müßte deren Marktkurs erhöhen und damit den Zins so weit reduzieren, bis er bei $\bar{r}$ angelangt ist. Aus analogen Gründen müßte ein zu geringer Zins ansteigen, bis das Gleichgewichtsniveau erreicht ist.

So bestimmt die keynesianische Theorie den Zins als abhängig von der Geldmenge und von den Dispositionen der Wirtschaftssubjekte über ihre Wertpapierbestände und ihre Kassehaltung.

Mit dem Zins ist aber auch der Umfang der Investitionen bestimmt, denn gleich wie die Klassiker ging Keynes davon aus, daß nur Investitionen durchgeführt werden, deren prospektive Rendite den Marktzins übersteigt. Wie viele das sind, hängt bei gegebenen Ertragserwartungen der Investoren von der Höhe des Marktzinses ab. Daß es gerade so viele sind, wie es für die Vollbeschäftigung braucht, ist jedenfalls durch nichts sichergestellt.

# 4. Das keynesianische Modell des allgemeinen Gleichgewichts

## 4.1. Die Wirtschaft als interdependentes System

In den beiden vorangegangenen Abschnitten haben wir nun die Bausteine kennengelernt, die Keynes zur Erklärung der wichtigsten makroökonomischen Variablen — Zins, Investition, Konsum, Volkseinkommen und Beschäftigung — benötigte. Wir sahen anhand der Abb. 3, S. 143, wie die Höhe der Investitionsnachfrage bei gegebener Konsumfunktion das Volkseinkommen bestimmt. Um die Investition ihrerseits zu bestimmen, zog Keynes den Zinssatz heran.

Nun stellt sich folgendes Problem: einerseits wirkt der Zins via Investitionsnachfrage auf die Höhe des Volkseinkommens ein, andererseits läßt sich aber der Zins gar nicht bestimmen, solange nicht feststeht, wie groß das Volkseinkommen ist. Denn die keynesianische Theorie betrachtet den Zins ja als abhängig von der Geldnachfrage, deren eine Komponente, die Transaktionsnachfrage, vom Transaktionsvolumen und damit vom Volkseinkommen bestimmt wird.

So sagt uns die Theorie nicht, wie hoch der Zins ist, wenn wir das Volkseinkommen nicht kennen. Sie sagt uns aber auch nicht, wie groß das Volkseinkommen ist, wenn wir den Zins nicht kennen. Wie gelangen wir nun zu einer Aussage über die uns interessierenden Makro-Größen?

Eines steht fest: Im Moment, da sich Teilgrößen eines Systems — wie in unserem Fall Volkseinkommen und Zins — gegenseitig beeinflussen, können sie nur noch simultan und nicht mehr sequentiell, eine nach der andern, bestimmt werden. Gerade darin liegt auch das Handicap dessen, der versucht, ein Modell verbal darzustellen, und dem gar nichts anderes übrigbleibt, als eines nach dem andern zu sagen, so daß er entweder Rückkopplungswirkungen unterschlägt oder dann den Eindruck eines zeitlichen Hintereinanders von Dingen erweckt, die gleichzeitig geschehen. Dieser Problematik schreibt Harry Johnson manche Irrtümer und Mißdeutungen zu, die von der „unordentlichen", „ungeschickt und irreführend" argumentierenden, weil eben praktisch nur verbal vorgehenden „General Theory" verursacht worden sind.[13]

Es ist das große Verdienst des zuerst von John R. Hicks[14] entwickelten keynesianischen Standard-Modells — heute Kernstück aller makroökonomischen Lehrbücher —, daß es für die Darstellung der Interdependenzen in Keynes' System die adäquate mathematische Form des simultanen Gleichungssystems eingeführt hat.

Den Vorzug, die Wirtschaft als ein System interdependenter Teilbereiche darzustellen, wies ja schon das walrasianische Modell des allgemeinen Gleichgewichts auf, das zwar interessante wohlfahrtstheoretische Schlußfolgerungen zuließ, wegen seiner extremen Disaggregation aber praktisch nicht mit empirischem Informationsgehalt zu füllen war, sondern als abstrakt mathematische Struktur eigentlich nur das Prinzip der umfassenden Koordination der Wirtschaftspläne durch den Preismechanismus deutlich machte. Als Gegenreaktion auf die walrasianische Abstraktion kehrte um die Jahrhundertwende in Cambridge Alfred Marshall wieder zu einer anschaulichen und konkreten Analyse zurück, mußte dafür aber auf die explizite Behandlung systemweiter Interdependenzen verzichten.

Das Modell von Hicks verbindet nun die Vorzüge der simultanen Totalanalyse mit denen der unmittelbaren Anschaulichkeit, was ihm vor allem dank der von Keynes vorgenommenen starken Aggregation der Märkte gelingt.[15] Es verzichtet auf die Analyse von Vorgängen innerhalb der großen Aggregate, hat dafür aber Kategorien geschaffen, dank denen die Interdependenzen im System gut überschaubar bleiben, und die alle empirisch relativ leicht zu identifizieren sind — die keynesianischen Kategorien haben ja sogar die international anerkannte Gliederung der volkswirtschaftlichen Gesamtrechnung wesentlich mitgeprägt!

Das Modell bestimmt die wichtigsten gesamtwirtschaftlichen Größen als Bestandteile eines allgemeinen Gleichgewichts auf den betrachteten Märkten. Dabei wird ersichtlich, wie im Gegensatz zum walrasianischen das keynesianische allgemeine Gleichgewicht auch bei Arbeitslosigkeit zustandekommen kann. Es wird auch deutlich, von welchen Bedingungen es abhängt, ob und wieviel Arbeitslosigkeit auftritt.

Weil das allgemeine Gleichgewicht einen Ruhezustand aller im Modell berücksichtigten Variablen beschreibt, ist die keynesianische Makroökonomie, genauso wie die klassische mikroökonomische Gleichgewichtstheorie der Preise, eine statische Analyse. Man spricht auch von Komparativ-Statik, weil die Analyse auch den Vergleich von Ruhezuständen erlaubt, die sich unter alternativen Rahmenbedingungen des Systems einstellen.

## 4.2. Die graphische Darstellung des Modells

Hicks hat sein Modell nicht nur als Gleichungssystem formal aufgeschrieben, sondern dafür auch eine Form der graphischen Exposition entwickelt. Daß dies so einfach möglich war, ist der Tatsache zu verdanken, daß die drei zentralen Verhaltensgleichungen des Modells zur Erklärung der Konsum-, Investitions- und Geldnachfrage insgesamt nur zwei Bestimmungsgrößen explizit heranziehen: den Zinssatz und das Volkseinkommen. Das Modell läßt sich darum in einem zweidimensionalen Quadranten unterbringen, auf dessen Achsen diese beiden Größen aufgetragen sind. Jeder Punkt im Innern des Quadranten entspricht also einer ganz bestimmten Konstellation von Zins und Volkseinkommen. Welche dieser Konstellationen gewährleistet nun ein allgemeines Gleichgewicht?

Eine erste Bedingung, mit der Zins und Volkseinkommen vereinbar sein müssen, ist durch die Übereinstimmung von Angebot und Nachfrage auf dem Gütermarkt vorgegeben. Die Investitionsnachfrage[16] muß also, wie wir gesehen haben, gerade die Lücke ausfüllen, welche die laufende Ersparnis gemäß Konsumfunktion zwischen Güterangebot und Konsumnachfrage entstehen läßt. Nun ist es ja der Inhalt von Keynes' „psychologischem Gesetz", daß diese Lücke mit zunehmendem Volkseinkommen, d.h. auch mit zunehmender Güterproduktion, größer wird. Darum muß auch die Investitionsnachfrage um so größer sein, je höher das Volkseinkommen im Gütermarktgleichgewicht sein soll. Die Investitionsnachfrage ihrerseits — darin stimmen Keynes und die klassische Theorie überein — wird desto stärker stimuliert, je tiefer das Niveau des Marktzinses sinkt. Darum muß der Zinssatz um so niedriger sein, je höher das Volkseinkommen im Gütermarktgleichgewicht sein soll. Diese Bedingung wird durch die fallende *IS*-Kurve in Abb. 5 zum Ausdruck gebracht.

Jeder Punkt auf der Kurve verkörpert eine Kombination von Zins und Realeinkommen, die den Ausgleich zwischen Sparen und Investieren herbeiführt. Oben links sind beide gleich gering, die Investitionsnachfrage wegen des hohen Zinses, und die Ersparnis wegen des niedrigen Volkseinkommens. Entsprechend wird unten rechts auf der Kurve bei tieferem Zins und größerem Volkseinkommen das Gleichgewicht von Sparen und Investieren auf höherem Niveau erreicht.

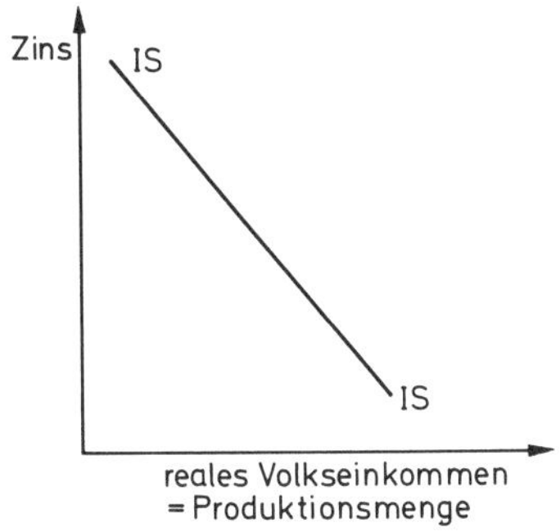


Abb. 5

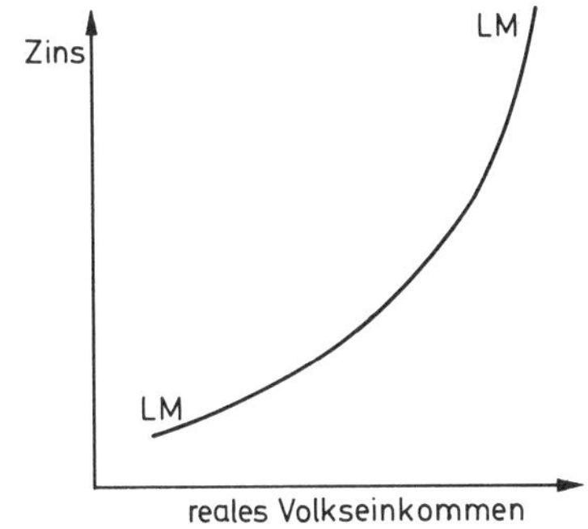


Abb. 6

Die Bedingung für das Gleichgewicht auf dem Gütermarkt legt also Zins und Einkommen nicht auf je einen bestimmten Wert fest, sondern läßt noch offen, wo auf der *IS*-Kurve sich das Gesamtgleichgewicht des Systems einstellen wird. Dieser Spielraum entfällt, sobald in Betracht gezogen wird, daß Gleichgewichtszins und Gleichgewichtseinkommen gleichzeitig auch für die Übereinstimmung von Geldnachfrage und Geldangebot sorgen müssen.

Entsprechend den von Keynes unterschiedenen Motiven setzt sich die Geldnachfrage zusammen aus der Transaktionsnachfrage, die mit dem Niveau des Volkseinkommens zunimmt, und der Spekulationsnachfrage, die mit steigendem Zins abnimmt. Soll die Summe dieser beiden Nachfragekomponenten gerade mit dem Umfang der gesamtwirtschaftlichen Geldversorgung übereinstimmen, so kann ohne gleichzeitige Veränderung der Geldmenge die eine Komponente nur auf Kosten der andern zunehmen. Darum verlangt das Geldmarktgleichgewicht ein um so höheres Zinsniveau, je größer das Volkseinkommen ist. Denn das höhere Zinsniveau muß die Spekulationsnachfrage gerade um so viel verringern, wie das größere Volkseinkommen den Transaktionsbedarf zunehmen läßt. Diese Bedingung wird durch die ansteigende *LM*-Kurve in Abb. 6 zum Ausdruck gebracht.

Jeder Punkt auf der Kurve verkörpert eine Kombination von Zins und Realeinkommen, die den Ausgleich zwischen der aggregierten Geldnachfrage und der Geldmenge herbeiführt. Unten links auf der Kurve ist die spekulative Geldnachfrage wegen des tiefen Zinsniveaus relativ groß, dafür ist die Transaktionsnachfrage wegen des niedrigen Volkseinkommens relativ gering. Oben rechts ist es entsprechend umgekehrt. Aber die Summe der beiden Geldnachfragekomponenten ist auf der ganzen Kurve gleich groß, nämlich so groß wie die Geldversorgung der Wirtschaft.

Da die Gleichgewichtsbedingung für den Gütermarkt nun durch die *IS*-Kurve und jene für den Geldmarkt durch die *LM*-Kurve dargestellt ist, brauchen wir nur noch die beiden Kurven in einem Diagramm zu vereinigen, um festzustellen, wie die Bedingung für das Gesamtgleichgewicht des Systems aussieht. Dazu dient uns die Abb. 7, wo die beiden Kurven übereinandergelegt sind. Das Systemgleichgewicht wird durch den Schnittpunkt der Kurven verkörpert, denn als einziger Punkt, der beiden Kurven gemeinsam ist, bildet er jene Kombination von Zins und Volkseinkommen ab, die sowohl Sparen und Investieren

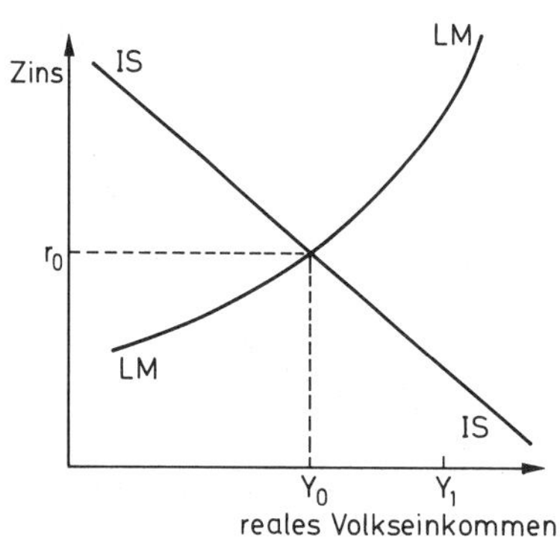


Abb. 7

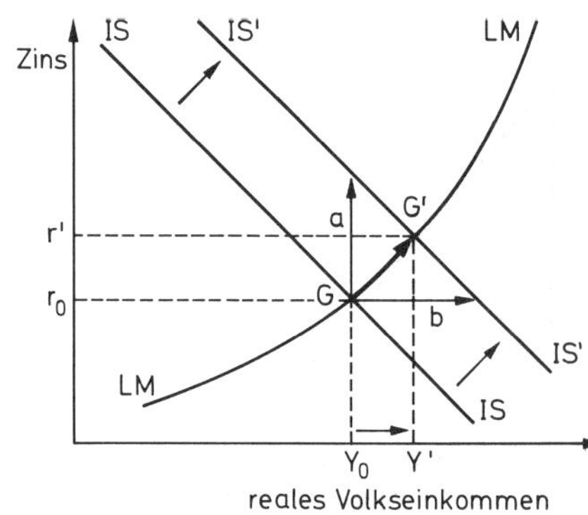


Abb. 8

als auch Geldmenge und Geldnachfrage ins Gleichgewicht bringt. Diese Kombination ist in Abb. 7 durch die Werte $r_0$ für den Zins und $Y_0$ für das Volkseinkommen gekennzeichnet.

Das so bestimmte Systemgleichgewicht ist offenkundig ohne weiteres mit Unterbeschäftigung vereinbar. Wir müssen uns nur vorstellen, $Y_1$ markiere jenes Niveau des Volkseinkommens und der Produktion, dessen Erzeugung die Vollbeschäftigung des Arbeitspotentials erfordert; dann ist — wie schon in Abb. 3, S. 143 — der Abstand zwischen $Y_0$ und $Y_1$ ein Indikator für das Ausmaß der Unterbeschäftigung.

Das *IS-LM*-Modell erlaubt uns dank der simultanen Erfassung des güterwirtschaftlichen und des monetären Sektors nun auch, die Auswirkungen einer exogenen Zunahme der Güternachfrage auf das ganze System zu überblicken. „Exogen" bedeutet einfach, daß die zusätzliche Güternachfrage nicht durch eine Veränderung der im Modell explizit betrachteten Nachfragedeterminanten induziert wird, also weder durch eine Zinssenkung noch durch ein höheres Einkommen. Vielmehr könnte die Nachfrageexpansion etwa dadurch zustandekommen, daß die Investoren — sei es dank einer technischen Erfindung, sei es dank einer optimistischeren Einschätzung der Zukunft — bei gegebenem Zins mehr zu investieren bereit sind. Um uns einmal das Vorgehen der komparativ-statischen Analyse vor Augen zu führen, wollen wir aber im folgenden davon ausgehen, daß der Staat in der Absicht, die Arbeitslosenziffer zu reduzieren, mehr Ausgaben beschließt.[17]

Abb. 8 zeigt, wie diese exogene Ausdehung der Güternachfrage im keynesianischen *IS-LM*-Diagramm zum Ausdruck kommt: als Verschiebung der *IS*-Kurve nach rechts oben. Wird die ursprüngliche Lage der Kurve durch *IS* dargestellt, so entspricht *IS'* dem Kurvenverlauf nach der Nachfrageexpansion. Denn das Gütermarktgleichgewicht verlangt bei gegebenem Volkseinkommen ($Y_0$) und entsprechend unveränderter Konsumnachfrage einen weniger niedrigen Zins (Pfeil a), weil eine gleichbleibende Lücke zwischen angebotener Gütermenge und Konsumnachfrage wegen der zusätzlichen Staatsausgaben auch bei höherem Zins — d. h. bei einer kleineren Investitionsnachfrage — geschlossen würde. Alternativ ließe sich sagen, daß dank der Expansion der Staatsnachfrage bei gleichbleibendem Zins eine größere Lücke zwischen Güterangebot und Konsumnachfrage geschlossen werden kann, was natürlich auch ein höheres Volkseinkommen ermöglicht (Pfeil b).

Pfeil a und Pfeil b repräsentieren nur zwei von vielen Möglichkeiten, wie sich eine exogene Zunahme der Güternachfrage auf den Gütermarkt auswirken könnte. Die beiden Extremfälle sollen nur illustrieren, warum die neue Gleichgewichtsbedingung für den Gütermarkt der Kurve *IS'* entspricht. Was wirklich geschieht, hängt vom Verlauf der *LM*-Kurve ab. Denn im neuen Systemgleichgewicht muß ja auch der Geldmarkt im Gleichgewicht bleiben. Darum stellt der Punkt $G'$ in Abb. 8 die neue Zins-Einkommen-Kombination dar, zu der die veränderten Nachfrageverhältnisse auf dem Gütermarkt führen.

Wir sehen nun deutlich, daß die größere Nachfrage nicht jene uneingeschränkte Multiplikatorwirkung entfalten kann, wie sie in Abschnitt 2, anhand der Abb. 3, S. 143, beschrieben war. Eine solche wäre nur möglich, wenn der Zins konstant bliebe (Pfeil b). Aber der größere Transaktionsbedarf an Geld erhöht den Zins auf $r'$ — anders können die Mittel der spekulativen Geldnachfrage nicht entzogen werden — und reduziert so die Investitionsnachfrage. Am Ende resultiert darum nur eine Einkommenszunahme in der Höhe des Abstands zwischen $Y_0$ und $Y'$. Parallel zu der Einkommenszunahme erfolgt natürlich auch eine entsprechende Verbesserung der Beschäftigungslage, was freilich nicht direkt aus dem *IS-LM*-Diagramm abgelesen werden kann, sondern eine implizite Konsequenz ist.

Die eben durchgeführte Überlegung ist nur ein Beispiel für die komparativ-statische Analyse, mit der die Auswirkungen beliebiger exogener Impulse im ganzen System eruiert werden können. Jede exogene Veränderung einer für das Systemverhalten erheblichen Variablen kann durch eine Verschiebung der einen und/oder der anderen Kurve im *IS-LM*-Diagramm illustriert werden. Die sich daraus ergebende Verschiebung des Schnittpunktes verkörpert die Reaktion des Systems auf die exogene Änderung. Da natürlich auch der neue Kurvenschnittpunkt ein Gleichgewicht sowohl im güterwirtschaftlichen wie im monetären Bereich beschreibt, ist sichergestellt, daß die komparativ-statische Argumentation im *IS-LM*-Diagramm die wechselseitigen Abhängigkeiten zwischen den beiden Bereichen nie außer acht läßt.

## 5. Flexible Löhne: ein Mittel gegen die Arbeitslosigkeit?

Wir haben nun im vorhergehenden Abschnitt gesehen, wie das simultane keynesianische Modell ein Systemgleichgewicht bestimmt, das durchaus mit Unterbeschäftigung vereinbar ist. Man könnte sich freilich fragen, ob überhaupt von einem Systemgleichgewicht gesprochen werden kann, wenn doch auf dem Arbeitsmarkt ein Angebotsüberschuß aufrechterhalten bleibt.[18]

In der Tat wäre es eher angebracht, statt von einem „Systemgleichgewicht bei Unterbeschäftigung" von einer Inkonsistenz im System zu sprechen: die Vollbeschäftigung als Gleichgewichtsbedingung für den Arbeitsmarkt einerseits und die Bedingungen für ein Gleichgewicht auf dem Geld- und auf dem Gütermarkt andererseits schließen sich gegenseitig aus. Im Falle eines solchen Widerspruchs — so wäre dann die keynesianische Theorie zu interpretieren — ist es die Bedingung für das Arbeitsmarktgleichgewicht, die unerfüllt bleibt, weil die im *IS-LM*-Subsystem bestimmte Güternachfrage quasi als Engpaßfaktor die Höhe der Beschäftigung limitiert.

Aber gehen nicht von der verletzten Gleichgewichtsbedingung auf dem Arbeitsmarkt Rückwirkungen aus, die verhindern, daß sich die Unterbeschäftigung als Dauerzustand etabliert? So würde wohl ein Klassiker fragen. Die Arbeitslosen müßten doch einfach die herrschenden Löhne unterbieten und so den Angebotsüberhang auf dem Arbeitsmarkt beseitigen, genauso wie auf irgend einem andern Markt der Preiswettbewerb ein Überschußangebot zum Verschwinden bringt.

Dieser Argumentation hielt Keynes zweierlei entgegen:

- Erstens, daß die Löhne in der Realität gar nicht jene Flexibilität aufweisen, die die klassische Gleichgewichtstheorie unterstellt,
- und zweitens, daß auch die künstliche Herstellung einer solchen Flexibilität — wie immer das möglich sein soll — keine erfolgversprechende Beschäftigungspolitik wäre.

Dementsprechend auch das methodische Vorgehen in der „General Theory": Zunächst einmal wird die ganze Beschäftigungstheorie entwickelt, ohne daß von Löhnen überhaupt die Rede ist. Die Analyse setzt einfach ein fixiertes Lohnniveau voraus, das sie als historisch vorgegebenes Datum hinnimmt. Erst gegen Ende des Buchs, in Kapitel 19, begründet Keynes seine Überzeugung, daß sich an den zuvor erarbeiteten Ergebnissen durch die Einführung flexibler Löhne nichts wesentliches ändern würde.

Auch das *IS-LM*-Modell geht zur Darstellung der Keynesschen Theorie von einem gegebenen Lohnniveau aus, das trotz Arbeitslosigkeit nicht unterboten wird. Diese Annahme mag es denn auch rechtfertigen, von einem „Systemgleichgewicht bei Unterbeschäftigung" zu sprechen, weil der Arbeitsmarkt in einem gewissen Sinne immer im „Gleichgewicht" ist, wenn sich das Lohnniveau nicht ändert. Man kann sich das anhand der Abb. 9 klarmachen, die einen Arbeitsmarkt darstellt, auf dem die Anbieter nicht bereit sind, weniger als den herrschenden Lohnsatz $w_0$ zu akzeptieren.[19] Der Schnittpunkt zwischen Angebots- und Nachfragekurve verkörpert das „Arbeitsmarktgleichgewicht" und bestimmt die Höhe der Beschäftigung ($N_0$). Die Differenz zwischen der maximal beim herrschenden Lohnsatz angebotenen Menge $N^f$ und der nachgefragten Menge $N_0$ gibt das Ausmaß der Unterbeschäftigung an.

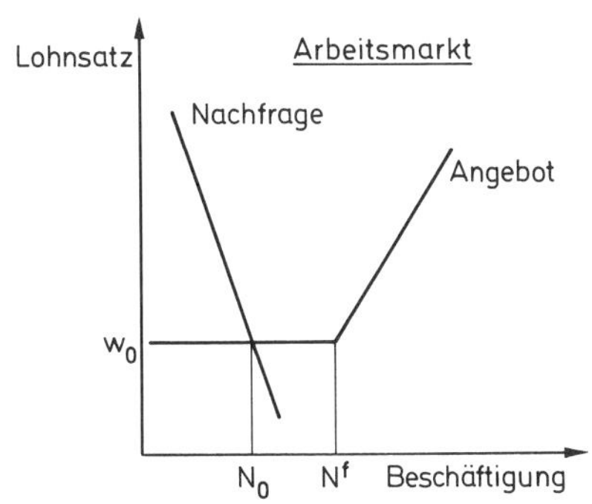


Abb. 9

Ob auf diesem Arbeitsmarkt nun ein Gleichgewicht vorliegt oder ein Ungleichgewicht, in dem freilich alle stabilisierenden Kräfte blockiert sind, ist eine Frage der Terminologie. Wie immer man sie entscheiden mag: mit der Annahme starrer Löhne schließt die keynesianische Theorie von vornherein aus, daß die von den Eigenschaften des *IS-LM*-Gleichgewichts abhängige Höhe der Unterbeschäftigung durch Rückwirkungen vom Arbeitsmarkt her beeinflußt wird.

Aber ist die Erklärung der Arbeitslosigkeit auf die Annahme starrer Löhne angewiesen? Sorgt ein flexibles Lohnniveau tatsächlich immer für Vollbeschäftigung, wie die klassische Theorie behauptet hat, oder erschwert es vielmehr die Krisenbekämpfung, wie Keynes vermutet hat? Einige wesentliche Argumente, die in der Diskussion über diese Fragen eine Rolle gespielt haben, sollen im folgenden zur Sprache kommen.

## 5.1. Der Keynes-Effekt

Denjenigen, die daran glaubten, daß flexible Löhne von alleine wieder zur Vollbeschäftigung führen müßten, warf Keynes vor, sie operierten mit der unzulässigen Verallgemeinerung eines Rezeptes, das nur für eine einzelne Unternehmung oder auch Branche richtig sein könne. Wenn nämlich in einem solchen, relativ kleinen Teilbereich die Löhne sinken — oder heute müssen wir wohl eher sagen: weniger stark ansteigen als der allgemeine Lohn- und Preistrend —, dann erhält zwar der einzelne Unternehmer einen Spielraum in der Preisgestaltung, der es ihm erlaubt, seine Position im Wettbewerb um die Nachfrage zu verbessern und so allenfalls Produktion und Beschäftigung auszudehnen.

Insoweit aber die zusätzliche Nachfrage, die ein Anbieter dank zurückhaltender Preisgebarung auf sich ziehen kann, auf Kosten anderer geht, ist per Saldo gar keine positive Wirkung auf die Gesamtbeschäftigung zu erwarten. Die entscheidende Frage lautet darum, ob alle Anbieter zusammen damit rechnen können, daß gesamthaft größere Gütermengen nachgefragt werden, wenn die Preise auf Arbeits- und Gütermärkten unter dem Druck eines allgemeinen Angebotsüberhangs nachgeben. Anders formuliert: Besteht Anlaß zur Annahme, daß aufgrund eines allgemein sinkenden Preisniveaus die reale Konsumnachfrage und/oder die reale Investitionsnachfrage zunimmt?

Da die Konsumfunktion den gesamtwirtschaftlichen Konsum mit dem realen Volkseinkommen verbindet, läßt die Keynessche Theorie von der Konsumseite her keine Impulse erwarten. Denn das Realeinkommen — schon der Begriff sagt es — wird durch Änderungen des Preisniveaus nicht direkt tangiert.

Dagegen könnte die Investitionsnachfrage über den sogenannten Keynes-Effekt belebt werden. Wenn nämlich das nominelle Niveau der Löhne und Preise absinkt, geht auch der Transaktionsbedarf an Geld zurück, und die Wirtschaftssubjekte stellen fest, daß sie mehr Kasse halten, als ihnen aufgrund ihres Transaktionsbedarfs, des Marktzinses und ihrer Vorstellungen über den „Normalzins“ gerechtfertigt erscheint. Sie versuchen, ihre Portefeuilles zugunsten von Wertpapieren umzuschichten, was zu höheren Wertpapierkursen und niedrigerem Marktzins führt. Und das mag ein Anreiz für die Investoren sein, mehr Investitionsgüter nachzufragen und damit auch mehr Einkommen, Konsum und Beschäftigung zu induzieren.

Keynes hielt es für ausgeschlossen, daß sich mit diesem nach ihm benannten Effekt das Vertrauen der klassischen Theorie in die stabilisierende Wirkung flexibler Löhne und Preise rechtfertigen ließe. In der Tat handelt es sich um einen reichlich indirekten und störungsanfälligen Weg zur Belebung der Wirtschaftstätigkeit.

Die beiden am häufigsten angeführten Gründe, warum auf den Keynes-Effekt kein Verlaß ist, sind sehr leicht anhand des *IS-LM*-Modells zu illustrieren. Die Methode, die es diesem statischen, von einem gegebenen Lohn- und Preisniveau ausgehenden Modell erlaubt, die Auswirkungen flexibler Löhne und Preise darzustellen, ist der Vergleich von Gleichgewichtspositionen, die unter alternativen Voraussetzungen über die Höhe des Preisniveaus hergeleitet worden sind. Ein solches komparativ-statisches Experiment ist in Abb. 10 dargestellt.

Da der Keynes-Effekt über den Einfluß des Preisniveaus auf die Transaktionsnachfrage nach Geld läuft, und da die Transaktionsnachfrage eine Bestimmungsgröße des monetären Gleichgewichts ist, gilt es offenbar, die Wirkung veränderter Gleichgewichtsbedingungen auf dem Geldmarkt — graphisch: die Wirkung von Verschiebungen der *LM*-Kurve — zu bestimmen.

In welche Richtung sich die *LM*-Kurve aufgrund sinkender Löhne und Preise verschiebt, ist in Abb. 10 durch den Übergang von *LM* nach *LM'* veranschaulicht. Denn bei niedrigerem Preisniveau könnte ein gegebenes Produktionsvolumen ($Y_0$ in Abb. 10) mit weniger Transaktionskasse umgesetzt werden, so daß Mittel frei werden, die von der spekulativen Geldnachfrage nur bei einem tieferen Marktzins absorbiert werden (Pfeil a); oder es könnte bei gleichbleibendem Zins ($r_0$), d.h. bei unveränderter Spekulationsnachfrage, mit derselben Geldmenge ein höheres Produktionsvolumen umgesetzt werden (Pfeil b).

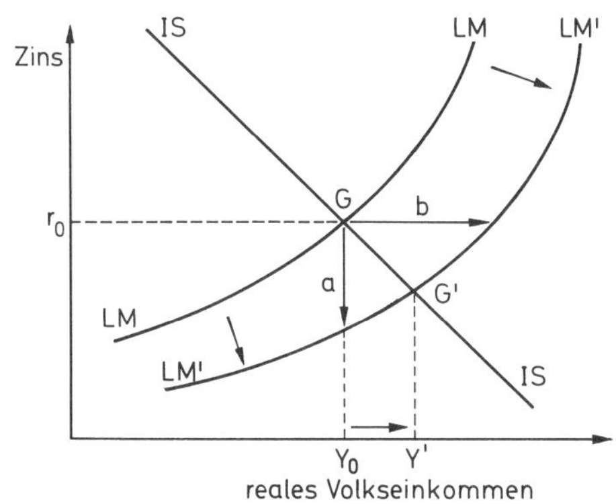


Abb. 10

Da die unveränderte Gleichgewichtsbedingung für den Gütermarkt weder ein höheres Volkseinkommen ohne niedrigeren Zins noch einen niedrigeren Zins ohne höheres Volkseinkommen zuläßt, sind weder Pfeil a noch Pfeil b mögliche Entwicklungen im Anschluß an einen Rückgang des Preisniveaus, wie ihn die Transformation der *LM*-Kurve in die *LM'*-Kurve symbolisiert. Vielmehr wird das neue *IS-LM*-Gleichgewicht durch den Punkt *G'* dargestellt, wo Produktionszunahme und Zinsermäßigung so bemessen sind, daß beide Gleichgewichtsbedingungen, die bisherige für den Gütermarkt und die neue für den Geldmarkt, erfüllt sind. Entsprechend kann auf der horizontalen Achse abgelesen werden, wie stark der allgemeine Preisrückgang via Keynes-Effekt das reale Volkseinkommen angehoben hat — im Beispiel der Abb. 10 offenbar um die Differenz zwischen $Y_0$ und $Y'$.

Wenn flexible Löhne und Preise weitersinken, solange die Unterbeschäftigung nicht beseitigt ist, müßten sie dann nicht die *LM*-Kurve so weit verschieben können, bis der Schnittpunkt mit der *IS*-Kurve auf die Höhe des Vollbeschäftigungseinkommens zu liegen kommt? Es könnte auf den ersten Blick so scheinen — wir brauchen ja nur anzunehmen, daß *G'* in Abb. 10 ein Vollbeschäftigungsgleichgewicht darstellt, zu dem das System vom Unterbeschäftigungszustand *G* aus aufgrund einer entsprechenden Reaktion der Löhne und Preise gelangt sein mag.

So günstig wie in Abb. 10 müssen jedoch die Voraussetzungen für die Wirksamkeit des Keynes-Effekts nicht unbedingt sein. Zunächst einmal ist denkbar, daß die Zinselastizität der Investitionsnachfrage — d.h. die Wirkung von Zinsänderungen auf die Höhe der

Investitionsnachfrage — zu gering ist, als daß eine noch so große Zinssenkung so viele zusätzliche Investitionen auslösen könnte, wie zur Schließung der Nachfragelücke zwischen Produktion und Konsum bei Vollbeschäftigung erforderlich wären. Diese Möglichkeit wird in Abb. 11 durch eine *IS*-Kurve illustriert, die so steil verläuft, daß sie links vom Vollbeschäftigungseinkommen ($Y_1$) auf die Einkommensachse auftrifft, und daß darum keine noch so starke Verlagerung der *LM*-Kurve ein höheres Gleichgewichtseinkommen als $Y_{max}$ herbeiführen kann.

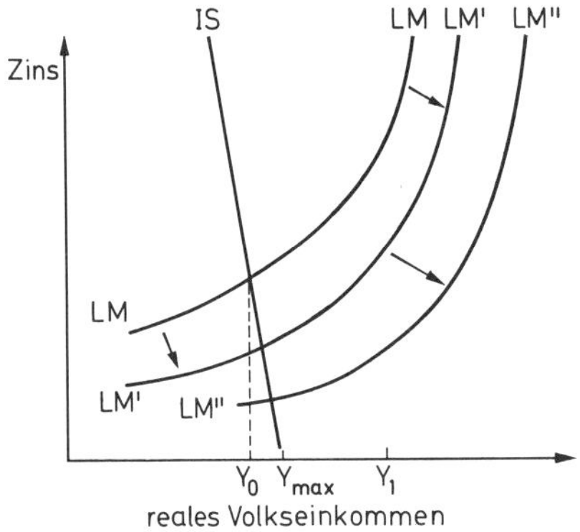


Abb. 11

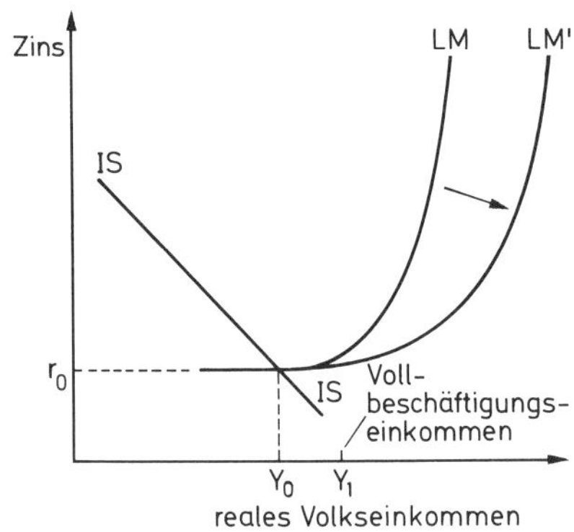


Abb. 12

Ein zweites Hindernis, das alternativ oder zusätzlich auftreten kann, ist in Abb. 12 aufgezeigt. Es handelt sich dabei um den Fall der sogenannten „Liquiditätsfalle" oder „absoluten Liquiditätspräferenz", der dann eintritt, wenn der Zinssatz auf ein Niveau ($r_0$ in Abb. 12) gesunken ist, das nach allgemeiner Ansicht der Vermögensbesitzer kaum mehr unterschritten werden dürfte. Es kann sich dann auf dem Wertpapiermarkt kein höheres Kursniveau einstellen als jenes, das bei gegebenen Ertragsaussichten die Rendite $r_0$ verspricht, weil jenseits dieses Niveaus das Kursverlustrisiko für zu groß gehalten wird, als daß die geringe Rendite dafür entschädigen würde.

Wenn nun in der Situation einer Liquiditätsfalle sinkende Preise die Transaktionsnachfrage nach Geld reduzieren, so bringen die freigewordenen Mittel die Vermögenszusammensetzung in den Portefeuilles der Wirtschaftssubjekte nicht aus dem Gleichgewicht, weil beim herrschenden Kursniveau niemand mehr zusätzliche Wertpapiere halten möchte. Darum verstärkt sich die Nachfrage auf dem Wertpapiermarkt im Gefolge des Rückgangs der Transaktionsnachfrage nach Geld nicht, so daß die Kurse nicht steigen, der Marktzins nicht fällt und folglich auch die für den Keynes-Effekt essentiellen Rückwirkungen auf den Gütermarkt nicht eintreten können.

In Abb. 12 wird die Liquiditätsfalle durch das horizontale Segment der *LM*-Kurve dargestellt, das auf Änderungen des Preisniveaus nicht anspricht und so die Kanäle, über die sich monetärer und güterwirtschaftlicher Bereich gegenseitig beeinflussen, quasi blockiert.

Den beiden Fällen der zinsunelastischen Investitionsnachfrage und der Liquiditätsfalle ist gemeinsam, daß auch ein fallendes Preisniveau die Vollbeschäftigung nicht wiederherstellt — gleichgültig, wieviel es fällt. Starre Preise wären in einem solchen Fall nicht

„schuld" am Andauern eines Unterbeschäftigungszustandes; sie würden nur verhindern, daß der Zustand eine schmerzliche, nutz- und endlose Preisdeflation auslöst.

Wenn flexible Preise nicht zur Vollbeschäftigung zurückführen, weil Änderungen der Gleichgewichtsbedingung auf dem Geldmarkt sich nicht oder nicht genügend auf den Gütermarkt auswirken, dann hilft nur noch eine Verlagerung der *IS*-Kurve. Daher der keynesianische Auftrag an die Wirtschaftspolitiker, mittels Fiskalpolitik — wie in Abb. 8, S. 150 dargestellt — für Vollbeschäftigung zu sorgen. Und daher die dem Keynesianismus zuweilen nachgesagte Geringschätzung der Geldpolitik[20]; denn was in den Abbildungen 11/12 flexible Preise nicht schaffen, das schafft natürlich auch keine Geldmengenexpansion, die sich genauso in einer Verschiebung der *LM*-Kurve manifestiert wie Änderungen des Preisniveaus oder anderer Bestimmungsgrößen des monetären Gleichgewichts. Gerade die Überzeugung, daß durch Ausdehnung der Geldmenge mindestens dasselbe erreicht werden kann, was auch durch ein geringeres Preisniveau bewirkt wird, ist mit ein Grund dafür, daß Keynes flexible Preise keineswegs als wesentliche Voraussetzung zur Vermeidung von Arbeitslosigkeit ansah.

## 5.2. Der Pigou-Effekt

Die Frage, welche Wirkungen sich einstellen, wenn Löhne und Preise in Reaktion auf einen Unterbeschäftigungszustand nachgeben, ist mit der Untersuchung der Voraussetzungen, unter denen der Keynes-Effekt zur Vollbeschäftigung zurückführt, noch keineswegs erschöpfend behandelt. Zunächst ist ein Argument Pigous zu erwähnen, wonach es trotz zinsunelastischer Investitionsnachfrage und trotz Liquiditätsfalle immer ein genügend tiefes Preisniveau geben müsse, das ein *IS-LM*-Gleichgewicht bei Vollbeschäftigung zulasse.

Pigou geht von der plausiblen Annahme aus, daß neben dem Einkommen auch das Vermögen eines Wirtschaftssubjekts die Höhe seiner Konsumausgaben beeinflußt. In der graphischen Darstellung der Konsumfunktion kommt das darin zum Ausdruck, daß das Vermögen als Parameter die Lage der Funktion im Konsum-Einkommen-Quadranten mit bestimmt. Ein höheres Vermögen wird unter sonst unveränderten Umständen auch die Konsumfunktion auf höherem Niveau verlaufen lassen.

In dem Ausmaß, wie ein Wirtschaftssubjekt Aktiva mit nominell fixiertem Wert — etwa Geld oder Schuldverschreibungen — besitzt, wird der Realwert seines Vermögens durch ein Sinken des Preisniveaus erhöht. Fallen nun infolge Unterbeschäftigung die Löhne und mit ihnen die Preise genügend tief, dann sollte die so vergrößerte reale Kaufkraft des Vermögens auch genügend zusätzliche Konsumausgaben auslösen können, daß die effektive Gesamtnachfrage die Produktion der vollbeschäftigten Wirtschaft aufnehmen kann.

Diesen sogenannten Pigou-Effekt soll ein Vertreter der alten Schule seinen Studenten einmal dadurch veranschaulicht haben, daß er ihnen eine 10¢-Münze hinhielt und erklärte, in Zeiten der Arbeitslosigkeit müsse nur dafür gesorgt werden, daß die Löhne und Preise in Reaktion auf den allgemeinen Angebotsüberhang fallen; und wenn das Gleichgewicht nicht vorher schon erreicht würde, so müßten sie eben weiterfallen, bis er schlimmstenfalls mit seinen 10 Cents die ganze amerikanische Volkswirtschaft beschäftigen könnte.

Natürlich hat weder Pigou noch sonst ein ernstzunehmender Theoretiker daran geglaubt, das Vertrauen der klassischen Theorie in die unbeschränkte Selbstheilungskraft der Marktwirtschaft ließe sich aufgrund dieser Wirkung fallender Löhne und Preise aufrechterhalten. Denn selbst wenn sich die Löhne und Preise in Wirklichkeit als flexibel erweisen sollten, ist nicht zu vergessen, daß die meisten nominell fixierten Kontrakte von privaten Wirtschaftssubjekten untereinander vereinbart werden. Insoweit diese Kontrakte zur Diskussion stehen, löst ein fallendes Preisniveau gar keine Netto-Vermögenswirkungen aus. Denn der reale Vermögenszuwachs für die Gläubiger wird durch die Vermögenseinbuße der Schuldner genau kompensiert, so daß auch nicht mit einer vermögensinduzierten Zunahme der Gesamtnachfrage zu rechnen ist.

Im Gegenteil, unter der Annahme, daß Schuldner typischerweise eine überdurchschnittliche Ausgabenneigung haben – „gerade darum sind sie ja Schuldner"[21] — wird die Gesamtnachfrage eher zurückgehen, wenn fallende Preise das Volksvermögen zugunsten des sparsameren Teils der Gesellschaft umverteilen. Führt die wachsende Last der realen Verschuldung gar zu Bankrotten, dann wird das so geschädigte „Investitionsklima" erst recht keine Erholung der Güternachfrage zulassen.

Ein über Vermögensänderungen wirkender Effekt fallender Preise auf die private Nachfrage kann nur in dem Ausmaß auftreten, wie Haushalte und Unternehmungen zusammen nominelle Forderungen gegenüber Dritten, vor allem gegenüber dem Staat, halten. Aber selbst dieser Effekt schafft nicht unbedingt Abhilfe, denn wenn die Wirtschaftssubjekte sich erst einmal darauf eingestellt haben, daß das Preisniveau in Bewegung geraten ist, und für eine absehbare Zukunft das Fortdauern dieser Bewegung in Rechnung stellen, so kann die Baissespekulation das Nachfragedefizit auf dem Gütermarkt durchaus noch verschlimmern. Insbesondere dürfte die Anschaffung dauerhafter Konsumgüter hinausgeschoben werden; aber auch die Investitionsbereitschaft wird leiden, wenn eine in Geldeinheiten fixierte Zinsverpflichtung aus nominell voraussichtlich abnehmenden Erlösen bestritten werden muß.[22]

Für Skepsis in bezug auf die praktische Bedeutung des Pigou-Effekts besteht also wahrlich Grund genug. Zwar läßt sich auf der Basis schwer angreifbarer Prämissen nachweisen, daß die Güternachfrage bei einem genügend tiefen Preisniveau jeden erforderlichen Umfang annehmen würde. Aber die durch den deflationären Prozeß ausgelösten Umverteilungs- und Spekulationseffekte machen die automatische Stabilisierung der privaten Nachfrage selbst bei flexiblen Löhnen und Preisen zur Illusion.

## 6. Grenzen der Gleichgewichtstheorie

Trotzdem verdient Pigous Gedanke Beachtung, nicht als Argument dafür, daß die Marktwirtschaft sich selber zu überlassen sei, sondern weil er die Anstrengungen zur theoretischen Bewältigung der Unterbeschäftigungsproblematik durch Veränderung der Fragestellung zu einem wirkungsvolleren Vorgehen nötigt.

Das *IS-LM*-Modell als komparativ-statische Gleichgewichtstheorie fragt nur nach den Merkmalen von Gleichgewichtszuständen. Mit diesem Verfahren kann die Erklärung der

Arbeitslosigkeit nur im Nachweis bestehen, daß sich mit einiger Wahrscheinlichkeit Konstellationen ergeben können, bei denen das Gleichgewicht des betrachteten Systems mit Vollbeschäftigung unvereinbar ist.

Dieser Nachweis ist sehr einfach, wenn starre Löhne und Preise angenommen werden. Dann kann die Arbeitslosigkeit sogar als Merkmal eines allgemeinen Systemgleichgewichts dargestellt werden. Sobald die Annahme starrer Löhne und Preise fallengelassen wird, kann immerhin unter Berufung auf eine zinsunelastische Investitionsnachfrage und/oder eine Liquiditätsfalle behauptet werden, daß das *IS-LM*-Gleichgewicht trotz einem Ungleichgewicht auf dem Arbeitsmarkt und trotz unaufhörlich fallendem Preisniveau in einem mit Vollbeschäftigung unvereinbaren Ruhezustand verharren könne.

Und nun Pigous Hinweis auf den Vermögenseffekt, der das Preisniveau zu einer Bestimmungsgröße der Güternachfrage macht. Wird die Flexibilität des Preisniveaus unterstellt, so ist ein Gleichgewicht und der damit verbundene Ruhezustand, nicht nur der Löhne und Preise, sondern auch von Produktion und Beschäftigung, überhaupt nur bei Vollbeschäftigung möglich. Damit ist aber auch der Versuch gescheitert, unfreiwillige Arbeitslosigkeit im Rahmen einer Gleichgewichtstheorie, d.h. als Implikation eines *IS-LM*-Gleichgewichts zu erklären.

So bleiben zwei Auswege:

Entweder muß die Gleichgewichtstheorie an der Annahme starrer Löhne festhalten — angesichts von Gewerkschaften und andern institutionellen Hindernissen für die Flexibilität der Löhne ein attraktiver und operabler Ausweg. Aber dann stellt sich die Frage: Wozu überhaupt „keynesianische" Beschäftigungstheorie? Daß starre Löhne zu Arbeitslosigkeit führen können, sagt auch das einfachste preistheoretische Arbeitsmarktmodell voraus. Vielleicht auch darum hat Keynes besondere Sorgfalt darauf verwendet zu zeigen, warum auch flexible Löhne seine Ergebnisse nicht beeinträchtigen. Eine Theorie der Unterbeschäftigung, die sich allein auf starre Löhne stützt, sollte sich darum zumindest nicht auf Keynes berufen — ganz abgesehen davon, daß eine solche Theorie nicht von unbeschränkter Reichweite wäre, wie uns Leijonhufvud eindringlich in Erinnerung ruft, wenn er mit Blick auf das keynesianische Standardmodell sagt: „Ist es nicht erstaunlich, daß ein Modell, das sich vor allem durch starre Löhne auszeichnet, als Kristallisationspunkt der Erfahrungen aus der beispiellosen Lohndeflation der Weltwirtschaftskrise angesehen wird?"[23]

Die zweite mögliche Reaktion auf das Scheitern der Gleichgewichtstheorie bei der Erklärung einer anhaltenden Unterbeschäftigung besteht darin, die Unvereinbarkeit von Gleichgewicht und Unterbeschäftigung hinzunehmen. Die Ursachen chronischer Arbeitslosigkeit müssen dann im Unvermögen einer unterbeschäftigten, ungleichgewichtigen Wirtschaft, ihr Vollbeschäftigungsgleichgewicht innerhalb nützlicher Frist zu erreichen, gesucht werden. Dies bedeutet aber Abkehr von der rein statischen Betrachtungsweise: Die Charakteristika von Anpassungsprozessen und damit die Systemdynamik, die Bewegung der Größen im Zeitablauf, rücken in den Vordergrund.

Ausgehend von dieser Überlegung kam Don Patinkin schon 1948 zum Schluß, daß „die wahre Bedeutung des Keynesschen Beitrags nur im Rahmen einer dynamischen Wirtschaftstheorie zu begreifen ist".[24] In der Tat nahm ja Keynes explizit auf die Systemdynamik Bezug, als er mit dem Hinweis auf Umverteilungseffekte und Baissespekulation begründete, warum auch flexible Löhne keineswegs die rasche Beseitigung einer Arbeitslosigkeit garantieren könnten. Denn die kontraproduktiven Nebenwirkungen werden durch das Sinken des Preisniveaus, also durch dessen Veränderung im Zeitablauf, ausgelöst, und sie überlagern die positiven Wirkungen, die aufgrund des Keynes- und des Pigou-Effekts von dem niedrigeren Niveau der Löhne und Preise ausgehen sollten. So wird die Aussage der statischen Theorie, die nur auf Zustände abstellt, durch die Berücksichtigung von Abläufen geradewegs in ihr Gegenteil verwandelt.

Sollen Vorgänge dieser Art trotzdem analytisch in den Griff zu bekommen sein, dann nur mit einer dynamischen Analyse: Änderungsraten von Größen müssen als selbständige Erklärungsfaktoren neben die Größen selber treten. In unserem Falle: Nachfrage und Beschäftigung hängen nicht nur von der Höhe der Löhne und Preise ab, sondern auch von deren Veränderung im Zeitablauf.[25]

Freilich lassen sich manche Charakteristika der Systemdynamik, die einer Anpassung der Marktwirtschaft an ihr Vollbeschäftigungsgleichgewicht im Wege stehen, auch in einem statischen Gleichgewichtsmodell zum Ausdruck bringen. Sie nehmen dort die Form von „allerlei Elastizitäten"[26] an. Es sei nur an die Bedeutung der Zinselastizität der Geldnachfrage — graphisch: Form der *LM*-Kurve — für die Erklärung von Arbeitslosigkeit im *IS-LM*-Modell erinnert. Auch die vollkommen elastische „keynesianische Arbeitsangebotsfunktion"[27] ist im Grunde nur eine Hilfskonstruktion, die das kurzfristige Anpassungsverhalten des ungleichgewichtigen Arbeitsmarktes in das Prokrustesbett des Gleichgewichtsdenkens zwingen soll.

Der große Nachteil solcher Konstruktionen — so praktisch und anschaulich sie auch sind — liegt darin, daß sie zu einem tiefen Graben zwischen der von Keynes ausgehenden Makroökonomie und der in der einzelwirtschaftlichen Wahl- und Entscheidungstheorie verwurzelten Mikroökonomie geführt haben. Nur die Formulierung von makroökonomischen Verhaltensbeziehungen, die den grundlegendsten Postulaten einer in weiten Bereichen gut bewährten mikroökonomischen Preistheorie widersprechen, erlaubte die Erklärung der unfreiwilligen Arbeitslosigkeit durch das traditionell-keynesianische Gleichgewichtsmodell.

Wenn nun im nächsten Teil die jüngste Keynes-Interpretation vorgestellt werden soll, dann ist zuerst dieses Schisma innerhalb der Wirtschaftstheorie näher zu charakterisieren. Denn die Überbrückung des Grabens zwischen mikroökonomischer Preistheorie und makroökonomischer Einkommens- und Beschäftigungstheorie ist ein Hauptziel dieser Neuinterpretation.

# II. Die neue Keynes-Interpretation

## 1. Die Spaltung der Wirtschaftstheorie durch den Keynesianismus

Der Hauptgrund dafür, daß die keynesianische Revolution sich so leicht durchsetzen und etablieren konnte, war, wie erwähnt, die krasse Diskrepanz zwischen dem in der herrschenden Lehre dominierenden Harmonieglauben, dem „wissenschaftlich fundierten" Vertrauen in die Selbstheilungskräfte der Marktwirtschaft einerseits und der ernüchternden Erfahrung der Weltwirtschaftskrise andererseits. Wenn eine Theorie in ihrer empirischen Bewährung solchermaßen versagt, gibt es für die Wissenschaft grundsätzlich zwei Möglichkeiten[28]:

● Erstens: Evolution — die bestehende Theorie wird modifiziert, Widersprüche und unhaltbare Annahmen werden beseitigt, ohne daß gerade der ganze begriffliche Rahmen und die elementarsten Postulate aufgegeben werden müssen. Neue Annahmen und Aussagen werden eingefügt, die den Anwendungsbereich der Theorie auf die neuen Erfahrungen ausdehnen. Evolution in diesem Sinne meint also Verbreiterung, Verallgemeinerung der Theorie. Die von der hergebrachten, engeren Doktrin erfaßten Möglichkeiten, die ja durchaus auch realer Erfahrung in Vergangenheit, Gegenwart oder Zukunft entsprechen mögen, werden zum Spezialfall einer umfassenderen Realität.

Als Beispiel einer Lehre, die durch den wissenschaftlichen Fortschritt nicht umgestoßen, sondern nur zur Teilerkenntnis degradiert wurde, ließe sich etwa aus der Physik die klassische Mechanik anführen, deren Determinismus sich bei der Erforschung des atomaren Mikrokosmos als unhaltbar erwies, und die darum der stochastischen Quantenmechanik der modernen Physik weichen mußte. Die Quantenmechanik hat sich als die umfassendere Beschreibung der Realität etabliert, enthält aber Newtons Mechanik als unter makroskopischen Bedingungen, d.h. für „alltägliche" Massen und Geschwindigkeiten zutreffenden Grenzfall.[29]

● Zweitens: Revolution — die Wissenschaft konstruiert einen völlig neuen, eigenständigen analytischen Rahmen, der den realen Erfahrungen besser gerecht werden soll als die vorrevolutionäre Tradition. Diesen Weg hat der Keynesianismus, repräsentiert durch das *IS-LM*-Modell, eingeschlagen — nicht umsonst spricht man von der „keynesianischen Revolution".

Die von Keynes bereitgestellten neuen Analyse-Instrumente — die Konsumfunktion und der Multiplikator, die spekulative Geldnachfragefunktion – wurden von einer neuen Forschergeneration dankbar in Besitz genommen und zur Herleitung des Unterbeschäftigungsgleichgewichts eingesetzt. So trat die revolutionäre keynesianische Theorie als einfaches und effektives Hilfsmittel zur Erklärung von Volkseinkommen und Beschäftigung an die Stelle des klassischen Harmonieglaubens.

Da die klassische Lehre von der reibungslosen Koordination aller wirtschaftlichen Aktivitäten ein in sich geschlossenes, logisch widerspruchsfreies Gedankengebäude ist, muß sich wohl die Suche nach den Gründen ihres Versagens zunächst auf die Frage konzentrieren, wie glaubwürdig ihre Prämissen sind. Nun, ob der Preismechanismus seine Koordinationsaufgabe erfüllen kann, hängt im speziellen von zwei Bedingungen ab, welche die Klassik als erfüllt voraussetzen mußte[30]:

- Preisanreize sind wirksam — die von den Wirtschaftssubjekten geplanten Transaktionsmengen reagieren genügend stark auf Preisänderungen. Das Preissystem kann also nur funktionieren, wenn sich die Wirtschaftspläne durch Preissignale überhaupt steuern lassen. Nur unter dieser Voraussetzung kann es eine Konstellation von Preisen geben, die alle Pläne miteinander in Einklang bringt.
- Preise sind beweglich — es darf kein künstliches Hindernis geben, das die Preise daran hindert, sich in Reaktion auf Marktungleichgewichte so zu ändern, daß jene Preiskonstellation, die alle Pläne miteinander koordiniert, auch zustandekommt.

F. Hayek hat die Wirkungsweise des Preismechanismus am Beispiel einer Zinnverknappung demonstriert[31]: Wird der Rohstoff aus irgend einem Grunde knapp, dann besteht die Koordinationsaufgabe darin, die Verbraucher zu einem gesamthaft geringeren Zinnverbrauch zu bringen. Der Wettbewerb schafft das, indem das gegenüber der Nachfrage zu gering gewordene Angebot eine Erhöhung des Zinnpreises nach sich zieht. Damit wird die Verwendung des verteuerten Metalls weniger attraktiv, und die Nachfrage geht zurück, so daß auch die verringerte Menge des verfügbaren Zinns ausreicht.

Hayek verdeutlicht damit die Bedeutung der beiden genannten Bedingungen ausgezeichnet: Wenn der Zinnverbrauch nicht auf Preiserhöhungen reagiert, kann die Koordination der Pläne nicht funktionieren. Die Überschußnachfrage bleibt erhalten, so daß nicht alle Nachfrager zum Zuge kommen können, mithin nicht alle Wirtschaftssubjekte ihre Pläne realisieren können. Genau dasselbe passiert, wenn der Preis, etwa aufgrund behördlicher Verordnung, festliegt und sich darum nicht an die Marktverhältnisse anpassen kann.

Diese beiden Bedingungen — freier Spielraum für Preisbewegungen und Wirksamkeit von Preisanreizen — sind also offensichtlich ganz zentral für die Koordination der Wirtschaftspläne durch den Preismechanismus. Und in der Tat, ruft man sich in Erinnerung, wie die revolutionäre keynesianische Theorie die schlimmste Erscheinungsform marktwirtschaftlichen Koordinationsversagens, die Arbeitslosigkeit, im einzelnen erklärt, so wird deutlich, daß sich alle ihre entscheidenden Annahmen auf die Negation dieser Bedingungen zurückführen lassen: Entweder werden durch die Annahme starrer Löhne bzw. einer Liquiditätsfalle die wesentlichsten Selbststeuerungsinstrumente des Systems lahmgelegt, oder dann läßt die geringe Zinselastizität der Investitions- und Konsumausgaben jede potentiell stabilisierende Zinsbewegung ins Leere laufen.

Die Abkehr der keynesianischen Revolution von der seit Adam Smith bei den Wirtschaftstheoretikern fest eingesessenen Vorstellung der harmonisch funktionierenden Marktwirtschaft[32] könnte also ausgeprägter kaum sein.

Auch andere Wissenschaften haben Revolutionen erlebt, sogar noch umwälzendere; man denke nur an die Ablösung des ptolemäisch-scholastischen Weltbildes durch das kopernikanische. Während aber die heliozentrische Welt die geozentrische ein für allemal erledigt hat, bringen es in der heutigen Wirtschaftstheorie die traditionelle neoklassische und die revolutionäre keynesianische Lehre „trotz widersprüchlicher Darstellung der Welt fertig, in kaum glaublicher Eintracht zu koexistieren".[33]

Daß sich der Keynesianismus sofort als die Orthodoxie für das Ressort „Stabilisierungspolitik" etablierte, änderte nichts an der weiterhin maßgeblichen Rolle der neoklassischen, auf individuellem Optimierungsverhalten aufbauenden Modelle für die Analyse von partiellen und allgemeinen Marktgleichgewichten, für einen Großteil der theoretischen Literatur über das wirtschaftliche Wachstum und für die meisten Fragestellungen im Zusammenhang mit Ressourcenallokation und Einkommensverteilung. Und schließlich haben die neoklassischen Grundüberzeugungen sogar in der Diskussion um die Stabilisierungspolitik als — häufig unausgesprochene — Voraussetzung der von Friedman lancierten monetaristischen Position bis heute immer größere Bedeutung gewonnen — hier kann freilich kaum von „friedlicher Koexistenz" mit dem Keynesianismus gesprochen werden.

Wohl müssen sich neoklassische Theorien verschiedentlich den Vorwurf mangelnder Relevanz für die wirtschaftliche Realität gefallen lassen, weil sie entweder allzu leichtfertig vollkommene Konkurrenz auch auf Märkten annehmen, für welche diese Annahme nicht ohne weiteres gerechtfertigt ist, oder weil ihre Aussagen so allgemein gehalten sind, einen so großen logischen Spielraum haben, daß fast jeder konkrete Informationsgehalt fehlt. Aber daß Preissignale eine äußerst wirksame Lenkungsfunktion ausüben können, und daß das freie Spiel der Kräfte, zumindest in Abwesenheit künstlicher Hindernisse, solche Preissignale im allgemeinen auch erzeugt, haben weder Erfahrung noch a-priori-Argumentation prinzipiell in Zweifel gezogen.

Soll die merkwürdige Doppelgleisigkeit der heutigen Wirtschaftstheorie, welche die Allokation und die Preisbildung für die eingesetzten Ressourcen einerseits und die Menge ungenutzter Ressourcen andererseits mit zwei verschiedenen, zusammenhanglosen Theorien erklärt, beseitigt werden, so muß deshalb das Ziel wohl darin bestehen, die Möglichkeit eines andauernden Unterbeschäftigungszustandes im Rahmen eines Konzeptes nachzuweisen, das die beiden fundamentalen Prämissen der neoklassischen Preistheorie beibehält. Würde dies gelingen, so wäre das schon ein großer Schritt in Richtung einer umfassenderen, auf einheitliche Grundsätze abgestützten Wirtschaftstheorie. Es wäre nicht nur der Mißstand behoben, daß die Wissenschaft einem lastenden Problem ratlos gegenübersteht, wie das vor Keynes der Fall war, sondern auch der Mißstand, daß die Wissenschaft zwar eine Lösung für das Problem kennt, deswegen aber in sich widersprüchlich wird, wie es nach Keynes geschehen ist.

Der Nachweis, daß die Ergebnisse von Keynes' Analyse mit den preistheoretischen Grundpostulaten nicht unvereinbar zu sein brauchen und somit auch das Schisma in der Wirtschaftstheorie überwunden werden kann, ist die Errungenschaft von Leijonhufvuds brillanter neuer Keynes-Interpretation. Wurde schon innerhalb des keynesianischen Standardmodells deutlich, daß die Reichweite einer statischen Gleichgewichtstheorie begrenzt ist, so muß eine preistheoretisch fundierte Erklärung der Arbeitslosigkeit sich erst recht auf die Abläufe im Ungleichgewicht konzentrieren, denn unfreiwillige Arbeitslosigkeit bedeutet ja unrealisiertes Arbeitsangebot und entspricht damit genau der mikroökonomischen Definition eines Ungleichgewichtsphänomens.

Sollen nun die hauptsächlichen Aussagen der Keynesschen Theorie im Einklang mit den fundamentalen Axiomen der Preistheorie hergeleitet werden, so stellt sich insbesondere die Frage, wie mit den Mitteln einer Theorie, die im allgemeinen das Wirken von stabilisierenden Preisanreizen im Ungleichgewicht erwarten läßt, erklärt werden kann, daß ein aus dem Gleichgewicht geratenes marktwirtschaftliches System durch den destabilisierenden, wenn auch nicht explosiven Prozeß, den Keynes mit dem Multiplikator beschrieben hat, anstatt zurück zum Gleichgewicht noch weiter von diesem weg getrieben wird. Aufschluß darüber kann nur eine realistische Analyse des Systemverhaltens im Ungleichgewicht geben.

# 2. Die Ungleichgewichtsanalyse als Weg zurück zur unité de doctrine

Wie verhält sich ein marktwirtschaftliches System im Ungleichgewicht? Zunächst soll in 2.1. dargestellt werden, wie die klassische Gleichgewichtstheorie dieser Frage ausgewichen ist, indem sie unterstellte, daß vollkommen flexible Preise jederzeit für eine unendlich schnelle Anpassung an das Gleichgewicht sorgen.

In 2.2. werden wir sehen, wie heute eine weiterentwickelte Preistheorie aufgrund realistischerer Prämissen und einer expliziten Analyse von Anpassungsprozessen erklärt, warum es durchaus eine Weile dauern kann, bis das Preissystem ein Marktungleichgewicht wieder abgebaut hat. Was das für Konsequenzen haben kann, wird deutlich, wenn man außerdem die Interdependenzen zwischen den einzelnen Märkten berücksichtigt. So gilt es in 2.3. zu beschreiben, wie Ungleichgewichte von einzelnen Märkten aus leicht auf weitere Märkte und schließlich auf das ganze System übergreifen können, wie sie sich in einem destabilisierenden, kumulativen Prozeß verschlimmern, und wie dadurch — nicht anders, als Keynes es beschrieben hat — die stabilisierenden, zum Gleichgewicht zurückführenden Kräfte gleichsam erstickt werden können.

In 2.4. schließlich soll noch näher auf die Probleme eingegangen werden, die bei der Entstehung eines Systemungleichgewichts eine besondere Rolle spielen dürften.

## 2.1. Die walrasianische Auktion

Daß die Preistheorie, wie Keynes sie antraf, ratlos vor dem Ungleichgewichtsphänomen der Unterbeschäftigung stand, liegt daran, daß sie sich überhaupt nur mit dem Ruhezustand der Marktwirtschaft im Gleichgewicht und nicht explizit mit Ungleichgewichten beschäftigt hatte. Die Auswirkungen eines exogenen Impulses, der das System aus dem Gleichgewicht wirft und neue Gleichgewichtsbedingungen schafft, wurden höchstens mit einer komparativ-statischen Analyse untersucht, so daß zwar das alte wie das neue Gleichgewicht beschrieben werden konnten, aber nicht der Übergangsprozeß. Genau dort jedoch, im Ungleichgewicht, stecken die Probleme der Stabilität eines Gleichgewichts bzw. der Anpassungsgeschwindigkeit eines Systems. Walras gelang es, diese Probleme zu umgehen und doch eine Impression vom Anpassungsprozeß an ein Gleichgewicht zu vermitteln, indem er als idealisiertes Modell der Marktabläufe das Bild einer großen Auktion heranzog.

Die Auktion muß man sich so vorstellen, daß der Auktionator zu Beginn Preise für alle Tauschobjekte ausruft und dann Kaufs- und Verkaufsofferten einsammelt. Anschließend erhöht er die Preise der Güter, von denen größere Mengen nachgefragt als angeboten werden und senkt entsprechend die Preise der Güter, von denen sich ein Überschußangebot ergeben hat. Getauscht wird aber vorläufig nicht. Nun werden die revidierten Preise ausgerufen und wieder in jeder Güterkategorie Angebot und Nachfrage verglichen. Dieses Prozedere wird fortgesetzt, bis für alle Güter Gleichheit von Angebot und Nachfrage erreicht ist. Erst dann wird getauscht. Der Auktionator hat durch iteratives Suchen das Gleichgewicht gefunden, so daß im Moment, wo getauscht werden darf, alle Kaufs- und Verkaufsabsichten verwirklicht werden können. Genau das ist auch der entscheidende Trick, mit dem die Probleme einer realistischen Ungleichgewichtsanalyse umgangen werden: Tauschaktionen finden nur im Gleichgewicht statt; solange ein Ungleichgewicht besteht, bleibt die walrasianische Modellwirtschaft quasi stehen.

Eine wirkliche Wirtschaft bleibt natürlich nicht stehen. Darum läßt sich der Verzicht der klassischen Preistheorie auf die systematische Analyse von Ungleichgewichten nur dann rechtfertigen, wenn die Preise in Wirklichkeit vollkommen flexibel sind und sich tatsächlich so schnell anpassen, daß praktisch alle Transaktionen nach einer Gleichgewichtsstörung schon wieder zu Gleichgewichtspreisen abgewickelt werden. Diese Voraussetzung haben die von Keynes angegriffenen Neoklassiker offenbar als durchweg erfüllt angenommen — eine unhaltbare Prämisse, wie nicht nur die Erfahrung, sondern heute auch die moderne mikroökonomische Ungleichgewichtsanalyse eindeutig schließen läßt.

## 2.2. Die „neue" Mikroökonomie

Die Fehleinschätzung des marktwirtschaftlichen Anpassungsverhaltens durch die Neoklassiker beruhte letzten Endes auf der Vernachlässigung einer einschneidenden Rahmenbedingung, unter der sich Marktpreise in der Realität bilden müssen, nämlich der mangelnden Markttransparenz, die alle Entscheidungen der Marktteilnehmer erschwert. Mit der Konzentration der Analyse auf Marktgleichgewichte wurde als gleichsam selbstverständlich vorausgesetzt, daß alle Marktteilnehmer jederzeit mit vollständiger Information über alle für ihre Transaktionspläne relevanten Daten versehen sind. Ja es ist sogar ein — mit Blick auf planwirtschaftliche Systeme — häufig hervorgehobener Vorzug der dezentralisierten Marktwirtschaft, daß sie in Form von Gleichgewichtspreisen den Wirtschaftssubjekten mit größtmöglicher Effizienz gleichzeitig die richtigen Informationen und die Handlungsanreize vermittelt, die zusammen erst die globale Koordination des wirtschaftlichen Handelns ermöglichen.[34]

Was aber, wenn das Gleichgewicht gestört wird? Den Auktionator, der den Wirtschaftssubjekten augenblicklich wieder eine vollständige und korrekte Informationsbasis zur Verfügung stellt, indem er die neuen Gleichgewichtspreise verkündet, gibt es nicht. Die Wirklichkeit schaut ja vielmehr so aus, daß die Marktteilnehmer ohne genaue Kenntnis der Angebots- und Nachfragebedingungen über die Preise entscheiden müssen, die sie fordern bzw. bieten wollen. Was aus dieser Tatsache für das Anpassungsverhalten von Märkten im Ungleichgewicht folgt, ist Untersuchungsgegenstand einer weiterentwikkelten Preistheorie, die seit Ende der sechziger Jahre unter dem Namen „The New Microeconomics" — „neue" Mikroökonomie — bekanntgeworden ist.[35]

„Neue“ Mikroökonomie: Sie ist neu, weil sie explizit auf die Konsequenzen unvollständiger Information und auf Marktungleichgewichte eingeht; sie ist Mikroökonomie, weil sie ihre Ergebnisse aus der Analyse der individuellen Entscheidungseinheiten, d.h. aus deren Optimierungsverhalten ableitet. Wie die Ergebnisse aussehen, läßt sich, um ein Beispiel zu geben, anhand einiger Überlegungen zur Preispolitik eines repräsentativen Anbieters auf einem Markt andeuten:

Es sei die typische Situation angenommen, daß der Anbieter die Auswirkungen seiner Preispolitik nicht mit Sicherheit voraussagen kann. Er weiß ja im voraus nicht genau, wie stark die auf sein Angebot gerichtete Nachfrage ist. Wohl aber dürfte er — vor allem aufgrund vergangener Erfahrungen — Schätzungen über die ungefähr zu erwartende Höhe der Nachfrage anstellen, auf die er seinen Angebotspreis ausrichten kann. Dabei muß er sich natürlich bewußt sein, daß die Nachfrage im Zeitablauf um den durchschnittlichen Erwartungswert herum schwanken kann.

Insoweit er den Verlauf solcher Schwankungen vorauszusehen vermag, lohnt es sich für ihn, seinen Angebotspreis entsprechend anzupassen. Man denke nur an Haupt- und Nebensaisonpreise im Tourismus.

Hingegen wäre es keine optimale Preispolitik, auf diejenigen Nachfrageschwankungen, die nicht vorauszusehen sind, mit hektischen Preisanpassungen nach unten oder oben zu reagieren. Solange kein Anlaß besteht, mit einer systematischen Veränderung der Nachfrageintensität zu rechnen, ist es für den Anbieter vorteilhafter, den Angebotspreis stabil zu halten und sich den unberechenbaren Zufallsbewegungen der Nachfrage nur durch Variation der abgesetzten Menge anzupassen[36], d.h. Lagerhaltungskosten und Schwankungen des Auslastungsgrades in Kauf zu nehmen.

Diese Verhaltensweise erklärt, warum sich Preise nach einer Gleichgewichtsstörung nicht so schnell anpassen, wie die Klassiker voraussetzen mußten. Tritt nämlich eine systematische Nachfrageänderung ein, die den walrasianischen Auktionator sofort zu einer Neufestsetzung des Marktpreises veranlassen würde, die aber für unsern repräsentativen Anbieter zunächst nicht anders aussieht als eine der gewohnten stochastischen Abweichungen vom geschätzten Erwartungswert, so ist eine unmittelbare Preisanpassung höchst unwahrscheinlich. Es ändert sich vorerst nur die gehandelte Menge.

Erst mit Andauern des Ungleichgewichts lernt der Anbieter allmählich, daß die Abweichungen der Nachfrage vom subjektiven Erwartungswert nicht mehr zufällig nach oben oder unten, sondern offenbar systematisch in eine bestimmte Richtung gehen. Entsprechend werden sich dann auch seine Erwartungen und mit ihnen der geforderte Preis an die neue Situation anpassen.

Die oft beobachtbare Trägheit, mit der sich Preise auf ungeräumten Märkten, angesichts unrealisierter Angebots- oder Nachfragepläne bewegen, braucht also keineswegs nur auf „systemfeindlichen“ institutionellen Eingriffen in den Mechanismus der Marktwirtschaft zu beruhen. Die „neue“ Mikroökonomie betont vielmehr die Tatsache, daß sich in gebotenen und geforderten Preisen unelastische wirtschaftliche Erwartungen widerspiegeln — Erwartungen, die von den Erfahrungen der Vergangenheit geprägt sind und durch ein einzelnes, der Erfahrung zuwiderlaufendes Ereignis nicht gleich auf den Kopf gestellt werden. Man denke nur an das vielzitierte Beispiel des Vermieters, der Wohnungen leerstehen hat. Wenn er erwartet, sie in absehbarer Zukunft zum bisherigen Mietzins wieder besetzen zu können, wird er kaum versuchen, mittels wahlloser Preisabschläge möglichst schnell neue Mieter anzulocken. Eher läßt er seine Angebotskapazität eine Weile brachliegen.

Die völlig analoge Überlegung gilt für den Arbeitslosen, dem es nicht gelingt, zu einem für ihn gewohnten Lohnsatz Arbeit zu finden. Die Entlassung — oder auch nur eine Lohnkürzung — am bisherigen Arbeitsort ist für ihn noch kein zwingender Grund zur Annahme, der Markt gebe den gewohnten Lohnsatz gar nicht mehr her; und solange er glaubt, zu gewohnten Bedingungen anderswo unterzukommen, wird er sich nicht auf ein ungünstigeres Angebot einlassen.

Diese Erklärung der Unbeweglichkeit von Nominallöhnen als Folge unelastischer Erwartungen bei unvollständiger Information dürfte wohl dem Gehalt von Keynes' Argumentation nahekommen, wonach Arbeitnehmer eine Reduktion ihrer Reallöhne über einen Anstieg des Preisniveaus hinnehmen, aber nicht über eine Kürzung der Nominallöhne, weil es dem einzelnen um seine relative Position auf dem Arbeitsmarkt gehe.[37] Ob damit eine „Keeping up with the Joneses"-Mentalität angesprochen ist, wie sie später in der Konsumtheorie von J. Duesenberry eine Rolle spielt, scheint fraglich.

Eine einleuchtende Interpretation gibt dagegen A. Alchian mit dem Hinweis auf die unterschiedlichen Informationssignale, die von den beiden Arten einer Reallohnsenkung ausgehen.[38] Eine Erhöhung des Preisniveaus enthält die Information, daß der Realwert aller nominellen Kontrakte in der Wirtschaft verringert worden ist: kein Arbeitnehmer hat Grund zur Annahme, daß andere Arbeitsplätze gegenüber dem eigenen attraktiver geworden sind. Eine Nominallohnkürzung an seinem Arbeitsplatz hingegen sagt dem einzelnen nichts über eventuelle Änderungen erreichbarer Löhne an vergleichbaren Stellen. So wird er eher versuchen, durch Widerstand gegen die Kürzung bzw. Suche einer andern Stelle der Reallohneinbuße zu entgehen.

Starre Preise, ungeräumte Märkte und damit auch ungenutzte Ressourcen lassen sich also erklären, sobald in Rechnung gestellt wird, daß die Wirtschaftssubjekte ihr Verhalten aufgrund lückenhafter Information bestimmen müssen und deshalb jedes Gleichgewicht nur mit Verzögerung erreicht werden kann. Die ungenutzten Ressourcen, also z.B. Warenlager, brachliegende Kapazität von Produktionsanlagen, vor allem aber auch Arbeitslose, brauchen dabei nicht nur in einem gesamtwirtschaftlichen Ungleichgewicht aufzutreten. Man halte sich nur vor Augen, daß eine Wirtschaft dauernd im Fluß ist, auch wenn Angebot und Nachfrage gesamtwirtschaftlich übereinstimmen. Denn unter der Oberfläche dieses Gesamt-Gleichgewichts gibt es ständig stochastische Schwankungen und strukturelle Veränderungen innerhalb von Angebot und Nachfrage.[39] Dadurch werden Ressourcen in einem unaufhörlichen Umwälzungsprozeß freigesetzt und wieder neu absorbiert. Bis aber solchermaßen freigesetzte Ressourcen wieder genutzt werden, wird meistens eine gewisse Übergangszeit verstreichen, weil die unvollständige Transparenz auf den Märkten es mit sich bringt, daß der für die Ressourcen bestgeeignete Einsatzort nicht sofort ausfindig zu machen ist.

Diese Übergangszeit ist der Grund für das Auftreten der sogenannten friktionellen Unterbeschäftigung, die nicht unbesehen einem nutzlosen Brachliegen von Ressourcen gleichzusetzen ist, sondern dazu beitragen kann, daß die Produktionsfaktoren möglichst dort eingesetzt werden, wo sie am produktivsten sind und am meisten gebraucht werden.[40] Darum liegt das Vollbeschäftigungsziel der Wirtschaftspolitiker nie bei 100%. Andauernde Friktionsarbeitslosigkeit, sagen wir ca. 3%, ist also mit einem gesamtwirtschaftlichen Gleichgewicht durchaus vereinbar, übt keinerlei Druck auf das Lohnniveau aus und war für Keynes ganz ausdrücklich nicht Gegenstand der Untersuchung.

Was Keynes anvisiert hat, ist ja die unfreiwillige, nicht friktionelle Arbeitslosigkeit, die durch eine ungenügende Güternachfrage bedingt ist. So wollen wir uns denn fragen, welche Einflüsse des Gütermarktes auf den Arbeitsmarkt die „neue" Mikroökonomie erwarten läßt. Nehmen wir einmal an, ein Makrogleichgewicht, wie es eben beschrieben wurde — mit konstanten Löhnen und Preisen, konstantem Produktionsniveau und konstanter Beschäftigung —, werde plötzlich dadurch gestört, daß die gesamtwirtschaftliche Güternachfrage aus irgend einem Grund zurückgeht. Soweit die Störung von den Produzenten nicht durch Erhöhung der geplanten Warenlager oder über eine sinkende Arbeitsproduktivität absorbiert wird, muß zwangsläufig die abgeleitete Nachfrage nach Arbeitskräften zurückgehen. Dies hat einmal zur Folge, daß sich der Rhythmus der Freisetzung von Arbeitskräften beschleunigt, und auf der andern Seite werden sich auch die Wiedereintritte verzögern, weil die Zahl der offenen Stellen, die den vorläufig unveränderten Vorstellungen der Bewerber entsprechen, zurückgeht. Beides zusammen führt zu einer Zunahme der Arbeitslosigkeit.

Natürlich werden viele Stellensuchende im Laufe der Zeit ihre Forderungen herunterschrauben, wenn sie lernen müssen, daß sich die Lage auf dem Arbeitsmarkt verschlechtert hat. Aber wesentlich in unserem Zusammenhang ist, daß sich diese Erkenntnis nur allmählich verbreitet. Die Verzögerung, mit der sich die Erwartungen und die Information über die Märkte an die Wirklichkeit anpassen, ist also dafür verantwortlich, daß ein Fallen der Gesamtnachfrage einen Rückgang von Produktion und Beschäftigung als erste Konsequenz nach sich zieht und nicht eine Preisreaktion, die das Niveau der gesamtwirtschaftlichen Aktivität aufrechterhalten könnte.

Liefert uns dieses Ergebnis einer mikroökonomischen Ungleichgewichtsbetrachtung bereits die angestrebte Bestätigung der Keynesschen Beschäftigungstheorie? Anders gefragt: ist die im soeben durchgeführten Gedankenexperiment entstandene Unterbeschäftigung das Phänomen, das Keynes mit seiner Theorie erklären wollte? Nachdem die friktionelle Arbeitslosigkeit ganz eindeutig nicht Gegenstand von Keynes' Analyse war, ist jetzt immerhin nachgewiesen, wie im Ungleichgewicht die Höhe der Beschäftigung direkt auf Änderungen der gesamtwirtschaftlichen Güternachfrage reagiert. Und dies ist bei Keynes natürlich ein ganz zentraler Punkt. So hat auch Tobin festgestellt: „Immer, wenn Arbeitslosigkeit durch eine Ausweitung der Gesamtnachfrage reduziert werden konnte, betrachtete Keynes sie als unfreiwillig"[41] — und damit als Gegenstand seiner Theorie, ließe sich hier ergänzen.

Mit dem Begriff der freiwilligen bzw. unfreiwilligen Arbeitslosigkeit ist jedoch Vorsicht am Platz. Es könnte ja gesagt werden, daß jeder, der aufgrund seiner unelastischen Lohnerwartungen darauf verzichtet, sofortige Wiederbeschäftigung mittels Dumpingpraktiken zu erreichen, freiwillig in Kauf nimmt, eine gewisse Zeit arbeitslos zu sein. Diese Argumentation ist akzeptabel für die friktionelle Arbeitslosigkeit im Gleichgewicht, wenn angesichts der fehlenden Detailinformation über den Arbeitsmarkt für jeden Arbeitslosen ein gewisses Ausmaß an Stellensuche vor Annahme einer neuen Beschäftigung ganz objektiv das Beste ist, was er tun kann. Im Ungleichgewicht dagegen fehlt ihm nicht nur die Detailinformation, sondern er wird durch die nicht einkalkulierte Änderung der globalen Situation auch zu systematisch falschen Entscheidungen hinsichtlich seines Verhaltens auf dem Arbeitsmarkt verleitet, im Falle der zurückgegangenen Gesamtnachfrage zu einer zu langen Stellensuche. Er handelt nicht mehr nur aufgrund von unvollständiger, sondern auch von irreführender Information. Beides mit demselben Etikett „freiwilliges Verhalten" zu behängen, wäre eine unsinnige Terminologie.

Einen viel drastischeren Mißbrauch mit dem Begriff der freiwilligen Arbeitslosigkeit kritisiert auch Tobin, wenn er über die Beschäftigungstheorie vor Keynes schreibt:

„Orthodoxe Theoretiker sahen die Unbeweglichkeit von Nominallöhnen als schlagenden Beweis dafür an, daß Arbeitslosigkeit, selbst jene während der Weltwirtschaftskrise, freiwillig war.“[42]

So zeigt sich, daß der Begriff des „freiwilligen“ Verhaltens wohl mehr verschleiert als klärt. Wollte man behaupten, die „neue“ Mikroökonomie erkläre nur freiwillige Arbeitslosigkeit, während es Keynes doch um die unfreiwillige gegangen sei, so wäre das jedenfalls kaum ein glücklich formuliertes Argument gegen die Äquivalenz von Keynes' Beschäftigungstheorie und der oben skizzierten mikroökonomischen Ungleichgewichtstheorie des Arbeitsmarktes.

Nun wird freilich niemand glauben, daß die Krise der dreißiger Jahre oder auch nur die weltweit hohen Arbeitslosenziffern des Jahres 1975 allein daher rührten, daß Arbeitslose lieber nach Stellen suchten, die höheren Ansprüchen genügten, statt sich mit bescheideneren Bedingungen abzufinden. Denn wer eine Stelle sucht, lernt ja im Laufe einer unerwartet langen Suche. Jede Enttäuschung stellt zusätzliche Information über die verschlechterten Arbeitsmarktbedingungen dar, und über kurz oder lang wird sich die Bereitschaft zur Annahme ehemals verschmähter Angebote einstellen. Die Problematik einer Depression liegt doch beileibe nicht in der mangelnden Bereitschaft, an sich gegebene Beschäftigungsgelegenheiten zu ergreifen, sondern darin, daß trotz großer Bereitschaft gar keine Gelegenheiten da sind.

An diesem Punkt werden die Grenzen einer partialanalytischen Mikroökonomie sichtbar, die einzelne Märkte isoliert betrachtet und damit zwar brachliegende Ressourcen sowie die kurzfristig geringe Flexibilität von Löhnen und Preisen überzeugend als Folge eines rationalen, optimierenden Anbieterverhaltens bei unvollständiger Information oder auch bei positiven Anpassungskosten erklärt, jedoch nicht weiterhilft, sobald die Wurzeln der Misere offensichtlich auf der Nachfrageseite zu suchen wären.

Nun ist es zwar durchaus möglich, Arbeitslosigkeit auch von der Nachfrageseite des Arbeitsmarktes her zu erklären — völlig analog zur Erklärung des Anbieterverhaltens und ohne den Rahmen der Partialanalyse zu verlassen. Man braucht nur davon auszugehen, daß auch die Arbeitgeber als die Nachfrager auf dem Arbeitsmarkt mit Informations- und Anpassungskosten konfrontiert sind und darum — wie es für jeden Praktiker selbstverständlich ist — auf die Dauer besser fahren, wenn sie ihre Lohnpolitik verstetigen und nicht auf jede Zufallsbewegung im Arbeitsangebot mit Änderungen der Anstellungsbedingungen reagieren. Weder wird jede Vakanz im Personalbestand sofort und um jeden Preis besetzt, noch werden erratische Lohnabschläge erfolgen, um jede Stelle mit dem billigsten der in Frage kommenden Bewerber besetzen zu können.[43]

Wichtigste Konsequenz dieses sogenannten „job rationing“ ist, daß es einem Stellensuchenden nicht unbedingt gelingt, durch Unterbieten bestehender Lohnsätze mit einer sehr geringen Forderung gleich wieder beschäftigt zu werden, selbst wenn er für eine Stelle genügend qualifiziert ist und bereit wäre, sie zu ungewohnt mageren Bedingungen auszufüllen. Wohl ist damit eine denkbare Erklärung einer durch das Verhalten der Arbeitsnachfrager verursachten, in jedem Sinne unfreiwilligen Arbeitslosigkeit gegeben. Aber auch hier dürfte gelten, daß sich die Preise anpassen, sobald Änderungen auf dem Arbeitsmarkt als systematisch und andauernd eingeschätzt werden. Darum kann „job rationing“ allein wohl keine Arbeitslosigkeit erklären, die auf die Dauer den friktionellen Normalwert übersteigt.

So zeigt sich, daß Produktions- und Beschäftigungseinbrüche, die ein gewisses Maß an Tiefe und Dauer überschreiten, mit Informations- und Anpassungsproblemen auf einem

Markt allein, sei es auf der Angebots- oder Nachfrageseite, letztlich nicht zu erklären sind. Der Multiplikator und seine kumulativen Wirkungen, der ganze Kreislaufaspekt, welcher der keynesianischen Theorie soviel Durchschlagskraft gab, all das entzieht sich dem engen Rahmen der Partialanalyse.

## 2.3. Der kumulative Prozeß

Wenn wir auch im folgenden sehen werden, daß nur die simultane Analyse einer Mehrzahl von ungleichgewichtigen Märkten es erlaubt, Keynes' Theorie der Arbeitslosigkeit und wirtschaftlichen Depression mit den Mitteln der Preistheorie nachzuvollziehen, so spielen dabei die Untersuchungen der „neuen" Mikroökonomie über das Verhalten von Preisen und Mengen auf einem einzelnen ungleichgewichtigen Markt doch eine bedeutende Rolle. Um den Stellenwert der oben beschriebenen Partialanalyse im Gesamtzusammenhang zu klären, und um zu zeigen, wie die weiteren Überlegungen sich daran anschließen, wollen wir nochmals kurz rekapitulieren:

Wir haben gesehen, wie Walras mit dem Auktions-Modell die Verarbeitung einer Gleichgewichtsstörung durch das Preissystem veranschaulicht hat. Es zeigte sich, daß die Folgerungen dieses Modells nur dann realistisch sein würden, wenn mit einer hochgradigen Flexibilität der Preise in Reaktion auf eine Gleichgewichtsstörung gerechnet werden kann. Daß aber gerade dies nicht der Fall ist, kann die „neue" Mikroökonomie dank der Berücksichtigung unvollständiger Information und unelastischer, sich nur langsam anpassender, Erwartungen zeigen. Ein Ungleichgewicht bleibt also zumindest eine gewisse Zeit bestehen, bis sich alle Wirtschaftssubjekte an die veränderten Gleichgewichtsbedingungen angepaßt haben. Das Entscheidende ist, daß während dieser Zeit des fortdauernden Ungleichgewichts die Transaktionen weitergehen, also nicht nur, wie bei Walras, im Gleichgewicht stattfinden.

Was folgt nun daraus für den Prozeß der Anpassung an ein Gleichgewicht?[44] Diese Frage ist vor langem schon und nicht im Zusammenhang mit der Keynesschen Theorie von Hicks gestellt worden. Der sah allerdings keinen Grund, warum „false trading" — so nannte er die Abwicklung von Transaktionen bei Ungleichgewicht — an dem von Walras simulierten Ablauf etwas Grundlegendes ändern sollte. Hicks' Argumentation lautet etwa wie folgt[45]: Transaktionen, die zu einem, gemessen am Gleichgewichtspreis, überhöhten Preis getätigt werden, bringen dem Verkäufer ein Zusatzeinkommen und dem Käufer einen Einkommensverlust in gleicher Höhe. Bei zu geringem Preis entsprechend umgekehrt. Außer dieser Umverteilung passiert nichts, und einen Einfluß hat sie nur insofern, als der bei diesem Vorgang Profitierende mit dem zusätzlichen Einkommen etwas anderes anfängt, als dies der Verlierer getan hätte. Wenn also infolge der Umverteilung beispielsweise mehr Äpfel und in gleichem Umfang weniger Birnen nachgefragt werden, dann bleiben die Gleichgewichtsbedingungen nicht unverändert: der Gleichgewichtspreis der Äpfel wird höher und jener der Birnen entsprechend niedriger. Ein solcher Effekt kann aber bei einem geringen Ausmaß von „false trading" nicht besonders ausgeprägt auftreten; auch ist er nicht qualitativ bestimmbar. Aus diesem Grund hielt Hicks „false trading" nicht für ein bedeutungsvolles Phänomen, weder im Hinblick auf den Anpassungsprozeß noch für die Merkmale des Gleichgewichts.

Eine sehr viel weiterreichende, in unserem Zusammenhang entscheidende Folge des „false trading" betonen dagegen Clower[46] und Patinkin[47]. Dabei handelt es sich nicht um Verteilungseffekte, sondern um die Einkommenseffekte, die daher kommen, daß geplante Transaktionen wegen der Unvereinbarkeit der Pläne im Ungleichgewicht gar nicht zustandekommen.

Es ist leicht zu verstehen, was mit diesen Einkommenseffekten gemeint ist: betrachten wir einen Haushalt, der gemäß seinen Präferenzen und den Preisen der von ihm gewünschten Güter sich eine möglichst nutzbringende Kombination von Gütern erwirbt, indem er auf den entsprechenden Märkten als Nachfrager auftritt. Die Bestimmung der optimalen Nachfragemengen auf den verschiedenen Märkten unterliegt natürlich der Beschränkung des zur Verfügung stehenden Budgets. Dieses Budget besteht in erster Linie aus dem Gegenwert der vom Haushalt zum Tausch angebotenen Güter oder Dienste, typischerweise also seiner Arbeitskraft. Gemäß wohl eingebürgerter Preistheorie werden die Nachfragemengen vom Haushalt simultan mit den zu ihrer Finanzierung erforderlichen Angebotsmengen geplant, und im Gleichgewicht lassen sich die Pläne auch reibungslos realisieren.

Und nun „false trading": Die Pläne der Wirtschaftssubjekte sind nicht mehr durchweg vereinbar miteinander. Einige oder auch alle Märkte werden nicht mehr geräumt. So gelingt es etwa den Anbietern, sagen wir auf dem Arbeitsmarkt, nicht mehr, zu den geltenden Preisen genügend Nachfrager zu finden für den ganzen Umfang der angebotenen Menge. In einer solchen Situation wird nur so viel getauscht, wie die Nachfrager geplant haben, und die Anbieter des überschüssigen Rests müssen die Erfahrung machen, daß sie den Gegenwert ihres Angebots nicht realisieren können. Dadurch wird aber auch das Budget, auf das die Nachfragepläne abgestimmt sind, über den Haufen geworfen, und die Konsequenzen liegen auf der Hand: Das geringere Budget läßt auch weniger Ausgaben zu. So muß der betroffene Haushalt seine Nachfragepläne auf den anderen Märkten nach Maßgabe der geschrumpften Finanzierungsgrundlage nach unten revidieren.

Aus der simultanen Angebots- und Nachfrageplanung der Gleichgewichtstheorie wird ein sequentieller, zweistufiger Ablauf der Entscheidungen: Erst muß der Haushalt abwarten, wieviel sich von dem absetzen läßt, was er selber anzubieten hat, und sobald daraufhin feststeht, wieviel für Ausgaben zur Verfügung steht, kann die optimale Verwendung dieser Manövriermasse geplant werden.[48]

So wird erklärlich, daß im Ungleichgewicht nicht nur Preise die Nachfragepläne bestimmen, sondern auch Mengengrößen, nämlich die realisierten — im Gegensatz zu den beabsichtigten — Angebotsmengen. Genau das ist der Inhalt des „psychologischen Gesetzes" von Keynes. „Die keynesianische Konsumfunktion verkörpert diese Abhängigkeit der Gesamtnachfrage von den realisierten Einkommen der Haushalte."[49]

Auch die kumulativen Multiplikatoreffekte, die gewöhnlich aus der Konsumfunktion abgeleitet werden[50], lassen sich in diesem Zusammenhang sofort erkennen. Schränken nämlich Haushalte, die Opfer eines anfänglichen Nachfragerückgangs auf einem ihrer Angebotsmärkte geworden sind, ihre Nachfrage auf andern Märkten ein, dann werden sie auch dort Angebotsüberschüsse verursachen bzw. vergrößern und damit indirekt weitere Nachfrage abwürgen. In dieser Art löst „false trading" eine Kettenreaktion aus, welche die anfängliche Gleichgewichtsstörung noch weiter verstärkt — genauso wie es der keynesianische Multiplikator beschreibt.

Die von Walras und Marshall aufgezeigten stabilisierenden Kräfte, die auf Preisanpassungen beruhen und zum Gleichgewicht zurückführen müßten, gelangen gar nicht zur Wirkung, weil ihnen die Mengenreaktion und damit auch der kumulative Prozeß gleichsam zuvorkommt. Aber nicht nur das: Wenn nämlich die Kettenreaktion erst einmal in Gang gekommen ist, wird auch die Stabilisierungsaufgabe von Preisreaktionen, soweit solche doch noch erfolgen, beträchtlich erschwert. Es geht ja dann nicht mehr nur darum, die anfängliche Gleichgewichtsstörung zu beseitigen, sondern auch alle aufkumulierten Sekundärwirkungen.[51] Dieses Moment geht in der Partialanalyse völlig verloren.

Soll die Keynessche Theorie der Arbeitslosigkeit mikroökonomisch untermauert werden, dann gilt es vor allem einmal zu erklären, warum im Falle eines systemweiten Koordinationsversagens die „klassischen" Selbstheilungskräfte des marktwirtschaftlichen Systems versagen können. Diese Erklärung wird durch den von der Partialanalyse mit Leichtigkeit erbrachten Nachweis, daß Anpassungs- und Informationshindernisse eine Verzögerung der stabilisierenden Preisbewegungen bedingen, nicht geliefert. Erst der systemweite kumulative Prozeß macht die von Keynes betonte Bedeutung der effektiven Nachfrage für einen andauernden Zustand unfreiwilliger Arbeitslosigkeit verständlich: Die in den Preisen enthaltenen Handlungsanreize werden überlagert von den hemmenden Signalen, die von unrealisierten Angebotsplänen ausgehen. Viele oder alle Anbieter wären bereit, bei den vorherrschenden Preisen mehr anzubieten, aber die Absatzmärkte signalisieren nicht genügend Aufnahmebereitschaft. Die zweistufige Struktur der Entscheidungsabläufe führt dazu, daß dem einzelnen die Ausdehnung seiner Nachfrage ungerechtfertigt erscheint, obwohl sie sich selber rechtfertigen würde, wenn „die andern auch mitmachten."

Die Gesellschaft als ganze verhält sich so, als könne sie es sich nicht leisten, alle Güter zu kaufen, die mit den Produktionsmöglichkeiten ihrer Kapitalausrüstung und ihres Arbeitspotentials herstellbar wären.[52] Diese Kollektiv-Illusion rührt daher, daß die Kommunikation innerhalb des Systems nicht funktioniert, wie sie es idealerweise müßte. Niemand teilt den Wirtschaftssubjekten mit, daß die Ausnützung des Produktionspotentials ein paralleles Kaufkraftpotential schafft.

Der allwissende walrasianische Auktionator könnte garantieren, daß bei den von ihm bestimmten Preisen keine Wirtschaftspläne durch das Ausbleiben zureichender Nachfrage kompromittiert werden. Eine solche „Nachfragegarantie", mit der das System den Teufelskreis des kontraktiven kumulativen Prozesses durchbrechen könnte, wurde zwar nie von einem Auktionator gegeben, aber seit Keynes ist sie die erklärte Aufgabe der Stabilisierungspolitik.

## 2.4. Nochmals: die Koordination von Sparen und Investieren

Mit der systematischen Untersuchung des „false trading" und seiner Sekundärwirkungen ist gezeigt, wie ein anfängliches Ungleichgewicht durch positives feed-back verschlimmert wird und sich systemweit ausbreiten kann. Es passiert hier mit Produzenten und Konsumenten, Arbeitgebern und Arbeitnehmern als Akteuren im Grunde genommen dasselbe, was sich auch zwischen ganzen Nationen abspielen kann und in jenem vergrößerten Maßstab „Welthandelskrise" heißt. Schränken nämlich Wirtschaftssubjekte ihre Nachfrage ein, um im Rahmen ihres Budgets bleiben zu können, und lösen sie damit weitere kontraktiv wirkende Sparmaßnahmen bei jenen aus, die wegen der geringeren Nachfrage ihren Absatz und damit ihr Budget geschmälert sehen, dann ist das doch derselbe Vorgang, wie wenn Länder zum Schutz ihrer Außenhandelsposition protektionistische Maßnahmen ergreifen und damit Gegenmaßnahmen auslösen, so daß der Endeffekt letztlich nur eine allgemeine Schrumpfung des Handelsvolumens zum Schaden aller ist.

Dieser kumulative Prozeß ist gewiß das markanteste Merkmal, das die Erfahrungen schwerer Konjunktureinbrüche vom klassischen Harmonieglauben abhebt. Aber die mikroökonomische Untermauerung der Keynesschen Theorie ist mit der Analyse des kumulativen Prozesses nur zur Hälfte bewerkstelligt. Die andere Hälfte, nämlich die Erklärung dafür, warum der Prozeß überhaupt ausgelöst wird, muß nun an dieser Stelle noch präzisiert werden.

Als grundsätzliche Ursache des „false trading" und seiner Folgen ist, wie wir gesehen haben, die verzögerte, zu spät einsetzende Reaktion der Preise auf ein Ungleichgewicht anzusehen. Diese auf unelastischen Preiserwartungen beruhende Anpassungsverzögerung wurde in Abschnitt 2.2., S. 165ff., mit Hilfe der „neuen" Mikroökonomie vor allem am Beispiel des Arbeitsmarktes erläutert. Aber die einseitige Konzentration auf den Arbeitsmarkt hat wohl ein etwas verzerrtes Bild von der Auslösung des kumulativen Prozesses vermittelt. Denn ähnlich wie dieser nicht durch Partialanalyse, sondern nur durch die Untersuchung der Wechselwirkungen zwischen verschiedenen Märkten in den Griff zu bekommen war, so ist auch die Entstehung eines Ungleichgewichts auf einem Markt nicht unbedingt nur als Fehlentwicklung auf diesem Markt allein zu verstehen, sondern oft eher als zuerst oder am besten sichtbare Folge einer das ganze System betreffenden Fehlsteuerung.

Wird etwa Unterbeschäftigung auf dem Arbeitsmarkt beobachtet, so heißt das noch nicht, daß ein zu hoher Lohnsatz „schuld" daran ist. Der Lohnsatz kann sogar genauso hoch sein, wie ihn der walrasianische Auktionator im allgemeinen Gleichgewicht festsetzen würde.[53] Die Diagnose sollte sich darum nicht auf den Markt beschränken, wo die Symptome am deutlichsten und schmerzlichsten manifest werden, sondern auch in andern Systembereichen nach Ursachen des Koordinationsversagens forschen.[54]

Neben der Lohnhöhe sah die klassische Theorie ja vor allem den Zinssatz als das zentrale Steuerungsinstrument an, das — durch die Koordination der Spar- und Investitionspläne — für ein andauerndes gesamtwirtschaftliches Gleichgewicht bei Vollbeschäftigung sorgen müßte. Keynes' Erklärung dafür, warum dieser Mechanismus nicht spielt, nimmt in der „General Theory" breiten Raum ein und beruht zu einem guten Teil auf einer konsequenten Weiterentwicklung von Ansätzen, die schon in der sechs Jahre vorher entstandenen „Treatise"[55] zu finden sind. Trotzdem ist das Problem der Koordination von Sparen und Investieren heute das Thema, anhand dessen die Diskrepanz zwischen Leijonhufvuds Deutung der „General Theory" und der traditionellen Keynes-Interpretation am stärksten ausgeprägt scheint. Während nämlich Clowers mikroökonomische Herleitung der Konsumfunktion aus der Analyse zweistufiger Entscheide unter Bedingungen des „false trading" den Keynesianern als wahltheoretische Verankerung eines ad-hoc-Konzepts allenfalls noch willkommen sein konnte[56], ist Leijonhufvuds Vision vom Versagen des neoklassischen Zinsmechanismus ein Frontalangriff auf das keynesianische — und natürlich erst recht auf das klassische — Gleichgewichtsdenken.

Wir erinnern uns: Die klassische Vorstellung, wie sie auch im Sayschen Gesetz zum Ausdruck kam, war ja die, daß der nicht auf den Kauf von Konsumgütern verwendete Anteil des Volkseinkommens von alleine und ungehindert in die Investition fließe, so daß der Strom der aus dem Einkommen fließenden und wieder neues Einkommen schaffenden Ausgaben nicht unterbrochen wird. Solange der Zinsmechanismus spielt, wie ihn die Klassiker dargestellt haben, kann es gar nicht so weit kommen, daß die Haushalte mehr sparen wollen als die Unternehmer zu investieren vorhaben, daß mithin Konsum- und Investitionsnachfrage zusammen die Höhe des Güterangebots nicht erreichen, und daß in der Folge die Unternehmer Produktion und Beschäftigung einschränken. Noch bevor ein Überschuß des geplanten Sparens zu kontraktiven Sekundärwirkungen auf dem Güter- und auf dem Arbeitsmarkt führt, müßte eine Anpassung des Zinses das Gleichgewicht von Güterangebot und -nachfrage auf altem Niveau wiederherstellen. Diese Vorstellung eines koordinierenden Zinses, der jederzeit die automatische Transformation des Angebots an Spargeldern in die Nachfrage nach Investitionsgütern gewährleistet, und dessen Höhe darum nur die Neigung zur Bildung von Ersparnissen und die technischen Möglichkeiten zur produktiven Verwertung dieser Ersparnisse widerspiegelt, ist von Keynes entschieden abgelehnt worden.

Die keynesianische Tradition hat den Angriff von Keynes auf die klassische Zinstheorie in den beiden folgenden schlagwortartigen Thesen verdichtet:

- Die Investitionsnachfrage reagiert praktisch nicht auf Änderungen des Zinssatzes bzw., insoweit sie es doch tut:
- Das Systemgleichgewicht läßt ein Zinsniveau, das tief genug ist, um die zur Vollbeschäftigung unerläßlichen Investitionen lohnend zu machen, gar nicht zu.

So wird die Unmöglichkeit der Steuerung wirtschaftlichen Verhaltens durch Preise und Zinsen postuliert und damit die Möglichkeit eines grundlegenden Widerspruchs zwischen der Vollbeschäftigung des Arbeitspotentials und den Gesetzmäßigkeiten der Marktwirtschaft nachzuweisen versucht. Und dagegen wendet sich Leijonhufvud. Nicht die Unmöglichkeit der Steuerung durch Preise an sich, sondern die Schwierigkeit der richtigen Steuerung, d.h. der Steuerung aller Pläne im ganzen System durch die richtigen Preise — sprich: Gleichgewichtspreise — ist in Leijonhufvuds Keynes-Interpretation das Hauptproblem der Marktwirtschaft.[57]

Die für die Anpassung des Systems an sein Vollbeschäftigungsgleichgewicht erforderlichen Informationssignale werden nicht oder nicht rechtzeitig erzeugt. Wir haben das am Beispiel des Arbeitsmarktes verfolgt, wo die Marktteilnehmer geforderte und gebotene Löhne nur mit Verzögerung verändern, weil ihnen kein Auktionator sofort Aufschluß über ein entstehendes oder entstandenes Ungleichgewicht gibt. Völlig analoge Schwierigkeiten stehen der Koordination der Spar- und Investitionsentscheidungen im Wege; mit dem Unterschied, daß die Abstimmung dieser in die Zukunft gerichteten Pläne ein ungleich schwierigeres und grundsätzlicheres Informationsproblem schafft. Hier, und nicht unbedingt auf dem Arbeitsmarkt, dürfte die Wurzel des Symptoms „Arbeitslosigkeit" zu suchen sein.

Keynes' Diagnose, wie Leijonhufvud sie interpretiert, läuft auf das Gegenteil dessen hinaus, was die keynesianische Gleichgewichtstheorie postuliert:

- Der Zins ist ein wirkungsvolles Steuerungsinstrument für die Gesamtnachfrage.
- Gleichgewichtszins und Vollbeschäftigung schließen sich nicht aus; wohl aber verhindert die unvollständige Information auf den Finanzmärkten eine genügend schnelle Anpassung des Zinses an seinen Gleichgewichtswert.

Welches sind nun die besonderen Schwierigkeiten, die sich einer reibungslosen Koordination von Sparen und Investieren entgegenstellen? Ein prinzipielles Problem liegt zunächst im Wesen des Sparens: Sparen heißt Aufschieben von Ausgaben oder, was dasselbe ist, Umverteilen von Ausgaben über eine Zeitspanne hinweg. Wie sollen sich aber Produzenten auf diese Art der Einkommensverwendung einstellen? Die Umschichtung von Ausgaben auf verschiedene Güter, nicht in verschiedenen Zeitperioden, sondern zu einem Zeitpunkt, macht da den Produzenten weniger zu schaffen. Werden nämlich auf einmal weniger rote und dafür mehr gelbe Autos gefragt, so ist das für die Produzenten ein klares Signal, die Produktion gelber Autos zu Lasten der roten zu forcieren. Am Produktionsniveau insgesamt ändert sich dadurch nichts.

Wenn dagegen heute mehr gespart wird, so erleiden die Produzenten einen Rückschlag der Nachfrage nach heute angebotenen Gütern, ohne zugleich ein Signal zu empfangen, daß in einem zukünftigen Zeitpunkt die Nachfrage entsprechend höher sein werde. Denn Sparen ist ein Entzug gegenwärtiger Nachfrage, aber nicht ein Auftrag zur Produktion von Gütern in der Zukunft.[58] Das trifft auch zu, wenn das Sparziel im voraus bekannt ist, was aber keineswegs der Fall zu sein braucht. So können von vornherein auch die Terminmärkte nicht existieren, die zukünftiges Angebot und zukünftige Nachfrage in jeder einzelnen Güterkategorie koordinieren müßten.

Die Vorstellung, daß diese Terminmärkte existieren, und daß ein Auktionator in voller Kenntnis gegenwärtiger wie zukünftiger Nachfragerpräferenzen und Produktionsmöglichkeiten — man fühlt sich an Laplaces Dämon erinnert — alle denkbaren Gegenwarts- und Terminpreise ein für allemal festsetzt und so für optimal koordinierte Spar- und Investitionsentscheidungen sorgt, ist die Basis der sogenannten „Metastatik", der hochabstrakten neoklassischen Theorie der intertemporalen Preise.[59]

Das in unserem Zusammenhang wesentlichste Merkmal der Metastatik liegt darin, daß alle Wirtschaftssubjekte ihre Wirtschaftspläne auf gegebene Preise abstützen können. Insbesondere wissen die Sparer genau, welchen Vermögenszuwachs eine für x Jahre angelegte Mark bringt, so daß aufgrund ihrer Sparpolitik auch der Gegenwartswert ihres Vermögens feststeht. Diese Kapitalsicherheit fällt mit dem Übergang von der Auktionator-Utopie zur Wirklichkeit weg — dabei soll das Gläubigerrisiko hier ganz aus dem Spiel bleiben.

Außer für einige Rohstoffe gibt es keine Güterterminmärkte. Die ganze Aufgabe der intertemporalen Koordination lastet auf den Finanzmärkten. Dort ist es das typische Bild, daß Anleger direkt oder indirekt Forderungen erwerben, die sie nicht bis zur Fälligkeit halten; und zwar darum, weil reale Investitionen im Ganzen gesehen eine Lebensdauer haben, die den Zeithorizont, innerhalb dessen die individuellen Anleger ihre Konsumausgaben umschichten wollen, bei weitem übersteigt. Investitionen binden zwar Kapital langfristig; da aber die Besitzanteile an den Investitionen auf den Finanzmärkten gehandelt werden, bleibt der einzelne Anleger frei, wie lange er sich binden möchte.

Diese dem einzelnen gewährte Möglichkeit, ein Vermögen jederzeit aufzubrauchen, obwohl die Produktion der physischen Kapitalgüter, in denen das Vermögen steckt, nicht rückgängig zu machen ist, muß freilich vom Halter langfristiger Werte mit einiger Kapitalunsicherheit erkauft werden. Denn was mit dem kurzfristig realisierbaren Wert eines Vermögensbestandes geschieht, wird durch die Vorgänge auf dem Finanzmarkt bestimmt und hängt mit dem langfristig zu erwartenden „realen Wert" des im Vermögen verkörperten Realkapitals höchstens lose zusammen. Darum orientieren sich die Anleger primär an ihren Erwartungen über die kurzfristige Entwicklung der Marktbewertung ihrer Aktiven und nicht an deren langfristigen Ertragsaussichten. Denn was ein Aktivum auf die Dauer „wirklich" wert ist, das interessiert nur den, der es auch auf die Dauer zu halten bereit ist. Und diese Bereitschaft ist beim Halter langfristiger Werte typischerweise nicht gegeben.

Die Diskrepanz zwischen der Fristigkeit des Realkapitals und dem Zeithorizont der Anleger erklärt zum einen die Kursspekulation, deren Einfluß auf den Zinssatz ja Gegenstand der Keynesschen Liquiditätspräferenztheorie ist. Dieselbe Diskrepanz ist andererseits aber auch Basis der Argumentation, wonach der Zins für die Höhe der Güternachfrage von großer Bedeutung sei.

Es sind zwei Argumente, die für eine ausgeprägte Zinselastizität der Güternachfrage sprechen, und die Leijonhufvud aufgrund verschiedener Passagen, nicht nur in der „General Theory", sondern auch in der „Treatise", Keynes zuschreibt. Beide Argumente betonen den Einfluß des Zinses auf die Marktbewertung von Vermögensobjekten — ein Einfluß, der sehr direkt ist, weil der Marktzins ja als Relation zwischen Ertrag und Marktpreis eines repräsentativen Aktivums definiert ist. Ändert sich der Marktzins, dann ändert sich bei gleichbleibendem Ertrag eo ipso auch der Marktwert eines Aktivums; und zwar um so stärker, je länger die Lebensdauer des Aktivums ist.

Die Bedeutung der Lebensdauer eines Aktivums für seinen Marktpreis beruht auf der rein mathematischen Eigenschaft der Zinseszinsfunktion, daß sie mit zunehmender Zeit immer steiler in die Höhe schießt. Ein beliebiges Zahlenbeispiel bestätigt das: sinkt der Marktzins von 5% auf 3%, dann steigt der gegenwärtige Marktwert eines Ertragsstroms von jährlich 10 DM bei vierjähriger Dauer nur um ein Geringes von 35,5 DM auf 37,2 DM, bei einer sehr langen Dauer dagegen, nehmen wir an 40 Jahre, bewirkt dieselbe Zinsänderung einen massiven Anstieg des Kapitalwerts von 172 DM auf 231 DM. Der Wert langfristiger Quellen von Ertragsströmen reagiert ganz offensichtlich sehr empfindlich auf Zinsänderungen. Und da die repräsentative Kapitalanlage eine vergleichsweise lange Dauer hat, muß a priori erwartet werden, daß auch ihr Preis bei gegebenen Ertragsaussichten stark mit dem Marktzins variiert.

Solche Änderungen in der Marktbewertung des Vermögens können nun über zwei Kanäle auf die Güternachfrage wirken:

- Erstens erfahren Vermögensbesitzer eine Veränderung ihrer Vermögensposition, was sich mit einiger Wahrscheinlichkeit auf ihre Konsumausgaben auswirkt.[60]
- Zweitens beeinflussen Änderungen in der Marktbewertung von Kapitalgütern auch direkt die Herstellung neuer Kapitalgüter, d.h. die Investitionsnachfrage. Denn was für die Produktion jedes andern Gutes gilt, darf doch wohl auch für die Herstellung von Investitionsgütern angenommen werden: „Der Umfang der Produktion hängt natürlich von der Relation zwischen den Produktionskosten und den erwarteten Preisen ab, die sie (sc. die Investitionsgüter; d. Verf.) auf dem Markt erzielen."[61] Da die Marktpreise langfristiger Investitionsgüter empfindlich auf den Zinssatz reagieren, muß gefolgert werden, daß der Zins einen maßgeblichen Einfluß auf die Höhe der Investitionsgüternachfrage ausüben kann.

Nun ist freilich zu fragen, warum Keynes an anderer Stelle die expansive Wirkung einer auf Zinssenkungen zielenden Geldpolitik als so gering eingeschätzt hat und zum Schluß gekommen ist, daß der Staat selber aktiv werden und direkt investieren müsse.[62] Hier ist zunächst die unauffällige Klausel zu beachten, daß die Änderung des Marktzinses „bei gegebenen Ertragsaussichten" eine entsprechende Änderung des Marktpreises eines Vermögenswertes herbeiführt. Diese Ertragserwartungen sind bei Keynes unter dem Begriff der „Grenzleistungsfähigkeit des Kapitals" subsumiert[63], wofür die Investitionstheorie auch den gebräuchlicheren Ausdruck der „internen Verzinsung" einer Kapitalanlage kennt. Die Grenzleistungsfähigkeit deckt, salopp ausgedrückt, einfach alle Einflüsse ab, die außer dem Zins auf die Investitionsentscheidung einwirken können, im besonderen alle jene Faktoren, die eine Investition zum Risiko machen.

Da jede Investitionsentscheidung unter Unsicherheit gefällt werden muß, ist der Grad des Vertrauens, mit dem das tatsächliche Eintreffen der zukünftigen Erträge einer Investition erwartet wird, von allergrößter Bedeutung. Wenn die Unternehmer pessimistisch werden und nicht mehr daran glauben, daß die zur Rechtfertigung der Investitionen unbedingt notwendigen Erträge auch anfallen werden, dann reduzieren sie natürlich ihre Investitionsprogramme. Daß in diesem Fall auch ein zusätzlicher Investitionsanreiz in Form eines geringeren Zinssatzes kaum viel ausrichten kann, leuchtet ein. Das ist denn auch gemeint, wenn Keynes feststellt, daß „Fluktuationen ... der Grenzleistungsfähigkeit ... wahrscheinlich zu groß sind, als daß sie durch praktikable Zinsänderungen wettgemacht werden könnten".[64]

Diese Skepsis ist um so verständlicher, als die „General Theory" ja unter dem Druck und Eindruck der großen Depression der dreißiger Jahre entstanden ist, als die Grenzleistungsfähigkeit des Kapitals auf einen Nullpunkt gesunken war und angesichts der massenhaft leerstehenden Kapazitäten kein Mensch durch noch so günstige Zinsen zur Durchführung von Neuinvestitionen zu bewegen gewesen wäre. Jene Zeit entsprach in hohem Maße der in Abschnitt 2.3. beschriebenen, für ein fortgeschrittenes Stadium des kontraktiven kumulativen Prozesses typischen Situation, in der die Preisanreize nicht durchdringen, weil sie von den hemmenden Signalen fehlender Aufnahmebereitschaft auf den Absatzmärkten überlagert werden.[65]

Solange es aber nur darum geht, die Umstände zu beschreiben, unter denen ein solcher kumulativer Prozeß ausgelöst wird, d.h. zu erklären, warum die Koordination durch den Preismechanismus versagen kann, selbst wenn die Wirksamkeit von Preisanreizen nicht durch zusätzliche Restriktionen behindert wird, darf nicht als Ursache hingestellt werden, was am Ende die Folge ist, nämlich die allgemeine Depression. Solange darum von einem gegebenen, normalen Niveau der Grenzleistungsfähigkeit ausgegangen werden kann, dürfte gerade für die Entscheidungen über langfristige Investitionsprojekte der Zinssatz ein kaum zu vernachlässigender Gesichtspunkt sein, selbst wenn im Kalkül der Investoren eine Risikoprämie zum Marktzins geschlagen wird. Das hat Keynes offenbar nicht bezweifelt, wie Leijonhufvud aufgrund sorgfältigen Studiums — speziell auch der „Treatise" — nachweisen konnte.

Wenn nun einerseits die mangelnde Koordination der Spar- und Investitionspläne die grundlegende Ursache für ein gesamtwirtschaftliches Ungleichgewicht und seine Folgen ist, andererseits aber nicht geleugnet wird, daß der Zinssatz als wirkungsvolles Steuerungsinstrument die Investitionsnachfrage und — über Vermögenseffekte — das geplante Sparvolumen hinreichend beeinflussen könnte, um deren Übereinstimmung bei Vollbeschäftigung zu bewirken, was läuft dann schief?

An dieser Stelle kommt das Keynessche Argument der spekulativen Liquiditätsnachfrage ins Spiel. Es beruht, so Leijonhufvud, auf der Annahme, daß sich der typische Besitzer langfristiger Vermögenswerte genauso von unelastischen, auf vergangener Erfahrung beruhenden Erwartungen leiten läßt, wie das für Anbieter und Nachfrager auf

Güter- und Arbeitsmärkten von der „neuen" Mikroökonomie postuliert wird. Wie sich ein Verkäufer auf dem Gütermarkt gegen eine Preissenkung sträubt, solange er daran glaubt, daß der Markt den bisherigen Preis auf die Dauer rechtfertigt, so traut auch der Vermögensbesitzer einer Marktbewegung nicht, die den Zinssatz unter ein Niveau senkt, das er für „normal" hält. Dieses Mißtrauen ist der Grund für die spekulative Liquiditätspräferenz, welche die Anpassung des Zinssatzes an den „richtigen" Gleichgewichtswert aufhält.

Wir müssen uns nur vorstellen, daß der Zins, der als „normal" empfunden wird, höher ist, als er sein müßte, um Sparen und Investieren bei Vollbeschäftigung miteinander in Übereinstimmung zu bringen. Laut klassischer Zinstheorie müßte jetzt einfach der Zins unter dem Druck des Überangebots an laufenden Ersparnissen fallen. Aber eine Zinssenkung wirkt nicht nur auf die Sparneigung und die Investitionsnachfrage, sondern sie verändert auch den Marktwert der bestehenden Vermögensbestände. Gibt der Zins nach, so erhöht das den Kurs langfristiger Aktiva über das Niveau hinaus, das die Anleger als das weiterhin wahrscheinlichste erwarten. Es werden also Kursverluste befürchtet, was natürlich zum Versuch führt, von den langfristigen Werten in solche umzusteigen, die vor dem Kursrisiko schützen, nämlich kurzfristig fällige Forderungen oder Geld.

Diese Reaktion auf dem Markt für Vermögenswerte wirkt der vom anfänglichen Ungleichgewicht ausgelösten Tendenz fallender Zinsen und steigender Kurse entgegen. Da überdies der Umfang der Neuinvestitionen im Vergleich zur Masse der schon vorhandenen Kapital- und Vermögensbestände verschwindend klein ist, dominiert die Spekulation mit den Beständen alle Impulse, die vom Ungleichgewicht zwischen den laufenden Ersparnissen und den Neuinvestitionen her auf die Höhe des Marktzinses einwirken könnten. So wird die Anpassung des Zinssatzes auf das Niveau, das für ein Vollbeschäftigungsgleichgewicht erforderlich wäre, „durch die vorherrschende Marktmeinung über das ‚normale' Niveau des langfristigen Zinssatzes ebenso gehemmt, wie die Geldlöhne auf atomistischen Arbeitsmärkten von den ‚Erinnerungen' an die in der Vergangenheit verdienten Löhne abhängen".[66]

Und genauso, wie die statische keynesianische Gleichgewichtstheorie mit der Annahme starrer Löhne oder einer horizontalen Arbeitsangebotsfunktion das charakteristische Anpassungsverhalten des Arbeitsmarktes im Ungleichgewicht nur behelfsmäßig beschreiben kann, ist auch das Konzept eines statischen und stabilen Kausalzusammenhangs zwischen Zins und spekulativer Geldnachfrage, im besondern auch das Konzept der Liquiditätsfalle, irreführend, weil es suggeriert, daß die Ansichten über den „Normalzins" als unveränderliches, parametrisch vorgegebenes Datum angesehen werden können. Aber auch unelastische Erwartungen werden sich im Laufe der Zeit allmählich an veränderte Erfahrungen anpassen.

Daß sich die Spekulation nicht am Zins an sich orientiert, sondern an der Abweichung zwischen erwartetem und tatsächlichem Zins, ist auch der Grund dafür, warum sich aus dem Konzept der spekulativen Liquiditätspräferenz keine zur klassischen Theorie konträre, gleichgewichtige „monetäre Theorie des Zinses" ableiten läßt. Denn das würde bedeuten, daß der Zins letztlich im Zirkelschluß auf die Differenz zwischen sich selber und seinem „Normalwert" zurückgeführt werden müßte. Die Theorie der spekulativen Liquiditätspräferenz erklärt weder den Gleichgewichtszins noch das Zinsphänomen an sich, sondern setzt beides voraus und erklärt den Einfluß der Zinserwartungen auf die effektive Entwicklung des Zinses, wenn dieser von seinem Gleichgewichtswert abweicht.[67]

Wohl haben die Geldtheoretiker, vor allem Tobin, über das Spekulationsmotiv hinaus Gründe nachgewiesen, die auch auf die Dauer eine Wechselwirkung zwischen Zinssatz und monetären Größen vermuten lassen. Aber die von Keynes als eigentliche Crux hervorgehobene Baissespekulation auf den Finanzmärkten ist ein Phänomen, dessen Einfluß auf den Zins in einem stationären Gleichgewicht, wo sich alle Erwartungen den gleichbleibenden Erfahrungen angepaßt haben, verschwinden müßte.[68] Um so wichtiger ist die Berücksichtigung der Zinserwartungen und der damit verbundenen Spekulationen für die Beschreibung des Systemverhaltens im Ungleichgewicht, im speziellen für die Erklärung, warum der Preismechanismus dem System nicht ohne weiteres zum Gleichgewicht zurückhilft.

## 3. Neu-Interpretation oder Neu-Formulierung?

Leijonhufvuds Keynes-Interpretation ist im Grunde genommen nichts anderes als eine Rekonstruktion der Keynesschen Theorie mit Bauelementen, die von Geld- und Preistheorie im wesentlichen erst nach Keynes entwickelt worden sind, die bisher aber noch niemand miteinander auf die von Keynes anvisierten Probleme angewendet hat. Gerade jene Postulate der „General Theory", die im Rahmen der keynesianischen Gleichgewichtstheorie am meisten Kontroversen und Verwirrung verursachten, weil sie entweder nur als ad-hoc-Empirismus zu verstehen waren oder gar ein systematisch irrationales Verhalten der Wirtschaftssubjekte vorauszusetzen schienen, sie alle fügen sich in Leijonhufvuds Neuformulierung zusammen zu einem theoretischen Gefüge von erstaunlicher Geschlossenheit.

Damit ist natürlich noch gar nichts gesagt über die Berechtigung von Leijonhufvuds Anspruch, mit seiner Rekonstruktion überhaupt erst ins richtige Licht zu rücken, was Keynes in Tat und Wahrheit von allem Anfang an sagen wollte. Es sind denn auch in erster Linie Leijonhufvuds exegetische Ambitionen, die Kritik auf sich gezogen haben, zuerst von Grossman, neuerdings auch von Jackman und Brothwell.[69]

In der Tat würde es kaum leicht fallen, die Richtigkeit von Leijonhufvuds Keynes-Interpretation anhand der Quellen nachzuweisen. Im Gegenteil: Wie Grossman an einem Beispiel belegt hat, finden sich Aussagen in der „General Theory", die nicht zu finden wären, hätte Keynes wirklich an ein Konzept gedacht, wie Leijonhufvud es nun explizit entwickelt hat.

Es würde an dieser Stelle den Rahmen bei weitem sprengen, der Frage, welches nun die „richtige" Interpretation ist, nachzugehen. Hierzu wäre eine detaillierte Textanalyse unerläßlich. Brothwells summarischem Urteil kann man sich jedoch schwerlich verschließen: Käme Keynes heute zurück und nähme er eines der geläufigen, der keynesianischen Tradition verpflichteten Lehrbücher in die Hand, so würde er es eher als Plagiat empfinden denn als Entfremdung seines Gedankenguts.[70] Auch wissen wir, daß Keynes einen Entwurf des Aufsatzes, in dem Hicks das *IS-LM*-Modell geschaffen hatte, als in seinem Sinne gebilligt hat.[71]

So scheint wenig dafür zu sprechen, daß Leijonhufvuds Neuformulierung besser abschneidet als die orthodoxe keynesianische Gleichgewichtstheorie, solange wir nur fragen, welche der beiden Interpretationen dem Wortlaut von Keynes' Theorie eher gerecht wird. Aber das ist nicht das einzige Kriterium. Denn die Probleme, mit denen sich Keynes auseinandergesetzt hat, sind aktuell geblieben; und seine Einsichten sind gewiß heute noch von größter Bedeutung. Wie er seine Position formuliert hat, gilt jedoch kaum mehr als maßgebend:

„Die Gleichgewichtsanalyse und die Komparativ-Statik waren die Hilfsmittel, zu denen (Keynes) spontan griff, um seine Gedanken auszudrücken, aber es waren wahrscheinlich nicht die besten Hilfsmittel für seinen Zweck...

Zur Diskussion steht gar nicht die Existenz eines langfristigen statischen Gleichgewichts bei Unterbeschäftigung, sondern die Möglichkeit eines sich hinziehenden Unterbeschäftigungszustandes, dem die natürlichen marktwirtschaftlichen Regulative nur langsam, wenn überhaupt, abhelfen."[72]

Wenn heute die Monetaristen der keynesianischen Stabilisierungspolitik jede Berechtigung absprechen, dann nehmen in ihrer Argumentation gerade diese „natürlichen marktwirtschaftlichen Regulative" einen wichtigen Platz ein. So sehen sich die Keynesianer heute mehr denn je mit einer in der Preistheorie verwurzelten Gegenposition konfrontiert, deren Aussage es ist, daß der Preismechanismus seine gesamtwirtschaftliche Koordinationsaufgabe erfüllen kann, wenn man ihn nur machen läßt.

Die theoretische Auseinandersetzung zwischen den beiden gegensätzlichen Auffassungen hat wenig zu einer Klärung beigetragen. Mit ein Grund dafür ist wohl das Schisma in der Wirtschaftstheorie, das dadurch zustandegekommen ist, daß sich die Keynesianer völlig von den Grundlagen des preistheoretischen Räsonnements losgelöst haben. Vor dem Hintergrund dieser unbefriedigenden Situation — es stehen sich nicht nur widersprüchliche, sondern gewissermaßen auch inkommensurable Positionen gegenüber — verdient die Neuformulierung des Keynesschen Standpunkts durch Leijonhufvud ganz spezielles Interesse, gerade weil sie nicht einfach die preistheoretischen Grundlagen des klassischen Harmonieglaubens links liegen läßt, sondern explizit auf sie zurückgreift, um im einzelnen herauszuarbeiten, welche Fehlentwicklungen die Zuverlässigkeit der „natürlichen marktwirtschaftlichen Regulative" in Frage stellen können.

Leijonhufvuds mikroökonomische Analyse des von Keynes anvisierten marktwirtschaftlichen Koordinationsversagens legt auf zwei wesentliche Dinge Gewicht: auf das Anpassungsverhalten von Preisen im Ungleichgewicht und auf „false trading". Beides wird uns im folgenden nochmals beschäftigen müssen, wenn wir uns den Argumenten zuwenden, mit denen die Monetaristen ihre grundsätzliche Ablehnung der keynesianischen Stabilisierungspolitik begründen.

# III. Die monetaristische Herausforderung

Die keynesianische Revolution war mindestens ebenso Revolution der Wirtschaftspolitik wie Revolution der Wirtschaftstheorie. Die Anwendung des keynesianischen Paradigmas auf die Aufgabe der gesamtwirtschaftlichen Stabilisierung wurde auch durch einige theoretische und nur unter den Theoretikern ausgetragene Kontroversen um Details des zugrundeliegenden Modells kaum beeinflußt.

Als Destillat aus der keynesianischen Theorie haben sich vor allem zwei für die Wirtschaftspolitik wegleitende Thesen etabliert:

- Da die Beschäftigung als erstrangige gesellschaftliche Zielgröße von der gesamtwirtschaftlichen Güternachfrage abhängt, muß und kann der Staat durch globale Nachfragesteuerung („demand management") die Vollbeschäftigung des Arbeitspotentials — bzw. die optimale Auslastung des Produktionspotentials ganz generell — gewährleisten.
- Von den beiden hauptsächlichen der Globalsteuerung zur Verfügung stehenden Instrumenten, der mit dem Saldo des staatlichen Finanzhaushalts operierenden Fiskalpolitik sowie der über Geldmenge und Zinssatz wirkenden Geldpolitik, ist die Fiskalpolitik die wirksamere, weil sie direkt Nachfrage schöpfen oder abschöpfen kann. Die Geldpolitik dagegen wirkt indirekt und somit auch unzuverlässiger: Erstens macht eine zinselastische Geldnachfrage die Zinswirkung der Geldpolitik zweifelhaft, und zweitens ist fraglich, ob eine allfällige Zinswirkung sich auch auf die Güternachfrage auswirkt.

Sowohl das grenzenlose Vertrauen in die Möglichkeiten der Nachfragefeinsteuerung durch Variation von Steuern und/oder Staatsausgaben als auch die Geringschätzung der Geldpolitik — Schlagwort: „money doesn't matter" — sind Quintessenz einer sehr überspitzten Version des Keynesianismus, die wohl nie auf so breite und ungeteilte Zustimmung zählen konnte, wie es heute vor allem die Anti-Keynesianer wahrhaben wollen.

Diese keynesianische Extremposition — sie wird mitunter verächtlich als „Vulgärkeynesianismus" abgetan — reduziert das theoretische Fundament der Stabilisierungspolitik praktisch auf das verbreitete „45°-Diagramm", in dem eine richtig dosierte Fiskalpolitik die Lage der aggregierten Gesamtnachfragekurve so determinieren kann, daß die Gesamtnachfrage gerade das vollbeschäftigte Produktionspotential ausschöpft (s. Abb. 13).[73]

Daß dieses einfache Multiplikatormodell einer feinsteuernden Fiskalpolitik eine zu naive Wirtschaftstheorie ist, steht außer Zweifel. Aber als handfeste, auch für den Pragmatiker unmittelbar einsichtige und umsetzbare Konzeption der Stabilisierungspolitik dürfte das Modell doch einigen praktischen Einfluß gehabt haben oder noch haben.

Uns dient es in diesem Zusammenhang als Kontrast zur heute als „Monetarismus" bekannten Position, die zuerst von Milton Friedman als Kritik an der bald selber zur Orthodoxie gewordenen keynesianischen Revolution und ihrer wirtschaftspolitischen Anwendung vertreten wurde. Ihre beiden zentralen Behauptungen sind den „vulgärkeynesianischen" Thesen diametral entgegengesetzt:

● Von der Geldmenge gehen dominierende Impulse auf die Wirtschaft aus, während fiskalpolitische Interventionen höchst unzuverlässige Wirkungen hervorrufen.

● Diskretionäre Interventionen, die in der Absicht einer antizyklischen Globalsteuerung erfolgen, wirken eher destabilisierend als stabilisierend und sollten darum unterlassen werden.

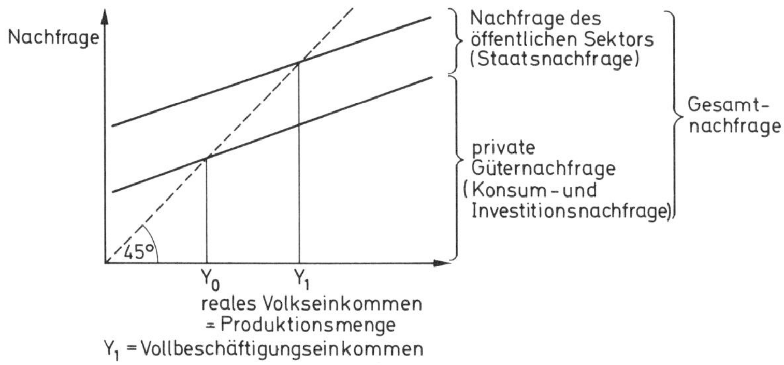


Abb. 13

Für diese letzte Behauptung gibt es zwei Gründe: einmal die von den Monetaristen ganz ausgeprägt eingenommene ideologische Position des Wirtschaftsliberalismus, der die Staatsintervention von vornherein nicht gern sieht, und zum andern die von den Erfahrungen mit der wirtschaftspolitischen Praxis genährten Zweifel, ob die vielen unberechenbaren Verzögerungen, die sich zwischen den Beginn einer konjunkturellen Fehlentwicklung und die schließliche Wirkung von Gegenmaßnahmen schieben können, eine gezielte Stabilisierung überhaupt zulassen. Die diskretionären Staatsinterventionen seien, so wird von monetaristischer Seite behauptet, im Gegenteil selber Ursache der konjunkturellen Instabilität, die sie doch eigentlich mildern wollen.

Die andere These der Monetaristen, die besagt, daß Geldmengenänderungen stärker als die Multiplikatoreffekte autonomer — d.h. nicht einkommensinduzierter — Ausgaben auf die Wirtschaft einwirken, baut auf Beiträge Friedmans zur Konsumtheorie und zur Theorie der Geldnachfrage.

## 1. Friedmans Beitrag zur Konsumtheorie

Ein erster Vorwurf an den Keynesianismus zielt auf dessen Kernstück, das von Keynes in der „General Theory" entwickelte Konzept der Konsumfunktion. Was Friedman ablehnt, ist deren Grundgedanke, daß die laufenden Konsumausgaben in einer stabilen und vorhersehbaren Beziehung zur Höhe des laufenden Einkommens stehen.[74] Auf dieser Beziehung beruht ja die multiplikative Wirkung von Investitionen oder Staatsausgaben und damit auch der Glaube an die Möglichkeiten der Fiskalpolitik.

Das für jegliches private Wirtschaften fundamentale und für den „gesunden Menschenverstand" selbstverständliche Prinzip, wonach sich die Ausgaben nach dem Einkommen richten, wird dabei von Friedman keineswegs in Frage gestellt. Er richtet unsere Aufmerksamkeit vielmehr auf die Frage, für welche Größenordnung des Planungshorizonts die Geltung des Prinzips vernünftigerweise angenommen werden kann. Die Berechtigung dieser Frage wird anhand eines zugegebenermaßen absurden, aber doch illustrativen Beispiels klar:

Stellen wir uns vor, wir wollten die Hypothese testen, daß die täglichen Konsumausgaben eines Haushalts in einem festen Verhältnis zu seinen Tageseinnahmen stehen. Wenn wir es nicht zufällig mit einem von der Hand in den Mund lebenden Tagelöhner zu tun hätten, würde sich die Hypothese wahrscheinlich sehr schlecht bewähren. Die typische Situation ist doch die, daß ein Angestellter einmal im Monat, nämlich an seinem Zahltag, ein sehr hohes Tageseinkommen hat, aber an allen anderen Tagen nichts einnimmt. Dieser „unregelmäßige" Zahlungseingang wird wohl kaum Spuren in seinem Konsumverhalten hinterlassen, denn seine Ausgaben richten sich natürlich nach dem Einkommen, mit dem er auf die Dauer rechnen kann. Selbst wenn der Zahltag ausgiebig gefeiert und begossen wird, reichen die Ausgaben an diesem Tag nicht im entferntesten an den Betrag der „Tageseinnahme" heran. Dafür kann dann an den „mageren" Tagen von der Reserve gezehrt werden.

Daß das Ausgabenverhalten vernünftiger Wirtschaftssubjekte fette und magere Zeiten auszugleichen tendiert, ist vollkommen trivial, solange die „Zeiten" einzelne Tage sind. Bedeutungsvoll wird dieses Verhalten, wenn längere Zeiträume zur Diskussion stehen. Die in unserem Zusammenhang primär interessierende Periode entspricht dem Zeithorizont, mit dem Stabilisierungspolitik betrieben wird, also höchstens ein bis anderthalb Jahre. Und es ist Friedmans Überzeugung, daß selbst dieser Zeitraum zu kurz ist, als daß darin eine stabile Konsumfunktion erwartet werden könnte. Nicht nur tägliche, sondern auch jährliche Einkommensfluktuationen würden demgemäß ausgeglättet.

Nach Friedman orientieren sich die Ausgaben an dem „Dauereinkommen" (permanent income), wie er es nennt, und dieses umfaßt das Einkommen oder die Einkommenserwartungen über mehrere Jahre hinweg; ein Ansatz von Modigliani und Brumberg geht sogar von einem Konzept des „Lebenseinkommens" aus. So ist zu erklären, warum Menschen, wenn sie mit einer Erbschaft rechnen oder sich eine Ausbildung aneignen, die später einen gutbezahlten Beruf verspricht, dazu neigen, mehr auszugeben, als es das gegenwärtige Einkommen allein erwarten ließe.

Eine schwache Reaktion der Konsumausgaben auf temporäre Ausschläge des Einkommens nach oben oder unten wurde besonders in Sektoren beobachtet, wo relativ große Einkommensschwankungen die Regel sind, etwa in der Landwirtschaft: Ertragsschwankungen, wie sie die Abfolge guter und schlechter Erntejahre mit sich bringt, werden über eine liquide Reserve abgefangen, so daß die jährlichen Abweichungen vom langfristigen Trend des Konsumstandards zumindest viel geringfügiger ausfallen als die Abweichungen vom Normaleinkommen.

Die Dauereinkommens-Hypothese läßt also eine geringe und mit wenig Sicherheit vorhersehbare Wirkung kurzfristiger Einkommensänderungen auf die laufenden Ausgaben erwarten. Damit ist aber der ganze Wirkungsmechanismus, auf den die fiskalistische Stabilisierungspolitik baut, in Frage gestellt. Die multiplikative Wirkung eines durch Variation von Steuern oder Staatsausgaben erzielten anfänglichen Einkommenseffektes bleibt aus. Die träge Reaktion der Ausgaben schwächt den Einkommen-Ausgaben-Regelkreis, so daß jeder Impuls schon in den frühen Phasen der angestrebten Kettenreaktion versickert.

In einem Satz: Die Dauereinkommens-Hypothese reduziert die Bedeutung des keynesianischen Multiplikators und folglich auch die von den Keynesianern unterstellte dominierende Wirkung von Änderungen des staatlichen Budgetsaldos auf Einkommen und Beschäftigung — ganz abgesehen von den kontraproduktiven Wirkungen, die von der Finanzierungsseite ausgehen können.

Aber auch die Notwendigkeit einer diskretionären Stabilisierungspolitik erscheint wesentlich abgeschwächt: Wenn nämlich staatliche Nachfragemanipulationen wenig zur Stabilisierung beitragen können, so ist auch nicht einzusehen, warum Nachfrageschwankungen, wie sie innerhalb des privaten Sektors entstehen, viel zu einer Destabilisierung sollten beitragen können. In der Tat ist die Überzeugung, daß die Marktwirtschaft beträchtliche zyklische Stabilität besitze, eines der hervorstechenden Kennzeichen der monetaristischen Position[75] und natürlich auch ein Hauptargument gegen jegliche stabilisierungspolitischen Interventionen.

Die Dauereinkommens-Hypothese spricht aber nicht nur gegen die für den Keynesianismus typische pessimistische Einschätzung der zyklischen Stabilität der Marktwirtschaft, sondern auch gegen die Skepsis hinsichtlich deren säkularer Stabilität, d.h. gegen die sogenannte „Stagnationsthese“, deren eifrigster Vertreter Alvin Hansen war[76], deren Argumente aber schon bei Keynes angetönt sind.[77]

Die Stagnationsthese prophezeite für die Zeit nach dem 2. Weltkrieg chronische Stagnation und Unterbeschäftigung als Folge einer sich dauernd verschlimmernden Diskrepanz zwischen abnehmenden Investitionsmöglichkeiten und zunehmendem Angebot an Ersparnissen — heute wissen wir: Das Gegenteil trat ein.

Diese schlimme Fehlprognose hatte zwei Ursachen: Erstens wurden die Investitionschancen, die sich allein aus dem Wachstum von Produktion und Einkommen ergaben, nicht gesehen[78], und zweitens führte, wie Abb. 14 zeigt, die Extrapolation von Konsumfunktionen, die für kurze Zeiträume gemessen worden waren, zu einer erheblichen Überschätzung der Lücke zwischen Angebotskapazität der Unternehmungen und einkommensinduzierter Konsumnachfrage; d.h. die vergleichsweise geringe Reaktion der Konsumausgaben auf kurzfristige Einkommensschwankungen wurde fälschlicherweise auch für die Nachfrageentwicklung im langfristigen Wachstumstrend als typisch angesehen.

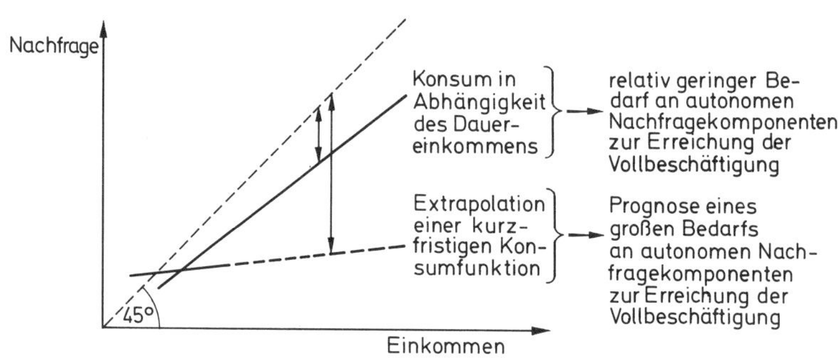


Abb. 14

Der gleichzeitige Glaube an eine Abnahme der Gelegenheiten für produktive Neuinvestitionen und an ein schwaches Wachstum der Konsumnachfrage mußte zur Befürchtung der Stagnationsthese führen, daß einer sich selbst überlassenen Marktwirtschaft die Tendenz zu einem chronischen Nachfragedefizit und der damit verbundenen Unterbeschäftigung innewohne. Entsprechend wurde es als die Aufgabe der Wirtschaftspolitik angesehen, mittels staatlicher Nachfrage die Nachfragelücke zu schließen. Auch unter diesem langfristigen Gesichtspunkt erlaubt also Friedmans Konsumtheorie ein wesentlich größeres Vertrauen in die Stabilität der Marktwirtschaft.

Zusammenfassend: Die Dauereinkommens-Hypothese wirft dem Keynesianismus vor, aufgrund einer zu groben Beschreibung des privaten Ausgabenverhaltens sowohl die Notwendigkeit als auch die Wirkungschancen der fiskalischen Beschäftigungspolitik zu überschätzen.

## 2. Die neuformulierte Quantitätstheorie

Der Angriff auf die einfache keynesianische Konsumfunktion ist ein Angriff auf das entscheidende Glied in der keynesianischen, von den autonomen Nachfragekomponenten zur Beschäftigung führenden Kausalkette. Friedman bietet eine alternative, seiner Ansicht nach robustere Kausalkette an. Sie führt von der Geldmenge zur Höhe des nominellen Volkseinkommens.

Dabei übernimmt die von Friedman als Geldnachfragefunktion neuformulierte Quantitätstheorie die Rolle der stabilen Verhaltensbeziehung, die als notwendige Bedingung für die Verläßlichkeit eines behaupteten Kausalzusammenhangs den Angelpunkt der ganzen Analyse bildet — die Rolle also, die im keynesianischen Modell die Konsumfunktion spielt. Was der Mulitiplikator für den Keynesianismus, oder zumindest für seine simpelste Variante ist, das ist die Umlaufgeschwindigkeit des Geldes für den Monetarismus: eine eindimensionale, leicht faßliche Größe, die den postulierten Zusammenhang zwischen Ursache und Wirkung denkbar einfach quantifiziert und damit vor allem auch der empirischen Überprüfung zugänglich macht.

Im Gegensatz zur klassischen Quantitätstheorie, laut der die Umlaufgeschwindigkeit als Ausdruck der mechanischen, institutionellen Gegebenheiten im Zahlungsverkehr jenes Preisniveau festlegt, das mit dem durch ein Walras-System bestimmten realen Volkseinkommen und der von außen vorgegebenen Geldmenge vereinbar ist, interpretiert Friedman in seiner Neuformulierung der Quantitätstheorie die Umlaufgeschwindigkeit als eine Verhaltensgröße, nämlich als Ausdruck für das Geldnachfrageverhalten der Wirtschaftssubjekte.[79]

Auch wenn sich rein formal dadurch scheinbar wenig ändert, so hat sich doch die Auffassung von der Rolle des Geldes grundlegend gewandelt. Der Akzent liegt nicht mehr auf dem Geld als dem Tauschmedium, dessen Menge das Handelsvolumen nach oben hin begrenzt, sondern auf dem Geld als einem Aktivum, d. h. als einer Form, in der Vermögen gehalten werden kann.

Schon das rein statistische Bild, das die von Friedman intensiv studierte monetäre Geschichte der USA bietet, provoziert diese Akzentverschiebung. Wäre nämlich das Geld nur institutionell bedingtes Tauschmittel, dann hätte die Statistik im Ablauf dieses Jahrhunderts zweierlei registrieren müssen[80]:

- Im langfristigen Trend eine Zunahme der Umlaufgeschwindigkeit; denn der organisatorische Fortschritt in der Technik des finanziellen Clearings, besonders die rasante Entwicklung von Kommunikationssystemen, sollte die Abwicklung eines gegebenen Umfangs von Transaktionen mit einer immer geringeren Tauschmittelmenge ermöglichen, oder anders ausgedrückt: ein gegebenes Geldvolumen sollte eine im Zeitablauf zunehmende Umschlagmasse bewältigen können.
- Kurzfristig: Konstanz der Umlaufgeschwindigkeit. Denn es besteht kein Grund zur Annahme, daß die institutionellen Bedingungen des Zahlungsverkehrs sich in Boom und Rezession fundamental unterscheiden. Wenn daher die Umlaufgeschwindigkeit nur diese Bedingungen widerspiegelt, dann müßten sich die zyklischen Bewegungen von Geldeinkommen und Geldmenge gerade entsprechen.

Beide a-priori-Vermutungen widersprechen der von Friedman beigebrachten Evidenz:

- Die Umlaufgeschwindigkeit hat säkular abgenommen.
- Im Zyklus schwankt die Geldmenge erheblich weniger stark als das Geldeinkommen; d.h. die Umlaufgeschwindigkeit schwankt prozyklisch.

Friedmans Theorie der Geldnachfrage, wonach Geld für die Wirtschaftssubjekte ein Vermögensbestandteil ist und die Geldnachfrage folglich eng mit dem Umfang des Gesamtvermögens zusammenhängt, wird diesen Fakten besser gerecht.

Entscheidend für das Verständnis von Friedmans Theorie ist dabei die zugrundeliegende Definition des Gesamtvermögens. Dieses schließt nämlich nicht nur ein, was etwa die Steuerbehörde zur Vermögensveranlagung heranzieht, also Sach- und Finanzvermögen, sondern „im weitesten und allgemeinsten Sinne alle Quellen eines ‚Einkommens' ..."[81]

Da die wichtigste Komponente des Volkseinkommens das Arbeitseinkommen ist, muß auch das Vermögen, aus dem dieses Einkommen fließt, das menschliche Leistungsvermögen — wissenschaftlicher Terminus: „Humankapital" — als Bestandteil des Gesamtvermögens angesehen werden.

Nun stellt sich freilich die Frage, was es für Anhaltspunkte dafür gibt, wie groß denn dieses Gesamtvermögen ist. Im Gegensatz zu Sach- und Finanzvermögen, deren Wert grundsätzlich anhand von Marktpreisen eruierbar ist, läßt sich nämlich Humankapital nicht direkt bewerten, weil es nicht auf Märkten gehandelt wird. Eine Ausnahme bilden, wenn man so will, die Transfermärkte im modernen Profifußball bzw. Sklavenmärkte ganz generell, wo die Preise tatsächlich Kapitalwerte im weitesten — nicht unbedingt nur materiellen — Sinne verkörpern. Was aber auf den üblichen Arbeitsmärkten gehandelt wird, ist nicht menschliches Leistungsvermögen, sondern dessen Nutzung. Unternehmungen können Realkapital kaufen oder mieten, Arbeitskraft können sie nur mieten. Das Arbeitseinkommen ist mithin die Marktbewertung des Ertrags, den das Humankapital pro Zeiteinheit abwirft.

Diese Betrachtungsweise, die jegliches Einkommen als Kapitalertrag interpretiert, weist einen indirekten Weg zur Bewertung des Gesamtvermögens: die Kapitalisierung des aus dem Vermögen fließenden Ertragsstroms. So dient dem Vermögensbesitzer, wie ihn

Friedmans Theorie beschreibt, das aus physischem und Humankapital insgesamt fließende Einkommen als Indikator für den Wert seines Gesamtvermögens.

Damit ist erklärt, warum Friedmans Geldnachfragefunktion, die das Gesamtvermögen als dominierende Bestimmungsgröße der Geldnachfrage hinstellt, die Form der Quantitätsgleichung — einer Beziehung zwischen Geldmenge und Geldeinkommen — annehmen kann. Und ein weiteres: Da der Kapitalwert der Einkommensquellen sich nicht aus einem einmaligen Ertrag ableitet, sondern aus dem Einkommensstrom, der als innerhalb eines bestimmten Zeithorizonts eintreffend antizipiert wird, ist die für das Geldnachfrageverhalten relevante Größe nicht das laufende, in den Statistiken registrierte Einkommen, sondern das von Friedman schon zur Erklärung des Konsumverhaltens herangezogene permanente Einkommen.

Das ist ein fundamentaler Unterschied zwischen der neuformulierten Quantitätstheorie und den früheren Versionen, in denen das Einkommen als Indikator für die von der Geldmenge umzuschlagende Transaktionsmasse diente, und für die folglich das laufende Einkommen die relevante Größe war.[82]

Friedmans Modell erlaubt zwar keine qualitative Aussage über das Verhalten der Umlaufgeschwindigkeit des Geldes im langfristigen Trend, aber es widerspricht deren empirisch festgestellter säkularer Abnahme nicht. Aufschlußreich ist demgegenüber die Implikation des Modells für die zu erwartende zyklische Entwicklung der Umlaufgeschwindigkeit, die, wäre sie rein institutionell bedingt, im Konjunkturablauf konstant bleiben müßte. Das empirische Bild zeigt aber ein prozyklisches Verhalten der Umlaufgeschwindigkeit, und Friedmans neuformulierte Quantitätstheorie läßt auch gar nichts anderes erwarten. Denn sie postuliert ja ausdrücklich, daß sich die von den Wirtschaftssubjekten gehaltene nominelle Geldmenge am nominellen Dauereinkommen orientiert, dessen subjektive Einschätzung sich am längerfristigen Trend der Einkommensentwicklung ausrichtet und die kürzerfristigen Schwankungen des Einkommens um den Trend herum nur in geringem Ausmaß mitmacht. So kann nicht überraschen, daß die Geldmengenfluktuationen eine geringere Amplitude aufweisen als die Schwankungen des laufenden, statistisch gemessenen Einkommens, daß mithin die statistisch als Relation zwischen laufendem Einkommen und Geldmenge registrierte Umlaufgeschwindigkeit im Aufschwung zunimmt und im Abschwung entsprechend zurückgeht.

Bevor wir diese Erklärung schlucken, müssen wir uns fragen, ob sie nicht auf der unzulässigen gesamtwirtschaftlichen Interpretation einer auf einzelwirtschaftliches Geldnachfrageverhalten zielenden Analyse beruht. Denn während jeder einzelne, isoliert betrachtete Geldnachfrager den von ihm gewünschten Bestand an Kasse variieren — z. B. an veränderte Antizipationen seines Dauereinkommens anpassen — kann, bleibt der Wirtschaft als Ganzes nichts anderes übrig, als die von der Geldpolitik her nominell fixierte Geldmenge zu halten.

Wenn aber die Geldmenge als vorgegebene bzw. autonom variierende Größe betrachtet werden muß, dann kann doch ihre Entwicklung im Zeitablauf nicht die Entwicklung des von den Wirtschaftssubjekten antizipierten, permanenten Einkommens widerspiegeln? Friedman folgert, daß es sich gerade umgekehrt verhält: Das Geldnachfrageverhalten der Wirtschaftssubjekte ändert zwar nichts am nominellen Umfang der gesamtwirtschaftlichen Geldversorgung, es wirkt sich aber auf das nominelle Volkseinkommen aus und führt so das beobachtete kurzfristige wie langfristige Verhalten der Umlaufgeschwindigkeit trotzdem herbei. Wenn etwa die Geldmenge den Betrag übersteigt, den die Geldnachfrager insgesamt zu halten bereit sind, dann versuchen diese, die unerwünscht hohen Bargeldpositionen in ihren Portefeuilles durch Substitution alternativer Vermögensobjekte abzubauen; d.h. die Wirtschaftssubjekte intensivieren, gesamthaft gesehen, ihre Geldausgaben im Vergleich zu ihren Geldeinnahmen, was über den Mechanismus der relativen Preise letztlich auf ein Ansteigen der gesamtwirtschaftlichen Güternachfrage im Vergleich zum Angebot hinausläuft. Dies wiederum wirkt stimulierend auf Preise und/oder produzierte Mengen. Das nominelle Volkseinkommen steigt mithin an, bis es eine der Geldversorgung entsprechende Geldnachfrage geschaffen und damit den Nachfragedruck auf Güter- und Faktormärkten eliminiert hat. Entsprechend gegenteilig wirkt ein Überschuß der Geldnachfrage über die Geldversorgung.

Damit haben wir eine Theorie, laut der das Nominaleinkommen den mit Geldmenge und Geldnachfrage kompatiblen Wert annimmt. Und wenn Friedmans Geldnachfragefunktion, wie die Monetaristen unterstellen, eine stabile Verhaltensbeziehung ist, kann die Geldmenge als die dominierende Determinante des Nominaleinkommens angesehen werden. Dabei ist die Wirkung der Geldmenge auf das Geldeinkommen kurzfristig erheblich stärker als dies der längerfristige Durchschnittswert der Umlaufgeschwindigkeit allein erwarten ließe. Denn die von der Diskrepanz zwischen Geldangebot und -nachfrage ausgelöste Reaktion des Geldeinkommens kommt ja erst zum Stillstand, wenn sich das antizipierte Dauereinkommen so weit angepaßt hat, bis die Geldnachfrage dem Geldangebot wieder entspricht. Da aber die Antizipationen des permanenten Nominaleinkommens auf kürzerfristige Fluktuationen nur träge reagieren und, wie Friedman schätzt[83], nur um ein Drittel bis Viertel der Rate variieren, mit der sich das jährliche Geldeinkommen ändert, muß dieses vergleichsweise sehr empfindlich auf jeden von der Geldmenge ausgehenden Impuls reagieren.

Mit dieser, hier nur in Umrissen skizzierten monetären Theorie des aggregierten Nominaleinkommens stützen die Monetaristen ihre Hauptthese, daß die entscheidenden Einflüsse auf die Wirtschaft von der Geldmenge ausgehen und nicht, wie von den Keynesianern behauptet, von den autonomen Nachfragekomponenten.

Die Rolle, die dabei — vor allem für den kurzfristigen Zeithorizont der Stabilisierungspolitik — die Dauereinkommens-Hypothese spielt, hat Friedman prägnant formuliert:

„Es ist interessant, daß die Dauereinkommens-Hypothese zu so gegensätzlichen Folgerungen für die Empfindlichkeit der Wirtschaft hinsichtlich Änderungen der Geldmenge bzw. der Investitionstätigkeit — des bedeutendsten Faktors, dem sonst noch maßgeblicher Einfluß auf den Konjunkturverlauf zugeschrieben wird — Anlaß gibt. Die Dauereinkommens-Hypothese läßt erwarten, daß die Wirtschaft wesentlich weniger empfindlich auf Änderungen des Investitionsumfangs reagiert, als sie es täte, wenn sich die Konsumnachfrage statt am permanenten am gemessenen Einkommen orientieren würde... Andererseits haben wir gerade gesehen, daß die Wirtschaft viel empfindlicher auf Änderungen der Geldmenge reagiert, als sie es täte, wenn sich die Geldnachfrage statt am permanenten am gemessenen Einkommen orientieren würde."[84]

## 3. Unschlüssige Evidenz

Es sollte an dieser Stelle nochmals betont werden, daß der von den Monetaristen so gerne als Gegenpol zu ihrem eigenen Konzept hingestellte „Vulgärkeynesianismus" von aufgeklärten Keynesianern nicht als faire Charakterisierung ihrer Position hingenommen wird. Daß die Wirtschaft mit „demand management" nicht beliebig präzis gesteuert werden kann, anerkannte und anerkennt jeder Theoretiker, der den Praxisbezug nicht völlig verloren hat, gleichviel, ob er Fiskal- oder Geldpolitik in den Vordergrund stellen würde.

Im praktischen Fall einer konjunkturellen Fehlentwicklung geht es doch für die Stabilisierungspolitik nicht darum, ein genau definiertes Optimum anzuvisieren, sondern nur darum, wenigstens in die richtige Richtung zu steuern. Daß die wirtschaftspolitische Reaktion, kommt sie zu spät und zu heftig, auch Ursache zusätzlicher Instabilität sein kann, ist ein gewichtiges Argument für frühzeitigen und dosierten Einsatz der Mittel, rechtfertigt aber die monetaristische Empfehlung, auf diskretionäre Stabilisierungspolitik überhaupt zu verzichten, nicht unbedingt.[85]

Auch die Gegenüberstellung von Friedmans rein monetärer Theorie des Nominaleinkommens mit einem Einkommen-Augaben-Modell, in dem die Geldmenge gar keine Rolle spielt, ist nach keynesianischer Auffassung unergiebige Schwarzweißmalerei. Die Berechtigung dieser Auffassung hat sich besonders in der Kontroverse um die Interpretation einer empirischen Studie von Friedman und D. Meiselman[86] als ein Hauptstreitpunkt erwiesen.

Friedman und Meiselman haben die Konsequenz aus dem Widerspruch zwischen Quantitätstheorie und keynesianischer Theorie gezogen und getestet, welche sich empirisch besser bewährt. Die Ergebnisse waren für die Quantitätstheorie schmeichelhaft. Das Prozedere des Tests bestand einfach darin, anhand von amerikanischen Statistiken für den Zeitraum von 1897 bis 1958 zu bestimmen, ob sich die Umlaufgeschwindigkeit des Geldes oder der Einkommensmultiplikator der autonomen Ausgaben als die stabilere und verläßlichere Größe aus den Daten herauskristallisiert.

Die Studie hatte ein großes Echo und forderte viel Kritik heraus[87], wobei die Keynesianer den „Sieg" der Quantitätstheorie mit zweierlei Argumenten anfochten. Erstens versuchten sie nachzuweisen, daß die Testergebnisse sehr stark von technischen Details des ökonometrischen Vorgehens beeinflußt worden waren, die anders hätten gehandhabt werden können oder sogar müssen. Und zweitens bestritten sie, daß die Stabilität des Multiplikators als Indikator für die Qualität der keynesianischen Theorie gelten könne. In der Tat hängt ja die Wirkung einer Änderung des Investitionsumfangs auf das Volkseinkommen, soweit sie im Rahmen des *IS-LM*-Modells bestimmbar ist, nicht nur von der Form der Konsumfunktion ab, aus der sich ja der Multiplikator des „naiven" Modells herleitet, sondern wesentlich auch von den Vorgängen und Gegebenheiten im monetären Bereich, den die *LM*-Kurve repräsentiert.

Eine differenziertere Untersuchung hätte darum nach Ansicht der Keynesianer testen müssen, inwieweit Schwankungen des gemessenen Multiplikators, die Friedman/Meiselman als Versagen der keynesianischen Theorie interpretieren, nicht durch monetäre Wirkungen erklärbar sind, die ebendiese Theorie voraussagt.

Das Gegenargument der Monetaristen beruht auf ihrer grundsätzlichen Auffassung davon, wie wissenschaftliche Erkenntnis zu gewinnen sei. Danach muß es das Ziel der Wissenschaft sein, aus möglichst einfachen Hypothesen möglichst weitreichende und konkrete Konsequenzen abzuleiten, d. h. Phänomene als kausale Folge möglichst weniger Faktoren zu identifizieren.[88] Auch wenn zuzugeben ist, daß ein Phänomen einer Vielzahl von Einflüssen ausgesetzt sein kann, besteht eine brauchbare Erklärung des Phänomens nach monetaristischer Auffassung nicht darin, alle möglichen Faktoren im einzelnen und explizit auf ihren Einfluß hin zu untersuchen und damit „theoretische Einsichten einem deskriptiven Realismus“[89] zu opfern, wie es die auf Basis des keynesianischen Modells entwickelten Computer-Großmodelle tun, sondern darin, eine dominierende Ursache zu isolieren, deren Wirkung sich in Beobachtung und Prognose hinreichend bestätigt.[90]

In diesem Sinne versuchten Friedman/Meiselman mit ihrer Studie, die dominierende Einflußgröße des Volkseinkommens zu bestimmen. In einer Erwiderung auf ihre Kritiker[91] verwahren sie sich dagegen, daß der Hinweis auf das *IS-LM*-Modell, in dem beide der in Frage kommenden Einflußgrößen berücksichtigt sind, ein Argument gegen die Berechtigung ihres Tests darstelle. Denn im *IS-LM*-Modell kann die relative Wirkung fiskal- bzw. geldpolitischer Impulse nur beurteilt werden, wenn die postulierten Verhaltensbeziehungen numerisch spezifiziert sind. Dabei steht besonders die Form der *LM*-Kurve im Vordergrund: Verläuft sie horizontal — Liquiditätsfalle! —, so hat die Geldmenge keinen Einfluß auf das Einkommen, verläuft sie vertikal, dann haben die autonomen Ausgaben keinen Einfluß auf das Einkommen. Die Lehrbücher sprechen vom „keynesianischen“ bzw. „klassischen“ Sonderfall. Welcher von beiden in einem konkreten Fall zutrifft — oder wenigstens die Wirklichkeit besser approximiert —, bleibt aber letztlich doch eine empirisch zu entscheidende Frage.

Friedmans und Meiselmans Rechtfertigung gegen den Vorwurf, eine zu extreme Version der keynesianischen Theorie herangezogen zu haben, läuft also auf die Feststellung hinaus, daß der Test zweier widersprüchlicher Hypothesen nicht dadurch hinfällig wird, daß ein „anspruchsvolleres“ Modell konstruiert wird, dessen logischer Spielraum die Implikationen beider Hypothesen einschließt.

Auch wer diese Argumentation anerkennt, wird zugeben müssen, daß die keynesianische Detailkritik den Glauben an die Schlüssigkeit der Testergebnisse erschüttert hat. Auch weitere von den Monetaristen zur Stützung ihrer Position angeführte Evidenz ist nicht unbestritten geblieben. So haben etwa Anderson und Jordan mit einem ähnlichen Verfahren wie Friedman und Meiselman getestet, ob im Zeitraum 1952–1968 in den USA geld- oder fiskalpolitische Maßnahmen wirksamer waren. Ihre Ergebnisse „deuten darauf hin, daß es ratsam ist, auf geldpolitische Maßnahmen größeres Vertrauen zu setzen als auf fiskalpolitische“.[92]

Dem widersprechen keynesianische Interpretationen der amerikanischen Wirtschaftsentwicklung in den sechziger Jahren entschieden.[93] Der Widerspruch richtet sich dabei vor allem gegen die Herabminderung der Fiskalpolitik, nicht gegen die Anerkennung der Geldpolitik als eines wirksamen Instruments. Im Gegenteil: Tobin berichtet, daß er als Angehöriger des „Council of Economic Advisers“ unter der Kennedy-Johnson-Administration anstelle der geplanten Steuersenkung zuerst lieber eine expansive Geldpolitik zur Ankurbelung der amerikanischen Wirtschaft gesehen hätte. Dies aus der Überlegung heraus, daß die Geldpolitik über den Zinssatz vor allem die Investitionen gestützt und damit wachstumsfördernd gewirkt hätte, während niedrigere Einkommenssteuern ja eher die Konsumausgaben stimulieren.[94]

Einen anderen Beitrag zur Untermauerung der Quantitätstheorie stellt die von Friedman gefundene statistische Regelmäßigkeit dar, mit der im Auf und Ab der Konjunktur die Bewegungen des Volkseinkommens jenen der Geldmenge zeitlich nachfolgen. Tobin hat aber überzeugend nachgewiesen, daß es ein Kurzschluß wäre, aus dieser Beobachtung nach dem Motto „post hoc ergo propter hoc" die Bestätigung eines behaupteten direkten Kausalzusammenhangs zwischen Geldmenge und Einkommen herauszulesen.[95] Die Phasenverschiebung, mit der die zyklischen Bewegungen der beiden Größen ablaufen, ist kein zuverlässiger Indikator für die Richtung einer allfälligen Kausalwirkung. Sie entspricht im Gegenteil eher einem von Tobin nur zur Illustration konstruierten „ultra-keynesianischen" Modell, in dem die Geldmenge keinerlei Wirkung auf das Einkommen ausübt, sondern dessen Schwankungen rein passiv reflektiert.

Keiner der hier erwähnten Versuche der Monetaristen, ihre Theorie als die in der empirischen Bewährung überlegene zu bestätigen, hat eine allseits akzeptierte Entscheidung zwischen den getesteten Antithesen herbeigeführt. Denn das statistische Bild volkswirtschaftlicher Entwicklungen läßt immer wieder gegensätzliche theoretische Interpretationen zu, besonders wenn Faktoren, die ein Phänomen alternativ erklären könnten, gemeinsam auftreten.

So wurde etwa der allgemein als fiskalpolitischer Erfolg gewertete Konjunkturaufschwung in den USA nach der 1964 endlich beschlossenen Steuersenkung von den Monetaristen auf die parallel erfolgte monetäre Expansion zurückgeführt, die teilweise gerade durch die entstandene Finanzierungslücke im Staatshaushalt bedingt war.

Heute noch gibt auch die große Depression der dreißiger Jahre Anlaß zu theoretischer Kontroverse: Während sie für die Keynesianer das Paradebeispiel einer Situation ist, in der keine noch so expansive Geldpolitik die Investitionsnachfrage beleben könnte, sondern direkte staatliche Nachfrage einspringen müßte, sieht Friedman in einer Zentralbankpolitik, die keine Liquidität zur Verhinderung von Bankzusammenbrüchen bereitstellte, sondern die Geldmenge zwischen 1930 und 1933 um über 30% schrumpfen ließ, „ein tragisches Zeugnis für die Wirksamkeit der Geldpolitik".[96]

Und wenn wir noch weiter zurückgehen wollen, so würden sich Monetaristen und Keynesianer wahrscheinlich auch darüber streiten, gemäß welcher Theorie Perikles seinerzeit den Athenern zum Wohlstand verhalf.

Das ambivalente Ergebnis der genannten Anstrengungen zur empirischen Erhärtung der quantitätstheoretischen Konzeption verstärkte das Bedürfnis nach weitergehenden Aussagen der Quantitätstheorie. Ein solches Bedürfnis war freilich bereits durch die Fragen gegeben, die Friedmans ursprüngliche Neuformulierung der Quantitätstheorie offen gelassen hatte, und deren explizite Behandlung in der Folge den monetaristischen Standpunkt bis heute immer stärker prägte. Neben einer detaillierteren Beschreibung des Mechanismus, der die Wirkung von Geldangebotsänderungen auf das nominelle Volkseinkommen überträgt, handelt es sich vor allem um die Frage, wie sich ein monetärer Impuls auf die beiden Faktoren des Nominaleinkommens, das Realeinkommen und das Preisniveau, auswirkt.

## 4. Inflation und Stagflation

Die Frage nach der Aufspaltung von vorhergesagten Änderungen der Wertgröße „Nominaleinkommen" in Preisänderungen und Änderungen des Realeinkommens — d.h. auch des Produktionsniveaus — stellt sich einer Theorie, die Anspruch auf wirtschaftspolitische Relevanz erhebt, ganz unweigerlich. Denn es ist ein großer Unterschied, ob eine Erhöhung des Nominaleinkommens um 5% davon kommt, daß einfach die Preise um 5% in die Höhe gehen, oder daß die reale Menge der produzierten Güter und Dienste um 5% zunimmt.

Und heute ist es doch ein Hauptproblem der Stabilisierungspolitik, daß Maßnahmen zur Belebung von Produktion und Beschäftigung unerwünschte — inflationäre — Auswirkungen auf die Preise zu haben drohen, während die Inflationsbekämpfung durch unerwünschte — kontraktive — Nebenwirkungen auf die Beschäftigung eingeengt wird.

Aber was von der wirtschaftspolitischen Fragestellung her als ein Mangel der neuformulierten Quantitätstheorie erscheint, war für ihren Durchbruch als ernstzunehmende makroökonomische Theorie ein Vorzug.[97] Daß sie als Theorie der Geldnachfrage und nicht als Theorie der Preise oder des Einkommens formuliert wurde, erlaubte sowohl ihre Profilierung gegenüber der klassischen Quantitätstheorie als auch gegenüber dem Keynesianismus. Denn sie zwingt einerseits nicht zur Annahme eines gegebenen, auch kurzfristig gewährleisteten realen Vollbeschäftigungseinkommens, dessen Nominalwert nur die Bewegungen des von der Geldmenge bestimmten Preisniveaus widerspiegelt, sondern hält, wie wir gesehen haben, sogar für den katastrophalen Beschäftigungseinbruch während der großen Depression eine Erklärung bereit. Auf der andern Seite erlaubt es aber der Kausalzusammenhang zwischen Geldmenge und Nominaleinkommen, auch einen unmittelbaren Einfluß des Geldes auf das Preisniveau abzuleiten, womit ein direkterer Zugang zur Erklärung der Inflation geschaffen ist als mit der Keynesschen Theorie, die Löhne und Preise im Prinzip als historisch oder institutionell fixiertes Datum hinnimmt und sich auf kurzfristige Mengenreaktionen konzentriert. Darum sieht etwa Johnson in der chronischen, mehr oder weniger seit dem 2. Weltkrieg anhaltenden Inflation einen Hauptgrund für die intellektuelle Anziehungskraft des Monetarismus als einer Alternative zur keynesianischen Orthodoxie.

Die Keynesianer haben sich allerdings immer dagegen gewehrt, als „depression economists", die nur zu Unterbeschäftigungsproblemen etwas zu sagen hätten, abgestempelt zu werden. In der Tat bietet das keynesianische Modell durchaus Ansatzpunkte zur Erklärung von Preissteigerungen — ungeachtet der Tatsache, daß es Löhne und Preise gleichsam als autonom bestimmte Größen ansieht. Denn gerade diese Autonomie läßt viele Möglichkeiten offen, die keynesianische Theorie um eine Erklärung des Preisniveaus und der Inflation zu ergänzen.[98]

Eine naheliegende Möglichkeit besteht darin, den Fall zu betrachten, daß die gesamtwirtschaftliche Nachfrage die Produktionskapazität der Wirtschaft übersteigt — ein Fall, der genausogut vorstellbar ist wie der umgekehrte und häufiger betrachtete des Nachfragedefizits. Während eine zu niedrige Nachfrage die Kontraktion der Beschäftigung bewirkt, kann eine Überschußnachfrage kein höheres Produktionsniveau herbeiführen, als es die volkswirtschaftlichen Kapazitätsgrenzen zulassen, und sie kann sich darum nur in Preissteigerungen entladen. Das ist der Kerngedanke der „Nachfragesog"-Theorie der Inflation.

Keynes selber schenkte in der „General Theory" der Anwendung seines Paradigmas auf den Fall der zu großen Nachfrage nur am Rande Beachtung. Aktuell wurde dieser Fall ja erst mit Herannahen und Ausbruch des 2. Weltkrieges, als die staatlichen Rüstungsausgaben auch in den angelsächsischen Ländern zu einer immer mächtigeren Nachfragekomponente heranwuchsen. Wie Keynes' Äußerungen zur Problematik der Kriegsfinanzierung zeigen[99], eignete sich sein Einkommen-Ausgaben-Konzept ausgezeichnet zur Analyse der damaligen Situation, in der die Rüstungsproduktion wohl einen ansehnlichen Teil des Volkseinkommens schuf, aber nicht die Güter, die von den Empfängern dieses Einkommens nachgefragt wurden.

Keynes wies nachdrücklich darauf hin, daß im Moment, da der Krieg einen Löwenanteil des Sozialprodukts für sich fordert, die „inflationäre Lücke" — d.h. der Überschuß der privaten Nachfrage über den Rest des Güterangebots, der für die zivile Verwendung übrigbleibt — zwangsläufig zu steigenden Güterpreisen führen muß, es sei denn, Steuern und Zwangsanleihen vermöchten zusammen die private Kaufkraft so drastisch zu reduzieren, daß sich die Lücke schließt. Keynes' Modell der „inflationären Lücke" war eine wertvolle kriegswirtschaftliche Planungshilfe — vor allem eine solide Basis für die Grundsatzentscheidungen darüber, wie und wie viele Ressourcen der Verfügungsgewalt des privaten Sektors zugunsten militärischen Einsatzes entzogen werden sollten.

Was sich aber in Erklärung und Bekämpfung der Inflation gut bewährte, solange der „Nachfragesog" wirklich allgegenwärtig war, kam ins Wanken, sobald Preissteigerungen auch dann noch anhielten, als längst schon wieder brachliegende Kapazitäten zu beobachten waren. Die aggregierte Nachfrage kann kleiner sein als das Angebotspotential und Unterbeschäftigung verursachen, oder sie kann größer sein als das Angebotspotential und Preissteigerungen verursachen, aber sie kann nicht beides zugleich sein. Offenkundig reicht die bloße Gegenüberstellung gesamtwirtschaftlicher Angebots- und Nachfragemengen nicht dazu aus, das Nebeneinander von Inflation und Arbeitslosigkeit — das bekanntlich unsern Wortschatz um den Begriff der Stagflation „bereichert" hat — zu erklären.

Ein Ansatz zur Erklärung für das gemeinsame Auftreten von Preissteigerungen und Leerkapazitäten ist die Theorie der sogenannten „demand-shift"-Inflation[100], die nicht mit globalen Angebot/Nachfrage-Mißverhältnissen argumentiert, sondern mit strukturellen. Verlagert sich Nachfrage aus einem Bereich in einen andern, so hinterläßt sie am einen Ort Leerkapazitäten und trifft am andern auf bereits vollbeschäftigte Kapazitäten, wo sie darum keine Mengenexpansion, sondern nur noch Preissteigerungen bewirken kann. Wenn in dem nun unterbeschäftigten Sektor die Preise mangels funktionierender Konkurrenz nicht sinken, dann steigt das aggregierte Preisniveau, was insgesamt gesehen das Erscheinungsbild der Stagflation ergibt.

Mangelnde Konkurrenz bei der Preisbildung steht auch im Zentrum der angebotsorientierten Theorien der Inflation, die davon ausgehen, daß Löhne und Preise von den Anbietern auf Arbeits- und Gütermarkt dank deren Marktmacht mit wenig Rücksicht auf die Nachfrageverhältnisse fixiert werden. „Kostendruck-Inflation", „Lohn-Preis-Spirale", „Anspruchsinflation" — das sind alles Ausdrücke, die schlagwortartig an verschiedene Spielarten der angebotsorientierten Theorien der Inflation oder an nahe verwandte Theorien erinnern. Allen ist gemeinsam, daß sie das Verhalten von

Einkommensempfängern im weitesten Sinne — die Theorie der Anspruchsinflation müßte etwa auch Empfänger von Transferzahlungen, z. B. Rentner und Subventionsbezieher, dazuzählen — beschreiben, die, gestützt auf eine ökonomisch und/oder politisch begründete Machtstellung, Preis- bzw. Einkommensforderungen stellen, um sich einen hohen Anteil am Sozialprodukt zu erwerben oder zu bewahren.

Wohl dürften sich die Macht- und Kräfteverhältnisse, von denen Höhe und Realisierbarkeit der Forderungen abhängen, nicht ganz losgelöst von den Angebot/Nachfrage-Konstellationen auf den verschiedenen Märkten bilden. Aber für diesen Ansatz zur Erklärung der Inflation ist es trotzdem keineswegs überraschend, daß trotz Arbeitslosigkeit Lohnerhöhungen, trotz Leerkapazitäten Preissteigerungen durchgesetzt werden.

Die Vorstellung, daß mächtige Wirtschaftsgruppen die Inflation „machen", praktisch ohne sich von rezessiven Nachfragebedingungen beirren zu lassen, hat bei manchen Keynesianern zur Überzeugung geführt, daß sich dann die Inflationsbekämpfung nicht auf ein „demand management" stützen könne[101]. Denn bis die Inflationsrate reagieren würde, müßte eine Nachfragedrosselung solche Ausmaße annehmen, daß ein nicht mehr tragbarer Beschäftigungseinbruch die Folge wäre, was hieße, den Teufel mit dem Beelzebub auszutreiben.

Diese Überlegung führte dazu, daß ein anderes Instrument zur Bekämpfung der Inflation wieder vermehrt diskutiert wurde: direkte Lohn- und Preiskontrollen, oder in milderer Form Lohn- und Preisleitlinien. In diesen Zusammenhang gehört auch die in der Bundesrepublik ausprobierte konzertierte Aktion, die in der Hoffnung eingeführt wurde, daß sich die Sozialpartner in offenen und direkten Verhandlungen auf ihre Volkseinkommensanteile einigen würden, ohne daß hinterher die Inflation auf indirektem Wege übersteigerte Ansprüche auf ein Maß reduzieren müßte, das mit der real verfügbaren Verteilungsmasse vereinbar ist.

Direkte Kontrollen haben meist schlecht funktioniert. Sie werden umgangen oder führen zu Angebotsverzerrungen in Form von Versorgungsengpässen — so war es etwa 1973 in den USA zeitweise schwierig, in einem Laden ein Stück Fleisch zu erhalten. Weil die Lenkungsfunktion des Preissystems gelähmt wird, können die Kontrollen ohnehin nicht lange beibehalten werden. Sobald sie aber aufgehoben werden, ist in der Regel ein kräftiger Inflationsschub zu erwarten, der sich aus dem Nachholbedarf der verschiedenen Wirtschaftsgruppen ergibt.

Auch in der Wissenschaft haben Lohn- und Preiskontrollen eigentlich nie besonders Anklang gefunden. Die entschiedensten Gegner finden sich naturgemäß im Lager der Monetaristen, die das ungehinderte Funktionieren des Preismechanismus ja als die Hauptsache ansehen, und die vor allem auch an monetäre Bedingungen einer andauernden Inflation erinnern.

Dieser Punkt — die Bedeutung der Geldmenge für die Inflation — ist in den keynesianischen Inflationstheorien, in denen die Inflation praktisch nur auf reale Ursachen zurückgeführt wird, fast völlig untergegangen. Denn weder die inflationäre Nachfragelücke noch das inflationäre, „soziologisch" erklärte Anbieterverhalten wurde direkt mit der Geldmenge in Zusammenhang gebracht. Schon früh wurde diese Unterlassungssünde an den angebotsorientierten Inflationstheorien kritisiert. W. A. Morton etwa warf ihnen vor, sie stellten die Lohn-Preis-Spirale fälschlicherweise als Ursache statt als typischen Mechanismus eines Inflationsprozesses hin.[102]

Es wurde auch bald erkannt, daß gerade eine Wirtschaftspolitik, die der keynesianischen Maxime der Vollbeschäftigungserhaltung allzusehr verpflichtet ist, die Kontrolle über Geldmenge und Preisniveau zu verlieren droht.[103] Denn wenn Gewerkschaften und Unternehmerschaft wissen, daß die Regierung die Vollbeschäftigung garantiert, brauchen sie mit ihren Lohn- und Preisforderungen nicht Rücksicht auf mögliche Absatzrisiken zu nehmen, so daß die Währungsbehörde, will sie die Vollbeschäftigung wirklich aufrechterhalten, diese Forderungen auch finanzieren muß. Hicks hat darum gesagt, nach dem Verschwinden des Goldstandards unterstünden die Währungen nun dem „Labour Standard".[104]

Die Monetaristen lehnen dagegen die Vorstellung ab, daß die Geldversorgung nur die von den Gewerkschaften diktierten Preissteigerungen konstatierend sanktioniere. Für sie ist die Geldmengenexpansion nicht Prozeßbedingung, sondern unabhängige Ursache der Inflation. Darum messen sie auch der Monopolmacht organisierter Anbieter, auf dem Gütermarkt wie auf dem Arbeitsmarkt, wenig Bedeutung für die Auslösung von Preissteigerungen zu. Besonders deutlich kommt das in einem Votum Friedmans zum Ausdruck:

„Ich bin zwar nicht gerade gewohnt, die Gewerkschaften zu verteidigen... Aber eines, glaube ich, kann ihnen nicht angelastet werden: daß sie an der Inflation schuld sind. Ich glaube, daß die großen Tariferhöhungen, die als Kostendruck (im Sinne einer unabhängigen Inflationsursache; d. Verf.) betrachtet werden, in den meisten Fällen nur eine nachträgliche Kompensation für die Tatsache brachten, daß beim Abschluß früherer Tarifverträge die Inflationsraten lange nicht in der Höhe erwartet worden waren, wie sie sich dann wirklich einstellten."[105]

Friedmans Behauptung kann sich auf die traditionelle mikroökonomische Monopoltheorie stützen, laut der Monopolpreise zwar gegenüber Konkurrenzpreisen überhöht sind, sich bei gleichbleibender Monopolmacht aber im Verhältnis zu den andern Preisen nicht verändern, d.h. nur den ohnehin bestehenden allgemeinen Preistrend nachvollziehen.[106]

Wie ist es aber möglich, das Nebeneinander von Inflation und Arbeitslosigkeit zu erklären, wenn die Marktmacht organisierter Anbieter auf Arbeits- und Gütermärkten von der Schuld an steigenden Preisen „freigesprochen" wird? Die Monetaristen halten eine Erklärung bereit, und Friedmans Hinweis auf die Inflationserwartungen deutet auch an, worauf sie beruht.

Wie bereits festgestellt, enthält Friedmans Neuformulierung der Quantitätstheorie diese Erklärung noch nicht, weil sie zwar das Nominaleinkommen erklärt, aber nicht dessen Aufspaltung in Preise und produzierte Mengen. Ohne zusätzliche Hypothesen läßt sich mit der neuen Quantitätstheorie die Reaktion des Preisniveaus und der Beschäftigung auf eine gegebene Entwicklung der Geldmenge im Zeitablauf nicht vorhersagen.

Eine erste der von den Monetaristen zusätzlich vertretenen Hypothesen lautet, daß der reale Sektor, in dem die relativen Preise die Mengen der produzierten Güter und Dienste sowie der eingesetzten Produktionsfaktoren regulieren, stabil ist und ohne Störung von außen einen Zustand des Vollbeschäftigungsgleichgewichts annimmt. Dabei ist nur der übliche friktionelle „Bodensatz" der Produktionsfaktoren unbeschäftigt, wofür sich im Anschluß an einen Aufsatz von Friedman die Bezeichnung der „natürlichen Arbeitslosenrate" eingebürgert hat.[107]

Diese Hypothese ist natürlich das Fundament der monetaristischen Einstellung zur Stabilisierungspolitik, ohne das die Empfehlung, auf diskretionäre Interventionen überhaupt zu verzichten, undenkbar wäre. Aus dieser ersten Hypothese folgt auch, daß auf längere Sicht — d.h. wenn sich das Gleichgewicht nach einer allfälligen Gleichgewichtsstörung wieder eingespielt hat — der Einfluß der Geldmenge sich nur auf das Preisniveau auswirken kann, weil der Umfang der mengenmäßigen Produktion durch die Bedingungen des Gleichgewichts im realen Sektor vorgezeichnet ist. So weit kann man von einer Restauration des vor Keynes in der Wirtschaftstheorie herrschenden Vertrauens in die Selbstheilungskräfte der unbehindert funktionierenden Marktwirtschaft sprechen. Das Dogma von der Dichotomie zwischen realem und monetärem Bereich des gleichgewichtigen Wirtschaftssystems kommt wieder zu Ehren und mit ihm auch die Erklärung der säkularen Inflation als Spiegelbild der Geldmengenentwicklung.

Im Unterschied zur klassischen Preis- und Quantitätstheorie, deren Tradition sie wieder aufgenommen haben, beschränken sich die Monetaristen aber nicht auf die bloße Beschreibung des langfristigen Vollbeschäftigungsgleichgewichts, sondern fragen auch nach der Ursache von Störungen des Gleichgewichts. Und hier kann von Dichotomie keine Rede mehr sein, denn als Hauptquelle der Gleichgewichtsstörungen wird gerade die Geldmenge — oder vielmehr: ihre unsachgemäße Kontrolle durch die Währungsbehörden — in Betracht gezogen.

Es war zunächst ein rein empirischer Befund, daß die Wirkungen von Geldmengenbewegungen regelmäßig zuerst das Realeinkommen betreffen, und daß erst dann eine Reaktion des Preisniveaus nachfolgt. Diesem typischen Reaktionsmuster sind wir schon einmal begegnet: es war die entscheidende Implikation der in Teil II, Abschnitt 2.2., betrachteten „neuen" Mikroökonomie. Diese haben die Monetaristen in den letzten Jahren denn auch zur Erklärung der Abfolge von Mengen- und Preiseffekten im Anschluß an Geldmengenänderungen herangezogen.[108] Dementsprechend könnten folgende „stilisierten" Wirkungsstufen eines monetären Impulses unterschieden werden:

● Als Ausgangspunkt sei ein Gleichgewichtszustand angenommen, in dem das Preisniveau stabil bleibt, weil die Geldmenge konstant gehalten wird.[109]

● Auslösendes Moment sei nun eine Erhöhung der Geldmenge um 5%. Das gesamtwirtschaftliche Angebot/Nachfrage-Gleichgewicht wird mithin gestört.

● Solange die Anbieter auf dem Gütermarkt mangels ausreichender Information noch glauben, es mit einer Zufallsbewegung und nicht mit einer systematischen Zunahme der Nachfrage zu tun zu haben, greifen sie auf Lagerbestände und Reservekapazitäten zurück, die sie im Hinblick auf die gewohnten stochastischen Fluktuationen bereithalten. Die erste Wirkung des monetären Impulses ist darum eine Zunahme der Produktion und des Beschäftigungsgrades der Wirtschaft, d. h. ein Abbau der Unterbeschäftigung unter ihr „natürliches" Gleichgewichtsniveau.

● Sobald nun die Anbieter die Erfahrung machen, daß sie nicht eine vorübergehende Nachfragespitze erlebt haben, sondern das sich ein systematisch höheres Nachfrageniveau eingestellt hat, mit dem „gerechnet" werden kann, beginnen auch die Preise sukzessive nachzuziehen. Die Bewegung im Preisgefüge wird — ohne weitere Störung von außen — erst verebben, wenn das alte Verhältnis der relativen Preise wiederhergestellt ist, was am Ende des Reaktionsprozesses auf einem nominell ca. 5% höheren Preisniveau der Fall sein wird.

● Sobald die Absorption der Gleichgewichtsstörung durch die Preise abgeschlossen ist, werden auch Produktion und Beschäftigung wieder ihren „natürlichen" Stand erreicht haben.

Länger ist der Weg zurück zum realwirtschaftlichen Gleichgewicht, wenn die Geldmenge nach ihrer Zunahme nicht auf dem um 5% höheren Niveau verharrt, sondern immer weiter wächst — Jahr für Jahr mit einer Rate von 5%, wie wir einmal annehmen wollen. Dann genügt natürlich eine einmalige Anpassung der Preise an ein höheres Niveau nicht zur Wiederherstellung des Gleichgewichts. Solange sich die Anbieter nicht auf den andauernden Anstieg der nominellen Nachfrage einstellen, bleibt vielmehr ein Nachfrageüberhang erhalten, der immer wieder neue Preissteigerungen auslöst.

Das hat zur Folge, daß sich die Wirtschaftssubjekte mit der Zeit an diese Preissteigerungen gewöhnen und sie in ihrem Kalkül antizipieren. Insbesondere wird der Anbieter, der gelernt hat, daß ihn der Glaube an die Fortdauer eines bestehenden Preisniveaus systematisch hinter der tatsächlichen Entwicklung her hinken läßt, immer mehr dazu übergehen, den anhaltenden Inflationstrend schon im voraus in die Preise einzubauen.

Sobald ein solches Vorgehen einmal allgemeine Praxis geworden ist, verursacht das fortdauernde Geldmengenwachstum keine überschüssige Nachfrage auf den Arbeits- und Gütermärkten mehr, sondern rechtfertigt gerade die von ihm selber geschaffenen Inflationserwartungen. Denn Inflation antizipieren heißt steigendes Nominaleinkommen antizipieren, und das führt gemäß Friedmans Quantitätstheorie zu einem Anstieg der Geldnachfrage, der die zunehmende Geldmenge gerade absorbiert.

Da nun alle Preise mit der allgemein erwarteten Rate ansteigen, verschieben sich auch die Relationen zwischen den Preisen nicht. So kann sich das Gleichgewicht der relativen Preise einstellen und trotz dem weitergehenden Ansteigen der Geldmenge und des Preisniveaus erhalten bleiben.

Verschiebungen im Gefüge der relativen Preise, wie sie sich aufgrund von Änderungen der Nachfragerpräferenzen oder der technischen Angebotsbedingungen natürlich jederzeit ergeben können, kommen nicht mehr unbedingt dadurch zustande, daß die einen Preise fallen und die andern steigen, sondern vielleicht nur noch dadurch, daß die einen Preise mehr und die andern weniger stark ansteigen. Darum ist die oft als paradox empfundene Tatsache, daß Unternehmungen trotz wachsenden Halden unverkaufter Waren noch die Preise anheben, nicht unbedingt überraschend. Denn ein Anbieter mag es zwar für richtig halten, seine Preise im Vergleich zu denen anderer Produkte beispielsweise um 4% zu ermäßigen, wenn er aus Absatzschwierigkeiten schließt, daß er mit den Preisen zu hoch liegt. Wenn er aber gleichzeitig mit einem Anstieg des allgemeinen Preisniveaus von 7% rechnet, bedeutet das, daß er 3% aufschlagen muß, um die angestrebten Preisrelationen herbeiführen zu können.

Das Realeinkommen und mit ihm die Beschäftigung können also trotz anhaltender Expansion der Geldmenge ihr Gleichgewicht erreichen, weil die Preise allein aufgrund der Inflationserwartungen — ohne Druck seitens eines Marktungleichgewichts — ansteigen und so für die Zunahme des Nominaleinkommens sorgen, die der Anstieg der Geldmenge gemäß Quantitätstheorie hervorrufen muß. Nur wenn sich die Geldmenge nicht so entwickelt, wie es den Inflationserwartungen entspricht, stellt sich darum eine Wirkung auf das Realeinkommen ein. Aber diese Wirkung ist es, die nach Auffassung der Monetaristen den Tücken der Inflationsbekämpfung — insbesondere der wegen der Anti-Inflations-Maßnahmen entstehenden Gefahr der Stagflation — zugrundeliegt.

Es liegt auf der Hand, was passiert, wenn die Währungsbehörde in der Absicht, die Inflation zu dämpfen, das Geldmengenwachstum drosselt, nachdem eine Periode rascher monetärer Expansion zur Antizipation hoher Inflationsraten geführt hat: Die Geldversorgung reicht nicht mehr dazu aus, eine Geldnachfrage zu befriedigen, die entsprechend der erwarteten Inflationsrate weiter gestiegen ist. So wird ein Rückgang der gesamtwirtschaftlichen Güternachfrage ausgelöst und damit zunächst auch ein Rückgang des Realeinkommens und der Beschäftigung — die Mengengrößen reagieren ja als erste auf Nachfrageänderungen. Und genau das ergibt das typische und gefürchtete Erscheinungsbild der Stagflation. Die Produktion sinkt, die Zahl der Arbeitslosen nimmt zu und trotzdem bleibt die Inflationsrate hoch — oder steigt sogar noch an, wenn der monetären Bremsaktion eine Phase beschleunigten Geldmengenwachstums vorausgegangen ist.

Erst wenn sich in Reaktion auf den Konjunktureinbruch die Inflationsraten und mit ihnen nach einer Weile auch die Inflationserwartungen zurückbilden, tendieren die realen Mengengrößen — Produktion, Einkommen, Beschäftigung — wieder zurück zu ihren Gleichgewichtswerten. Somit verlaufen die Kettenreaktionen, die ein expansiver und die ein kontraktiver monetärer Impuls auslöst, völlig analog: zuerst reagiert das Realeinkommen, dann das Preisniveau, und je vollständiger der Impuls in den Preisen absorbiert ist, um so näher rückt auch das Realeinkommen wieder an seinen Gleichgewichtswert heran.

Die Frage, ob Änderungen des Nominaleinkommens, wie sie die neuformulierte Quantitätstheorie voraussagt, sich in Form von Preis- oder Mengenänderungen vollziehen, ist also offensichtlich eine Frage des Zeithorizonts. Auf die Dauer bestimmt die Geldmenge nur das Preisniveau, wie das schon die klassische Quantitätstheorie behauptete. Der kürzerfristige Effekt von Geldmengenänderungen, auf die sich die Wirtschaft nicht eingestellt hat, betrifft dagegen in erster Linie das reale Einkommen, dessen Auf und Ab in Boom und Rezession von den Monetaristen denn auch fast ausschließlich auf monetäre Impulse zurückgeführt wird.

Diese Sicht von den Zusammenhängen zwischen Geldmenge, Preisen und Beschäftigung ist offensichtlich ein Frontalangriff auf die Doktrin, wonach die Wirtschaftspolitik auf die Dauer zwischen mehr Inflation, verbunden mit weniger Arbeitslosigkeit, und weniger Inflation, verbunden mit mehr Arbeitslosigkeit, wählen müsse — eine Doktrin, aus der Slogans wie „lieber 5% Inflation als 5% Arbeitslose" herausgewachsen sind, und die auf der sogenannten „Phillips-Kurve", einer empirisch festgestellten Beziehung zwischen der Steigerungsrate der Löhne und dem Beschäftigungsgrad, beruht.[110]

Für die Monetaristen heißt die Frage nicht „Preisstabilität oder Vollbeschäftigung?", sondern „viel oder wenig Inflation?". Daß praktisch nirgends zugunsten von wenig Inflation entschieden worden ist, liegt daran, daß die Beseitigung einer Inflation auf mehr Widerstand stößt als ihre Auslösung. Es ist natürlich viel populärer, eine Expansionspolitik zu betreiben, die zunächst mehr Wohlstand in Form von mehr Realeinkommen beschert und erst in einigem Abstand den Inflationsschub nachliefert, als nachher wieder zu bremsen, wenn die Inflation erst einmal in Gang ist. Denn die Inflationsbekämpfung erfordert zwar – wenn die Hypothese, daß der Preismechanismus zur „natürlichen" Arbeitslosenquote zurückführt, richtig ist — kein dauerndes Beschäftigungsopfer, wie es die Phillips-Kurve hat vermuten lassen, wohl aber ein temporäres. Die notwendige Reduktion des Geldmengenwachstums führt ja in jedem Fall erst zu einem Anstieg der Arbeitslosigkeit; und zwar zu einem um so stärkeren, je schneller die Inflation verschwinden soll.

Wenn nun der Glaube daran, daß sich die Beschäftigungslage von allein wieder erholt, oder die Geduld, darauf zu warten, fehlt, dann wird eben bald wieder auf Expansion gesetzt — mit dem Resultat, daß sobald der stimulierende Impuls nach erreichtem Zweck der Wirtschaft wieder entzogen wird, sich das alte Beschäftigungsproblem von neuem stellt, allerdings mit soundsoviel Prozent mehr Inflation als in der Runde zuvor. Diesem Mechanismus schreiben es die Monetaristen zu, daß die Inflation in den westlichen

Industrienationen ab zweiter Hälfte der sechziger Jahre vom Schleichen zum Traben übergegangen ist.

Die monetaristische Verhaltensregel ist denkbar einfach: Keine diskretionären Interventionen, sondern die Geldmenge jahraus jahrein mit einer konstanten Rate wachsen lassen und damit sowohl die Inflation auf einem beliebig niedrigen Niveau halten als auch die bedeutendste Quelle der Instabilität des realen privatwirtschaftlichen Sektors — die von einer „stop and go"-Politik verursachten erratischen Variationen des Geldmengenwachstums — ausschalten.

Im Gegensatz zu den Lohn- und Preiskontrollen, von denen man sich Inflationsdämpfung und gleichzeitig freie Hand für eine expansive Beschäftigungspolitik versprach, läßt das monetaristische Rezept keinen Zweifel daran, daß die Beseitigung einer schon lange anhaltenden Inflation nicht kostenlos zu erreichen ist. Die Produktionseinbuße, die anhält, bis die Inflationserwartungen gebrochen sind, kann höchstens dadurch in Grenzen gehalten werden, daß man nicht allzu hart auf die Bremse tritt — d.h. das Tempo des Inflationsabbaus nicht zu sehr forciert. Eine Milderung des Anpassungsproblems erhofft sich Friedman überdies von einer möglichst umfassenden Indexierung der in Geldeinheiten abgeschlossenen Kontrakte, weil so die nötige Revision der Inflationserwartungen beschleunigt würde.[111]

Daß die korrekte Antizipation der Inflation durch das Publikum wesentliche Voraussetzung für das realwirtschaftliche Gleichgewicht ist, schlägt sich auch in weiteren wirtschaftspolitischen Empfehlungen der Monetaristen nieder. So soll insbesondere die Währungsbehörde ihre Geldmengenpolitik jeweils im voraus ankündigen und damit den Wirtschaftssubjekten einen konkreten Anhaltspunkt geben. Bekanntlich haben unterdessen einige Zentralbanken diesen Vorschlag in die Praxis umgesetzt.

Die monetaristische Position lenkt mit der Bedeutung, die sie der Geldmenge und den Inflationserwartungen beimißt, die Aufmerksamkeit auf zwei Faktoren, die nach dem durchschlagenden Erfolg der keynesianischen Revolution recht eigentlich wiederentdeckt werden mußten, und die für die Erklärung von Inflation und Stagflation unzweifelhaft ganz Beträchtliches leisten. Trotzdem hört man zuweilen über gescheiterte Konjunkturpolitiker berichten, die ihre ökonomischen Fachbücher dem Kaminfeuer übergeben haben wollen, weil darin doch nichts gestanden sei, was die heutigen Probleme der Stabilisierungspolitik einer Lösung hätte näherbringen können.

Was die Wirtschaftstheorie hier zu schlecht weggekommen ist, kommt sie vielleicht zu gut weg, wenn Friedman demgegenüber feststellt, daß uns heute nicht eine zutreffende Theorie fehle, sondern der politische Wille, sie auch anzuwenden.[112]

## 5. Wie stabil ist die Marktwirtschaft?

Wenn der Monetarismus der makroökonomischen Theorie auch unbestreitbare Fortschritte gebracht hat, so kann deswegen doch noch lange nicht behauptet werden, Keynes sei passé. Die Kontroversen um die Stabilisierungspolitik gehen weiter. Sie treten weniger offen zutage, wenn es einen Boom zu bremsen gilt, weil dann auch die meisten

Keynesianer einräumen würden, daß die Geldpolitik zu expansiv war. Sobald aber Produktion, Einkommen und Beschäftigung zurückgehen und sogar die Regierung zugibt, daß man eine Rezession habe, dann scheiden sich die Geister. Die Keynesianer sehen den Moment gekommen, wo die Instrumente eingesetzt werden sollten, mit denen man verhindern kann, daß Menschen arbeitslos sind, die es nicht sein müßten.

Die Monetaristen dagegen warnen vor kurzsichtiger Symptomkur, die neue Instabilität ins System bringt, einen neuen Inflationsschub provoziert und doch nicht verhindert, daß nach zwei Jahren dieselben Beschäftigungsprobleme wieder anstehen. Man müsse nur die Geduld aufbringen, bis sich die Preiserwartungen angepaßt haben und der Preismechanismus zum Gleichgewicht zurückgefunden hat. Die Intention dieser Empfehlung ließe sich durch den Vergleich mit einem Thermostaten verdeutlichen, der auch nicht auf „ganz heiß" oder „ganz kalt" eingestellt werden soll, je nachdem, ob es zu kühl oder zu warm ist, sondern auf die gewünschte mittlere Temperatur. Diese stellt sich ein, wenn man ihr nur die nötige Anpassungszeit einräumt, und sie bleibt auch erhalten, wenn nicht durch neuerliches Hin und Her des Wärmereglers die unangenehmen Temperaturschwankungen wieder heraufbeschworen werden.

Aber wir müssen uns doch die Frage stellen, ob das Thermostatgleichnis die Probleme der Stabilisierungspolitik treffend charakterisiert. Denn das Vertrauen der Monetaristen in die Kraft der Marktwirtschaft, sich von alleine wieder aus einer Mengenrezession herauszuarbeiten, beruft sich ja neuerdings, wie natürlich auch die Erklärung des Produktionsrückgangs an sich, auf die Aussagen der „neuen" Mikroökonomie über die Erscheinungsform von Gleichgewichtsstörungen und den Verlauf von Anpassungsprozessen. Und daß diese essentiell partialanalytische Theorie nicht bedenkenlos zu einer makroökonomischen Argumentation herangezogen werden darf, war doch ein Hauptergebnis von Leijonhufvuds Studien.

Wir müssen darum wohl ernsthaft mit der Möglichkeit rechnen, daß die von einem kontraktiven Impuls ausgelöste temporäre Gleichgewichtsstörung durch „false trading" und den nachfolgenden kumulativen Prozeß vertieft wird und darum vielleicht nicht ganz so temporär ist, wie es die Monetaristen wahrhaben wollen. Eine expansive Gegenreaktion seitens der Stabilisierungspolitik wäre in diesem Fall doch gerechtfertigt, weil sich sonst vielleicht die zum Gleichgewicht zurückführenden Preisanreize nicht gegen die hemmenden Signale durchsetzen könnten, die von unrealisierten Angebotsplänen ausgehen.

Eine Untersuchung des Verhaltens von Angebot und Nachfrage auf gesamtwirtschaftlicher Ebene, d.h. eine Analyse, die über die Partialbetrachtung eines isolierten Marktes hinausführt, hat ja schon Keynes bei seinen neoklassischen Widersachern vermißt.[113] Nun müssen sich offenbar auch die Monetaristen als die Bewahrer der neoklassischen Tradition einen ähnlichen Vorwurf gefallen lassen.

Der von Leijonhufvud beschriebene kumulative Prozeß, der gerade aufgrund der wechselseitigen Abhängigkeit mehrerer Märkte entsteht und darum partialanalytisch nicht in den Griff zu bekommen ist, kann freilich nur mit einer Einschränkung als Argument gegen die monetaristische Hypothese von der stabilisierenden Wirkung des Preismechanismus angesehen werden — mit einer Einschränkung, die unmittelbar aus Friedmans Beitrag zur Konsumtheorie folgt.

Das Konzept des kumulativen Prozesses beruht ja mit auf Clowers mikroökonomischer Erklärung für die Keynessche Konsumfunktion, also für die Limitierung der Konsumausgaben durch das realisierte Einkommen; aber Friedmans Argument, daß sich der Konsum nicht am laufenden, sondern am längerfristig erwarteten Einkommen ausrichtet, spricht bekanntlich gegen eine große Bedeutung des Multiplikators und damit auch gegen eine große Bedeutung des kumulativen Prozesses. Wenn sich nämlich Schwankungen des laufenden Einkommens nur schwach auf die laufenden Ausgaben auswirken, dann wird die kumulative Fortpflanzung anfänglicher kontraktiver Impulse so stark abgedämpft, daß sie die Wirksamkeit der stabilisierenden Preisanreize nicht mehr unbedingt beeinträchtigt. Dies wiederum spricht für die monetaristische Überzeugung, daß das Preissystem mit einer Gleichgewichtsstörung selber fertig wird.

Nun kommt aber ein weiterer Gesichtspunkt hinzu[114]: selbst wenn im Falle eines größeren kontraktiven Impulses die Wirtschaftssubjekte ihre langfristigen Einkommensaussichten weiterhin optimistisch einschätzen sollten und entsprechend ihren Konsumstandard aufrechterhalten wollten, ist nicht auszuschließen, daß die Liquiditätsreserve, die in Erwartung der üblichen Einkommensschwankungen gehalten wird, mit der also die Durststrecke überbrückt werden muß, nicht ausreicht. Dann bleibt nichts anderes übrig, als die Ausgaben eben doch einzuschränken. Es wäre zwar vorstellbar, daß die Liquiditätsreserven durch Kreditaufnahme ergänzt werden, oder daß relativ illiquide Kapitalwerte kurzfristig realisiert werden. Aber beide Möglichkeiten verursachen Verluste oder Aufwendungen, die sich durch Reduktion oder Aufschub von Ausgaben vergleichsweise schmerzlos vermeiden lassen. Außerdem wird auch die Verunsicherung, wie sie ein unerwartet großer Einkommensausfall bewirken kann, eher zur Zurückhaltung beim Ausgeben führen.

Welches Fazit hinsichtlich des Selbstregulierungsvermögens der Marktwirtschaft läßt sich nun aus diesen Überlegungen ziehen?

Da einerseits ein Ausgabenverhalten, wie es die Dauereinkommens-Hypothese erwarten läßt, jene kumulativen Multiplikatorwirkungen, die der „unsichtbaren Hand" im Wege stehen könnten, gar nicht erzeugt, da aber andererseits Liquiditätsengpässe die Unabhängigkeit der laufenden Ausgaben vom laufenden Einkommen beschränken, kommt es offenbar sehr darauf an, wie stark der anfängliche Stoß ist, der das System aus dem Gleichgewicht wirft. Leijonhufvud hat dafür die Vorstellung einer Art von Korridor um den hypothetischen Entwicklungspfad einer gleichgewichtigen Wirtschaft entwickelt.[115]

Solange das System durch die Kräfte, denen es ausgesetzt ist, nicht aus dem Korridor hinausgestoßen wird, bleibt die von den Monetaristen vorausgesetzte essentielle Stabilität des privaten Sektors gewährleistet, d.h. das System kehrt immer wieder zu jenem Gleichgewichtszustand zurück, in dem die vielen unabhängig voneinander erstellten Wirtschaftspläne von den relativen Preisen koordiniert werden. Die Grenzen des Korridors wären entsprechend dort erreicht, wo die Folgen des „false trading" über die stabilisierenden Preisanreize zu dominieren beginnen und die Wirtschaft destabilisieren, wie Keynes es beschrieben hat.

Das Bild des Korridors veranschaulicht also zwei mögliche Verhaltensweisen der Marktwirtschaft im Ungleichgewicht. Und wenn heute die Stabilisierungspolitik vor dem Problem steht, wie sie auf ein Ungleichgewicht reagieren soll, steht ihr eigentlich keine Theorie zur Verfügung, die ihr sagt, ob sich die Wirtschaft noch innerhalb oder schon außerhalb des Korridors befindet, sondern sie ist mit zwei theoretischen Richtungen konfrontiert, die im Grunde genommen von vornherein das eine oder andere als „Glaubensbekenntnis"[116] unterstellen und darum zu widersprüchlichen Empfehlungen führen müssen.

Nur eine eingehende und realistische mikroökonomische Ungleichgewichtsanalyse, die heute noch weder für die Innen- noch für die Außenseite des Korridors abgeschlossen vorliegt — was nicht verwundern kann, wenn man bedenkt, daß sich die Preistheorie nun gut 100 Jahre lang fast ausschließlich auf den Gleichgewichtspfad im Zentrum des Korridors konzentriert hat —, verspricht Aufschluß darüber, unter welchen Bedingungen das eine oder das andere „Glaubensbekenntnis" eher berechtigt ist; Aufschluß mithin über die Frage, von der Keynes ausgegangen war: „Is the economic system self-adjusting?"[117] — reguliert sich unser Wirtschaftssystem von selbst?

# Anmerkungen

[1] Plutarch: Das Leben des Perikles, Kap. 12.

[2] „Es werden gewöhnlich zwei Teilbereiche der Volkswirtschaftslehre auseinandergehalten: die Mikroökonomie und die Makroökonomie. Wie schon die Namen vermuten lassen, unterscheiden sich die beiden Bereiche durch die Aggregationsstufe, auf der wirtschaftliche Phänomene untersucht werden.
Die Mikroökonomie beschäftigt sich mit dem Studium der individuellen „Entscheidungseinheiten" — Konsumenten, Haushalte, Firmen — und untersucht, wie deren Entscheidungen zusammen zur Bestimmung der relativen Preise und der gehandelten Mengen von Gütern und Produktionsfaktoren führen...
Die Makroökonomie beschäftigt sich vornehmlich mit dem Studium der Zusammenhänge zwischen umfassenden volkswirtschaftlichen Aggregaten — Volkseinkommen, Ersparnis, Konsumausgaben, Investition, Beschäftigung, Geldmenge, Preisniveau und Zahlungsbilanz. Es geht in der Makroökonomie vor allem darum, die Bestimmungsgrößen dieser Aggregate und ihrer Änderungsraten zu erklären..."
Bannock, G./Baxter, R. E./Rees, R.: The Penguin Dictionary of Economics, S. 282/283 und 264. Harmondsworth 1972.

[3] Was Keynes „klassische Theorie" nannte, ist eigentlich weitgehend Gedankengut, das die Dogmenhistoriker „neoklassisch" nennen würden, und deckt als bequemer Sammelbegriff ein Spektrum von Vorstellungen ab, die alle zusammen wohl kaum je eine einzelne Person vertreten hat. Da in unserem Zusammenhang keine dogmenhistorischen Aspekte im Vordergrund stehen, werden im folgenden „Klassik" und „Neoklassik" ohne Unterscheidung verwendet.

[4] Wirtschaftssubjekt: Oberbegriff für die wirtschaftlichen Entscheidungseinheiten — Individuum, Familie, Haushalt, Firma.

[5] Güter: in diesem Zusammenhang ein weiter Begriff, der alle auf Märkten gehandelten Objekte einschließt, also z.B. auch zu produktiven oder konsumptiven Zwecken verwendbare Dienstleistungen.

[6] Markt: nicht nur konkreter, lokalisierbarer Ort, an dem Angebot und Nachfrage nach einem Gut aufeinandertreffen, wie etwa ein kleinstädtischer Gemüse- oder Fischmarkt, sondern ganz generell die gedankliche Zusammenfassung von Angebot und Nachfrage in einer Güterkategorie; also auch Liegenschaftsmarkt, Energiemarkt, Arbeitsmarkt etc.

[7] Vgl. z.B. Keynes, J. M.: Poverty in Plenty: Is the Economic System Self-Adjusting? Radiovortrag, abgedruckt in: The Collected Writings of John Maynard Keynes, edited by E. Johnson and D. Moggridge, Vol. XIII, S. 485–492. London 1971–73.

[8] Während es für die Erläuterung des neoklassischen allgemeinen Gleichgewichts sinnvoll war, als Güter alle denkbaren Tauschobjekte zu bezeichnen, sind „Güter" bei Keynes nur die von Unternehmungen hergestellten und angebotenen Dienstleistungen oder materiellen Produkte.

[9] „Investition" meint hier also nicht auch, wie umgangssprachlich üblich, eine Vermögensanlage — in Pfandbriefe „investieren", in Pharma-Werte „investieren" etc. —, sondern nur den gesamtwirtschaftlichen Zuwachs an Realkapital.

[10] Zur gesamtwirtschaftlichen Güternachfrage müßte natürlich auch die Auslandsnachfrage gezählt werden, die besonders für kleine und stark exportorientierte Länder von größter Bedeutung sein kann. In der „General Theory" ging Keynes aber nicht auf den internationalen Handel ein, weil dieser an den Zusammenhängen, die ihm wichtig waren, nichts wesentliches ändert.

[11] „Gütermarkt" = Aggregat der einzelnen Gütermärkte.

[12] Insoweit die Anlage in geldnahe, kursverlustgesicherte, aber trotzdem zinstragende Guthaben, etwa Sichtdepositen, möglich ist, muß nur eine Zinsdifferenz geopfert werden.

[13] Die zitierten, für Keynes wenig schmeichelhaften Prädikate finden sich in Johnson, H. G.: The „General Theory" after Twenty-Five Years. American Economic Review (P. P.), 51, S. 4 und S. 16, 1961.

[14] Siehe Hicks, J. R.: Mr. Keynes and the „Classics"; A Suggested Interpretation. Econometrica, 5, S. 147–159, 1937.

[15] Zur Einordnung von Keynes und Hicks zwischen die Pole der Analysemethoden von Walras und Marshall siehe Clower, R. W.: Reflections on the Keynesian Perplex. Zeitschrift für Nationalökonomie, 35, besonders S. 2–12, 1975.

[16] NB: weitere Nachfragekomponenten sind natürlich auch die Auslandsnachfrage, die jedoch weiterhin ausgeklammert sei, und die Staatsnachfrage, auf die wir weiter unten (S. 151) zurückkommen werden.

[17] Eine Ausdehnung der Güternachfrage könnte die Regierung auch dadurch bewirken, daß sie die Steuern herabsetzt und so den Konsumenten ein höheres verfügbares Einkommen zugesteht.

[18] Eine ausführliche Behandlung des Themas „Unterbeschäftigung und allgemeines Gleichgewicht" findet sich bei Hansen, B.: A Survey of General Equilibrium Systems, S. 141–147. New York 1970.

[19] Diese Darstellung einer „keynesianischen Arbeitsangebotsfunktion" findet sich z. B. bei Klein, L. R.: The Keynesian Revolution, 1947, 2. Auflage, S. 74. New York 1966.

[20] Vgl. dazu Teil III, S. 181 ff.

[21] Tobin, J.: Keynesian Models of Recession and Depression. American Economic Review (P. P.), 65, S. 197, 1975.

[22] Vgl. Tobin, J.: Keynesian Models..., a.a.O., S. 197.

[23] Leijonhufvud, A.: On Keynesian Economics and the Economics of Keynes. New York 1968. Deutsch: Über Keynes und den Keynesianismus, S. 59. Köln 1973.

[24] Patinkin, D.: Price Flexibility and Full Employment. Wiederabdruck aus dem American Economic Review, 38, 1948, in Patinkin, D.: Studies in Monetary Economics, S. 28. New York 1972.

[25] Elegant formuliert ist eine solche dynamische Analyse bei Tobin, J.: Keynesian Models..., a.a.O.

[26] Clower, R. W./Leijonhufvud, A.: The Coordination of Economic Activities: A Keynesian Perspective. American Economic Review (P. P.), 65, S. 183, 1975.

[27] Vgl. Abb. 9, S. 153.

[28] Vgl. dazu auch Brunner, K./Meltzer, A.: Friedman's Monetary Theory. Journal of Political Economy, 80, S. 840, 1972.

[29] Vgl. z. B. Einstein, A./Born, M.: Briefwechsel 1916–1955, S. 207 ff. Reinbek b. Hamburg 1972.

[30] Das folgende stützt sich auf die Überlegungen von Leijonhufvud, A.: Keynes and the Classics, S. 24–29. London 1969.

[31] Vgl. Hayek, F. A.: Individualism and Economic Order, S. 85/86. Chicago 1948.

[32] Es gab zwar bedeutende Denker, die nicht Harmonie predigten, sondern Krise prophezeiten, etwa Malthus oder Marx; aber sie hatten keinen bleibenden Einfluß auf die klassisch-neoklassische Tradition, wie Keynes sie schließlich antraf und angriff.

[33] Leijonhufvud, A.: Effective Demand Failures. Swedish Journal of Economics, 73, S. 32, 1973.

[34] Vgl. z. B. Hayek, F. A.: Individualism..., a.a.O., S. 85/86.

[35] Einen instruktiven Querschnitt durch die „neue" Mikroökonomie vermittelt Phelps, E. S. et al.: Microeconomic Foundations of Employment and Inflation Theory. New York 1970.

[36] Vgl. dazu besonders Alchian, A.A.: Information Costs, Pricing and Resource Unemployment. In: Phelps, E. S. et al.: Microeconomic Foundations... a.a.O., S. 27–52; und Gordon, D. F./Hynes, A.: On the Theory of Price Dynamics. In: Phelps, E. S. et al.: Microeconomic Foundations... a.a.O., S. 369–393.

[37] Vgl. Keynes, J. M.: The General Theory of Employment, Interest and Money, S. 13–15. London 1936.

[38] Vgl. Alchian, A. A.: Information Costs... a.a.O., S. 44n.

[39] Vgl. Tobin, J.: Inflation and Unemployment. American Economic Review, 62, S. 9/10, 1972.

[40] Damit soll freilich nicht gesagt sein, daß die Höhe der friktionellen Unterbeschäftigung, die in einem Makro-Gleichgewicht auftritt, unter gegebenen Rahmenbedingungen immer das Optimum der Ressourcenallokation gewährleistet. Siehe dazu die Untersuchung von Phelps, E. S.: Inflation Policy and Unemployment Theory. London 1972.

[41] Tobin, J.: Inflation and Unemployment, a.a.O., S. 3.

[42] Tobin, J.: Inflation and Unemployment, a.a.O., S. 3.

[43] Vgl. dazu Phelps, E. S.: Inflation Policy... a.a.O., besonders S. 17–20.

44 Das folgende stützt sich auf die instruktive Darstellung bei Leijonhufvud, A.: Über Keynes... a.a.O., S. 62–65.
45 Vgl. Hicks, J. R.: Value and Capital, S. 128/129. Oxford 1939.
46 Vgl. Clower, R. W.: Die keynesianische Gegenrevolution: eine theoretische Kritik. Schweizerische Zeitschrift für Volkswirtschaft und Statistik, 99, S. 8–31, 1963.
47 Vgl. Patinkin, D.: Money, Interest and Prices. 1956, 2. Aufl., Chap. XIII. New York 1965.
48 Vgl. Clower, R. W.: Die keynesianische Gegenrevolution... a.a.O., S. 24–27.
49 Leinjonhufvud, A.: Über Keynes... a.a.O., S. 63.
50 Vgl. oben, S. 143/144.
51 Vgl. Leijonhufvud, A.: Über Keynes... a.a.O., S. 64.
52 Vgl. Leijonhufvud, A.: Über Keynes... a.a.O., S. 205.
53 Besonders instruktiv verdeutlicht das ein Modell von Barro, R. J./Grossman, H. I.: A Disequilibrium Model of Income and Employment. American Economic Review, 61, S. 82–93, 1971.
54 Vgl. Leijonhufvud, A.: Über Keynes... a.a.O., S. 251/252.
55 Keynes, J. M.: A Treatise on Money. London 1930.
56 Vgl. Leijonhufvud, A.: Effective Demand Failures, a.a.O., S.32n.
57 Vgl. z.B. Leijonhufvud, A.: Keynes and the Keynesians: A Suggested Interpretation. Wiederabdruck aus dem American Economic Review (P. P.), 57, 1967, in: Clower, R. W. (Hrsg.): Monetary Theory, S. 301/302. Harmondsworth 1969.
58 Vgl. Keynes, J. M.: The General Theory... a.a.O., S. 210/211.
59 Leijonhufvud, A.: Über Keynes... a.a.O., S. 173ff.
60 Leijonhufvud spricht in diesem Zusammenhang von Keynes' „zweitem psychologischen Gesetz des Konsums“: Über Keynes... a.a.O., S. 150ff.
61 Keynes, J. M.: The General Theory of Employment. Aus dem Quarterly Journal of Economics, 51, 1937, übersetzt und zitiert in: Leijonhufvud, A.: Über Keynes... a.a.O., S. 133.
62 Vgl. Keynes, J. M.: The General Theory... a.a.O., S. 164 und 319/320.
63 Vgl. Keynes, J. M.: The General Theory... a.a.O., Chap. 11.
64 Keynes, J. M.: The General Theory... a.a.O., S. 164.
65 Vgl. auch Leijonhufvud, A.: Über Keynes... a.a.O., S. 254.
66 Leijonhufvud, A.: Über Keynes... a.a.O., S. 267.
67 Vgl. dazu etwa auch Harrod, R. F.: Economic Dynamics, Kapitel 5. London 1973.
68 Vgl. Keynes, J. M.: The General Theory... a.a.O., S. 208; dasselbe gilt ja auch für die Baissespekulation auf dem Gütermarkt, die als dynamisches Ungleichgewichtsphänomen die Wirkung von Keynes- und Pigou-Effekt gefährdet (vgl. Teil I, Abschnitt 5.2.).
69 Vgl. Grossman, H. I.: Was Keynes a „Keynesian“? A Review Article. Journal of Economic Literature, 10, S. 26–30, 1972; Jackman, R.: Keynes and Leijonhufvud. Oxford Economic Papers, 26, S. 259–272, 1974; und Brothwell, J. F.: A Simple Keynesian's Response to Leijonhufvud. Bulletin of Economic Research, 27, S. 3–21. Leeds 1975.
70 Vgl. Brothwell, J. F.: A Simple Keynesian's Response... a.a.O., S. 21.
71 Vgl. dazu einen Brief an Hicks vom 31. März 1937, abgedruckt in: The Collected Writings of John Maynard Keynes, a.a.O., Vol. XIV, S. 79–81.
72 Tobin, J.: Keynesian Models... a.a.O., S. 195/196.
73 Vgl. dazu auch Abb. 3, S. 143.
74 Vgl. dazu und zum folgenden: Friedman, M.: A Theory of the Consumption Function. Princeton, N. J., 1957.
75 Vgl. Brunner, K.: The „Monetarist Revolution“ in Monetary Theory. Aus dem Weltwirtschaftlichen Archiv, 105, 1970, übersetzt und wiederabgedruckt in: Kalmbach, P. (Hrsg.): Der neue Monetarismus, S. 74–76. München 1973.
76 Vgl. Hansen, A.: Economic Progress and Declining Population Growth. American Economic Review, 29, S. 1–15, 1939.
77 Vgl. Keynes, J. M.: The General Theory... a.a.O., S. 217–220.
78 Die Abhängigkeit der Investitionsnachfrage von Produktionsänderungen ist Inhalt des Akzelerationsprinzips, auf dem die sogenannte post-keynesianische Theorie des wirtschaftlichen Wachstums, wie sie Harrod und Domar entwickelten, aufbaut.
79 Vgl. dazu und zum folgenden: Friedman, M.: The Quantity Theory of Money: a Restatement. Aus: Friedman, M. (Hrsg.): Studies in the Quantity Theory of Money. Chicago 1956.

Wiederabdruck in: Clower, R. W. (Hrsg.): Monetary Theory, a.a.O., S. 94–111; sowie Friedman, M.: The Demand for Money: Some Theoretical and Empirical Results. NBER, Occ. Paper 68, New York 1959.

[80] Vgl. Friedman, M.: The Demand for Money..., a.a.O., S. 22.

[81] Friedman, M.: The Quantity Theory of Money... a.a.O., S. 96.

[82] Vgl. Friedman, M.: A Theoretical Framework for Monetary Analysis. NBER, Occ. Paper 112, New York 1971.

[83] Vgl. Friedman, M.: The Demand for Money... a.a.O., S. 10–16.

[84] Friedman, M.: The Demand for Money... a.a.O., S. 25.

[85] Vgl. dazu die Äußerungen eines wirtschaftspolitisch engagierten Keynesianers: Tobin, J.: The New Economics — One Decade Older, bes. S. 71ff. Princeton, N. J., 1974.

[86] Friedman, M./Meiselman, D.: The Relative Stability of Monetary Velocity and the Investment Multiplier in the United States, 1897–1958. In: Commission on Money and Credit (Hrsg.): Stabilization Policies. S. 165–268. Englewood Cliffs, N. J., 1963.

[87] Vgl. vor allem Hester, D. D.: Keynes and the Quantity Theory: A Comment on the Friedman-Meiselman CMC Paper. Review of Economics and Statistics, 46, S. 364–368, 1964; Ando, A./Modigliani, F.: The Relative Stability of Monetary Velocity and the Investment Multiplier. American Economic Review, 55, S. 693–728, 1965; und DePrano, M./Mayer, Th.: Tests of the Relative Importance of Autonomous Expenditures and Money. American Economic Review, 55, S. 729–752, 1965.

[88] Vgl. z. B. Friedman, M.: The Quantity Theory of Money... a.a.O., S. 109.

[89] Johnson, H. G.: The Keynesian Revolution and the Monetarist Counter-Revolution. Aus dem American Economic Review, 61, 1971, übersetzt und wiederabgedruckt in: Kalmbach, P. (Hrsg.): Der neue Monetarismus, a.a.O., S. 209.

[90] Vgl. Brunner, K.: A Survey of Selected Issues in Monetary Theory. Schweizerische Zeitschrift für Volkswirtschaft und Statistik, 107, S. 67/68, 1971.

[91] Friedman, M./Meiselman, D.: Reply to Ando and Modigliani and to DePrano and Mayer. American Economic Review, 55, S. 753–785, 1965.

[92] Anderson, L. C./Jordan, J. L.: Monetary and Fiscal Actions: A Test of their Relative Importance in Economic Stabilization. Aus dem Federal Reserve Bank of St. Louis Review, 50, 1968, übersetzt und wiederabgedruckt in: Kalmbach, P. (Hrsg.): Der neue Monetarismus, a.a.O., S. 245.

[93] Vgl. etwa auch Klein, L. R.: Empirical Evidence on Fiscal and Monetary Models. Übersetzt und wiederabgedruckt aus: Diamond, J. J. (Hrsg.): Issues in Fiscal and Monetary Policy: The Ecclectic Economist Views the Controversy. De Paul University 1971, in: Kalmbach, P. (Hrsg.): Der neue Monetarismus, a.a.O., S. 254–273.

[94] Vgl. Tobin, J.: The New Economics... a.a.O., S. 13/14.

[95] Vgl. Tobin, J.: Money and Income: Post Hoc Ergo Propter Hoc? Quarterly Journal of Economics, 84, S. 301–317, 1970.

[96] Friedman, M.: The Counter-Revolution in Monetary Theory. London 1970. Übersetzt und wiederabgedruckt in: Kalmbach, P. (Hrsg.): Der neue Monetarismus, a.a.O., S. 52.

[97] Vgl. dazu auch Johnson, H. G.: The Keynesian Revolution... a.a.O., S. 210.

[98] Vgl. Johnson, H. G.: Ein Überblick über die Inflationstheorie. In: Johnson, H. G.: Beiträge zur Geldtheorie und Geldpolitik, S. 128. Berlin 1969.

[99] Vlg. Keynes, J. M.: How to Pay for the War. London 1940.

[100] Vgl. Schultz, C. L.: Recent Inflation in the United States. In: Hearings before the Joint Economic Committee, S. 4–10, U.S. Government Printing Office, Mai 1959.

[101] Vgl. z. B. Harrod, R. F.: Economic Dynamics, a.a.O., Kap. 6.

[102] Vgl. Morton, W. A.: Trade Unionism, Full Employment and Inflation. American Economic Review, 40, S. 13–39, 1950.

[103] Das ist ein Problem, dessen sich auch Keynes schon durchaus bewußt war, wie er in einem Brief aus dem Jahre 1944 kundtat:
„Ich zweifle nicht daran, daß es ein ernstes Problem geben wird, wie die Löhne im Zaum gehalten werden können, wenn wir sowohl freie Tarifverhandlungen als auch Vollbeschäftigung haben."
Zitiert bei Robinson, E. A. G.: J. M. Keynes: Economist, Author, Statesman. Economic Journal, 82, S. 540, 1972.

[104] Hicks, J. R.: Economic Foundations of Wage Policy. Economic Journal, 66, S. 389–404, 1955.

[105] Votum vor dem „Joint Economic Committee“ vom 23. Sept. 1973, abgedruckt in: Mitchell, W. E./Hand, J. H./Walter, I. (Hrsg.): Readings in Macroeconomics, S. 379. New York 1974.

[106] Vgl. z.B. Johnson, H. G.: Inflation and the Monetarist Controversy, S. 12. Amsterdam/London 1972.

[107] Vgl. Friedman, M.: The Role of Monetary Policy. American Economic Review, 58, S. 8, 1968.

[108] Vgl. besonders Brunner, K.: Eine Neuformulierung der Quantitätstheorie des Geldes. Kredit und Kapital, 3, S. 1–29, 1970; auch Brunner, K.: A Survey of Selected Issues... a.a.O.

[109] Daß Preisstabilität eine konstante Geldmenge erfordert, kann natürlich nur für eine Wirtschaft gelten, die nicht wächst. Eine solche ist hier — nur der Einfachheit halber — unterstellt.

[110] Eine Übersicht über Aspekte der Phillips-Kurven-Diskussion vermittelt der Sammelband von Nowotny, E. (Hrsg.): Löhne, Preise, Beschäftigung. Frankfurt a.M. 1974.

[111] Vgl. Friedman, M.: Monetary Correction. London 1974.

[112] Vgl. Friedman, M.: Kommentar zum Thema „25 Years after the Rediscovery of Money: What Have We Learned?“. American Economic Review (P. P.), 65, S. 179, 1975.

[113] Vgl. Teil I, Abschnitt 5.1., S. 154.

[114] Vgl. Leijonhufvud, A.: Keynes and the Classics, a.a.O., S. 42–45; auch Leijonhufvud, A.: Effective Demand Failures, a.a.O.

[115] Vgl. Leijonhufvud, A.: Effective Demand Failures, a.a.O.

[116] Leijonhufvud, A.: Effective Demand Failures, a.a.O., S. 30.

[117] Keynes, J. M.: Poverty in Plenty... a.a.O., S. 485.

# Literaturverzeichnis

Nennt die Bibliographie den Wiederabdruck eines Titels, so beziehen sich Literaturhinweise im Text auf diesen Wiederabdruck.

Zitate aus fremdsprachigen Quellen hat der Verfasser übersetzt, es sei denn, die Bibliographie nenne eine Übersetzung.


Alchian, A. A.: Information Costs, Pricing and Resource Unemployment. In: Phelps, E. S. et al.: Microeconomic Foundations of Employment and Inflation Theory, S. 27–52. New York 1970.

Anderson, L. C./Jordan, J. L.: Monetary and Fiscal Actions: A Test of Their Relative Importance in Economic Stabilization. Aus dem Federal Reserve Bank of St. Louis Review, 50, 1968, übersetzt und wiederabgedruckt in: Kalmbach P. (Hrsg.): Der neue Monetarismus, S. 217–253. München 1973.

Ando, A., Modigliani, F.: The Relative Stability of Monetary Velocity and the Investment Multiplier. American Economic Review, 55, S. 693–728, 1965.

Bannock, G., Baxter, R. E., Rees, R.: The Penguin Dictionary of Economics. Harmondsworth 1972.

Barro, R. J., Grossman, H. I.: A General Disequilibrium Model of Income and Employment. American Economic Review, 61, S. 82–93, 1971.

Brothwell, J. F.: A Simple Keynesian's Response to Leijonhufvud. Bulletin of Economic Research, 27, S. 3–21. Leeds 1975.

Brunner, K.: The „Monetarist Revolution" in Monetary Theory. Aus dem Weltwirtschaftlichen Archiv, 105, 1970, übersetzt und wiederabgedruckt in: Kalmbach, P. (Hrsg.): Der neue Monetarismus, S. 70–103. München 1973.

Eine Neuformulierung der Qantitätstheorie des Geldes. Kredit und Kapital, 3, S. 1–29, 1970.

A Survey of Selected Issues in Monetary Theory. Schweizerische Zeitschrift für Volkswirtschaft und Statistik, 107, S. 1–146, 1971.

Brunner, K., Meltzer, A.: Friedman's Monetary Theory. Journal of Political Economy, 80, S. 837–851, 1972.

Clower, R. W.: Die Keynesianische Gegenrevolution: eine theoretische Kritik. Schweizerische Zeitschrift für Volkswirtschaft und Statistik, 99, S. 8–31, 1963.

Reflections on the Keynesian Perplex. Zeitschrift für Nationalökonomie, 35, S. 1–24, 1975.

Clower, R. W., Leijonhufvud, A.: The Coordination of Economic Activities: A Keynesian Perspective. American Economic Review (P. P.), 65, S. 182–188, 1975.

DePrano, M., Mayer, T.: Tests of the Relative Importance of Autonomous Expenditures and Money. American Economic Review, 55, S. 729–752, 1965.

Einstein, A., Born, M.: Briefwechsel 1916–1955. Reinbek b. Hamburg 1972.

Friedman, M.: The Quantity Theory of Money: A Restatement. Wiederabdruck aus: Friedman, M. (Hrsg.): Studies in the Quantity Theory of Money. Chicago 1956, in: Clower, R. W. (Hrsg.): Monetary Theory, S. 94–111. Harmondsworth 1969.

A Theory of the Consumption Function. Princeton N. J. 1957.

The Demand for Money: Some Theoretical and Empirical Results. NBER, Occ. Paper 68, New York 1959.

The Role of Monetary Policy. American Economic Review, 58, S. 1–17, 1968.

The Counter-Revolution in Monetary Theory. Institute of Economic Affairs, Occ. Paper 33, London 1970. Übersetzt und wiederabgedruckt in: Kalmbach, P. (Hrsg.): Der neue Monetarismus, S. 47–69. München 1973.

A Theoretical Framework for Monetary Analysis. NBER, Occ. Paper 112, New York 1971.

Monetary Correction. Institute of Economic Affairs, Occ. Paper 41, London 1974.

Kommentar zum Thema „25 Years after the Rediscovery of Money: What Have We Learned?". American Economic Review (P. P.), 65, S. 176–179, 1975.
Friedman, M., Meiselman, D.: The Relative Stability of Monetary Velocity and the Investment Multiplier in the United States, 1897–1958. In: Commission on Money and Credit (Hrsg.): Stabilization Policies, S. 165–268. Englewood Cliffs N. J. 1963.
Reply to Ando and Modigliani and to DePrano and Mayer. American Economic Review, 55, S. 753–785, 1965.
Friedman, M., Samuelson, P. A.: Testimony before the Joint Economic Committee on „The President's New Economic Program", September 23, 1973. Abgedruckt in: Mitchell, W. E., Hand, J. H., Walter, I. (Hrsg.): Readings in Macroeconomics, S. 366–382. New York 1974.
Gordon, D. F., Hynes, A.: On the Theory fo Price Dynamics. In: Phelps, E. S. et al.: Microeconomic Foundations of Employment and Inflation Theory, S. 369–393. New York 1970.
Grossman, H. I.: Was Keynes a „Keynesian"? A Review Article. Journal of Economic Literature, 10, S. 26–30, 1972.
Hansen, A.: Economic Progress and Declining Population Growth. American Economic Review, 29, S. 1–15, 1939.
Hansen, B.: A Survey of General Equilibrium Systems. New York 1970.
Harrod, R. F.: Economic Dynamics. London 1973.
Hayek, F. A.: Individualism and Economic Order. Chicago 1948.
Hester, D. D.: Keynes and the Quantity Theory: A Comment on the Friedman-Meiselman CMC Paper. Review of Economics and Statistics, 46, S. 364–368, 1964.
Hicks, J. R.: Mr. Keynes and the „Classics"; A Suggested Interpretation. Econometrica, 5, S. 147–159, 1937.
Value and Capital. Oxford 1939.
Economic Foundations of Wage Policy. Economic Journal, 65, S. 389–404, 1955.
Jackman, R.: Keynes and Leijonhufvud. Oxford Economic Papers, 26, S. 259–272, 1974.
Johnson, H. G.: The „General Theory" after Twenty-Five Years. American Economic Review (P. P.), 51, S. 1–17, 1961.
Ein Überblick über die Inflationstheorie. In: Johnson, H. G.: Beiträge zur Geldtheorie und Geldpolitik, S. 115–154. Berlin 1969.
The Keynesian Revolution and the Monetarist Counter-Revolution. Aus dem American Economic Review (P. P.), 61, 1971, übersetzt und wiederabgedruckt in: Kalmbach, P. (Hrsg.): Der neue Monetarismus, S. 196–216. München 1973.
Inflation and the Monetarist Controversy. Amsterdam/London 1972.
Keynes. J. M.: A Treatise on Money. London 1930.
Poverty in Plenty: Is the Economic System Self-Adjusting? Radiovortrag abgedruckt in: The Collected Writings of John Maynard Keynes. Edited by E. Johnson and D. Moggridge, Vol. XIII, S. 485–492. London 1971–73.
The General Theory of Employment, Interest and Money. London 1936.
The General Theory of Employment. Quarterly Journal of Economics, 51, S. 209–223, 1937.
How to Pay for the War. London 1940.
Klein, L. R.: The Keynesian Revolution. 1947, 2. Auflage New York 1966.
Empirical Evidence on Fiscal and Monetary Models. Übersetzt und wiederabgedruckt aus Diamond, J. J. (ed.): Issues in Fiscal and Monetary Policy: The Ecclectic Economist Views the Controversy. De Paul University 1971, in: Kalmbach, P. (Hrsg.): Der neue Monetarismus, S. 254–273. München 1973.
Leijonhufvud, A.: Keynes and the Keynesians: A Suggested Interpretation. Aus dem American Economic Review (P. P.), 57, 1967, wiederabgedruckt in: Clower, R. W. (ed.): Monetary Theory, S. 298–310. Harmondsworth 1969.
On Keynesian Economics and the Economics of Keynes. New York 1968. Deutsch: Über Keynes und den Keynesianismus. Köln 1973.
Keynes and the Classics. Institute of Economic Affairs, Occ. Paper 30, London 1969.
Effective Demand Failures. Swedish Journal of Economics, 73, S. 27–48, 1973.
Morton, W. A.: Trade Unionism, Full Employment and Inflation. American Economic Review, 40, S. 13–39, 1950.
Nowotny, E. (Hrsg.): Löhne, Preise, Beschäftigung. Frankfurt a.M. 1974.

Patinkin, D.: Price Flexibility and Full Employment. Aus dem American Economic Review, 38, 1948, wiederabgedruckt in: Patinkin, D.: Studies in Monetary Economics, S. 8–30. New York 1972.
Money, Interest and Prices. 1956, 2. Auflage New York 1965.
Phelps, E. S. et al.: Microeconomic Foundations of Employment and Inflation Theory. New York 1970.
Phelps, E. S.: Inflation Policy and Unemployment Theory. London 1972.
Robinson, E. A. G.: J. M. Keynes: Economist, Author, Statesman. Economic Journal, 82, S. 531–546, 1972.
Schultz, C. L.: Recent Inflation in the United States. Hearings before the Joint Economic Committee, S. 4–10. U.S. Government Printing Office, Mai 1959.
Tobin, J.: Money and Income: Post Hoc Ergo Propter Hoc? Quarterly Journal of Economics, 84, S. 301–317, 1970.
Inflation and Unemployment. American Economic Review, 62, S. 1–18, 1972.
The New Economics — One Decade Older. Princeton N. J. 1974.
Keynesian Models of Recession and Depression. American Economic Review (P. P.), 65, S. 195–202, 1975.

# Teil C
# Keynes in der heutigen Wirtschaftspolitik

**Heinz-Peter Spahn**

# I. Der Einfluß von Keynes auf die Wirtschaftspolitik in verschiedenen Ländern

## 1. Das Keynessche Konjunkturprogramm

Nicht zu Unrecht ist Keynes oft als ein Theoretiker der Depression bezeichnet worden. Die Bedeutung seiner Lehre liegt in theoretischer Hinsicht darin, daß er das klassische Dogma einer notwendig krisenfreien wirtschaftlichen Entwicklung zurückweist; schon 1923 ist sein Augenmerk auf die Determinanten des Aufschwungs bzw. der Expansion gerichtet, als er zu dem Schluß kommt, „daß eine Periode von Preissteigerungen den Unternehmungsgeist antreibt und für die Geschäftsleute erforderlich ist".[1] Bemerkenswert ist, daß Keynes zunächst weniger eine antizyklische Politik zur Glättung der Konjunkturwellen im Auge zu haben schien als vielmehr anstrebte, die abwärts gerichteten Konjunkturbewegungen überhaupt abzuschaffen: „Das richtige Heilmittel für den Konjunkturzyklus liegt nicht darin, daß wir die Aufschwünge abschaffen und somit dauernd in einer Halbstockung verharren, sondern darin, daß wir die Stockungen abschaffen und uns somit dauernd in einem Quasi-Aufschwung halten."[2] Als Mittel für diesen permanenten Quasi-Aufschwung sah Keynes insbesondere vor dem Erscheinen seiner „Allgemeinen Theorie" eine ständige leichte Inflationierung des Preisniveaus an, die durch einen von der Notenbank finanzierten Nachfrageüberschuß bewirkt werden könne.[3]

Das Konjunkturprogramm der „Allgemeinen Theorie" setzt an allen drei Hauptfaktoren des Wirtschaftsprozesses (Verbrauchsneigung, Liquiditätsvorliebe und Investitionsbereitschaft) an, weist aber dann doch dem Staat die Hauptaufgabe bei der Überwindung der Depression zu: Keynes wendet sich gegen ein vermehrtes Sparen in der Krise (wie oft zu seiner Zeit gefordert); günstig für das Wachstum des Kapitals seien vielmehr Maßnahmen zur Einkommensumverteilung zugunsten unterer Einkommensschichten, da hier die Konsumneigung größer ist. Durch die kritische Einschätzung des Sparens ist zugleich einem Rechtfertigungsgrund der Einkommensungleichheit der Boden entzogen.[4]

Neben einer differenzierten Besteuerung hat der Staat für eine „Politik des billigen Geldes" zu sorgen, denn es ist „ zu unserem größten Vorteil, den Zinsfuß auf jenen Punkt im Verhältnis zur Tabelle der Grenzleistungsfähigkeit des Kapitals zu senken, auf dem Vollbeschäftigung sich einstellt".[5] Keynes war aber skeptisch in bezug auf die Wirksamkeit einer expansiven Geldpolitik; es sei „unwahrscheinlich, daß die Einflußnahme der Bankpolitik auf den Zinsfuß für sich allein ausreichen wird, um eine optimale Rate der Investition hervorzubringen. Ich meine daher, daß eine ziemlich umfassende Sozialisierung der Investition sich als das einzige Mittel erweisen wird, um der Vollbeschäftigung nahezukommen".[6] Aufgrund der Annahme, daß sich die Wirtschaft in Krisenzeiten weitgehend in der „Liquiditätsfalle" befinde, ist die keynesianische Wirtschaftspolitik auch später vorwiegend als Fiskalpolitik interpretiert und angewendet worden.

Mit dem Namen „Keynes" ist das folgende Aufgabenmuster für die Wirtschaftspolitik verbunden: Wenn Konsum- und Investitionsausgaben nicht zur Auslastung der volkswirtschaftlichen Ressourcen ausreichen und beides nicht gesteigert werden kann (da der Konsum durch die schlechte Beschäftigungslage und die kurzfristig unflexible Einkommensverteilung begrenzt ist und die Investitionen eben aufgrund des mangelnden Konsums stagnieren), dann müssen staatliche Ausgaben, i.d.R. finanziert über die Notenbank oder den Kapitalmarkt, da eine Steuerfinanzierung einen partiellen Nachfrageausfall zur Folge hätte, diese Nachfragelücke schließen. Da eine solche Politik im antizyklischen Fall die Aufgabe des Prinzips des Budgetausgleichs impliziert und bei ständiger kompensatorischer Staatstätigkeit eine permanent wachsende Staatsverschuldung zur Folge hat, war es nicht überraschend, daß die Vertreter einer „soliden" Haushaltsführung dem Keynesianismus lange Zeit erheblichen Widerstand entgegensetzten.

Diagnose und Therapie bezog sich bei Keynes aus historisch naheliegenden Gründen auf die Konjunkturphase der Depression. Ob er die Depression als konjunkturelle oder als säkulare Erscheinung angesehen hat, darüber gehen die Meinungen bei der Interpretation seiner Lehre auseinander. Keynes Ansicht, daß in „reichen" Volkswirtschaften grundsätzlich die Möglichkeit rentabler Investitionen abnehme, wurde durch A. Hansen zur sog. Stagnationsthese ausformuliert. Angesichts der wirtschaftlichen Entwicklung nach dem zweiten Weltkrieg wurde jedoch der „stagnationstheoretische" Keynesianismus als überholt betrachtet, während der konjunkturelle Aspekt theoretische und praktische Bedeutung erlangt. E. Schneider wendet sich gegen die „Verwechslung oder Identifizierung der Keynesschen Theorie der Beschäftigung mit der sog. Stagnationsthese", die „These von der Abnahme der Investitionsmöglichkeiten in reifen Volkswirtschaften" werde in der „Allgemeinen Theorie" nur am Rande erwähnt.[7]

Gestützt auf die Tatsache, daß Keynes in „How to Pay for the War" 1940 seine Lehre auch zur Bekämpfung einer Inflation empfohlen habe, wurde der Nachweis geführt, daß seine Theorie — trotz ihrer Entstehung in der großen Depression der 30er Jahre — keine spezielle, sondern eine allgemeingültige Theorie sei, die auch in Phasen einer konjunkturellen Überhitzung zur Anwendung kommen könne.[8] Damit war eine gewisse Uminterpretation der Keynesschen Theorie zu einer allgemeinen „Steuerungslehre" vollzogen; nachdem die keynesianischen Instrumente zum Inhalt eines zunächst zweckneutralen „Werkzeugkastens"[9] gemacht worden waren, besaß der Staat nun die Mittel, die Wirtschaft nach den Erfordernissen der konjunkturellen Situation antizyklisch zu steuern. Daß er sich hierbei nur auf dem Namen „Keynes" berief, statt auch auf dessen Vorläufer, die vieles von seiner Lehre bereits vorweggenommen hatten, ist wohl auf eine heute leider gängige Verkürzung in der nationalökonomischen Dogmengeschichte zurückzuführen.

## 2. Zum veränderten Verhältnis von Staat und Ökonomie: Ein Überblick über den gewandelten Aufgabencharakter staatlicher Wirtschaftspolitik

Die klassische Ökonomie hatte die Einheit der Lösung des Allokations- und des Akkumulationsproblems durch den privatwirtschaftlichen Marktmechanismus postuliert, oder genauer: Die maximale Ausnutzung der Ressourcen und ihr Wachstum seien dann gewährleistet, wenn der mikroökonomische Verteilungsprozeß dieser Ressourcen funktioniere. Zwar spielten bei den Klassikern auch Stagnationstheorien eine gewissen Rolle (Ricardo), denen jedoch später im neoklassischen System wenig Bedeutung beigemessen wurde.

Logisch folgt daraus für den Staat die Aufgabe des Schutzes und der Förderung des privaten Wettbewerbs, da dieser auch die Erfüllung der makroökonomischen Ziele verspricht. Die Tätigkeit des Staates kann, da er selbst nicht Element dieses kompetitiven Systems ist, nur in Form einer Rahmenplanung als „Ordnungspolitik"[10] erfolgen.

Keinesfalls implizierte diese liberale Vorstellung einen „Nachtwächterstaat": Es wurde nicht gesagt, daß der Staat sich nicht um die Wirtschaft kümmern solle, nur sollte sein Einfluß nicht die Form diskretionärer Eingriffe annehmen, da hierbei eine Tendenz zur Kumulation der Staatseingriffe und die Transformation der Wirtschaftsordnung zu einer Planwirtschaft befürchtet wurde.

Der Glaube an die auch gesamtwirtschaftlichen Selbstheilungskräfte schien zunächst auch die gegenteiligen Erfahrungen der Weltwirtschaftskrise zu überdauern. „Im Jahre 1932 veröffentlichte Professor (jetzt Lord) Robbins den berühmten Aufsatz, in welchem er Ökonomie als das Fach beschrieb, welches von der Allokation knapper Ressourcen bei alternativen Verwendungsmöglichkeiten handelt... Das Buch erschien zu einer Zeit, als in Großbritannien drei Millionen Arbeiter arbeitslos waren, und das statistische Bruttosozialprodukt der USA kurz vorher auf die Hälfte seines früheren Niveaus gefallen war. Es war wohl mehr ein Zufall, daß das Buch zu einem Zeitpunkt erschien, als die Ressourcen, gleichgültig für welche Zwecke, weniger knapp vorhanden waren."[11]

Die Keynessche Diagnose eines ökonomischen Gleichgewichts bei Unterbeschäftigung zwang den Staat in eine aktive Rolle, um diese Diskrepanz zwischen privater und sozialer Rationalität zu überwinden. Indem der Staat seine bisherige Position als passiver Rahmenplaner des privatwirtschaftlichen Wettbewerbs aufgab und bewußt als Pol des gesamtwirtschaftlichen Kreislaufs das Niveau der Wirtschaftstätigkeit zu beeinflussen versuchte, fand das „Zweck-Mittel-Denken der Nationalökonomie"[12] seinen Einzug auch in die Theorie der Wirtschaftspolitik. Damit kam eine Variante der Werturteilsdebatte wieder ins Spiel: Die Frage nach dem Zweck, der Zielsetzung des (wirtschafts-)politischen Handelns und seiner Legitimation. „Indem sie den Glauben an eine automatische Ausgleichung widerstreitender Interessen zu einem harmonischen Ganzen fürderhin unmöglich machte, brachte die General Theory das Problem der Auswahl und des Werturteils wieder ans Licht, das die Neo-Klassiker hatten verschwinden lassen. Die Ideologie zur Abschaffung der Ideologien brach zusammen. Die Nationalökonomie wurde wieder einmal zur Politischen Ökonomie."[13]

Hatte die von der „Theorie des sozialökonomischen Optimum" inspirierte Wohlfahrtsökonomie dem „neutralen" Staat der klassisch-liberalen Theorie noch das Ziel der

Wohlstandsmaximierung vorgegeben, das aufgrund seiner inhaltlichen Unbestimmtheit allgemein akzeptiert war, so galt es nun, diese Richtvorstellung zu konkretisieren, um den wirtschaftspolitischen Instanzen zielgerichtete Handlungsanweisungen nennen zu können. Anstatt der abstrakten, leerformelhaften Ziele wie Wohlstand, Freiheit, Gerechtigkeit etc. wurden nun Begriffe wie Vollbeschäftigung, Preisstabilität und Wachstum in die soziale Wohlfahrtsfunktion aufgenommen und die Zielkonzeption der Wirtschaftspolitik nach Tinbergen mit dem Anstreben „maximaler Realausgaben pro Kopf bei Vollbeschäftigung und monetärem Gleichgewicht (d.h. Preisstabilität; H.P.S.)"[14] umschrieben.

Diese neue „quantitative" Wirtschaftspolitik, die im Gegensatz zur „qualitativen" Ordnungspolitik konkrete makroökonomische Ziele ansteuerte und deren Erfolgswirksamkeit nun auch leichter meßbar war, brachte nicht nur die Forcierung der Ökonometrie als Wissenschaft der Steuerungstechnik hervor, sondern führte letztlich auch zu einer Neubesinnung über das Schutzobjekt der bisherigen Wirtschaftspolitik, den privatwirtschaftlichen Wettbewerb: Die Zielorientierung der neuen Wohlfahrtsökonomie wurde in die Wettbewerbstheorie und -politik übernommen; das kompetitive System wird weniger um seiner selbst willen akzeptiert, vielmehr habe der Wettbewerb bestimmte wirtschaftspolitische Leistungen zu erbringen.[15]

Die Beziehung zwischen Staat und Ökonomie hat also quasi eine Umkehrung erfahren: War das privatwirtschaftliche Konkurrenzsystem (damit soll keine bestimmte Marktform gemeint sein) früher wegen seiner ihm zugeschriebenen ökonomischen Rationalität eher Selbstzweck und durch sich selbst legitimiert, woraus sich für den Staat die Aufgabe seines Schutzes ableitete, so steht heute das wirtschaftspolitische Ziel im Vordergrund, der Wettbewerb wird instrumentalisiert.

Das kompetitive System wird nicht mehr allein als notwendiger Bestandteil einer freiheitlichen Wirtschaftsordnung betrachtet, es soll vielmehr auch zur Erreichung gesamtwirtschaftlicher Ziele beitragen. Und da man von einem Zielkonflikt zwischen mikro- und makroökonomischen Funktionen des Wettbewerbs ausgeht, ist man bereit, gewisse Abstriche am bisher gültigen Leitbild der „vollständigen Konkurrenz" hinzunehmen. Die autonome Unternehmer-Initiative wird mehr funktional als einsetzbare „Bewegungsenergie" interpretiert, deren Subjekte zu „Vollstreckern einer aufgeklärten Wirtschaftspolitik avancieren".[16]

Folgerichtig hat sich aus dieser Vorstellung eines Auseinanderfallens von Allokations- und Akkumulationsmechanismen die Aufgabentrennung zwischen Marktsystem und Staat entwickelt. Da ersteres zwar eine ökonomisch-rationale Verteilung der Ressourcen gewährleiste, aber in bezug auf die makroökonomischen Ziele wie Vollbeschäftigung und Preisstabilität versage[17], ist ihm die zielgerichtete quantitative Wirtschaftspolitik zur Seite zu stellen. So kommt es zur Idee einer optimalen Mischung von privatem „laissez faire" und staatlicher Planung. „Die optimale Zuordnung der Mittel besteht also in der kombinierten Anwendung des Prinzips der Selbststeuerung (durch den Wettbewerb für die Mikrorelationen) und der Globalsteuerung (für den makroökonomischen Komplex). Dies ist die wirtschaftspolitische Grundentscheidung nach dem Prinzip ‚Wettbewerb so weit wie möglich, Planung so weit wie nötig'. Man kann auch sagen: Die Lösung besteht darin, den ‚Freiburger Imperativ' (Wettbewerbsordnung der Märkte, allerdings befreit vom Rigorismus der vollständigen Konkurrenz) und die ‚keynesianische Botschaft' (Beschäftigungsstand und Gesamtgleichgewicht) zu versöhnen, indem man die beiden Postulate jeweils für eine der beiden Seiten des Wirtschaftslebens gelten läßt."[18]

Die globale Steuerung der Wirtschaftstätigkeit durch den Staat bedeutet zunächst eine Ökonomisierung der Politik in dem Sinne, daß politische Entscheidungen zunehmend von Erfordernissen der wirtschaftlichen Entwicklung beeinflußt werden. Fragen etwa des Ausmaßes der nationalen Verteidigung oder der sozialen Sicherung können wegen ihres anerkannten Einflusses auf die ökonomische Situation (via Entzugs- und Ausgabeneffekte) nicht mehr allein nach politischen Kriterien entschieden werden. Schon die Größe des Staatsanteils am Sozialprodukt (die ja z.T. gerade der Entwicklung zur aktiven Konjunkturpolitik geschuldet ist) bringt es paradoxerweise mit sich, daß jegliches finanzwirtschaftlich wirksame staatliche Handeln die augenblickliche ökonomische Konstellation berücksichtigen muß, selbst wenn es sich nicht um erklärtermaßen konjunkturbeeinflussende Aktionen handelt. Der Vorwand, man habe diesen oder jenen Effekt nicht gesehen oder herbeiführen wollen, ist einer Regierung seit der Verbreitung der keynesianischen Ökonomie genommen.

Aus diesen Gründen, und natürlich wegen der Komplexität der Probleme staatlicher Konjunktursteuerung, ist eine „Verwissenschaftlichung" der Politik festzustellen, die durch Politikberater, Sachverständigenräte etc. institutionalisiert wird.[19]

Damit einher geht die Schaffung eines informationswissenschaftlichen Instrumentariums, die Errichtung eines Prognose-Apparates als ökonomisches Frühwarnsystem, insbesondere der Ausbau der volkswirtschaftlichen Gesamtrechnung, um eine Fülle von Datenmaterial als Basis für eine „rationale" Wirtschaftspolitik zur Verfügung zu haben oder, wie Keynes bei seiner Begründung der Forderung nach solchen Einrichtungen sagte, „die geistige Führung bei inneren Komplikationen der Privatwirtschaft zu übernehmen".[20]

Einen zweiten Problemkreis könnte man die Politisierung der Ökonomie nennen: Ein sich selbst überlassenes Marktsystem benötigt aufgrund der ihm zugeschriebenen Allokationsleistung und der Idee des „do ut des", d.h. des Äquivalententausches nach freiem Willen nach Maßgabe individueller Nutzen- und Gewinnerwägungen, nicht in dem Maße eine von außen gesetzte Legitimation wie sein Gegenteil, eine staatlich geplante Wirtschaft.[21] Die Frage nach der Fundierung politischer Entscheidungen konnte durch die Wohlfahrtsökonomie nicht gelöst werden; die individuellen Präferenzen, die der Markttheorie zufolge direkt in gewollte Markthandlungen umgesetzt werden können, sind als Grundlage politischer Entscheidungen nach Arrows (Un-)Möglichkeitstheorem nicht gleichermaßen geeignet, weil nicht widerspruchsfrei zu aggregieren. Auch neuere theoretische Versuche in dieser Richtung scheinen ergebnislos zu bleiben, so daß festzustellen ist: „Der Versuch, die Tätigkeit der öffentlichen Hand als von den Individuen und ihren Bedürfnissen gesteuert anzusehen, wird den komplexen Vorgängen der politischen Willensbildung nicht entfernt gerecht."[22]

Die Frage der Werturteile ist also aus der Wirtschaftspolitik nicht wegzudenken. Es scheint heute Übereinstimmung darin zu bestehen, daß eine zielbewußte Wirtschaftspolitik nicht ohne Wertsetzung in bezug auf die Wahl der Ziele und ihre Priorität betrieben werden kann, und wirtschaftspolitische Ziele und ihre Rangfolge sind zu allen Zeiten nicht zuletzt Ergebnisse politischer Kalküle und Machtverhältnisse gewesen. Schon Keynes hat über die politische Intention seiner vorgeschlagenen Maßnahmen keine Unklarheit gelassen: „Unterbeschäftigung ist vorhanden, weil die Unternehmer ihre Profite eingebüßt haben... Wollen wir nicht zum Kommunismus übergehen, so gibt es kein anwendbares Mittel, um der Unterbeschäftigung Herr zu werden, als den Unternehmern wieder eine angemessene Profitspanne zu verschaffen."[23]

Die gesellschafts- und wirtschaftsordnungspolitischen Implikationen der ökonomischen Entwicklung sind stets betont worden. In Krisenzeiten sah man nicht zuletzt die politische Stabilität bedroht. Das keynesianische Instrumentarium hat also auch die Funktion der Bewahrung bzw. „systemimmanenten" Reformierung des sozio-ökonomischen Systems, weshalb nicht zu Unrecht bemerkt wurde, daß die „Keynessche Revolution" vom Typus einer „konservativen Revolution" sei.[24] Die ökonomischen Ziele der Regierung, und hier natürlich zu allererst das Ziel der Vollbeschäftigung, haben somit auch eine rein politische Bedeutung. Infolgedessen differieren auch in den verschiedenen Ländern die quantitativen Konkretionen des Vollbeschäftigungsziels, da die Toleranzschwelle politischer Unzufriedenheit, i. d. R. zuerst erkennbar an „unliebsamer Unruhe" bei der Wählerschaft, nicht einheitlich ist.

Wenn wir nun die letztgenannten Ideen berücksichtigen, können wir das oben angegebene Schema (vgl. S. 214) für Handlungsmotivation und Aufgabenstellung des Staates folgendermaßen formulieren, indem wir die in der Theorie der Wirtschaftspolitik bekannte Lage-Mittel-Ziel-Analyse verwenden: Ergibt die durch die Informationsmethoden und -institutionen ermöglichte Quantifizierung des sozio-ökonomischen Zustands des Systems eine Konstellation, die dem Anspruchsniveau des Zielerreichungsgrades des wirtschaftspolitischen Zielsystems nicht entspricht, wird eine staatliche Tätigkeit notwendig.

Eingesetzt werden die Mittel des Keynesschen Instrumentariums, d.h. die im Verhältnis zum angestrebten Zielerreichungsgrad notwendigen quantitativen Variationen des Budgets, der Steuern oder der Ausgaben oder eine Politik der „Anreize", „moral suasion" (bekanntestes Beispiel: die Maßhalteappelle des deutschen Bundeskanzlers Erhard), und die Förderung des Informationsaustauschs. Die Mittel sollen sowohl auf die Kompensierung des Nachfragemangels oder -überschusses, d.h. auf die Form, in der sich die Krise manifestiert, wirken, als auch an den „psychologischen" Haupttheoremen (Verbrauchsneigung, Liquiditätsvorliebe, Investitionsbereitschaft) als Krisenursachen ansetzen. Dabei ist zu beachten, daß der Mitteleinsatz selbst Nebenwirkungen zeitigen kann, die die Zielerreichung gefährden können (bei Steuererhöhungen etwa Rückwälzung in Lohnverhandlungen oder politische Unzufriedenheit), was bedeutet, daß das Mittel nicht in dem theoretisch notwendigen Umfang eingesetzt werden kann. Die staatliche Tätigkeit ist auf ein Zielsystem gerichtet, das erstens die Wiederherstellung der Funktionsfähigkeit des ökonomischen Systems auf der Makroebene und zweitens die Bewahrung der Lebensfähigkeit des politischen Systems (Erzeugung von Massenloyalität etc.) zum Gegenstand hat.[25] Die Konkretisierung dieses Zielsystems ist von der speziellen Situation des einzelnen Landes abhängig; als vorrangig hat sich das Vollbeschäftigungsziel erwiesen, das ja auch von Keynes genannt wurde und bis heute nichts von seiner politischen Relevanz eingebüßt hat. Durch die Hinzufügung der Zielvariablen Preisstabilität, Wachstum und außenwirtschaftliches Gleichgewicht (das Problem einer „leistungsgerechten" Einkommensverteilung hat bisher eine geringere Rolle gespielt) entstand das sog. „magische Viereck". Damit ist zugleich auch die Möglichkeit einer partiellen Inkompatibilität dieser Ziele angesprochen, die sich natürlich erschwerend für die Erfolgswirksamkeit staatlichen Handelns auswirkt.

Dieses Zielsystem wirkt dann auf das oben angesprochene Anspruchsniveau bei der Lagebeurteilung zurück und schließt somit den Lage-Mittel-Ziel-Regelkreis, der durch eine Wirtschaftspolitik keynesianischer Prägung beschrieben bzw. intendiert wird.

Mit dem Namen „Keynes" ist also ein weitreichender Wandel in der Konzeption der Wirtschaftspolitik festzustellen. Marktsysteme kapitalistischer Prägung rücken ein Stück näher an planwirtschaftlich gelenkte Systeme. Keynes hat diese Entwicklung gesehen und gleichzeitig die natürlich zu erwartende ordnungspolitische Kritik von liberaler Seite zu beschwichtigen versucht: „Während daher die Ausdehnung der Aufgaben der Regierung ... einem Publizisten des neunzehnten Jahrhunderts oder einem zeitgenössischen amerikanischen Finanzmann als ein schrecklicher Eingriff in die persönliche Freiheit erscheinen würde, verteidige ich sie im Gegenteil als das einzig geeignete Mittel, die Zerstörung der bestehenden Wirtschaftsformen in ihrer Gesamtheit zu vermeiden, und als die Bedingung für das erfolgreiche Wirken der Initiative des einzelnen."[26]

## 3. Die Durchsetzung keynesianischer Theorie und Praxis in der Wirtschaftspolitik

Daß ideologische Barrieren tatsächlich bei der Umsetzung keynesianischer Theorie in die wirtschaftspolitische Praxis eine bedeutende, hemmende Rolle gespielt haben, wird durch eine Betrachtung dieses Prozesses in den einzelnen Ländern bestätigt. Beispielhaft sollen die Bundesrepublik Deutschland, die Vereinigten Staaten von Amerika und Großbritannien untersucht werden.

Es geht also im folgenden darum zu fragen, inwieweit und in welcher Weise das oben dargelegte idealtypische Muster keynesianischer Wirtschaftspolitik Eingang in die real-historische Entwicklung gefunden hat. Dabei sollen nicht einzelne wirtschaftspolitische Aktionen und Datenvariationen im Zeitablauf auf ihren keynesianischen Gehalt untersucht werden, sondern umgekehrt gezeigt werden, wie das keynesianische Denken über eine sich wandelnde „Regierungsphilosophie" allmählich in eine globale Steuerung des Wirtschaftsablaufs umgesetzt wurde. Aus diesem Grund, und natürlich weil Keynes selbst der Geldpolitik wenig Bedeutung beimaß, wird die Betrachtung auf die Fiskalpolitik beschränkt, da auf diesem Gebiet die Wirtschaftspolitik vor einer wirklich neuen Aufgabe stand. Die Erfolgswirksamkeit einzelner Instrumente wie auch der Geldpolitik werden in späteren Abschnitten untersucht.

### 3.1. Bundesrepublik Deutschland

Eine Reihe von Faktoren war dafür maßgebend, daß sich keynesianisches Gedankengut erst relativ spät in der Bundesrepublik durchsetzte. In der Aufbauphase nach dem zweiten Weltkrieg lag eine ökonomische Situation vor, die den Voraussetzungen einer keynesianischen Wirtschaftspolitik nicht entsprach bzw. eine solche überflüssig erscheinen ließ. Statt mangelnder Nachfrage im Konsumbereich bestand überall ein großer Nachholbedarf, dem der Ausbau der Kapazitäten erst langsam folgen konnte; da ein großer Teil des Produktionspotentials durch den Krieg zerstört worden war, ergab sich eine Fülle von Investitionsmöglichkeiten. Die Wirtschaftspolitik stand im Zeichen der Wachstumsförderung.

Begünstigt wurde diese Entwicklung auch durch niedrige Lohnkosten, da die Arbeitslosenzahlen zunächst recht hoch waren, während auf der Nachfrageseite nicht zuletzt exogene Faktoren wie der „Korea-Boom" und die anschließenden Aufrüstungsbestrebungen in der westlichen Welt expansiv wirkten. Überdies konnte die deutsche Produktion zu Zeiten mangelnder Inlandsnachfrage aufgrund des enorm wachsenden Weltmarkts im Ausland abgesetzt werden.

Dennoch gab es natürlich auch konjunkturelle Situationen, in denen eine aktive Stabilisierungspolitik am Platze gewesen wäre. Dem stand jedoch einmal die besonders in Deutschland mangelnde Verarbeitung der Keynesschen Theorie im Wege, auf die bereits oben (vgl. S. 214) hingewiesen wurde. Eine als Stagnationstheorie bekannte Lehre schien in der stürmischen Nachkriegsentwicklung nicht relevant zu sein. Doch auch als die Bedeutung der Theorie für die Wirtschaftspolitik in der wirtschaftswissenschaftlichen Diskussion nicht mehr umstritten war, setzte sich diese Erkenntnis nicht sofort in die Praxis um.

Dies lag einmal an rechtlich-institutionellen Hindernissen wie dem in der Verfassung geforderten Ausgleich von Haushaltseinnahmen und -ausgaben. Freilich waren die Bestimmungen so unübersichtlich, daß Defizite kaum nachweisbar gewesen wären. Bei der Beurteilung der Möglichkeit zu einer antizyklischen Haushaltsgebarung in den 50er und beginnenden 60er Jahren spielte die Forderung nach jährlichem Budgetausgleich zwar eine Rolle, die aber heute nicht als ausschlaggebende Restriktion angesehen wird. Denn diese Regel war, da in der Verfassung Haushaltseinnahmen und -ausgaben nicht näher definiert waren, nicht mehr als eine Forderung nach sorgfältiger Buchführung.[27]

Die wesentliche Beschränkung eines „deficit-spending" lag weniger in den institutionellen Bestimmungen als in der veralteten „Budget-Philosophie" und im Wunsch der öffentlichen Meinung nach einer „ordentlichen Haushaltsführung". Die „Überzeugung, daß jede ehrbare Regierung unter allen Umständen so viel einnehmen müßte, daß ihre Ausgaben gedeckt sind"[28], war so stark verbreitet, daß 1951 bei 6% Arbeitslosigkeit der Finanzminister die Erhöhung der Umsatzsteuer um ein Drittel forderte. 1956 betonte Finanzminister Schäffer noch einmal: „Ich erkläre ausdrücklich, daß der Bundesfinanzminister es nicht als seine Aufgabe betrachtet, von sich aus Konjunkturpolitik zu treiben."[29]

Die Ablehnung einer kreditfinanzierten Staatstätigkeit entsprach einerseits den Maximen der damals vorherrschenden Finanztheorie, ist aber auch vor dem Hintergrund der negativen Erfahrungen zu sehen, die Deutschland zur Zeit des Nationalsozialismus mit einer staatlich gelenkten Wirtschaft gemacht hat. Der Sieg der neoliberalen Theorie und Praxis der „sozialen Marktwirtschaft" über planwirtschaftliche Bestrebungen nach Kriegsende beruhte nicht zuletzt auf der Ablehnung der befürchteten Folgen eines Staatsinterventionismus in der Öffentlichkeit. Es war zunächst das Ziel, den Staatseinfluß überhaupt zu vermindern; dies bedeutete wirtschaftspolitisch das Vertrauen auf die Selbstheilungskräfte des Marktes und den Verzicht auf die Formulierung oder Verfolgung gesamtwirtschaftlicher Ziele. Zwar klingt schon der Gedanke einer Förderung der Wirtschaftstätigkeit an, jedoch sah man z.B. eine Politik der Vollbeschäftigung als beeinträchtigend für das Funktionieren des Marktmechanismus an: „Eine ... marktwirtschaftliche Konjunkturpolitik wird ihr Ziel darin sehen müssen, den Gang der Wirtschaft insgesamt zu heben, ohne sich dabei auf das Ziel einer ausgesprochenen Voll- oder gar

Überbeschäftigung einzulassen. Wir sahen, gerade die Überbeschäftigung zerstörte die Marktordnung, und es erscheint im Interesse des Leistungsstandes durchaus angemessen, gewisse Kapazitätsreserven unausgenutzt zu lassen. Ohne einen Rest solcher Reserven vermag der Wettbewerbsmarkt nicht zu funktionieren."[30] Diese wirtschaftspolitische Konzeption eines weitgehenden „laissez faire" wurde allerdings hauptsächlich von der Regierungspartei, der CDU, befürwortet, die sich prinzipiell für einen Haushaltsausgleich und gegen eine ständige Beschäftigungspolitik aussprach und die erst 1962 für eine antizyklische Konjunkturpolitik mit Hilfe einer elastischen Steuerpolitik plädierte.

Demgegenüber setzten sich sowohl die SPD als auch die Gewerkschaften schon sehr früh angesichts der hohen Arbeitslosenzahlen für ein Arbeitsbeschaffungsprogramm ein; die SPD forderte bereits 1952 wie auch später im Godesberger Programm von 1959 eine auf Produktivitätssteigerung und Vollbeschäftigung gerichtete Wirtschaftspolitik sowie die Verbindung von volkswirtschaftlicher Planung und einzelwirtschaftlichem Wettbewerb (d.h. die Verknüpfung des „Freiburger Imperativs" mit der „keynesianischen Botschaft" in der späteren Terminologie Schillers; vgl. oben S. 216), wobei der Staat per Steuer- und Ausgabenpolitik die Konjunkturschwankungen ausgleichen sollte.[31]

Auch von seiten des Wissenschaftlichen Beirats beim Bundeswirtschaftsministerium wurde schon früh eine „möglichst hohe und stetige Beschäftigung" gefordert; in den Empfehlungen wird der Bezug zur Keynesschen Theorie recht deutlich: Angesichts der Schwäche des Aufschwungs 1949 „erscheint es angezeigt, die wirksame Gesamtnachfrage zu erweitern". Nicht nur das Wachstum sei zu beachten, es sollten die „nunmehr auch aus konjunkturellen Gesichtspunkten gebotenen Investitionen durch kredit- und finanzpolitische Maßnahmen belebt werden, ... (wobei) die erwünschte Belebung schon durch verhältnismäßig geringe Kreditschöpfung erzielt werden (kann), da mit einer multiplikativen Wirkung auf die Gesamtnachfrage zu rechnen ist".[32] 1954 werden keynesianische Maßnahmen wie kreditäre Konsumfinanzierung, Zinssenkungen, zusätzliche öffentliche Investitionen sowie Verbrauchssteigerungen durch Steuersenkungen vorgeschlagen. Der Begriff „Konjunkturpolitik" wird 1956 zielorientiert systematisiert: „Der Beirat ist der Überzeugung, daß ein stetiges Wachstum der Volkswirtschaft am besten sichergestellt wird, wenn es der Wirtschaftspolitik gelingt, die Kaufkraft der Währungseinheit ... tunlichst stabil, die Beschäftigung der Produktionskräfte möglichst hoch und die Zahlungsbilanz auf der Grundlage eines freien internationalen Leistungsaustausches ausgeglichen zu halten. Maßnahmen, die dieser dreifachen Zielsetzung dienen, sollen hier unter dem Worte ‚Konjunkturpolitik' verstanden werden."[33] Zugleich wurde der Geldpolitik der Zentralbank, in der keynesianische Ideen schon längst zum Tragen gekommen waren, nur eine Wirkung in kontraktiver Richtung zugesprochen und die bisherige prozyklische Finanzpolitik, die der „volkswirtschaftlichen Verantwortung der Staatsführung" widerspricht, kritisiert.[34] Ein typisches Beispiel dieser rein fiskalisch orientierten Budgetpolitik war die Bildung von Haushaltsüberschüssen in den 50er Jahren, die zur Deckung der erwarteten künftigen Verteidigungslasten angesammelt wurden. Der Bau dieses „Juliusturms" war übrigens kreislauftheoretisch verfehlt, da die Nachfrage zum Zeitpunkt der zusätzlichen Beanspruchung des Sozialprodukts hätte abgeschöpft werden müssen. So wurde über Jahre hinaus eine ungewollte Deflationspolitik betrieben.

Hinter den Budgetwirkungen stand also kein bewußtes „demand management"; eher zufällig lag die finanzwirtschaftliche Aktivität 1961 bis 1963 in etwa richtig, während die extrem falsche prozyklische Politik von 1964 bis 1966 nicht zuletzt für die anschließende bis dahin schwerste ökonomische Krise in der Bundesrepublik verantwortlich war. So kann für die Zeit bis 1966 festgestellt werden, daß sich die Finanzpolitik vorwiegend am veralteten Prinzip des Budgetausgleichs orientierte und sich in bezug auf das Stabilitätsproblem auf die selbstheilenden Kräfte des Marktsystems verließ.

Die Veränderung in der wirtschaftspolitischen Konzeption, die sich ab 1967 vollzog, war jedoch kein ad-hoc-Reflex auf die damalige zugespitzte Krisensituation, sondern schon seit einigen Jahren angestrebt. Wahrscheinlich bewirkte die Krise aber einen raschen Autoritätsverlust der überkommenen Ansichten und machte so den Weg frei zur institutionellen Verankerung der neuen Wirtschaftspolitik. Schon 1960 deutete sich ein Bewußtseinswandel an, als eine rein fiskalische Budgetpolitik abgelehnt wird; im Finanzbericht der Bundesregierung heißt es: „Die Konjunkturlehre fordert Überschüsse in der Hochkonjunktur und Defizite in der Depression.“[35] 1963 wird ein Gesetz über die Bildung eines „Sachverständigenrates zur Begutachtung der gesamtwirtschaftlichen Entwicklung“ erlassen, in dem bereits die Ziele des späteren Stabilitätsgesetzes auftauchen, in dem aber auch noch die Angst vor planwirtschaftlichen Einflüssen dadurch dokumentiert wird, daß dem Sachverständigenrat ausdrücklich das Aussprechen von Empfehlungen untersagt wird.

Ein Jahr später wurde eine Untersuchung über die „Erweiterung des konjunkturpolitischen Instrumentariums“ veröffentlicht, die ausdrücklich den Begriff „deficit-spending“ verwendet und in der die Sorge zum Ausdruck kommt, der Staat könne in Krisenzeiten aufgrund fehlender zentraler Machtbefugnisse nicht schnell genug handeln. Endlich wird auch die politische Relevanz des Vollbeschäftigungszieles erkannt und die „Konkurrenz der Systeme“ im internationalen Vergleich berücksichtigt: „ Das deutsche Schicksal seit 1933 ist ursächlich mit dem Unvermögen der Weimarer Republik verknüpft, der großen Arbeitslosigkeit Herr zu werden... Besonders angesichts der weltweiten Ost-West-Spannung ist ein angemessenes und ausgewogenes wirtschaftliches Wachstum eine unverzichtbare Ergänzung der Außenpolitik.“[36]

Allerdings bedurfte es noch einer innenpolitischen Verschiebung des Kräfteverhältnisses zugunsten der SPD, d.h. ihrer Teilnahme an der Regierungskoalition, um das inzwischen reif gewordene neue wirtschaftspolitische Leitbild, das die SPD um Schiller schon seit Jahren vertreten hatte, zu institutionalisieren. Dies geschah dann 1967 mit der Änderung des Grundgesetzes, wo durch die Neufassung von Art. 109 eine flexible Budgetpolitik auch rechtlich ermöglicht und sogar gefordert wurde. Während in den Haushaltsgesetzen von 1960 bis 1963 nur die Möglichkeit gegeben war, die Ausgaben in kontraktiver Richtung antizyklisch zu variieren, wurde im Stabilitätsgesetz von 1967 auch der Weg zu einer expansiven Ausgabenpolitik freigegeben, die sich in Höhe und Strukturierung nach den Erfordernissen der wirtschaftspolitischen Zielsetzung richten sollte; auch die Steuerpolitik, die in den 50er Jahren vorwiegend wachstumsorientiert war, wurde durch die Möglichkeit einer kurzfristig diskretionären Veränderung der Einkommens- und Körperschaftssteuer seitens der Regierung in den Dienst der Konjunkturpolitik gestellt. Ebenfalls erfolgt eine gesetzliche Festlegung des staatlichen Zielsystems; der § 1 des Stabilitätsgesetzes lautet: „Bund und Länder haben bei ihren wirtschafts- und finanzpolitischen Maßnahmen die Erfordernisse des gesamtwirtschaftlichen Gleichgewichts zu beachten. Die Maßnahmen sind so zu treffen, daß sie im Rahmen der marktwirtschaftlichen Ordnung gleichzeitig zur Stabilität des Preisniveaus, zu einem hohen Beschäftigungsstand und außenwirtschaftlichen Gleichgewicht bei stetigem und angemessenem Wirtschaftswachstum beitragen.“

Analysiert man den Wortlaut, so wird in dieser gesetzlichen Werthierarchie die marktwirtschaftliche Ordnung für unantastbar erklärt, vorrangige Ziele sind Preisstabilität (später konkretisiert mit einer „erlaubten" Inflationsrate von 1%) und das außenwirtschaftliche Gleichgewicht, der Beschäftigungsstand soll lediglich „hoch" sein, es wird also keine Vollbeschäftigung gefordert (als „erlaubte" Arbeitslosenquote wurde allerdings später 0,8% angesehen), während „Wachstum" lediglich als Nebenbedingung auftritt und seine „Angemessenheit" sich nach seiner Förderung der anderen Ziele bemißt.[37] Eine gerechte Einkommens- und Vermögensverteilung, die Keynes noch als Mittel zur Konsumsteigerung befürwortet hatte, taucht als Ziel explizit nicht auf; man nahm wohl an, daß sich das Problem bei Erreichen der formulierten Ziele nicht mehr in der Schärfe stellen würde. Mit Sonderhaushalten und mittelfristiger Finanzplanung, Exportbegünstigungen und Beteiligung der organisierten Gruppen von Arbeitgebern und Arbeitnehmern an der Erarbeitung der staatlichen Zielprojektionen, den Informationsrunden der „Konzertierten Aktion", schaffte die Bundesrepublik den Aufschwung aus ihrer bis dahin schwersten wirtschaftlichen Krise. Endlich wurden in der deutschen Wirtschaftspolitik Keynessche Lehren praktiziert und so die Stagnationsprognosen linker Kritiker zunächst widerlegt. „In der Tat: Keynes und nicht Marx regiert die Stunde!"[38]

## 3.2. Vereinigte Staaten von Amerika

Obwohl mit dem „New Deal" in den USA bereits Keynesianismus praktiziert wurde, bevor Keynes' theoretisches Konzept in systematischer Form 1936 veröffentlicht wurde, stieß die Durchführung der „neuen Wirtschaftspolitik" lange Zeit auf ähnliche ideologische Barrieren, die auch in Deutschland eine Rolle gespielt hatten. Die Idee des „laissez faire" war in der amerikanischen Öffentlichkeit so verankert, daß man nur in Notzeiten der Regierung ein „Krisenmanagement" erlaubte; staatliche Maßnahmen zur Wirtschaftslenkung wurden auf Dauer als unerträglich angesehen, vielmehr sollte es der privaten Wirtschaft obliegen, für einen adäquaten Beschäftigungsstand zu sorgen. In einer offenkundigen Krise wurde zwar ein Eingreifen der Regierung gebilligt und auch erwartet, eine durchgängige Beeinflussung der Wirtschaftstätigkeit aber abgelehnt.[39]

Andererseits war man sich jedoch darüber einig, daß ökonomische Krisen in Form von Massenarbeitslosigkeit bekämpft werden müßten. Ein gewisses Maß an Vollbeschäftigung, die auch in der Charta der Vereinten Nationen als notwendige Basis für den Frieden in der Welt angesehen wurde, war schon früh das Ziel staatlicher Wirtschaftspolitik, insbesondere, weil man nach dem zweiten Weltkrieg eine Rezession infolge der schwierigen Umschaltung von der Kriegs- auf die Zivilproduktion befürchtete. So forderte Präsident Roosevelt bereits 1944 ein umfassendes Beschäftigungsprogramm zur Realisierung des Rechts (!) auf eine nützliche und bezahlte Arbeit.[40]

Ein Jahr später setzte sich Senator Murray für eine „Full Employment Bill" ein, die sogar ein Recht auf Arbeit garantieren sollte[41], doch aufgrund der starken Position der Gegenseite, die sich mehr auf marktwirtschaftliche Kräfte stützen wollte, wurde im Kongreß schließlich eine Kompromißlösung angenommen, in der der Begriff „Vollbeschäftigung" nicht mehr auftaucht. Dieser „Employment Act" von 1946 legte fest, daß es darum gehe, Bedingungen zu schaffen und zu erhalten, unter denen stets für ein ausreichendes Arbeitsangebot für alle Arbeitswilligen gesorgt sein sollte und die einen Höchststand an Güterangebot und -nachfrage gewährleisten sollten.

Das Beschäftigungsgesetz bringt die Absicht zum Ausdruck, „eine Wirtschaftspolitik einzuschlagen, die den Beschäftigungsstand und den Konjunkturzyklus beobachtet und analysiert und alle Maßnahmen befürwortet, die geeignet erscheinen, unter Berücksichtigung der allgemeinen Wohlfahrtsziele im Rahmen der freien Wettbewerbswirtschaft Unterbeschäftigung zu vermeiden".[42] Im Gegensatz zum deutschen Stabilitätsgesetz fehlt jedoch sowohl ein ausführlicher Zielkatalog als auch eine Aufzählung und Erläuterung der Instrumente, die die Regierung anwenden soll. Statt dessen wurden Institutionen geschaffen, die die wirtschaftliche Situation begutachten und Maßnahmen vorschlagen sollen, die der Erreichung der gesetzten Ziele dienen. Dem Präsidenten wird auferlegt, einen jährlichen Wirtschaftsbericht zu erstellen; Programme zur besseren Zielerreichung werden gemeinsam mit einem „Council of Economic Advisers" erarbeitet, der auch Informationen liefern und Empfehlungen zur Wirtschaftspolitik aussprechen soll. Mit ähnlichen Funktionen für die Legislative wurde außerdem ein „Joint Economic Committee" geschaffen.[43]

Jedoch konnte in den darauf folgenden Jahren nicht von einer bewußt keynesianischen Politik gesprochen werden. Bezeichnenderweise wurde 1948 eine Steuersenkung durchgeführt, die zwar genau ins konjunkturelle Bild paßte, die aber mit „unzutreffender" Begründung den Kongreß passierte. Auch stand das „Joint Economic Committee" erst ab 1954 hinter dem Beschäftigungsgesetz. Und noch 1957 erklärte Finanzminister Humphrey, „er würde eher zurücktreten als damit einverstanden zu sein, daß ein Haushaltsdefizit als ein legitimes Mittel zur Vermeidung einer Wirtschaftsdepression angesehen werde".[44]

Ein „demand management" wurde zum einen dadurch erschwert, daß in der Öffentlichkeit eine Verstärkung inflationärer Tendenzen durch eine solche Politik befürchtet wurde. Die Republikanische Partei sah zudem darin ein mangelndes Vertrauen in die Marktkräfte und unterstützte das Ideal eines ausgeglichenen Budgets, während die Regierung Eisenhower um eine Verstärkung der „built-in-flexibility" bemüht war. Daraus sich ergebende Defizite wurden zwar zugelassen, finanzpolitische Instrumente wurden jedoch kaum aktiv zur Konjunkturstabilisierung eingesetzt. Die ideologischen Barrieren gegen den Keynesianismus sind auch durch die Abneigung des amerikanischen Systems gegen jede Art von Kollektivismus zu erklären: Ein freier, ungelenkter Wettbewerbskapitalismus wurde als Ausdruck der amerikanischen Kultur überhaupt gewertet, die durch ein tiefes Mißtrauen gegen Autoritäten geprägt war; demgegenüber befürchtete man infolge des Keynesianismus eine Konzentration der Autorität im staatlichen Bereich.[45]

Andererseits spielte wohl auch die mangelnde Konkretisierung des Beschäftigungszieles im „Employment Act" eine Rolle. Lange Zeit hatte die Definition des Komitees der „American Economic Association" Gültigkeit: „Vollbeschäftigung ist die Abwesenheit von Massenarbeitslosigkeit"[46], mit der auch eine zielorientierte Wirtschaftspolitik nichts hätte anfangen können. Zwar hatte A. H. Hansen bereits 1947 mit Rücksicht auf die Erfordernisse eines flexiblen Arbeitsmarktes eine Arbeitslosenquote von 4–5% als Vollbeschäftigung angesehen[47], aber erst Anfang der 60er Jahre wurde von seiten der Kennedy-Regierung die vergleichsweise recht hohe Quote von 4% zum Vollbeschäftigungsziel deklariert.

Mit dem Regierungswechsel Eisenhower-Kennedy 1961 verlagerte sich die Wirtschaftspolitik endlich vom Primat der Geldpolitik und vom Vertrauen auf automatische

Stabilisatoren zu einer aktiven Fiskalpolitik. Auch der staatliche Zielkomplex erweiterte sich: Während Eisenhower noch auf der Grundlage einer „Trade-off"-Vorstellung zwischen Vollbeschäftigung und Preisstabilität gearbeitet hatte, setzte Kennedy (maßgeblich beeinflußt durch seinen Wirtschaftsberater, den Keynesianer P. A. Samuelson) auf vier Zielwerte, die er mit verschiedenen Mittel anstreben wollte: hohe Beschäftigung durch ein expansives Budget, Zahlungsbilanzausgleich mit Hilfe der Geldpolitik, Wachstum durch steuerliche Investitionsanreize und Preisstabilität mit Hilfe der Einkommenspolitik. Die einseitig auf Vollbeschäftigung ausgerichtete Zielsetzung des „Employment Act" wird später auch von Präsident Johnson so umgedeutet, daß die obigen vier Ziele (die auch in der Bundesrepublik das „magische Viereck" bilden) mit eingeschlossen sind. Was das Instrumentarium dieser Stabilitätspolitik betrifft, so vertraute man seit 1961 weniger auf die stimulierenden Effekte der „built-in-flexibility", sondern forderte in den Wirtschaftsberichten des Präsidenten auch die Möglichkeit einer bewußten Herbeiführung von Budgetdefiziten. Dabei sollte die Finanzpolitik nicht nur auf die Bekämpfung von Rezessionen ausgerichtet sein, sondern die gesamtwirtschaftliche Nachfrage bei Preisstabilität dem Wachstum der Kapazitäten anpassen.

Dennoch hatte auch die neue Regierung zunächst wenig Möglichkeiten einer Soforthilfe; der Kongreß blieb skeptisch gegenüber einer Ausweitung der Machtbefugnisse des Präsidenten. 1962 wurde ein Programm vom Kongreß abgelehnt, das dem Präsidenten die Möglichkeit geben sollte, autonom Steuern zu senken und Ausgaben zu erhöhen.[48]

Es bedurfte einer großen Überzeugungskraft, bis die Legislative ihre Bedenken gegen das Konzept des „Full Employment Budget Surplus" abgelegt hatte; man war zwar bereit, Defizite zu Zeiten der Unterbeschäftigung in Kauf zu nehmen, aber die Steuern bereits in einer florierenden Wirtschaftslage zu senken, um möglichen Haushaltsüberschüssen in ungewisser Zukunft entgegenzuwirken, die eventuell dem Erreichen der Beschäftigungs- und Wachstumsziele im Wege stehen könnten, das schien doch gegen alle ökonomische Vernunft zu sein.[49]

Der Erfolg der Fiskalpolitik überzeugte schließlich die Öffentlichkeit. Nach einer Periode von staatlichen Wachstumsanreizen und den massiven Steuersenkungen von 1964/5 fiel die Arbeitslosenquote bei mäßiger Inflation auf den Sollwert von 4%. Dabei wurde das Konzept des „Full Employment Budget Surplus" verwendet, dessen Öffentlichkeitswirkung A. Shonfield so beschreibt: „Durch eine simple, wenn auch klug erdachte Buchungsmethode ist die ganze Operation für die amerikanische Öffentlichkeit moralisch akzeptabel geworden. Die Haushaltseinnahmen werden nicht nur aufgrund der tatsächlichen Erwartung für das nächste Jahr kalkuliert, sondern auch mit Hilfe einer besonderen Berechnung der Einkünfte, die anfallen würden, wenn die Wirtschaft das Plansoll von 4 Prozent Arbeitslosigkeit erreichte. Nach der zweiten Methode zeigte sich, daß der Bundeshaushalt für das Fiskaljahr 1964–65 annähernd ausgeglichen — allerdings in Wirklichkeit natürlich im Defizit — war."[50]

Schließlich führten die ökonomischen Auswirkungen des Vietnamkrieges 1967 zu einer Beschleunigung der Inflation, die die Regierung durch eine Steuererhöhung, der Kongreß hingegen — die Philosophie des „kleinen Budgets" war immer noch nicht überwunden — mit Ausgabensenkungen bekämpfen wollte.

Wenn man auch seit Beginn der 60er Jahre von einer aktiven Konjunkturpolitik in den USA sprechen kann, so wurde doch festgestellt, daß die Vereinigten Staaten noch ein gutes Stück von einer rationalen Finanzpolitik entfernt waren.[51]

## 3.3. Großbritannien

Schon früh hat sich in Großbritannien das Bekenntnis zu einer aktiven Politik der Wirtschaftslenkung durchgesetzt, was natürlich auch daran lag, daß Keynes selbst ab 1940 wieder im britischen Schatzamt tätig war und wenig später von ihm in „How to Pay for the War", nach seinem Konjunkturprogramm für Depressionszeiten in der „Allgemeinen Theorie", nun auch eine Anti-Inflations-Politik theoretisch aufgezeigt wurde. Eine staatliche Nachfragesteuerung wurde außerdem von Lord Beveridge gefordert, der in seinem Bericht „Social Insurance and Allied Services" 1942 die Vollbeschäftigung als Voraussetzung jeglicher Sozialpolitik bezeichnet hatte.

Nicht nur für die englischen Verhältnisse grundlegend war jedoch sein Werk „Full Employment in a Free Society" von 1945, in dem er sich für eine dauernde Vollbeschäftigungspolitik einsetzte. „Wirtschaftskrisen sind nicht etwas Unberechenbares wie ein Erdbeben oder ein Wirbelsturm — sie sind Menschenwerk."[52]

Es sollte ein Zustand angestrebt werden, „in dem es nicht immer etwas weniger, sondern stets mehr offene Stellen gibt als Arbeitssuchende. In einem System, in dem die Nachfrage nach Arbeitskräften das Angebot übersteigt, befinden sich die Verkäufer von Arbeitskraft in einer günstigeren Lage als diejenigen, die Arbeitskraft kaufen wollen. Im Rahmen der Vorstellung, daß die Gesellschaft für das Individuum da ist..., ist diese Forderung wohl begründet."[53] Das einzige Generalheilmittel für Arbeitslosigkeit, das die Demokratie bisher gefunden habe, sei der totale Krieg. So sei es nun Aufgabe des Staates, für die Sicherstellung der richtigen Ausgabenmenge zum richtigen Zeitpunkt zu sorgen. Bezeichnenderweise wird jedoch neben der Förderung von Konsum, Investition und Export der Weg einer Einkommensumverteilung abgelehnt, da dies zu einem Überwiegen des privaten über den öffentlichen Konsum (Krankenhäuser etc.) führe und außerdem via Importsteigerung Zahlungsbilanzkrisen auslösen könne.[54] Auch in Deutschland und in den USA ist das Verteilungsziel später nicht explizit in den amtlichen Zielkatalog aufgenommen worden.

Der Finanzierungsfrage eines defizitären Budgets maß Beveridge wenig Bedeutung bei. Er plädierte für Steuer- statt Anleihefinanzierung, da sonst — ganz im Keynesschen Geist der „Euthanasie des Rentners" — die „Erhaltung einer Klasse funktionsloser Rentner" drohe. An sich sei „es aber überhaupt nicht so wesentlich, woher das Geld für öffentliche Ausgaben kommt, als wieviel ausgegeben werden soll und auch für welche Zwecke es ausgegeben werden soll".[55]

Bemerkenswert an Beveridges „Politik der Vergesellschaftung der Nachfrage" ist das Abzielen weniger auf eine antizyklisch reagierende Staatstätigkeit als auf eine langfristige Wirtschaftsplanung überhaupt, in der die Privatinvestitionen nicht zu einem „Zick-Zack-Kurs" veranlaßt werden sollten (das war allerdings später die Realität der britischen „Stop-and-go"-Politik), sondern die Planung der nationalen Investition als Ganzes auf dem Programm stehen sollte, wobei auch das Privateigentum an Produktionsmitteln kein Tabu darstellen sollte.[56] Das Konzept der Verstaatlichung von Schlüsselindustrien ist dann auch von Labour- und Tory-Regierungen in wechselndem Ausmaß — und in widersprüchlicher Praxis — angewendet worden.

„Die wirksame Nachfrage muß immer größer sein als die Produktionskräfte. Das kann aber nur dann geschehen, wenn wir die traditionelle ungeplante Marktwirtschaft durch eine geplante Wirtschaft ersetzen."[57] Bezogen auf den Arbeitsmarkt bedeutet ein solches

Programm eine Stärkung der gewerkschaftlichen Machtposition. Dem Vorwurf, Beveridge definiere Vollbeschäftigung als Überbeschäftigung, die zwangsläufig zur Inflation führe, ist allerdings entgegenzuhalten, daß Beveridge es durchaus mit seinem Vollbeschäftigungsbegriff für vereinbar hielt, wenn eine friktionell bedingte Arbeitslosenquote den immerhin recht hohen Wert von 3% nicht überschreite.[58]

Unzufrieden war Beveridge mit der „Halbherzigkeit", mit der die Regierungsdenkschrift „White Paper on Employment Policy" 1944 das Problem der Wirtschaftsplanung anging. Dieses Weißbuch setzte an allen Nachfragekomponenten zur Beeinflussung der Wirtschaftstätigkeit an und forderte als Informationsbasis einen Ausbau der volkswirtschaftlichen Gesamtrechnung. Im Vorwort heißt es: „Die Regierung erkennt die Aufrechterhaltung eines hohen und stabilen Beschäftigungsniveaus nach dem Kriege als eine ihrer vordringlichsten Aufgaben und Verpflichtungen an... In einem Land wird keine Massenarbeitslosigkeit auftreten, solange die Gesamtnachfrage nach seinen Gütern und Diensten auf einem hohen Niveau gehalten wird." Allerdings sah man, daß sich ein solches Ziel nicht einfach per Dekret „verordnen" ließe: „Beschäftigung kann nicht allein durch ein vom Parlament oder von der Regierung eingebrachtes Gesetz geschaffen werden... (So) wird der Erfolg der ... Politik letztlich vom Verständnis und der Mitarbeit aller abhängen und insbesondere von den Bemühungen der Arbeitgeber und -nehmer in der Industrie."[59]

Im Gegensatz zu Deutschland und den USA hat in Großbritannien die Forderung nach einem ausgeglichenen Budget eine geringere Rolle gespielt und ist auch nicht gesetzlich fixiert. Dieses Postulat fand nur noch während der ersten Amtsperiode der Labour-Regierung nach dem Krieg Beachtung, wurde aber dann rasch zugunsten einer keynesianischen Politik aufgegeben, wonach die Budgetpolitik sich nach den Erfordernissen des gesamtwirtschaftlichen Gleichgewichts zu richten hatte.

Das englische Budget ist getrennt in einen „ordentlichen" Haushalt („budget above the line"), in dem die laufenden Einnahmen und Ausgaben erfaßt sind, und einen „außerordentlichen" Haushalt („budget below the line"), der Kredite, Tilgungen und kreditfinanzierte Ausgaben enthält. Beschränkungen der Kreditaufnahme bestehen nicht. Durch jährliche Neufestsetzung der Einkommens- und Körperschaftssteuer wird eine hohe Flexibilität der Einnahmepolitik erzielt, ebenso auf der Ausgabenseite, wo Zusatzbudgets möglich sind. Obwohl die Vollbeschäftigungspolitik seit 1951 auch von der konservativen Tory-Regierung unterstützt wurde, war der Stabilisierungspolitik insgesamt bisher nur ein mäßiger Erfolg beschieden. Trotz aller Voraussetzungen einer aktiven Fiskalpolitik wirkten sich die Budgeteffekte bis 1965 zumeist destabilisierend aus.[60] Das „demand management" wurde durch permanente Zahlungsbilanzprobleme und das Scheitern des Versuchs, die Investitionen der öffentlichen Unternehmen antizyklisch einzusetzen, erschwert.

So liegt schließlich ein gewisses Paradox in der Tatsache, „daß die beiden Nationen, die am frühesten und höchst bereitwillig die keynesianische Botschaft aufgenommen haben — Großbritannien und die Vereinigten Staaten —, unter den westlichen kapitalistischen Ländern die am wenigsten erfolgreichen in der Lenkung ihrer Wirtschaft waren".[61]

# 4. Zusammenfassung

Der Sinn der vorangegangenen Abschnitte bestand zum einen darin, ein idealtypisches Muster keynesianischer Wirtschaftspolitik zu entwerfen, um dann zu verfolgen, auf welche Weise und inwieweit dieses Bild in wichtigen Ländern der westlichen Welt realisiert worden ist. Dabei konnte festgestellt werden, daß der Verwirklichung der „Globalsteuerung“ ideologische, politische und rechtlich-institutionelle Hindernisse lange Zeit im Wege standen. Nicht zuletzt die ökonomische Notwendigkeit, d.h. das wiederholte Auftauchen von volkwirtschaftlichen Ungleichgewichten und Krisen, hat der Keynesschen Konzeption zum Durchbruch verholfen.

Das ursprüngliche Ziel der Vollbeschäftigung, das von den Regierungen nun in mehr oder weniger großem Ausmaß angestrebt wird, wurde allgemein durch die Hinzufügung weiterer makroökonomischer Ziele wie Preisstabilität, Wachstum und außenwirtschaftliches Gleichgewicht zu einem komplexen Zielsystem ausgebaut. Auch die typisch keynesianischen Mittel der Steuer- und Ausgabenpolitik wurden verfeinert und zu einem „Instrumentenkasten“ ergänzt.

Die vorstehende Untersuchung erstreckte sich nur bis in die Mitte der 60er Jahre, da hier der Prozeß der Durchsetzung der Keynesschen Lehre als abgeschlossen angesehen werden kann. So erscheint es angezeigt, dort eine Zäsur zu setzen und die darauf folgende Epoche nunmehr problemorientiert zu analysieren, wobei davon ausgegangen werden kann, daß das keynesianische Gedankengut in den staatlichen Instanzen bekannt und akzeptiert ist, d.h. ein Nichtanwenden in entsprechenden Situationen nicht auf mangelndes Wissen oder fehlende Einsicht zurückzuführen ist.

In den folgenden Abschnitten soll die Erfolgswirksamkeit der Politik überprüft, Zielvorstellungen und Instrumente des Keynesianismus insbesondere auf ihre „politische Machbarkeit“ untersucht werden. Auch ist zu fragen, ob neue wirtschaftspolitische Probleme, die während der Praktizierung dieser Politik aufgetaucht sind, noch „keynesianisch“ gelöst werden bzw. überhaupt in dieser Weise lösbar sind.

# II. Erfahrungen und Grenzen der Wirksamkeit

## 1. Einleitung

Wenn auch die keynesianische Wirtschaftspolitik schon früh auf einen umfassenden Zielkomplex ausgerichtet war, so sollen im weiteren doch nur das reale und nominale Stabilitätsziel, also Beschäftigung und Preisniveau, im Mittelpunkt der Betrachtung stehen. Diese Begrenzung des Untersuchungsobjektes ist nicht nur aus Raumgründen angezeigt: Zum einen ist die Diskussion um das — nach Möglichkeit — gleichzeitige Erreichen gerade dieser Ziele heute besonders aktuell, und auch Keynes hat sich vorwiegend mit diesem Komplex beschäftigt. Zum anderen wird hier die Auffassung vertreten, daß andere Ziele (z.B. die des deutschen „magischen Vierecks") nicht die theoretische bzw. praktische Relevanz haben, um mit den Stabilitätszielen auf eine Ebene gestellt zu werden.

Denn das „angemessene" Wachstum kann als im Beschäftigungsziel eingeschlossen angesehen werden, wenn man einmal annimmt, daß bei Vollbeschäftigung ohnehin positive Wachstumsraten anfallen.[62] Was die „außenwirtschaftliche Absicherung" angeht, so soll keineswegs geleugnet werden, daß außenwirtschaftliche Entwicklungen im Handels- und Währungsbereich eine nationale Stabilitätspolitik unter bestimmten Bedingungen sehr empfindlich treffen können. Es erscheint aber verfehlt, ökonomische Schwierigkeiten allein auf diesen Faktor abzuwälzen, wie es in wirtschaftspolitischen Diskussionen immer wieder geschieht. Im folgenden soll daher von außenwirtschaftlichen Einflüssen im wesentlichen abgesehen werden, eine Beschränkung, der die These zugrundeliegt, daß die keynesianische Wirtschaftspolitik auch in dem abstrakten Fall einer geschlossenen Volkswirtschaft mit den Problemen zu kämpfen hätte, denen sie heute nur zu oft unterliegt.[63] Die nun folgende kritische Bestandsaufnahme kann schon aus Raumgründen nicht den Anspruch erheben, umfassend und im Detail erschöpfend zu sein. So kann nur ein Überblick über „Erfahrungen und Grenzen der Wirksamkeit" gegeben werden. Die Vielfalt der Einwände gegen den praktizierten Keynesianismus läßt eine Gliederung der Argumente recht schwer erscheinen, da eine Trennung bestimmter Problembereiche oft nicht möglich ist und diese gerade durch ihr Zusammenspiel gravierend sind. Infolgedessen sind einige Wiederholungen und Verweise auf spätere Behandlungen im Text nicht zu vermeiden.

Es wird versucht, zunächst die Probleme aufzugreifen, die entlang des Prozesses einer Staatsintervention auftauchen. Die übliche Lage-Mittel-Ziel-Analyse wird hierbei durch einige Ausführungen zur wissenschaftlichen Politikberatung und zur Handlungsmotivation der wirtschaftspolitischen Instanzen ergänzt.

In einem zweiten Teil erfolgt dann eine grundsätzlichere Betrachtung vor dem Hintergrund des Stagflationsdilemmas (d.h. der Frage, wie die Politik auf Arbeitslosigkeit und steigende Preise gleichzeitig reagieren soll), wobei eine mehr mittel- und langfristige Analyse angestrebt wird. Außerdem wird nach Erweiterungsmöglichkeiten und Alternativen hinsichtlich der Steuerungskonzeption gefragt.

Den Abschluß bilden neben einer Zusammenfassung einige Überlegungen zu den politischen Konsequenzen eines staatlichen „Krisenmanagements".

# 2. Prozeßpolitische Probleme

## 2.1. Die wissenschaftliche Beratung bei Konjunkturdiagnose und -politik

### 2.1.1. Wissenschaft und Politik

„Die Nationalökonomie als solche wäre eine traurige Angelegenheit, wenn sie, die eine empirische Wissenschaft ist, keine Handhabe zur Meisterung der Wirklichkeit böte. Sie wäre ein intellektuelles Spielzeug, bestenfalls geistiges Training, dem Schachspiel ähnlich, und würde nur der Befriedigung eines verdorbenen Erkenntnistriebes dienen."[64] In dem Maße, wie der Staat in das Marktsystem eingreift oder sogar die Verantwortung für sein Funktionieren übernimmt, gelangt die Wissenschaft in die Rolle, den politischen Instanzen einerseits „gesicherte Erkenntnisse" über die Funktionszusammenhänge des ökonomischen Systems zu vermitteln und andererseits auf dieser Grundlage die staatlichen Organe bei Lagebeurteilung, Mittelwahl und Zieldiskussion zu unterstützen. Damit wandelte sich der Charakter der Nationalökonomie „von einer philosophisch-essentialistischen Rationalisierung des Laissez-faire-Prinzips zu einer praktisch-technologischen Entscheidungsvorbereitung für die Akteure der staatlichen Wirtschaftspolitik".[65]

Gleich ob die Wirtschaftspolitik das Ideal eines harmonischen Zusammenwirkens der Interessengruppen auf der Grundlage einer einheitlichen gesellschaftlichen Wohlfahrtsfunktion verfolgt oder eine streng zentralisierte Entscheidungsstruktur zur Eindämmung der „ausufernden" Gruppeninteressen aufweist, gewinnt die wissenschaftliche Beratung an Bedeutung.[66] Ein Bedarf danach ist insbesondere deshalb festzustellen, weil der Staat in einem größerem Umfang als je zuvor für den Schutz des „Allgemeinwohls" verantwortlich ist bzw. gemacht wird und infolgedessen bei der Legitimation ökonomischer Entwicklungstendenzen der Verweis auf unpersönliche Marktkräfte als unbefriedigend angesehen wird. Daher ist das Bestreben der politischen Instanzen erklärlich, den Eindruck zu erwecken, als ruhe die amtliche Politik auf einem wissenschaftlich gesicherten Fundament, und zu versuchen, „für die Begründung ihres Tuns oder Unterlassens die höhere Glaubwürdigkeit in Anspruch zu nehmen, welche die Öffentlichkeit Analysen beimißt, die sie für wissenschaftlich und daher (!) interessefrei hält."[67]

Ob letzterer Kausalnexus aber heute oder auf Dauer noch Gültigkeit haben wird, d.h. ob die Wissenschaft diese ihr zugedachte Rolle als gesellschaftliche Sachautorität wirklich ausüben kann, erscheint fraglich.

Denn dies setzt erstens voraus, daß es ein in sich geschlossenes, auf einem bestimmten Fundus anerkannter Theorien beruhendes Wissenschaftssystem gibt, in dem abweichende

Lehrmeinungen, zumindest an exponierter Stelle, nicht vertreten werden. Die Nationalökonomie kann aber heute weniger denn je als homogenes und einheitlich akzeptiertes Gebilde angesehen werden; die internen Meinungsverschiedenheiten beziehen sich zunehmend auf die Grundlagen der theoretischen Ansätze. Der Konflikt zwischen Keynesianern und Monetaristen hat an Schärfe nicht verloren; von neomarxistischer Seite wird die Aussagefähigkeit „etablierter Schulen" überhaupt bestritten. Im übrigen ist diese Voraussetzung der sozialen Akzeptanz der Wissenschaft als „höchste gesellschaftliche Sachautorität ... bestenfalls für die Wissenschaft als System, kaum jedoch für eine ‚Gruppe von fünf Männern wissenschaftlicher Herkunft' (i.e. die gesetzliche Bestimmung zur Definition des deutschen Sachverständigenrates; H.P.S.) erfüllt".[68] Potentiell tauchen also bei der Besetzungsfrage wissenschaftlicher Gremien Proporzgesichtspunkte auf, die die ganze Institution der wissenschaftlichen Beratung in das Gerangel der gesellschaftspolitischen Gruppenauseinandersetzungen ziehen können.

Zweitens wäre es erforderlich, daß man die „Objektivität" wissenschaftlicher Erkenntnisse subjektiv als gültig und verbindlich anzuerkennen bereit ist. Denn auch wenn Gutachten u.ä. von einem „Nimbus einhelliger wissenschaftlicher Auffassung" getragen sind, aus dem sich „stabilitätskonforme Rollenerwartungen und Verhaltensnormen für die verschiedenen wirtschaftspolitischen Instanzen und Interessengruppen scheinbar wertfrei und logisch zwingend" ableiten ließen und so „denjenigen, die deren logische Stringenz und Verbindlichkeit für ihr eigenes Verhalten anzweifeln wollten, automatisch die Beweislast für ein solches Unterfangen aufgebürdet" würde[69], so sehen sich die großen Interessengruppen eines Landes doch in keiner Weise veranlaßt, die Erkenntnisse eines wissenschaftlichen Gremiums und die sich daraus ergebenden „Richtlinien für ökonomisch vernünftiges Gruppenverhalten" als für sie verbindlich zu betrachten. Da der Theorienpluralismus der Nationalökonomie auch ihnen bekannt ist, wird vom theoretischen Ansatz des Gremiums „abgerückt", während man alternative Ansätze, die zur Durchsetzung der eigenen Ziele opportun erscheinen, gerne „aufgreift".

Die höchst unterschiedliche Verwertbarkeit wissenschaftlicher Forschungsergebnisse hat beispielsweise in der Bundesrepublik die Sozialdemokratische Partei und die Gewerkschaften dazu angeregt, bei der geplanten Einsetzung des Sachverständigenrates diesen als ein Gremium zur Wahrung von Arbeitnehmerinteressen institutionalisieren zu wollen, während die Gegenseite unter dem damaligen Bundeskanzler Erhard den Rat nicht zur Interessenartikulation und -vertretung etablieren wollte, sondern gerade zur Interesseneindämmung. Der Staat habe das Allgemeinwohl — als die Summe der individuellen Präferenzen der Bürger — vor Überlagerungen durch organisierte Gruppeninteressen zu schützen.[70]

Damit sind die Stabilisierungsfunktionen wissenschaftlicher Politikberatung angesprochen. Diese soll sowohl als „Aufklärungsinstanz für ökonomische Systemzusammenhänge und Monitor stabilitätsgefährdender Entwicklungstendenzen" als auch als „oberstes wirtschaftspolitisches Schiedsgericht" fungieren, „das stabilitäts(in)konformes Verhalten der verschiedenen Entscheidungsträger im Wirtschaftssystem mit öffentlicher (Kritik bzw.) Unterstützung sanktioniert", wobei ihre Aussagen dem „Anspruch unmittelbarer Operationalität und technologischer Verwertbarkeit" genügen sollen (wodurch die Beratung allerdings wieder den Schein der Neutralität verliert).[71]

Nun ist zu fragen, in welcher Form die wissenschaftliche Beratung ihre Funktionen optimal erfüllen kann. Nach Habermas können verschiedene Kommunikationsformen zwischen Wissenschaft und Politik unterschieden werden:[72]

— Das technologische Modell kommt einer „Expertokratie" nahe, in der der Politiker die von der Wissenschaft aufgezeigten „Sachzwänge" nachvollzieht. Als angestrebte Konzeption widerspricht ein solches Modell den Grundprinzipien politischer Legitimation in einer Demokratie. Denn wissenschaftliche Beratungsgremien sind nicht wie Parlamente und Regierungen durch Wahlen demokratisch legitimiert, sondern gründen ihre Verantwortung allein auf die wissenschaftliche Objektivität ihrer Erkenntnisse; und es fragt sich durchaus, ob „wissenschaftliche Objektivität eine inhaltlich ... ausreichend genaue Legitimation für eine derartige Verantwortung" ist.[73]

— Das dezisionistische Modell geht auf die von Max Weber postulierte Trennung von Sachwissen und politischer Entscheidung zurück. Diese Grenzziehung zwischen „Erkenntnis und Interesse" (Habermas), die dem Objektivitätspostulat positivistischer Wissenschaftsauffassung entspricht, begründet eine strikte Dichotomie zwischen politischen Instanzen und wissenschaftlichen Sachverständigen: Bei den einen herrschen Präferenzsysteme und wahltaktische Kalküle, bei den andern der „wertfreie" Sachverstand.

— Das pragmatische Modell schließlich verbindet gewisse Elemente der ersten beiden Konzeptionen. Politische Entscheidungen bei der Zielfindung werden der wissenschaftlichen Diskussion zugänglich gemacht; der Wissenschaftler fungiert als Berater des Politikers.

Entgegen der beratenden Rolle des „Council of Economic Advisers" in den USA folgte die Einrichtung des „Sachverständigenrats zur Begutachtung der gesamtwirtschaftlichen Entwicklung" in der Bundesrepublik dem dezisionistischen Modell. Es ist ihm gesetzlich ausdrücklich untersagt, Empfehlungen zur Wirtschaftspolitik auszusprechen; er soll nur Entscheidungshilfen geben, im übrigen aber von Legislative und Exekutive unabhängig sein. In der Praxis freilich läßt sich ein Empfehlungscharakter der in den wissenschaftlichen Gutachten gemachten Aussagen kaum vermeiden, denn „je sachgerechter der Fachmann die Fehlentwicklungen darstellt, um so schwieriger wird es für die Regierung zu begründen, warum sie keinen Gebrauch von den aufgezeigten Möglichkeiten machen will."[74] Dem Technokratie-Vorwurf ist also einige Berechtigung nicht abzusprechen.

Umgekehrt läßt sich aber auch die mangelnde Effizienz, d.h. Verbindlichkeit wissenschaftlicher Erkenntnis beim dezisionistischen Modell kritisieren: „Der Gesetzgeber drängt mit diesem negativen Auftrag den Sachverständigenrat in die Rolle des Chores in der antiken Tragödie. Er soll nicht selbst handeln, sondern getrennt von der Bühne der Handelnden deren Tun begleiten und es messen an den höchsten Idealen der Zeit (i.e. die Ziele des Stabilitätsgesetzes; H.P.S.)."[75] Bei einer wechselseitigen Unabhängigkeit von Gutachtergremien und Regierung ist auch eine Abwehrreaktion seitens der Regierung verständlich, wenn die Analyse von wirtschaftlichen Fehlentwicklungen von ihr als Kritik an ihrer Politik aufgefaßt wird, was dazu führen kann, daß die Gutachter-Erkenntnisse für irrelevant erklärt werden, indem etwa auf nicht berücksichtigte Zielkonflikte hingewiesen wird oder Prognosen angezweifelt oder erwähnte Maßnahmen mit der Behauptung einer politischen Nicht-Durchsetzbarkeit abgelehnt werden. Es besteht bei politisch „neutralen" und ungebundenen Gutachtern oft die Gefahr, daß ihre Analysen von der gerade regierenden Partei als unbequem empfunden werden, weshalb eine Tendenz möglich ist, solche Gutachter durch „genehmere" Wissenschaftler zu ersetzen. Werden jedoch Gutachter einmal als politisch gebunden angesehen, verlieren sie ihre Glaubwürdigkeit bei oppositionellen Parteien und Interessengruppen. Wissenschaftliche Gutachten würden noch stärker als es jetzt der Fall ist zum Gegenstand politischer Auseinandersetzung; ihre Verwendung in Wahlkämpfen würde dem Anspruch der Objektivität wissenschaftlicher Erkenntnis weiteren Schaden hinzufügen. Außerdem wird i.d.R. eine Bindung an das praktische Machtinteresse jeglicher Gruppierung die Qualität des wissenschaftlichen Erkenntnisprozesses und die Aussagefähigkeit seiner Ergebnisse einschränken, so daß die strikte Trennung von politischer Entscheidung und wissenschaftlichem Sachverstand trotz vieler praktischer Probleme für beide Seiten am günstigsten erscheint.

### 2.1.2. Das Prognoseproblem und die „volkswirtschaftliche Beurteilung"

Eine für die zielgerichtete Wirtschaftspolitik unabdingbare Lagebeurteilung weist eine Reihe von „technischen" Problemkreisen auf.

Da eine antizyklische Politik im Idealfalle darauf ausgerichtet ist, nicht erst beim Vorliegen einer gesamtwirtschaftlichen Störung einzugreifen, sondern solche Ungleichgewichtssituationen zu antizipieren und gar nicht entstehen zu lassen, mit dem Ziel, die konjunkturellen Schwingungen zu dämpfen, so ist bereits bei der Lageanalyse eine Prognose über die wirtschaftliche Entwicklung notwendig. Es müssen Diagnose- und Prognoseverfahren vorhanden sein, die geeignet sind, Eintreten und Ursachen von Störungen zu erkennen, auch um weitere, davon ausgehende Einflüsse auf das Wirtschaftsgeschehen vorauszusehen, damit Dringlichkeit und Intensität von Gegenmaßnahmen bemessen werden können.[76]

Diagnosen (Erklärungen) und Prognosen weisen die gleiche logische Struktur auf: Aus Anfangs- und Randbedingungen (den statistischen Daten i.w.S.) und nomologischen Hypothesen (den ökonomischen Theorien) wird das beobachtete Phänomen erklärt bzw. das zu erwartende Ereignis prognostiziert. Es müssen sich immer dann Probleme ergeben, wenn die zur Diagnose erforderlichen Statistiken oder Indikatoren nur unvollständig und vor allem nicht rechtzeitig zur Verfügung stehen oder wenn keine Einigung über eine Konjunkturtheorie besteht, anhand derer die Daten eindeutig zu interpretieren wären. Da der Streit über die Ursachen der Konjunkturschwankungen in der Nationalökonomie noch heute andauert, ist besonders das zweite Problem gravierend.

Eine zweite Schwierigkeit ist darin zu sehen, daß Prognosen nicht in einem Unabhängigkeitsverhältnis zu ihrem Objekt stehen. Aus der wechselseitigen Beeinflussung zwischen Prognosen und wirtschaftspolitischen Programmen wird zuweilen sogar eine grundsätzliche, logische Unmöglichkeit von Prognosen gefolgert: Denn wenn „Zielprojektionen erfolgreich sein sollen, so müßte am Jahresanfang gesagt werden können, wie die Konjunkturpolitik auf zu diesem Zeitpunkt unbekannte und unvorhersehbare Situationen reagieren wird. Da man jedoch seine eigenen Handlungen im Hinblick auf subjektiv unbekannte Situationen nicht prognostizieren kann, ist das zugrundeliegende Problem von seiner logischen Situation her nicht lösbar."[77]

Es ist bekannt, daß Prognosen sich selbst erfüllen oder zerstören können, weil sie eben nicht in der Lage sind, die Reaktionen in den Verhaltensweisen der Wirtschaftssubjekte auf ihre Veröffentlichung in ihr Kalkül mit einzubeziehen. Dieser Sachverhalt kann umgekehrt aber auch dazu genutzt werden, bewußt falsche Prognosen aufzustellen, um gerade mit Hilfe der Reaktionen in der Öffentlichkeit auf diese Information das gewünschte Ziel zu erreichen: Die stark von der Hoffnung getragene Aussage eines Wirtschaftsministers, daß im kommenden Jahr die Inflation sich nicht verschärfen werde, kann u.U. tatsächlich dazu führen, daß über den Abbau der „Inflationsmentalität" das

Ziel zum Teil erreicht wird. Prognosen können auch der ideologischen Verwendung dienen, wenn z.B. Interessengruppen sich gegenseitig vorrechnen, in welchem Umfang Stabilitätsziele gerade durch die „exzessiven" Preis- bzw. Lohnforderungen der Gegenseite verletzt würden. Auch „Institutionen, die Prognosen veröffentlichen, haben unterschiedliche Zielvorstellungen, so daß die Gefahr besteht, mit Hilfe ‚colorierter' Prognosen politische Akteure zu Maßnahmen zu inspirieren, die vor allem im Interesse der Initiatoren liegen".[78]

Die bisherigen Erfahrungen bezüglich der Treffsicherheit von Prognosen sind eher negativ als positiv zu werten. Besondere Schwierigkeiten scheinen hinsichtlich der Vorausschätzung der konjunkturellen Wendepunkte zu bestehen. So bemerkte der deutsche Sachverständigenrat noch 1966 nichts von dem drohenden Ausmaß der unmittelbar folgenden schweren Wirtschaftskrise; auch von 1969 bis 1972 wurden von unabhängigen Gremien gegenläufige Ansichten über den Einbruch der Rezession vertreten.[79]

Wenn ein gesamtwirtschaftliches Ungleichgewicht diagnostiziert ist, kommt es darauf an, das Ausmaß des Mißverhältnisses zwischen Angebot und Nachfrage zu bestimmen, um die einzusetzenden Mittel richtig zu dosieren. Da die keynesianische Steuerungspolitik von multiplizierenden Wirkungen ausgeht, können sich Schätzfehler sehr stark auswirken. Quantitative Prognosen gelingen aber nie genau, wie die Kritik an den angeblich „übersteuernden" Nachtragshaushalten in der Bundesrepublik von 1967–68 zeigt. So erscheinen Konjunkturprognosen auf der Grundlage von Nachfrageentwicklungsanalysen bei der Aufnahme eines etwa trendmäßig wachsenden Angebots als unzureichend.

Vor dieser Fülle von Problemen sollten jedoch einige grundsätzliche Fragen bezüglich der Vorgehensweise einer wissenschaftlichen Lagebeurteilung nicht ausgeklammert bleiben. Was die mangelnde Treffsicherheit der amtlichen Prognosen in der Bundesrepublik angeht, so werden die Abweichungen der tatsächlichen konjunkturellen Entwicklung von den offenbar „nur" ökonomisch gestützten Prognosen z.T. auf darin nicht berücksichtigte politische Ereignisse und Sachverhalte zurückgeführt.[80]

Eine Einengung des Objektbereichs der Gutachten auf reine Marktphänomene und eine Vernachlässigung politischer und institutioneller Gegebenheiten wird von neoliberaler Seite als Folge eines grundsätzlich verfehlten Selbstverständnisses der Ökonomie gedeutet. Es wird die Vorstellung kritisiert, daß „der Sinn und Zweck der Wirtschaft ... ein rein instrumentaler" sei, woraus sich die Konsequenz ergebe, die Wirtschaft als eine „Maschine" anzusehen, die möglichst rational eine bestimmte Menge an Nützlichem hervorzubringen habe. Bei der sog. „volkswirtschaftlichen Beurteilung" werde dann quasi nur die technische Effizienz dieses Apparates analysiert. Daraus folge eine Entpolitisierung wirtschaftspolitischer Aufgaben, da das Problem scheinbar nur noch darin bestehe, die Maschine in gut geöltem Zustand zu halten: „Der Wirtschaftswissenschaftler sieht sich dann in der Lage, über die Konstruktion dieser Maschine vom ‚rein ökonomischen Standpunkt' Empfehlungen an die Träger der Wirtschaftspolitik zu richten. Dabei mag er guten Glaubens sein, seine Empfehlungen seien rein technischer Art und wertfrei."[81] Da aber die staatliche Konjunkturpolitik die Interessen großer gesellschaftlicher Gruppen berührt, kann sich ein nur vom Standpunkt der ökonomischen „Sachgerechtigkeit" gefälltes Urteil über die Erfordernisse der konjunkturellen Situation im Grenzfall als irrelevant erweisen, wird aber zumindest in seiner Aussagefähigkeit relativiert. Ein wissenschaftliches Gutachtergremium kann dann leicht zu „idealistischen" Analysen und Lösungen gelangen, die konjunkturelles „Fehlverhalten" auf mangelnde Einsicht in ökonomische „Sachzwänge" zurückführen und Gruppenkonflikte in ihrer Tragweite unterschätzen. Auf diese Art gewonnene Ergebnisse können für die politischen Instanzen leicht für praktisch nicht verwertbar angesehen werden.

So stehen wissenschaftliche Gutachter vor dem Konflikt, entweder theoretische Optimallösungen zu skizzieren, die dann politisch undurchführbar bleiben, oder gewisse Gegebenheiten hinsichtlich politischer Machtkonstellationen in ihr Kalkül einzubeziehen und den politischen Instanzen Rezepte gemäß einer „Theorie des Zweitbesten" anzubieten, wobei freilich auf die „prägende Wirkung" verzichtet wird, „die oft selbst von zunächst unrealistisch erscheinenden Ideenkonzepten langfristig auf das politische Denken ausgeht".[82]

Die Frage, ob das Problem der politischen „Machbarkeit" in die Konstruktion ökonomischer Modelle einbezogen werden muß, oder wie bisher in den „Datenkranz" verwiesen werden kann, hat jedoch nicht nur einen praktischen Aspekt. Die bisherigen Erfahrungen scheinen jenen Kritikern recht zu geben, die schon seit längerem die Beschränkung der Nationalökonomie auf die „reine Theorie" angegriffen und die Einbeziehung von politischen und soziologischen Dimensionen gefordert haben. Insbesondere heute, wo sich der wirtschaftliche Problembereich von der Frage einer „rationalen" Lösung von Zweck-Mittel-Zusammenhängen (dem uneingeschränkten Herrschaftsgebiet der neoklassisch orientierten Mikroökonomie) zum weiten Aufgabenfeld makroökonomischer Steuerung und Planung im weitesten Sinne gewandelt hat, muß die Nationalökonomie zur „politischen Ökonomie" werden und sollte die zur Lösung anstehenden Probleme nicht einer politischen Verwaltungswissenschaft überlassen.

Ein etwas umfangreicheres Zitat mag die Anforderungen an den Standort einer wissenschaftlichen Politikberatung zuammenfassen: „Wenn aber der Glaube an die (relativ) autonome Selbststeuerung des gesellschaftlichen (Sub-)Systems Wirtschaft verlorengeht und insbesondere die sich in diesem System als permanente Verlierer wähnenden Gruppen die Artikulierung und Durchsetzung ihrer Ansprüche zunehmend auf das politisch-administrative System verlegen, so kann das nicht ohne Konsequenzen für die wissenschaftliche Beratung der Stabilisierungspolitik bleiben. So wird sich die Beratung inhaltlich immer weniger auf rein ökonomische Stabilisierungskonzeptionen zurückziehen können, ohne Gefahr zu laufen, ihre soziale Relevanz zu verlieren. Und sie wird sich verfahrenstechnisch immer weniger als ein über den Parteien stehendes, ausschließlich ökonomischen Sachgesetzlichkeiten verpflichtetes wirtschaftspolitisches Verfassungsgericht glaubhaft machen können."[83]

## 2.2. Zur Handlungsmotivation der Träger der Wirtschaftspolitik

Von je her wurde der Staat in der Ökonomie als Träger der „volonté générale" verstanden. Auch die „Keynessche Revolution" brachte zunächst keine Problematisierung dieser Annahme. Im Gegenteil: Nach Keynes soll der Staat auch aktiv den „gemeinsamen Willen" durch seine Politik verkörpern, indem er die Verantwortung für die Stabilität des Systems übernimmt und diese beispielsweise durch öffentliche Investitionen zu erreichen sucht.[84]

Ob der Staat diese Rolle tatsächlich ausüben kann (und will), hängt davon ab, wie die Widersprüchlichkeit seiner Funktionsbestimmung gelöst wird, die darin zu sehen ist, daß er einmal als Organisationsinstrument zur Durchsetzung des Allgemeininteresses betrachtet wird, andererseits aber den Ergebnissen der politischen Willensbildung unterworfen sein soll. Denn durch nichts ist garantiert, daß die Artikulation des politischen Willens bei Wahlen mit den Erfordernissen des „Allgemeinwohls" übereinstimmt, die der Politiker oft gerade gegen den erklärten Willen von Individuen und Gruppen durchsetzen muß.

Konkretisiert auf das Funktionsproblem einer keynesianischen Wirtschaftspolitik bedeutet dies, daß es unbefriedigend erscheinen muß, den Staat schlichtweg als autonomes und neutrales Organ anzusehen, das darauf aus ist, das „Allgemeinwohl" zu maximieren, sobald es nur weiß, mit welchen Mitteln das zu erreichen sei. Eine solche „Deus ex machina"-Theorie des Staates wird nicht nur von marxistischer Seite als Produkt einer verfehlten Vorstellung über die Beziehung zwischen der Ökonomie und der Sphäre des politischen Handelns als wirklichkeitsfremd kritisiert.[85]

Ein Ansatz, der von einer Trennung von Staat und Gesellschaft ausgeht, kann die vielfältigen Verflechtungsmomente zwischen Öffentlichkeit, Verbänden, Parteien und politischen Instanzen, die für das wirtschaftspolitische Handeln oft ausschlaggebend sind, nicht hinreichend berücksichtigen. Zu fordern ist vielmehr eine Endogenisierung des Staates; Handlungsmotivation und Zielbildungsprozesse sind in eine Theorie der Wirtschaftslenkung einzubeziehen. Die Einbettung des „offiziellen" Entscheidungsweges ($\Longrightarrow$) in die Fülle von sonstigen Einflußlinien ($\longrightarrow$) soll durch das folgende Beispiel eines politischen Interaktionsmodells verdeutlicht werden.

Angesichts der Abstimmungsprobleme innerhalb des politischen Instanzenapparates und der Macht von „pressure-groups" wird heute oft behauptet, daß der neuralgische Punkt der Globalsteuerung weniger in Unzulänglichkeiten des Instrumentariums als in der politischen Durchsetzbarkeit der als notwendig erkannten Maßnahmen zu sehen ist.[86]

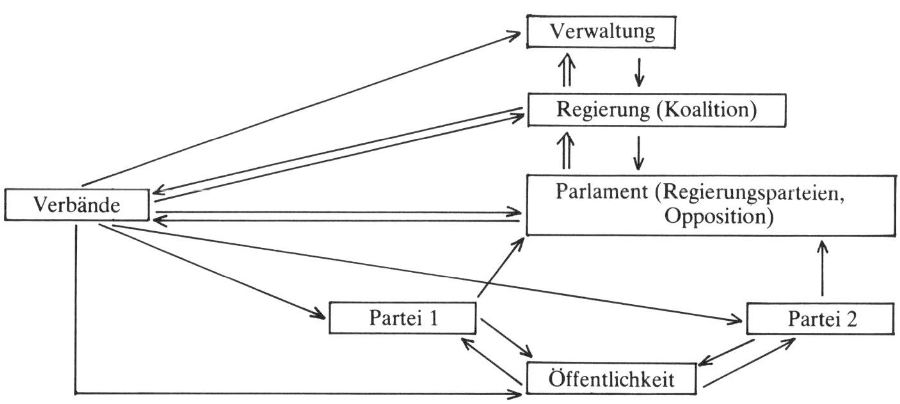


Das Problem der politischen „Machbarkeit" verweist aber auf die dem vorgelagerte Frage, ob eine Regierung überhaupt gewillt ist, durch für die Öffentlichkeit unbequeme Maßnahmen das „Allgemeinwohl" zu verwirklichen. Diese Annahmen, daß die Funktion einer Regierung darin bestehe, die soziale Wohlfahrt zu maximieren, und daß die Politiker sich auch vorbehaltlos daran orientieren, werden von Vertretern der „ökonomischen Theorie der Demokratie“ (die sich als „Neue Politische Ökonomie“ versteht) bestritten:

Gemäß dem Eigennutzaxiom handelt jedes Individuum primär nach einem privaten Motiv (Nutzen bzw. Gewinn) und nicht, um der Gesellschaft einen Dienst zu erweisen. Erst durch das Zusammenwirken der individuellen Aktionen erhalten diese unter bestimmten Bedingungen (u.a. dem Gelten des Rationalitätsaxioms) eine soziale Funktion. Da eine Regierung nicht eine bloße Institution, sondern von Menschen geleitet ist, muß daher eine Theorie der Regierungsentscheidungen die Motive derer, die die Regierungsgeschäfte führen, berücksichtigen. Es wird gefolgert, daß eine Partei „ihre soziale Funktion — die darin besteht, Politiken zu entwerfen und aufgrund geeigneter Maßnahmen durchzuführen — erfüllt als Nebenprodukt ihrer privaten Motivation. Letztere ist gekennzeichnet durch den Wunsch, Einkommen, Macht und Prestige der Amtsausübung zu erlangen... (Dies) impliziert, daß die regierende Partei in einer Demokratie immer so handelt, daß die Zahl der für sie abgegebenen Stimmen maximiert wird.“[87]

So kann es sein, daß ein ökonomisches Problem zwar theoretisch lösbar ist, in der Praxis aber eine Regierung die zur Lösung erforderlichen Maßnahmen nicht durchführt, weil sie sich von den Nebenfolgen des Mitteleinsatzes und/oder der Erreichung des Zieles keine Vorteile in bezug auf ihr Ziel der Stimmenmaximierung verspricht. Da die Regierung diesem Kalkül zufolge nur auf artikulierte Interessen reagiert, ist also zu fragen, ob es Gruppen in einer Gesellschaft gibt, die sich für bestimmte makroökonomische Stabilitätsziele einsetzen.

Die Organisierbarkeit eines Interesses an gesamtwirtschaftlichen Zielen ist aber problematisch, besonders am Ziel der Geldwertstabilität: „Arbeitsteilung ist dadurch gekennzeichnet, daß die Bürger auf einem Spezialgebiet ihr Einkommen verdienen, während sie es in vielen Bereichen ausgeben. Entsprechend finden politische Maßnahmen, die das Einkommen berühren, größere Aufmerksamkeit als Maßnahmen, die sich auf einen der vielen Ausgabenposten beziehen.“[88] Es erscheint zwar fraglich, ob diese Aussage in der Schärfe aufrechterhalten werden kann, dennoch ist eine Tendenz der Regierung, Produzenten und Einkommensempfänger auf Kosten der Konsumenten besser zu stellen, denkbar. Es ist nämlich zu beachten, daß Preisstabilität ein „öffentliches Gut“ ist, von dem niemand ausgeschlossen werden kann und für das einzusetzen sich folglich für keine Interessengruppe lohnt. Wird also kein echter Druck auf die Regierung ausgeübt, eine konsequente Antiinflationspolitik zu betreiben, so kann daraus ein fehlender Wille der Regierung zu einer Inflationsbekämpfung abgeleitet werden. — Die vom theoretischen Ansatz der Fiskalpolitik implizit angenommene Prämisse, daß die Politiker bei ihren Handlungen stets mehr an das Gemeinwohl als an sich selbst denken, kann also keineswegs als voll und ganz gültig bestätigt werden. Eine Untersuchung über die konjunkturpolitischen Entscheidungsprozesse in der Bundesrepublik kam zu dem Ergebnis, daß diese weit mehr von kurzfristigen politischen Gesichtspunkten als von „sachlichen“ Erfordernissen der Konjunkturlage bestimmt waren.[89] Daß die Konjunkturpolitik oft genug im Dienst der regierenden Parteien steht, wird sogar von Politikern unmißverständlich ausgesprochen, wenn z.B. versichert wird, daß „die Bundesregierung die Bedeutung der nächsten Landtagswahl (!) ... erkenne und rechtzeitig Maßnahmen einleiten werde, damit die Wähler nicht in depressiver Stimmung an die Urnen gingen“.[90]

Ein Einfluß der wirtschaftlichen Lage eines Landes auf die Popularität der Parteien und die Wahlergebnisse scheint inzwischen als gesichert, so daß ein negativer Zusammenhang zwischen dem Ansehen der Regierung und den Arbeitslosen- und Inflationsraten gesehen wird. Dabei steht eine Regierung gewissermaßen vor einem doppelten Erfolgszwang, da die Verwirklichung von bestimmten Stabilitätszielen von den Wählern als selbstverständlich angesehen werden, d.h. der Regierungspartei keinen „Bonus" einbringt, während bei einem „Versagen" der „Malus" so erheblich sein kann, daß sie abgewählt wird.[91]

In Zusammenhang mit der oben erwähnten These einer mangelnden Organisierbarkeit eines Gruppeninteresses an einer Inflationsbekämpfung ergibt sich aus dieser Wahlabhängigkeit der Konjunkturpolitik ein zusätzliches folgenschweres Problem, das mit dem Slogan „Geben ist wählerwirksamer als Nehmen" beschrieben werden kann. Danach wäre eine kurzfristige Antiinflationspolitik politisch kaum möglich, da mit Rücksicht auf die Wähler nur „leichte" Maßnahmen durchführbar und politisch opportun erscheinen, weshalb besonders vor Wahlen von restriktiven Programmen abgesehen wird. Diese in der Theorie der Globalsteuerung nicht eingeplante „expansive Asymmetrie" kann also dazu führen, daß theoretisch und praktisch wirksame kontraktive Mittel nicht angewendet werden, da eine Inflationsdämpfung mit Hilfe einer bewußten Inkaufnahme von zusätzlicher Arbeitslosigkeit als politisch untragbar angesehen wird. Daraus ergibt sich das in der Realität oft zu beobachtende unentschlossene Hin- und Hereilen zwischen einer Bekämpfung des „Wassereinbruchs im Keller" und des „Feuers im Dachstuhl": So wandte sich Präsident Ford von der Bekämpfung der Inflation, die er zum „Staatsfeind Nr. 1" erklärt hatte, alsbald wieder der Beschäftigungsfront zu, wo ihm die gestiegene Arbeitslosenquote innenpolitisch viel größere Sorgen bereitete.

Im übrigen scheint die politische Problematik einer Wirtschaftssteuerung unberührt davon zu bestehen, von welcher „couleur" die gerade amtierende Regierungspartei ist. Eine Regierung, die sich einseitig nur auf bestimmte Interessengruppen stützt, etwa die Arbeitgeber oder die Gewerkschaften, wird nicht nur von der allgemeinen Wählerschaft beurteilt, sondern besonders kritisch von den Verbänden beobachtet, die sich nicht im Wohlwollen der Regierungspartei wähnen. Erscheint die „Bevorzugung" einer Seite im Rahmen einer Stabilisierungspolitik zu groß, so werden politische Widerstände seitens der „benachteiligten" Gruppe zu erwarten sein, die die Regierung dazu bewegen können, das geplante Stabilisierungskonzept wieder aufzugeben.

Insbesondere von marxistisch orientierten Autoren wird natürlich betont, daß staatliche Interventionen z.B. einer gewerkschaftsfreundlichen Regierung zum Zwecke einer Stabilisierung (Dämpfung eines sog. „profit-push") oder einer einseitig zu finanzierenden gesellschaftlichen Reform (der Versuch, „die Kuh zu melken") ihre Grenze an der „Macht des Kapitals" finden: „Der Staat schützt das Kapitalverhältnis vor den sozialen Tatbeständen, die es hervorbringt, ohne dieses Verhältnis als dominantes tangieren zu können, weil sonst Sanktionsmechanismen vom Typ des ‚Investitionsstreiks' (W. Brandt: ‚Die Kuh geht von der Weide') einsetzen würden, die die Therapie schlimmer als die Krankheit werden lassen."[92]

Auch Kalecki teilte zwar Keynes' Optimismus in bezug auf eine ökonomische Lenkbarkeit der Konjunkturschwankungen; da aber bei einer Verringerung der Arbeitslosigkeit die Disziplin in den Betrieben sinken und die Preise steigen würden, sei ein Druck vom „big business" und den Geldkapitalisten abzusehen, um die Regierung zu veranlassen, zu einer Politik der Verringerung des Budgetdefizits zurückzukehren; angesichts der nächsten Wahl würden dann wieder Maßnahmen zur Krisen- und Arbeitslosenbekämpfung getroffen. So würde der ökonomische Krisenzyklus auch bei einer erfolgreichen keynesianischen Gegensteuerung in einen politischen Krisenzyklus transformiert.[93] Die politischen Konsequenzen einer Globalsteuerung sind also schon sehr zeitig vorausgesehen worden.

## 2.3. Das Zielsystem der Stabilitätspolitik

### 2.3.1. Das „gesamtwirtschaftliche Gleichgewicht“

Einer weit verbreiteten Auffassung zufolge kann es nicht die Aufgabe der Nationalökonomie als „empirischer Erfahrungswissenschaft“ sein, Ziele für die staatliche Wirtschaftspolitik aufzustellen und diese zu bewegen, das eine oder andere in diesem oder jenem Umfang anzustreben. Vielmehr habe sich die Ökonomie normativer Wertungen, die eine solche Wissenschaftsauffassung implizieren würde, zu enthalten und lediglich die Kompatibilität vorgegebener Zielvorstellungen zu prüfen sowie potentielle Mittel zu ihrer Verwirklichung zu liefern. Eine solche Konzeption übersieht freilich, daß wissenschaftliche Erkenntnisse über Ziel- und Mittelbeziehungen nicht ohne Auswirkungen auf die Zielbildung der staatlichen Instanzen bleiben.[94] Ziele können kaum von der Wissenschaft als „vorgegeben“ angesehen werden; sie fallen nicht als Ausdruck eines unanfechtbaren „Allgemeinwohls“ vom Himmel, sondern sind selbst oft genug Ergebnis der Auseinandersetzungen zwischen gesellschaftlichen Interessengruppen; und es liegt nahe, daß nach dem oben Gesagten über die Handlungsmotivation einer Regierung diese bei der Zielformulierung die relative Machtverteilung sozialer Gruppen berücksichtigt. Wenn aber Zielvorstellungen in der Realität aufgrund politischer Machtkämpfe zustandekommen, so ist eine „rationale Wirtschaftspolitik“ schon vom Zielsystem her in Frage gestellt.

Dies wird um so mehr gelten, je mehr man von einer grundsätzlichen Divergenz über Rangordnung, Zielinhalt und Mittelwahl zwischen den verschiedenen Interessengruppen ausgeht. Schon bei der Diagnose der konjunkturellen Situation kann ein Streit darüber entbrennen, ob gewisse Indikatoren kritische Werte erreicht haben bzw. welches wirtschaftspolitische Ziel bedroht ist. Die interessenbedingte unterschiedliche Auswertung und Beurteilung volkswirtschaftlicher Daten und Prognosen überträgt sich über die Parteien auch auf die Regierung, so daß die staatliche Zielbildung und vor allem die Vorstellung über das anzustrebende Ausmaß der Zielerreichung nicht zuletzt vom „Spannungsverhältnis zwischen den Organisationszielen der großen gesellschaftlichen Gruppen, das sich freilich in bestimmten Phasen der wirtschaftlichen Entwicklung abflacht und sogar einen Gleichlauf der Interessen zuläßt (Rezession) ..., beherrscht“ wird. Daraus zu folgern, „daß die übergeordneten Ziele nur eine Fiktion sind, mit deren Hilfe ... Interessenkonflikte oft verdeckt ausgetragen werden“[95], wäre zwar zu weitgehend, da dies eine überwiegende Determinierung der politischen Sphäre durch organisierte Sonderinteressen bedeuten würde, was die Realität ebenfalls nicht adäquat widerspiegelt. Jedenfalls scheint die Vorstellung einer möglichen Harmonisierung gesamtwirtschaftlicher Ziele in allen Situationen im gesellschaftspolitischen Kontext verfehlt zu sein, ebenso die nicht hinterfragte Annahme, volkswirtschaftlich „sinnvolle“ Ziele seien irgendwie „vorgegeben“ und das einzige Problem bestehe für die Wirtschaftspolitik darin, die richtigen Mittel zu erkunden und anzuwenden.

Als zweitem Einflußfaktor kommt, wie oben schon angedeutet, den Erkenntnissen ökonomischer Theorien eine nicht minder wichtige Bedeutung bei der staatlichen Zielformulierung zu. In der wirtschaftswissenschaftlichen Diskussion nach Keynes hat sich das Konzept eines „gesamtwirtschaftlichen Gleichgewichts" als volkswirtschaftliche Zielgröße eingebürgert. Der Gesetzgeber in der Bundesrepublik hat denn auch den wirtschaftspolitischen Instanzen auferlegt, ein solches anzustreben oder zumindest zu seiner Verwirklichung beizutragen. Jedoch wird seine Existenz nicht nur von neoliberalen, dem Keynesianismus gegenüber grundsätzlich „reserviert" eingestellten Theoretikern bestritten, auch der Wissenschaftliche Beirat des Bundeswirtschaftsministeriums erklärte 1973, daß es „das gesamtwirtschaftliche Gleichgewicht", das angesteuert werden solle, nicht gebe.[96]

Nun führen allerdings Streitereien um mögliche „Existenzbeweise" nicht viel weiter, vielmehr ist zu fragen, ob durch die Keynessche Konzeption eines makroökonomischen Gleichgewichts eine volkswirtschaftlich „optimal" ausgeglichene Situation hinreichend beschrieben ist.

Ein keynesianisches Gleichgewicht ist zunächst durch die Übereinstimmung von Angebot und Nachfrage sowohl auf dem Güter- wie auf dem Geldmarkt gekennzeichnet. Der Schnittpunkt der *IS*- und der *LM*-Kurve im Hicks-Schema zeigt folglich das Gleichgewicht an. Dieses ist aber mit jeder beliebigen Volkseinkommensgröße vereinbar, so daß die Wirtschaftspolitik ein bestimmtes Volkseinkommen als mit dem Vollbeschäftigungspostulat verträglich erklären muß und durch geeignete Maßnahmen versuchen muß, den Schnittpunkt der *IS*- und *LM*-Kurven auf das gewählte Volkseinkommensniveau zu verschieben. Die Wahl des gewünschten Beschäftigungsgrades ist also durch das „gesamtwirtschaftliche Gleichgewicht" nicht präjudiziert, sondern bleibt ein wirtschaftspolitisches Problem, auf das noch einzugehen seien wird.

Die Besonderheit des Keynesschen Ansatzes besteht also darin, die Möglichkeit eines makroökonomischen (kreislauftheoretisch definierten) Gleichgewichts bei gleichzeitiger Unterbeschäftigung (also Ungleichgewicht) auf dem Arbeitsmarkt zu konzidieren, eine Sichtweise, die heute von der neuen Keynes-Interpretation (Leijonhufvud) kritisiert wird, da man erst dann von einem Gesamtgleichgewicht sprechen könne, wenn sich auch alle Partialmärkte im Gleichgewicht befinden.

Der Keynesschen Gleichgewichtskonzeption zufolge besteht keine grundsätzliche Inkompatibilität zwischen Vollbeschäftigung und Preisstabilität. Nur wenn die gesamtwirtschaftliche Nachfrage zu einer Überbeschäftigung führt, schlägt sich dies in einer nur noch nominellen Steigerung des Sozialprodukts nieder. Bis zur Erreichung der Vollbeschäftigungsgrenze soll hingegen die angenommene Flexibilität des Marktsystems, d. h. die implizierte Voraussetzung einer „vollständigen Konkurrenz", ein vorzeitiges Ansteigen des Preis- und Geldlohnniveaus verhindern. Im ursprünglichen Phillips-Diagramm wird diese These durch einen stark geknickten Kurvenverlauf wiedergegeben: Erst bei einem (fast) völligen Abbau der Unterbeschäftigung beginnen die Geldlöhne zu steigen.[97]

Wohl nicht zuletzt auf dieser theoretischen Grundlage beruht die gesetzliche Verpflichtung der wirtschaftspolitischen Instanzen in der Bundesrepublik, gleichzeitig das Vollbeschäftigungs- und das Geldwertstabilitätsziel anzustreben. Dementsprechend meinte auch der ehemalige Vorsitzende des Sachverständigenrats Bauer, daß ein Ratsmitglied, das „daran zweifelt, daß diese Ziele gleichzeitig erreicht werden können, ...sein Mandat zurückzugeben (hätte)".[98] Das offensichtliche Unvermögen, diesen Anspruch einzulösen, führte jedoch schon bald dazu, daß der Auftrag der „Gleichzeitigkeit" zur „Gleichrangigkeit" uminterpretiert wurde. Als Folge ergab sich, „daß der Sachverständigenrat immer jenen Zielen die größte Aufmerksamkeit widmen muß, die in der jeweiligen gesamtwirtschaftlichen Lage und deren absehbarer Entwicklung am wenigsten verwirklicht sind."[99]

Bevor allerdings Klarheit über die Zielbeziehungen bestehen kann, ist eine exakte Definition der Zielgrößen notwendig. Der Streit um den „richtigen" Preisindex ist aber so alt wie das Ziel der Geldwertstabilität selbst; er kann nur vom Gesichtspunkt der Zweckmäßigkeit entschieden werden. In bezug auf die keynesianische Makroökonomie wäre ein Preisindex des Bruttosozialprodukts wohl am aussagefähigsten, da er in einem direkten Zusammenhang zu den aufgestellten Theoremen über die Verbindung von nominellem und realem Wachstum bei Nachfrageerhöhungen steht. Freilich ist hier das Problem der Bewertung von Qualitätsfortschritten der Gütermenge kaum gelöst; auch ist bei Preiskonstanz nichts darüber ausgesagt, inwieweit Produktivitätsfortschritte im Preis weitergegeben werden und ob es so zu einer „relativen" oder „Gewinninflation" kommt. Andererseits steht die wirtschaftspolitisch sehr relevante Größe der Geldlohnforderungen eher in Zusammenhang mit dem Preisindex für die Lebenshaltung, ein durch die Einbeziehung der Dienstleistungen erweiterter Index der Verbrauchsgüterpreise. In der Bundesrepublik wird besonders der Lebenshaltungsindex für 4-Personen-Arbeitnehmerhaushalte mit mittlerem Einkommen des alleinverdienenden Haushaltsvorstandes beachtet. Dieser hat eine weit verbreitete Verwendung als Zielgröße gefunden, wenn er auch keineswegs als ideal anzusehen ist, da mögliche Verzerrungen durch wechselnde Importpreise denkbar sind und die Preise der Vorprodukte nicht erfaßt sind, die oft den Ausschlag für die Preisentwicklung der Konsumgüter geben.

Was das Anspruchsniveau der Zielerreichung betrifft, so ist man in den letzten Jahren von sehr ehrgeizigen Zielvorstellungen (1% Inflation in der Bundesrepublik) zunehmend abgerückt.

Noch weniger präzisiert ist das Beschäftigungsziel. Auch hier stellt sich das Problem der Indexwahl. Die in der Bundesrepublik gemessene Arbeitslosenquote (als Anteil der gemeldeten Arbeitslosen an der Zahl der abhängigen Erwerbspersonen) gibt den realen Beschäftigungsstand nur unvollständig wieder. Wichtiger jedoch als die Kritik an den unterschiedlichen Berechnungsarten[100], die oft die internationale Vergleichbarkeit der Ergebnisse erschweren, ist der Einwand, daß eine wie auch immer gemessene Arbeitslosenquote als Maßziffer aus konjunktur- und wachstumspolitischer Sicht nicht ausreicht und durch einen Indikator bezüglich des Auslastungsgrades des Produktionspotentials zu ergänzen ist.

Am weitesten aber gehen die Meinungen darüber auseinander, wie das Ziel der Vollbeschäftigung zu quantifizieren sei. Wie schon oben bei der Betrachtung der Umsetzung der Keynesschen Theorie in die Praxis festzustellen war, sind Arbeitslosenquoten von 0,8 bis 4% als mit dem Vollbeschäftigungsziel vereinbar erklärt worden. Um den „großen ideologiebeladenen Begriff der Vollbeschäftigung"[101] zu vermeiden, sind oft auch Begriffe wie „befriedigendes", „hohes" oder „stabiles" Beschäftigungsniveau in der Praxis verwendet worden. Vollbeschäftigung scheint also eine Definitionssache zu sein. Eine Null-Arbeitslosigkeit ist als Leitfaden für die Politik unbrauchbar, jede andere numerische Größe offenbar recht willkürlich. An Beveridges Definition, daß die Zahl der offenen Stellen mindestens so groß sein müsse wie die der Arbeitslosen, wird kritisiert, daß „gerade das Zusammentreffen von freien Arbeitsplätzen und Arbeitslosen zeigt, daß sie nicht zusammenpassen".[102] Auf die hier angesprochene friktionelle und strukturelle Komponente wird später noch einzugehen sein.

Ein folgenschweres Problem wird sichtbar, wenn man Vollbeschäftigung als Arbeitsmarktgleichgewicht definiert, d. h. als Übereinstimmung von Arbeitsangebot und -nachfrage zu den bestehenden Löhnen und Preisen. Diese „Identifikation der Vollbeschäftigung mit der volkswirtschaftlichen Inflationsschwelle"[103] wurde nämlich durch die Nachkriegserfahrungen zerstört. Entgegen der Keynesschen Annahme einer Flexibilität der Outputvariationen scheint die „gesamtwirtschaftliche Angebotsfunktion" nicht bis zur Vollbeschäftigungsgrenze weitgehend elastisch zu sein; auftretende Engpässe erzeugen schon vorher allgemeine Preissteigerungen. Damit war die These vom „Beschäftigungs-Inflations-Dilemma" geboren.

### 2.3.2. Der Zielkonflikt zwischen Vollbeschäftigung und Preisstabilität

Geht man davon aus, daß reale und monetäre Stabilität konkurrierende Ziele sind, so scheint sich für die Wirtschaftspolitik ein Wahlproblem zu ergeben, das zunächst die Frage nach der Bewertung der unterschiedlichen Zielerreichungsgrade aufwirft. Aber wie sind die volkswirtschaftlichen Kosten von Arbeitslosigkeit und Inflation zu bestimmen? Allgemein lassen sich beide Ziele vom Allokations- und Distributionsaspekt beurteilen. Eine ungenügende Auslastung des Arbeitskräftepotentials geht zumeist mit einer mangelnden Ausnutzung der Produktionskapazitäten einher, die volkswirtschaftlich nur schwer zu bewerten sind. Die Auswirkungen auf die Verteilung sind aber nicht eindeutig; bestimmte Gruppen, vorwiegend solche, die ohnehin am unteren Ende der Einkommensskala rangieren, müssen auf Markteinkommen verzichten, während andererseits in volkswirtschaftlichen Krisenzeiten, die ja von Arbeitslosigkeit begleitet sind, sogar ein Ansteigen der Lohnquote zu beobachten ist. Schwieriger noch zu beurteilen sind die gesellschaftlichen Folgen: denn hier sind Arbeitslosenquoten meist nur indirekt und für die Öffentlichkeit nur schwer erkennbar als „Kosten" zu beziffern; wachsende regionale oder allgemeine politische „Unruhe", auch zunehmende Kriminalität, sind kaum quantitativ zu bewerten.

Gewinner und Verlierer der Inflation sind eher „querverteilt". Zu den ersteren zählen sicherlich die Besitzer von Sach- und Kapitalgütern; zu den anderen die Bezieher fester Einkommen, andererseits sind heute die meisten Renten dynamisiert. Die Auswirkungen auf Lohn- und Gewinnquoten hängen davon ab, wer im „real bargain" einen Ausgleich für den Inflationsverlust in seinen Preis- bzw. Lohnforderungen durchsetzen kann. Der Staat scheint nicht zu den Inflationsgewinnern zu gehören, da inflationsbedingten Mehreinnahmen aufgrund der Steuerprogression erhebliche Preissteigerungen auf den Märkten gegenüberstehen, auf denen der Staat als Nachfrager auftritt. So ist die reale Staatsquote am Bruttosozialprodukt in der Bundesrepublik trotz einer starken nominellen Ausweitung in den letzten Jahren abgesunken. Oft wird behauptet, daß unerwartete Inflation aufgrund falscher Schätzungen der relativen Preise zu einer suboptimalen Allokation der Ressourcen führe. Jedoch gälte dies nur, wenn die allgemeinen Preissteigerungen eine starke Strukturkomponente aufweisen würden. Außerdem wird das Marktsystem gerade wegen seiner Fähigkeit gelobt, auf wechselnde relative Preise zu reagieren. Werden diese als Informationselemente und Stimuli für die Unternehmen auf der Suche nach effizienten Produktionsverfahren gesehen, so sind in diesem Such- und Lernprozeß Irrtümer nicht zu vermeiden, sondern nach Auffassung einiger Ökonomen sogar konstitutiv für diesen Prozeß. So bemerkt auch Tobin: „Unerwartete Deflation würde zu ähnlichen falschen Kalkulationen und Allokationen führen. Tatsächlich kann man dieselben Fehler über relative Preise auch machen, wenn das Preisniveau stabil ist.“[104]

Die volkswirtschaftlichen Kosten einer mangelnden Zielerreichung sind also nur schwer auszumachen. Wie so oft, scheint ein Mittelweg, d.h. „etwas“ Arbeitslosigkeit bei „etwas“ Inflation zuzulassen, eine angemessene Strategie für die Wirtschaftspolitik darzustellen. Auch wohlfahrtstheoretisch orientierte Ansätze gelangen zu der indirekten Empfehlung an die Politiker, einen Kompromiß bei der Zielbildung anzustreben, da dieser scheinbar zu einem „Kostenminimum“ führt. Dieses aus der Analyse gesamtwirtschaftlicher sozialer Indifferenzkurven gewonnene Ergebnis hat jedoch kaum Aussagekraft, da die Crux solcher Ansätze nach wie vor darin liegt, daß soziale Indifferenzkurven weder ökonomisch-theoretisch noch empirisch spezifiziert werden können und so für den Politiker keine praktikable Entscheidungsgrundlage darstellen.

So stellt die einseitige Bevorzugung einer bestimmten Kombination von Beschäftigung und Geldwert immer noch ein Werturteil dar. Wenn Tobin meint, daß in bezug auf die Ermittlung der Kosten von Inflation und Arbeitslosigkeit die Wohlfahrtsökonomie „eine leuchtende Zukunft“ habe, so ist dem kaum zuzustimmen.[105]

Wenn man nun davon ausgeht, daß hinsichtlich der Bewertung alternativer Zielerreichungsgrade Übereinstimmung besteht, taucht das Problem auf, eine volkswirtschaftlich suboptimale Kombination von Arbeitslosigkeit und Inflation so zu ändern, daß das gewünschte Optimum realisiert wird.

Dabei griff man zunächst auf die bereits 1958 „entdeckte“ Phillips-Kurve zurück, die eine empirisch beobachtete Beziehung zwischen der Veränderung der Geldlöhne und dem Beschäftigungsgrad aufgestellt hatte. Danach stiegen die Nominallöhne um so schneller, je weiter eine bestehende Unterbeschäftigung abgebaut wurde — eine markttheoretisch keineswegs verwunderliche Feststellung.

Erst durch eine weitere Modifikation wurde aus diesem Zusammenhang „die“ Phillips-Kurve, die heute in wirtschaftspolitischen Diskussionen eine so bedeutende Rolle spielt: Geht man davon aus, daß die jeweilige Geldlohnerhöhung der Steigerung der Arbeitsproduktivität entspricht, so bleiben die Preise (nach kostentheoretischen Überlegungen) stabil; unter dieser Annahme kann die Beziehung zwischen Geldlohnsteigerung und Unterbeschäftigung in einen Zusammenhang von Preiserhöhung und Arbeitslosigkeit transformiert werden.

Diese Rezeption der Phillips-Kurve führte so zu der Idee des „trade-off“, d.h. zu der Vorstellung, daß es einen Pfad von verschiedenen Arbeitslosigkeits- und Inflationsraten-Kombinationen gebe, unter denen man sich die gewünschte aussuchen könne. Aufgrund der Annahme einer langfristigen Konstanz dieser Kurve habe so die Wirtschaftspolitik die Möglichkeit, zwischen verschiedenen Konstellationen zu wählen, also einen höheren Beschäftigungsgrad gegen eine Zunahme der Inflation einzutauschen und umgekehrt, wobei diese Bewegung auf der Phillips-Kurve durch expansive bzw. kontraktive Fiskalpolitik bewirkt werden könne.

Das grundlegende Problem hierbei ist natürlich die Frage nach der Form und der Konstanz der Phillips-Kurve, d.h. ob es tatsächlich eine ökonomische Gesetzmäßigkeit gibt, nach der zunehmende Inflation zu mehr Beschäftigung (und umgekehrt) führt. Die ursprüngliche Kurve wurde ja aus der Verbindung von Beschäftigungs- und Geldlohn- bzw. Preissteigerungskombinationen gewonnen, die zu verschiedenen Zeitpunkten gemessen wurden. Hier liegt ein Vergleich zum Konzept der „Nachfragekurve" nahe: Auch dort wird die Verknüpfung von intertemporal zu beobachtenden Preis-Mengen-Konstellationen erst dadurch zu einer Kurve, die zu einem bestimmten Zeitpunkt gültig sein soll, daß zusätzliche „ceteris-paribus"-Annahmen getroffen werden; die „Theorie" der Nachfragekurve, der Wechsel von der empirischen Beobachtung einer negativ geneigten Reihe von Konstellationen zu der nomologischen Hypothese „wenn die Menge sinkt, dann steigt der Preis", gilt nur unter zusätzlichen Randbedingungen, den Konstanzannahmen von Einkommen, Präferenzen etc.

Keynes hatte zu seiner Zeit vorgeschlagen, Arbeitslosigkeit mit „etwas" Inflation zu bekämpfen. Heute wird oft versucht, Keynes „auf den Kopf zu stellen", also Preisstabilität durch Beschäftigungseinbußen zu erkaufen. Wie noch zu zeigen sein wird, ist aber Existenz und Beschaffenheit der Phillips-Kurve, auf der solche Strategien aufbauen, äußerst umstritten. Wie dem auch sei, eine Strategie, die versucht, nominelle Stabilität durch eine „Entspannung" auf dem Arbeitsmarkt herbeizuführen, sieht sich stets dem Vorwurf ausgesetzt, „einen Zielkonflikt dadurch zu lösen ..., daß ein wesentlicher Teil der Bevölkerung ständig seine Anstrengungen unter der Drohung erhöht, den Arbeitsplatz zu verlieren".[106]

## 2.4. Das Instrumentarium der Stabilitätspolitik

### 2.4.1. Der zeitliche Aspekt

Ein Grundproblem jeglicher Prozeßpolitik ist das exakte „timing" der geplanten Maßnahmen. Im Gegensatz zur Ordnungspolitik soll ja nicht der „zeitlose" (d.h. mittel- und langfristige) Rahmen des Marktsystems verändert, sondern Einfluß auf bestimmte Konstellationen im Binnenbreich des Systems selbst ausgeübt werden. Erschwerend kommt hinzu, daß die Ziele selbst einem (zyklischen) Wandel unterliegen. Es besteht also nicht allein ein Problem darin, daß die Zeitspanne vom Beginn eines prozeßpolitischen Eingriffs über die Auswirkungen der Maßnahmen bis zur Zielerreichung sich als zu lang erweisen kann; vielmehr ist zu berücksichtigen, daß ein zu großer „lag" dazu führen kann, daß z.B. eine expansiv wirkende Maßnahme gerade dann erst zum Tragen kommt, wenn die konjunkturelle Situation bereits eine kontraktive Politik erfordern würde. Die monetaristische Kritik an der keynesianischen Fiskalpolitik besteht u.a. gerade darin, daß aufgrund dieser zeitlichen Wirkungsverzögerung die Prozeßpolitik nicht nur erfolglos sei, sondern sogar prozyklisch wirke und durch diese „Übersteuerung" das System instabiler sei, als wenn auf Eingriffe dieser Art überhaupt verzichtet würde. Tatsächlich ist in der Realität immer wieder beobachtet worden, daß Maßnahmen zu spät ergriffen wurden und/oder es recht lange dauerte, bis die erwünschte Wirkung eintrat. Eine oft geforderte „Feineinstellung" der Globalsteuerung ist aber illusorisch, wenn konjunkturell notwendige Steuersenkungen bzw. -erhöhungen, wie z.B. in den USA in den Jahren 1964 bzw. 1968, erst mit zweijähriger Verspätung durchgeführt werden. Die Gründe für dieses „Hinterherlaufen" der Politik sind vielfältiger Natur; das Zeitproblem taucht in fast jedem Abschnitt des wirtschaftspolitischen Entscheidungs- und Handlungsprozesses auf.

Grundsätzlich besteht zunächst die Gefahr, daß sich der politische Instanzenapparat überhaupt zu spät in Bewegung setzt, da er zumeist erst auf eintretende Störungen reagiert, z. B. auf das Ausschlagen eines Indikators in die „Gefahrenzone“. Wenn aber z. B. steigende Inflationsraten registriert werden, ist das dem zugrundeliegende ökonomische Ungleichgewicht bereits da.[107] Eine reaktive Politik kann dieses nur bekämpfen, wenn es schon aufgetaucht ist, nicht aber sein Entstehen verhindern.

Notwendig wäre, daß schon bei „ruhiger“ Konjunkturlage aufgrund von Prognosen und Erwartungen bezüglich eines Normalverlaufs der Konjunktur Maßnahmen eingeleitet würden, die dem Eintreten einer Ungleichgewichtslage entgegenwirken. Doch einerseits sind dazu die Prognosen nicht verläßlich genug, andererseits scheinen die Konjunkturschwankungen nicht mehr so regelmäßig aufzutreten wie in den letzten Jahrzehnten, ganz zu schweigen von den politischen Widerständen, die innerhalb der politischen Sphäre selbst, in Interessenverbänden und der Öffentlichkeit auftauchen, weil es nach landläufiger Vorstellung nicht einsehbar erscheint, daß eine Regierung in „guter“ Konjunktur schmerzliche Restriktionen durchsetzt, nur um einer in ungewisser Zukunft drohenden Boom-Phase entgegenzutreten. Außerdem wird durch exogene, unvorhersehbare Ereignisse, wie z. B. die „Ölkrise“, eine solche, die Krisen antizipierende Politik unmöglich gemacht. Die reaktive Politik beginnt also erst bei der Diagnose einer gesamtwirtschaftlichen Störung. Aber auch diese muß nicht sofort bestimmte Handlungsabsichten hervorrufen, da das Datenmaterial vielseitig interpretierbar ist und von wissenschaftlicher Seite und natürlich von Interessengruppen verschieden ausgelegt wird. „Aufgrund der häufig widerspruchsvollen Beratung uneiniger Wissenschaftler und widerstreitender Interessenvertreter verhalten sich die Regierungen im Zweifel meist abwartend und enthalten sich darüber hinaus eigener stabilitätspolitischer Vorschläge, um im Nachhinein nicht zwischen alle Stühle zu geraten. Aufgrund dieser Problematik unterliegen die diskretionären Maßnahmen zumindest der Tendenz nach der Gefahr, zu spät und in zu geringer Dosierung ergriffen zu werden oder sogar erst dann, wenn sie gar nicht mehr notwendig sind.“[108]

Weitere zeitliche Verzögerungen ergeben sich durch Diskussionen über geeignete Maßnahmen, bis endlich erste Entscheidungen fallen. Schließlich dauert es dann noch eine Weile, bis die Maßnahmen ihre volle Wirkung zeigen. Die umseitige Tabelle gibt einen Überblick über die Effizienzprobleme entlang der verschiedenen „lags“, die bei einer gegensteuernden Prozeßpolitik auftreten können.

Natürlich sind auch Bestrebungen im Gange, die Länge dieses Weges abzukürzen. So ist die Regierung in der Bundesrepublik befugt, bestimmte Maßnahmen zu verordnen, ohne parlamentarische Hürden überwinden zu müssen. Anders dagegen in den USA, wo lange Machtkämpfe zwischen Regierung und Kongreß der Verabschiedung von Konjunkturprogrammen vorauszugehen pflegen; und eine Änderung ist solange nicht abzusehen, wie eine Bevollmächtigung des Präsidenten zu ad-hoc-Entscheidungen für „unvereinbar mit dem politischen Kongreß in einer Demokratie“ gehalten wird.[109]

Andererseits ist es auch möglich, daß bei einer Ausweitung der Handlungsvollmachten einer Regierung zeitraubende Konflikte nur auf die Kabinettsebene verlagert werden. Grundsätzlich führt jedoch das schwerwiegende Problem der Machtkonzentration in wenigen Händen zu einer Kritik. Hierbei taucht auch der Technokratie-Vorwurf wieder auf: Die politische Willensbildung verlagere sich zunehmend in die Ausschüsse, das Parlament werde durch wissenschaftliche „Erkenntnisse“ und „Sachzwänge“ unter Druck gesetzt und schließlich werde eine demokratisch nicht legitimierte Politik über die Köpfe

| | Kanal 1<br>Effizienzprobleme | | Kanal 2<br>Störung | Kanal 3<br>Auswirkung in der Zeit | | |
|---|---|---|---|---|---|---|
| Feld (I) | Kenntnis der ökonomischen Interdependenzen | | Verstärkung der Störung<br>Ausbreitung der Störung<br>Meßbarkeit der Störung = Auswirkung auf einen Indikator | disturbance lag | | |
| Feld (II) | persönliche Bereitschaft, ökonomische Tatbestände zu akzeptieren | Datenstand und persönliche Fähigkeit, Informationen zu verarbeiten | Information dringt ein<br>Schwelle der Reaktionsbereitschaft wird überschritten<br>Reaktion auf Störung beginnt | recognition lag | | inside lag |
| Feld (III) | | Diagnose- und Prognosestreit | Einordnen der Störung in eine Gesamtdiagnose = Beurteilen der Störung (entweder als ungefährlich abweisen oder zu Gegenhandlungen aufrufen)<br>Grundsätzliche Bereitschaft zu handeln | diagnostic lag | administrative lag | |
| Feld (IV) | Kosten- und Nutzenkalküle der Gruppen<br>a) Gruppeninteressen bei der Auswahl der geeigneten Maßnahmen<br>b) Projektionsstreit: Dosierung, Timing | | Diskussion über die Wahl der geeigneten Maßnahmen<br>(erste) Entscheidung über die Maßnahmen | decision lag | | |
| Feld (V) | Durchlaufsträgheit innerhalb der Administrative | | Auftrag an die Durchführungsinstanzen (Signalwirkungen beginnen)<br>Durchführung der Maßnahmen (Änderung von Ausgaben oder Einnahmen)<br>Verkürzungsprozeß | instrumental lag | | |
| Feld (VI) | spezifisch instrumentelle Wirkungen auf die private Aktivität<br>a) Reaktionsbereitschaft der Privaten<br>b) Konsequenzen der Reaktion für andere wirtschaftspolitische Ziele | | Änderung der Angebots- und Nachfragedeterminanten auf dem Markt<br>Verhaltensänderungen bei den Privaten (neue Dispositionen von Konsum und Investition in Reaktion auf die Maßnahmen)<br>Auswirkungen auf die konj. Indikatoren | operational lag | | |

der Volksvertreter hinweg „verordnet". So wird man letztendlich „wählen müssen zwischen der Chance einer effizienten (oder: effizienteren) Stabilisierungs- und Wachstumspolitik, die ohne eine gewisse Schwächung der politischen Rechte der Legislative und der Gliedstaaten kaum möglich erscheint, einerseits, und der Beibehaltung der innenpolitischen Strukturen, die eine solche Politik (unter Umständen stark) erschweren, andererseits".[110]

### 2.4.2. Indirekte Maßnahmen zur Nachfragebeeinflussung

Der Keynesschen Analyse zufolge sind ökonomische Ungleichgewichte auf Mißverhältnisse zwischen Angebot und Nachfrage auf gesamtwirtschaftlicher Ebene zurückzuführen, die wiederum in bestimmten Ergebnissen der Einkommensverwendung (zu Konsum und Investition) begründet sind. Entscheidend seien die Motivationen von Konsumenten und Investoren, die dazu führen können, daß das volkswirtschaftliche Produktionspotential entweder nicht ausgelastet oder aber überbeansprucht werde. Aus diesem Grund — und da eine Beeinflussung des Angebots schwerwiegende Eingriffe in das Ordnungsgefüge einer Marktwirtschaft implizieren würde — hat sich keynesianische Politik vorwiegend als Nachfragesteuerung verstanden. Auf die Problematik dieses Ansatzes, der der Nachfrage bei der Erzeugung von Einkommen eine größere Bedeutung beimißt als der Produktion, ist oft hingewiesen worden.[111] Im Rahmen dieser Arbeit kann aber nicht näher darauf eingegangen werden.

Die Keynessche Konsumfunktion sieht den Konsum in Abhängigkeit vom Einkommen. Eine Variation des privaten verfügbaren Einkommens durch Steuern hätte also nach Maßgabe der Konsumneigung eine entsprechende Veränderung der Konsumausgaben zur Folge. Es gibt jedoch eine Reihe von Problemen, die einen Erfolg einer solchen Operation in der Praxis im Wege stehen können.

Einer theoretisch „richtigen" Einkommenssteuererhöhung können politische Kalküle entgegenstehen, wenn die Regierung vermeiden will, Unwillen bei der Wählerschaft hervorzurufen. Solche Überlegungen können auch zu Kompromissen zwischen ökonomischen und politischen Erfordernissen führen, von denen eine Variante der „Konjunkturzuschlag" in der Bundesrepublik von 1970 war. Auch wenn eine spätere Rückzahlung vereinbart war, so hätte er dennoch dem theoretischen Konzept zufolge eine Wirkung haben müssen, da das laufende Einkommen für einige Zeit vermindert wurde. Die erhoffte Einschränkung des Konsums blieb aber aus, da die Konsumenten die Einkommensminderung zurecht als vorübergehend ansahen. Der „Konjunkturzuschlag" wurde als Zwangssparen betrachtet; statt des Konsums wurde die private Spartätigkeit verringert. Diese Erfahrung bestärkte die Vertreter der „Dauereinkommens"-Hypothese in ihrer Auffassung, daß der Konsum weniger von kurzfristigen Einkommensänderungen als von längerfristigen Einkommenserwartungen abhängig sei.

Bezogen auf das laufende Einkommen ist also die Konsumneigung nicht konstant. Auch wenn der Zuschlag nicht zurückgezahlt werden soll, ist keine Zurückhaltung der Konsumenten gewiß. Soll die Maßnahme effizient sein, müßten besonders die unteren Einkommensschichten verstärkt besteuert werden, da sie eine höhere Konsumneigung haben. (Analog dazu liegt hier ein Grund für die mangelnde Wirksamkeit von Stabilitätsanleihen — ähnlich den von Keynes vorgeschlagenen „post-war-credits" —, da sie meist nur von Beziehern hoher Einkommen gezeichnet werden.) Eine verteilungspolitische Kritik und das Gefühl, einseitig „ungerechtfertigte" Opfer tragen zu müssen, können auch hier zu Spareinschränkungen führen. Oder aber die Gewerkschaften versuchen, zum Ausgleich höhere Löhne durchzusetzen, was ihnen aufgrund ihrer in einer Boom-Phase gestärkten Verhandlungsmacht auch gelingen könnte; die Unternehmer werden zu Lohnzugeständnissen bereit sein, da sie bei Nachfrageüberhängen auf eine Lohnkostenüberwälzung in den Preisen setzen. Dies könnte nur durch eine restriktive Geldpolitik wenigstens zum Teil verhindert werden. Eine Erhöhung der indirekten Steuern scheint eher erfolgversprechend zu sein; da aber hier die Konsumeinschränkung mit Absicht über eine Erhöhung der Preise erreicht werden soll — eine Überwälzung ist also erwünscht —, steht die Regierung in den Augen vieler nun als „Inflationstreiber" da, ein Aspekt, der in wirtschaftspolitischen Diskussionen ebenfalls eine Rolle spielt.

Soll umgekehrt der Konsum angeregt werden, ist der Weg über die indirekte Steuer weniger empfehlenswert. Denn die Unternehmen sehen sich nicht zwangsläufig veranlaßt, die eintretende Kostensenkung in den Preisen weiterzugeben. Die dadurch bewirkte Gewinnsteigerung könnte allerdings die Investitionsneigung und -möglichkeit stärken, so daß doch ein expansiver Effekt, nun vom Investitionssektor aus, eintritt. — In der Keynesschen Konsumfunktion sind Preiserwartungen nicht berücksichtigt, obwohl Keynes sie in seiner „Allgemeinen Theorie" ausführlich behandelt hat. Sie können zum Teil unvorhersehbare Wirkungen auf die Konsumneigung haben. Während normalerweise angenommen und befürchtet wird, eine Phase andauernder Preissteigerungen könne die Verbraucher dazu veranlassen, mehr zu konsumieren und weniger zu sparen, da die Zinserträge den Inflationsverlust oft nicht einmal mehr ausgleichen, ist in letzter Zeit in der Bundesrepublik eher das Gegenteil zu beobachten gewesen; steuer- und sozialpolitisch bedingte Einkommenszuwächse wurden trotz anhaltender Inflation überwiegend gespart, was die Regierung zu Appellen an die volkswirtschaftlich „unvernünftigen" Konsumenten verleitete: „Der Kanzler wurde grantig. Eindringlich hat er die Menschen beschworen, doch mehr Geld für Konsumgüter auszugeben. Ärgerlich gab er zu verstehen, die Regierung habe schließlich die Steuerreform und Kindergeldregelung nicht eingeführt, damit das Geld, das nicht zum Finanzamt getragen werden muß, auf die hohe Kante gelegt werde."[112]

Auch der Sachverständigenrat bemerkte in seinem letzten Jahresgutachten, daß sich die Konsumneigung nicht zuletzt nach der Sicherheit des zukünftigen geschätzten Einkommens richte[113], so daß die bemerkenswert hohe Sparneigung im Jahre 1975 nicht auf das Bestehen einer Geldillusion zurückzuführen ist, sondern vielmehr einen Reflex auf die unsichere Beschäftigungslage darstellt, die die Einkommensbezieher zu einer privaten Zukunftsvorsorge veranlaßt. So ist eine gewissen Umkehrung des üblichen Preiserwartungseffektes festzustellen, die dazu führt, daß die Konsumausgaben erst dann wieder steigen, wenn die Inflationsrate — die gefühlsmäßig mit einer wirtschaftlichen Unsicherheit identifiziert wird — nicht mehr zunimmt.

Die psychologischen Haupttheoreme der Keynesschen Theorie erweisen sich als recht unsichere Grundlage für eine praktische, an quantitativen Größen ausgerichtete Wirtschaftspolitik. Dies gilt neben der Konsumneigung in nicht minderem Maße auch für die Investitionsneigung. Diese sich aus dem Zusammenspiel von Kosten und Erträgen einer zusätzlichen Realkapitalanlage ergebende „Veranlassung zur Investition" ist ebenfalls Objekt staatlicher Interventionen. Mit Hilfe von Investitions- oder Gewinnsteuervariationen soll Einfluß auf die geschätzte Vorteilhaftigkeit von Investitionsprojekten genommen werden.

Die Einführung einer Investitionssteuer wird jedoch kaum auf bereits in Angriff genommene Projekte durchschlagen. Ökonomische Rationalitätsüberlegungen legen es nahe, einmal begonnene Investitionen auch zu Ende zu führen. Allenfalls werden geplante Vorhaben gestoppt; diese sind aber zum gegenwärtigen Zeitpunkt nicht ausgabe- und nachfragewirksam. Überdies besteht bei günstiger Nachfragesituation die Möglichkeit, die Steuer im Preis auf die nächste Ebene weiterzugeben. Umgekehrt werden Investitionszulagen und Prämien in Baisse-Perioden ihr Ziel, beschäftigungsintensive Erweiterungsinvestitionen zu induzieren, dann nicht erreichen, wenn die Unternehmer ohnehin über unausgenutzte Kapazitäten klagen. Allenfalls werden Rationalisierungsinvestitionen durchgeführt, die in dieser Situation die Ertragslage der Unternehmen verbessern, gesamtwirtschaftlich aber einen unerwünschten Freisetzungseffekt von Arbeitskräften bewirken können; eine globale Nachfragelücke würde durch die Zunahme der Arbeitslosigkeit und deren Folge auf das Konsumverhalten noch vergrößert. Werden solche Steuervariationen häufig durchgeführt, so ist ihr kurzfristiger Erfolg ungewiß, sie können sich zudem nachteilig auf die mittel- und langfristige Entwicklung der Investitionstätigkeit auswirken, da sie eine gewisse Unsicherheit in den Investitionskalkülen mit sich bringen. Gleiches ist zu einer Investitionsbeeinflussung mittels Zinssatzvariationen zu sagen. Die Fremdkapitalkosten gehen in den einzelnen Branchen in unterschiedlichem Ausmaß in die Kalkulation ein, für bestimmte Industrien mit hoher Kapitalumschlagshäufigkeit wird eine Zinsabhängigkeit der Investitionen überhaupt bestritten; Hauptadressat der Zinspolitik ist daher zumeist die Bauwirtschaft.

Grundsätzlich kommt bei der Diskontsatzpolitik in einem privatwirtschaftlich orientierten Bankensystem eine weitere Schwierigkeit hinzu: Aufgrund der Konzentration auf diesem Markt kann eine nachlassende Wettbewerbsintensität dazu führen, daß Diskontsenkungen nicht in ausreichendem Maße an die Kreditnachfrager weitergegeben werden. Diese Entwicklung wird auch vom deutschen Sachverständigenrat in seinem letzten Sondergutachten kritisiert: „Zweifel daran, daß sich die Banken ausreichend Konkurrenz machen, werden zunächst dadurch genährt, daß trotz niedriger Habenzinsen und sehr niedriger Geldmarktzinsen das Niveau der Sollzinsen nur sehr langsam sank... Ungewöhnlich hohe Bankgewinne legen jedoch den Schluß nahe, daß die Risiken, die die Banken erwarten und kalkulieren, den Kontakt verloren haben mit den Risiken, die eintreten.“[114]

### 2.4.3. Direkte Maßnahmen zur Nachfragesteuerung

Schon Keynes hat um die Instabilität des privaten Ausgabeverhaltens gewußt und deshalb dem Staat die Aufgabe angetragen, selbst direkt für ein ausreichendes Nachfrageniveau zu sorgen. Theoretisch ist auch eine entsprechende Variation der Staatsausgaben zielwirksamer, da sie durch ihren Primäreffekt das Volkseinkommen direkt verändern; erst im zweiten Schritt wird diese Wirkung durch Multiplikatoreffekte verstärkt, auf die hingegen eine Konsumstimulierung via Steuerpolitik in erster Linie angewiesen ist. (Will man eine expansive Wirkung erzielen, so kommt man zudem bei einer Ausgabenerhöhung aufgrund des unterschiedlichen Multiplikators mit einem geringeren Budgetdefizit aus als wenn man bei einem gleichen gewünschten Sozialproduktzuwachs die Steuern senkt.)

Gerade jedoch wegen der Sekundäreffekte ist vor einer mechanistischen Interpretation des Staatsausgabenmultiplikators zu warnen. Die Vorstellung, eine bestimmte Erhöhung der Staatsausgaben führe zu einer ebenso bestimmten Steigerung des Volkseinkommens, gilt nur, wenn die Konsumneigung im Verlauf des gesamten Multiplikatorprozesses konstant bleibt. Quantitative Prognosen des Expansionseffektes lassen sich nur unter der Einschränkung „ceteris paribus" treffen. Da eine vollständige Konsumfunktion den privaten Verbrauch neben dem Einkommen auch in Abhängigkeit von Preisen, Präferenzen und Einkommensverteilung zu sehen hat, diese Struktur von Preisen und Einkommen aber zwangsläufig durch die zusätzliche Staatsausgabe verändert wird, kann folglich nicht von einer Konstanz der Konsumneigung ausgegangen werden.[115] In ihrer quantitativen Wirkung sind die Multiplikatoreffekte auch von Preiserwartungen abhängig; für den erhofften Anstoß eines „pump-priming" ist es wichtig, diese zu berücksichtigen; wie oben gesagt, sind sie aber nur schwer zu kalkulieren.

Geht man von einem Land mit starker außenwirtschaftlicher Verflechtung aus, so ist es möglich, daß die durch „deficit-spending" geschaffene wirtschaftliche Belebung nicht auf das Inland beschränkt bleibt. Arndt glaubt für die USA feststellen zu können, daß eine solche Politik via Preiserhöhungen die Konkurrenzfähigkeit gegenüber den Ländern beeinträchtigt, die keine Kreditexpansion betreiben. Die Arbeitslosigkeit könnte sogar zunehmen, wenn deshalb die Importe wachsen. „Kurz gesagt: die zusätzliche Beschäftigung bleibt nicht im Lande, sondern wandert ins Ausland."[116]

Fragt man nun, welche Staatsausgaben den stärksten Effekt haben, so gilt, daß die Multiplikatorwirkung staatlicher Investitionen in den Sektoren am größten ist, die den bedeutendsten Teil der Gesamtinvestitionen absorbieren. Das ist i.d.R. die Bauwirtschaft. Keynes ging davon aus, da sein Augenmerk auf Unterbeschäftigungssituationen gerichtet war, daß zusätzliche staatliche Investitionen nach Möglichkeit nur eine geringe oder gar keine Kapazitäts-, d.h. Angebotswirkung haben sollten, da der Staat sonst die Nachfragelücke nur ständig vor sich her schiebt. Auch von diesem Aspekt scheint die Bauwirtschaft zur Ankurbelung der Konjunktur gut geeignet.

Allerdings sind auch Rüstungsausgaben für diesen Zweck „ideal", da sie einer außerordentlich investitionsträchtigen Industrie zugute kommen, deren Kapazitätseffekt fast gleich Null ist, d.h. deren Produkte überwiegend nicht auf dem Binnenmarkt auftauchen. Besonders von marxistisch orientierten Kritikern ist oft die ökonomische Bedeutung der Rüstungsindustrie im Rahmen einer keynesianischen Politik hervorgehoben worden. Auch Joan Robinson ist der Meinung, daß Vollbeschäftigungspolitik zu einem politischen Problem werden kann, wenn sie nur mit Hilfe von Rüstungskäufen erfolgreich ist. „Der Krieg war eine deutliche Lektion in Keynesianismus... Es waren die sogenannten Keynesianer, die erfolgreich den Präsidenten überzeugten, daß ein Budgetdefizit nicht schädlich ist, und es dem Rüstungskomplex überließen, daraus Vorteile zu ziehen."[117] U.a. aus diesem Grund sieht sie darin eine „zweite Krise der ökonomischen Theorie", die, da das Niveau der Beschäftigung nun erklärt werden kann, über den Inhalt der Beschäftigung keine (gesellschaftlich) vernünftigen Angaben machen kann.

Auch wenn man von diesen eher moralischen Aspekten absieht, bleibt die Problematik der Keynesschen Annahme, daß die Art der Staatsausgaben keine Rolle spiele, bestehen. Denn es gibt keine „neutrale" Politik der Nachfragesteuerung ohne Wirkung auf die spezielle Nachfrage nach speziellen Gütern. Diese Nicht-Strukturneutralität der keynesianischen Fiskalpolitik wird uns weiter unten noch beschäftigen. — Ein weiterer Problemkreis entsteht durch die mangelnde Flexibilität der Staatsausgaben. Dies gilt, was ihr Niveau betrifft, besonders in kontraktiver Richtung. In den USA galten 1974 etwa 75% aller Ausgaben als unantastbar, zwei Drittel des restlichen Volumens bestehen aus Verteidigungsausgaben, so daß Haushaltskürzungen kaum möglich erschienen.

Ein Großteil der Ausgaben ist durch politische und institutionelle Faktoren und zum Teil gesetzlich fixiert, ein weiterer auch von sozialpolitischen Zielsetzungen her kaum reversibel. Auch der Spielraum für eine potentielle Verschiebung der Ausgabenstruktur scheint gering zu sein.[118]

In Ländern mit einem föderalistischen Staatsaufbau und entsprechender Finanzstruktur kommt hinzu, daß die Haushalte der Gebietskörperschaften zumeist eine prozyklische Wirkung aufweisen, da diese aufgrund ihrer konjunkturreagiblen Einnahmestruktur zu einer antizyklischen Politik oft gar nicht in der Lage sind. Überdies sehen sich gerade diese Haushalte vor dem Zielkonflikt zwischen einer globalen Stabilisierung und den Erfordernissen der regionalen Entwicklung. Einen immer größeren Anteil an den Ausgaben der öffentlichen Haushalte machen die Personalkosten aus. Hierbei ist ebenfalls eine prozyklische Wirkung zu beobachten, denn Personalausgaben sind im Aufschwung kaum zu kürzen, da gerade dann im privaten Sektor starke Lohnerhöhungen durchgesetzt werden, die von den Gewerkschaften der öffentlichen Dienste als Leitgröße für ihre Tarifverhandlungen benutzt werden. So beklagt der deutsche Sachverständigenrat, daß der starke säkulare Anstieg der Personalkosten dazu führe, daß in den Haushaltsansätzen immer weniger Raum für Investitionen verbleibe.[119]

In der Tat scheinen die öffentlichen Investitionen die am besten geeignetste Ausgabengruppe darzustellen; der politische Druck aus der Öffentlichkeit ist hier bei Kürzungen und Streckungen vergleichsweise gering. In dem Maße freilich, wie die politischen Instanzen einem solchen Kalkül folgen, würde sich eine verhängnisvolle Entwicklung anbahnen: Da öffentliche Investitionen komplementär zu privaten Gütern sind (die Kosten der Agglomeration in urbanen Ballungsräumen steigen sogar überproportional zur Entwicklung des „outputs" in diesen Zentren), würde die Allokationsfunktion der Finanzwirtschaft langfristig stark unter ihrer Stabilisierungsfunktion leiden, weshalb, wie noch zu zeigen sein wird, immer mehr davor gewarnt wird, die Investitionstätigkeit des Staates kurzfristigen, konjunkturpolitischen Aspekten unterzuordnen.

### 2.4.4. Zur Problematik „konjunkturgerechter" Budgetwirkungen

Kreislauftheoretisch wirkt ein Budgetsaldo entweder als „Senke" oder als „Quelle", je nachdem, ob er sich im Überschuß oder im Defizit befindet und so entweder Nachfrage abschöpft oder erzeugt. Der Budgetsaldo ist jedoch nicht als staatlicher Handlungsparameter anzusehen, er ist vielmehr eine Restgröße, die sich aus dem Zusammenspiel der staatlichen Einnahme- und Ausgabeparameter einerseits und den sich aus der Veränderung des Sozialprodukts ergebenden „automatischen" Variationen von Einnahmen und Ausgaben andererseits ableitet. So kann der Staat zwar die Steuersätze variieren, nicht aber das Steueraufkommen; Budgetüberschüsse können auch auf preissteigerungsbedingten Mehreinnahmen beruhen, umgekehrt weist ein Defizit nicht unbedingt auf expansive Effekte hin, wenn es aus konjunkturell bedingten Rückgängen der Staatseinnahmen resultiert. Das umseitige Schaubild soll den Zusammenhang verdeutlichen.

Der Budgetsalo ist also als Indikator für die konjunkturwirksame Tätigkeit der öffentlichen Haushalte ungeeignet, denn „er beeinflußt die Gesamtnachfrage durch

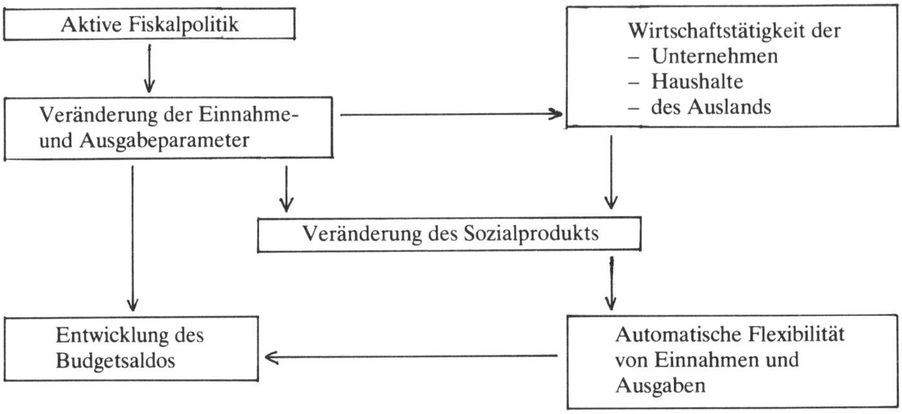


einzelne seiner Komponenten und spiegelt zugleich die wirtschaftliche Entwicklung wider. Da er nicht nur von der Handlungsweise der öffentlichen Hand abhängt, kann er nicht als Ausdruck ihrer Wirkungen angesehen werden".[120]

Es kommt hinzu, daß, wie seit der Diskussion um das Haavelmo-Theorem bekannt ist, ein ausgeglichenes Budget ökonomisch keineswegs neutral wirkt. Selbst wenn Änderungen der Staatseinnahmen und -ausgaben absolut einander gleich sind oder der Saldo zwischen den entsprechenden Änderungen, verglichen mit der Vorperiode, konstant ist, tritt zwar kreislauftheoretisch weder eine „Senke" noch eine „Quelle" auf, dennoch ist damit noch keine Wirkungsneutralität erzielt, da die unterschiedlichen Multiplikatoreffekte der einzelnen Einnahme- und Ausgabeposten ihrerseits konjunkturelle Impulse auslösen können.

Aufgrund dieser Bedenken gegenüber dem traditionellen Saldenkonzept sind schon relativ früh, d.h. kurz nachdem die keynesianischen Ideen ihren Durchbruch erzielt hatten, 1962 in den USA und 1967 in der Bundesrepublik Weiterentwicklungen in der Theorie der Budgetwirkungen erarbeitet worden, die vor allem darauf abstellten, das finanzwirtschaftliche Gebaren stärker zu der Zielgröße der Stabilisierungspolitik in Beziehung zu setzen: dem Produktions- bzw. Beschäftigungspotential. In den USA wurde von Konjunkturbeobachtern immer wieder die Meinung vertreten, daß progressive Wirkungen der „automatischen Stabilisatoren" im Aufschwung den Expansionsprozeß stets vor dem Erreichen der Vollbeschäftigungsgrenze abbremsten; das überproportionale Ansteigen der Einnahmen („fiscal drag") würde so auch langfristig Wachstumshemmungen mit sich bringen. Ein aktuell ausgeglichenes Budget hätte demnach bei unveränderten Einnahme- und Ausgabeparametern im theoretischen Fall einer 100%igen Auslastung des Produktionspotentials einen großen Haushaltsüberschuß zur Folge, dessen restriktive Effekte natürlich das Erreichen dieser Vollauslastung in der Realität verhindern. Wird eine solche Konstellation als gültig angesehen, so muß durch diskretionäre Fiskalpolitik das Wirkungsgefüge der „automatischen Stabilisatoren" in der Weise beeinflußt werden, daß im Ausgangsstadium Defizite in Kauf genommen werden, deren expansive Wirkung das Erreichen der Vollbeschäftigung ermöglichen, wobei der Haushalt dann keine oder nur noch geringere Überschüsse aufweist („Full Employment Budget Surplus"). So erfolgte 1964–65 in den USA eine Steuersenkung trotz bestehendem Defizit, als aber das Vollbeschäftigungsbudget noch Überschüsse aufwies. Die ideologisch motivierte Ablehnung einer solchen Politik in breiten Kreisen wurde bereits oben erwähnt, und so wurden die wissenschaftlichen Berater auch nicht müde, „darauf hinzuweisen, daß die expansionäre Finanzpolitik letztlich das Budgetdefizit beseitigen und dem Bund zusätzlichen finanziellen Spielraum (‚fiscal dividend') bescheren würde".[121]

Die grundlegende Annahme dieses Konzepts ist, daß ein bei Vollbeschäftigung ausgeglichenes Budget neutral in bezug auf die konjunkturelle Entwicklung ist. Dabei bleiben aber die unterschiedlichen Multiplikatorwirkungen einzelner Haushaltsposten nach wie vor unberücksichtigt. Ein Bezug zum Produktionspotential ist zwar hergestellt, wird jedoch sein mittelfristig stabilitätskonformer Auslastungsgrad falsch geschätzt oder der Vollbeschäftigungssaldo fehlerhaft bemessen, besteht auch hier die Gefahr sich kumulierender Steuerungsfehler.[122]

Auch der deutsche Sachverständigenrat hat versucht, zunächst einen konjunkturneutralen Haushalt zu definieren, um dadurch einen Maßstab zur Bemessung der konjunkturellen Impulse zur Verfügung zu haben, die vom tatsächlichen Haushalt ausgehen. Der Staatshaushalt sei neutral, „der für sich allein den Auslastungsgrad des gesamtwirtschaftlichen Produktionspotentials im Laufe der Haushaltsperiode weder erhöht noch senkt. Ein Budget ist im Prinzip dann konjunkturneutral, wenn der Staat seine realen Ausgaben in dem Maße erhöht, in dem das Produktionspotential wächst, und seine Einnahmen so gestaltet, daß die Inanspruchnahme des Produktionspotentials durch den privaten Sektor weder zusätzlich zurückgedrängt noch gefördert wird".[123]

Diese etwas leerformelhafte Beschreibung verbirgt ebenfalls eine Reihe von Problemen. Neben der richtigen Bestimmung des Auslastungsgrades (als Verhältnis der Gesamtnachfrage und dem Angebot, das unter „normalen" Arbeitsbedingungen erreicht werden kann) ist ein Basisjahr festzulegen, auf das bezogen die öffentlichen Ausgaben proportional zum Produktionspotential zu- oder abnehmen; als Grundlage muß ein Zeitraum bestimmt werden, in dem die Ausgaben in bezug auf allokative und distributive Zielsetzungen eine „angemessene" Höhe und Struktur aufweisen. Werden Änderungen dieser Ziele nicht entsprechend berücksichtigt oder fortgeschrieben, besteht die Gefahr, daß der Stabilitätsaspekt der Finanzwirtschaft einseitig dominiert.[124]

Grundsätzlich ist jedoch bei allen theoretisch „richtigen" Konzepten anzumerken, daß das Problem des konjunkturgerechten Verhaltens des Staates in der Praxis entschieden wird. So klagt der deutsche Sachverständigenrat, daß im Jahre 1974 bei den Gebietskörperschaften zwar „Einsicht" darüber vorhanden war, daß die Ausgaben über dem theoretisch „erlaubten" Niveau lagen, dies aber zu keinen entsprechenden Konsequenzen führte. Auch eine Verschlechterung der Einnahmensituation „veranlaßte die Gebietskörperschaften jedoch nicht, ihre Ausgabenpläne zu ändern. Vielmehr änderten sie mit dem Wandel der konjunkturellen Aussichten ihre Ansichten darüber, welcher Umfang der Haushalt 1974 angemessen sei; mehr und mehr näherten sie sich damit dem an, was sie ohnehin auszugeben vorhatten".[125]

## 3. Neue ökonomische Bedingungen: Erweiterung oder Aufgabe des keynesianischen Konzeptes?

### 3.1. Die Phillips-Kurve als „Speisekarte" für wirtschaftspolitische Entscheidungen?

In fast allen Ländern der westlichen Welt befinden sich die Politiker im Dilemma des „Zweifrontenkrieges", d.h. sie sehen sich gleichzeitig mit hohen bzw. steigenden Arbeitslosen- und Inflationsraten konfrontiert. Die Vorstellung, daß man entweder Vollbeschäftigung oder Preisstabilität haben könnte, scheint durch die bisherigen Erfahrungen widerlegt zu sein; man kann nicht mehr zwischen zwei Übeln wählen, sondern muß beide zugleich bekämpfen. Werden expansive Ausgabenprogramme gegen die Unterbeschäftigung durchgeführt, so tritt statt des erhofften Aufschwungs oft nur eine Beschleunigung der Inflation ein. Auch bei kontraktiver Politik ist die Aufteilung des Dämpfungseffektes in Preis- und Mengenwirkungen fraglich, die gewünschte Eindämmung der Inflation bei Wahrung des Beschäftigungsstandes gelingt oft nicht. Dieses „Splittingproblem" ist erst in der letzten Zeit verstärkt aufgetaucht.

So wird überall eine Verschärfung des Konflikts zwischen den Zielen Geldwertstabilität und Vollbeschäftigung festgestellt, was eine allgemeine Unsicherheit über Strategie und Mittelwahl der Stabilitätspolitik zur Folge hat: Denn „das wirtschaftspolitische Arsenal ist zwar wohlgefüllt mit Waffen, die sich im Kampf gegen Inflation oder Arbeitslosigkeit bewährt haben, für einen Zweifrontenkrieg aber ungeeignet sind. Was gegen das eine Übel wirken könnte, droht das andere zu verschlimmern".[126]

In den USA wurde 1969 eine Deflationspolitik betrieben, wobei man eine geringe Erhöhung der Arbeitslosenquote in Kauf nehmen wollte. Die Preise stiegen jedoch weiter und die Arbeitslosigkeit nahm so stark zu, daß bald das Ruder wieder herumgeworfen wurde. Doch das „deficit-spending" bewirkte keine Verbesserung auf dem Arbeitsmarkt, nur die Inflationsrate vergrößerte sich und zum ersten Male in der Geschichte des amerikanischen Außenhandels wurde die Handelsbilanz passiv. Die amerikanische Wirtschaft schien nicht mehr in der Lage zu sein, auch nur annähernd für Vollbeschäftigung zu sorgen. Die lange gültige Norm für das Beschäftigungsziel, 4% Arbeitslosigkeit seit der Regierung Kennedy, wurde als „Mythos" bezeichnet, der nur in Kriegszeiten zu verwirklichen sei. Angesichts dieser Situation, daß eine konsequente Vollbeschäftigungspolitik einen „unerträglichen inflationären Druck" auf die gesamte Wirtschaft mit sich bringen würde, wurde diskutiert, ob es nicht günstiger sei, die Arbeitslosen zu niedrigen Löhnen im öffentlichen Dienst zu beschäftigen, da dies billiger sei als sie mit staatlichen Unterstützungsgeldern zu versorgen, und zudem das Problem der sozialen Unruhe umgangen würde.[127]

In der Bundesrepublik wurde eine Zunahme der Schwankungsbreite des Konjunkturzyklus nach 1967 nach beiden Seiten konstatiert; in keinem Jahr war nicht wenigstens eins der Ziele des „magischen Vierecks" gefährdet oder verletzt. Zwar wird behauptet, daß es ohne Globalsteuerung noch schlimmer gekommen wäre, doch läßt sich eine solche Versicherung schwerlich beweisen.[128]

Das Konzept der keynesianischen Wirtschaftspolitik, auf einer gegebenen und langfristig konstanten Phillips-Kurve gewünschte Zielkombinationen ansteuern zu wollen, scheint auf Sand gebaut zu sein. Es ist nämlich zu fragen, ob „die" Phillips-Kurve als geometrischer Ort alternativer Wahlhandlungen überhaupt existiert.

Es wurde oben bereits konstatiert, daß die ökonomische Gesetzmäßigkeit einer gegenläufigen Entwicklung von Preisniveau und Beschäftigunsgrad eben nur „ceteris paribus" gilt. Werden aber bestimmte Konstanzannahmen aufgehoben, so „verschwindet auch die einfache Schönheit der Phillips-Kurve als Hilfe für Entscheidungsfindungen, wenn man die multivariablen ‚Erklärungen' in allen späteren Phillips-Studien beachtet. Statt einen Punkt auf einer mehr oder minder verläßlichen Kurve zu suchen, sieht man sich einer Vielzahl verschiedener Kombinationsmöglichkeiten gegenüber, die alle dieselbe Rate der Lohn- oder Preiserhöhungen ergeben".[129] Aus einer Wahl auf einer „Speisekarte" wird so eine Wahl zwischen mehreren „Speisekarten". Die Vielzahl der Angebote für den „Gast" erhöht sich damit, was aber in diesem Fall den politischen Entscheidungsinstanzen kaum lieb sein kann. Rothschild weist insbesondere darauf hin, daß die übliche Annahme in „trade-off"-Diskussionen, daß die Preise dann stabil bleiben, wenn die Löhne nicht schneller als die Arbeitsproduktivität steigen, die Implikation einer konstanten Lohnquote beinhaltet. Das bedeutet, daß eine gleiche Lohnsteigerung zu einer geringeren Arbeitslosigkeit führt, wenn die Profitrate entsprechend gesenkt wird.[130] Neben diesem Verteilungsaspekt wirft natürlich in erster Linie das Lohnverhalten Probleme bezüglich der Möglichkeit eines „trade-off" auf. Makroökonomische Beziehungen müssen ihre Ursache im mikroökonomischen Geschehen haben, da Makrogrößen keine selbständigen Einheiten, sondern Aggregate sind. Gemäß den bekannten mikroökonomischen Theorien des Unternehmerverhaltens ist bei einer Nachfrageerhöhung bzw. Preissteigerung eine Produktionsausweitung anzunehmen, die, wenn „Arbeitskraft" der variable Faktor ist, von einer Beschäftigungszunahme begleitet ist. Das gilt aber schon in diesem einfachen Modell nur dann, wenn nicht eine Geldlohnsteigerung über eine entsprechende Erhöhung der Grenzkosten den expansiven Beschäftigungseffekt wieder zunichte macht. Wenn eine Übertragung dieses Zusammenhangs auf die Gesamtwirtschaft erlaubt ist, so würde dies bedeuten, daß eine „trade-off"-Möglichkeit die Bedingung der Konstanz der Geldlöhne impliziert. Dies korrespondiert mit der Grenzproduktivitätstheorie, die ebenfalls eine Beschäftigungsvermehrung von einer Reallohnsenkung (bei konstanter Arbeitsproduktivität) abhängig macht.

Außerdem ist zu beachten, daß das obige mikroökonomische Verhaltensmuster durch konjekturale Kurven bestimmt ist, die von unterschiedlichen Erwartungsstrukturen geprägt werden. Da nun die Erwartungen der Wirtschaftssubjekte (und damit die konjekturalen Preis- und Kostenkurven) nicht zuletzt von wirtschaftspolitischen Handlungen und Handlungsabsichten beeinflußt werden, wäre demzufolge die Phillips-Kurve als gesamtwirtschaftlicher Reflex der individuellen Verhaltensmuster ebenfalls vom staatlichen Verhalten abhängig. So entsteht ein wenig der Eindruck einer „zirkulären Logik" dadurch, daß die Wirtschaftspolitik eine Kurve als Objekt und Entscheidungsgrundlage benutzt, die selbst durch staatliche Projektionen beeinflußt wird.

Daß eine vollausgelastete Wirtschaft stets eine Inflationsgefahr bedeutet, war schon lange bekannt. Joan Robinson bemerkte dazu, daß „der Punkt der Vollbeschäftigung keineswegs ein gleichgewichtiger Ruheplatz, sondern weit eher ein Abgrund zu sein scheint, über welchen der Wert des Geldes, hat er die Kante erst einmal erreicht, in eine bodenlose Tiefe stürzen müsse".[131] Aber es zeigte sich, daß das Konstatieren eines

Konflikts, d. h. einer einfachen Zielkonkurrenz zwischen Vollbeschäftigung und Preisstabilität, eine zu oberflächliche Betrachtung des Problems darstellt. Sicherlich gibt es einige Plausibilität, aufgrund einfacher „demand-pull"-Überlegungen eine Kausalität von zunehmender Auslastung des Produktionspotentials in Richtung auf eine Tendenz zur Inflation anzunehmen. Andererseits müssen Preissteigerungen nicht, wie noch Keynes angenommen hatte, realwirtschaftlich expansiv wirken, wenn die Wirtschaftssubjekte die erwartete Inflationsrate in ihren Kalkülen und Verhaltensweisen antizipieren. In längeren Inflationsperioden ist i. d. R. mit einem solchen Abbau der Geldillusion zu rechnen. Wie noch zu zeigen sein wird, hält Friedman eben aufgrund der Rolle der Inflationserwartungen eine „trade-off"-Möglichkeit nur kurzfristig für wahrscheinlich; langfristig bestehe aber wegen struktureller Marktunvollkommenheiten ein bestimmter „Bodensatz" von Arbeitslosigkeit, der durch monetäre und fiskalpolitische Aktionen nicht zu beseitigen sei. Hier ist die Phillips-Kurve langfristig vertikal und es besteht nicht die Wahl zwischen Vollbeschäftigung und Preisstabilität, sondern nur zwischen viel oder wenig Inflation.

Umgekehrt freilich vertritt Harrod die These, daß Geldlohnsteigerungen eher institutionell zu begründen sind; hierbei erhält man als anderes Extrem eine horizontale Kurve, das Konzept, über die Schaffung von Arbeitslosigkeit den Lohn- und Preisauftrieb zu bremsen, ist danach verfehlt. Zwischen diesen Grenzlagen lassen sich aufgrund weiterer akzeptabler Annahmen und Hypothesen eine Fülle von Kurven konstruieren, so daß „die" Phillips-Kurve im Arsenal des Wirtschaftspolitikers auf jeden Fall mit der Aufschrift: „Vorsicht! Instabil!" versehen werden sollte.[132]

Aus empirischen Daten wird ersichtlich, wie sehr sich das Stabilitätsproblem in den letzten Jahren verschärft hat: Im Zeitraum von 1960 bis 1975 stiegen die Arbeitslosenquoten in der Bundesrepublik von 1,3% auf 5,4%, in den USA von 5,6% nach einem Rückgang in den 60er Jahren auf 7,8% und in Großbritannien von 1,7% auf 5%. Die Inflationsrate, die 1960 in allen drei Ländern 1% betragen hatte, stieg in der Bundesrepublik nach ihrem bisherigen Maximum von 7% im Jahre 1974 auf 5,4%, in den USA nach 11% auf 7,3% und in Großbritannien gar auf 25% im Jahre 1975.

Angesichts dieser nicht sehr ermutigenden Daten schwindet die Überzeugungskraft (und die Zahl) jener Ökonomen, die annehmen, „die innerhalb der skizzierten Randbedingungen gewünschte Kombination von Beschäftigungsgrad und Geldwertveränderung sei ein Objekt politischer Wahlhandlung".[133] Die Zweifel an der „Machbarkeit" der Konjunktur verstärken sich und schon werden wieder bissige Stimmen laut, die die wirtschaftliche Lage wie das Wetter als ein Produkt von Mächten bezeichnen, die jenseits des Einflußbereichs des Menschen liegen.

Die Beschäftigungspolitik keynesianischer Prägung ist von ihrem Konzept her kurzfristig orientiert, langfristige Probleme tauchen endogen nicht auf. Etwaige Spätwirkungen einer kurzfristig selbst erfolgreichen Stabilitätspolitik sind im folgenden zu betrachten; es gilt zu fragen, ob die „sensibleren ökonomischen Bedingungen", die von einigen Ökonomen als exogene Störgrößen eingeführt und für die größeren und hartnäckigeren Pendelausschläge der Konjunktur bzw. ihre scheinbar permanente Labilität verantwortlich gemacht werden, unabhängig von der Praktizierung des Keynesianismus entstehen oder vielmehr nicht selbst gerade eine unerwünschte Folge dieser Stabilisierungskonzeption sind.[134]

## 3.2. Der Flexibilitätsverlust des Marktsystems: Überlegungen zu einer Theorie der Stagflation

### 3.2.1. Die Verschärfung des Strukturproblems

Seit Keynes ist es in der Ökonomie üblich geworden, in volkswirtschaftlichen Aggregaten zu denken, diese in Form von Angebot und Nachfrage einander gegenüberzustellen und gesamtwirtschaftliche Ungleichgewichte („Lücken" oder „Überschüsse") durch quantitative Korrekturen dieser Größen beheben zu wollen. Jedoch schon in Keynes' einfachem Grundmodell bleibt es unbefriedigend, daß zwar die Nachfrage in Konsum und Investition aufgeteilt, nicht aber das Angebot entsprechend disaggregiert wird. So entsteht bereits hier die Frage, ob die aus Einkommen oder Kredit gespeiste Nachfrage, die bei Keynes in ihrer Verwendung prinzipiell indeterminiert ist, überhaupt physisch verträglich mit der Struktur des Angebots ist.[135]

Sowohl zusätzliche Investitionen als auch die Erhöhung der Staatsausgaben können sich ungeeignet zur Schließung einer Nachfragelücke erweisen, wenn strukturelle Anpassungsprobleme auftauchen. Öffentliche Güter sind produktionstechnisch und nutzenmäßig keineswegs unbegrenzt gegen private Güter substituierbar. Ausfälle im Exportgeschäft etwa können nicht beliebig durch Staatsausgaben kompensiert werden; und Hilfen an die Bauwirtschaft sorgen noch nicht für ausgelastete Kapazitäten in der chemischen, Automobil- oder Elektroindustrie.

In oligopolistischen Marktstrukturen wird eine Gleichverteilung einer durch „deficit-spending" bewirkten Konjunkturankurbelung immer fragwürdiger. Je weniger die strukturellen Voraussetzungen der Globalsteuerung, nämlich die uneingeschränkte Mobilität der Produktionsfaktoren und ein funktionierender Preis- und Leistungswettbewerb, erfüllt sind, desto mehr gilt, daß die Erfolgschancen einer auf die globale Beschäftigungssituation gerichteten quantitativen Politik in der Realität geringer einzustufen sind als in der Theorie, wo Multiplikatoreffekte für eine breite Diffusion der expansiven Impulse sorgen.

Hinsichtlich des Aspekts der Geldwertstabilität gilt ähnliches. In Analogie zur mikroökonomischen Betrachtungsweise soll im Keynesschen Konzept der gedachte Schnittpunkt der gesamtwirtschaftlichen Angebots- und Nachfragekurven den volkswirtschaftlichen „Gesamtpreis", d.h. das Preisniveau angeben. Doch auch bei absoluter Konstanz des Gesamtmarktes kann sich das Preisniveau ändern, wenn sich die Struktur der relativen Preise asymmetrisch entwickelt. Eine solche „demand-shift"-Inflation tritt dann ein, wenn es „Kräfte gibt, welche verhindern, daß jene Preise, die infolge des Strukturwandels relativ sinken, auch absolut zurückgehen. Dann müssen jene anderen, die relativ steigen, absolut viel stärker in die Höhe gehen, um die unausweichliche Veränderung der Preisrelationen zustande zu bringen".[136]

Machtstrukturen und Marktunvollkommenheiten verhindern heute oft ein absolutes Absinken von Löhnen und Preisen, so daß in einer wachsenden Wirtschaft eine schleichende Inflation unvermeidlich erscheint, besonders deshalb, weil Sektoren flexibler Preise und Löhne (wie z.B. die Landwirtschaft) relativ an Gewicht verlieren. Tobin verweist darauf, daß bereits die Existenz von Märkten mit verschiedener Reagibilität und ihre Streuung nach empirischen Studien inflationär wirkt und kommt bezüglich des Beschäftigungs-Inflations-Dilemmas zu dem Schluß, daß Vollbeschäftigung, im Sinne von

Gleichheit von offenen Stellen und Arbeitslosen, mit Preisstabilität unvereinbar ist, ein konstantes Preisniveau also mehr Arbeitslose als unbesetzte Stellen verlangt.[137]

Zunehmend ist in oligopolistischen Märkten eine von den Verhaltensannahmen der traditionellen mikroökonomischen Preistheorie abweichende Preispolitik zu beobachten: Die Unternehmer scheinen eher eine Aufschlags- als die Grenzkostenkalkulation anzuwenden. Dieses „target-pricing“ hat zur Folge, daß auf Absatzrückgänge sogar mit Preiserhöhungen reagiert wird, um die Gewinnspannen aufrechterhalten zu können. Hinzu kommt, daß die fixen Kosten zunehmend stärker als die variablen ins Gewicht fallen; Preissenkungen bei Beschäftigungsrückgängen sind dann schon rein ökonomisch fehl am Platze. Schließlich führt die langfristiger orientierte Unternehmensplanung zu einer konjunkturunabhängigeren Preisgestaltung; oft ist eine Finanzierung auch zukünftiger Investitionsobjekte über den Preis angestrebt.

Kritiker leugnen die Marktabhängigkeit des Unternehmensverhaltens überhaupt und halten umgekehrt eine „Planung der Märkte“ durch die Unternehmen selbst für realistischer. „Wenn aber der Markt nicht über den Preis der Investitionspläne der Einzelunternehmen abstimmt, so werden die Einzelunternehmen ihre zwangsläufig nicht im voraus abgestimmten Investitionsziele über den Preis durchzusetzen versuchen... In diesem Falle sind Preissteigerungen nicht ein Produkt der Nachfrageerhöhung, sondern die (unternehmenseigene; H.P.S.) Nachfrageerhöhung ist das Produkt einer nicht mehr marktkonformen Preisgestaltung.“[138] Gemäß der Keynesschen Verteilungsgleichung könnten die Unternehmen ihren Gewinn durch Erhöhung der eigenen Ausgaben (bei konstanter Arbeitnehmersparquote) steigern.

Einmal abgesehen von grundsätzlichen Bedenken gegenüber dem Erklärungswert von „cost-push“-Ansätzen müßte eine solche Entwicklung dann an eine Grenze stoßen, wenn die Geldversorgung der Volkswirtschaft nicht entsprechende Wachstumsraten aufweist. Einer „harten“ Geldpolitik steht jedoch entgegen, daß eine Regierung unter dem Anspruch, stets für Vollbeschäftigung zu sorgen, nur schwer eine konsequente Antiinflationspolitik durchsetzen kann, die eben oft keinen Rückgang der Preissteigerungen, sondern eher der Beschäftigung mit sich bringt.[139]

Bei bestehenden Strukturverhärtungen ist dieses Problem noch um einen Aspekt zu erweitern: stellt die Notenbank die zur Finanzierung der Wachstumsinflation nötige Liquidität nicht bereit, geraten Branchen mit niedrigem Produktivitätsfortschritt in Schwierigkeiten. Hier tritt ein Beschäftigungsrückgang und der langfristig wünschenswerte Strukturwandel ein. Um aber die kurzfristig kaum zu vermeidenden Anpassungsprobleme zu vermindern, „bietet sich als bequemer Ausweg die berühmte leichte Preissteigerung an“. Zahlt jedoch die Notenbank diesen Preis für die Immobilität der Faktoren, so ergibt sich als Spätfolge ein Effizienzverlust für das Marktsystem aufgrund einer „Verlangsamung der strukturellen Veränderungen“.[140]

Im Falle struktureller Flexibilitätsschranken — auch die gestiegenen und spezialisierteren Ausbildungsanforderungen setzen die Arbeitsmobilität herab — kann eine globale Nachfragesteuerung wenig ausrichten. Sind Struktureffekte die Ursache von Beschäftigungsproblemen, können globale Maßnahmen sogar eher „übersteuernd“ wirken. Schon 1960 hatten Samuelson und Solow vor einer permanenten Rechtsverschiebung der Phillips-Kurve aufgrund einer Zunahme der strukturellen Arbeitslosigkeit gewarnt.[141] Eine Inflationsbekämpfung müßte dann in erster Linie durch Wettbewerbspolitik und mobilitätsfördernde Maßnahmen, etwa Umschulungs- und Umzugsbeihilfen, betrieben werden.

Nun ist allerdings zu fragen, ob die Wirtschaftspolitik nur Opfer dieser Strukturprobleme ist oder nicht vielmehr selbst diese hervorruft oder verstärkt. Daß die Konsequenzen der Vollbeschäftigungsgarantie den Strukturwandel behindern können, wurde bereits gesagt. Gleiches kann aber auch durch Ausgabenprogramme und Subventionen aller Art geschehen. Bei den Staatsausgaben zur Konjunkturförderung muß der Auslastungsgrad der auftragnehmenden Branchen beachtet werden. Ist die Kapazitätsausnutzung hoch, so drohen Preissteigerungen. Hilft der Staat dagegen „notleidenden" Industrien, werden zum Teil unwirtschaftliche oder strukturell „überflüssig" gewordene Unternehmen am Leben gehalten.

Oft werden ganz bestimmte Branchen aufgrund der erhofften größeren Multiplikatoreffekte einseitig immer wieder zum Ansatzpunkt der Globalsteuerung (wie z.B. die Bauwirtschaft). Das steht aber einer marktgerechten mittelfristigen Kapazitätsanpassung dieser Unternehmen im Wege, da sie ständig einem besonderen „Stop-and-go"-Druck ausgesetzt sind. Zusätzlich besteht die Gefahr, daß dies wiederum asymmetrisch vor sich geht, „da die Gewöhnung an zusätzliche Staatsaufträge bei Ausfall privater Nachfrage in Abschwungperioden zur ständigen Beibehaltung von Überschußkapazitäten führt... Aus den Erfahrungen mit staatlicher Konjunkturpolitik wird das Gewohnheitsrecht abgeleitet, bei jedem Programm zur Konjunkturbelebung auf der Empfängerseite zu stehen".[142]

Es wurde bereits ausgeführt, daß die antizyklische Ausgabenpolitik sich leicht zu einer expansiven „Einbahnstraße" entwickeln kann. In besonderem Maße gilt dies für Vergünstigungen im weitesten Sinne, so daß die „soziologische Irreversibilität" vieler Sozialleistungen und Subventionen beklagt wird: Der politische Druck der Begünstigten, die diese als wohlerworbene Rechte ansehen und mit allen Mitteln verteidigen, ist oft so stark, daß solche ausgabepolitischen Maßnahmen nicht aufgehoben werden, obwohl die Bedingungen, die sie einmal erforderlich gemacht hatten, heute gar nicht mehr vorliegen.[143]

Man kann eine Zunahme an Zahl und Gewicht von Personen(gruppen) beobachten, die Unterstützungen als selbstverständlich betrachten und sich mit ihren Forderungen zur Verbesserung ihrer wirtschaftlichen und sozialen Lage immer mehr an den Staat wenden, der freilich diese Erwartungen durch vielseitige Garantieversprechen, die sich auf die frühere Hoffnung einer Steuerbarkeit der ökonomischen Prozesse stützten, zum größten Teil erst produziert hat. Die Generalisierung und Bestätigung solcher Erwartungsstrukturen hat einen schwerwiegenden Flexibilitätsverlust der Wirtschaft zur Folge, indem Individuen und Gruppen sich nicht mehr den Marktdaten anpassen wollen, sondern vielmehr versuchen, mit politischem Druck die Marktkräfte überall dort auszuschalten, wo sie als unbequem empfunden werden. Wird dem nachgegeben, verringert sich noch die Mobilität der Produktionsfaktoren und es droht „die Aushöhlung von Sanktionsmechanismen, die wirtschaftliches Fehlverhalten durch Einkommens- und/oder Vermögensverluste bestrafen", oder, wie Hayek es formuliert hat, es wird der notwendige (!) Abstieg sozialer Gruppen im Zuge des Strukturwandels verhindert.[144]

Subventionen und partielle Konjunkturhilfen können also die Rezession bzw. deren Folgen für die Betroffenen mildern; in dem Maße, wie jedoch dadurch ineffiziente Geschäftszweige über Wasser gehalten werden, d.h. die Produktionsfaktoren Arbeit und Kapital volkswirtschaftlich nicht ökonomisch-rational eingesetzt werden, steigt langfristig eher der Bedarf an Subventionen, deren Stabilitätsbeitrag aber abnimmt. Ein solcher Verlust der Funktionsfähigkeit, und das heißt: der Effizienz des Marktsystems durch die

Abnahme der Flexibilität und des strukturellen Wandels kann von der Wirtschaftspolitik nicht beabsichtigt sein.[145]

In Verbindung mit der im nächsten Abschnitt noch zu behandelnden globalen Rezessionsbekämpfung bewirkt diese Strukturkonservierung eine fortschreitende Zerstörung der „selbstheilenden Kräfte“ des Marktes. Denn ein ungeplant interagierendes Marktsystem, in dem nach Maßgabe des Eigennutz- und Rationalitätsaxioms beständig neue Tätigkeiten und Produkte, Berufsgruppen und Unternehmen entstehen, benötigt auf der anderen Seite ebenso einen Mechanismus, der die vom Markt nicht mehr „tolerierten“ Gruppen und Produktionsstätten in ihren Einkommen beschneidet bzw. auf eine Vernichtung ihrer Existenz (an dieser Stelle des Systems) drängt. Aufgrund bestimmter Mechanismen werden diese Strukturbereinigungen und globalen Anpassungen nicht permanent, sondern konzentriert in Rezessionsphasen notwendig und möglich. Die Neoklassik hat daher immer die „Reinigungsfunktion“ der periodischen ökonomischen Krisen betont (das sog. Ausscheiden der „Grenzbetriebe“). Es ließe sich zeigen, daß auch eine marxistisch aufgebaute Konjunktur- und Krisentheorie zu den gleichen Ergebnissen gelangt. Daher ist es nicht erstaunlich, daß der Liberale Hayek und der Marxist Mandel in diesem Punkt übereinstimmen.[146] So gelangen viele Kritiker der keynesianischen Wirtschaftspolitik mehr oder weniger explizit zu der Ansicht, daß es dem Staat vielleicht gelingen könne, kurzfristig Rezession und Inflation zu bekämpfen, also eine „Politik der Vermeidungsimperative“ (Habermas) zu betreiben (und selbst das geschieht in letzter Zeit nicht sehr erfolgreich), daß aber gerade dies auf längere Sicht zu viel größeren Problemen führe, die in der immanenten Notwendigkeit von Krisen im marktwirtschaftlichen System begründet liegen.

### 3.2.2. Die Vollbeschäftigungspolitik und das „Investitionsklima“

Wenn oben gesagt wurde, daß die Beschäftigungsgarantie den Unternehmen eine Realisierung auch überhöhter Preise erlaubt, so wird dieser Konflikt der Wirtschaftspolitik, der zu einem Blockieren der Inflationsbremse führen kann, noch dadurch verschärft, daß auch die Gewerkschaften durch die staatliche Festlegung auf das Vollbeschäftigungsziel zu erhöhten Lohnforderungen ermuntert werden, da man das Arbeitsplatzrisiko durch eben diese Politik weitgehend ausgeschaltet sieht. „Kann man angesichts der Marktmacht vieler Unternehmen und der organisatorischen Stärke vieler Gewerkschaften von einer Art Doppelmonopol sprechen, das Preise und Löhne auch in Phasen rückläufiger Beschäftigung nach oben zu drücken vermag, so hat die Bundesregierung mit ihrer Vollbeschäftigungsgarantie die Anbieterorganisationen noch dazu eingeladen, im politischen Raum auf ein frühes Durchstarten zu drängen.“[147] Sind die Preise vorwiegend an den Kosten orientiert, die auch im Abschwung nicht sinken, und die Löhne an eben diesen Preiserwartungen (zuzüglich einer erstrebten Reallohnsteigerung), so muß in den Tarifverhandlungen ein inflationärer Druck entstehen, der noch dadurch motiviert wird, daß im vorhergehenden Aufschwung i. d. R. eine Erhöhung der Gewinnquote entstanden war und diese Änderung der Einkommensverteilung nun „einen Prozeß der Korrektur und Überkorrektur auslöst“.[148]

Wie sehen nun die Alternativen für die staatliche Geld- und Fiskalpolitik aus, wenn Gewerkschaften und Unternehmen im Verteilungskampf um Löhne und Preise auf volkswirtschaftlich überhöhten Forderungen beharren?

Gehen die Erwartungen der Tarifpartner in Erfüllung, daß der Staat die zur Wahrung des Beschäftigungsniveaus erforderliche Mehrnachfrage bzw. die Notenbank die notwendige monetäre Expansion gewährleistet, sind kurzfristig „alle zufrieden". Doch schon in der nächsten Tarifrunde tauchen die Verteilungsauseinandersetzungen auf einem monetär höheren Niveau wieder auf, ein Prozeß des gegenseitigen „Hochschaukelns" von Preisen und Löhnen setzt ein, wenn die Unternehmen überzogene Lohnforderungen in der begründeten Hoffnung auf eine erfolgreiche Überwälzung gewähren.

Nimmt dagegen besonders die Notenbank (die ja in der Bundesrepublik autonom, also — zumindest theoretisch — nicht den politischen Wahlkalkülen einer Regierung unterworfen ist) ihren Stabilitätsauftrag ernst, so haben sich Gewerkschaften und Unternehmen „geirrt". Die Überwälzungsmöglichkeiten, auf die die Arbeitgeber gesetzt hatten, werden von der Geldpolitik nicht gewährt. Es zeigte sich dann (in der Bundesrepublik 1974), „daß Preissteigerungen in dem erwarteten Umfang ohne Mengeneinbußen meist nicht durchzusetzen waren; die kaufkräftige Nachfrage reichte dazu nicht aus". Der Kommentar des Sachverständigenrats, in dem die Abkehr vom Keynesschen Nachfragesog-Theorem der Inflationserklärung recht deutlich wird, fährt dann fort: „Das Ergebnis, ein scharfer Beschäftigungsrückgang, konnte von den Tarifparteien nicht beabsichtigt sein."[149] Dieses Ergebnis, das die Erfolgslosigkeit gewerkschaftlicher Bemühungen um eine mittelfristige Verbesserung der Verteilung via Lohnpolitik dokumentiert, wird die Arbeitnehmer freilich kaum zufriedenstellen, da mit dem erheblichen Beschäftigungsrisiko nicht unbedingt eine Inflationsdrosselung einhergeht; und so betrachtet der Sachverständigenrat „gewisse" Preissteigerungen als unvermeidlich, da sie nur mit Beschäftigungsrisiken bekämpft werden könnten, die als untragbar beurteilt werden.[150]

Wenn eine Keynessche Annahme inzwischen als unzutreffend anzusehen ist, dann sein Glaube, die Arbeitnehmer würden nur auf den Geldlohn starren und folglich sei durch eine leichte Inflation der Reallohnabbau möglich, der die Bedingung für eine Beschäftigungszunahme darstelle. Inzwischen sind alle gesellschaftlichen Gruppen „inflationsbewußter" geworden. Die fatale Konsequenz einer fehlenden Geldillusion in Verbindung mit einer staatlichen Vollbeschäftigungspolitik ist unter der These der ständigen Rechtsverschiebung der Phillips-Kurve bekannt geworden:[151]

Geht man von einer Gleichgewichtssituation mit stabilen Löhnen und Preisen aus, die von einem bestimmten Prozentsatz an Arbeitslosigkeit begleitet ist, der auf strukturelle und friktionelle Ursachen zurückgeführt wird (Sucharbeitslosigkeit), und nimmt an, daß eine expansive Wirtschaftspolitik diese Unterbeschäftigung vermindern will, so werden nach einiger Zeit infolge auftretender Kapazitätsengpässe die Güterpreise ansteigen, da sie schneller als die Löhne auf die veränderte Nachfragesituation reagieren. Der entstehende Reallohnabbau wird eine Beschäftigungszunahme begünstigen, die jedoch nur so lange anhält, bis die Arbeitnehmer sich auf die Preissteigerungsrate eingestellt haben. Entsprechende Forderungen nach einer Geldlohnerhöhung und ihre Durchsetzung, also die Wiederherstellung des alten Reallohnniveaus, führen bei einer nun nicht weiter expansiven Staatstätigkeit zum früheren Beschäftigungsstand zurück, der aber nun mit einer positiven Inflationsrate verbunden ist. Wird das gleiche Manöver wiederholt, so endet es bei noch stärkerer Inflation erneut bei diesem Unterbeschäftigungsniveau, das Friedman als „natürliche" Arbeitslosenrate bezeichnet. (Friedman begründet diesen Prozeß allerdings nicht mit Beschäftigungsanreizen via Reallohneffekt für die Unternehmen, sondern mit der These der „neuen mikroökonomischen Beschäftigungstheorie", daß ein Teil der Arbeitnehmer bei einem bestimmten Reallohn „freiwillig" arbeitslos ist, da dieser ihnen nicht als lohnend genug erscheint, und sie nur dann und solange Beschäftigungsangebote annehmen, wie sie aufgrund einer zu niedrigen Einschätzung der Inflationsrate bei Geldlohnerhöhungen sich einen Reallohnzuwachs erhoffen.) Die Konsequenz ist für Friedman ein Leugnen der Existenz eines dauernden „trade-off" zwischen Inflation und Arbeitslosigkeit; die langfristige Phillips-Kurve verlaufe vielmehr senkrecht und der Versuch der Wirtschaftspolitik, die Arbeitslosigkeit ständig unter ihrem „notwendigen" Niveau zu halten, müsse folglich eine fortschreitende Geldentwertung nach sich ziehen. Die keynesianische Methode, über eine Inflation die Beschäftigungslage zu verbessern, ist nach dieser Auffassung zum Scheitern verurteilt. Unterbeschäftigung kann nur dann mit Hilfe einer Geldentwertung abgebaut werden, wenn die Inflationsrate ständig steigt oder von den Wirtschaftssubjekten nicht voll antizipiert wird.[152]

Es lassen sich zwar verschiedene Einwände gegen diese Theorie vorbringen (so gelangt Rothschild unter der realistischeren Annahme einer nicht vollständigen Anpassung der Reallöhne nur zu gedämpften Schwingungen, die zu einem Gleichgewicht führen, und damit zu einer dauernden und stabilen Phillips-Kurve traditioneller Art[153]); dennoch scheinen die empirischen Daten (vgl. oben S. 256) eher Friedmans These zu bestätigen. Letztlich ist aber der Beweis, daß die Entwicklung der Kombinationslinie von Arbeitslosigkeits- und Inflationsraten gerade seine Theorie stützt, wohl kaum zu führen. Sicherlich sind auch andere Erklärungsansätze für die Verschlechterung der „trade-off"-Situation denkbar.

Stand und Entwicklungsrichtung der Reallöhne wie der Verteilungsquoten überhaupt sind von entscheidender Bedeutung für die Investitionsneigung der Unternehmen. Das Hauptproblem in einer Rezession besteht für die Wirtschaftspolitik gerade darin, diese zu beeinflussen, um für eine erneute Investitionstätigkeit zu sorgen, da nur dann die Beschäftigungsituation sich nachhaltig verbessert und der Inflationsdruck in Zukunft via Kapazitätseffekt wenigstens tendenziell abgeschwächt wird.

Auf die mangelnde Zinsabhängigkeit der Investitionen und das Ausbleiben gerade von Erweiterungsinvestitionen wurde jedoch oben schon hingewiesen. Der deutsche Sachverständigenrat glaubt zudem, daß die „Verkrampfung des Investitionsmuskels" nicht durch zusätzliche Nachfrage allein zu lösen sei, die Ertragslage der Unternehmen müsse in erster Linie von der Kostenseite „entkrampft" werden.[154] Den Gutachterberechnungen zufolge ist die Realrendite der gewerblichen Wirtschaft in der Bundesrepublik seit 1960 im Trend um fast 40% gesunken; so wird recht vorsichtig formuliert: „Der Befund läßt vermuten, daß die geringe Bereitschaft zu investieren mit den schrumpfenden Gewinnspannen zusammenhängt." Die Gutachter fahren aber fort: „Allerdings läßt sich die Zurückhaltung der Investoren möglicherweise nicht ohne Rest aus der verschlechterten Gewinnsituation erklären."[155]

Dies deutet auf einen Punkt hin, der in Rentabilitätserwägungen direkt keine Rolle spielt und dem folglich auch nicht mit rein ökonomischen Mitteln beizukommen ist: oft wird in Krisenzeiten das fehlende „Vertrauen" der Unternehmer in die globale wirtschafts- und gesellschaftspolitische Entwicklung für eine gewisse „Investitionsunlust" verantwortlich gemacht. Die gesellschaftliche Machtposition der Investoren wird dann recht deutlich, wenn „im Namen der Investitionsneigung" auf gesellschafts- und sozialpolitische Reformen, die die Dispositionsfreiheit der Unternehmer einzuengen drohen, verzichtet wird. In diesem Sinne hält es mancher Politiker für angezeigt, „einmal ganz klar und deutlich zu sagen, daß wir die Staatsquote am Sozialprodukt nicht mehr erhöhen können und wollen, daß es keine zusätzliche Belastung des Ertrages in absehbarer Zeit mehr geben wird, und daß wir nichts von alledem, was Umverteilung oder Vergesellschaftung oder Investitionslenkung heißt, in Betracht ziehen".[156]

Eine solche Unterordnung des staatlichen Handelns unter den Aspekt der Wirtschaftsförderung mag zwar ökonomisch zunächst einige Erfolge bringen, ob dies jedoch auch langfristig politisch klug wäre, ist eine andere Frage.

## 3.3. Die Erweiterung der Steuerungskonzeption durch die Einkommenspolitik

### 3.3.1. Das Verteilungsproblem und die „Anspruchsinflation"

Die Bedeutung des Verteilungskampfes für Preis- und Lohnbestimmung sowie für die Investitionsneigung wurde bereits aus den vorangegangenen Abschnitten ersichtlich. Es wird gesagt, daß ein „Zurechtrücken der Verteilungsrelationen", d.h. ein Abbau der in der Rezession gestiegenen Lohnquote, notwendig sei, um die Investitionsbereitschaft der Unternehmen zu stärken; die Kompression der Gewinnmargen sei zu weit gegangen. Daß eine durch kontraktive Lohnpolitik und Bemühungen zur Nachfrageanregung erstrebte Steigerung der Unternehmensgewinne ohne weiteres hingenommen wird, ist allerdings nicht immer zu erwarten. Ob der Weg einer Forcierung der Vermögenspolitik zur Linderung des Verteilungsproblems ausreicht, wie u.a. vom deutschen Sachverständigenrat vorgeschlagen wird, bleibt abzuwarten.[157]

Hier macht sich die bisherige Vernachlässigung einer grundsätzlichen Einarbeitung der Verteilungsfrage in die Stabilisierungskonzeptionen und -gesetze bemerkbar, eine Unterlassung, die sicherlich schon auf Keynes zurückgeht, die aber heute kaum durch sporadische Verwendung grenzproduktivitätstheoretischer Argumente — um Verteilungskämpfe als aussichtslos darzustellen — auszubügeln ist.

Eine Änderung der Verteilungsquoten zugunsten der Unternehmer, um dadurch ihre Investitionsbereitschaft zu erhöhen, erscheint deshalb so schwierig, da die Inflationserfahrung schon die Konventionen zerstört hat, „die die Hinnahme der existierenden Verteilung beherrschten. Jedermann kann sehen, daß sein relatives Einkommen abhängt von der Verhandlungsposition der Gruppe, zu der er gehört".[158] Als Folge ist zu beobachten, daß aus Furcht vor Geldentwertung und Einkommensverlusten die Arbeitnehmer Inflationserwartungen und die Unternehmer zukünftige Kosten- und Lohnsteigerungen in ihre Marktforderungen einkalkulieren, da die sozialen Gruppen in einem marktwirtschaftlichen System gar keine andere Möglichkeit haben, als über monetäre Ansprüche um die reale Verteilung zu kämpfen. Bei einer permissiven Geld- und Fiskalpolitik erfährt dadurch die traditionelle Nachfrage- oder Kosteninflation eine „dialektische Überhöhung" durch die „Einkommens"- oder „Anspruchsinflation". So gesehen ist dann die Geldentwertung das Ergebnis ständig überhöhter Ansprüche an das Sozialprodukt, den zur Verteilung zur Verfügung stehenden „Kuchen".

Natürlich wird an einer solchen Betrachtung kritisiert, daß der Schluß von partiellen Preisänderungen auf das Preisniveau theoretisch verfehlt sei. Ein andauernder „wage"-, „cost"- und „profit-push" ist ohne eine entsprechende gesamtwirtschaftliche Finanzierung unmöglich (Woll bezeichnet daher eine solche Theorie der Lohn-Preis-Spirale schlichtweg als „Vulgärökonomie"[159]). Daß eine Inflation letztlich immer monetär alimentiert werden muß, ist freilich eine Binsenweisheit, die den wirtschaftspolitischen Instanzen nicht aus ihrer Problemsituation heraushilft, aus politischen und gesellschaftlichen Motiven und gegen die ökonomische Vernunft oft die monetäre und fiskalische Expansion zulassen zu müssen. — Das Versagen der Geld- und Fiskalpolitik, die gesellschaftlichen Ziele bezüglich Beschäftigung und Geldwert gleichzeitig zu verwirklichen, hat die Suche nach weiteren Instrumenten stimuliert. Schon früh begann man, „Einkommenspolitik" zu betreiben.

Das ihr zugrundeliegende Konzept stellt eine gewisse Abkehr von keynesianischem Gedankengut dar: War noch bei Keynes die Verwendung des Einkommens für den Wirtschaftsablauf entscheidend, so wird nun die — überhöhte, d.h. nicht marktgerechte — Einkommensentstehung als ausschlaggebend für unerwünschte makroökonomische Ergebnisse betrachtet, was durch „klassisch" keynesianische Maßnahmen zuweilen nicht zu beheben ist. Das gilt insbesondere dann, wenn eine nachholende Beschneidung der Einkommen mittels Steuervariationen wegen politischer Widerstände und Rück- oder Überwälzungsbestrebungen nicht angezeigt erscheint. Es liegt dann nahe zu versuchen, die Forderungen der sozialen Gruppen an den Markt in irgendeiner Form auf das „rechte Maß" zu begrenzen und die Tarifpartner für die gesamtwirtschaftlichen Folgen ihrer Entschlüsse verantwortlich zu machen. Der deutsche Sachverständigenrat formuliert sehr schön: „Ein allgemeines Interesse ist hier einem partikularen Interesse gleichsam angehängt, und es machte keinen Sinn, wollte man verlangen, die Öffentlichkeit und der Staat sollten gespannt zwar, doch gleichsam sprachlos das Ergebnis dieser nichtöffentlichen Entscheidungsprozesse, das alle angeht, wie ein Naturereignis auf sich zukommen lassen."[160] Daß eine Bindung der „Entscheidungsfreiheit der Arbeitsmarktparteien an gewisse Normen", die die Einkommenspolitik versucht, letztlich eine „euphemistische Umschreibung von Interventionen in den Lohnbildungsprozeß" darstellt, wird vom Sachverständigenrat allerdings bestritten.[161]

Wenn aber keine direkten Eingriffe in die Preis- und Lohnbildung angestrebt sind, fragt sich, auf welche Weise dann Einfluß darauf ausgeübt werden kann. Man könnte versuchen, bestimmte Leitlinien für stabilitätskonformes Marktverhalten festzusetzen (wobei natürlich das Prognoseproblem wieder auftaucht) und an die sozialen Gruppen zu appellieren, diese einzuhalten. Da man aber zumeist nur Lohnleitlinien aufstellt, wird bei Arbeitnehmern und Gewerkschaften der nicht unbegründete Eindruck einer „sozialen Asymmetrie" erweckt, was diese nicht gerade zu einer Einhaltung der Orientierungsdaten motivieren dürfte. Die Vorschläge einer produktivitätsorientierten oder kostenniveauneutralen Lohnpolitik sind zudem selbst bei ihrer Realisierung in bezug auf das Ziel der Geldwertstabilität nicht unbedingt erfolgversprechend, da Unternehmensgewinne und Preise nicht ausschließlich kosten- (und schon gar nicht nur lohnkosten-)bedingt sind, sondern in hohem Maße von der allgemeinen Marktlage auf der Absatzseite abhängen.

Darüber hinaus können Lohnleitlinien auch selbst zu „Fehlanreizen" führen: Da sie zumeist gesamtwirtschaftlich konzipiert sind, also Durchschnittswerte darstellen, die in verschiedenen Wirtschaftszweigen aufgrund unterschiedlicher Produktivitäts- und Kostenentwicklungen unter- bzw. überschritten werden können und sollen, werden die Gewerkschaften jeder Branche versuchen nachzuweisen, daß gerade sie über dem Schnitt liegen. Ein expansiver Druck kommt dadurch hinzu, daß einmal veröffentlichte Leitlinien als „erlaubte" Lohnforderungen angesehen werden, über die gar nicht mehr gestritten wird, sondern die von den Gewerkschaften als Minimalforderung und Ausgangspunkt zu höheren Verhandlungsergebnissen betrachtet werden.[162]

Für das Jahr 1975 stellte der deutsche Sachverständigenrat recht „harte" Richtlinien für die Lohnpolitik auf: auf ein weiteres Anstreben einer Lohnquotensteigerung sollte verzichtet werden, ebenso auf Ausgleichforderungen bei einem Ansteigen der Unternehmensgewinne oder der Inflationsrate.[163] Doch wie ist das zu erreichen? Versucht wurde immer, über Appelle das Verhalten der Wirtschaftssubjekte zu beeinflussen. Eine solche „moral suasion" (von Kritikern in Analogie zur Offenmarktpolitik als „open-mouth-policy" bezeichnet[164]) ist in der Konjunkturpolitik vielleicht erfolgreich, wenn man glaubt, daß die Konjunktur ein sozialpsychologisches Phänomen sei. Erfahrungen haben aber gezeigt, daß diese Strategie nur dann funktionieren kann, wenn sie sich nicht gegen die Interessenlage der Betroffenen richtet (dann freilich ist sie aber auch nutzlos). „Wo immer man moral suasion gegen die Marktkräfte anwendet, wird sie letztlich erfolglos bleiben."[165]

Der Versuch, über moralische Appelle an die „Verantwortlichkeit" der Tarifparteien für die gesamtwirtschaftlichen Folgen ihres Tuns diese zu einem marktgerechten Verhalten zu veranlassen, ist wenig erfolgversprechend und ebenso verfehlt wie seine analytische Grundlage, die Theorie der „Anspruchsinflation". Nur in einem kooperativ geplanten und auf dem erklärten Willen aller Gesellschaftsmitglieder aufbauenden Produktionsweise bestünde u. U. die Möglichkeit, über politische Diskussion und kollektive Willensbildung Einfluß auf die Aktionen von Personen(gruppen) zu nehmen. In einem marktwirtschaftlichen System bildet (was schon bei den Klassikern Eingang in die ökonomische Theorie gefunden hat) das private Motiv, d.h. das wirtschaftliche Interesse die Handlungmotivation der Individuen und Gruppen; deren soziale Funktion ist erst ein ungeplantes Nebenprodukt dieses Interaktionsmusters. Es ist auch nichts Neues, daß die Wirtschaftssubjekte nach Maßgabe bekannter Nutzen- oder Gewinnkalküle maximale Marktforderungen aufstellen; seit jeher sind mikroökonomische Modelle auf solchen Verhaltensannahmen aufgebaut.

Neu ist vielmehr, daß diese Marktforderungen und -aktionen keine endogen bestimmten Grenzen finden, d.h. an der Verhaltensfunktion der Marktgegenseite gebrochen werden. Schuld daran ist aber nicht, daß die sozialen Gruppen „zu hohe Ansprüche" an das Sozialprodukt stellen, sondern daß der Sanktionsmechanismus teilweise außer Kraft gesetzt ist, der „nicht-marktgerechtes" Verhalten durch Einkommens- und Beschäftigungsverluste sowie Absatzeinbußen bestraft und so zu einem den Markt nicht überfordernden Verhalten motiviert. In letzter Konsequenz ist es der Staat selbst, der durch seine Vollbeschäftigungspolitik und -garantie sowie durch die Erwartungen und die Realität einer entsprechend absichernden Geld- und Fiskalpolitik diese Rahmenbedingungen des Marktsystems unterminiert.

Ist es erst soweit gekommen, muß sich die Wirtschaftspolitik mit dem Problem befassen, daß die Tarifpartner Inflationserwartungen in ihre Kalküle einbeziehen und so der Inflationsprozeß quasi vorprogrammiert wird, d.h. die vorsorglich überhöhten Forderungen und ihre Realisierung gerade zu den prognostizierten Preissteigerungen führen. Verhindert werden könnte dies durch den Abbau dieser Erwartungsstrukturen; dazu wurde wiederholt eine Indexierung aller monetären Größen vorgeschlagen. Da diese bisher in den westlichen Industrieländern aber noch nicht durchgängig erprobt wurde, soll im folgenden auf eine deutsche Variante der Einkommenspolitik, die „Konzertierte Aktion", eingegangen werden.

### 3.3.2. Der Versuch einer „Konzertierten Aktion"

Ausgehend von der Erkenntnis, daß ein Verteilungskampf das Erreichen der Stabilitätsziele erheblich gefährden kann, war es die Absicht der „Konzertierten Aktion", quasi als Ausdruck „kollektiver Vernunft" diese Auseinandersetzungen in „vernünftige Bahnen" zu lenken und auf das „sachlich Notwendige" zu beschränken. Als „Forum des freiwilligen Austauschs von Informationen und gegenseitiger Aufklärung" sollte sie einen sozialen Dialog in Gang setzen, von dem man sich nicht zuletzt eine gesellschaftspolitisch integrierende Wirkung versprach.[166]

Dieser Konstruktion lag eine Vorstellung zugrunde, die gesellschaftliche Konflikte nicht auf soziale und ökonomische Gegebenheiten zurückführte, sondern in mangelndem guten Willen, fehlender Einsicht und unzureichender Information über politische und wirtschaftliche Zusammenhänge begründet sah, m.a.W. daß Individuen und Gruppen, wenn man ihnen „gut zuredet", sich sehr wohl stabilitätsgerecht verhalten würden, wenn sie nur wüßten, wie dies anzufangen sei. Eine gemeinsame Stabilisierungsaktion sei dann möglich, wenn sie von allen Beteiligten „wirklich gewollt" sei; man müsse den sozialen Gruppen die gesamtwirtschaftliche Verantwortung ihres Tuns klar machen, die dann „unter dieser Last" nicht anders könnten als sich „kooperativ zum Wohle des Ganzen verhalten".[167] Indem die Verbände auf das Gemeinwohl aufmerksam gemacht werden, würden diese ihre Zielvorstellungen relativieren. Dazu sei es aber nötig, die gegenseitigen Interessen transparent zu machen, weshalb einer wechselseitigen Verbesserung des Informationsniveaus eine besondere Wirkung zugeschrieben wurde, um dadurch zu einer „ex-ante-Koordinierung" der Ansprüche an das Sozialprodukt zu gelangen. Ein solches Konfliktverständnis beinhaltet ein harmonistisches Gesellschaftsbild und die Annahme eines allumfassenden Wert- und Zielkonsensus der sozialen Gruppen. Nach dieser Gemeinwohlkonzeption, die an den Begriff der „kommunistischen Fiktion" Myrdals erinnert, bietet schon die Einsicht in die wechselseitige Vorteilhaftigkeit eine Grundlage für eine gemeinsame Verhaltensabstimmung. Sozialer Konflikt ist hier nicht wesentlich. „Wo er dennoch auftritt, beruht er darauf, daß man nicht überall das Gemeinwohl erkannt hat. Tatsächliche Interessengegensätze müssen in dieser Perspektive auf Mangel an Rationalität beruhen, da die ‚wahren' Interessen stets übereinstimmen... Eine Verschiedenheit in der Auffassung des Gemeinwohls konnte unter diesen Umständen nur darauf beruhen, daß mindestens eine Seite sich im Irrtum befand, weil sie sich weigerte, die offenkundige Wahrheit zu sehen."[168]

Führt man soziale Konflikte auf Mißverständnisse und Informationsmängel zurück, gelangt man zwangsläufig zu idealistischen Lösungen und überschätzt die Möglichkeiten eines „groß angelegten contrat social". Die Bundesregierung zeigte sich im Gegensatz zum Sachverständigenrat konflikterfahrener und bemerkte dazu in ihrem Jahreswirtschaftsbericht 1968: „Eine umfassende Beseitigung vermeintlicher Gegensätze durch Abschluß eines ‚Rahmenpaktes' ... stellt unter den gegebenen Verhältnissen zu hohe Anforderungen an die gesellschaftlichen Kräfte."[169]

Eine wirkungsanalytische Kritik der „Konzertierten Aktion" hat zunächst zu fragen, ob wirklich eine Informationsverbesserung eintritt und welcher Art diese ist. Wie schon bemerkt, ist die Wirkung einfacher Appelle gering. Es ist auch fraglich, ob eine Seite wirklich neue Informationen über ihre Absichten und deren ökonomische Hintergründe liefern kann, die nicht ohnehin bekannt sind. So bleibt nur der Austausch von Absichten und ein „Interessenclearing" über die Ziele selbst übrig.

Hier ist als Problem der Globalsteuerung einzuschieben, daß nur im theoretischen Modell eine Beeinflussung der makroökonomischen Größen direkt möglich ist. Realiter muß aber die Politik auf die Wirtschaftspläne von Millionen Wirtschaftssubjekten einwirken, die auf den Instrumenteneinsatz oft anders als modellhaft reagieren. Tuchtfeld führt die Fiktion, daß Makrogrößen wie selbständige kollektive Wirtschaftssubjekte in ihrem Verhalten gesteuert werden könnten, auf die dem Keynesianismus eigene Verselbständigung der Makrorelationen zurück; ein durch gedankliche Abstraktion gewonnenes Abbild der Wirklichkeit werde so für die Wirklichkeit selbst gehalten.[170]

Auch der Begründer der Globalsteuerung in der Bundesrepublik, Schiller, hat das Problem des Transmissionsmechanismus zwischen Mikro- und Makroökonomie gesehen. Er sah die Lösung darin, zu akzeptieren, daß wir nicht mehr in einer „Walras-Welt" leben, und sogar eine Beteiligung mächtiger Verbände am wirtschaftspolitischen Entscheidungsprozeß anzustreben. Die „Konzertierte Aktion" sollte das Forum bilden und dafür Sorge tragen, daß „Oligopole und organisierte Gruppen zu Makrodezisionen Zugang haben". Unternehmer und Gewerkschaften werden also selber an der Aufstellung der Plangrößen beteiligt, die sie hinterher realisieren sollen. „Die eigentlichen Orientierungsdaten für die autonomen Gruppen stehen dabei nicht am Anfang der Konzertierten Aktion, sondern ... an ihrem Ende als Resultat des gemeinsamen Bemühens."[171] Daß damit keine Verhaltenskoordination nach Maßgabe staatlicher Ziele erfolgt, sondern die Verbände selbst an der staatlichen Zielbildung mitwirken, hat verständlicherweise die Kritik von liberaler Seite provoziert. Man befürchtet eine Verformung der Wirtschaftspolitik nach ständestaatlichem Muster und die mögliche Entwicklung der „Konzertierten Aktion" zu einer nicht-öffentlichen, demokratisch nicht legitimierten „Clearing-Stelle", in der nicht nur ökonomische, sondern gesellschaftspolitische Ziele diskutiert und nach dem Motto „Lohnzurückhaltung gegen Mitbestimmung" gehandelt werden. Daß die Gewerkschaften die „Konzertierte Aktion" als Mittel der Verteilungs- und Gesellschaftspolitik ansehen, ist ja bereits bekannt.

Ob nun die Abstimmung mit den Interessengruppen eine „rationale" Wirtschaftspolitik bedeutet und es die Aufgabe dieser Gruppen sein kann, die Politik zu sanktionieren, läßt sich hingegen wissenschaftlich kaum beurteilen.[172] Ein weiterer Problemkreis setzt bei der Frage an, ob sich wirklich eine Verhaltenskoordination ergibt. Zunächst ist es zwar richtig, daß gerade die Arbeitnehmer unter der Geldentwertung leiden und sie bzw. die Gewerkschaften ein Interesse an einer Inflationsbekämpfung haben. Erstens ist aber zu fragen, ob das stabilitätskonforme Befolgen bestimmter Leitlinien seitens der Gewerkschaften tatsächlich einen positiven Effekt auf Preisniveau und Beschäftigung hat. Denn die lohnpolitische Hypothese der „Konzertierten Aktion" weist einige Schwachstellen auf: Selbst wenn eine Übereinkunft über das künftige Tariflohnniveau erzielt würde, könnten doch aufgrund der stark konjunktur- und marktbestimmten „wage-drift" sich die Effektivlöhne anders als geplant entwickeln; außerdem ist das Erreichen der Stabilitätsziele auch von weiteren Faktoren, den übrigen Nachfragekomponenten und der Liquiditätsversorgung abhängig, so daß eine Zurückhaltung der Gewerkschaften in ihren Augen nicht unbedingt erfolgversprechend ist.[173]

Zweitens sind auch bei einem angenommenen Funktionieren dieser Wirkungskette „Fehlanreize" denkbar, die auf den Charakter des Zieles der Geldwertstabilität selbst zurückzuführen sind: Da niemand von dem „Genuß" stabiler Preise ausgeschlossen werden kann (Geldwertstabilität ist ein „öffentliches Gut"), ist jedermann für eine Antiinflationspolitik — aber auf dem Rücken der anderen. Niemand wird von sich aus einen Preis dafür zahlen wollen. Es taucht hier das sog. „free-rider"-Problem auf, daß nämlich auch Gruppen, die nicht zur Inflationsbekämpfung beitragen, von einem stabilitätsbewußten Verhalten anderer Gruppen profitieren. Da es keine zentralisierten Lohnverhandlungen gibt, ist es also für die einzelnen Gewerkschaften vorteilhafter, sich in die Rolle eines Außenseiters zu begeben und in ihren Lohnforderungen über die vereinbarten Orientierungsdaten hinauszugehen, um so relative Einkommensvorteile gegenüber den „braven" Gewerkschaften zu erzielen. Denkt und handelt nun jede Gewerkschaft in dieser Weise, kann ein solcher Anreiz, daß gerade stabilitätswidriges Verhalten belohnt wird, der Einhaltung der Leitlinien und der Realisierung des Stabilitätszieles im Wege stehen.[174]

Ebenfalls sind die Probleme der verbandsinternen Willensbildung zu beachten. Da an der „Konzertierten Aktion" nur die Spitzenvertreter der großen Verbände teilnehmen, müßte bei einer Einigung auf höchster Ebene eine Motivtransmission nach unten erfolgen. Besonders die Gewerkschaften stehen hier aber vor dem Konflikt, daß sie bei lohnpolitischer Zurückhaltung leicht den Kontakt zu den Arbeitnehmern und Mitgliedern verlieren, was die Verbandsspitze im Interesse der Behauptung ihrer Führungsrolle nicht hinnehmen kann. So muß man davon ausgehen, daß man von den Gewerkschaften zuviel verlangt, wenn man von ihnen ein freiwilliges stabilitätsbewußtes Verhalten fordert. — Angesichts einer Vollbeschäftigungsgarantie bleibt i.d.R. wenig Raum für die oft beschworene gesamtwirtschaftliche Verantwortung der Tarifpartner. Staatliche Veranstaltungen wie die „Konzertierte Aktion" sind dann Foren, in denen organisierte Einzelinteressen eher durchgesetzt als kanalisiert werden, da die Möglichkeit der Androhung ökonomischer Sanktionen fehlt.[175]

Der Schluß vom Bekenntnis der sozialen Gruppen zur Festigung und Aufrechterhaltung der Funktionsfähigkeit des Marktes auf eine Zurückhaltung bei kurzfristigen Aussichten auf Differentialgewinne erweist sich als verfehlt. Die Forderung nach Zurückstellung kurzfristiger Einkommensinteressen widerspricht eher der Logik des marktwirtschaftlichen Systems. So möchte man mit Morgenstern die Erfolgsaussichten einer nicht an direkten Eingriffen orientierten Einkommenspolitik grundsätzlich als gering einstufen: „Es ist widersinnig, von Unternehmern oder Gewerkschaften zu verlangen, sie sollten z.B. in Zeiten der Inflation ein nicht-inflationistisches Verhalten an den Tag legen, d.h. keine Preise erhöhen, nicht auf höhere Löhne drängen usw." Man kann nicht von den Individuen erwarten, „daß sie sich innerhalb ihres gesetzlich gültigen Rahmens anders verhalten sollen, als es das wirtschaftliche Motiv des Selbsterhaltungstriebes und die individuelle Rationalität verlangen".[176]

## 3.4. Aufgabe des Keynesianismus: der Monetarismus als Alternative?

In fast allen Ländern der westlichen Welt rückt besonders in letzter Zeit die besorgniserregende Entwicklung der Finanzlage der öffentlichen Haushalte immer mehr in den Mittelpunkt grundsätzlicher finanz- und wirtschaftspolitischer Diskussionen. Ständig steigende Budgetdefizite rufen die frühere These Lerners bezüglich der Notwendigkeit einer permanenten kompensatorischen Finanzpolitik in Erinnerung. Die Eigendynamik staatlicher Ausgabenprogramme, die, einmal in Gang gesetzt, scheinbar automatisch weiterwuchsen und den Staatshaushalt auch über ungeplante Folgekosten aufblähten, trug mit dazu bei, daß das ursprüngliche Konzept eines zyklischen Budgetausgleichs nicht eingehalten wurde.

Jedoch wird auch von wissenschaftlicher Seite diese Entwicklung nur zum Teil auf konjunkturpolitische Erfordernisse zurückgeführt. Man spricht von einem „strukturellen" Defizit, das auch in Zeiten der Hochkonjunktur bei wieder stärker sprudelnden staatlichen Einnahmequellen nicht abgebaut werden könne, wenn man sich nicht zu einer grundsätzlichen Neubesinnung der Staatstätigkeit und ihrer ausgabewirksamen Verpflichtungen entschließe.[177]

Immer größer werdende Budgetdefizite bringen in zweifacher Hinsicht erhebliche Probleme mit sich. Zum einen wird ihre Finanzierung schwieriger: So war es in der Bundesrepublik 1975 zunächst ein Problem, am Kapitalmarkt langfristige Anleihen zu plazieren; im Interesse der Kursstützung der staatlichen Papiere und der Vermeidung eines stabilitätspolitisch unerwünschten Zinsanstiegs sah sich die Bundesbank genötigt, durch Interventionskäufe das Gleichgewicht auf dem Kapitalmarkt zu wahren, so daß das „deficit-spending" quasi über eine Geldschöpfung erfolgte, die im Hinblick auf die Inflationsbekämpfung bedenklich erschien.

Zum andern können sich aufgrund dieser Finanzlage die öffentlichen Hände, besonders auf der unteren Ebene, veranlaßt sehen, auch in Depressionszeiten auf — auch konjunkturpolitisch notwendige — Investitionen zu verzichten oder sind sogar gezwungen, Personal zu entlassen (das Beispiel New York).[178] Ein solches Parallelverhalten der öffentlichen Haushalte ist nun konjunkturpolitisch ebenso verfehlt wie unter dem Aspekt der Allokationsausgabe der Finanzwirtschaft. Da staatliche Investitionen als Vorleistungen für den privaten Sektor anzusehen sind, kann eine unzureichende Bereitstellung öffentlicher Produktionsgüter zu Disproportionalitäten im Produktionsprozeß und damit zu einem suboptimalen Produktionsergebnis führen. Die Folge sind Fehlallokationen, Wohlfahrts- und vor allem Wachstumsverluste. Eine antizyklische Ausgabenpolitik kann die Langzeitpolitik des Staates erheblich gefährden. Auch wenn ein „konjunkturneutraler" Haushalt angestrebt wird, so wirkt dies allokations- und distributionsmäßig keineswegs neutral.[179]

So hält es der deutsche Sachverständigenrat für angezeigt, die Finanzpolitik wieder stärker auf ihre eigentliche Allokationsaufgabe auszurichten. Im Zielkonflikt zwischen Stabilitäts- und Infrastrukturpolitik vertritt er die These, daß „die Rolle der Finanzpolitik im Konzept der Globalsteuerung weniger anspruchsvoll formuliert werden sollte, diese Rolle dann aber auch konsequenter als bisher auszufüllen wäre".[180] Mit dem Vorschlag, die ökonomische Aktivität statt dessen eher mit der Geldpolitik zu steuern, nähert man sich so der monetaristischen Position. Die Geldmengensteuerung wird von vielen Ökonomen insbesondere wegen der kürzeren „lags" und der größeren Strukturneutralität als effizienter angesehen, wenn auch ihre mittelfristige Wirkung auf das Preisniveau verläßlicher erscheint als ihr kurzfristiger Effekt auf die Beschäftigung. Andererseits steht eine große Zahl von Ökonomen nach wie vor dem kritisch gegenüber und glaubt, daß in der Realität wohl eher die Geldmenge der Nachfrage angepaßt wird als umgekehrt, daß also, um es in klassischen Termini auszudrücken, eher die „banking"- als die „currency"-Theorie zutrifft.[181]

Jedoch geht es in wirtschaftspolitischen Diskussionen eigentlich gar nicht so sehr um die Frage, in welcher Richtung nun ein kausaler Zusammenhang zwischen Geldmengenentwicklung und ökonomischer Aktivität wirkt. Entscheidender ist die Überlegung, daß jegliches Sozialproduktwachstum sich nur innerhalb eines monetären Rahmens realisieren läßt, wobei dieses Wachstum in eine (erwünschte) reale und eine (unerwünschte) monetäre Komponente zerfällt. Es wurde bereits dargelegt, daß die Inflationserwartungen der Wirtschaftssubjekte über die Einbeziehung in Kalküle, Marktforderungen und Verhaltensweisen im Sinne einer „self-fulfilling prophecy" gerade dazu führen können, daß die befürchtete Geldentwertung (bei infolge der Furcht vor Beschäftigungseinbußen permissiver Geldpolitik) tatsächlich eintritt.

Wir wollen nun annehmen, daß eine Kontrolle der Notenbank über das Geldvolumen gegeben ist. (Daß dies in der Praxis ein Problem darstellt, soll hier nicht weiter interessieren. Neben einer außenwirtschaftlichen Absicherung über flexible Wechselkurse sah der ursprüngliche Friedman-Plan eine Unterbindung der Geldschöpfung durch die Privatbanken mit Hilfe eines 100%igen Mindestreservesatzes vor; heute versucht man, das Geldvolumen über eine Kontrolle der Zentralbankgeldmenge bzw. der Bankenliquidität in den Griff zu bekommen.) Es gelinge nun den geldpolitischen Instanzen, die monetäre Expansion in einem bestimmten Rahmen zu halten, also z.B. nur ein Geldmengenwachstum von 8% zuzulassen — um ein erwünschtes reales Sozialprodukts-wachstum von 4% und eine als unvermeidlich angesehene Preisniveausteigerung von 4% zu finanzieren. Über den Ankündigungseffekt dieses monetären Wachstumsziels will man nun besonders die Tarifparteien dazu veranlassen, mit ihren Marktforderungen innerhalb des erlaubten Rahmens zu verbleiben. Alle sollen wissen, daß nur stabilitätskonforme Lohn- und Preiserhöhungen finanziert werden. Gehen diese jedoch darüber hinaus, so haben sich die Tarifpartner (bei angedrohter und durchgehaltener Unnachgiebigkeit der Notenbank) etwaige Mengen- und Beschäftigungseinbußen selbst zuzuschreiben.

Kann die Inflation so bei entsprechender „Zurückhaltung" der sozialen Gruppen tatsächlich auf 4% beschränkt werden und erkennen die Wirtschaftssubjekte, daß sie keine inflationsbedingten Einkommensverluste hinnehmen mußten, kann dasselbe Manöver im nächsten Jahr eventuell bei einem niedrigeren Zielwert der Preissteigerungsrate wiederholt werden. Auf diese Art erhofft man sich eine schrittweise Annäherung an das Ziel der Geldwertstabilität.

Ob dieses Konzept Erfolg hat, wird die Praxis zeigen. Theoretisch ist zu sagen, daß die Proklamierung eines bestimmten Geldmengenwachstums und die Vorgabe einer „erlaubten" Inflationsrate indirekt Leitlinien für stabilitätskonformes Lohn- und Preisverhalten darstellen. Sinngemäß gelten also die bereits beim Problem der Einkommenspolitik erwähnten kritischen Punkte (vgl. oben S. 264 und 267f.). Allerdings sind jetzt Sanktionen in Gestalt von Absatz- bzw. Beschäftigungsrisiken mit einem „Fehlverhalten" der sozialen Gruppen verbunden. Das stärkt zwar die Durchschlagskraft des Instrumentes; kritisch ist aber anzumerken, daß Kompetenzen und Verantwortlichkeiten in diesem Modell nicht deckungsgleich verteilt sind: für „überzogene" Forderungen einer Gruppe müssen alle anderen mitbüßen.

Grundsätzlich ist aber zu bezweifeln, ob die Marktteilnehmer die Existenz von Machtstrukturen und Marktunvollkommenheiten zu verantworten haben, die das gleichzeitige Auftreten von Arbeitslosigkeit und Inflation begünstigen. Will hier die Notenbank die Geldwertstabilität durch eine starre Geldangebotsregel „erzwingen", so können sich bei nur langsamen Anpassungsprozessen der Löhne und Preise lange Perioden von Labilität und Ungleichgewicht (und politischer Unruhe) ergeben, während den Politikern die Hände gebunden sind.[182]

Vollbeschäftigungsziele mit dem bisherigen Anspruchsniveau lassen sich mit einem praktizierten Monetarismus wohl kaum erreichen; wie aber in den vorangegangenen Abschnitten deutlich wurde, ist die Vollbeschäftigungspolitik mit ihren Konsequenzen auf Erwartungshaltung und Anspruchsniveau der Wirtschaftssubjekte ohnehin einer heftigen Kritik ausgesetzt. Eine Vollbeschäftigungsgarantie steht aufgrund der Inflationsmentalität dem Ziel der Geldwertstabilität im Wege; vielfach wird sie mittlerweile auch als unverträglich mit dem Postulat der Tarifautonomie betrachtet, woraus sich die Folgerung ableitet, das Beschäftigungsrisiko wieder stärker zu reprivatisieren. Ob allerdings das der Friedmanschen „natürlichen" Arbeitslosenrate verwandte Ziel einer „Normalbeschäftigung" sich vor allem aus politischen Gründen als tragfähig erweist, muß die Praxis zeigen. Die „kritische" Grenze der Arbeitslosigkeit in politischer Hinsicht wird zudem von Land zu Land verschieden sein.[183]

Der Abbau der Inflationserwartungen ist also ein Ziel der monetaristischen Politik. Was das Beschäftigungsziel betrifft, so halten Monetaristen diskretionäre Geld- und Fiskalpolitik dafür ungeeignet; vielmehr werde die konjunkturelle Arbeitslosigkeit durch die angestrebte Verstetigung der Wirtschaftsentwicklung ohnehin vermindert, während dem strukturellen und friktionellen Teil durch eine auf mehr Flexibilität ausgerichtete Arbeitsmarktpolitik beizukommen sei.

Dieser Teil, die „natürliche" Arbeitslosigkeit, sei unabhängig von der Inflationsrate. Der Versuch, diese Unterbeschäftigung durch expansive Geld- und Fiskalpolitik zu bekämpfen, müsse zu ständig fortschreitender Geldentwertung führen. Da die quantitative Bezifferung der „natürlichen" Arbeitslosenrate jedoch problematisch ist (vielleicht auch unmöglich ist, wenn sie doch konjunktur- und inflationsabhängig sein sollte), hat man leicht den Eindruck, daß zirkulär argumentiert wird, wenn von akzelerierenden Inflationsraten auf das Vorliegen „natürlicher" Arbeitslosigkeit zurückgeschlossen wird.[184] Ob es der Politik gelingt, ihr „Nichtstun" bei Unterbeschäftigung in bestimmten Situationen mit dem Verweis auf „natürliche" Arbeitslosigkeit zu rechtfertigen, ist letztendlich keine ökonomische Frage mehr.

So erscheint es fraglich, ob sich die monetaristische Politik, die in langfristiger Perspektive recht vielversprechend klingt, im Wellenbad konjunktureller Schwankungen durchhalten läßt (die angebliche Stabilität des realen Sektors ist schließlich eine unbewiesene Hypothese). Friedman selbst mußte das Scheitern der von ihm vorgeschlagenen Politik eingestehen, als 1970–71 in den USA die Geldverknappung nicht zu einem Sinken der Inflationsrate führte, wohl aber erhebliche Beschäftigungseinbrüche mit sich brachte. Ein wenig Resignation vor der zu lösenden wirtschaftspolitischen Aufgabe klingt an, wenn er sagt: „In einer Hinsicht hat die monetaristische Politik sicherlich versagt. Sie hat uns nicht in ein Schlaraffenland geführt. Sie hat Inflation nicht ohne Rezession gestoppt. Wissenschaftlich gesehen, ist das trivial und uninteressant (?). Ebenso könnte man sagen, daß die Medizin versagt hat, weil immer noch Menschen sterben (?). Politisch gesehen, ist das nicht trivial. Denn es ist heute ein großes Problem, daß die Leute von der Wirtschaftspolitik Erfolge erwarten, die sie nicht erbringen kann."[185] — Die monetaristische Alternative hat sicherlich nicht zuletzt deshalb eine so große Anziehungskraft, weil sie eine mehr regelgebundene Staatstätigkeit an die Stelle des „muddling through" der diskretionären Konjunkturpolitik setzt; sie findet daher die Zustimmung von Neoklassikern und Liberalen, auch von jenen, denen der Staatsinterventionismus schon immer ein Dorn im Auge war. Durch die Erfahrungen um die (Un-)Möglichkeit eines „trade-off" entlang der Phillips-Kurve, die als Nachkriegsanalogie der keynesianischen Lohn- und

Beschäftigungstheorie angesehen werden kann, wurden die keynesianischen Bastionen nachhaltig geschwächt; demgegenüber erfährt die klassische Position, die Keynes angegriffen hatte, eine Neubelebung durch die These der „natürlichen Rate der Arbeitslosigkeit".[186]

Der reaktive Charakter der Fiskalpolitik und die politischen Kalküle hinsichtlich der Durchführung unpopulärer Maßnahmen scheinen durch die monetaristische Politik, die Automatik einer an rein ökonomischen Gesichtspunkten orientierten Variation der Geldmenge, gleichermaßen gegenstandslos zu werden. Es ist aber dann zu fragen, ob sich nicht die Konflikte an der Position der Notenbank entzünden, der in diesem Konzept eine erhebliche Verantwortung und Machtfülle zuwächst. Denn, daß die gesellschaftlichen Gruppen deren „rein sachgerechte" Politik und die Folgen für ihre jeweilige Einkommens- und Beschäftigungssituation ohne weiteres akzeptieren, ist nach dem schon anfangs konstatierten Autoritätsverfall von Wissenschaft und Politik und dem nach wie vor ungelösten Verteilungsproblem kaum zu erwarten.

So verbirgt sich hinter allen Konzepten einer regelgebundenen Konjunkturpolitik letztlich eine „fundamental apolitische Vorstellung", denn „in einer Demokratie braucht die Politik die Freiheitsgrade zur Gestaltung wirtschaftlicher Prozesse, und auch die Menschen lehnen es ab, sich von zwangsläufig eingreifenden sozialkybernetischen Automaten regieren zu lassen".[187]

# 4. Zusammenfassung und Ausblick

## 4.1. Schwachstellen der keynesianischen Stabilitätspolitik

Vierzig Jahre nach der „Keynesschen Revolution" in der Wirtschaftstheorie und nach etwa zehn Jahren wirtschaftspolitischer Praktizierung keynesianischer Gedanken in den westlichen Industrieländern, ist von dem hoffnungsvollen Glauben, nun endlich ein Allheilmittel gegen die Krisenanfälligkeit marktwirtschaftlicher Systeme in der Hand zu haben, nicht mehr allzu viel übrig geblieben. Die Realität hat Theoretiker und Praktiker gleichermaßen desillusioniert. Oft brachte die Globalsteuerung nicht die erhoffte Wirkung oder erwies sich in Teilbereichen als nicht anwendbar bzw. politisch nicht durchführbar; außerdem zog sie auf längere Sicht selbst Folgeprobleme nach sich, die wiederum die Bedingungen für ein erfolgreiches kurzfristiges Eingreifen verschlechterten. So werden heute Bestrebungen erkennbar, vom keynesianischen Konzept abzurücken und das ökonomische Geschehen wieder mehr sich selbst zu überlassen.

Auch wenn es dem Betrachter so scheinen mag, daß dies eine Kapitulation vor den Problemen einer Wirtschaftssteuerung bzw. Krisenbewältigung sei, so wird dies andererseits von einem Teil der Wissenschaft keineswegs als ein Scheitern einer bewußten Wirtschaftspolitik angesehen, sondern vielmehr positiv gewertet, da, wenn man den Vertretern der monetaristischen Position Glauben schenken darf, das ökonomische System bei Verzicht auf diskretionäre Eingriffe ohnehin stabiler sei als unter dem übersteuernden Druck einer „Stop-and-go"-Politik.

So begrüßen die einen den gestiegenen Stellenwert der Notenbank und halten den Versuch, vorwiegend über die Geldpolitik zu wirtschaftlicher Stabilität zurückzufinden, für ein „ordnungspolitisches Experiment“ ersten Ranges[188], während andere glauben, daß der Monetarismus eher hinter Keynes zurückfällt als ihn konstruktiv überwindet, er also keinen Fortschritt in der Geschichte der Wirtschaftstheorie darstellt, sondern nach der These der „Zyklizität der ökonomischen Theorien“ (Neumark) ein Wiederaufleben einer schon als überholt angesehenen alten (klassischen) Position in modernerem Gewande.

Woran lag es nun, daß dem Keynesianismus nicht der Erfolg beschieden war, den man sich von ihm versprochen hatte? In den vorstehenden Abschnitten wurde versucht — freilich unter der Einschränkung, daß außenwirtschaftliche und verteilungstheoretische Probleme im wesentlichen außer acht gelassen wurden —, einen Überblick über die Fülle von Antworten zu geben, die möglich sind. Sie sollen hier nicht alle wiederholt werden; rückblickend seien nur einige Schwerpunkte genannt:

a) Die quantitative Politik bekommt das Strukturproblem nicht in den Griff. Bei strukturellen Anpassungsproblemen ist eine globale Nachfragevariation fehl am Platze; zwar kann dadurch eine partielle Arbeitslosigkeit beseitigt oder besser: überdeckt werden, gerade dann besteht aber die Gefahr einer Verschleppung der für den Produktivitätsfortschritt notwendigen strukturellen Wandlungsprozesse. Das gilt sowohl auf Güter- wie auch auf Faktormärkten. Überschüsse und Defizite auf Teilarbeitsmärkten gleichen sich von selbst immer schwerer aus, da aufgrund von Ausbildungsunterschieden keine Diffusion in ausreichendem Maße stattfindet.[189] Zudem entfällt durch die Gewöhnung an staatliche Stützungsmaßnahmen ein Teil des Zwanges, die Struktur des Güter- und Arbeitsangebotes dem Markt anzupassen. Zuweilen wird die Meinung geäußert, daß auch globale Arbeitslosigkeit angesichts des relativ hohen Rückhalts durch die Arbeitslosenversicherung z.T. als „freiwillig“ anzusehen sei; mag dies auch für den Einzelfall zutreffen, so ist es doch recht zweifelhaft, ob durch den unklaren und kaum empirisch zu belegenden Begriff der „freiwilligen Arbeitslosigkeit“, der in der Geschichte der Nationalökonomie oft eine fragwürdige Rolle gespielt hat, die gestiegenen Arbeitslosenquoten in den westlichen Industrieländern erklärt oder gar gerechtfertigt werden können.

b) Die Staatsausgaben, insbesondere die öffentlichen Investitionen, sind vom Allokationsaspekt eine zu bedeutende Größe, als daß sie kurzfristigen Stabilisierungsversuchen untergeordnet werden dürften. Darüber hinaus ist gegenüber den 30er Jahren, in denen Keynes seine Lehren zur Wirtschaftssteuerung mittels Staatsausgaben vertrat, der Staatsanteil am Sozialprodukt, z.T. aufgrund vieler Reformen und deren personalintensiven Folgekosten, so stark angestiegen, daß schon seine Finanzierung im Status quo Sorgen bereitet, geschweige denn bei weiteren staatlichen ausgabewirksamen Maßnahmen zur Anregung der anhaltend flauen Wirtschaftstätigkeit. Im Gegenteil: Da „die Frage noch unbeantwortet (ist), wie es auf mittlere Sicht mit der Staatsverschuldung weitergehen soll“[190], sind selbst in einer stark rezessionsgeprägten Wirtschaftslage in vielen Ländern Überlegungen im Gange, wie zur Konsolidierung der Staatsfinanzen — und auch im Sinne einer erhöhten Effektivität der Leistungserstellung — der Staatsanteil wieder abgebaut werden kann, indem staatliche Dienste an die Privatwirtschaft zurücküberwiesen werden. Dabei bleibt die Frage, ob dies in die konjunkturpolitische Landschaft paßt, oft unberücksichtigt, wohl auch deshalb, weil man nicht mehr so recht glaubt, daß eine Ausweitung der Staatstätigkeit dem Wirtschaftsablauf in jedem Falle förderlich ist.

c) Jede Stabilisierungsstrategie muß heute mehr denn je das Verteilungsproblem berücksichtigen. Gerade bei geringeren Wachstumsraten verlangt die gestiegene Macht gesellschaftlicher Gruppen eine möglichst auch von ihnen selbst getragene und akzeptierte Einarbeitung partieller Verteilungsziele in ein Gesamtkonzept, da sonst die durch Marktrestriktionen nicht länger gelenkten monetären Verteilungskämpfe die keynesianische Inflationskonzeption des „demand-pull"-Ansatzes sprengen. Die einfache und autoritäre Methode, durch eine harte Geldpolitik diesen Auseinandersetzungen ihren Spielraum zu nehmen, ist ökonomisch nicht immer erfolgversprechend; außerdem wird man damit im politischen Bereich mehr Unruhe erzeugen als beilegen: Ungewisse Erfolge an der Preisfront, die aber bei einer solchen Politik mit sicheren Beschäftigungseinbrüchen verbunden sind, dürften sich nicht als allzu wählerwirksam erweisen, von möglichen schlimmeren Vertrauensverlusten des Staates einmal abgesehen. Es ist zu beachten, daß die einem angestrebten „gesamtwirtschaftlichen Gleichgewicht" zugrundeliegenden makroökonomischen Relationen nicht zuletzt aus dem Kräftespiel gesellschaftlicher Gruppen mit unterschiedlichen, ja antagonistischen Zielvorstellungen resultieren. Eine auf unplausiblen Harmoniepostulaten beruhende Betrachtungsweise des Stabilitätsproblems ist wegen der Unterschätzung von Konflikt in Wirtschaft und Gesellschaft zum Scheitern verurteilt. Eine rein ökonomisch-technische Verbesserung der marktwirtschaftlichen Anpassungsmechanismen reicht nicht aus. „Das Bemühen, Konjunkturtheorie und -politik in ‚rein ökonomischem Sinne', d. h. frei von dahinter stehenden gesellschaftspolitischen Interessenlagen, betreiben zu wollen, dürfte sich ... zunehmend als verhängnisvoll erweisen."[191]

d) Schließlich entscheiden sich die verantwortlichen politischen Instanzen im Konflikt zwischen ökonomischer Vernunft und politischer Opportunität nicht immer für das erstere, sondern ziehen publikumswirksamere Aktionen den zuweilen für die Öffentlichkeit oder bestimmte Interessengruppen unbequemeren Maßnahmen vor. Eine solche Wahlabhängigkeit der Konjunkturpolitik ist zwar verständlich, bringt jedoch die Gefahr mit sich, daß die Politiker jetzige Vorteile gegen spätere Nachteile eintauschen, für die sie hoffen, dann nicht mehr zur Verantwortlichkeit gezogen werden zu können. In einer Demokratie darf eben das Warten auf einen Erfolg der Politik nicht zu lange dauern. Es ist naheliegend, daß die Bevölkerung immer die regierende Partei für die augenblicklich herrschende wirtschaftliche Situation verantwortlich macht, auch wenn diese vielleicht durch Entscheidungen früherer Regierungen wesentlich mitbeeinflußt ist. „Die falsche Zurechnung auf seiten des Wählers macht eine Strategie der bewußten konjunkturpolitischen Enthaltsamkeit politisch undurchführbar, auch dann, wenn sie langfristig die beste Politik ist."[192] Früher oder später kann jedoch eine kurzfristig und kurzsichtig angelegte Politik über die sich anstauenden Folgeprobleme eine Regierung auch schon „zu ihren Lebzeiten" zu so unangenehmen Maßnahmen zwingen, daß ihre politische Existenz auf dem Spiel steht. Es bleibt zunächst offen, wie die Politik sich im Spannungsfeld zwischen Wahlabhängigkeit und ökonomischer Rationalität verhalten wird.

## 4.2. Aspekte der politischen Theorie: über einige Konsequenzen des staatlichen „Krisenmanagements"

Aus der vorstehenden Analyse sollte deutlich geworden sein, daß die Grenzen des Keynesianismus nicht allein in der Unzulänglichkeit des Instrumentariums zu suchen sind, sondern zum großen Teil in den politischen Problemen liegen, die sich einerseits an der

Durchsetzung bestimmter Maßnahmen entzünden und andererseits aus dem Kräftespiel von Interessengruppen in ihrer Auseinandersetzung um die Verteilung des Sozialprodukts resultieren. Es erscheint jedoch unbefriedigend, diese Probleme nur als exogene Störvariable zu behandeln, ansonsten aber an einer modelltechnoloigschen Steuerungs- und Stabilisierungsmechanik festzuhalten. Wenn Wirtschaftspolitik angewandte Wirtschaftstheorie ist, so ist eine solche Beschränkung zweifellos auf den Ansatz der „reinen Ökonomie" zurückzuführen, die gesellschaftliche und politische Fragen allzu gern in den „Datenkranz" ihrer Modelle verweist; wenn aber die Wirtschaftspolitik um die Bewältigung dieser Probleme ringt, so muß auch die Nationalökonomie etwas zu ihren theoretischen Grundlagen zu sagen haben. Wie im letzten Abschnitt schon angeführt, geht es dabei um eine mehr konfliktorientierte Betrachtungsweise des wirtschaftlichen Verhaltens von Individuen und Gruppen, andererseits aber auch um eine genauere Standortbestimmung des Staates, der Institution, die weit mehr als früher in das ökonomische Geschehen eingreift, deren Bedeutungswandel aber von der ökonomischen Theorie noch nicht hinreichend analysiert wurde. Oft erscheint der Staat nach wie vor als „black box", von der technische Operationen zur Optimierung des Wirtschaftsprozesses ausgehen. Der Versuch der „ökonomischen Theorie der Demokratie", die Handlungsmotivationen der politischen Instanzen einzubeziehen, weist zwar in die richtige Richtung, bleibt aber mit seinen althergebrachten Nutzen- und Maximierungskalkülen recht oberflächlich. Bevor Klarheit über die Grenzen des Staatsinterventionismus bestehen kann, ist das Aufgabenfeld zu umreißen, in dem sich der Staat bewegt. Aus der Fülle von Staatsfunktionen in einem marktwirtschaftlichen System sollen hier in bezug auf das Stabilitätsproblem nur zwei beleuchtet werden: Schon anfangs dieser Arbeit (vgl. zum folgenden oben S. 218f.) wurde gesagt, daß das Überleben eines Systems von der Aufrechterhaltung der ökonomischen und politischen Stabilität abhängt.

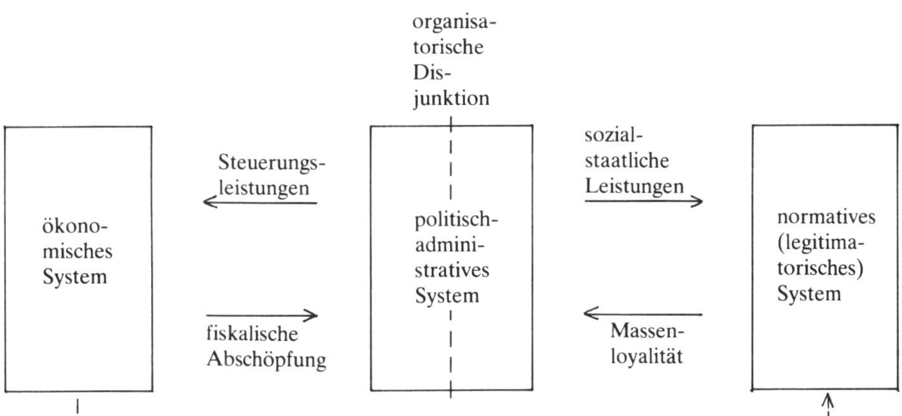


Dabei ist zu beachten, daß die Komplexe der wirtschaftlichen Steuerungsleistungen auf der einen und der Erzeugung von Massenloyalität auf der anderen Seite sich wechselseitig beeinflussen. „Das hohe Maß der Interdependenz der Problembereiche ist dadurch gekennzeichnet, daß ... die zuverlässige Bereinigung eines Krisengebietes regelmäßig die

Gefahr hervorruft, andere zu aktualisieren."[193] Daß ökonomische Funktionsstörungen politische Ungleichgewichte nach sich ziehen können (und umgekehrt), ist hinreichend bekannt. Die vorstehende Arbeit enthält zudem viele Beispiele für die in der Theorie ursprünglich nicht vorgesehene Relativierung ökonomischer Ziele und Mittel nach Maßgabe politischer Kalküle; es sind immer nur Kompromisse, niemals modelltheoretisch reine Lösungsstrategien für ein Problemfeld möglich. — Nach der eingangs dieser Arbeit aufgestellten These einer „Politisierung der Ökonomie" gilt aber nun, daß sich der Erfolgsdruck für eine Regierung, die eine aktive Konjunkturpolitik betreibt, noch verstärkt:

Eine ungenügende Realisierung gesamtwirtschaftlicher Ziele wird ihr selbst dann zur Last gelegt, wenn sie nicht für diesen Mißerfolg voll verantwortlich ist. Wird nämlich der Entwicklungsgang der Ökonomie durch den Staat beeinflußt oder gelenkt, werden in der Öffentlichkeit die Ergebnisse, die der Wirtschaftsprozeß hervorbringt, nicht mehr allein der Funktionsweise dieser Marktprozesse selbst zugeschrieben, wie das noch bei einem ungeplanten Marktsystem des „laissez-faire"-Typs der Fall war. Wenn aber die Verantwortung für die Optimierung wirtschaftlicher Prozesse scheinbar auf die politischen Instanzen, die Ziele und Mittel bestimmen, übergeht, hat das Nichterreichen formulierter Ziele zur Folge, daß dies Fehlern der Wirtschaftspolitik zugerechnet wird. Ist z. B. eine Vollbeschäftigungspolitik proklamiert, aber nicht realisiert worden, so ändert der Tatbestand der Arbeitslosigkeit „seine soziale Definition; er wird nicht mehr als periodisches Ereignis in einem blind wirkenden wirtschaftlichen Konjunkturzyklus, sondern als ‚schuldhaftes' und daher ‚einklagbares' Versagen politisch-administrativer Steuerung perzipiert".[194]

Daraus ergibt sich, daß sich durch den Keynesianismus die Toleranzschwelle einer politisch tragbaren Arbeitslosigkeit grundsätzlich verringert, wenn auch manifeste politische Unruhen durch staatliche Unterstützungsgelder verhindert werden können. Diese belasten den Staatshaushalt aber zusätzlich, so daß nach Wegen gesucht werden muß, die Arbeitslosigkeit von dem relativ hohen Stand herunterzubringen, auf dem sie sich in den meisten Ländern in der letzten Zeit eingependelt hat. Dazu sind allerdings Wachstumsraten des realen Sozialprodukts notwendig, die nach Meinung vieler der Vergangenheit angehören.

Geringeres Wachstum oder sogar Stagnation führt auch in anderer Hinsicht zu Problemen: Systeme, die auf den Erwartungen der Individuen und Gruppen bezüglich eines ständig steigenden (materiellen) Lebensstandards aufgebaut sind oder diese zumindest schüren, geraten dann in Schwierigkeiten, wenn sich diese Erwartungen durchgängig nicht erfüllen und Frustration in Systemkritik umschlägt. Wachstum wirkt konfliktmindernd und wird daher auch zum gesellschaftspolitischen Ziel, da es das Entstehen von Enttäuschungen verhindern kann. „Probleme hinsichtlich der Verteilung des Kuchens ... werden mit dem Hinweis auf das ständige Wachstum eben dieses Kuchens vertagt."[195] Bei Null-Wachstum jedoch kann jeder seinen realen Anteil nur auf Kosten der übrigen erhöhen; die Intensität der Verteilungskämpfe nimmt zu, die Unzufriedenheit steigt, was beides gleichermaßen die Konzepte einer Stabilitätspolitik durchkreuzt.

Wenn man also davon ausgeht, daß wirtschaftliche Stabilität für die Stabilität und Legitimation des gesamten politischen Systems wesentlich ist, und konstatiert, daß die Wirtschaftspolitik ihre Stabilisierungsaufgabe nicht zufriedenstellend zu lösen vermag, so fällt das staatliche Handeln „hinter selbst gesetzte programmatische Ansprüche zurück, worauf als Strafe Legitimationsentzug steht..."[196] Habermas sieht jedoch nicht nur potentielle Krisenherde in ungelösten ökonomischen Steuerungsproblemen und dem Entzug von Massenloyalität, der die Identität des politischen Systems bedrohen kann. Neben ökonomischen und Legitimationskrisen konstatiert er drittens eine Rationalitätskrise, die darin zu sehen ist, daß es dem politisch-administrativen System nicht gelingt, einen für die Erhaltung und Weiterentwicklung von Wirtschaft und Gesellschaft notwendigen „output“ an hoheitlichen Entscheidungen hervorzubringen und durchzusetzen; einmal, weil auch für den Staat die finanziellen Ressourcen knapp zu werden beginnen, und andererseits, weil der Verfolgung des „Gesamtinteresses“ die organisierten Einzelinteressen widerstreitender gesellschaftlicher Machtgruppen im Wege stehen. Viertens diagnostiziert er eine Motivationskrise im soziokulturellen System, die, was schon bei Schumpeter anklang, auf der Erosion und Überforderung bestandswichtiger traditoneller Wertsysteme beruht: der Abbau kulturell überlieferter Weltbilder und Moral, des „staatsbürgerlichen Gehorsams“ und der freiwilligen Unterordnung individueller Zielvorstellungen nach Maßgabe anonym wirkender Marktkräfte.[197]

| Entstehungsort | Systemkrise | Identitätskrise |
|---|---|---|
| ökonomisches System | ökonomische Krise | — |
| politisches System | Rationalitätskrise | Legitimationskrise |
| soziokulturelles System | — | Motivationskrise |

Angesichts dieser komplexen Problemfelder, deren Entstehen nach Habermas größtenteils gerade auf die vermehrte Staatstätigkeit zurückzuführen ist, muß sich der ursprünglich eindimensionale Staatsinterventionismus zu einem umfassenden multivariablen Krisenmanagement entwickeln und versuchen, gesamtgesellschaftliche Ungleichgewichte zu verhindern, die — einem systemtheoretisch gefaßten Krisenbegriff zufolge — dann entstehen, „wenn die Struktur eines Gesellschaftssystems weniger Möglichkeiten der Problemlösung zuläßt, als zur Bestandserhaltung des Systems in Anspruch genommen werden müßten“.[198]

Welche Strategien sind nun für ein solches Krisenmanagement möglich?

Die erste ist die naheliegende und auch intendierte: an allen Fronten erfolgreich zu sein. Es kann jedoch sein, daß dazu die Steuerungsressourcen, die dem Staat ohne eine grundlegende Veränderung der Gesellschafts- und Wirtschaftsordnung zur Verfügung stehen, nicht ausreichen. In der vorstehenden Arbeit sind die Grenzen einer ökonomischen Krisenbewältigung schon angeklungen. Die fiskalischen Mittel werden durch — auch im Hinblick auf die internationale Konkurrenzfähigkeit des nationalen „Gesamtkapitals“ — bestandsnotwendige investive Infrastrukturaufwendungen, irreversible, aber ständig ineffizientere Subventionierungen und allgemeine, immer weiter gehende Folgeansprüche zunehmend überlastet. Die administrative Rationalität wird durch in die politischen Instanzen verlagerte private Interessenauseinandersetzungen vermindert. Die Erzeugung von Massenloyalität ist deshalb so schwierig, weil sie nicht nur vom Erfolgsniveau der Politik abhängt, sondern auch, weil sich das gerade durch den Staatsinterventionismus gestiegene Anspruchsniveau von Individuen und Gruppen immer weniger in Einklang mit den realen Möglichkeiten zur Befriedigung der geweckten Erwartungen bringen läßt. Damit kann das Niveau der artikulierten Enttäuschungen und der daraus resultierenden „Einklagen“ zunehmen.[199] Schließlich läßt sich die Erosion von systemstabilisierenden Normen und Ideologien kaum durch politische Aktionen aufhalten.

Sollte das Krisenmanagement scheitern oder nur ungenügende Erfolge erzielen, ist theoretisch eine extreme Gegenstrategie denkbar: nämlich zu versuchen, die allseitigen Ansprüche an den Staat zu reduzieren und die Verantwortung, die er für bestimmte soziale und ökonomische Prozesse übernommen hat oder ihm unfreiwillig zugefallen ist, gleichsam wieder zu reprivatisieren und damit aus der Schußlinie zu gelangen. Tatsächlich scheint die Wirtschaftspolitik in letzter Zeit angesichts ihrer Mißerfolge bei der Stabilitätspolitik zu versuchen, ein wenig in diese Richtung zu gehen. So meint der deutsche Sachverständigenrat: „Die Spielregeln des Konzepts der Globalsteuerung herkömmlicher Art wiesen dem Staat mehr Verantwortung für die Ziele Vollbeschäftigung und stetiges Wachstum zu, als er tragen konnte." Daraus seien eine Reihe von Irrtümern entstanden: der Staat könne jederzeit genügend Nachfrage für Vollbeschäftigung und Wachstum schaffen; der Staat werde nicht die gegenwärtige Erfüllung von Zielen späteren Schwierigkeiten vorziehen; autonome Gruppen würden auch genügend gesamtwirtschaftliche Verantwortung für die Zukunft zeigen. „Der gefährlichste dieser Irrtümer ist die Illusion, der Staat könne gleichsam eine ‚Vollbeschäftigungsgarantie' abgeben und einhalten. Er kann dies nicht."[200]

Es ist jedoch zu beweifeln, ob dem Versuch, unter der Parole „weniger Staat" wieder mehr auf die Marktkräfte zu vertrauen, Erfolg beschieden ist. In ökonomischer Hinsicht ist nicht klar, wie das Marktsystem von selbst oder nur mit Hilfe der Geldpolitik zu durchschnittlich höherem Beschäftigungsstand und einigermaßen stabilem Preisniveau gelangen kann. Das gilt auch in politischer Hinsicht, weil man lange Jahre progressiv begünstigte Erwartungsstrukturen nicht von heute auf morgen abbauen kann (deshalb ist auch der Monetarismus weniger in analytischen Details als wegen seiner politischen Naivität zu kritisieren[201]). Es hieße das Rad der Geschichte zurückdrehen, wollte man per administrativem Akt die ökonomische Welt wieder in den Zustand zurückversetzen, in dem sie sich vor der Verbreitung des Staatsinterventionismus befand.

Zusammenfassend ist festzuhalten, daß wirtschaftliche Krisensituationen aufgrund der Veränderung im Verhältnis zwischen Staat und Ökonomie und der möglichen Rückkoppelungen zwischen dem Funktionieren dieser beiden gesellschaftlichen Subsysteme Konsequenzen zur Folge haben können, die den Ort der Krisenbewältigung ins politische System verlagern. Diese „Krisen zweiter Ordnung" können prinzipiell durch rein ökonomische Theorien und Lösungsstrategien nicht mehr erfaßt und behoben werden.[202] Da es isoliert ökonomische Krisen heute kaum noch gibt, ist eine Erweiterung des traditionellen Krisenbegriffs der Nationalökonomie sowie die Forderung nach einer interdisziplinären Erforschung des Krisenproblems notwendig.

Wie schon seine — heute leider zumeist unbeachteten — Vorläufer brach Keynes mit der Jahrzehnte alten Tradition der klassischen Theorie, um mit grundsätzlich neuartigen Erkenntnissen dem marktwirtschaftlichen System einen Weg aus bedrohlichen Schwierigkeiten zu weisen. Sein letztlich politisches Ziel ist von seinen Nachfolgern nicht immer gewürdigt worden. Keynes wurde technologisch verkürzt; seine Theorie wurde zu komplizierten Modellen verfeinert, doch nicht der sich wandelnden gesellschaftlichen Entwicklung angepaßt. Wer heute Keynes und das, wofür sein Name in der Geschichte der Wirtschaftspoltik steht, bewahren will, muß seine Theorie verändern.

# Anmerkungen

[1] Keynes, J. M.: Ein Traktat über Währungsreform, S. 17. München 1924.

[2] Keynes, J. M.: The General Theory of Employment, Interest, and Money, S. 322. London 1936. Übersetzung von Hofmann, W.: Theorie der Wirtschaftsentwicklung, S. 208. Berlin 1966.

[3] Vgl. Keynes, J. M.: The Means to Prosperity, S. 17ff. London/New York 1933.

[4] Vgl. Keynes, J. M.: The General Theory..., a.a.O., S. 372f.

[5] Ebd., S. 375.
Übersetzung durch Hofmann, W.: Theorie..., a.a.O., S. 214.

[6] Keynes, J. M.: The General Theory..., a.a.O., S. 378.
Übersetzung durch Hofmann, W.: Theorie..., a.a.O., S. 215.

[7] Schneider, E.: Der Streit um Keynes. Jahrbücher für Nationalökonomie und Statistik, Bd. 165, S. 114f. 1953. Vgl. auch Fellner, W.: Was bleibt gültig? In: Weber, W. (Hrsg.): Konjunktur- und Beschäftigungstheorie, S. 64ff. Köln/Berlin 1967.
Zur Begründung der Stagnationsthese siehe Hansen, A. A.: Full Recovery or Stagnation? New York 1938.

[8] Vgl. Schneider, E.: Der Streit..., a.a.O., S. 111.

[9] Vgl. Schiller, K.: Wirtschaftspolitik. Handwörterbuch der Sozialwissenschaften, Bd. 12, S. 215. Göttingen 1965.

[10] Vgl. Tuchtfeld, E.: Das Instrumentarium der Wirtschaftspolitik. In: Gäfgen, G. (Hrsg.): Grundlagen der Wirtschaftspolitik, S. 267. Köln/Berlin 1966.

[11] Robinson, J.: Die zweite Krise der ökonomischen Theorie. In: Vogt, W. (Hrsg.): Seminar: Politische Ökonomie, S. 38. Frankfurt 1973.

[12] Vgl. Myrdal, G.: Das Zweck-Mittel-Denken in der Nationalökonomie. Zeitschrift für Nationalökonomie, Bd. 4, S. 305ff., 1933.
Siehe dazu auch Albert, H.: Die Problematik der ökonomischen Perspektive. Zeitschrift für die gesamte Staatswissenschaft, Bd. 117, S. 438ff., besonders S. 459ff, 1961.

[13] Robinson, J.: Doktrinen der Wirtschaftswissenschaft, S. 94. München 1965.

[14] Tinbergen, J.: Wirtschaftspolitik, S. 56. Freiburg 1968.

[15] Vgl. Hoppmann, E.: Neue Wettbewerbspolitik: vom Wettbewerb zur staatlichen Mikrosteuerung. Jahrbücher für Nationalökonomie und Statistik, Bd. 184, S. 400 und 402, 1970.

[16] Schiller, K.: Zukunftsaufgaben der Industriegesellschaft. Vorwort zu Shonfield, A.: Geplanter Kapitalismus, S. XX. Köln/Berlin 1968.
Vgl. auch Huffschmid, J.: Die Politik des Kapitals, Konzentration und Wirtschaftspolitik in der Bundesrepublik, 6. Aufl, S. 128. Frankfurt 1971; und Kantzenbach, E.: Die Funktionsfähigkeit des Wettbewerbs, 2. Aufl., S. 12ff. Göttingen 1968.

[17] Vgl. Schiller, K.: Wirtschaftspolitik, a.a.O., S. 215.

[18] Ebd.

[19] In diesem Sinne spricht man von einem „Zeitalter des Ökonomen". Vgl. das gleichnamige Buch von W. W. Heller, Tübingen 1968.

[20] Keynes, J. M.: Das Ende des Laissez-faire, S. 36. München/Leipzig 1926.

[21] Vgl. Habermas, J.: Legitimationsprobleme im Spätkapitalismus, S. 38. Frankfurt 1973.

[22] Ehrlicher, W.: Finanzwissenschaft. In: Ehrlicher, W. u.a. (Hrsg.): Kompendium der Volkswirtschaftslehre, Bd. 2, 2. Aufl., S. 364. Göttingen 1969.
Zur Kritik der Versuche der „Neuen Politischen Ökonomie" vgl. Frank, J.: Neue Politische Ökonomie als Kritik der herrschenden Wirtschaftstheorie? In: Widmaier, H. P. (Hrsg.): Politische Ökonomie des Wohlfahrtsstaates, S. 313ff. Frankfurt 1974.

[23] Keynes, J. M.: Proposals for a Revenue Tariff. In: The New Statesman and Nation, S. 53, 7. 3. 1931. Übersetzung durch Hofmann, W.: Theorie..., a.a.O., S. 210.

[24] Vgl. Hofmann, W.: Theorie..., a.a.O., S. 222.
Siehe auch Schiller, K.: Zukunftsaufgaben..., a.a.O., S. XV.

[25] Vgl. O'Connor, J.: Die Finanzkrise des Staates, S. 16. Frankfurt 1974.
Siehe auch unten Teil II, Abschnitt 4.2.

[26] Keynes, J. M.: The General Theory..., a.a.O., S. 380.
Übersetzung durch Hofmann, W.: Theorie..., a.a.O., S. 222.

[27] Vgl. Shonfield, A.: Geplanter Kapitalismus, a.a.O., S. 319 und Hansen, B.: Fiscal Policy in Seven Countries, S. 225. Paris 1969.

[28] Shonfield, A.: Geplanter Kapitalismus, a.a.O., S. 322f.

[29] Zitiert nach Labisch, G.: Institutionelle Möglichkeiten der Steuer- und Ausgabenpolitik des Staates zur Stabilisierung der Wirtschaft im internationalen Vergleich (Bundesrepublik Deutschland, Großbritannien und die Vereinigten Staaten von Amerika). Freiburger Dissertation, S. 8, 1971.

[30] Müller-Armack, A.: Wirtschaftslenkung und Marktwirtschaft, S. 138. Hamburg 1948.

[31] Vgl. Sozialdemokratische Partei Deutschlands: Aktionsprogramm 1952/54. In: Mommsen, W. (Hrsg.): Deutsche Parteiprogramme, S. 638 und 652. München 1960.
Siehe auch Labisch, G.: Institutionelle Möglichkeiten..., a.a.O., S. 7ff. und Schiller, K.: Preisstabilität durch globale Steuerung der Marktwirtschaft. Tübingen 1966.

[32] Wissenschaftlicher Beirat bei der Verwaltung für Wirtschaft des Vereinigten Wirtschaftsgebietes: Gutachten 1948 bis Mai 1950. Herausgegeben vom Bundeswirtschaftsministerium, S. 58. Göttingen o.J.

[33] Wissenschaftlicher Beirat beim Bundeswirtschaftsministerium: Gutachten vom Januar 1955 bis Dezember 1956. Herausgegeben vom Bundeswirtschaftsministerium, S. 34f. Göttingen 1957.

[34] Ebd., S. 42 und 46.

[35] Bundesministerium der Finanzen (Hrsg.): Finanzbericht 1961, S. 86. Bonn 1960.

[36] Zitiert nach Shonfield, A.: Geplanter Kapitalismus, a.a.O., S. 341.

[37] Vgl. Möller, A.: Kommentar zum Gesetz zur Förderung der Stabilität und des Wachstums der Wirtschaft. 2. Aufl., S. 93f., Hannover 1969, und Wirtschaftswoche, 24. Jg., Nr. 42, S. 56ff., 1970.

[38] Schiller, K.: Der Ökonom und die Gesellschaft. Das freiheitliche und das soziale Element in der modernen Wirtschaftspolitik, S. 52. Stuttgart 1964.

[39] Vgl. Shonfield, A.: Geplanter Kapitalismus, a.a.O., S. 19.

[40] Vgl. Hansen, A. H.: Economic Policy and Full Employment, S. 106. New York 1947.

[41] Vgl. Labisch, G.: Institutionelle Möglichkeiten..., a.a.O., S. 13.

[42] Fellner, W.: Die Abstimmung wirtschaftspolitischer Ziele unter dem Beschäftigungsgesetz von 1946. In: Colm, G. (Hrsg.): Das amerikanische Beschäftigungsgesetz, S. 116f. Berlin 1956.
Vgl. auch Hansen, A. H.: Economic Policy..., a.a.O., S. 331.

[43] Vgl. Colm, G. (Hrsg.): Das amerikanische Beschäftigungsgesetz, a.a.O., S. 250ff.

[44] Zitiert nach Shonfield, A.: Geplanter Kapitalismus, a.a.O., S. 392.
Vgl. auch Hansen, A. H.: Die „Reports" aus der ersten Zeit des Beschäftigungsgesetzes. In: Colm, G. (Hrsg.): Das amerikanische Beschäftigungsgesetz, a.a.O., S. 124f.

[45] Vgl. Shonfield, A.: Geplanter Kapitalismus, a.a.O., S. 366 und Labisch, G.: Institutionelle Möglichkeiten..., a.a.O., S. 17.

[46] Despres, E. u.a.: The Problem of Economic Instability. American Economic Review, Vol. 40, No. 4, S. 506, 1950.

[47] Vgl. Hansen, A. H.: Economic Policy..., a.a.O., S. 108.

[48] Vgl. Hansen, B.: Fiscal Policy..., a.a.O., S. 480 und 488ff. Ferner Labisch, G.: Institutionelle Möglichkeiten..., a.a.O., S. 18f.

[49] Vgl. Shonfield, A.: Geplanter Kapitalismus, a.a.O., S. 392f.

[50] Ebd., S. 393.

[51] Vgl. Hansen, B.: Fiscal Policy..., a.a.O., S. 486.

[52] Beveridge, W. H.: Vollbeschäftigung in einer freien Gesellschaft, Eine Zusammenfassung, S. 49. Hamburg 1946.

[53] Ebd., S. 13.

[54] Vgl. ebd., S. 19 und 25f.

[55] Ebd., S. 33.

[56] Vgl. ebd., S. 42f. und Shonfield, A.: Geplanter Kapitalismus, a.a.O., S. 109f.

[57] Beveridge, W. H.: Vollbeschäftigung..., a.a.O., S. 51.

[58] Vgl. ebd., S. 15.
[59] Zitiert nach Köhler-Rieckenburg, I., Teschner, M.: Großbritannien. In: Die institutionelle Verankerung von Instrumenten der Konjunkturpolitik in neun europäischen Ländern und in den Vereinigten Staaten von Amerika. Beihefte der Konjunkturpolitik, Heft 3, S. 56ff. Berlin 1958.
[60] Zum Vorstehenden vgl. Hansen, B.: Fiscal Policy..., a.a.O., S. 416 und 443 und Labisch, G.: Institutionelle Möglichkeiten..., a.a.O., S. 27ff. und 92.
[61] Shonfield, A.: Geplanter Kapitalismus, a.a.O., S. 74.
[62] Vgl. Heuss, E.: Makroökonomie und Stabilitätsgesetz. In: Hoppmann, E. (Hrsg.): Konzertierte Aktion, S. 112. Frankfurt 1971.
Dagegen sprechen Mackscheidt, K., Steinhausen, J.: Finanzpolitik I, Grundfragen fiskalpolitischer Lenkung. 2. Aufl., S. 32. Tübingen/Düsseldorf 1975.
[63] Vgl. Zimmermann, H.: Offene oder versteckte Inflation. Jahrbücher für Nationalökonomie und Statistik, Bd. 189, S. 67, 1975.
[64] Morgenstern, O.: Die Grenzen der Wirtschaftspolitik, S. 4. Wien 1934.
[65] Engelhardt, G.: Vom Expertenmonolog zum gesellschaftlichen Dialog. In: Molitor, R. (Hrsg.): Zehn Jahre Sachverständigenrat, S. 188. Frankfurt 1973.
[66] „Im ersten (Fall) muß sie die Bedingungen und Verhaltensnormen formulieren, unter denen die verschiedenen Gruppen ihre Ziele mittelfristig stabilitätskonform realisieren können. Im zweiten hat sie das konzeptionelle und technologische Rüstzeug für die der Verwirklichung des Stabilitätszieles verpflichteten Entscheidungsinstanzen bereitzustellen."
Ebd.
[67] Sievert, O.: Die wirtschaftspolitische Beratung in der Bundesrepublik Deutschland. In: Schneider, H. K. (Hrsg.): Grundsatzprobleme wirtschaftspolitischer Beratung. Schriften des Vereins für Socialpolitik, N.F. Bd. 49, S. 27. Berlin 1968.
[68] Engelhardt, G.: Vom Expertenmonolog..., a.a.O., S. 196.
Vgl. auch Neumann, L. F.: Im Sinne der „normalen Wissenschaft". In: Molitor, R. (Hrsg.): Zehn Jahre..., a.a.O., S. 10.
[69] Engelhardt, G.: Vom Expertenmonolog..., a.a.O., S. 197f.
[70] Vgl. ebd., S. 189.
[71] Ebd., S. 192ff.
[72] Vgl. zum folgenden Habermas, J.: Technik und Wissenschaft als „Ideologie". 7. Aufl., S. 120ff. Frankfurt 1974.
[73] Meinold, H.: Das Standortproblem des Sachverständigenrats. Die Aussprache, 19. Jg., S. 270, 1969.
[74] Bauer, W.: Die Rolle des Sachverständigenrats bei der wirtschaftspolitischen Urteilsbildung. Die Aussprache, 19. Jg., S. 300, 1969.
[75] Neuman, L. F.: Im Sinne..., a.a.O., S. 17f.
Zum Vergleich der amerikanischen und deutschen Politikberatung bemerkte H. C. Wallich, daß in Deutschland der Glaube vorherrsche, „daß es Wahrheit gibt, und daß sie von Experten ausfindig gemacht werden kann, bleiben diese nur unabhängig von Interessengruppen und Politik".
Zitiert nach Molitor, R.: Vorwort zu Molitor, R. (Hrsg.): Zehn Jahre..., a.a.O., S. 4
[76] Vgl. Mackscheidt, K., Steinhausen, J.: Finanzpolitik..., a.a.O., S. 67.
[77] Lenel, H. O.: Die Globalsteuerung in der Marktwirtschaft und ihre Alternativen im Lichte der bisherigen Erfahrungen und des heutigen Standes der theoretischen Forschung. In: Währungsstabilität in einer integrierten Welt, Festgabe für Otto Veit, S. 107f. Stuttgart u.a. 1974.
[78] Mackscheidt, K., Steinhausen, J.: Finanzpolitik..., a.a.O., S. 69.
[79] Vgl. ebd. und Sachverständigenrat: Jahresgutachten 1966/67: Expansion und Stabilität, Ziff. 233. Stuttgart/Mainz 1966.
[80] Vgl. Kleinewefers, H.: Die Konjunkturprognosen des Sachverständigenrats zur Begutachtung der gesamtwirtschaftlichen Entwicklung. Zeitschrift für die gesamte Staatswissenschaft, Bd. 126, S. 285ff., 1970.
[81] Hoppmann, E.: Zum Schutzobjekt des Gesetzes. In: Mestmäcker, E. J. (Hrsg.): Wettbewerb als Aufgabe, S. 78. Bad Homburg v.d.H. u.a. 1968.
[82] Strümpel, B.: Der Primat der Fiscal Policy: Wirtschaftspolitische Lehren aus der Ära Kennedy/Johnson. In: Haller, H., Recktenwald, H. C. (Hrsg.): Finanz- und Geldpolitik im Umbruch, S. 150. Mainz 1969.

83 Engelhardt, G.: Vom Expertenmonolog..., a.a.O., S. 203f.
84 „...basiert der keynesianische Begriff von Wirtschaftsplanung auf der Identifizierung des Staates mit der ‚Gesellschaft als Ganzes', der Handlungen der Regierung mit der volonté générale." Baran, P. A.: Zur politischen Ökonomie der geplanten Wirtschaft. 2. Aufl, S. 69. Frankfurt 1969.
85 „Die Keynesianer behandeln das ökonomische System außerhalb seines sozialen Zusammenhangs, als ob es eine Maschine wäre, die in eine Reparaturwerkstatt geschickt wird, um dort von einem Stab von Ingenieuren überholt zu werden."
Sweezy, P. M.: Theorie der kapitalistischen Entwicklung, S. 408. Frankfurt 1970.
86 Vgl. Schmahl, H. J.: Globalsteuerung der Wirtschaft, S. 73. Hamburg 1970.
Darstellung aus Schöninger, K.-E.: Konjunkturstabilisierung als Koordinationsproblem zwischen den Trägern der Wirtschaftspolitik, S. 180. Meisenheim 1972.
87 Downs, A.: Eine ökonomische Theorie des politischen Handelns in der Demokratie. In: Widmaier, H. P. (Hrsg.): Politische Ökonomie..., a.a.O., S. 124f.
88 Fleischmann, G.: Ungleichheit unter den Wählern. In: Widmaier, H. P.: Politische Ökonomie..., a.a.O., S. 152.
Vgl. auch Zohlnhöfer, W.: Schleichende Inflation — ein Strukturproblem der repräsentativen Demokratie? Wirtschaftsdienst, 54. Jg., S. 559, 1974, und vom Ansatz der Politikwissenschaft Offe, C.: Politische Herrschaft und Klassenstrukturen. In: Widmaier, H. P. (Hrsg.): Politische Ökonomie..., a.a.O., S 275.
89 Vgl. Schöninger, K.-E.: Konjunkturstabilisierung..., a.a.O., S. 136f.
90 Der deutsche Ministerpräsident Kühn. Die Zeit, S. 1, 15. 11. 74.
91 Vgl. Roper, E.: Die politischen Folgen einer Vollbeschäftigungspolitik. In: Colm, G. (Hrsg.): Das amerikanische Beschäftigungsgesetz, a.a.O., S. 211 und Kern, M.: Stabilisierungspolitik in der Marktwirtschaft. Wirtschaftsdienst, 54. Jg., S. 458, 1974.
92 Offe, C.: „Krisen des Krisenmanagement": Elemente einer politischen Krisentheorie. In: Jänicke, M. (Hrsg.): Herrschaft und Krise, S.210, Opladen 1973.
93 Vgl. Kalecki, M.: Political Aspects of Full Employment. Political Quarterly, Vol. 14, S. 330, 1943.
94 Die These der „natürlichen" Arbeitslosenrate Friedmans bietet ein gutes Beispiel für die Problematik des Wertfreiheitspostulats, wenn unter Berufung auf diese „Erkenntnis" eine Regierung auf eine Vollbeschäftigungspolitik verzichtet und ihr Verhalten damit legitimiert.
Vgl. dazu weiter unten Abschnitt 3.4.
95 Winter, T.: Politische Durchsetzbarkeit konjunktursteuernder Handlungsanweisungen. Jahrbuch für Sozialwissenschaft, Bd. 22, S. 358, 1971.
96 Vgl. Wissenschaftlicher Beirat beim Bundesministerium für Wirtschaft: Grundfragen der Stabilitätspolitik. O. O., S. 22, 1973.
97 Vgl. Rothschild, K. W.: Die Phillips-Kurven-Diskussion. In: Nowotny, E. (Hrsg.): Löhne, Preise, Beschäftigung, S. 18f. Frankfurt 1974.
98 Bauer, W.: Die Rolle..., a.a.O., S. 298.
99 Sachverständigenrat: Jahresgutachten 1964/65: Stabiles Geld — stetiges Wachstum, Ziff. 3. Stuttgart 1965.
100 Vgl. Mackscheidt, K., Steinhausen, J.: Finanzpolitik..., a.a.O., S. 123f.
101 Robinson, J.: Doktrinen..., a.a.O., S. 109.
102 Ebd., S. 112.
Vgl. auch Tobin, J.: Inflation und Arbeitslosigkeit. In: Nowotny, E. (Hrsg.): Löhne..., a.a.O., S. 213f.
103 Ebd., S. 214.
104 Ebd., S. 237.
105 Vgl. ebd., S. 240.
Siehe auch Mackscheidt, K.: Zur Bewertung der Ziele „Preisniveaustabilität" und „Vollbeschäftigung" im Rahmen der „trade-off"-Analyse. Wirtschaftspolitische Chronik, Heft 1, S. 22, 1972 und Rothschild, K. W.: Die Phillips-Kurven-Diskussion, a.a.O., S. 49f.
106 Bombach, G.: Taktik und Strategie in der Wirtschaftspolitik. Kyklos, Vol. 20, S. 110, Fn. 6, 1967.
107 So drohte bei Erreichen der Vollbeschäftigung in den USA 1965 eine Inflationsgefahr, aber erst 1967 wurde eine Einkommenssteuererhöhung diskutiert.
Vgl. Labisch, G.: Institutionelle Möglichkeiten..., a.a.O., S. 132.
108 Mackscheidt, K., Steinhausen, J.: Finanzpolitik..., a.a.O., S. 69f.
Die folgende Darstellung entnommen ebd., S. 68.

[109] Buchanan, J. A., zitiert nach Labisch, G.: Institutionelle Möglichkeiten..., a.a.O., S. 135.
[110] Neumark, F.: Ermessensfreiheit oder Automatismus?, S. 35. Zürich 1971.
Vgl. auch Mackscheidt, K., Steinhausen, J.: Finanzpolitik..., a.a.O., S. 24ff. und 71.
[111] Vgl. z.B. Hofmann, W.: Theorie..., a.a.O., S. 184.
[112] Die Zeit, S. 1, 6. 6. 75.
[113] Vgl. Sachverständigenrat: Jahresgutachten 1974/75: Vollbeschäftigung für morgen, Ziff. 93f. Stuttgart/Mainz 1974.
[114] Sachverständigenrat: Sondergutachten vom 17. 8. 75: Zur konjunkturpolitischen Lage im August 1975, Ziff. 32. Stuttgart/Mainz 1975.
[115] Man kann mit Albert die Konstrukteure solcher makroökonomischer Theoreme als „Alibitechniker" bezeichnen: Ihre Sätze sind gegen eine Falsifizierung durch die Realität immunisiert, da im Falle eines Versagens eben diese oder jene „ceteris-paribus"-Klausel nicht erfüllt war. Schmölders folgert daraus, daß die Fiskalpolitik auf modelltheoretischen Ergebnissen basiert, die „gelinde gesagt mit der Wirklichkeit nicht so ganz übereinstimmen...".
Schmölders, G.: Die öffentlichen Ausgaben als Elemente einer konjunkturpolitisch orientierten Haushaltsführung. Rheinisch-Westfälische Akademie der Wissenschaften, Vorträge Nr. 213, S. 9. Opladen 1971.
[116] Arndt, H.: Stagflation — was man bisher nicht wußte. Wirtschaftswoche, 26. Jg., Nr. 1, S. 20, 1972.
[117] Robinson, J.: Die zweite Krise..., a.a.O., S. 48f. Zur marxistischen Position vgl. etwa Deutschmann, C.: Der linke Keynesianismus, besonders S. 137ff. Frankfurt 1973.
Linder bringt empirisches Material, um zu zeigen, daß heute in den USA „die Summe der Arbeitslosen und der im Umkreis des Militärs Beschäftigten ... prozentual ungefähr gleich hoch ist wie die Summe der Arbeitslosen in den dreißiger Jahren".
Linder, M.: Der Anti-Samuelson, Bd. 2, S. 122. Gaiganz 1974.
[118] Vgl. o.V.: Federal Fiscal Policy, 1965–72. Federal Reserve Bulletin, Vo. 59, No. 6, S. 385, 1973 und Hansmeyer, K.-H.: Antizyklische Ausgabenpolitik? In: Cassel, D. u.a. (Hrsg.): 25 Jahre Marktwirtschaft in der Bundesrepublik Deutschland, S. 217. Stuttgart 1972.
[119] Vgl. Sachverständigenrat: Jahresgutachten 1974/75..., a.a.O., Ziff. 202ff. und Biehl, D. u.a.: Zu den konjunkturellen Effekten der Länder- und Gemeindehaushalte in der Bundesrepublik Deutschland 1960–1974. Die Weltwirtschaft, Heft 1, S. 29ff., 1974.
[120] Darstellung und Zitat aus Fox, K.-P.: Konzepte zur Beurteilung der konjunkturellen Wirkungen öffentlicher Haushalte, S. 51 und 56. Bern/Frankfurt 1974.
Vgl. auch Seidler, H.: Teilweise Neuorientierung. In: Molitor, R. (Hrsg.): Zehn Jahre..., a.a.O., S. 93.
[121] Strümpel, B.: Der Primat..., a.a.O., S. 154.
Siehe auch Labisch, G.: Institutionelle Möglichkeiten..., a.a.O., S. 123.
[122] Vgl. Mackscheidt, K., Steinhausen, J.: Finanzpolitik..., a.a.O., S. 93ff.
[123] Sachverständigenrat: Jahresgutachten 1968/69: Alternativen außenwirtschaftlicher Anpassung, Ziff. 115. Stuttgart/Mainz 1968.
[124] Vgl. Mackscheidt, K., Steinhausen, J.: Finanzpolitik..., a.a.O., S. 96ff. und 101f.
[125] Sachverständigenrat: Jahresgutachten 1974/75..., a.a.O., Ziff. 201.
[126] Die Zeit, S. 33, 7. 2. 75.
Vgl. Bombach, G.: Trend, Zyklus und Entwicklung des Preisniveaus. Weltwirtschaftliches Archiv, Bd. 105, S. 274, 1970 II und Cassel, D., Thieme, H. J.: Die US-Inflationsbekämpfung 1966–1970: einige Konsequenzen für die Bundesrepublik Deutschland. Kredit und Kapital, 4. Jg., S. 277, 1971.
[127] Vgl. Arndt, H.: Stagflation..., a.a.O., S. 21 und Linder, M.: Der Anti-Samuelson, a.a.O., S. 123f.
[128] Vgl. Schlecht, O.: Erfahrungen und Lehren aus dem jüngsten Konjunkturzyklus, S. 6ff. Tübingen 1972.
[129] Rothschild, K. W.: Die Phillips-Kurven-Diskussion, a.a.O., S. 51.
[130] Ebd., S. 50.
[131] Robinson, J.: Doktrinen..., a.a.O., S. 113.
[132] Vgl. Rothschild, K. W.: Die Phillips-Kurven-Diskussion, a.a.O., S. 48 und 57, Fn. 36.
[133] Strümpel, B.: Der Primat..., a.a.O., S. 156.
[134] Vgl. Schlecht, O.: Erfahrungen..., a.a.O., S. 9 und Lenel, H. O.: Die Globalsteuerung..., a.a.O., S. 97f.

[135] Zur Vernachlässigung des Strukturproblems beim Sozialproduktsbegriff und zur Kritik der Vorstellung eines „Ein-Produkts", d.h. einer Aggregation individueller verschiedener Leistungen zu einem gemeinsamen „Güterhaufen" vgl. Albert, H.: Die Problematik..., a.a.O., S. 456f.

[136] Vosgerau, H. J.: Wachstum und Stabilisierung. In: Ott, A. E. (Hrsg.): Fragen der wirtschaftlichen Stabilisierung, S. 14. Tübingen 1967.

[137] Vgl. Tobin, J.: Inflation..., a.a.O., S. 228 und 234ff.

[138] Die Zeit, S. 26, 17. 8. 73.

[139] „Anti-inflationäre politische Deklarationen werden die Erwartungen um so weniger beeinflussen, je schlechter ihre Stabilitätserfahrungen in der Vergangenheit sind. Unter solchen Umständen werden restriktive Maßnahmen dazu tendieren, zuerst eine Wirkung auf Beschäftigung und Output auszuüben, und erst danach einen Kosten- und Preiseffekt zu zeigen."
Streit, M. E.: Die Phillips-Kurve: Wirklichkeit oder Wunschbild? In: Nowotny, E. (Hrsg.): Löhne..., a.a.O., S. 292.
Vgl. auch Glasstetter, W.: Auf der Suche nach neuen Stabilisierungskonzepten. Wirtschaftsdienst, 54. Jg., S. 97, 1974.

[140] Vosgerau, H. J.: Wachstum..., a.a.O., S. 17f.

[141] Vgl. Samuelson, P. A., Solow, R. M.: Analytische Aspekte einer Anti-Inflations-Politik. In: Nowotny, E. (Hrsg.): Löhne..., a.a.O., S. 207.

[142] Mackscheidt, K., Steinhausen, J.: Finanzpolitik..., a.a.O., S. 89.
Vgl. Sachverständigenrat: Sondergutachten vom 17. 8. 75..., a.a.O., Ziff. 43.

[143] Vgl. Schmölders, G.: Die öffentlichen Ausgaben..., a.a.O., S. 17 und Wissenschaftlicher Beirat beim Bundesministerium für Wirtschaft: Grundfragen..., a.a.O., S. 5.

[144] Ebd., S. 17. Vgl. Hayek, F. A. von: Der Wettbewerb als Entdeckungsverfahren. Freiburger Studien 1969, S. 258. Zimmermann weist allerdings darauf hin, daß die Inflexibilitäten auch ohne die Vollbeschäftigungsgarantie und -politik entstanden wären; diese könnten sich aber dann nicht so durchsetzen.
Vgl. Zimmermann, H.: Offene oder versteckte Inflation, a.a.O., S. 71.

[145] Dies hindert freilich zuweilen die Politiker nicht daran, die nach betriebswirtschaftlichen Kriterien gefällten Entscheidungen großer Unternehmen zu kritisieren, wenn dadurch ein erheblicher Beschäftigungsrückgang in ihrer (Wahl-)Region zu befürchten ist. So z.B. der deutsche Ministerpräsident Filbinger in einer Stellungnahme zu Stillegungsplänen des Volkswagenwerkes in Baden-Württemberg.
Vgl. Die Zeit, S. 40, 14. 3. 75.

[146] Vgl. Mandel, E.: Der Spätkapitalismus, 2. Aufl., S. 377ff. Frankfurt 1973.
Ähnlich Altvater, E.: Zu einigen Problemen des „Krisenmanagement" in der kapitalistischen Gesellschaft. In: Jänicke, M. (Hrsg.): Herrschaft..., a.a.O., S. 183ff. und Linder, M.: Der Anti-Samuelson, a.a.O., S. 119 und 251.
Hayek vertrat seine auf der Disproportionalitätstheorie aufbauende These letztlich in einem Vortrag an der Universität Freiburg i.Br. am 28. 1. 75.

[147] Fels, G. u.a.: Das Dilemma der Konjunkturpolitik in der Bundesrepublik Deutschland. Die Weltwirtschaft, Heft 2, S. 20, 1970.

[148] Ebd., S. 19.

[149] Sachverständigenrat: Jahresgutachten 1974/75..., a.a.O., Ziff. 76 und 131.

[150] Vgl. ebd., Ziff. 309.

[151] Zum folgenden vgl. Mackscheidt, K., Steinhausen, J.: Finanzpolitik..., a.a.O., S. 102ff., sowie Rothschild, K. W.: Die Phillips-Kurven-Diskussion, a.a.O., S. 39ff. und Friedman, M.: Geldpolitik und Lohnentwicklung. In: Nowotny, E. (Hrsg.): Löhne..., a.a.O., S. 210f.
Vgl. auch oben S. 256 und unten Abschnitt 3.4.

[152] Vgl. Bach, G. L.: Making Monetary and Fiscal Policy, S. 184, Washington 1971, und Streit, M. E.: Die Phillips-Kurve..., a.a.O., S. 292.
Recht eindeutig urteilt auch Woll: „Die regelmäßige Konsequenz dieser Politik, deren monetäres Pendant die easy-money-Doktrin bildet, war und ist die Inflation." Woll, A.: Inflationstheoretische Begründung der konzertierten Einkommenspolitik. In: Hoppmann, E. (Hrsg.): Konzertierte Aktion, a.a.O., S. 120.

[153] Vgl. Rothschild, K. W.: Die Phillips-Kurven-Diskussion, a.a.O., S. 43ff.

[154] Vgl. Sachverständigenrat: Jahresgutachten 1974/75..., a.a.O., Ziff. 35* und 300.

[155] Ebd., Ziff. 297. Vgl. auch Ziff. 144f.

[156] Graf Lambsdorf, wirtschaftspolitischer Sprecher der Freien Demokratischen Partei Deutschlands. Die Zeit, S. 16, 15. 8. 75.
Ähnlich die Präsidenten der Industrie- und Handelskammern des Ruhrgebiets in einer Verlautbarung. Vgl. Süddeutsche Zeitung, S. 22, 27. 11. 74.
[157] Vgl. Sachverständigenrat: Jahresgutachten 1974/75..., a.a.O., Ziff. 295ff. und Sachverständigenrat: Sondergutachten vom 17. 8. 75..., a.a.O., Ziff. 21 und 57.
[158] Robinson, J.: Die zweite Krise..., a.a.O., S. 54.
[159] Vgl. Woll, A.: Inflationstheoretische Begründung..., a.a.O., S. 127.
[160] Sachverständigenrat: Jahresgutachten 1974/75..., a.a.O., Ziff. 337.
[161] Haller, H.: Finanzwirtschaftliche Stabilisierungspolitik im Wirtschaftswachstum. Zeitschrift für die gesamte Staatswissenschaft, Bd. 125, S. 142, 1969. Bombach, G.: Diskussionsbeitrag in: Bergedorfer Gesprächskreis zu Fragen der freien industriellen Gesellschaft (Hrsg.): Globalsteuerung der Wirtschaft — Illusion oder Realität? Protokoll Nr. 39, S. 69. Hamburg 1971.
Vgl. Sachverständigenrat: Jahresgutachten 1974/75..., a.a.O., Ziff. 341.
[162] Vgl. Külp, B.: Zwischen Stabilität und sozialem Frieden. Wirtschaftsdienst, 54. Jg., S. 26, 1974.
[163] Vgl. Sachverständigenrat: Jahresgutachten 1974/75..., a.a.O., Ziff. 340.
[164] Vgl. Tuchtfeld, E.: Moral Suasion in der Wirtschaftspolitik. In: Hoppmann, E. (Hrsg.): Konzertierte Aktion, a.a.O., S. 38.
[165] Ebd. S. 55.
Auch entsprechende Mahnungen des Sachverständigenrates müssen zunehmend an Wirksamkeit verlieren, wenn er in jedem Jahr, ob Boom oder Krise, versucht, die Gewerkschaften in mehr oder weniger deutlicher Form zu einer „maßvollen" Lohnpolitik zu bewegen.
[166] Vgl. Schlecht, O.: Erfahrungen..., a.a.O., S. 50ff.
[167] Vgl. Sachverständigenrat: Jahresgutachten 1965/66: Stabilisierung ohne Stagnation, Ziff. 187. Stuttgart/Mainz 1965 und Cassel, D.: Die Konzertierte Aktion: Instrument einer rationalen Stabilisierungspolitik? In: Cassel, D. u. a. (Hrsg.): 25 Jahre..., a.a.O., S. 255.
[168] Albert, H.: Die Problematik..., a.a.O., S.463f. Vgl. auch S. 453.
Siehe außerdem Adam, H.: Konzertierte Aktion. WWI-Mitteilungen, 24. Jg., S. 205, 1971 und die grundsätzliche Kritik von Watrin, C.: Geldwertstabilität, Konzertierte Aktion und autonome Gruppen. In: Hoppmann, E. (Hrsg.): Konzertierte Aktion, a.a.O., S. 215ff.
[169] Bundesregierung: Jahreswirtschaftsbericht 1968. Bundestagsdrucksache 5/2511, Ziff. 9.
[170] Vgl. Tuchtfeld, E.: Soziale Marktwirtschaft und Globalsteuerung — zwei wirtschaftspolitische Experimente. Wirtschaftspolitische Chronik, Heft. 1, S. 26f., 1973.
Vgl. auch die Marxsche Kritik an Proudhon: „Es genügt Herrn Proudhon nicht, aus dem Verhältnis von Angebot und Nachfrage die Elemente auszumerzen... Er treibt die Abstraktion auf die Spitze, indem er alle Produzenten in einen einzigen Produzenten, alle Konsumenten in einen einzigen Konsumenten zusammenschweißt, und den Kampf zwischen diesen beiden chimärischen Personen sich ausspielen läßt; aber in der wirklichen Welt wickeln sich die Dinge anders ab." Marx, K.: Das Elend der Philosophie, S. 15. Stuttgart 1885.
[171] Schiller, K.: Konjunkturpolitik auf dem Wege zu einer Affluent Society. In: Jahre der Wende, Festgabe für Alex Möller, S. 72. Karlsruhe 1968.
Schiller, K.: Vordringliche Aufgaben der deutschen Wirtschaftspolitik. Bulletin des Presse- und Informationsamtes der Bundesregierung, Nr. 23, S. 182, 3. 3. 67.
1975 wurde der Tagungstermin der „Konzertierten Aktion" vorverlegt auf einen Tag vor den voraussichtlich abschließenden Kabinettsentscheidungen über neue Konjunkturmaßnahmen.
Oder ausgedrückt in marxistischer Terminologie: „Hält man an der Autonomie der konkreten Kapitalentscheidungen durch die Kapitalträger fest, so kann die staatliche Planung im Makrobereich nur dann erfolgreich sein, wenn die autonomen Entscheidungsinstanzen des Kapitals mitziehen."
Huffschmid, J.: Die Politik..., a.a.O., S. 123.
[172] Vgl. Lenel, H. O.: Die Globalsteuerung..., a.a.O., S. 101f. und Kern, M.: Wandlungen der Konzertierten Aktion. Wirtschaftspolitische Chronik, Heft 3, S. 67, 1973.
[173] Vgl. Cassel, D.: Die Konzertierte Aktion..., a.a.O., S. 260ff.
[174] Vgl. Külp, B.: Zwischen Stabilität..., a.a.O., S. 24ff. und Frey, B. S.: Entwicklung und Stand der Neuen Politischen Ökonomie. In: Widmaier, H. P. (Hrsg.): Politische Ökonomie..., a.a.O., S. 31 und 48.
[175] Vgl. Cassel, D.: Die Konzertierte Aktion..., a.a.O., S. 267.

[176] Zitiert nach Tuchtfeld, E.: Moral Suasion..., a.a.O., S. 52.
Vgl. auch Schöninger, K.-E.: Konjunkturstabilisierung..., a.a.O., S. 227.

[177] Vgl. Sachverständigenrat: Jahresgutachten 1974/75..., a.a.O., Ziff. 331, sowie Wissenschaftlicher Beirat beim Bundesministerium der Finanzen: Zur Lage und Entwicklung der Staatsfinanzen in der Bundesrepublik Deutschland. Bulletin des Presse- und Informationsamtes der Bundesregierung, Nr. 103, S. 1001 ff., Bonn, 16. 8. 1975.
Vgl. ferner Fleming, G. u.a.: Die Lage der westdeutschen Wirtschaft zur Jahreswende 1974/75. Die Weltwirtschaft, Heft 2. S. 38, 1974.
Eine allgemeine theoretische Erklärung dieser „Finanzkrise des Staates" steht noch aus; vgl. aber die gleichnamige Untersuchung für die USA von J. O'Connor, a.a.O.

[178] Der deutsche Sachverständigenrat drückt das so aus: „Hatten die Gebietskörperschaften in Zeiten reichlich fließender Steuereinnahmen die globalen Ausgabenansätze wegen des dringenden Bedarfs an öffentlichen Leistungen stets für unabweisbar erklärt, so hielten sie diese angesichts leerer Kassen für so unabweisbar nun doch wieder nicht."
Sachverständigenrat: Jahresgutachten 1974/75..., a.a.O., Ziff. 201.

[179] Vgl. Ehrlicher, W. Cansier, D.: Antizyklische Variation der Staatsausgaben als Instrument der Konjunkturpolitik. Wirtschaftsdienst, 52. Jg., S. 673, 1972.
Siehe weiter Sachverständigenrat: Jahresgutachten 1970/71: Konjunktur im Umbruch — Risiken und Chancen, Ziff. 99 ff. Stuttgart/Mainz 1970 und Sachverständigenrat: Jahresgutachten 1971/72: Währung, Geldwert, Wettbewerb — Entscheidungen für morgen, Ziff. 342. Stuttgart/Mainz 1971.

[180] Sachverständigenrat: Jahresgutachten 1974/75..., a.a.O., Ziff. 398.

[181] Vgl. Streissler, E.: Kann die ökonomische Theorie das Phänomen der Stagflation erklären? In: Molitor, R. (Hrsg.): Konstaktstudium — Ökonomie und Gesellschaft, S. 222. Frankfurt 1972.
Zur Frage, ob man Produktion und Einkommen durch eine Geldmengenvergrößerung steigern kann, bemerkte Keynes einmal: „Das wäre soviel, als wollte man dadurch dicker werden, daß man einen längeren Gürtel kauft." Keynes, J. M.: An Open Letter. In: Readings in Fiscal Policy, S. 34. London 1955. Übersetzung durch Hofmann, W.: Theorie..., a.a.O., S. 212.

[182] Das Ganze hätte ja keinen Sinn, wenn erwartet werden könnte, daß die Politik in solchen Situationen doch wieder auf Expansion schaltet.
Vgl. Heller, W. W.: Is Monetary Policy Being Oversold? In: Friedman, M., Heller, W. W.: Monetary vs. Fiscal Policy, S. 26. New York 1969.

[183] Die „Normalbeschäftigung" wurde recht vielsagend konkretisiert: „Die Festlegung dessen, was als normal gelten soll, impliziert Wertungen..., die sich auf die in den beobachtbaren Verhaltensweisen zum Ausdruck kommenden Präferenzen der privaten Wirtschaftssubjekte gründen sollten."
Wissenschaftlicher Beirat beim Bundesministerium für Wirtschaft: Grundfragen..., a.a.O., S. 27.
Vgl. auch Cassel, D., Thieme, H. J.: Die US-Inflationsbekämpfung..., a.a.O., S. 284 und Glasstetter, W.: Auf der Suche..., a.a.O., S. 97.

[184] Vgl. Laidler, D. E. W.: The End of ‚Demand Management': How to Reduce Unemployment in the 1970s. In: Friedman, M., Laidler, D. E. W.: Unemployment vs. Inflation. Institut of Economic Affairs, Lecture No. 2, S. 45 f. London 1975.

[185] Friedman, M.: Have Monetary Policies Failed? American Economic Review, Papers and Proceedings, Vol. 62, 1972, No. 2, S. 12. Übersetzung durch mich, H. P. S.

[186] Vgl. Tobin, J.: Inflation..., a.a.O., S. 219.

[187] Schlecht, O.: Erfahrungen..., a.a.O., S. 40.
Ebenso Neumark, der das Ziel einer „Entpolitisierung über eine Automatisierung der wirtschaftspolitischen Entscheidungen" als „Chimäre" bezeichnet.
Neumark, F.: Ermessensfreiheit..., a.a.O., S. 30f.

[188] Vgl. Sachverständigenrat: Jahresgutachten 1974/75..., a.a.O., Ziff. 292.

[189] Vgl. Zimmermann, H.: Offene oder versteckte Inflation, a.a.O., S. 69.
Staatliche Umschulungsausgaben sind also wohl oder übel als komplementär zu den allgemeinen Bildungsaufwendungen anzusehen.

[190] Sachverständigenrat: Jahresgutachten 1974/75..., a.a.O., Ziff. 315.

[191] Glasstetter, W.: Auf der Suche..., a.a.O., S. 101.
Vgl. auch Neumann, L. F.: Im Sinne..., a.a.O., S. 18 und oben Fn. 85.

[192] Weizsäcker, C. C. von: Grenzen der traditionellen Globalsteuerung. Jahrbücher für Nationalökonomie und Statistik, Bd. 189, S. 3, 1975.

[193] Offe, C.: Politische Herrschaft..., a.a.O., S. 287f. Darstellung aus Offe, C.: „Krisen..., a.a.O., S. 213.

[194] Offe, C.: Strukturprobleme des kapitalistischen Staates. 2. Aufl., S. 98. Frankfurt 1973. Vgl. auch S. 112.
Weiter Huffschmid, J.: Die Politik..., a.a.O., S. 133f.

[195] Galtung, J.: Eine strukturelle Theorie der Revolution. In: Jänicke, M. (Hrsg.): Herrschaft..., a.a.O., S. 157.

[196] Habermas, J.: Legitimationsprobleme..., a.a.O., S. 98.
Vgl. auch Kern, M.: Stabilisierungspolitik..., a.a.O., S. 458.

[197] Darstellung aus Habermas, J.: Legitimationsprobleme..., a.a.O., S. 67. Zum Gesamtproblem vgl. S. 66ff.

[198] Ebd., S. 11.

[199] Vgl. Offe, C.: „Krisen..., a.a.O., S. 220. Vgl. auch S. 217ff.
Der deutsche Bundeskanzler Schmidt hat das Problem erkannt, wenn er seine Regierungsmitglieder mahnt: „Wir dürfen Erwartungen nicht enttäuschen, die wir selber erzeugen."
Die Zeit, S. 26, 17. 5. 74.

[200] Sachverständigenrat: Jahresgutachten 1974/75..., a.a.O., Ziff. 369.

[201] Vgl. Weizsäcker, C. C. von: Grenzen..., a.a.O., S. 2.

[202] Vgl. Offe, C.: „Krisen..., a.a.O., S. 211.

# Literaturverzeichnis


Adam, H.: Konzertierte Aktion. WWI-Mitteilungen, 24. Jg., S. 201–208, 1971.

Albert, H.: Die Problematik der ökonomischen Perspektive. Zeitschrift für die gesamte Staatswissenschaft, Bd. 117, S. 438–467, 1961.

Altvater, E.: Zu einigen Problemen des „Krisenmanagement" in der kapitalistischen Gesellschaft. In: Jänicke, M. (Hrsg.): Herrschaft und Krise, S. 170–196. Opladen 1973.

Arndt, H.: Stagflation — was man bisher nicht wußte. Wirtschaftswoche, 26. Jg., Nr. 1, S. 20–24, 1972.

Bach, G. L.: Making Monetary and Fiscal Policy. Washington 1971.

Baran, P. A.: Zur politischen Ökonomie der geplanten Wirtschaft, 2. Aufl. Frankfurt 1969.

Bauer, W.: Die Rolle des Sachverständigenrats bei der wirtschaftspolitischen Urteilsbildung. Die Aussprache, 19. Jg., S. 296–300, 1969.

Bergedorfer Gesprächskreis zu Fragen der freien industriellen Gesellschaft (Hrsg.): Globalsteuerung der Wirtschaft — Illusion oder Realität? Protokoll Nr. 39. Hamburg 1971.

Beveridge, W. H.: Vollbeschäftigung in einer freien Gesellschaft, Eine Zusammenfassung. Hamburg 1946.

Biehl, D. u.a.: Zu den konjunkturellen Effekten der Länder- und Gemeindehaushalte in der Bundesrepublik Deutschland 1960–1974. Die Weltwirtschaft, Heft 1, S. 29–51, 1974.

Bombach, G.: Taktik und Strategie in der Wirtschaftspolitik. Kyklos, Vol. 20, S. 103–118, 1967.

Bombach, G.: Trend, Zyklus und Entwicklung des Preisniveaus. Weltwirtschaftliches Archiv, Bd. 105, S. 256–278, 1970 II.

Bundesministerium der Finanzen (Hrsg.): Finanzbericht 1961. Bonn 1960.

Bundesregierung: Jahreswirtschaftsbericht 1968. Bundestagsdrucksache 5/2511.

Cassel, D.: Die Konzertierte Aktion. In: Cassel, D. u. a. (Hrsg.): 25 Jahre Marktwirtschaft in der Bundesrepublik Deutschland, S. 251–273. Stuttgart 1972.

Cassel, D., Thieme, H. J.: Die US-Inflationsbekämpfung 1966–1970: einige Konsequenzen für die Bundesrepublik Deutschland. Kredit und Kapital, 4. Jg., S. 264–288, 1971.

O'Connor, J.: Die Finanzkrise des Staates. Frankfurt 1974.

Despres, E. u. a.: The Problem of Economic Instability. American Economic Review, Vol. 40, No. 4, S. 505–538, 1950.

Deutschmann, C.: Der linke Keynesianismus. Frankfurt 1973.

Downs, A.: Eine ökonomische Theorie des politischen Handelns in der Demokratie. In: Widmaier, H. P. (Hrsg.): Politische Ökonomie des Wohlfahrtsstaates, S. 121–139. Frankfurt 1974.

Ehrlicher, W.: Finanzwissenschaft. In: Ehrlicher, W. u. a. (Hrsg.): Kompendium der Volkswirtschaftslehre. Bd. 2, 2. Aufl., S. 353–427. Göttingen 1969.

Ehrlicher, W., Cansier, D.: Antizyklische Variation der Staatsausgaben als Instrument der Konjunkturpolitik. Wirtschaftsdienst, 52. Jg., S. 669–673, 1972.

Engelhardt, G.: Vom Expertenmonolog zum gesellschaftlichen Dialog. In: Molitor, R. (Hrsg.): Zehn Jahre Sachverständigenrat, S. 187–209. Frankfurt 1973.

Fellner, W.: Die Abstimmung wirtschaftspolitischer Ziele unter dem Beschäftigungsgesetz von 1946. In: Colm, G. (Hrsg.): Das amerikanische Beschäftigungsgesetz, S. 115–120. Berlin 1956.

Fellner, W.: Was bleibt gültig? In: Weber, W. (Hrsg.): Konjunktur- und Beschäftigungstheorie, S. 64–72. Köln/Berlin 1967.

Fels, G. u.a.: Das Dilemma der Konjunkturpolitik in der Bundesrepublik Deutschland. Die Weltwirtschaft, Heft 2, S. 19–23, 1970.

Fleischmann, G.: Ungleichheit unter den Wählern. In: Widmaier, H. P. (Hrsg.): Politische Ökonomie des Wohlfahrtsstaates, S. 140–159. Frankfurt 1974.

Fleming, G. u.a.: Die Lage der westdeutschen Wirtschaft zur Jahreswende 1974/75. Die Weltwirtschaft, Heft 2, S. 24–39, 1974.

Fox, K.-P.: Konzepte zur Beurteilung der konjunkturellen Wirkungen öffentlicher Haushalte. Bern/Frankfurt 1974.
Frank, J.: Neue Politische Ökonomie als Kritik der herrschenden Wirtschaftstheorie? In: Widmaier, H. P. (Hrsg.): Politische Ökonomie des Wohlfahrtsstaates, S. 313–336. Frankfurt 1974.
Frey, B. S.: Entwicklung und Stand der Neuen Politischen Ökonomie. In: Widmaier, H. P. (Hrsg.): Politische Ökonomie des Wohlfahrtsstaates, S. 30–63. Frankfurt 1974.
Friedman, M.: Have Monetary Policies Failed? American Economic Review, Papers and Proceedings, Vol. 62, No. 2, S. 10–18, 1972.
Friedman, M.: Geldpolitik und Lohnentwicklung. In: Nowotny, E. (Hrsg.): Löhne, Preise, Beschäftigung, S. 208–212. Frankfurt 1974.

Galtung, J.: Eine strukturelle Theorie der Revolution. In: Jänicke, M. (Hrsg.): Herrschaft und Krise, S. 121–167. Opladen 1973.
Glasstetter, W.: Auf der Suche nach neuen Stabilisierungskonzepten. Wirtschaftsdienst, 54. Jg., S. 96–101, 1974.

Habermas, J.: Legitimationsprobleme im Spätkapitalismus. Frankfurt 1973.
Habermas, J.: Technik und Wissenschaft als „Ideologie“. 7. Aufl. Frankfurt 1974.
Haller, H.: Finanzwirtschaftliche Stabilisierungspolitik im Wirtschaftswachstum. Zeitschrift für die gesamte Staatswissenschaft, Bd. 125, S. 138–142, 1969.
Hansen, A. H.: Full Recovery or Stagnation? New York 1938.
Hansen, A. H.: Economic Policy and Full Employment. New York 1947.
Hansen, A. H.: Die „Reports“ aus der ersten Zeit des Beschäftigungsgesetzes. In: Colm G. (Hrsg.): Das amerikanische Beschäftigungsgesetz, S. 121–128. Berlin 1956.
Hansen, B.: Fiscal Policy in Seven Countries. Paris 1969.
Hansmeyer, K.-H.: Antizyklische Ausgabenpolitik? In: Cassel, D. u. a. (Hrsg.): 25 Jahre Marktwirtschaft in der Bundesrepublik Deutschland, S. 212–229. Stuttgart 1972.
Hayek, F. A. von: Der Wettbewerb als Entdeckungsverfahren. Freiburger Studien 1969.
Heller, W. W.: Das Zeitalter des Ökonomen. Tübingen 1968.
Heller, W. W.: Is Monetary Policy Being Oversold? In: Friedman, M., Heller, W. W.: Monetary vs. Fiscal Policy, S. 13–41. New York 1969.
Heuss, E.: Makroökonomie und Stabilitätsgesetz. In: Hoppmann, E. (Hrsg.): Konzertierte Aktion, S. 91–116. Frankfurt 1971.
Hofmann, W.: Theorie der Wirtschaftsentwicklung. Berlin 1966.
Hoppmann, E.: Zum Schutzobjekt des Gesetzes. In: Mestmäcker (Hrsg.): Wettbewerb als Aufgabe, S. 61–104. Bad Homburg v. d. H. u. a. 1968.
Hoppmann, E.: Neue Wettbewerbspolitik: vom Wettbewerb zur staatlichen Mikrosteuerung. Jahrbücher für Nationalökonomie und Statistik, Bd. 184, S. 397–416, 1970.
Huffschmid, J.: Die Politik des Kapitals, Konzentration und Wirtschaftspolitik in der Bundesrepublik. 6. Aufl. Frankfurt 1971.

Kalecki, M.: Political Aspects of Full Employment. Political Quarterly, Vol. 14, S. 322–331, 1943.
Kantzenbach, E.: Die Funktionsfähigkeit des Wettbewerbs. 2. Aufl. Göttingen 1968.
Kern, M.: Wandlungen der Konzertierten Aktion. Wirtschaftspolitische Chronik, Heft 3, S. 49–67, 1973.
Kern, M.: Stabilisierungspolitik in der Marktwirtschaft. Wirtschaftsdienst, 54. Jg., S. 455–458, 1974.
Keynes, J. M.: Ein Traktat über Währungsreform. München 1924.
Keynes, J. M.: Das Ende des Laissez-faire. München/Leipzig 1926.
Keynes, J. M.: Proposals for a Revenue Tariff. In: The New Statesman and Nation, 7. 3. 1931.
Keynes, J. M.: The Means to Prosperity. London/New York 1933.
Keynes, J. M.: The General Theory of Employment, Interest, and Money. London 1936.
Keynes, J. M.: An Open Letter. In: Readings in Fiscal Policy. London 1955.
Kleinewefers, H.: Die Konjunkturprognosen des Sachverständigenrats zur Begutachtung der gesamtwirtschaftlichen Entwicklung. Zeitschrift für die gesamte Staatswissenschaft, Bd. 126, S. 249–289, 1970.
Köhler-Rieckenburg, I., Teschner, M.: Großbritannien. In: Die institutionelle Verankerung von Instrumenten der Konjunkturpolitik in neun europäischen Ländern und in den Vereinigten Staaten von Amerika. Beihefte der Konjunkturpolitik, Heft 3, S. 37–59. Berlin 1958.
Külp, B.: Zwischen Stabilität und sozialem Frieden. Wirtschaftsdienst, 54. Jg., S. 23–27, 1974.

Labisch, G.: Institutionelle Möglichkeiten der Steuer- und Ausgabenpolitik des Staates zur Stabilisierung der Wirtschaft im internationalen Vergleich (Bundesrepublik Deutschland, Großbritannien und die Vereinigten Staaten von Amerika). Freiburger Dissertation 1971.
Laidler, D. E. W.: The End of ‚Demand Management': How to Reduce Unemployment in the 1970s. In: Friedman, M. Laidler, D. E. W.: Unemployment vs. Inflation. Institut of Economic Affairs, Lecture No. 2, S. 36–48. London 1975.
Lenel, H. O.: Die Globalsteuerung in der Marktwirtschaft und ihre Alternativen im Lichte der bisherigen Erfahrungen und des heutigen Standes der theoretischen Forschung. In: Währungsstabilität in einer integrierten Welt, Festgabe für Otto Veit, S. 93–120. Stuttgart u. a. 1974.
Linder, M.: Der Anti-Samuelson, Bd. 2. Gaiganz 1974.
Mackscheidt, K.: Zur Bewertung der Ziele „Preisstabilität" und „Vollbeschäftigung" im Rahmen der „trade-off"-Analyse. Wirtschaftspolitische Chronik, Heft 1, S. 17–46, 1972.
Mackscheidt, K., Steinhausen, J.: Finanzpolitik I, Grundfragen fiskalpolitischer Lenkung. 2. Aufl. Tübingen/Düsseldorf 1975.
Mandel, E.: Der Spätkapitalismus. 2. Aufl. Frankfurt 1973.
Marx, K.: Das Elend der Philosophie. Stuttgart 1885.
Meinold, H.: Das Standortproblem des Sachverständigenrats. Die Aussprache, 19. Jg., S. 268–272, 1969.
Möller, A.: Kommentar zum Gesetz zur Förderung der Stabilität und des Wachstums der Wirtschaft. 2. Aufl. Hannover 1969.
Morgenstern, O.: Die Grenzen der Wirtschaftspolitik. Wien 1934.
Müller-Armack, A.: Wirtschaftslenkung und Marktwirtschaft. Hamburg 1948.
Myrdal, G.: Das Zweck-Mittel-Denken in der Nationalökonomie. Zeitschrift für Nationalökonomie, Bd. 4, S. 305–329, 1933.
Neumann, L. F.: Im Sinne der „normalen Wissenschaft". In: Molitor, R. (Hrsg.): Zehn Jahre Sachverständigenrat, S. 9–32, 1973.
Neumark, F.: Ermessensfreiheit oder Automatismus? Zürich 1971.
Offe, C.: Strukturprobleme des kapitalistischen Staates. 2. Aufl. Frankfurt 1973.
Offe, C.: „Krisen des Krisenmanagement": Elemente einer politischen Krisentheorie. In: Jänicke, M. (Hrsg.): Herrschaft und Krise, S. 197–223. Opladen 1973.
Offe, C.: Politische Herrschaft und Klassenstrukturen. In: Widmaier, H. P. (Hrsg.): Politische Ökonomie des Wohlfahrtsstaates, S. 264–293. Frankfurt 1974.
O. V.: Federal Fiscal Policy, 1965–72. Federal Reserve Bulletin, Vol. 59, No. 6, S. 383–402, 1973.
Robinson, J.; Doktrinen der Wirtschaftswissenschaft. München 1965.
Robinson, J.: Die zweite Krise der ökonomischen Theorie. In: Vogt, W. (Hrsg.): Seminar: Politische Ökonomie, S. 37–55. Frankfurt 1973.
Roper, E.: Die politischen Folgen einer Vollbeschäftigungspolitik. In: Colm, G. (Hrsg.): Das amerikanische Beschäftigungsgesetz, S. 209–212. Berlin 1956.
Rothschild, K. W.: Die Phillips-Kurven-Diskussion. In: Nowotny, E. (Hrsg.): Löhne, Preise, Beschäftigung, S. 15–59. Frankfurt 1974.
Sachverständigenrat: Jahresgutachten 1964/65: Stabiles Geld — stetiges Wachstum. Stuttgart/Mainz 1965.
Sachverständigenrat: Jahresgutachten 1965/66: Stabilisierung ohne Stagnation. Stuttgart/Mainz 1965.
Sachverständigenrat: Jahresgutachten 1966/67: Expansion und Stabilität. Stuttgart/Mainz 1966.
Sachverständigenrat: Jahresgutachten 1968/69: Alternativen außenwirtschaftlicher Anpassung. Stuttgart/Mainz 1968.
Sachverständigenrat: Jahresgutachten 1970/71: Konjunktur im Umbruch — Risiken und Chancen. Stuttgart/Mainz 1970.
Sachverständigenrat: Jahresgutachten 1971/72: Währung, Geldwert, Wettbewerb — Entscheidungen für morgen. Stuttgart/Mainz 1971.
Sachverständigenrat: Jahresgutachten 1974/75: Vollbeschäftigung für morgen. Stuttgart/Mainz 1974.
Sachverständigenrat: Sondergutachten vom 17. 8. 75: Zur konjunkturpolitischen Lage im August 1975. Stuttgart/Mainz 1975.
Samuelson, P. A., Solow, R. M.: Analytische Aspekte einer Anti-Inflationspolitik. In: Nowotny, E. (Hrsg.): Löhne, Preise, Beschäftigung, S. 197–207. Frankfurt 1974.

Schiller, K.: Der Ökonom und die Gesellschaft. Das freiheitliche und das soziale Element in der modernen Wirtschaftspolitik. Stuttgart 1964.
Schiller, K.: Wirtschaftspolitik. Handwörterbuch der Sozialwissenschaften, Bd. 12, S. 210–231. Göttingen 1965.
Schiller, K.: Preisstabilität durch globale Steuerung der Marktwirtschaft. Tübingen 1966.
Schiller, K.: Vordringliche Aufgaben der deutschen Wirtschaftspolitik. Bulletin des Presse- und Informationsamtes der Bundesregierung, Nr. 23, S. 181–184, 3. 3. 67.
Schiller, K.: Konjunkturpolitik auf dem Wege zu einer Auffluent Society. In: Jahre der Wende, Festgabe für Alex Möller, S. 61–72. Karlsruhe 1968.
Schiller, K.: Zukunftsaufgaben der Industriegesellschaft. Vorwort zu Shonfield, A.: Geplanter Kapitalismus, S. XV–XXI. Köln/Berlin 1968.
Schlecht, O.: Erfahrungen und Lehren aus dem jüngsten Konjunkturzyklus. Tübingen 1972.
Schmahl, H. J.: Globalsteuerung der Wirtschaft. Hamburg 1970.
Schmölders, G.: Die öffentlichen Ausgaben als Elemente einer konjunkturpolitisch orientierten Haushaltsführung. Rheinisch-Westfälische Akademie der Wissenschaften, Vorträge Nr. 213, S. 7–24. Opladen 1971.
Schneider, E.: Der Streit um Keynes. Jahrbücher für Nationalökonomie und Statistik, Bd. 165, S. 89–122, 1953.
Schöninger, K.-E.: Konjunkturstabilisierung als Koordinationsproblem zwischen den Trägern der Wirtschaftspolitik. Meisenheim 1972.
Seidler, H.: Teilweise Neuorientierung. In: Molitor, R. (Hrsg.): Zehn Jahre Sachverständigenrat, S. 83–100. Frankfurt 1973.
Shonfield, A.: Geplanter Kapitalismus. Köln/Berlin 1968.
Sievert, O.: Die wirtschaftspolitische Beratung in der Bundesrepublik Deutschland. In: Schneider, H. K. (Hrsg.): Grundsatzprobleme wirtschaftspolitischer Beratung. Schriften des Vereins für Socialpolitik, N. F. Bd. 49, S. 27–67. Berlin 1968.
Sozialdemokratische Partei Deutschlands: Aktionsprogramm 1952/54. In: Mommsen, W. (Hrsg.): Deutsche Parteiprogramme, S. 622–665. München 1960.
Streissler, E.: Kann die ökonomische Theorie das Phänomen der Stagflation erklären? In: Molitor, R. (Hrsg.): Kontaktstudium — Ökonomie und Gesellschaft, S. 218–228. Frankfurt 1972.
Streit, M. E.: Die Phillips-Kurve: Wirklichkeit oder Wunschbild? In: Nowotny, E. (Hrsg.): Löhne, Preise, Beschäftigung, S. 283–293, Frankfurt 1974.
Strümpel, B.: Der Primat der Fiscal Policy: Wirtschaftspolitische Lehren aus der Ära Kennedy/Johnson. In: Haller, H., Recktenwald, H. C. (Hrsg.): Finanz- und Geldpolitik im Umbruch, S. 147–163. Mainz 1969.
Sweezy, P. M.: Theorie der kapitalistischen Entwicklung. Frankfurt 1970.

Tinbergen, J.: Wirtschaftspolitik. Freiburg 1968.
Tobin, J.: Inflation und Arbeitslosigkeit. In: Nowotny, E. (Hrsg.): Löhne, Preise, Beschäftigung, S. 213–241. Frankfurt 1974.
Tuchtfeld, E.: Das Instrumentarium der Wirtschaftspolitik. In: Gäfgen, G. (Hrsg.): Grundlagen der Wirtschaftspolitik, S. 260–273. Köln/Berlin 1966.
Tuchtfeld, E.: Moral Suasion in der Wirtschaftspolitik. In: Hoppmann, E. (Hrsg.): Konzertierte Aktion, S. 19–68. Frankfurt 1971.
Tuchtfeld, E.: Soziale Marktwirtschaft und Globalsteuerung — zwei wirtschaftspolitische Experimente. Wirtschaftspolitische Chronik, Heft 1, S. 7–38, 1973.

Vosgerau, H. J.: Wachstum und Stabilisierung. In: Ott, A. E. (Hrsg.): Fragen der wirtschaftlichen Stabilisierung, S. 1–22. Tübingen 1967.

Watrin, C.: Geldwertstabilität, Konzertierte Aktion und autonome Gruppen. In: Hoppmann, E. (Hrsg.): Konzertierte Aktion, S. 201–228. Frankfurt 1971.
Weizsäcker, C. C. von: Grenzen der traditionellen Globalsteuerung. Jahrbücher für Nationalökonomie und Statistik, Bd. 189, S. 1–41, 1975.
Winter, T.: Politische Durchsetzbarkeit konjunktursteuernder Handlungsanweisungen. Jahrbuch für Sozialwissenschaft, Bd. 22, S. 345–358, 1971.
Wissenschaftlicher Beirat bei der Verwaltung für Wirtschaft des Vereinigten Wirtschaftsgebietes: Gutachten 1948 bis Mai 1950. Herausgegeben vom Bundeswirtschaftsministerium. Göttingen o.J.

Wissenschaftlicher Beirat beim Bundeswirtschaftsministerium: Gutachten Januar 1955 bis Dezember 1956. Herausgegeben von Bundeswirtschaftsministerium. Göttingen 1957.
Wissenschaftlicher Beirat beim Bundesministerium für Wirtschaft: Grundfragen der Stabilitätspolitik. O.O. 1973.
Wissenschaftlicher Beirat beim Bundesministerium der Finanzen: Zur Lage und Entwicklung der Staatsfinanzen in der Bundesrepublik Deutschland. Bulletin des Presse- und Informationsamtes der Bundesregierung, Nr. 103, S. 1001–1016, Bonn, 16. 8. 1975.
Woll, A.: Inflationstheoretische Begründung der konzertierten Einkommenspolitik. In: Hoppmann, E. (Hrsg.): Konzertierte Aktion, S. 117–138. Frankfurt 1971.
Zimmermann, H.: Offene oder versteckte Inflation. Jahrbücher für Nationalökonomie und Statistik, Bd. 189, S. 65–77, 1975.
Zohlnhöfer, W.: Schleichende Inflation — ein Strukturproblem der repräsentativen Demokratie? Wirtschaftsdienst, 54. Jg., S. 555–560, 1974.

# Namenregister